Betriebswirtschaftliche Steuerlehre

Von

Univ.-Prof. Dr. Eberhard Schult

4., grundlegend überarbeitete Auflage

R. Oldenbourg Verlag München Wien

Die Deutsche Bibliothek – CIP-Einheitsaufnahme

Schult, Eberhard:
Betriebswirtschaftliche Steuerlehre : Einführung / von Eberhard Schult. -
4., grundlegend überarb. Aufl. – München ; Wien : Oldenbourg, 2002
ISBN 3-486-25942-3

Rosenheimer Straße 145, D-81671 München
Telefon: (089) 45051-0
www.oldenbourg-verlag.de

Gedruckt auf säure- und chlorfreiem Papier
Gesamtherstellung: Druckhaus „Thomas Müntzer“ GmbH, Bad Langensalza

ISBN 3-486-25942-3

Inhaltsverzeichnis

Vorwort zur vierten Auflage

Ökonomische Entscheidungen sollen rational getroffen werden. Deshalb ist es notwendig, den Einfluss der Steuern (und Subventionen) zu analysieren. Eine Vernachlässigung von Steuern kann dazu führen, dass die optimale Situation verfehlt wird – eine irrationale Übergewichtung des Steuereinflusses kann ebenfalls diesen Effekt haben. Allerdings sind die Steuerwirkungen wegen der komplexen Rechtsmaterie nicht einfach zu erfassen. Interdependenzen zwischen den Steuerarten komplizieren die Planung weiter. Häufige, teilweise grundsätzliche, kurzfristige und darüber hinaus oft schwer nachzuvollziehende Änderungen von Steuergesetzen führen zu einer speziellen steuerlichen Prognoseunsicherheit.

Die vorliegende Arbeit soll systematisch in die steuerökonomische Wirkungsanalyse zum Zweck der Entscheidungsvorbereitung einführen. Vorab wird deshalb ein unternehmerisches Minimalzielsystem, das betriebspolitische Instrumentarium und der Entscheidungsablauf als simultan-sukzessiver Prozess jeweils unter Steuereinfluss skizziert. Die Frage, ob eine oder mehrere Steuerarten im Entscheidungsablauf berücksichtigt werden sollen, kann nach dem Drei-Phasen-Schema beantwortet werden. Durch die sog. Eigenwirkung ist die Steuerplanung im Vergleich zu anderen Teilplanungen relativ wirtschaftlich.

Sodann ist es erforderlich, die steuerrechtliche Basis – insbesondere die wichtigsten Steuerarten – zu skizzieren, um den Steuereinfluss in den betriebs*wirtschaftlichen* Modellen mit Hilfe der Teilsteuerrechnung oder der EDV-gestützten Veranlagungssimulation richtig zu quantifizieren. Hervorgehoben wird neben den wesentlichen Steuerarten die ertragsteuerliche Gewinnermittlung unter Berücksichtigung der 'bröckelnden' Maßgeblichkeit der Handelsbilanz, das formelle Steuerrecht zwecks Durchsetzung der optimalen Entscheidung bei den Finanzbehörden und die Besteuerung internationaler Beziehungen.

Im Hauptteil der Arbeit wird zwischen Sachverhaltsgestaltungen und Optionsrechten unterschieden. Sachverhaltsgestaltungen sind das Ergebnis konstitutiver (Rechtsform, nationaler/internationaler Standort) und funktionaler (Beschaffung, Produktion/Investition, Absatz und Finanzierung) Entscheidungen möglicherweise unter Berücksichtigung des Steuereinflusses. Die Existenz steuerlicher Wahlrechte, die weitgehend isoliert ausgeübt werden können, hat auch bei bereits realisiertem Sachverhalt eine einigermaßen selbstständige betriebliche Steuerpolitik – insbesondere Steuerbilanzpolitik – mit teilweise erheblichen finanziellen Konsequenzen zur Folge.

In die vorliegende vierte Auflage wurde das grundlegend geänderte Körperschaftsteuersystem (Halbeinkünfte- statt Anrechnungsverfahren) eingearbeitet. Nach diesem Systemwechsel müssen insbesondere Rechtsformwahl und Finanzierungsentscheidungen völlig neu überdacht werden. Außerdem wurde versucht, die Wirkungen der vielfältigen steuergesetzlichen Detailänderungen zu analysieren. Literatur und höchstrichterliche Rechtsprechung wurden auf den neuesten Stand gebracht.

Eberhard Schult

1 Steuern und betriebliche Entscheidungen

Steuern steht – anders als z.B. bei Belastungen durch Personal-, Material-, Abschreibungs- oder Zinsaufwand – keine besondere Gegenleistung gegenüber. Schon das ist ärgerlich[1]. Außerdem weckt die Verwendung der Steuergelder durch Politik und Bürokratie nicht selten Unmut. Schließlich gelingt es Politikern kaum, ein systematisches[2] Steuerrecht zu schaffen, das von der Bevölkerung akzeptiert wird. Deshalb haben schon aus irrationalen Gründen die Steuern bei betrieblichen[3] Entscheidungen eine vergleichsweise große Bedeutung. Allerdings darf die subjektive Einschätzung der Steuern nicht zur Folge haben, dass der Steuereinfluss unangemessen berücksichtigt wird. Das ist etwa der Fall, wenn Investitionen vorgenommen werden, nur weil sie 'Steuern sparen' oder wenn komplexe Rechtsformen gewählt werden, nur damit z.B. die GewSt gemindert wird.

Vielmehr ist zu prüfen, ob rationales ökonomisches Handeln die steuerrechtlichen Vorschriften und die daraus folgenden Be- oder Entlastungen[4] einbeziehen soll und wie dies ggf. wirtschaftlich geschehen kann. Bei einer Standortentscheidung ist z.B. nicht nur die evtl. unterschiedliche Steuerbelastung oder Subventionsentlastung zu berücksichtigen. Vielmehr bestimmen primär andere Faktoren wie z.B. Absatzpotenzial oder Personalkosten den optimalen Standort. Die Steuerbe- oder Subventionsentlastung stellt *einen* Einflussfaktor von mehreren dar – und möglicherweise nicht den wichtigsten. U.U. haben Steuern überhaupt keinen Einfluss auf die Standortwahl – wie dies bei einem entscheidungsneutralen Steuersystem zu erwarten wäre.

---

1 "Die Landesherren wussten ihr (Besteuerungs-, d.V.) Recht wahrzunehmen und durchzusetzen, dem Bürger blieb die an Gott gerichtete Bitte um Verschonung. Daran hat sich im Grunde wenig geändert." Kruse, H.W., Not und Feuer, Krieg und Steuer – Ein Beitrag über die Entwicklung von Steuern, in StuW 1998, S. 3ff., hier S. 14.

2 Unverändert gilt: "...die Steuerpolitiker sind offensichtlich überfordert, die komplexen Zusammenhänge des Steuerrechts noch zu durchschauen." Dziadkowski, D., Kindergelderhöhung bereits vor In-Kraft-Treten aufgezehrt, in BB 2002, S. I; "Von Einheit der Steuerrechtsordnung keine Spur. Die Chaotiker machen weiter." Tipke, K., Steuerlegislative unter Verfassungsdruck, in StuW 1993, S. 8ff., hier S. 12. "Seit mindestens zwei Jahrzehnten...ist das ganze Steuerwesen – nicht nur die Gesetzgebung, mindestens gleichermaßen auch die Rechtsprechung – von einer hartnäckigen geistigen Erkrankung befallen...Rededrang, Ideenflucht,...Verworrenheit..." Rose, G., Über 'Dummensteuern', Steuergerechtigkeit und die Betriebswirtschaftliche Steuerlehre, in Siegener Universitäts-Reden, Band 2, Siegen 1993, S. 34. "Die Chaotisierung des Steuerrechts wird mit Macht vorangetrieben, sodass jetzt selbst die Finanzverwaltung, die bisher loyal und treu den Aktionismus der Steuergesetzgebung nachvollzogen hat, kapituliert und kollabiert...", Lang, J., Wege aus dem Steuerchaos, in Stbg 1994, S. 10ff., hier S. 11.

3 Die Begriffe 'Betrieb' und 'Unternehmen' werden im Folgenden synonym verwendet. Aktionen und Reaktionen aufgrund steuerlicher oder subventioneller Ursachen setzen voraus, dass Ziele und Instrumente autonom festgesetzt werden können, es liegt also in jedem Fall ein Unternehmen vor; vgl. dazu etwa Schult, E., Allgemeine Betriebswirtschaftslehre – Eine Einführung, 2.Aufl. Freiburg 1984, S. 42ff.

4 "...die eigentlichen Probleme der Besteuerung (bestehen) in ihren ökonomischen Wirkungen. Und diese resultieren ausschließlich daraus, dass die Stpfl. um Steuervermeidung bemüht sind und deshalb ihr wirtschaftliches Handeln entsprechend anpassen." Wagner, F.W., Perspektiven der Steuerberatung: Steuerrechtspflege oder Planung der Steuervermeidung?, in DB 1991, S. 1ff., hier S. 1.

1.1 Die betriebswirtschaftliche Steuerlehre als Entscheidungslehre

Zur Verhinderung subjektiver Entscheidungen – etwa wegen der Einführung einer 'ärgerlichen' Quellensteuer auf Zinsen – bedarf es notwendigerweise einer nachprüfbaren Analyse der zu erwartenden Wirkungen und deren Ursachen. Ist diese Wirkungsanalyse gelungen, so kann darauf basierend versucht werden, rationale Entscheidungshilfen für den Unternehmer zu entwickeln. Eben diese beiden Aufgaben haben im ökonomischen Bereich des Betriebs/Unternehmens die (allgemeine) Betriebswirtschaftslehre[5] und die speziellen Betriebswirtschaftslehren.

Die betriebswirtschaftliche Steuerlehre gehört schon der Bezeichnung nach zur Betriebswirtschaftslehre. Nach h.M. handelt es sich um eine steuerorientierte allgemeine Betriebswirtschaftslehre[6]. Die **betriebswirtschaftliche Steuerlehre** umfasst konsequenterweise[7] also die Steuerwirkungs- und die Steuergestaltungslehre[8]. Es ist Aufgabe dieser Betriebswirtschaftslehre, für Betriebe sämtlicher Branchen wie auch für sämtliche Funktionen eines Betriebs primär die Wirkungen von Steuern und Subventionen zu analysieren und auf Basis der hergeleiteten Erkenntnisse Entscheidungshilfen zu geben.

Die betriebswirtschaftliche Steuerlehre ist keine spezielle Betriebswirtschaftslehre. Als Abgrenzungskriterien von der allgemeinen Betriebswirtschaftslehre können wie bei der Abgrenzung der Betriebswirtschaftslehre von den anderen Wissenschaften das Erfahrungs- und das Erkenntnisobjekt herangezogen werden. In der Literatur[9] werden die speziellen Betriebswirtschaftslehren dementsprechend institutional oder funktional abgegrenzt. Eine Spezialisierung auf bestimmte Branchen (Institutionen) führt zu institutional getrennten speziellen Betriebswirtschaftslehren. Die Spezialisierung auf bestimmte Funktionen des Betriebs führt zu funktional getrennten speziellen Betriebswirtschaftslehren. Die betriebswirtschaftliche Steuerlehre – wie sie weitaus überwiegend verstanden wird – erfüllt die Kriterien nicht bzw. nicht sinnvoll.

---

[5] Vgl. etwa Schult, E., Allgemeine Betriebswirtschaftslehre – Eine Einführung, a.a.O., S. 14ff.

[6] "Die herrschende Meinung sieht...die Betriebswirtschaftliche Steuerlehre als Teil der Allgemeinen Betriebswirtschaftslehre...an...", Rose, G., Betriebswirtschaftliche Steuerlehre – Eine Einführung für Fortgeschrittene, 3.Aufl. Wiesbaden 1992, S. 21., so auch Wöhe, G., Döring , U., Einführung in die Allgemeine Betriebswirtschaftslehre, 20.Aufl. München 2000, S. 19.

[7] Weil dies auch die Aufgaben der allgemeinen Betriebswirtschaftslehre sind. Die Wirkungsanalyse ist notwendige Voraussetzung für die Gestaltungshilfe. Die Erkenntnisse der betriebswirtschaftlichen Steuerlehre sollen weiterhin als Entscheidungshilfen praktisch angewendet werden. Deshalb wird in der vorliegenden Arbeit die Wirkungsanalyse in den Bereich der Gestaltungshilfe (Steuerpolitik) integriert. Da die Wirkungsanalyse die Erklärung unternehmerischer Politik zur Aufgabe hat, sind beide Bereiche ohnehin nicht einfach zu separieren.

[8] Die Aufgabe der Entscheidungshilfe wird z.T. rigoros abgelehnt, weil "...Interessenten...nach einer besonderen Species anwendungsbezogen arbeitender Hochschullehrer (suchen), die ihre Profession hauptsächlich als eine mit staatlicher Mindesteinkommenssicherung arbeitende Unternehmensberatung zu Lasten freier Berufe betreiben. Demgegenüber will eine Wissenschaft von der Unternehmensbesteuerung Erkenntnisse zu einer ökonomisch vernünftigen und gleichmäßigen Besteuerung erarbeiten." Schneider, D., Maß und Ausmaß von Steuervergünstigungen, in DB 1992, S. 1737ff., hier S. 1742.

[9] Vgl. m.w.N. etwa Schult, E., Allgemeine Betriebswirtschaftslehre – Eine Einführung, a.a.O., S. 59ff.

Institutional abgegrenzt würde es sich um eine Betriebswirtschaftslehre der Steuerberatungsbetriebe handeln. Eine solche kann durchaus existieren, hätte aber ein anderes Erfahrungsobjekt als die betriebswirtschaftliche Steuerlehre und wäre auch anders zu bezeichnen (etwa Steuerberatungsbetriebslehre). Bei einer solchen speziellen Betriebswirtschaftslehre steht nicht der steuerliche Aspekt im Vordergrund. Vielmehr hätte eine solche Betriebswirtschaftslehre das Ziel[10], die Kombination der Produktionsfaktoren im Steuerberatungsbetrieb zu analysieren und Hinweise auf eine optimale Gestaltung zu geben. Steuern werden wie in jedem anderen Betrieb als einer von mehreren Einflussfaktoren berücksichtigt.

Die Bezeichnung 'Steuerberatungsbetriebslehre' entspricht der anderer institutionaler spezieller Betriebswirtschaftslehren wie der Bankbetriebslehre oder der Handelsbetriebslehre. In jedem Fall stellen die ökonomischen Wertströme – auch wenn sie z.B. durch steuerrechtliche Regelungen verursacht sind – das Erkenntnisobjekt dieser speziellen Betriebswirtschaftslehren dar. Der Wortteil 'wirtschafts' fehlt aus ästhetischen Gründen. Steht z.B. die juristische Analyse steuerrechtlicher und subventioneller Vorschriften Erkenntnisobjekt dar, dann ist die jeweilige spezielle Wissenschaft keine Betriebswirtschaftslehre, sondern eine spezielle Rechtswissenschaft (Steuerrecht). Die betriebswirtschaftliche Steuerlehre umfasst das Steuerrecht eben nur als Hilfsfunktion, weil die spezielle Steuerrechtswissenschaft kaum existiert. Die Darstellung des Steuerrechts bleibt auch dann eine Hilfsfunktion, wenn die juristische Darstellung – wie in der vorliegenden Arbeit – einen relativ großen Teil der betriebswirtschaftlichen Steuerlehre umfasst.

Eine funktionale Abgrenzung der betriebswirtschaftlichen Steuerlehre würde notwendigerweise bedeuten, dass 'Steuern zahlen' oder 'Subventionen erwirtschaften' eine betriebliche Funktion wie etwa Beschaffung, Produktion und Absatz darstellt. Diese Auffassung ist vertretbar. Das spezielle Erkenntnisobjekt wären die ökonomischen Wertströme der Steuern und Subventionen. Werden Steuern nicht abgeführt, dann ist die Zielerreichung des Betriebs gefährdet – die Einhaltung der steuerrechtlichen Nebenbedingungen ist notwendige Funktion des Betriebs. Die Erwirtschaftung von Subventionen ist deutlicher eine Funktion des Betriebs, da es irrelevant ist, von welcher Seite Vermögenserhöhungen verursacht sind – sei es etwa durch den Absatz, sei es durch Subventionsgewährung. Allerdings hat eine solche Abgrenzung erhebliche Nachteile. Einmal läßt sich der Steuereinfluss auf konstitutive Entscheidungen nicht systematisch eindeutig zuordnen, weil nur Entscheidungen im funktionalen Bereich des Betriebs einbezogen werden sollen. Weiterhin würden steuerlich verursachte Probleme weitgehend isoliert von den sonstigen betrieblichen Funktionen (diese sind dann Erwartungsvariable) dargestellt[11]. Der Steuer- und Subventionseinfluss ist aber – wie angemerkt wurde – nur

[10] Vgl. etwa Kudert, S., Steuerberatung – Betriebswirtschaftliche Grundlagen des Kanzleimanagements von Steuerberatungsunternehmen, Berlin 1999. Für die Existenz einer solchen Steuerberatungsbetriebslehre besteht wegen dieser Zielsetzung "...keine Notwendigkeit, selbst wenn viele Studierende der Betriebswirtschaftlichen Steuerlehre später einmal als steuerliche Berater beruflich tätig sein werden." Kußmaul, H., Die Betriebswirtschaftliche Steuerlehre als steuerliche Betriebswirtschaftslehre?, in StuW 1995, S. 3ff., hier S. 10.

[11] Das entspräche einer Reduktion des Forschungsinhalts der betriebswirtschaftlichen Steuerlehre auf den Bereich der Steuerpolitik i.e.S. (s.u.).

einer von mehreren Einflussfaktoren, die teilbetriebliche Entscheidungen berühren. Vorteilhafterweise wird deshalb nicht die Steuer- oder Subventionsfunktion in den Vordergrund gestellt. Vielmehr sollte für die jeweilige andere betriebliche Funktion (z.B. Investition oder Finanzierung) Zielfunktion und Entscheidungsinstrumentarium fixiert werden. Der Steuereinfluss wird dann als einer von mehreren Einflussfaktoren in der Zieldefinition berücksichtigt.

Haushalte gehören grundsätzlich nicht zum Untersuchungsobjekt einer *Betriebs*wirtschaftslehre. Die Analyse steuerlicher und subventioneller Wirkungen und die Entwicklung von Entscheidungshilfen für Haushalte müßten einer haushaltswirtschaftlichen Steuerlehre vorbehalten bleiben. Aus mindestens zwei Gründen wird aber auch dieser Bereich von der betriebswirtschaftlichen Steuerlehre untersucht. Alle ökonomischen Bereiche eines Haushalts, die Leistungen für Dritte anbieten, stellen Betriebe dar. Der Arbeitnehmer, der Kapitalanleger, der Vermieter und der Spekulant kombinieren Produktionsfaktoren zum Zweck der Einkommenserzielung. Diese Aktivitäten sollten sie rationalerweise nach ökonomischen Prinzipien vornehmen. Selbst wenn man diese 'Betriebe' nicht als Erfahrungsobjekte der Betriebswirtschaftslehre akzeptiert, so gelten dennoch die ökonomischen Erkenntnisse und Entscheidungshilfen im steuerlichen wie subventionellen Bereich auch hier. Zum anderen können auch private Vorgänge – wie etwa die Geburt von Kindern oder der Abschluss einer Lebensversicherung – die Bemessungsgrundlage und den Steuersatz (z.B. der ESt) beeinflussen. Um den betrieblich verursachten Anteil an einer Steuerwirkung isolieren zu können, muss deshalb notwendigerweise der Haushaltsanteil ermittelt werden.

Damit die steuerliche Wirkung bei betrieblichen Entscheidungen **(Steuerwirkungslehre)** richtig erfasst wird, ist es notwendig, den Zusammenhang zwischen den Steuern und den betrieblichen Entscheidungsgrößen zu erklären. Da sich dieser Zusammenhang regelmäßig in der Kongruenz der steuerrechtlichen Bemessungsgrundlagen (z.B. zu versteuerndes Einkommen) mit einzelnen ökonomischen Größen (z.B. Gewinn, Leistung oder Kosten) niederschlägt, ist insbesondere die Ermittlung dieser steuerrechtlichen Bemessungsgrundlagen zu analysieren.

Weiterhin muss eine betriebliche Entscheidungsmethodik entworfen werden, die es ermöglicht, steuerliche Wirkungen zu integrieren **(Steuergestaltungslehre)**. Dazu ist es einmal notwendig, Entscheidungshilfen, die von der betriebswirtschaftlichen Forschung wie von der betrieblichen Praxis entwickelt werden, auf ihre Konsistenz hin zu untersuchen und nur solche Empfehlungen zu übernehmen, die theoretisch fundiert sind. Zum zweiten müssen diese Entscheidungshilfen Ansatzpunkte zur Steuerberücksichtigung enthalten. Damit ist es unumgänglich, quantitative Entscheidungshilfen heranzuziehen, weil nur bei diesen der Zusammenhang zwischen betrieblichen Werten und steuerrechtlichen Bemessungsgrundlagen nachprüfbar hergestellt werden kann.

Das System der Besteuerung ist äußerst komplex. Es ist deshalb nicht immer einfach, die Steuern bei betrieblichen Entscheidungen richtig zu erfassen. Das ist aber notwendig, weil sonst falsche Entscheidungen getroffen werden können. Deshalb ist die **Kenntnis steuerrechtlichen Grundwissens** erforderlich. Dabei ist es allerdings ausreichend, die Rechtsnormen zu beherrschen, die wirtschaftliche Erwägungen berühren. Die Darstellung dieses steuerrechtlichen Grundwissens ist nicht die Aufgabe einer ökonomischen Disziplin. Aus Praktikabilitätserwägungen und in Anpassung an die außerordentlich große Interdependenz von Steuerrecht und Steuerökonomie wird diese Aufgabe dennoch ebenfalls von der betriebswirtschaftlichen Steuerlehre übernommen.

Schließlich finden sich auch **normative Aufgabenstellungen** im Bereich der betriebswirtschaftlichen Steuerlehre. Sie betreffen etwa die Untersuchung, ob die gesamtwirtschaftlich vorgegebenen Zielsetzungen beim einzelnen Steuerpflichtigen überhaupt erreicht werden (z.B. Standortpolitik) oder ob Grundsätze der Gerechtigkeit des Steuersystems verletzt sind (z.B. eine entscheidungsneutrale[12] Besteuerung[13]). Die Erfüllung der normativen Aufgaben der Wirkungsanalyse steuerrechtlicher Vorschriften bzw. der Entscheidungsvorbereitung zur Einführung oder Änderung existenter Steuergesetze gehört eher in den Bereich der Finanzwissenschaft[14], wird aber interessehalber oft auch im Bereich der betriebswirtschaftlichen Steuerlehre verfolgt. Die betriebswirtschaftliche Steuerlehre hat also zwei konstitutive Aufgaben (die Steuerwirkungs- und die Steuergestaltungslehre), eine Hilfsaufgabe (die Vermittlung steuer*rechtlichen* Basiswissens) und die in der Zuordnung strittige – aber wohl ebenfalls nur hilfsweise übernommene – normative Aufgabe mit der anwendungsbezogenen Folge der gesamtwirtschaftlichen Politikberatung.

1.2 Steuern im betrieblichen Entscheidungssystem

Wirkungsanalyse und Entscheidungsvorbereitung[15] setzen voraus, dass die zu untersuchenden Wertströme – hier also Steuern und Subventionen – überhaupt einen Einfluss auf das Zielsystem oder auf das Entscheidungsinstrumentarium ausüben. Existiert keiner dieser Zusammenhänge, dann fehlt der betriebswirtschaftlichen Steuerlehre die Existenzberechtigung. Schließlich ist – wenn ein solcher Einfluss als wesentlich qualifiziert werden kann – die organisatorische Einbindung der Steuern und Subventionen in den Entscheidungsprozess vorzunehmen. Das soll im Folgenden skizziert werden.

---

[12] Vgl. hierzu etwa Siegel, T., Konsum- und einkommensorientierte Besteuerung? Aspekte quantitativer und qualitativer Argumentation, in ZfbF 2000, S. 724ff., Treisch, C., Entscheidungsneutralität der Besteuerung in SteuerStud 2000, S. 368ff.

[13] Vgl. hierzu etwa aus betriebswirtschaftlicher Sicht Wagner, F.W., Neutralität und Gleichmäßigkeit als ökonomische und rechtliche Kriterien steuerlicher Normkritik, in StuW 1992, S. 2ff.

[14] Dies sehen auch Vertreter der Betriebswirtschaftlichen Steuerlehre, die die normative Aufgabe in den Vordergrund stellen, wohl so, wenn festgestellt wird, dass "...Schlussfolgerungen (aus der Theorie einer entscheidungsneutralen Gewinnsteuer, d.V.) in der deutschsprachigen Literatur nicht von der Finanzwissenschaft...gezogen" wurden. Wagner, F.W., Leitlinien steuerlicher Rechtskritik als Spiegel betriebswirtschaftlicher Theoriegeschichte, in Elschen, R., Siegel, T., Wagner, F.W. (Hrsg.), Unternehmenstheorie und Besteuerung, Wiesbaden 1995, S. 723ff., hier S. 741.

[15] Vgl. hierzu m.w.N. etwa Bamberg, G., Coenenberg, A.G., Betriebswirtschaftliche Entscheidungslehre, 10.Aufl. München 2000, S. 13ff.

1.2.1 Das unternehmerische Minimalzielsystem und Steuern

Um den Steuer- oder Subventionseinfluss auf das betriebliche Zielsystem systematisch erfassen zu können, ist es vorab erforderlich, ein möglichst typisches betriebliches Zielsystem zu skizzieren. Dieses Zielsystem muss nicht generell gültig sein – hier steht ausschließlich der Aspekt einer möglichst systematischen Erfassung des Steuereinflusses im Vordergrund.

Als oberstes Unternehmensziel soll der Einkommenserwerb[16] angenommen werden. Durch rationalen Einsatz knapper Ressourcen (Produktionsfaktoren und Finanzmittel) versucht der Unternehmer, sein Vermögen, seine Entnahmen oder generell seinen Wohlstand zu erhöhen. Er hat also das Ziel, wie auch immer definierte Überschüsse zu erwirtschaften und diese zu Vermögen zu kumulieren. Teile hiervon muss oder will er dem Betrieb für privaten Konsum entnehmen.

Diese generelle Zielvorstellung kann in einem dreiteiligen Zielsystem differenziert werden – wobei die Zielhierarchie hier nicht erörtert werden soll, weil dies für die Zwecksetzung (den Steuereinfluss zu systematisieren) irrelevant ist. Aufgrund der Knappheit der Ressourcen einerseits und unter der Prämisse, der Unternehmer handele rational, wird er versuchen, die vorhandenen Faktormengen so einzusetzen, dass die Produktmengen maximiert werden. Er wird nach dem ökonomischen Prinzip[17] handeln. Dieses mengenmäßig definierte Prinzip schlägt sich im sog. Produktziel nieder.

Die Verfolgung des ökonomischen Prinzips führt zwar zu einer bestmöglichen Ausnutzung der Ressourcen, nicht aber notwendigerweise auch zu einer Maximierung der Entnahmen oder des Vermögens. In einer privatwirtschaftlichen Gesellschaftsform, die auf der Existenz von Märkten unterschiedlicher Ausprägung basiert, kann der Einfluss der Preise nicht vernachlässigt werden. Die Preise sind selten konstant, sie hängen von der Marktform ab. Der Unternehmer muss versuchen, nicht den mengenmäßigen, sondern den wertmäßigen Überschuss zu erhöhen. Neben das ökonomische – evtl. in Konkurrenz zu diesem – tritt das sog. erwerbswirtschaftliche Prinzip. Die Produktionsfaktoren sollen so eingesetzt werden, dass die Differenz zwischen Produktwert und Faktorwert möglichst groß ist – dass der Gewinn maximiert wird (Erfolgs- oder Gewinnziel). Wie auch immer der Gewinn definiert wird – er stellt eine Vermögenserhöhung dar und ist ökonomisch wie auch rechtlich die Basis für Entnahmen. Das Wohlstandsstreben des Unternehmers schlägt sich im Gewinnziel nieder. Das ökonomische Prinzip wird sekundär.

Der Gewinn muss als Zielvorgabe wie auch zur Kontrolle periodenmäßig erfasst werden. Die Vermögensänderungen sind demnach verursachungsgerecht den jeweiligen Perioden (z.B. Kalenderjahren) zuzurechnen. Ein Totalgewinn über die gesamte Lebensdauer des

---

16 Vgl. hierzu ausführlich Schneider, D., Betriebswirtschaftslehre, München Wien, Band 1: Grundlagen, 2.Aufl. 1995, S. 1ff., Band 2: Rechnungswesen, 2.Aufl. 1997, S. 400ff.

17 Auch als Wirtschaftlichkeitsprinzip bezeichnet, vgl. auch zu den folgenden Prinzipien etwa Schult, E., Allgemeine Betriebswirtschaftslehre – Eine Einführung, a.a.O., S. 43ff., Wöhe, G., Döring, U., Einführung in die Allgemeine Betriebswirtschaftslehre, a.a.O., S. 5f.

Betriebs erfüllt die an ihn gestellten Funktionen nicht (eine gewinnabhängige Entnahme z.B. erst nach Auflösung des Betriebs ist unpraktikabel). Bei der Gewinnermittlung (wie auch bei der Verfolgung des Produktziels) ist die Periodisierung wesentlicher Bestandteil. Die Vermögensänderungen werden im Verursachungszeitpunkt erfasst – der Zahlungszeitpunkt ist zur Beurteilung der Erreichung des Erfolgsziels irrelevant.

Damit entsteht in einem privatwirtschaftlichen Gesellschaftssystem ein weiteres Problem: Durch den Ansatz eines erfolgsorientierten Ziels ist nicht gesichert, dass der Betrieb seinen Zahlungsverpflichtungen nachkommen kann. Da Zahlungsunfähigkeit (Illiquidität) zur Beendigung der betrieblichen Aktivitäten führt, würde das vorzeitig verhindern, das Erfolgsziel zu erreichen. Der Unternehmer muss als drittes und letztes Ziel notwendigerweise sicherstellen, jederzeit zahlungsfähig (liquide) zu sein. Er muss neben dem verursachungsorientierten Produkt- und Erfolgsziel das zahlungsorientierte Liquiditätsziel beachten. Neben das ökonomische und das erwerbswirtschaftliche tritt das finanzwirtschaftliche Prinzip: Erwartete Einnahmen, das liquidierbare Vermögen und mögliche Kreditreserven müssen mindestens die Höhe der erwarteten Ausgaben haben. In der Zielhierarchie steht dieses Ziel an vergleichsweise hoher Stelle.

Dieses Minimalzielsystem ist in Abb. 1 skizziert. Die Zielhierarchie ist angedeutet. Das Liquiditätsziel hat als Nebenbedingung den höchsten Rang, das Erfolgsziel dominiert das Produktziel, weil es das Wohlstandsstreben eher repräsentiert.

Die Notwendigkeit, das Liquiditätsziel in das betriebliche Zielsystem zu integrieren, zeigt weitere Einflussfaktoren, die augenscheinlich nicht aus dem Betrieb selbst, sondern aus der Umwelt kommen (hier die rechtliche Umwelt z.B. in Form des § 92 Abs. 2 AktG die Insolvenzvermeidung). Es existieren insbesondere gesellschaftspolitische Zielsysteme, die Ziele enthalten können, die mit den betrieblichen Zielen konkurrieren. Diese Ziele müssen ebenfalls beachtet werden.

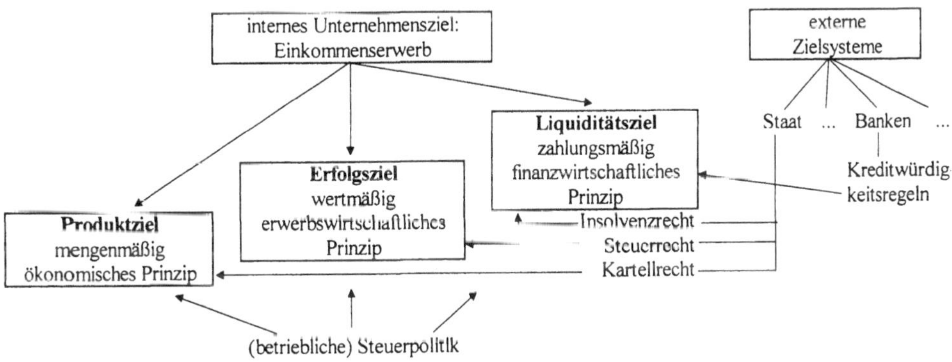

Abb. 1: Die Minimalstruktur eines betrieblichen Zielsystems

Die Erreichung gesellschaftspolitischer Ziele (etwa soziale Sicherheit oder Startgerechtigkeit[18]) erfordert eine Finanzierung, die im Wesentlichen über Steuern erfolgt (§ 3 AO).

---

[18] Vgl. hierzu etwa Woll, A., Wirtschaftspolitik, 2.Aufl. München 1992, S. 51ff, S. 203ff.

Die Steuern wiederum sollen nach der Leistungsfähigkeit[19] des einzelnen Steuerpflichtigen berechnet und erhoben werden. Die Leistungsfähigkeit kann schließlich am Gewinn[20] gemessen werden. Der Gesetzgeber als gesellschaftspolitisches Organ muss diesen Gewinn definieren (etwa in § 4 Abs. 1 EStG). Erfüllt der Unternehmer die (steuer-) gesetzlichen Bedingungen nicht, dann läuft er Gefahr, seine eigenen Ziele nicht erreichen zu können.

Der externe gesellschaftspolitische Einfluss mit dem Ziel, den Unternehmer zu zwingen, seine Situation gesellschaftszielkonform zu gestalten, existiert bei allen drei betrieblichen Zielen. Auf das Produktziel wirkt etwa das Kartellrecht (Einschränkungen der Absatzmenge), auf das Erfolgsziel wirken die Rechnungslegungsvorschriften des Handels- und Steuerrechts und auf das Liquiditätsziel etwa das Insolvenzrecht. Steuerrechtliche Vorschriften haben also einmal einen Einfluss auf das Zielsystem derart, dass sie eine immer einzuhaltende Nebenbedingung darstellen (Steuerrecht als Nebenbedingung).

Der steuerliche Einfluss hat augenscheinlich eine weitere Ausprägung. Der Unternehmer verfolgt weniger die Zielsetzungen der Gesellschaft, repräsentiert durch den Staat. Er verfolgt vielmehr Zielvorstellungen, die er selbst setzt (diese können sich mit denen der Gesellschaft decken, sie können aber auch konkurrieren). In diese wird er die Steuern einbeziehen – etwa als Steuerkosten in das Erfolgsziel oder als Steuerausgaben in das Liquiditätsziel. Er setzt eigene Ziele, die Steuern stellen einen von mehreren Einflussfaktoren dar. Dieser Bereich kann etwas unscharf als betriebliche **Steuerpolitik** bezeichnet werden. In diesem Rahmen versucht er, die tatsächliche Situation (steuerrechtlich als Sachverhalt bezeichnet, § 88 AO) vorteilhaft zu gestalten – nach rationalen Entscheidungsregeln, die ihm die betriebswirtschaftliche Steuerlehre als angewandte Wissenschaft (Gestaltungslehre) liefert.

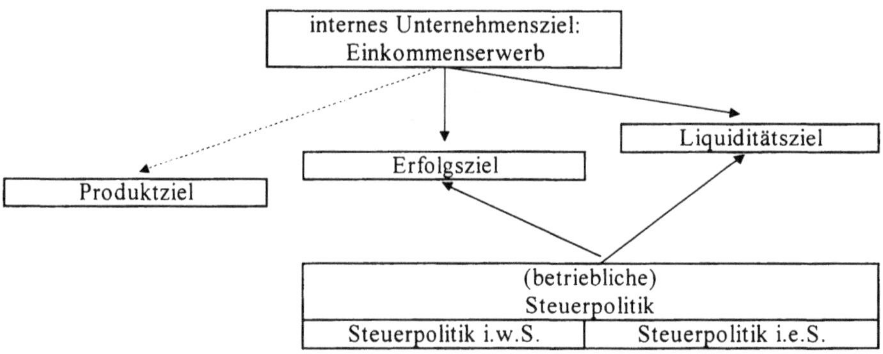

Abb. 2: Die Minimalstruktur des betrieblichen Zielsystems bei konstitutiven Entscheidungen

---

[19] So Homburg, S., Allgemeine Steuerlehre, 2.Aufl. München 2000, S. 9.

[20] Vgl. hierzu etwa Schneider, D., Bezugsgrößen steuerlicher Leistungsfähigkeit, in: Finanzarchiv, N.F. 1979, Band 37, S. 26ff.

Die Steuern (und Subventionen) beeinflussen demnach die betriebliche Zielerreichung. Sie stellen einmal einen von mehreren Einflussfaktoren[21] dar (in Abb. 1 als betriebliche Steuerpolitik bezeichnet). Zum anderen greift das Steuerrecht als Nebenbedingung (in Abb. 1 als Steuerrecht bezeichnet), gesetzt durch außerbetriebliche Zielvorstellungen.

Bei der Suche nach einer Systematisierung des Steuereinflusses auf das betriebliche Zielsystem ergeben sich Vorteile, wenn man dieses nach konstitutiven und funktionalen Entscheidungen spezialisiert. Einerseits ist die relative Bedeutung der Ziele unterschiedlich, zum zweiten können die Zielfunktionen und -definitionen differieren und schließlich sind auch die Steuergesetze teilweise eher auf konstitutive bzw. auf funktionale Entscheidungen ausgerichtet.

Bei konstitutiven Entscheidungen, deren Wirkungsdauer tendenziell langfristig ist und die nur mit eher großem Aufwand reversibel sind, steht das Produktziel noch stärker im Hintergrund, als dies generell der Fall ist. Bei der Rechtsform- oder der Standortwahl steht das mehrperiodig definierte Erfolgsziel unter der Liquiditätsnebenbedingung im Vordergrund. Überdenkt man die konstitutiven Situationen, in denen ein Steuereinfluss vorstellbar ist, so kristallisieren sich deutlich zwei Bereiche heraus.

Einmal sind die Steuern einer von mehreren Einflussfaktoren (einer von mehreren Standort- oder Rechtsformfaktoren). Zielformulierung und -funktion werden nach allgemeinen betrieblichen Vorstellungen fixiert. Eine Steuerpolitik im Wortsinne liegt deshalb überhaupt nicht vor, weil eine weitgehend autonome steuerliche Zieldefinition nicht existiert. Bei Standortentscheidungen ist etwa der Standort optimal, dessen Kapitalwert (unter Berücksichtigung *auch* der Steuerausgaben bzw. Subventionseinnahmen in der Zieldefinition) maximal ist. Eine Rechtsform ist etwa optimal, wenn ihre Rechtsformkosten minimal sind – unter Einbeziehung der rechtsformabhängigen Steuerkosten. In diesen Bereich fallen auch die in Abb. 2 nicht aufgezeichneten Einflüsse aus dem Steuerrecht. Sie sind als Nebenbedingungen ohnehin kaum von den steuerlichen Erwartungsvariablen zu trennen. Dieser Bereich soll als Steuerpolitik i.w.S. (Sachverhaltsgestaltung zwecks Realisierung bzw. Vermeidung eines sog. Tatbestands, an dessen Verwirklichung nach § 38 AO der Anspruch aus dem Steuerschuldverhältnis geknüpft ist) bezeichnet werden. Gemeint ist also der Steuereinfluss auf andere betriebliche Entscheidungen – ein Bereich der Steuerwirkungsanalyse.

Der zweite Bereich ist der weitgehend isolierter steuerlicher Zieldefinitionen (Steuerpolitik i.e.S.). Eine solche Isolation ist im Bereich der Ausübung steuerrechtlicher Wahl- oder Optionsrechte möglich. Sie existiert aber auch bei der Sachverhaltsgestaltung, wenn (fast) ausschließlich steuerliche Ziele verfolgt werden. Eine Trennung der beiden Bereiche ist nicht immer einfach. Steuerpolitik i.e.S. existiert im konstitutiven Bereich selten. Eine einmal fixierte betriebliche Situation wird im konstitutiven Bereich relativ lange beibehalten. Im Bereich der Rechtsformwahl kann Steuerpolitik i.e.S. vorliegen, wenn eine Rechtsform ausschließlich aus steuerlichen Erwägungen geändert wird oder

---

21 Stellen Steuern oder Subventionen den weitgehend einzigen Einflussfaktor auf eine Entscheidung dar, dann kann ein entsprechend isoliertes Ziel formuliert werden. Erst dann liegt eine Steuerpolitik i.e.S. vor.

wenn z.B. die Option auf Teilwert- oder Buchwerteinbringung möglich ist. Notwendige Voraussetzung ist also eine weitgehende Isolierung von anderen betrieblichen Bereichen, die Möglichkeit einer isolierten Zieldefinition und schließlich die Existenz steuerlicher Entscheidungsvariabler. Ähnlich wäre ein Standortwechsel ausschließlich aus steuerlichen oder subventionellen Gründen zu beurteilen.

Eine primär auf konstitutive Entscheidungen wirkende gesetzliche Vorschrift ist etwa im Bereich der nationalen Standortwahl das InvZulG 1999. Bei der Rechtsformwahl wäre etwa bei Wechsel der Rechtsform auf das UmwStG hinzuweisen. Hier existieren also einerseits als Entscheidungsvariable Wahl- oder Optionsrechte, andererseits sind weitgehend isolierte Zieldefinitionen vorstellbar. Schon bei den konstitutiven Entscheidungen zeigt sich also, dass es zwei Arten steuerlichen Einflusses gibt: Steuern als einer von mehreren Einflussfaktoren in einer Zieldefinition und – im konstitutiven Bereich eher selten – Steuerpolitik mit weitgehend isolierter Zieldefinition und eigenen Options- und Gestaltungsmöglichkeiten.

Bei den funktionalen, also eher kurzfristigen Entscheidungen etwa im Beschaffungs-, Produktions- oder Absatzbereich (vgl. Abb. 3) sind sämtliche drei Ziele möglicherweise steuerlich beeinflusst. Produkt- und Erfolgsziel werden im internen Rechnungswesen (Kostenrechnung und -planung) verfolgt. Dort gehen Steuerkosten und Subventionsleistungen ein. Steuern und Subventionen sind also einer von mehreren Faktoren, die Zieldefinition (z.B. Minimierung der Herstellkosten) enthält nicht nur Steuerausgaben bzw. Subventionseinnahmen. Es liegt Steuerpolitik i.w.S. vor.

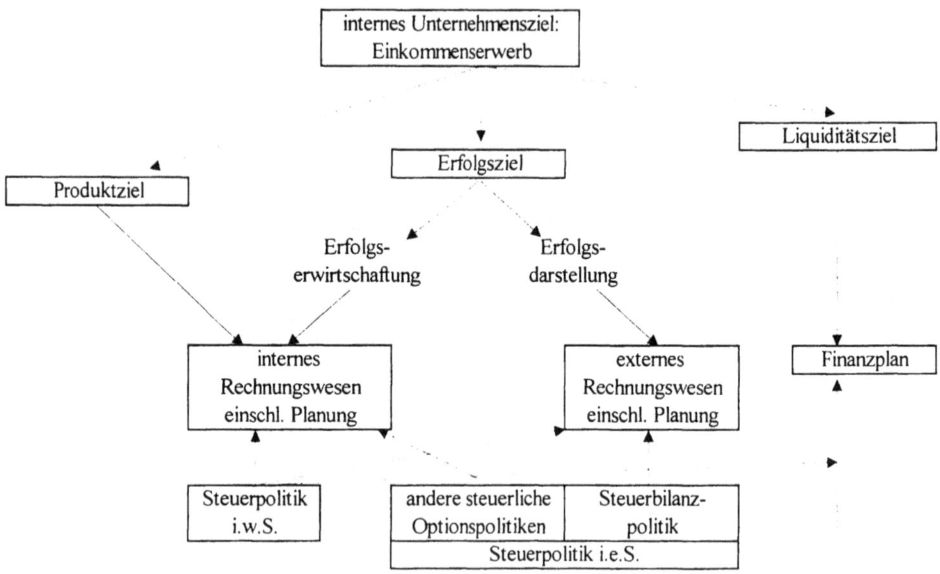

Abb. 3: Die Minimalstruktur des betrieblichen Zielsystems bei funktionalen Entscheidungen

Das Erfolgsziel wird auch im externen Rechnungswesen verfolgt (vgl. etwa § 264 HGB oder § 4 Abs. 1 EStG). Der hier ermittelte Gewinn hat aber für das Unternehmen eher nachteilige Folgen. Der Gewinn ist Bemessungsgrundlage für Ausschüttungen und Ertragsteuern. Eine Gewinnmaximierung – wie sie möglicherweise im internen Rechnungswesen verfolgt wird – wäre unvorteilhaft. Als Erfolgszielfunktion im externen Rechnungswesen liegt deshalb eine Gewinn*minimierung* näher. Zwischen dem Erfolgsziel des internen und des externen Rechnungswesens besteht nicht selten Zielkonkurrenz[22].

Beide Gewinne sind jedoch unterschiedlich definiert. Im internen Rechnungswesen wird der Erfolg als Differenz zwischen Leistung und Kosten unbeeinflusst von gesetzlichen Regelungen ökonomisch möglichst richtig geplant und kontrolliert. Der Erfolg ist die Entscheidungsgröße zur Alternativenauswahl. Es wird die Faktorenkombination und die Absatzalternative realisiert, die maximale **Erfolgserwirtschaftung** erwarten läßt.

Im externen Rechnungswesen (Handels- und Steuerbilanz) stellt der Erfolg die Differenz zwischen Erträgen und Aufwendungen bzw. zwischen Betriebseinnahmen und -ausgaben dar. Diese decken sich zwar teilweise mit Leistungen und Kosten, sodass eine vom internen Rechnungswesen abweichende Zielfunktion (etwa Minimierung des Steuerbilanzgewinns) insoweit kaum realisiert werden kann. Allerdings existieren in größerem Umfang Abweichungen zwischen den Wertströmen (etwa kalkulatorische Kosten). Von Bedeutung ist aber, dass der Gesetzgeber für den externen Bereich eine Vielzahl von Bilanzierungs- und Bewertungswahlrechten vorgesehen hat. Damit ist der Zielzusammenhang durchbrochen. Das Ziel, extern einen optimalen Gewinn darzustellen, ist erreichbar. Im steuerlichen Bereich kann mit Hilfe der Bilanzierungs- und Bewertungswahlrechte ein weitgehend isoliertes Ziel (**Erfolgsdarstellung** oder -deklaration) definiert werden. Es existiert eine Steuerpolitik i.e.S., die Steuerbilanzpolitik. Ein Steuer- und Subventionseinfluss auf das Erfolgsziel muss demnach differenziert untersucht werden: Es muss geprüft werden, ob das Erfolgs*erwirtschaftungs*- oder das Erfolgs*darstellungs*ziel vorliegt.

Die Existenz einer Steuerbilanzpolitik regt zur Suche nach anderen Steuerpolitiken i.e.S. an. Es zeigt sich, dass neben den Bilanzierungs- und Bewertungsoptionen in der Steuerbilanz in den Steuergesetzen eine Vielzahl solcher Optionen vorgesehen ist. Diese können sämtlich als Steuerpolitik i.e.S. (steuerliche Optionspolitik) qualifiziert werden, weil das Ziel weitgehend isoliert definiert werden kann und weil Optionsrechte Wahlmöglichkeiten geben, um dieses Ziel verfolgen zu können.

Die Suche zeigt aber auch, dass eine Vielzahl von Sachverhaltsgestaltungen existiert, bei denen ebenfalls – anders als im Bereich der steuerorientierten Unternehmenspolitik – weitgehend isoliert Ziele definiert und Entscheidungsvariable gefunden werden können. Es sei etwa auf die Verlagerung von Zahlungen in andere Jahre bei den Überschuss-

---

[22] Die Konkurrenz zwischen Gewinnausweisminimierung und -maximierung existiert auch im externen Rechnungswesen. "Anhand der empirischen Ergebnisse konnte bei Managern noch keine eindeutige Rangfolge...festgestellt werden...Dies...wird als Grund für das empirisch international nachweisbare Gewinnglättungsverhalten von Unternehmen interpretiert...", Haller, A., Positive Accounting Theory, in DBW 1994, S. 597ff., hier S. 603.

Einkunftsarten, auf die gemischtgenutzten Wirtschaftsgüter oder die Formulierung von Leasingverträgen hingewiesen. Eine vergleichsweise geringfügige Änderung des Sachverhalts (Einsatz einer Entscheidungsvariablen, z.B. privater Nutzungsanteil oder Grundmietzeit) ohne wesentlichen Einfluss auf die Vorteilhaftigkeit einer Investition kann isoliert steuerlich vorteilhaft gestaltet werden. Steuerpolitik i.e.S. ist also einmal die Optionspolitik, aber auch in Einzelfällen die steuerorientierte Sachverhaltsgestaltung.

Schon die Beispiele zeigen deutlich, dass eine exakte Trennung im Bereich der Steuergestaltung kaum möglich ist, weil das Trennungskriterium der weitgehend isolierten Zieldefinition und der Existenz isolierter Entscheidungsvariabler vage ist. Im Leasingfall muss als Erstes geklärt werden, ob die Zurechnung des Leasingguts zum Leasingnehmer oder zum Leasinggeber vorteilhaft ist (steuerlich orientierte Sachverhaltsgestaltung, also Steuerpolitik i.e.S.). Dann erst wird untersucht, ob die Investition überhaupt vorteilhaft ist und ob etwa eine Fremdfinanzierung vorzuziehen ist (Steuerpolitik i.w.S.). Eine isolierte Zieldefinition existiert dann nicht mehr für die Entscheidung über die Formulierung des Leasingvertrags.

Im funktionalen Zielsystem ist der Bereich der Steuerpolitik i.e.S. – anders als bei konstitutiven Entscheidungen – erheblich umfangreicher. Daneben finden sich allerdings viele Beispiele eines Steuer- und Subventionseinflusses im Rahmen einer Steuerpolitik i.w.S.

Steuerpolitik i.w.S. (Steuereinfluss auf Entscheidungen anderer betrieblicher Bereiche) und Steuerpolitik i.e.S. (eigene Ziele und eigene Entscheidungsvariable) haben selbstverständlich einen Einfluss auf die Liquiditätslage des Betriebs. Steuerausgaben und Subventionseinnahmen fallen je nach Entscheidung zu unterschiedlichen Zeitpunkten und in unterschiedlicher Höhe an.

Es muss deshalb versucht werden, die erfolgs- und die liquiditätsorientierten Zielfunktionen simultan in ein Erklärungs- und Entscheidungsmodell zu integrieren (etwa Maximierung des Endvermögens bei positiven Periodenvermögen im Finanzplan). Hilfsweise müssen isolierte Liquiditätserklärungs- und -entscheidungsmodelle formuliert werden (etwa Maximierung des Kapitalwerts bei Einhaltung einer bestimmten Rückzahlungszeit).

Primär auf funktionale Entscheidungen wirkende besondere steuergesetzliche Vorschriften sind kaum zu finden. Allenfalls läßt sich das UmwStG negativ abgrenzen – es wirkt fast ausschließlich auf die konstitutive Entscheidung über einen Rechtsformwechsel. Funktionale Entscheidungen werden eher durch 'normale' Steuergesetze, wie etwa das EStG, das GewStG, das KStG oder das UStG beeinflusst.

1.2.2 Das unternehmenspolitische Instrumentarium und Steuern

Entsprechend einer zahlungsstrommäßigen Formulierung des Unternehmensziels (etwa Erhöhung des periodenabgegrenzten Einnahmeüberschusses im einperiodigen Planungszeitraum oder Erhöhung des Endvermögens sämtlicher zukünftiger Einnahmeüberschüsse im mehrperiodigen Planungszeitraum) sind Entscheidungsvariable nur solche Faktoren, die entweder die Höhe oder den Zeitpunkt von Zahlungsströmen bestimmen. Die Menge der Entscheidungsvariablen deckt sich dementsprechend mit den einnahmen- bzw. ausgabenwirksamen Mitteln (Werkzeugen, Aktionsparametern, Entscheidungsvariablen) des unternehmenspolitischen Instrumentariums. Dieser globale Begriff ist der Differenzierung des Zielsystems und der Sukzessivität des Entscheidungsprozesses (s.u.) folgend in partialpolitische Instrumente aufzugliedern: das absatz-, das produktions-, das beschaffungs-, das finanzierungs- und das bilanzpolitische Instrumentarium nebst anderer Optionsrechte. Die angesetzten Entscheidungsvariablen der teilpolitischen Instrumentarien sind in Abb. 4 dargestellt. Dabei wird von einer Differenzierung des bilanzpolitischen Instrumentariums wie auch der anderen (steuerlichen) Optionsrechte hier abgesehen. Diese werden wegen ihrer Bedeutung gesondert dargestellt. Für jede dieser Entscheidungsvariablen ist zu prüfen, ob über die Beeinflussung einer ertrag-, substanz-, oder anderen steuerrechtlichen Bemessungsgrundlage bzw. einer Subventionsbemessungsgrundlage eine gegenseitige Abhängigkeit grundsätzlich gegeben und nach ökonomischen Kriterien (Drei-Phasen-Schema) im Entscheidungsprozess zu berücksichtigen ist.

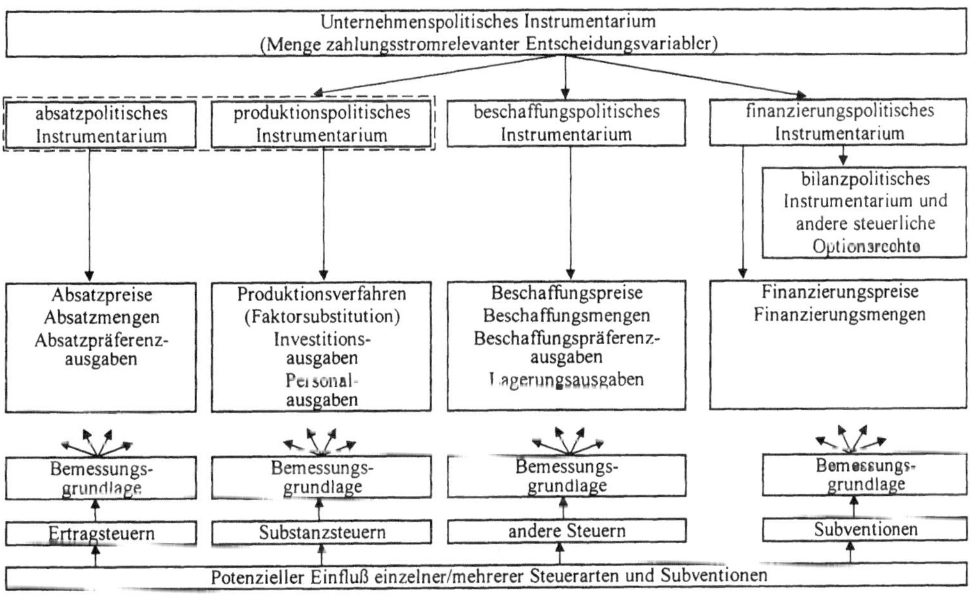

Abb. 4: Die Verknüpfung des unternehmenspolitischen Instrumentariums mit dem potenziellen Einfluss einzelner/mehrerer Steuerarten/Subventionen

Als zahlungsstrombezogene Mittel im Rahmen des absatzpolitischen Instrumentariums[23] können die Absatzpreise und -mengen (der einzelnen Produktarten) und die Ausgaben zur Schaffung von Präferenzen beliebiger Art angesetzt werden. Der Absatzzeitpunkt ist hier vernachlässigt, weil ein Steuereinfluss nicht vermutet wird. Da Absatzmenge und -preis funktional verknüpft sind, können beide unter dem Begriff der Preispolitik zusammengefasst werden. Die Präferenzpolitik ist wegen der Vielzahl der möglichen Instrumente regelmäßig tief aufgegliedert. Obwohl einzelne präferenzerzeugende Ausgabenarten im jeweiligen praktischen Fall erhebliche Bedeutung haben können, soll nur differenziert werden, wenn sie einer besonderen steuerlichen Wertung unterliegen (z.B. Nichtabzugsfähigkeit nach § 4 Abs. 5 EStG). Der Bereich der Absatzmethoden soll zum Bereich der Präferenzschaffung gehören.

Das produktionspolitische Instrumentarium[24] umfasst die besonders hervorgehobene Situation der Wahl eines von mehreren Produktionsverfahren. Dies umfasst insbesondere die alternativen Möglichkeiten der Substitution der Produktionsfaktoren 'Betriebsmittel' und 'Arbeit'. Die Ausgabenwirkung schlägt sich in Investitions- und Personalausgaben nieder; hier wird ein Steuer- und Subventionseinfluss vermutet. Weitere produktionspolitische Instrumente (so etwa die Fertigungskontrolle oder die Entwicklung) sollen entweder in den hier angesetzten Produktionsausgaben oder in anderen teilpolitischen Bereichen enthalten sein (so etwa Produkt- und Programmgestaltung, Produkt- und Produktionsmenge oder Produktionsprogramm im absatzpolitischen Instrumentarium bzw. Anpassung an Beschaffungsschwankungen oder Bereitstellung der Produktionsfaktoren im beschaffungs-politischen Instrumentarium). Auf die explizite produktionswirtschaftliche Ausrichtung dieser Entscheidungsvariablen wird hier verzichtet, weil keine weiteren Erkenntnisse hinsichtlich des Steuereinflusses ersichtlich sind.

Das beschaffungspolitische Instrumentarium setzt sich analog zum absatzpolitischen Instrumentarium zusammen: Beschaffungspreise, -mengen und -präferenzausgaben. Zusätzlich sollen hier die Lagerungsausgaben berücksichtigt werden. Dieser Entscheidungsvariablen kommt eine nicht unerhebliche Bedeutung zu. Es ist auch nicht von vornherein auszuschließen, dass keine Interdependenz zwischen Lagergrößen und steuerlichen Faktoren besteht. Lagerungsausgaben fallen allerdings nicht nur im Beschaffungsbereich an, sondern auch im Produktions- und im Absatzbereich. Es ist jedoch ausreichend, sie nur einmal zu untersuchen, da sich methodische Unterschiede bezüglich des Steuereinflusses nicht ergeben. Im praktischen Fall ist, wenn notwendig, die Entscheidungsvariable 'Lagerungsausgaben' evtl. einem anderen Entscheidungsbereich zuzuordnen.

Als finanzierungspolitische Instrumente[25] werden die Finanzierungspreise und -mengen herangezogen. Unter dem Begriff der Finanzierungspreise sind die Ausgaben der

---

[23] Vgl. etwa Wöhe, G., Döring, U., Einführung in die Allgemeine Betriebswirtschaftslehre, a.a.O., S. 514ff.

[24] Vgl. ebenda, S. 347ff.

[25] Vgl. hierzu ebenda, S. 768ff. sowie Busse, F.-J., Grundlagen der betrieblichen Finanzwirtschaft, 4.Aufl. München Wien 1996, S. 498ff.

jeweiligen Finanzierungsart je finanzierter Geldeinheit und je Periode zu verstehen. Die Finanzierungsmengen (Finanzierungsvolumina) umfassen die nach der Finanzierungsart differenzierten Geldbeträge je Periode. Wegen der periodenweisen Definition ist die Finanzierungsdauer implizit berücksichtigt. Die zur Erreichung des Liquiditätsziels notwendige zeitliche Abstimmung von Einnahmen/kumulierten Einnahmeüberschüssen einerseits und Ausgaben andererseits wird ebenfalls durch die periodenweise Betrachtung gesichert. Dabei wird allerdings im Rahmen eines Finanzplans angenommen, dass sich die Perioden der erfolgsmäßigen und der liquiditätsmäßigen Finanzierungsplanung decken. Diese praxisferne Einschränkung ist notwendig, um die Darstellung des prinzipiellen Steuereinflusses nicht hinter praxisnahe Modelldifferenzierungen zurücktreten zu lassen. Die Methodik der Steuerberücksichtigung wird dadurch nicht berührt.

Als (allerdings relativ autonome) Subpolitik der Finanzierungspolitik sind die Bilanzpolitik und die anderen Optionspolitiken eingeordnet. Im Bereich der Handels- und der Steuerbilanzpolitik stellen die Bilanzierungs- und Bewertungswahlrechte die Entscheidungsvariablen dar. Die Ausübung weiterer nichtbilanzieller Optionen umfasst andere steuerrechtliche Wahlrechte wie etwa Optionsrechte nach dem UStG oder dem ErbStG. Wegen der relativen Unabhängigkeit (Möglichkeit autonomer Zielformulierung) und wegen der Existenz eigener Entscheidungsvariabler liegt hier Steuerpolitik i.e.S. vor. In sämtlichen anderen Bereichen mangelt es schon an einem eigenen steuerlichen Ziel. Dort liegt der Bereich der Steuerpolitik i.w.S., der Bereich des Steuereinflusses auf die Erreichung steuerfremder Zielsetzungen. In Einzelfällen ist die Abgrenzung zu einer steuerorientierten Sachverhaltsgestaltung, die ebenfalls Steuerpolitik i.e.S. darstellt, wenn ein eigenes Ziel und eigene Entscheidungsvariable existieren, nicht immer einfach.

Um den Einsatz des steuerpolitischen Instrumentariums (Steuerpolitik i.e.S.) wie auch den des Steuereinflusses auf andere betriebliche Instrumentarien zu verdeutlichen, seien zwei Beispiele skizziert. Als Beispiel für Steuerpolitik i.e.S. sei ein Wahlrecht entsprechend R 20 Abs. 2 EStR 2001 skizziert. In Handels- und Steuerbilanz ist für eine betriebliche (abzugsfähige) Steuer eine Rückstellung zu bilden. Mindert diese Steuer die eigene Bemessungsgrundlage, dann kann die Rückstellung einfacherweise in Höhe von 5/6 der nominalen Steuer (ohne den genannten Abzug zu berücksichtigen) oder in Höhe des effektiven Steuersatzes gebildet werden. Die Zielfunktion sei, die Ertragsteuerausgabe durch Gewinnreduktion zu mindern. Die Steuerrückstellung soll maximal dotiert werden. Der effektive Steuersatz beträgt:

$$s = \frac{s'}{1 + s'}$$

mit s — effektiver Steuersatz unter Berücksichtigung der Abzugsfähigkeit von der eigenen Bemessungsgrundlage

s' — nominaler Steuersatz lt. jeweiligem Steuergesetz

Die Rückstellungszuführung berechnet sich zu:

Fünf-Sechstel-Methode $R_a = \frac{5}{6} \cdot s' \cdot G - V$

exakte Berechnung $R_e = s \cdot G - V$

mit R_a approximative Rückstellungsberechnung
R_e exakte Rückstellungsberechnung
G Gewinn als steuerrechtliche Bemessungsgrundlage
V Steuervorauszahlung

Der Zielfunktion R = Max! entsprechend würde der Unternehmer beide Rückstellungsdotierungen berechnen und die maximale Rückstellungszuführung realisieren. Die relative Vorteilhaftigkeit der beiden Dotierungen hängt augenscheinlich von der Höhe des Steuersatzes s' ab, weil der Bruch 5/6 *eine* bestimmte Relation zwischen nominalem und effektivem Steuersatz unterstellt. Deshalb interessiert für eine generelle Entscheidungshilfe, bei welchem Steuersatz das finanzielle Ergebnis der Wahlrechte indifferent ist. Dieser *kritische* nominale Steuersatz wird durch Gleichsetzung gesucht:

$$R_a = R_e$$

$$\frac{5}{6} \cdot s' \cdot G - V = \frac{s'}{1 + s'} \cdot G - V$$

$$\frac{5}{6} = \frac{1}{1 + s'}$$

Während die linke Seite (Dotierung nach der approximativen Methode) von der Höhe des nominalen Steuersatzes s' unabhängig ist, sinkt der Wert der rechten Seite (Dotierung nach der exakten Methode) mit steigendem nominalen Steuersatz. Je höher also der Steuersatz ist, desto eher ist die approximative Methode von Vorteil – und desto größer ist der Vorteil. Löst man die Gleichung nach s' auf, so ergibt sich für den kritischen Steuersatz $s'_{krit} = 0{,}2$. Ist also der nominale Steuersatz s' im einzelnen Entscheidungsfall höher als 20 %, dann ist die Fünf-Sechstel-Methode, also die überschlägliche Berechnung, vorteilhaft im Sinne der Zielfunktion. Bei niedrigeren Steuersätzen ist die exakte Methode zu präferieren. Der Vorteil der Fünf-Sechstel-Methode steigt – nachdem der kritische Steuersatz überschritten ist – mit dem Steuersatz. Die Vorauszahlung hat keinen Einfluss auf den kritischen Steuersatz. Je höher sie allerdings ist, desto größer ist die Differenz zwischen den beiden Rückstellungsbeträgen, desto größer ist also der Fehler (und Vorteil) bei der Anwendung der Fünf-Sechstel-Methode.

Als Beispiel für Steuerpolitik i.w.S. sei der Einfluss einer Steuer auf den optimalen Output herangezogen – also ein Beispiel aus dem Bereich der Absatzpolitik. Das Produktionsverfahren – die Kostensituation – sei vorgegeben. Der Absatz soll so gestaltet werden, dass der Gewinn maximiert wird. Der Markt sei durch ein monopolistisches Intervall gekennzeichnet. Der Unternehmer sucht die Absatzmenge und den Absatzpreis, die die Gewinnmaximierung sichern (Cournotscher Punkt).

Die Steuerwirkung soll anhand einer Brutto-USt analysiert werden. Auf die Leistung soll eine USt mit einem konstanten Steuersatz erhoben werden. Die Analyse soll ergeben, ob und ggf. wie sich Absatzpreis und -menge ändern. Hierzu können die Absatzsituationen ohne USt (Nicht-Steuerfall) und mit USt (Steuerfall) verglichen werden. Der Analyse kann eine Hypothese zugrunde liegen – etwa die, dass der Gesetzgeber durch die Einführung einer solchen Steuer nicht beabsichtigt, dass sich die Absatzmenge oder der Gewinn ändern. Nur der Preis soll sich um die USt erhöhen. Es ist demnach Gesetzesabsicht, die Steuer auf den Nachfrager zu überwälzen (insoweit können die Ergebnisse der Analyse auch normativ ausgewertet werden).

Absatz- und Produktionssituation ohne USt:

Markt $L = p \cdot x$ mit $p = a - b \cdot x$

Produktion $C = d + e \cdot x$

mit		
	L	Leistung
	p	Preis
	x	Absatzmenge
	C	Gesamtkosten
	a,b,d,e	Konstante

Der Markt ist also erwartungsgemäß gekennzeichnet durch eine von links nach rechts fallende Preis-Absatz-Funktion $p = a - b\,x$. Die Produktion soll durch eine Kostenkurve C mit fixem Anteil d und proportionalen variablen Kosten $e \cdot x$ charakterisiert sein. Der Gewinn $G = L - C$ ist dann maximal, wenn (unter weiteren Bedingungen) der Grenzgewinn null ist, wenn Grenzleistung und Grenzkosten also identisch sind. Leitet man die Gewinnfunktion nach x ab, setzt sie null und löst sie schließlich nach x auf, dann ergibt sich für den optimalen – also gewinnmaximalen – Output ohne Steuerberücksichtigung x_{opt}:

$$x_{opt} = \frac{a - e}{2 \cdot b}$$

Realisiert der Unternehmer diese Absatzmenge zu dem durch die Preis-Absatz-Funktion definierten Preis, dann ist der Gewinn maximal.

Der Gesetzgeber führe nun eine USt mit dem Steuersatz s_u ein, die zu zusätzlichen Kosten C_u führt:

$$C_u = L \cdot s_u$$

Die zusätzliche USt kann die Preis-Absatz-Funktion ändern. Diese gibt die vermutete Absatzsituation wieder und soll nur von der Einkommenssituation der Nachfrager abhängen (was real nicht der Fall ist). Dann hat die USt keinen Einfluss auf die Preis-Absatz-Funktion. Die USt kann weiterhin die Kostenkurve ändern. Das ist der Fall, wenn die USt Kosten darstellt – was hier angenommen wird, da sie die Definitionskriterien für Kosten erfüllt. Während die Erklärungsfunktion für den Markt also gleich bleiben soll, ändert sich die Kostenfunktion zu:

$$C = d + e \cdot x + C_u$$

Setzt man diese Kostenfunktion in die Formel für den Gewinn $G = L - C$ ein, leitet die Gewinnfunktion nach x ab, setzt die Ableitung gleich null und löst diese Gleichung schließlich nach x auf, so erhält man für den optimalen – also gewinnmaximalen – Output mit Steuerberücksichtigung x_{sopt}:

$$x_{sopt} = \frac{a - \dfrac{e}{1 - s_u}}{2 \cdot b}$$

Wie leicht ersichtlich ist, gilt $x_{sopt} < x_{opt}$. Die gewinnmaximale Absatzmenge ist durch die Einführung der USt gesunken – entgegen der Absicht des Gesetzgebers ändert sich die Absatz- und Produktionssituation des Unternehmers. Einer niedrigeren Absatzmenge steht ein höherer Absatzpreis gegenüber. Verringert sich hierdurch der Gewinn (das ist der Fall, soll aber hier nicht untersucht werden), dann findet eine vollständige Überwälzung der USt auf den Nachfrager nicht statt (der Überwälzungsgrad hängt von der Nachfrageelastizität ab). Die USt hat demnach einen Einfluss auf die absatzpolitische Entscheidung; Absatzpreise und/oder Absatzmengen müssen geändert werden. Die USt (oder eine USt-Erhöhung) geht in die Produktions- und Absatzplanung ein – wenn auch das Wirtschaftlichkeitskriterium (Drei-Phasen-Schema, s.u.) erfüllt ist.

1.2.3 Der betriebliche Entscheidungsprozess und Steuern

Konstitutive Entscheidungen – wie etwa die Rechtsform- oder die Standortwahl – werden regelmäßig auf der obersten Entscheidungsebene getroffen. Dabei werden sämtliche der genannten drei Ziele zwar verfolgt, das Erfolgsziel wird aber eher im Vordergrund stehen als die anderen beiden Ziele. Somit reduziert sich der konstitutive Entscheidungsprozess auf eine besonders einfache Form. Als Erstes wird das Ziel fixiert: Das kann etwa so geschehen, dass eine Rechtsform dann als vorteilhaft angesehen wird, wenn der Kapitalwert sämtlicher zukünftiger Einnahmeüberschüsse maximal ist. Der Steuereinfluss wird in der Zieldefinition in gleicher Weise wie bei funktionalen Entscheidungen (Drei-Phasen-Schema, s.u.) berücksichtigt.

Bei funktionalen Entscheidungen soll von einem simultan-sukzessiven Entscheidungsprozess ausgegangen werden. Die Akzeptanz einer partiell hierarchischen Entscheidungsstruktur steht nicht im Widerspruch zur grundsätzlichen Forderung nach einer gesamtbetrieblichen Simultanlösung. Sie basiert vielmehr auf der praktischen Notwendigkeit der Bildung hierarchischer Strukturen insbesondere wegen des Mangels an vollständiger Information. Aus eben dieser Notwendigkeit einer Praxisorientierung der betriebswirtschaftlichen Forschung ergibt sich die Rechtfertigung des theoretischen Ansatzes hierarchischer Zielsysteme[26].

Zur differenzierten Darstellung des Steuereinflusses auf den Entscheidungsprozess muss weiterhin das Zielsystem die Bedingung erfüllen, dass Rückwirkungen einzelner subzielgerichteter Entscheidungen auf die Erreichung anderer Ziele berücksichtigt werden. Das ist bei Entscheidungen auf einer Zielhierarchieebene durch die Simultaneität gesichert, da nur *ein* Ziel existiert. Zwischen unterschiedlichen Zielhierarchieebenen ist diese Voraussetzung aufgrund der sukzessiven Entscheidungsstruktur prinzipiell nicht erfüllt. Da aber die Sukzessivität wegen des Mangels an vollständiger Information einerseits und des Erfordernisses der Realitätsnähe andererseits nicht aufgegeben werden kann, muss eine Hilfskonstruktion eingeführt werden. Zwischen die sukzessiven Teile des Entscheidungsprozesses werden Rückkopplungen eingefügt, die eine Rückwirkung auf höhere Entscheidungsebenen im Sinne einer Überprüfung der vorgesehenen Entscheidungen unter steuerlichem Aspekt ermöglichen. Diese Überprüfung kann in einem Näherungsverfahren durch einen iterativen Vergleichsprozess erfolgen. Da ein solcher Prozess jederzeit abgebrochen werden kann, entspricht dieser Lösungsansatz auch der Praktikabilitätsbedingung. Im Einzelfall bestimmt der akzeptierte Fehler den Abbruch der Iteration.

Simultanentscheidungen können praxisnah in zwei Bereichen angenommen werden. Es handelt sich um den Bereich 'Absatz und Produktion' und um den Bereich des externen Rechnungswesens. Der erste Bereich muss deshalb in einem Simultanansatz in die Untersuchung eingehen, weil ein Ziel im Rahmen des gesamtbetrieblichen Entscheidungsprozesses ökonomisch sinnvoll nur für beide Bereiche gemeinsam definiert werden kann. Das ist zur Entwicklung praxisorientierter Entscheidungsmodelle unabdingbar. Einzelbereichsziele wie etwa im Produktionsbereich die Kostenminimierung oder im Absatzbereich die Umsatzmaximierung sind nur dann sinnvoll, wenn sie im Sinne von Standards vorgegeben werden. Unter diesem Aspekt sind sie jedoch jeweils durch retrograde Aufspaltung eines beide Bereiche umfassenden Ziels entstanden. Weiterhin ist es notwendig, eine den Absatz- *und* den Produktionsbereich umfassende Zieldefinition und -funktion anzusetzen, weil nur so ein Vergleich zwischen den 'Absatz-Vorteilen' und den 'Produktions-Nachteilen' möglich ist. Diese Voraussetzung ist für Zielfunktionen der Überschusserhöhung (Gewinn- oder Einnahmeüberschussmaximierung) erfüllt.

---

[26] Vgl. zu hierarchischen Zielsystemen etwa Wöhe, G., Döring, U., Einführung in die Allgemeine Betriebswirtschaftslehre, a.a.O., S. 486ff.

Die produktzielorientierte Mindesteinhaltung eines gewissen Marktanteils soll aus Gründen praktischer Relevanz neben dem Absatz-Produktionsziel als isoliertes Absatzziel akzeptiert werden. Damit soll – sei dieses isolierte Ziel nun sinnvoll oder nicht – erreicht werden, dass potenzielle Steuer- oder Subventionswirkungen erfasst werden können.

Im Bereich des externen Rechnungswesens (Handels- und Steuerbilanz) sind Simultanentscheidungen wegen der engen gesetzlichen Abhängigkeiten sinnvoll. Handels- und Steuerbilanzpolitik können zwar unterschiedliche Ziele verfolgen – zwischen dem Grad der jeweiligen Zielerfüllung bestehen jedoch wegen des sog. Maßgeblichkeitsprinzips enge gegenseitige Abhängigkeiten.

Sämtliche sonstige Entscheidungen werden als sukzessiv unterstellt, da dies einerseits einfacher ist, andererseits ausreichend dem Darstellungszweck entspricht: Der Einfluss von Steuern soll differenziert nach betrieblichen Funktionen analysiert werden. Dieser Zweck wird durch sukzessive Entscheidungsvorgänge und (evtl.) durch den Ansatz von Rückwirkungen in Form von Rückkopplungen mit Abbruch iterativer Lösungsvorgänge bei approximativem Erreichen des Ziels gesichert.

Auf der Basis des dargestellten Minimalzielsystems und der Annahme einer simultan-sukzessiven Struktur des Entscheidungsprozesses ergibt sich für den Entscheidungsablauf etwa das folgende Bild (vgl. Abb. 5): Nach Fixierung des übergeordneten Unternehmensziels wird im zweiten Entscheidungsrang das (isolierte) Absatzziel sowie das simultane Absatz-Produktionsziel formuliert. Gegenstand des letzteren Ziels ist das Auffinden einer Absatz-Produktionsalternative, die insbesondere auch den optimalen Einsatz der Produktionsfaktoren fixiert. Wegen ihrer besonderen Bedeutung sind dabei die Produktionsfaktoren 'Betriebsmittel' (Investitionen) und 'Arbeit' (Personal) hervorgehoben. Das ist vor allem deshalb notwendig, weil untersucht werden muss, ob die Vernachlässigung des Steuereinflusses zur Auswahl tatsächlich unvorteilhafter Alternativen führt.

In die Kombination der Produktionsfaktoren geht auch der Produktionsfaktor 'Werkstoffe' ein. Allerdings wird unterstellt, dass Art, Menge und Zeitpunkt der Werkstoffausgaben durch unterschiedliche Produktionsverfahren nicht beeinflusst werden, sondern dass die Werkstoffausgaben (bei Beachtung der konjekturalen Preis-Beschaffungsfunktion) nur von der produzierten Menge abhängen. Diese Prämisse ermöglicht eine einfachere sukzessive Behandlung des Bereichs der Werkstoffbeschaffung. Nach Fixierung der Absatz-Produktionsalternative wird im dritten Entscheidungsrang das Beschaffungsziel und daraus folgend die Wahl der Beschaffungsalternative festlegt. In den Beschaffungsbereich wird als praktisch wichtige Teilfunktion die Lagerung einbezogen, da nicht a priori ausgeschlossen werden kann, dass die Besteuerung einen Einfluss etwa auf die Lagerungszeit oder die Lagerungsmenge hat.

Im Finanzierungsbereich werden als Erstes das erfolgsmäßige Finanzierungsziel bzw. die darauf basierende Finanzierungsalternative fixiert. Diese Einbereichsentscheidung wird durch in den Leistungsbereich zurückgreifende Überprüfung kontrolliert und evtl. unter

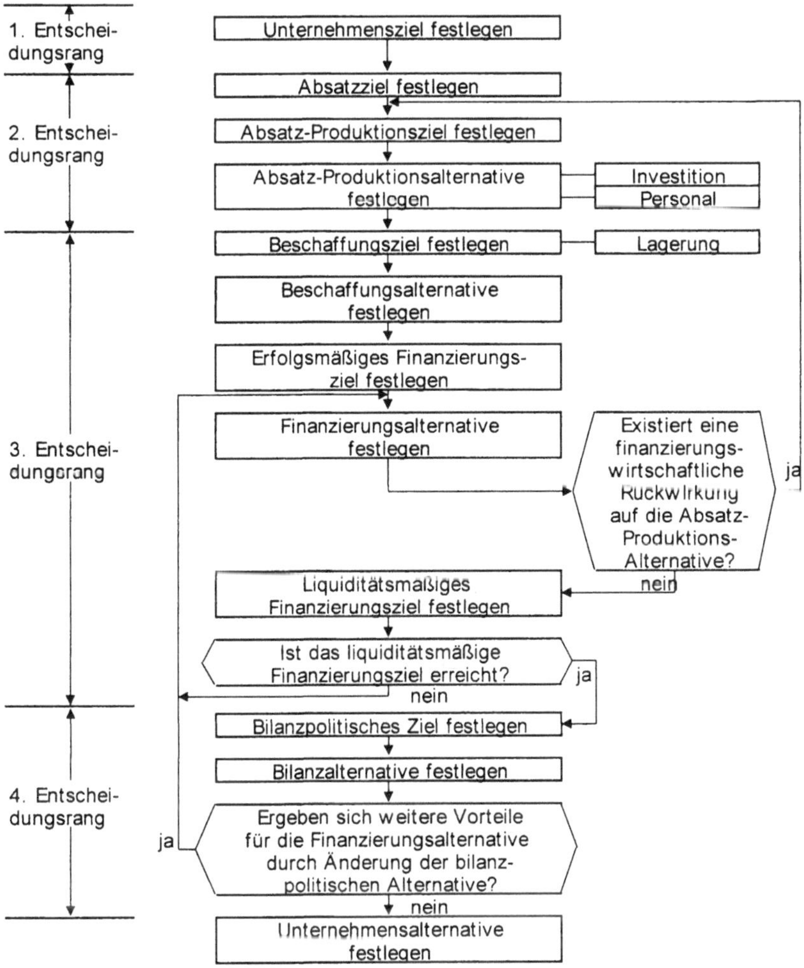

Abb. 5: Der simultan-sukzessive Entscheidungsprozess ohne Berücksichtigung von Steuern

gesamtbetrieblichem Aspekt modifiziert. Erst nach Abbruch des Rückkopplungsvorgangs wird über die liquiditätsmäßige Seite des Finanzierungsbereichs entschieden. Wird das Liquiditätsziel verletzt, so muss die erfolgsmäßige Finanzierungsalternative solange variiert werden, bis die Liquidität gesichert ist. Schließlich ist der Bereich der Bilanzpolitik daraufhin zu untersuchen, ob sich durch einzelne Aktivitäten erfolgs- und/oder liquiditätsmäßige Vorteile erreichen lassen. Ist das der Fall, so muss die Rückwirkung auf den übergeordneten Finanzierungsbereich – und damit evtl. auch auf den Leistungsbereich – beachtet werden.

Die Frage, ob (eine oder mehrere) Steuerarten bei einer Entscheidung berücksichtigt werden sollen[27], kann grundsätzlich nach einem **Drei-Phasen-Schema** beantwortet werden. Die **erste Phase** besteht darin, festzustellen, ob die wirtschaftlichen Größen, die eine Entscheidung beeinflussen, überhaupt im Zusammenhang mit einer steuerrechtlichen Bemessungsgrundlage stehen. Anderenfalls kann die betreffende Steuerart vernachlässigt werden.

Das sei an einem Beispiel verdeutlicht. Es stehe ein Betrag von € 6 Mio zur Verfügung. Dieser kann entweder für den Kauf eines Einzelunternehmens oder alternativ für den Kauf von Aktien verwendet werden. Als Entscheidungskriterium soll der Kapitalwert der Investition herangezogen werden. Die Alternative mit dem höchsten Kapitalwert ist optimal und wird realisiert. In den Kapitalwert geht z.B. die wirtschaftliche Größe 'Ausgabe für den Kauf des Unternehmens' ein. Dieser beeinflusst als Absetzungen für Abnutzung (AfA) zumindest teilweise auch die steuerrechtliche Bemessungsgrundlage 'zu versteuerndes Einkommen'. Bei der Aktienanlage geht z.B. die wirtschaftliche Größe 'Dividendeneinnahmen' in den Kapitalwert ein. Sie erhöhen u.U. ebenfalls die steuerrechtliche Bemessungsgrundlage 'zu versteuerndes Einkommen'. In beiden Fällen besteht also u.a. ein Zusammenhang zwischen Zahlungen und der steuerrechtlichen Bemessungsgrundlage für die ESt. Die ESt hat also die erste Phase passiert.

Erst wenn im jeweiligen Einzelfall (wie im Beispiel) ein Zusammenhang zwischen einer wirtschaftlichen Größe und einer steuerrechtlichen Bemessungsgrundlage besteht (Wirkungsanalyse), ist in der **zweiten Phase** zu prüfen, ob die Steuer auch die Rangfolge der Investitionsalternativen ändert. Ist das nicht der Fall, dann ist die jeweilige Steuer für die Entscheidung irrelevant und kann vernachlässigt werden. Im Beispielsfall wurde in der ersten Phase festgestellt, dass sich durch die Besteuerung die Kapitalwerte ändern *können*. Ohne Berücksichtigung von Steuern möge der Kapitalwert für den Unternehmenskauf z.B. K_I = € 2 Mio und für die Aktienanlage K_{II} = € 3 Mio betragen. Mit Berücksichtigung der Ertragsteuern sollen sie sich auf K_{Is} = € 1 Mio bzw. K_{IIs} = € 1,2 Mio mindern. Dann wird – gleichgültig, ob man die Besteuerung einbezieht oder nicht – die zweite Alternative (Kauf von Aktien) realisiert. Die Besteuerung mindert zwar die Rentabilität der Investitionen, hat aber keinen Einfluss auf die Entscheidung. Das gilt immer, wenn der Steuereinfluss proportional zum jeweiligen Entscheidungskriterium oder wenn er bei jeder Entscheidungsalternative konstant ist. Das gilt auch in anderen Fällen, in denen der Steuereinfluss zwar die Relation der Entscheidungskriterien ändert, jedoch nicht so, dass sich die Rangfolge verschiebt (wie etwa im Beispielsfall). Generell kann allerdings selten schon *vor* der Steuerberücksichtigung festgestellt werden, dass diese Situation vorliegt.

Wenn sich die Rangfolge mehrerer Entscheidungsalternativen durch die Besteuerung ändert, dann muss in der **dritten Phase** die Wirtschaftlichkeit der Steuerberücksichtigung

[27] Vgl. hierzu schon Schult, E., Die Steuern des Betriebs – Betriebswirtschaftliche Steuerlehre in drei Bänden, Freiburg, Band 1: Steuerarten, 2.Aufl. 1983, S. 15ff., Wagner, F.W., Dirrigl, H., Die Steuerplanung der Unternehmung, Stuttgart New York 1980, S. 13ff.

untersucht werden. Würde man die Steuern vernachlässigen, so würde man eine nicht-optimale Alternative realisieren und einen Vermögensnachteil erleiden. Dem steht bei Steuerberücksichtigung der zusätzliche Planungsaufwand als Nachteil gegenüber. Dieser Nachteil muss kleiner sein als der Nachteil der Realisation der nicht-optimalen Alternative; nur dann ist die Steuerberücksichtigung wirtschaftlich.

Mindert im genannten Beispiel etwa die zusätzliche Berücksichtigung von Steuern die Kapitalwerte auf K_{Is} = € 0,8 Mio und K_{IIs} = € 0,6 Mio, dann stellt sich heraus, dass tatsächlich die Alternative I (Unternehmenskauf) vorteilhaft ist. Durch Realisation der zweiten Alternative (Kauf von Aktien) entstünde ein Vermögensnachteil von € 0,2 Mio. Damit die Einbeziehung der Steuern wirtschaftlich ist, darf der Planungsaufwand diesen Betrag von € 0,2 Mio nicht übersteigen. Der Vermögensnachteil von € 0,2 Mio bei falscher Entscheidung ist eine *Netto*größe (nach Steuern). Der Planungsaufwand ist dagegen eine *Brutto*größe (z.B. Betriebsausgabe, vor Steuern). Der Planungsaufwand *nach Steuern* darf also maximal € 0,2 Mio betragen. Bei einem Ertragsteuersatz von z.B. 55 % bedeutet das, dass der Bruttoplanungsaufwand bis auf € 0,44 Mio steigen kann. Bei einem zusätzlichen Planungsaufwand von € 0,44 Mio mindert sich die Steuerbelastung um € 0,244 Mio, der Nettoplanungsaufwand beträgt dann € 0,2 Mio. Dieser Effekt, der ausschließlich für die Berücksichtigung des Steuerfaktors in betrieblichen Entscheidungen existiert, wird **Eigenwirkung der Besteuerung** genannt. Führt z.B. eine Aktivität im Marketingbereich zu einem Vorteil von € 0,2 Mio, dann unterliegt dieser Vorteil (z.B. Gewinnerhöhung) der Besteuerung. Der Nettovorteil beträgt bei einem Ertragsteuersatz von 55 % nur € 0,09 Mio. Hier darf der Planungsaufwand also ebenfalls maximal € 0,2 Mio betragen. Nach Steuern reduziert er sich dann auf € 0,09 Mio. Bei Planungen im steuerlichen Bereich kann er dagegen u.U. wesentlich höher sein, sodass der Steuerplanung durch die Eigenwirkung im Vergleich zu anderen Teilplanungen eine relativ große Bedeutung zukommt.

Steuern (und Subventionen) werden in den Entscheidungsprozess für jeden Funktionsbereich sukzessiv einbezogen. Das gilt auch für die Bereiche, in denen Simultanentscheidungen getroffen werden (Produktions-Absatz-Bereich und externes Rechnungswesen). Damit kann in jedem Schritt geprüft werden, ob Steuern und Subventionen wegen Nichterfüllung verlangter Kriterien (Drei-Phasen-Schema) unberücksichtigt bleiben. Durch den revolvierenden Überprüfungsvorgang wird verhindert, dass sich der Steuerplanungsprozess auf eine bloße Steuerbelastungsrechnung ohne Entscheidungswirkung reduziert[28]. Sind die Phasen der Steuerpolitik i.w.S. (Steuer- und Subventionseinfluss auf Erfolgs- und Liquiditätsziel, vgl. Abb. 6a) abgeschlossen, dann wird (simultan mit der Handelsbilanzpolitik) die Steuerbilanzpolitik als wesentliche

[28] Die steuerliche Gestaltungsfindung ist das wesentliche Problem. Es geht eher sekundär darum, auf betriebliche Planungen mit einer Steuerwirkungsrechnung zu reagieren, sondern primär darum, mit Vorschlägen aus dem steuerplanerischen Bereich zu agieren – also Hinweise für eine steuerlich optimale Gestaltung betrieblicher Vorgänge zu geben; vgl. hierzu insbesondere Rödder, T., Steuerplanungslehre und steuerliche Gestaltungsfindung, Beilage 19 zu BB 1988 sowie ders., Gestaltungssuche im Ertragsteuerrecht, Wiesbaden 1991.

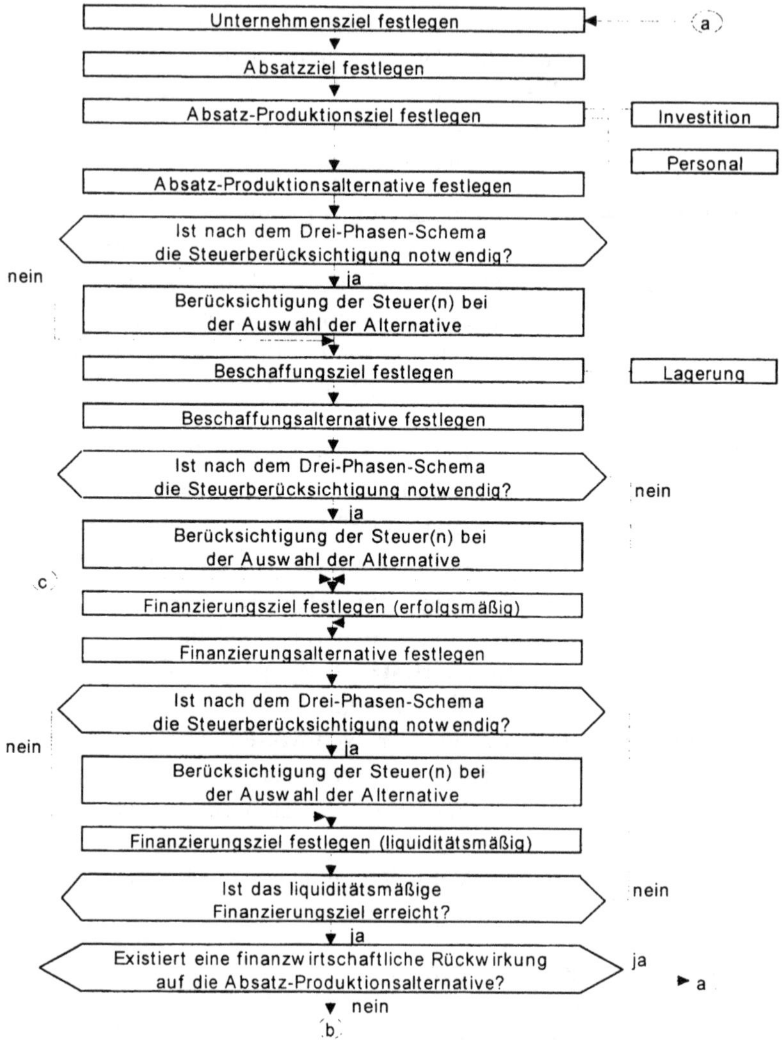

Abb. 6a: Der simultan-sukzessive Entscheidungsprozess unter Berücksichtigung von Steuern (Steuerpolitik i.w.S.)

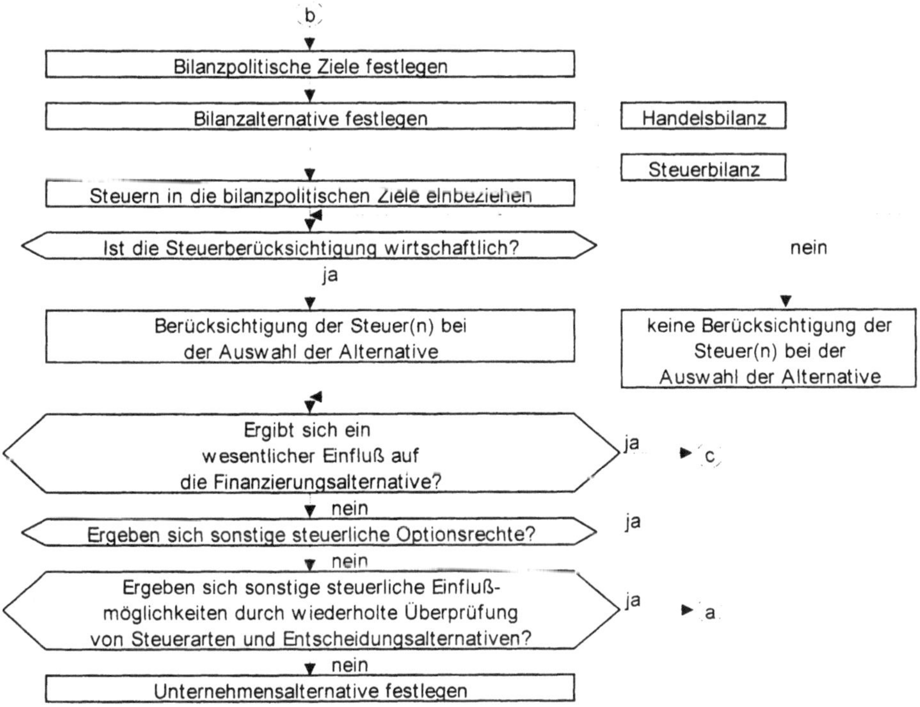

Abb. 6b: Der simultan-sukzessive Entscheidungsprozess unter Berücksichtigung von Steuern (Steuerpolitik i.e.S.)

Steuerpolitik i.e.S. (vgl. Abb. 6b) fixiert. Auch hier ist zu prüfen, ob eine Berücksichtigung steuerbilanzpolitischer Ziele überhaupt erforderlich und ggf. wirtschaftlich ist. Zeigt sich weiterhin, dass der Einfluss aus dem Bereich der externen Bilanzpolitik auf die übergeordnete Finanzierungspolitik wesentlich ist, dann müssen möglicherweise Finanzierungsziel und-alternative modifiziert werden. Ist das nicht der Fall, dann werden die sonstigen steuerrechtlichen Optionsrechte hinsichtlich ihres Einsatzes überprüft – auch hier ist das Wirtschaftlichkeitskriterium zu beachten. Da wegen der Komplexität der Steuer- und Subventionsvorschriften nicht auszuschließen ist, dass einzelne Wirkungen im Entscheidungsprozess übersehen worden sind, ist schließlich eine generelle Überprüfung der Steuer- und Subventionsvorschriften vorgesehen. Falls etwa Gesetzesänderungen oder Änderungen der Unternehmensziele festzustellen sind, ist der Entscheidungsprozess von vorn zu beginnen.

1.3 Steuerdefinition und -einteilung

Um die Aufgaben der betriebswirtschaftlichen Steuerlehre (insbesondere Steuerwirkungsanalyse und Steuergestaltungshilfe) bewältigen zu können, muss zuerst geklärt werden, was unter dem Begriff 'Steuern' überhaupt verstanden werden soll. Sodann muss versucht werden, die Steuerarten in möglichst wenigen Gruppen zusammenzufassen. Das Einteilungskriterium muss ökonomisch sein, weil es das Ziel dieser Systematisierung ist, Steuern in wirtschaftliche Entscheidungen einzubinden. Juristische oder finanzwissenschaftliche Gliederungen sind hierfür ungeeignet.

Die **Definition der Steuern**[29] findet sich in § 3 Abs. 1 AO: "Steuern sind Geldleistungen, die nicht eine Gegenleistung für eine besondere Leistung darstellen und von einem öffentlich-rechtlichen Gemeinwesen zur Erzielung von Einnahmen allen auferlegt werden, bei denen der Tatbestand zutrifft, an den das Gesetz die Leistungspflicht knüpft; die Erzielung von Einnahmen kann Nebenzweck sein. Zölle und Abschöpfungen sind Steuern im Sinne dieses Gesetzes."

Für eine Steuer sind also folgende Merkmale wesentlich: Es muss sich um eine Leistung in Geld handeln; Naturalleistungen – etwa in Form von Dienstleistungen (z.B. freiwillige Feuerwehr) – sind keine Steuern. Weiterhin stellen Steuern keine Leistung für eine besondere Gegenleistung dar. Erbringt das öffentlich-rechtliche Gemeinwesen für die Geldleistung eine Gegenleistung, dann handelt es sich um Gebühren. Es existiert nicht nur kein Anspruch auf eine besondere Gegenleistung, sondern auch nicht auf eine allgemeine Gegenleistung. Für Steuern gibt es keine Zweckbindung (Prinzip der Non-Affektation).

Weiterhin müssen die Steuern von einem öffentlich-rechtlichen Gemeinwesen erhoben werden, das kraft Steuerhoheit zur Auferlegung von Steuern berechtigt ist. Nach Art. 105 GG sind dies der Bund und die Länder, die dieses Recht auch delegieren können – etwa an die Gemeinden oder die Religionsgemeinschaften des öffentlichen Rechts. Andere Körperschaften öffentlichen Rechts können nicht Steuergläubiger sein. Die an diese Körperschaften bezahlten Beträge sind also keine Steuern, sondern Beiträge (etwa zur Wirtschaftsprüferkammer oder zu einer Steuerberaterkammer).

Der Zweck der Steuererhebung muss die Erzielung von Einnahmen sein. Allerdings ist es nicht notwendig, dass dieser Zweck Hauptzweck ist. Damit ist grundsätzlich gesichert, dass die Steuereigenschaft nicht entfällt, wenn Zahlungen erhoben werden, die etwa struktur- oder konjunkturpolitische Ziele verfolgen[30].

Schließlich muss ein Tatbestand erfüllt sein, an den irgendein Einzel-Steuergesetz die Steuerpflicht knüpft. Es müssen also z.B. Einkünfte aus nichtselbstständiger Arbeit bezogen werden, da diese nach § 2 Abs. 1 EStG der ESt unterliegen, oder etwa Lieferungen durch einen Unternehmer im Inland ausgeführt werden, da diese nach § 1 Abs. 1 UStG der USt unterliegen. Neben den genannten müssen weitere Tatbestandsmerkmale erfüllt sein. Erzielt etwa ein beschränkt Steuerpflichtiger Einkünfte aus nichtselbstständiger Arbeit im Ausland, so unterliegen diese nicht der (deutschen)

---

[29] "Über die Steuerdefinition (i.O. hervorgehoben) zu reflektieren, ist betriebswirtschaftlich (allerdings) wenig ergiebig." Siegel, T., Bareis, P., Strukturen der Besteuerung – Betriebswirtschaftliches Arbeitsbuch Steuerrecht, 3.Aufl. München Wien 1999, S. 20.

[30] Vgl. etwa Dendl, M., Energiesteuern – eine Analyse aktueller Vorschläge aus betriebswirtschaftlicher Sicht, in DStR 1998, S. 307ff.

Steuerpflicht. Ist ein Tatbestand erfüllt, an den ein Nicht-Steuergesetz eine Zahlungspflicht knüpft, so handelt es sich bei den Zahlungen ebenfalls nicht um Steuern (etwa § 79 StBerG; an die Mitgliedschaft in einer Steuerberaterkammer ist die Pflicht zur Beitragszahlung geknüpft).

Obwohl die Zölle und Abschöpfungsbeträge die Merkmale des Steuerbegriffs bereits erfüllen (wenn auch insbesondere bei den Abschöpfungsbeträgen die Einnahmeerzielungsabsicht stark in den Hintergrund tritt), werden diese in § 3 Abs. 1 AO ausdrücklich zu den Steuern gezählt. Zölle sind Abgaben, die nach Maßgabe eines Zolltarifs auf die grenzüberschreitende Warenbewegung erhoben werden. Das die Zollpflicht (Steuerpflicht) verursachende Tatbestandsmerkmal ist also der grenzüberschreitende Warenverkehr, wenn ein Zolltarif daran eine Zollpflicht knüpft. Abschöpfungsbeträge dienen der Angleichung der meist niedrigeren Agrarpreise bei Importen in Länder der Europäischen Union (EU) an deren Preisniveau. Das Tatbestandsmerkmal ist ebenfalls ein grenzüberschreitender Verkehr, wenn das Abschöpfungserhebungsgesetz an diesen eine Abschöpfungspflicht (Steuerpflicht) knüpft.

In § 3 Abs. 2 AO wird weiterhin festgelegt, dass **Realsteuern** die GrSt und die GewSt sind. Für diese gelten – wenn die Verwaltung den Gemeinden übertragen ist – einige Vorschriften der AO nicht (vgl. § 1 Abs. 2 AO). Für die betriebliche Steuerpolitik kommt dieser Unterscheidung aber kaum Bedeutung zu. Wesentlich ist vielmehr, dass die Gemeinden bei den Realsteuern das Recht haben, die Hebesätze und damit die Steuerbelastung zu bestimmen. Damit beeinflussen die Realsteuern die regionale und nationale Standortwahl.

Der Einfachheit halber ist in § 3 Abs. 3 AO aufgezählt, welche Geldleistungen zu den sog. steuerlichen Nebenleistungen gehören. Es sind die Verspätungszuschläge, Zinsen und Säumniszuschläge, Zwangsgelder und Kosten. Auf steuerliche Nebenleistungen ist die AO gem. § 1 Abs. 3 AO ebenfalls nur mit Einschränkungen anzuwenden.

Während Steuern einen Zahlungsvorgang durch einen Steuerpflichtigen an ein öffentlich-rechtliches Gemeinwesen verkörpern, existiert umgekehrt eine Vielzahl von Zahlungen durch ein öffentlich-rechtliches Gemeinwesen an einen Anspruchsberechtigten. Neben Steuererstattungen ist das eine Reihe unterschiedlicher Zahlungen durch öffentlich-rechtliche Gemeinwesen, die nicht dem Ausgleich zuviel bezahlter Steuern dienen. Diese können unter dem Begriff der **Subventionen** zusammengefasst werden. Zu dieser Gruppe gehören z.B.:

- Steuervergütungen; Rückzahlung bereits bezahlter Steuern z.B. aus wirtschaftspolitischen Gründen
- Zulagen; Investitionszulagen, Eigenheimzulagen, Sparzulagen, Altersvorsorgezulagen u.a.
- Investitionszuschüsse
- Zinszuschüsse
- Prämien
- Steuerermäßigungen.

Der so umrissene Subventionsbegriff ist zwar sehr weit, aber für die Einbeziehung dieser Zahlungen in betriebliche Entscheidungen ausreichend. Im Gegensatz zu den Steuern setzen Subventionen regelmäßig voraus, dass eine bestimmte Leistung durch den Subventionsempfänger erbracht wird (z.B. standortgebundene Investitionen).

Die **Einteilung der Steuern** nach betriebswirtschaftlichen Erfordernissen kann z.B. nach der Kongruenz von wirtschaftlicher Entscheidungsgröße und steuerrechtlicher Bemessungsgrundlage vorgenommen werden. Danach ergibt sich etwa die folgende Systematisierung:

- Die Bemessungsgrundlagen der **Ertragsteuern** decken sich zumindest teilweise mit Gewinngrößen (Erträge, Aufwendungen, Leistungen, Kosten), sind also abhängig vom Ergebnis der wirtschaftlichen Aktivitäten. Hierzu gehören:
  - die Einkommensteuer (ESt) mit den Sonderformen der Lohnsteuer (LSt) und der Kapitalertragsteuer (KapESt) sowie von der ESt abhängigen Steuern wie der Kirchensteuer (KiSt) und Ergänzungsabgaben (ErgAbg[31])
  - die Körperschaftsteuer (KSt) mit von der KSt abhängigen ErgAbg
  - die Gewerbesteuer (GewSt).
- Die Bemessungsgrundlagen der **Substanzsteuern** decken sich zumindest teilweise mit Vermögensgrößen. Hierzu gehören:
  - die Grundsteuer (GrSt).
  - die Erbschaft- und Schenkungsteuer (ErbSt)
- Die Bemessungsgrundlagen der **Verkehr- und Verbrauchsteuern**, **Zölle** und **Abschöpfungsbeträge** decken sich zumindest teilweise mit Bruttovermögensänderungen wie Einnahmen und Ausgaben. Hierzu gehören etwa:
  - die Umsatzsteuer (USt)
  - die Grunderwerbsteuer (GrESt)
  - die Kraftfahrzeugsteuer, die Mineralölsteuer, die Genussmittelsteuern u.v.m.
- Die Bemessungsgrundlagen der **Subventionen** sind vielfältig. Hierzu gehören etwa:
  - die Investitionszulagen (InvZul), Investitionszuschüsse und Eigenheimzulagen für Investitionsausgaben (z.T. begrenzt)
  - die Steuerermäßigungen auf Steuerausgaben
  - die Zinszuschüsse zu Fremdfinanzierungsausgaben
  - die Prämien für Personalaufwendungen oder Teile hiervon.

---

31 Z.Zt. Solidaritätszuschlag; 5,5 %.

2 Steuerrechtliche Basis: Die Ertragsteuern

Während die Einbeziehung der Körperschaftsteuer (KSt) und der Gewerbesteuer (GewSt) in die Gruppe der für einen Betrieb wichtigen Ertragsteuern unbestritten ist, ergeben sich gewisse Probleme bei der Einbeziehung der Einkommensteuer (ESt). Sie betrifft nicht den Betrieb an sich, sondern rechtlich gesehen die Privatsphäre des Einzelunternehmers oder natürlichen Gesellschafters. Dennoch ist es wirtschaftlich vernünftig, die ESt zu den betrieblichen Ertragsteuern zu rechnen. Der Betrieb ist nämlich eine Veranstaltung, die den beteiligten Personen(gruppen) ein Haushaltseinkommen verschaffen soll. Dieses ist die Grundlage der Einkommenbesteuerung. Die ESt schmälert das Einkommen. Damit wird die Zielerreichung (Erwirtschaftung eines bestimmten oder eines möglichst hohen Einkommens) verändert, was wiederum die Entscheidungen des Unternehmers beeinflussen kann.

Wegen des Grundlagencharakters vieler ESt-rechtlicher Vorschriften für die KSt und die GewSt wird die ESt als Erstes behandelt. Die GewSt weist im Vergleich zu ESt und KSt diverse Besonderheiten auf und wird deshalb als letzte Ertragsteuer dargestellt[32].

2.1 Die Einkommensteuer

Natürliche Personen, die im Inland entweder ihren Wohnsitz oder ihren gewöhnlichen Aufenthalt haben, unterliegen mit sämtlichen in- und ausländischen Einkünften (also **unbeschränkt**) der ESt (§ 1 Abs. 1 EStG)[33]. Andere natürliche Personen – also solche ohne Wohnsitz oder gewöhnlichen Aufenthalt im Inland – sind nur mit ihren inländischen Einkünften (also **beschränkt**) steuerpflichtig (§ 1 Abs. 4 EStG). Die Einkünfte aus einem Betrieb, der im Inland liegt, sind demnach grundsätzlich steuerpflichtig. Ist die natürliche Person, die die Einkünfte aus dem Betrieb bezieht, aber nur beschränkt steuerpflichtig, so ergeben sich hieraus einige Besonderheiten (z.B. Mindeststeuer und keine Anwendung des sog. Splittingtarifs bei verheirateten Steuerpflichtigen, vgl. etwa §§ 50f. EStG[34]).

---

[32] Vgl. zur rechtlichen Basis der ErSt ausführlich Rose, G., Die Ertragsteuern, 16.Aufl. Wiesbaden 2001.

[33] Es ist unmittelbar einleuchtend, dass damit die Unternehmer, die ein Einzelunternehmen betreiben, mit diesen Einkünften der ESt unterliegen. Aber auch die Gesellschafter einer Personengesellschaft (OHG, KG u.a.) werden prinzipiell als Einzelunternehmer behandelt. Die Personengesellschaften stellen ESt-rechtlich eine Einheit dar, in der sich die Einzelunternehmer zur gemeinsamen Einkunftserzielung zusammengefunden haben. Die Gesellschafter leisten hierzu Beiträge, die sämtlich zum einheitlichen Gewinn gehören. Für EStliche Zwecke muss dieser einheitliche Gewinn den Gesellschaftern gesondert zugewiesen werden.

[34] Nach § 1 Abs. 3 EStG werden beschränkt Steuerpflichtige, deren Summe der Einkünfte zu mindestens 90 % der ESt unterliegt oder bei denen Einkünfte von nicht mehr als € 6.136 nicht der ESt unterliegen, auf Antrag weitgehend (z.B. ohne Möglichkeit des Splittingverfahrens, § 26 Abs. 1 EStG) wie unbeschränkt Steuerpflichtige behandelt. § 1a EStG sieht für unbeschränkt steuerpflichtige Staatsangehörige (auch wenn sie den Antrag nach § 1 Abs. 3 EStG gestellt haben) von Ländern der EU erweiterte Regelungen gegenüber anderen durch Antrag nach § 1 Abs. 3 EStG unbeschränkt Steuerpflichtigen etwa im Bereich des Realsplittings oder des Splittingverfahrens vor.

Um die ESt-Zahlung feststellen zu können, muss als Erstes bestimmt werden, welche Einkünfte überhaupt der ESt unterliegen und wie die Höhe dieser Einkünfte berechnet wird. Die ESt-Schuld ergibt sich dann durch Anwendung des ESt-Tarifs (ESt-Satz) auf die so ermittelte Bemessungsgrundlage. In § 2 Abs. 1 EStG wird fixiert, dass nur die folgenden Einkunftsarten der ESt unterliegen:

- Einkünfte aus Land- und Forstwirtschaft
- Einkünfte aus Gewerbebetrieb
- Einkünfte aus selbstständiger Arbeit
- Einkünfte aus nichtselbstständiger Arbeit
- Einkünfte aus Kapitalvermögen
- Einkünfte aus Vermietung und Verpachtung
- sonstige Einkünfte i.S.d. § 22 EStG.

Jeder Geld- oder sonstige Wertzufluss muss daraufhin untersucht werden, ob er zu einer der genannten Einkunftsarten gehört. Die nähere Beschreibung der Einkunftsarten findet sich in §§ 13ff. EStG. Läßt sich der jeweilige Wertzufluss in keine der Gruppen (auch nicht in die genau abgegrenzten sonstigen Einkünfte) einordnen, so unterliegt er nicht der ESt (etwa Lotteriegewinne einer Privatperson, Schenkungen oder Erbschaften) ??. Die exakte Zuordnung der jeweiligen Einkunft zu einer der sieben Einkunftsarten ist aus verschiedenen Gründen notwendig:

- Das Berechnungsverfahren für die Bemessungsgrundlage ist bei den ersten drei Einkunftsarten anders als bei den letzten vier Einkunftsarten. Bei den ersten drei (sog. Gewinn-)Einkunftsarten wird die Einkunftshöhe als Gewinn bezeichnet und berechnet sich als Differenz zwischen den Betriebsvermögen zweier aufeinanderfolgender Stichtage. Bei den letzten vier (sog. Überschuss-)Einkunftsarten wird die Einkunftshöhe als Überschuss der Einnahmen über die Werbungskosten[35] (Ausgaben zur Erwerbung, Sicherung und Erhaltung der Einnahmen) berechnet. Die unterschiedlichen Berechnungsverfahren sind mit unterschiedlich hohen Dokumentationsausgaben (z.B. ordnungsmäßige Buchführung oder einfache Einnahmen-/Ausgabenrechnung) verbunden.
- Für einzelne Einkunftsarten existieren Freibeträge bzw. Freigrenzen oder Pauschalierungen für Betriebsausgaben/Werbungskosten in unterschiedlicher Höhe.
- Bei zwei Einkunftsarten kann statt des Kalenderjahrs ein vom Kalenderjahr abweichendes Wirtschaftsjahr der Einkunftsermittlung zugrunde gelegt werden (vgl. § 4a EStG).
- Die ESt wird z.T. in unterschiedlicher Form und unterschiedlichen Zeitabständen erhoben, je nachdem, welcher Einkunftsart die jeweilige Einkunft zuzurechnen ist (Selbstentrichtung oder Steuerabzug durch einen Dritten, monatliche, vierteljährliche oder jährliche Entrichtung, tendenziell eher frühe/späte ESt-Zahlung).

[35] Werbungskosten und Betriebsausgaben sind im Wesentlichen gleich definiert, vgl. Söffing, G., Die Angleichung des Werbungskostenbegriffs an den Betriebsausgabenbegriff, in DB 1990, S. 1086ff.

- Bei einer Einkunftsart (Einkünfte aus Gewerbebetrieb) wird gem. § 35 EStG eine fiktive GewSt angerechnet.
- Bestimmte Einkunftsarten ziehen nicht nur die ESt-Pflicht, sondern auch andere Steuerpflichten (Einkünfte aus Gewerbebetrieb u.U. die GewSt) nach sich.
- Bei den Gewinn-Einkunftsarten unterliegen auch Gewinne aus Vermögensveräußerungen der ESt-Pflicht, während dies für die Überschuss-Einkunftsarten grundsätzlich nicht gilt (Ausnahme: Gewinne aus privaten Veräußerungsgeschäften, § 23 EStG).

2.1.1 Die Bemessungsgrundlage der Einkommensteuer

Die Bemessungsgrundlage der ESt – das 'zu versteuernde Einkommen' (§ 2 Abs. 5 EStG)– ergibt sich wie folgt (vgl. hierzu auch R 3 EStR 2001):

Gewinn/Verlust aus Land- und Forstwirtschaft
+/– Gewinn/Verlust aus Gewerbebetrieb
+/– Gewinn/Verlust aus selbstständiger Arbeit
+/– Überschuss aus nichtselbstständiger Arbeit
+/– Überschuss aus Kapitalvermögen
+/– Überschuss aus Vermietung und Verpachtung
+/– Überschuss aus sonstigen Einkünften i.S.d. § 22 EStG
= Summe der Einkünfte[36]
– Altersentlastungsbetrag (§ 24a EStG)
– Freibetrag für Land- und Forstwirte (§ 13 Abs. 3 EStG)
= Gesamtbetrag der Einkünfte
– Verlustabzug in eingeschränkter Form (§ 10d EStG; Verlustrück- bzw. -vortrag; 'wie Sonderausgaben')
– Sonderausgaben (§§ 10ff. EStG)
– außergewöhnliche Belastungen (§§ 33ff. EStG)
= Einkommen
– ggf. Kinder- und Betreuungsfreibetrag[37] (§§ 31, 32 Abs. 6 EStG)
– sonstige vom Einkommen abzuziehende Beträge
= zu versteuerndes Einkommen (§ 2 Abs. 5 EStG)

Das Schema zur Berechnung des zu versteuernden Einkommens aus der Summe der Einkünfte zeigt in einigen Positionen, dass die Minderungen z.T. privat bedingter Natur sind (insbesondere Sonderausgaben und außergewöhnliche Belastungen). Sie hängen also mit der Erwerbstätigkeit selbst nicht zusammen. Die Existenz dieser sozial bedingten Abzüge einerseits und eines progressiven ESt-Tarifs andererseits hat zur Folge, dass auch bei der betrieblichen Steuerplanung private Umstände beachtet werden müssen, um z.B.

---

36 Die Summe der positiven und der negativen Einkünfte ist getrennt zu ermitteln. Nur die ausgleichsfähige negative Summe der Einkünfte mindert die Summe der Einkünfte (§ 2 Abs. 3 EStG; R 3 Abs. 2 EStR 2001). Vgl. dazu auch das Kapitel "Verlustausgleich/-rücktrag/-vortrag".

37 Wird nur subtrahiert, wenn die ESt-Minderung höher ist als das Kindergeld. Knüpfen andere Steuern an die ESt an (KiSt, ErgAbg), dann ist die ESt nur zu diesem Zweck von dem um den Kinder- und Betreuungsfreibetrag geminderten zu versteuernden Einkommen zu berechnen (§ 51a Abs. 2 EStG).

die zusätzliche ESt-Belastung berechnen zu können, die sich aus einer bestimmten betrieblichen Entscheidung ergeben wird. Hier liegt eines der grundsätzlichen Probleme der ESt-orientierten betrieblichen Steuerplanung überhaupt. Weil die privaten Verhältnisse der Steuerpflichtigen recht unterschiedlich sind, aber die Steuerbelastung beeinflussen, muss auch die nichtbetriebliche Sphäre erfasst werden – also auch z.B. die Überschuss-Einkunftsarten, die nicht mit einem Betrieb im Zusammenhang stehen. Erst die Summe der Einkünfte bestimmt nach diversen Minderungen die Bemessungsgrundlage der ESt, das zu versteuernde Einkommen.

2.1.2 Die Gewinn-Einkunftsarten

Die **Einkünfte aus Land- und Forstwirtschaft** werden erzielt durch "...die planmäßige Nutzung der natürlichen Kräfte des Bodens und die Verwertung der dadurch gewonnenen Erzeugnisse" (R 135 Abs. 1 EStR 2001). Unter bestimmten Voraussetzungen gehören auch Einkünfte aus Tierzucht und -haltung hierher (§ 13 Abs. 1 Nr. 1 EStG). Werden die Voraussetzungen nicht erfüllt, liegen also die Tierzucht und -haltung nicht im Rahmen einer üblichen Landwirtschaft, so sind diese Einkünfte solche aus Gewerbebetrieb. Das ist z.B. der Fall bei der Herstellung von Geflügelprodukten nach eher industriellen Prinzipien. Auch wenn sich ein landwirtschaftlicher Betrieb nicht auf die Verwertung selbstgewonnener Erzeugnisse beschränkt, sondern dauernd und nachhaltig fremde Erzeugnisse hinzukauft, um auch diese zu veräußern, wird von den Finanzbehörden dann ein Gewerbebetrieb angenommen, wenn diese Zukäufe mehr als 30 % des Umsatzes ausmachen (R 135 Abs. 5 EStR 2001, steuerlich schädlicher Zukauf). Existieren sog. Nebenbetriebe – das sind Be- oder Verarbeitungsbetriebe eher industrieller Natur wie etwa Molkereien und Brennereien –, so zählen die Einkünfte daraus zu den Einkünften aus Land- und Forstwirtschaft, wenn die Rohstoffmenge überwiegend in der eigenen Land- und Forstwirtschaft erzeugt wird. Nebenbetriebe sind auch Betriebe der Substanzausbeutung (z.B. Sand- oder Kiesgruben), wenn die Produkte überwiegend der eigenen Land- und Forstwirtschaft dienen. Werden die Produkte überwiegend veräußert, so liegt ein Gewerbebetrieb vor.

Um Missbräuchen vorzubeugen, werden sog. **Liebhaberei**betriebe (Luxuslandgüter, Gestüte u.ä.) nicht als land- und forstwirtschaftliche Betriebe anerkannt, wenn sie nicht nachhaltig dazu dienen sollen, Gewinne zu erzielen. Würden solche Einrichtungen, bei denen abzusehen ist, dass eine nachhaltige Gewinnerwirtschaftung nicht realisiert wird, als Land- und Forstwirtschaft akzeptiert, so könnten die laufenden privaten Verluste aus Liebhaberei[38] im Wege des Verlustausgleichs mit anderen positiven Einkünften saldiert werden. Daraus ergäbe sich eine steuerliche Entlastung solcher Liebhabereien (das Problem der Liebhaberei kann auch bei anderen Einkunftsarten auftreten, so etwa bei Einkünften aus Vermietung und Verpachtung). Einkünfte aus der Veräußerung und u.U. der Verpachtung von land- und forstwirtschaftlichen Betrieben stellen ebenfalls Einkünfte

[38] Vgl. hierzu etwa Theisen, R., Die Liebhaberei – Ein Problem des Steuerrechts und der Betriebswirtschaftlichen Steuerlehre, in StuW 1999, S. 255ff.

aus Land- und Forstwirtschaft dar. Es gelten Steuervergünstigungen und Wahlrechte analog zur Veräußerung und Verpachtung von Gewerbebetrieben.

Nach § 15 Abs. 1 EStG sind **Einkünfte aus Gewerbebetrieb**:

- Einkünfte aus gewerblichen Unternehmen. Das sind selbstständige nachhaltige[39] Betätigungen, die mit Gewinnerzielungsabsicht unternommen werden und sich als Beteiligung am allgemeinen wirtschaftlichen Verkehr darstellen – wenn es sich nicht um die Ausübung von Land- und Forstwirtschaft oder einer selbstständigen Arbeit (§ 15 Abs. 2 EStG) oder um die bloße Verwaltung eigenen Vermögens handelt (R 137 EStR 2001).
- Gewinnanteile von Gesellschaftern an Personengesellschaften, wenn sich diese Gesellschaften gewerblich betätigen (widerlegbare Vermutung im Gegensatz zur unwiderlegbaren Vermutung gewerblicher Einkünfte bei Kapitalgesellschaften nach § 8 Abs. 2 KStG). Die Gesellschafter sind als sog. Mitunternehmer anzusehen. Neben den Gewinnanteilen sind bei den gewerblichen[40] Mitunternehmerschaften sämtliche Vergütungen, die die Gesellschaft einem Gesellschafter für seine Tätigkeit, für die Hingabe von Darlehen oder die Überlassung von Wirtschaftsgütern leistet, ebenfalls Einkünfte aus Gewerbebetrieb. Sie mindern entweder als Vorabvergütungen nicht den Gewinn oder werden als Betriebsausgaben dem Gewinn aus Gewerbebetrieb wieder hinzugerechnet. Ökonomisch bedeutet dies, dass auch für diese Teile, die tatsächlich keinen Gewinn darstellen, GewSt-Pflicht existiert und dass eventuelle Freibeträge (etwa für Einkünfte aus Kapitalvermögen) nicht wirken. Allerdings wird eine fiktive GewSt angerechnet.
- In § 15 Abs. 3 Nr. 2 EStG wird unwiderlegbar vermutet, dass Einkünfte aus Gewerbebetrieb vorliegen, wenn ausschließlich Kapitalgesellschaften Komplementäre sind und nur diese oder Nichtgesellschafter Geschäftsführungsbefugnis haben. Das gilt auch für mehrstöckige Mitunternehmerschaften.
- Gewinnanteile des Komplementärs einer KGaA, soweit sie nicht Einlagen auf das Grundkapital betreffen (obwohl es sich bei der KGaA um eine Kapitalgesellschaft handelt) sowie Tätigkeits-, Darlehens- und Mietvergütungen an ihn stellen ebenfalls Einkünfte aus Gewerbebetrieb dar. Die KGaA ist als Kapitalgesellschaft (im Verhältnis zu den Kommanditisten) KSt-pflichtig (§ 1 Abs. 1 KStG). Im Verhältnis zu den Komplementären wird eine Mitunternehmerschaft fingiert; deren Gewinnanteil ist demnach nicht KSt-pflichtig (§ 9 Abs. 1 KStG).

Im Recht der Personensteuern (ESt/KSt) werden die vom Verein der §§ 21ff. BGB abgeleiteten Kapitalgesellschaften als selbstständige Steuersubjekte angesehen. Die aus der Gesellschaft bürgerlichen Rechts der §§ 705ff. BGB abgeleiteten Personengesellschaften (OHG/EWIV, KG und andere Personenvereinigungen) werden für die

[39] Werden Veräußerungen im Immobilienbereich 'nachhaltig' vorgenommen, dann können Einkünfte aus Gewerbebetrieb mit der Folge der ESt-Pflicht vorliegen.

[40] Mitunternehmerschaften treten nur bei den Gewinn-Einkunftsarten auf, also auch bei Land- und Forstwirtschaft oder bei selbstständiger Arbeit. Hier ist – wenn nicht besonders bezeichnet – immer die gewerbliche Mitunternehmerschaft gemeint.

Personensteuern nicht als selbstständige Steuersubjekte angesehen. Sie stellen vielmehr EStlich den durch die Leistung von Beiträgen gebildeten Zusammenschluss mehrerer Personen zur Erzielung von Einkünften dar.

Die Mitunternehmerschaft ist in § 15 Abs. 3 Nr. 1 EStG skizziert. Es handelt sich um eine OHG, eine KG oder eine andere Gesellschaft (z.B. GbR nach §§ 705ff. BGB), bei der die Gesellschafter als Unternehmer anzusehen sind. Nach H 138 Abs. 1 EStH 2000 müssen hierzu drei Bedingungen erfüllt sein. Als Erstes muss ein zivilrechtliches Gesellschafterverhältnis existieren. In Ausnahmefällen reicht allerdings auch eine gesellschafterähnliche Bindung (z.B. an einer fehlgeschlagenen Gesellschaft). Die zweite Bedingung ist, dass der Gesellschafter eine gewisse unternehmerische Initiative ausüben kann. Diese Bedingung ist etwa für OHG-Gesellschafter und Komplementäre schon durch das HGB erfüllt. Für Kommanditisten ist dies jeweils zu prüfen. Allerdings sind die Anforderungen, die an die Erfüllung dieser zweiten Bedingung geknüpft werden, eher niedrig. Die dritte Bedingung ist, dass der Gesellschafter ein Unternehmerrisiko eingeht. Das schlägt sich etwa nieder in Haftungsübernahme, in einer Beteiligung an den stillen Reserven – allerdings auch an Vermögensverlusten – und insbesondere an einer Gewinn- und *Verlust*beteiligung.

Sind sämtliche dieser drei Bedingungen erfüllt *und* liegen Gewinn-Einkünfte vor, dann werden diese Personenvereinigungen als Mitunternehmerschaften betrachtet. Eine solche Mitunternehmerschaft kann also Einkünfte aus Land- und Forstwirtschaft, aus Gewerbebetrieb oder aus selbstständiger Arbeit[41] erwirtschaften. Ob eine dieser Einkunftsarten vorliegt und welche es im Einzelfall ist, wird anhand der üblichen Kriterien geprüft. Liegen bei einer Mitunternehmerschaft – nicht bei einer Einzelperson – gleichzeitig mehrere Einkunftsarten neben Einkünften aus Gewerbebetrieb vor, so dominieren Letztere (Abfärbe- oder Infektionstheorie, § 15 Abs. 3 Nr. 1 EStG).

Wegen der zusätzlichen GewSt-Pflicht bei Anrechnung einer fiktiven GewSt (§ 35 EStG) kommt den Einkünften aus Gewerbebetrieb die größte Bedeutung zu. Erfüllt etwa eine KG, deren Geschäftszweck die Verwaltung eigenen Kapitalvermögens oder eigener Immobilien ist, das Kriterium der Beteiligung am allgemeinen wirtschaftlichen Verkehr (§ 15 Abs. 2 EStG) nicht, dann liegt eine Mitunternehmerschaft nicht vor (sog. vermögensverwaltende Tätigkeit). Diese Personenvereinigung erzielt Einkünfte aus Kapitalvermögen bzw. aus Vermietung und Verpachtung. Vergütungen für Leistungen der Gesellschafter an die Gesellschaft stellen die Einkunftsart dar, zu der sie definitionsgemäß gehören (z.B. Einkünfte aus nichtselbstständiger Arbeit oder aus Vermietung und Verpachtung). Nur das formelle Feststellungsverfahren ähnelt dem der Mitunternehmerschaft (§§ 180ff. AO; gesonderte und einheitliche Feststellung der Besteuerungsgrundlagen).

Auch ein stiller Gesellschafter kann Mitunternehmer sein, wenn er die genannten drei Kriterien erfüllt. Der **typische** stille Gesellschafter erzielt Einkünfte aus Kapitalvermögen. Verluste stellen Werbungskosten dar (Durchbrechung des Zuflussprinzips und Verlust-

---

[41] Die entsprechenden Vorschriften des § 15 EStG werden nach § 13 Abs. 5 EStG auf die Einkünfte aus Land- und Forstwirtschaft und nach § 18 Abs. 4 EStG auf die Einkünfte aus selbstständiger Arbeit übertragen.

begrenzung nach § 20 Abs. 1 Nr. 4 EStG analog zu § 15a EStG). Ist er allerdings nicht nur am Gewinn/Verlust, sondern insbesondere auch an den stillen Reserven bzw. Veräußerungsgewinnen beteiligt, dann wird er als Mitunternehmer behandelt (**atypische** stille Gesellschaft). Der atypische stille Gesellschafter erzielt Einkünfte aus Gewerbebetrieb.

Die Qualifikation bzw. Nichtqualifikation als Mitunternehmerschaft kann für den Steuerpflichtigen überraschend sein, weil etwa bei der Vertragsabfassung und -durchführung (vor allem bei Verträgen unter Angehörigen) nicht auf die Kriterien geachtet worden ist. Kann eine wirtschaftliche Situation alternativ als Mitunternehmerschaft gestaltet werden (besonders deutlich wird dies bei der stillen Gesellschaft), dann sind die Vor- und Nachteile ökonomisch abzuwägen. Vorteilhaft ist die Anrechnung[42] fiktiver GewSt auf die ESt; nachteilig ist die GewSt-Pflicht (ausgedehnt auch auf Vergütungen für Gesellschafterleistungen), der Verlust von Freibeträgen und die Besteuerung von Veräußerungsgewinnen. Möglicherweise ergeben sich ErbStliche Vorteile. Im Einzelfall muss geprüft werden, ob die Vor- bzw. Nachteile überhaupt greifen. Liegt der Gewerbeertrag im Freibetrag von € 24.500, dann ist die GewSt-Pflicht wie auch die Anrechnung fiktiver GewSt irrelevant. Bei den Einkünften aus Vermietung und Verpachtung existieren keine Freibeträge und bei der Veräußerung von Anteilen am Betriebsvermögen kann es sein, dass der Freibetrag nach § 16 Abs. 4 EStG im Einzelfall nicht überschritten wird.

Zu den Einkünften aus Gewerbebetrieb – grundsätzlich aber nicht zum (GewStlichen) Gewerbeertrag[43] – gehören auch der Gewinn oder Verlust aus der Veräußerung oder Aufgabe des Gewerbebetriebs oder eines weitgehend selbstständigen Teilbetriebs. Als Teilbetrieb gilt auch die Veräußerung einer 100%igen Beteiligung an einer Kapitalgesellschaft (die im Betriebsvermögen gehalten wird, vgl. § 16 Abs. 1 EStG mit den entsprechenden EStlichen – und hier ausnahmsweise auch GewStlichen Folgen). In analoger Interpretation als Mitunternehmerschaft erzielt auch ein Gesellschafter einer Personengesellschaft und der Komplementär der KGaA bei der Veräußerung seines Anteils Einkünfte aus Gewerbebetrieb. Die genannten besonderen Einkünfte aus Gewerbebetrieb werden als Veräußerungsgewinn oder -verlust bezeichnet[44]. Da bei Veräußerungsgewinnen Freibeträge und Tarifmodifikationen existieren können (§§ 16 Abs. 4, 34 Abs. 2 EStG), kommt diesen eher außerordentlichen Einkünften eine besondere Bedeutung zu. Schließlich werden auch Gewinne/Verluste, wenn die Beteiligung mindestens 1 % beträgt und im Privatvermögen gehalten wird (§ 17 EStG) als Einkünfte aus Gewerbebetrieb behandelt. Bei Verlusten muss zusätzlich die Bedingung erfüllt sein, dass die Beteiligung im Rahmen der Gründung der Kapitalgesellschaft oder mehr als fünf Jahre vor der Veräußerung entgeltlich erworben wurde. Die Abgrenzung zur

[42] Vgl. hierzu Rogall, M., Die Berücksichtigung von Personengesellschaften durch die Unternehmenssteuerreform – Eine systematische Analyse der pauschalen Gewerbesteueranrechnung und der Betriebsaufgabebesteuerung, in DStR 2001, S. 586ff.

[43] Ist an einer Mitunternehmerschaft eine Kapitalgesellschaft beteiligt oder ist eine Kapitalgesellschaft Komplementär einer KGaA, so gehören diese Veräußerungsgewinne insoweit zum Gewerbeertrag der Kapitalgesellschaft (§ 7 GewStG).

[44] Gewinne aus der Veräußerung von *Teilen* an Mitunternehmeranteilen werden nach § 16 Abs. 2 EStG als laufender Gewinn behandelt.

Veräußerung einer 100%igen Beteiligung an einer Kapitalgesellschaft ist wegen unterschiedlicher Freibeträge wichtig. Diese Vorschrift gilt nur für die Veräußerung von Anteilen an einer Kapitalgesellschaft, die im Privatvermögen gehalten werden (R 140 Abs. 1 EStR 2001). Gewinne/Verluste aus Veräußerungen von Anteilen an einer Kapitalgesellschaft im *Betriebs*vermögen gehören zu den laufenden Einkünften aus Gewerbebetrieb, für die eine Begünstigung grundsätzlich nicht existiert. Nur Beteiligungen von 100 % des Nennkapitals sind – da sie als Teilbetrieb gelten – begünstigt.

Einkünfte aus selbstständiger Arbeit sind einmal die sog. freiberuflichen Tätigkeiten nach § 18 Abs. 1 Nr. 1 EStG. Das sind einerseits wissenschaftliche, künstlerische, schriftstellerische, unterrichtende und erzieherische Tätigkeiten. Andererseits handelt es sich um die dort enumerierten sog. Katalogberufe (etwa Ärzte, Rechtsanwälte, Architekten beratende Betriebswirte u.ä.). Der Katalog ist nicht abschließend. Außerdem sind in § 18 EStG ausdrücklich die Einnehmer einer staatlichen Lotterie (sofern es sich nicht um Einkünfte aus Gewerbebetrieb handelt), Testamentsvollstrecker, Verwalter fremden Vermögens und Aufsichtsratsmitglieder genannt. Eine allgemeine Definition enthält das EStG jedoch nicht, allenfalls den Hinweis in § 18 Abs. 1 EStG, dass die Tätigkeit aufgrund eigener Fachkenntnisse und eigenverantwortlich erfolgen muss. Abgrenzungsprobleme ergeben sich besonders gegenüber den Einkünften aus Gewerbebetrieb mit der Folge evtl. zusätzlicher GewSt und gegenüber der nichtselbstständigen Arbeit mit der Folge evtl. zusätzlicher Sozialversicherungsbeiträge. Gegenüber der gewerblichen Tätigkeit liegt der wesentliche Unterschied darin, dass es bei der selbstständigen Arbeit auf den Einsatz der persönlichen Arbeitsleistung und der besonderen beruflichen Fähigkeiten (am ehesten durch ein erfolgreich abgeschlossenes akademisches Studium nachzuweisen) ankommt. Im Unterschied zur nichtselbstständigen Arbeit wird die selbstständige Arbeit auf eigene Rechnung und Gefahr (eigene Verantwortung) ausgeführt.

"Einkünfte sind...bei Land- und Forstwirtschaft, Gewerbebetrieb und selbstständiger Arbeit der Gewinn..." (§ 2 Abs. 2 EStG). Sind in der Summe der Einkünfte also sog. Gewinn-Einkunftsarten enthalten, so ist es notwendig, die **Methodik der Gewinnermittlung** näher zu untersuchen. Das EStG unterscheidet fünf Methoden der Gewinnermittlung, denen nach der AO eine weitere hinzugefügt werden kann:

- Betriebsvermögensvergleich nach § 4 Abs. 1 EStG
- Betriebsvermögensvergleich nach § 4 Abs. 1 i.V.m. § 5 EStG
- Überschussrechnung nach § 4 Abs. 3 EStG (nicht zu verwechseln mit der Berechnung der Überschüsse bei den Überschuss-Einkunftsarten)
- Tonnagebesteuerung nach § 5a EStG
- Durchschnittssatz-Rechnung nach § 13a EStG
- Schätzung nach § 162 AO.

Die Vorschrift des § 4 Abs. 1 EStG kann als Generalvorschrift aufgefasst werden. Dort ist der Gewinn erklärt als "...Unterschiedsbetrag zwischen dem Betriebsvermögen am Schluss des Wirtschaftsjahrs und dem Betriebsvermögen am Schluss des vorangegangenen Wirtschaftsjahrs, vermehrt um den Wert der Entnahmen und vermindert um den Wert der Einlagen." Der Gewinn/Verlust ist also identisch mit der Veränderung des Betriebsvermögens über ein Wirtschaftsjahr, wobei Vermögensänderungen, die nicht erfolgswirksam sind (Einlagen, Entnahmen), neutralisiert werden. Da diese Differenz ersichtlicherweise vom Umfang und von der Bewertung des Betriebsvermögens abhängt, und damit der Steuerpflichtige hierbei keinen allzu großen Manipulationsspielraum hat, bestimmt § 4 Abs. 1 EStG weiter, dass bei der Gewinnermittlung "...die Vorschriften über die Betriebsausgaben, über die Bewertung und über die Absetzung für Abnutzung oder Substanzverringerung zu befolgen..." sind. Gemeint sind ausschließlich *steuer*rechtliche Vorschriften (im Gegensatz zur folgenden Gewinnermittlung i.V.m. § 5 EStG). Diese Generalvorschrift gilt, wie es im gesamten Rechtswesen üblich ist, sofern nicht eine abweichende Spezialvorschrift existiert (vgl. die folgenden Gewinnermittlungsarten).

Die Gewinnermittlung nach § 4 Abs. 1 EStG sei an einem einfachen Beispiel skizziert. Das Betriebsvermögen eines Zahnarztes[45] betrage am 1.1.2002 € 500.000 bar. In 2002 habe er Erträge von € 120.000 (davon € 100.000 bezahlt). Außerdem habe er für € 500.000 Gold gekauft, das am Jahresende unverändert vorhanden ist. Andere Einnahmen oder Ausgaben seien nicht angefallen. Würde er den Gewinn nach § 4 Abs. 1 EStG ermitteln, so ergäbe sich:

	€
Betriebsvermögen am 31.12.2002 (Geld, Forderungen, Gold)	620.000
– Betriebsvermögen am 1.1.2002 (31.12.2001, Geld)	– 500.000
= Gewinn 2002 gem. § 4 Abs. 1 EStG	120.000

Der Wert des gekauften Goldes sei in 2002 dauerhaft auf € 430.000 gesunken. Der Steuerpflichtige hat zu prüfen, ob für diesen Fall eine steuerrechtliche Vorschrift besteht. In § 6 Abs. 1 Nr. 2 EStG finden sich die Bewertungsvorschriften für das Umlaufvermögen. Es ist mit den Anschaffungskosten oder bei voraussichtlich dauernder Wertminderung wahlweise mit dem niedrigeren Teilwert (der hier den gesunkenen Wiederbeschaffungskosten entspricht) zu bewerten. Der Steuerpflichtige hat also ein Wahlrecht. Er kann den Goldvorrat am 31.12.2002 mit den Anschaffungskosten (s.o.) oder mit dem Teilwert (hier Wiederbeschaffungskosten) von € 430.000 bewerten. Im zweiten Fall wäre der Gewinn in 2002 mit € 50.000 um € 70.000 niedriger. Das EStG – das sei betont – gibt dem Steuerpflichtigen, der den Gewinn ausschließlich nach § 4 Abs. 1 EStG ermittelt, ein *Wahlrecht* für den Ansatz des niedrigeren Werts.

§ 5 EStG stellt die erste Spezialvorschrift dar. Gewerbetreibende, die gesetzlich verpflichtet sind, Bücher zu führen und regelmäßig Abschlüsse zu machen, oder die dies freiwillig tun, müssen bei der Ermittlung des Betriebsvermögens die handelsrechtlichen Grundsätze ordnungsmäßiger Buchführung beachten (§ 5 Abs. 1 EStG). Voraussetzung

---

[45] Vgl. zu diesem Fall BFH 26.05.1994 BStBl. 1994 II 750; dort geht es allerdings um die *Zuordnung* des Goldes zum Betriebsvermögen.

für die Anwendung der Spezialvorschrift ist also einmal, dass ein Gewerbebetrieb vorliegt. Des Weiteren muss der Gewerbetreibende gesetzlich verpflichtet sein, Bücher zu führen und diese regelmäßig abzuschließen (z.B. als Kaufmann nach § 238 HGB). Da die Kriterien nach nichtsteuerlichen Gesetzen wenig operational sein können, sind in § 141 AO wertmäßige Grenzen fixiert, bei deren Überschreiten Buchführungspflicht vorliegt. Weil diese Grenzen relativ niedrig sind (etwa die Gewinngrenze € 25.000), erweitert die AO die Buchführungspflicht für *Gewerbetreibende* über den nach anderen Gesetzen festgelegten Kreis hinaus erheblich.

Damit braucht regelmäßig überhaupt nicht geprüft zu werden, ob eine Buchführungspflicht nach nichtsteuerlichen Gesetzen gilt – sie ergibt sich meist schon aus § 141 AO. Die Gewinnermittlung nach § 4 Abs. 1 i.V.m. § 5 EStG (Betriebsvermögensvergleich mit Beachtung der Grundsätze ordnungsmäßiger Buchführung – Maßgeblichkeit der Handelsbilanz für die Steuerbilanz) ist damit für die Praxis von überragender Bedeutung. Sie wird deshalb in einem gesonderten Kapitel ("Steuerrechtliche Basis: Die Steuerbilanz") behandelt.

Im Beispielsfall[46] wären bei der Bilanzierung und Bewertung nach § 5 EStG die Grundsätze ordnungsmäßiger Buchführung zu beachten. Es wäre also bei der Bewertung des Vorratsvermögens nicht nur § 6 Abs. 1 Nr. 2 EStG (Abwertungsverbot oder u.U. –wahlrecht), sondern auch die handelsrechtliche Bewertungsvorschrift des § 253 Abs. 3 HGB zu erfüllen. Diese Vorschrift verlangt bei Umlaufvermögen (somit auch bei Vorräten) eine Bewertung nach dem strengen Niederstwertprinzip. Sind die Wiederbeschaffungskosten niedriger als die Anschaffungskosten, so *müssen* Erstere in jedem Fall angesetzt werden. Das Wahlrecht des § 6 Abs. 1 Nr. 2 EStG bei voraussichtlich dauernder Wertminderung ist damit für das Umlaufvermögen hinfällig. Der Gewinn nach § 5 EStG würde sich also (im Unterschied zu der Ermittlung ausschließlich nach § 4 Abs. 1 EStG) berechnen zu:

	€
vorläufiges Betriebsvermögen am 31.12.2002	620.000
– Abwertung wegen gesunkener Wiederbeschaffungskosten	– 70.000
= endgültiges Betriebsvermögen am 31.12.2002	550.000
– Betriebsvermögen am 1.1.2002 (31.12.2001)	500.000
= Gewinn 2002 gem. § 4 Abs. 1 EStG i.V.m. § 5 EStG	50.000

Im Gegensatz zur Gewinnermittlung nach § 4 Abs. 1 EStG hätte ein Gewerbetreibender hier kein Wahlrecht bei der Bewertung des Vorratsvermögens, da er neben den steuerrechtlichen auch die handelsrechtlichen Vorschriften beachten müßte.

Für Steuerpflichtige, die nicht zur Buchführung verpflichtet sind und die dies auch nicht freiwillig tun und denen es weiterhin zu schwierig erscheint, den Gewinn durch einen Betriebsvermögensvergleich nach § 4 Abs. 1 EStG festzustellen, hat der Steuergesetz-

[46] Der Zahnarzt unterliegt – da er kein Kaufmann ist – tatsächlich nicht den Grundsätzen ordnungsmäßiger Buchführung.

geber eine vereinfachte Gewinnermittlungsmöglichkeit[47] zugelassen: die Überschussrechnung nach § 4 Abs. 3 EStG. Da es kaum Gewerbebetriebe gibt, die nicht nach irgendeiner gesetzlichen Vorschrift buchführungspflichtig sind, hat die Überschussrechnung vor allem bei den Einkünften aus selbstständiger Arbeit praktische Bedeutung. Für diese Einkunftsart gelten weder die Vorschriften des HGB noch die Buchführungsgrenzen des § 141 AO. Insbesondere Angehörige freier Berufe *können* also einfacherweise, gleichgültig wie hoch der Gesamtumsatz oder der Gewinn ist, den Gewinn durch Überschussrechnung nach § 4 Abs. 3 EStG ermitteln.

Die Überschussrechnung stellt die Betriebseinnahmen und -ausgaben eines Kalenderjahrs gegenüber. Abgrenzungen zwischen Erträgen/Einnahmen oder Aufwendungen/Ausgaben werden bei dieser Gewinnermittlungsart nur bei Wirtschaftsgütern des *Anlage*vermögens gemacht (§ 4 Abs. 3 EStG). Bei abnutzbaren Wirtschaftsgütern sind nicht die Anschaffungsausgaben im Jahr der Anschaffung absetzbar, sondern nur die AfA während der Nutzungsdauer des jeweiligen Wirtschaftsguts. Die Ausgaben für nichtabnutzbares Anlagevermögen (z.B. Grund und Boden) sind erst im Jahr der Veräußerung absetzbar. Damit soll verhindert werden, dass bei Veräußerungen außerordentliche Gewinne steuerpflichtig werden, was wegen des progressiven ESt-Tarifs zu einer überproportionalen Steuerlast führen würde. Allerdings ist die Anschaffungsausgabe steuerlich z.T. erst sehr spät absetzbar. Die Anschaffung nichtabnutzbaren Anlagevermögens ist im Anschaffungsjahr demnach steuerlich ohne Wirkung, bei der Veräußerung ist die Differenz zwischen Veräußerungseinnahme und Anschaffungskosten steuerpflichtig (analog zur Gewinnermittlung durch Vermögensvergleich).

Als Besonderheit der Gewinnermittlung nach § 4 Abs. 3 EStG ist hervorzuheben, dass auch Einnahmen und Ausgaben aus USt zu den Betriebseinnahmen bzw. den Betriebsausgaben zählen (H 86 EStH 2000). Beim Vermögensvergleich stellt die USt dagegen regelmäßig einen durchlaufenden Posten dar. Eine Erhöhung des Totalgewinns der gesamten Existenzdauer der freiberuflichen Praxis ergibt sich daraus allerdings nicht. Diese Vorschrift führt gegenüber der erfolgsunwirksamen Buchung der USt tendenziell zu einer früheren ESt-Belastung, wenn USt-Abschlusszahlungen erforderlich sind. Im Fall von USt-Abschlusserstattungen ergibt sich dementsprechend eine Verschiebung von ESt-Zahlungen in die Zukunft.

Im Regelfall ermittelt ein Zahnarzt (vgl. o.a. Beispiel) den Gewinn nach § 4 Abs. 3 EStG. Dann sind die Betriebsausgaben von den Betriebseinnahmen zu subtrahieren. Im Beispielsfall stehen den Umsatz*einnahmen* von € 100.000 (€ 20.000 sind zwar erarbeitet, aber noch nicht vereinnahmt worden) Betriebsausgaben für Goldkauf von € 500.000 gegenüber, sodass sich bei der Gewinnermittlung durch Überschussrechnung für 2002 ein Verlust von – € 400.000 ergibt. Weder der Rückgang des Goldpreises noch die Vermögenserhöhung um den Forderungszugang wirken sich bei dieser Gewinnermittlungsart im Jahr 2002 aus. Der Gewinn nach § 4 Abs. 3 EStG ist ausschließlich des

[47] Zur vorteilhaften Ausübung dieses Optionsrechts vgl. Pickert, G., Gewinnermittlung durch Einnahmen-Überschussrechnung oder durch Betriebsvermögensvergleich, in DB 1994, S. 1581ff.

Resultat zahlungswirksamer Vorgänge – wenn nicht § 4 Abs. 3 EStG etwas anderes bestimmt. Dies ist für das Anlagevermögen, nicht aber für das Umlaufvermögen der Fall.

Es sei darauf hingewiesen, dass nach § 11 EStG regelmäßige Einnahmen bzw. Ausgaben, die "...dem Steuerpflichtigen kurze Zeit vor Beginn oder kurze Zeit nach Beendigung des Kalenderjahrs, zu dem sie wirtschaftlich gehören, zugeflossen sind,...als in diesem Kalenderjahr bezogen..." gelten. Als kurze Zeit gilt regelmäßig ein Zeitraum von zehn Tagen. Dieser Grundsatz gilt für alle Überschuss-Einkunftsarten und für die Gewinnermittlung nach § 4 Abs. 3 EStG sowie für Sonderausgaben und außergewöhnliche Belastungen.

Die drei Gewinnermittlungsverfahren können nur in den einzelnen Wirtschaftsjahren zu unterschiedlichen Gewinnen führen. Nur die Gewinn*verteilung* auf die einzelnen Wirtschaftsjahre wird verändert, nicht der Totalgewinn über die gesamte Existenzdauer des Betriebs. So ist z.B. die Erfolgswirkung veränderter Rohstoffpreise für alle drei Gewinnermittlungsarten spätestens dann gleich, wenn die betreffenden Rohstoffe (ohne oder mit Weiterbe- oder -verarbeitung) veräußert werden, wenn der hier unterstellte Verlust aus Preisminderung also durch Umsatz realisiert wird. Im Beispielsfall soll angenommen werden, dass im Jahr 2003 ausschließlich die Forderung von € 20.000 eingeht (also keine weiteren Betriebseinnahmen anfallen) und dass das Gold für € 900.000 veräußert wird. Dann beträgt der Gewinn nach § 4 Abs. 1 EStG € 400.000, nach § 4 Abs. 1 i.V.m. § 5 EStG € 470.000 und nach § 4 Abs. 3 EStG € 920.000. Der Totalgewinn beider Jahre beläuft sich in jedem Fall auf € 520.000.

Die Tonnagebesteuerung als Spezialvorschrift (§ 5a EStG) betrifft die pauschale Gewinnermittlung bei Handelsschiffen im internationalen Verkehr.

Die Durchschnittssatz-Rechnung nach § 13a EStG ist eine weitere Spezialvorschrift zur Gewinnermittlung bei Einkünften aus Land- und Forstwirtschaft, wenn (neben einigen anderen in § 13a Abs. 1 EStG aufgezählten Bedingungen) Buchführungspflicht nicht vorliegt. Diese ist in § 141 AO in ähnlicher Weise wie bei Gewerbebetrieben geregelt. Die Besteuerung nach Durchschnittssätzen ist in § 13a EStG ausführlich beschrieben.

Die Gewinnermittlung durch Schätzung nach § 162 AO passt systematisch nicht in die hier vorgenommene Unterteilung in General- und Spezialvorschriften. Vielmehr ist eine Schätzung der Bemessungsgrundlage – des Gewinns – durch die Finanzbehörden dann erforderlich, wenn der Steuerpflichtige seinen Aufzeichnungs- bzw. Erklärungspflichten nicht oder nicht in ausreichendem Maß nachkommt. Die Schätzung orientiert sich immer an den Grundsätzen des Betriebsvermögensvergleichs. Es wird also auch bei Steuerpflichtigen, die grundsätzlich den Gewinn durch Überschussrechnung ermitteln, bei fehlender Gewinnermittlung die Schätzung auf der Basis des Betriebsvermögensvergleichs durchgeführt.

2.1.3 Die Überschuss-Einkunftsarten

Die Erste der vier Überschuss-Einkunftsarten umfasst die **Einkünfte aus nichtselbstständiger Arbeit**. Das sind die Einkünfte, die ein Arbeitnehmer für eine Beschäftigung bei einem Arbeitgeber von diesem erhält. Die Einkünfte können auch aus einem früheren Arbeitsverhältnis stammen, wie das Ruhegehalt, das der Arbeitnehmer von seinem früheren Arbeitgeber erhält oder die 'Pension' des ehemaligen Beamten sowie Witwen- und Waisengelder, die Hinterbliebene erhalten (die Renten aus der gesetzlichen Altersversicherung sind sonstige Einkünfte nach § 22 EStG). In § 19 Abs. 1 EStG sind einige Formen der Einkünfte aus nichtselbstständiger Arbeit aufgezählt. Es sind dies Gehälter, Löhne, Gratifikationen, Tantiemen und andere Bezüge und Vorteile sowie Wartegelder, Ruhegelder, Witwen- und Waisengelder sowie andere Bezüge und Vorteile aus früheren Dienstleistungen.

Wesentliches Merkmal der nichtselbstständigen Arbeit ist (besonders zur Abgrenzung gegenüber der selbstständigen Arbeit) die Existenz eines persönlichen Abhängigkeitsverhältnisses und die Weisungsgebundenheit gegenüber einem Arbeitgeber (vgl. § 1 LStDV). Das gilt selbstverständlich nur für den aktiven Arbeitnehmer selbst, nicht wenn er im Ruhestand ist und nicht für dessen Rechtsnachfolger (Witwen, Waisen), die Einkünfte aus einem früheren Arbeitsverhältnis beziehen.

Besonders in kleinen Gewerbebetrieben und bei Freiberuflern existieren Arbeitsverträge zwischen Ehegatten oder zwischen Eltern und Kindern. Wegen der engen familiären Beziehungen, die in diesen Fällen zwischen Arbeitgeber und Arbeitnehmer bestehen, kann vermutet werden, dass ein Abhängigkeitsverhältnis nicht bestehen könne. Weil ein Arbeitsvertrag mit steuerlichen Vorteilen verbunden ist (Pauschbetrag bei Einkünften aus nichtselbstständiger Arbeit, evtl. Kürzung der GewSt-Belastung u.a.), werden wegen der Missbrauchsgefahr an die Ernsthaftigkeit derartiger Vereinbarungen von den Finanzbehörden besondere Ansprüche gestellt. Das gilt in analoger Weise auch für die Situation, dass der Alleingesellschafter einer Ein-Mann-GmbH (wirtschaftlich gesehen) sich selbst für die Geschäftsführung ein Gehalt usw. gewährt. Da auch hier die Vermutung naheliegt, dass dies zum Zweck der Steuereinsparung geschieht, sind in diesen Fällen die Bedingungen eines Arbeitsverhältnisses exakt einzuhalten. Darüber hinaus wird hier wie auch bei Arbeitsverträgen zwischen Angehörigen die Angemessenheit des vereinbarten Gehalts besonders geprüft. Die Gesellschafter von *Personen*gesellschaften beziehen zwar zivilrechtlich für Geschäftsführungstätigkeiten u.U. ein Gehalt. Aufgrund der steuerlichen Betrachtungsweise als Mitunternehmer stellt dieses jedoch Einkünfte aus Gewerbebetrieb dar.

Gehört ein Kapitalvermögen nicht zu einem land- und forstwirtschaftlichen oder einem Betriebsvermögen und sind die Einkünfte daraus auch nicht zu den Einkünften aus Vermietung und Verpachtung zu zählen, so handelt es sich um **Einkünfte aus Kapitalvermögen**. Was unter Beachtung dieser Zuordnungsbedingung als Einkünfte aus Kapitalvermögen zu verstehen ist, wird in § 20 EStG umfangreich, aber nicht erschöpfend aufgezählt. Die wichtigsten Einkünfte aus Kapitalvermögen sind Dividenden und Zinsen. Dividenden repräsentieren die Kapitalerträgnisse aus Anteilen an Kapitalgesellschaften (z.B. AG, GmbH, KGaA außer Gewinnanteilen von Komplementären, die nicht für

Einlagen auf das Grundkapital geleistet werden). Die Dividenden sind nach Abzug der Werbungskosten zur Hälfte steuerfrei – sog. Halbeinkünfteverfahren – (§ 3 Nr. 40, § 3c Abs. 2 EStG). Zinsen werden gewährt für die Hingabe von Fremdkapital (Darlehen, sog. Festverzinsliche, Sparguthaben u.a.). Auch die sog. verdeckten Gewinnausschüttungen (§ 8 Abs. 3 KStG; ungerechtfertigte Vorteile für den Gesellschafter einer Kapitalgesellschaft, Halbeinkünfteverfahren) gehören zu den Einkünften aus Kapitalvermögen. Weiterhin gehören auch die Einkünfte des typischen stillen Gesellschafters hierher. In ähnlicher Weise wie bei den Arbeitsverträgen werden Darlehensverträge u.ä. zwischen Angehörigen von den Finanzbehörden nur anerkannt, wenn ein eindeutiger und klarer Vertrag vorliegt, der tatsächlich durchgeführt wird (vgl. generell R 19 EStR 2001). Auch hier besteht die Vermutung einer missbräuchlichen Gestaltung zum Zweck der Verteilung von Einkünften auf mehrere Steuerpflichtige und insbesondere der Ausnutzung des Sparerfreibetrags.

Die **Einkünfte aus Vermietung und Verpachtung** stellen ebenfalls eine Nebeneinkunftsart[48] dar. Nur wenn sie nicht zu einer Haupteinkunftsart gehören, sind die in § 21 EStG genannten Einkünfte solche aus Vermietung und Verpachtung. Dabei handelt es sich im Wesentlichen um Einkünfte aus der Vermietung oder Verpachtung unbeweglichen Vermögens (Grundstücke, Gebäude und Gebäudeteile, Schiffe und grundstücksgleiche Rechte wie etwa Mineralgewinnungsrechte u.a.), von Sachinbegriffen (insbesondere beweglichem Betriebsvermögen) und von Rechten (z.B. Urheberrechte).

Das Problem der **Liebhaberei** findet sich auch im Vermietungsbereich (z.B. vermietete Ferienwohnungen und -häuser). Hier wird ebenfalls geprüft, ob die Absicht besteht, nachhaltig Überschüsse bzw. Gewinne zu erzielen. Da eine Motivforschung kaum möglich ist, wird von den Finanzbehörden bzw. -gerichten geprüft, ob aus objektiven Umständen auf das Vorliegen bzw. Fehlen dieses Motivs geschlossen werden kann. Als solcher objektiver Umstand wird die Möglichkeit eines Totalgewinns angesehen. "Ein Totalüberschuss liegt vor, wenn – auf die Dauer der voraussichtlichen Nutzung betrachtet – die nach den einkommensteuerrechtlichen Vorschriften ermittelten Einnahmen die nach diesen Vorschriften ermittelten Werbungskosten übersteigen."[49] Die Dauer der voraussichtlichen Nutzung kann bis zu hundert Jahre betragen – über diese Zeit wäre dann zu prognostizieren, ob ein Totalgewinn (Einkünfte aus Vermietung und Verpachtung) oder ein Totalverlust (Liebhaberei, keine Einkunftsart) vorliegt. Das Prognoseproblem ist kaum zu lösen.

---

[48] Die Einkünfte aus Kapitalvermögen, aus Vermietung und Verpachtung sowie die sonstigen Einkünfte nach § 22 EStG kann man gegenüber den ersten vier Einkunftsarten als Nebeneinkunftsarten bezeichnen. Bei der Frage der Zuordnung einer bestimmten Einkunft ist zuerst zu prüfen, ob sie zu einer der vier Haupteinkunftsarten gehört. Ist dies nicht der Fall, so ist *der Reihe nach* zu prüfen, ob es sich um Einkünfte aus Vermietung und Verpachtung, aus Kapitalvermögen oder um sonstige Einkünfte gem. § 22 EStG handelt. Verläuft auch diese Prüfung negativ, so unterliegt die jeweilige Einkunft nicht der ESt.

[49] Jäger, A., Ausgewählte Probleme des Einkommensteuerrechts – Vermietung und Verpachtung, in StB 1994, S. 308ff., hier S. 310.

Die Berechnung des Totalgewinns sei an einem Beispiel verdeutlicht. Ein für € 1 Mio angeschafftes und in vollem Umfang eigenfinanziertes unbebautes Lagergrundstück erwirtschafte im ersten Jahr einen Verlust von € 19.000. In den folgenden Jahren sei das Ergebnis ausgeglichen. Das Grundstück soll nach 20 Jahren mit einem Veräußerungsgewinn von € 100.000 verkauft werden. Steuerrechtlich bleibt der Veräußerungsgewinn unberücksichtigt, da er hier keine Einkunftsart darstellt (anders als etwa bei einer potenziellen Liebhaberei im Bereich der Land- und Forstwirtschaft). Nur die steuerwirksamen Unter- und Überdeckungen werden saldiert. Es ergibt sich ein steuerrechtlicher Totalverlust von € 19.000, der zur Liebhaberei führt. Es liegt keine Einkunftsart vor, damit auch keine Werbungskosten in Höhe von € 19.000.

Ökonomisch muss dagegen berücksichtigt werden, dass auch der Veräußerungsgewinn zum Totalergebnis gehört. Der Einsatz von € 1.019.000 führt zu einem Endvermögen von € 1.100.000; der Totalgewinn beträgt € 81.000. Ökonomisch liegt demnach keine Liebhaberei vor. Dabei ist es unerheblich, dass die Investition augenscheinlich nicht optimal ist: Unterstellt man einen vergleichsweise niedrigen Kalkulationszinsfuß von z.B. 3 % p.a., dann beläuft sich das Endvermögen eines derart investierten Betrags von € 1,019 Mio auf etwa € 1,84 Mio. Die Realverzinsung der Grundstücksinvestition beträgt dagegen nur etwa 0,4 % p.a. Befände sich das Grundstück in einem Betriebsvermögen, dann würde die ökonomische Rechnung der steuerrechtlichen Beurteilung zugrunde gelegt. Dann läge keine Liebhaberei vor, der Anfangsverlust stellte (nach § 4 Abs. 3 EStG bei Veräußerung) eine Betriebsausgabe, die Veräußerungseinnahme eine Betriebseinnahme dar.

Wenn eine bestimmte Einkunft keiner der bisher genannten Gewinn- oder Überschuss-Einkunftsarten zuzuordnen ist, so ist schließlich zu prüfen, ob sie zur Gruppe der **sonstigen Einkünfte nach § 22 EStG** gehört. Diese umfassen nicht etwa sämtliche denkbaren sonstigen Einkünfte, sondern nur die in § 22 EStG erschöpfend aufgezählten Einkünfte. Es sind dies Einkünfte aus wiederkehrenden Bezügen, aus Unterhaltsleistungen, aus privaten Veräußerungsgeschäften, aus gelegentlichen Leistungen und aus bestimmten Entschädigungen u.ä. Unterhaltsleistungen stellen nur dann sonstige Einkünfte dar, wenn das sog. Realsplitting durchgeführt wird. Dies ist bis zu einem maximalen Betrag von € 13.805 p.a. möglich, wenn geschiedene oder dauernd getrennt lebende Ehegatten Unterhalt gewähren und der Unterhaltsverpflichtete die Unterhaltsleistung bis zu dieser Grenze als Sonderausgabe absetzt. Einkünfte aus gelegentlichen Leistungen sind nur insoweit sonstige Einkünfte, als sie nicht einer anderen Einkunftsart oder den Einkünften aus wiederkehrenden Leistungen oder den Einkünften aus privaten Veräußerungsgeschäften zuzurechnen sind. Die Bezeichnung der Einkünfte aus 'gelegentlichen' Leistungen ist mangels eines besseren Begriffs zwar üblich, aber nicht exakt. Schon das Gesetz (§ 22 Nr. 3 EStG) nennt beispielhaft auch laufende Einkünfte aus der Vermietung beweglicher Wirtschaftsgüter. Diese Einkünfte aus gelegentlichen Leistungen sind aber erst dann steuerpflichtig, wenn sie € 256 und mehr im Kalenderjahr betragen – dann allerdings in vollem Umfang, da es sich hierbei um eine Freigrenze handelt. Negative Einkünfte sind nach Maßgabe des § 10d EStG durch Abzug von positiven

Einkünften aus 'gelegentlichen' Leistungen anderer Veranlagungszeiträume zu berücksichtigen.

Wiederkehrende Bezüge sind solche, die in gewissen Zeitabständen wiederkehren (R 165 Abs. 1 EStR 2001). Das sind etwa die Leistungen der gesetzlichen Rentenversicherungen sowie der privaten Lebens- und sonstiger Risikoversicherungen. Da für diese Versicherungen Beiträge bezahlt wurden, muss bei den gezahlten *Leib*renten unterschieden werden in den Teil, der eine Rückzahlung des angesammelten Kapitals darstellt (die steuerlich unbeachtlich ist) und den Teil, der durch Zinsen entstanden ist. Nur dieser sog. Ertragsanteil ist zu den wiederkehrenden Bezügen zu rechnen. Er ist zur Vereinfachung im Gesetz tabelliert (für Leibrenten in § 22 EStG, für abgekürzte Leibrenten in § 55 EStDV). Der Ertragsanteil einer Leibrente beträgt z.B. bei einem Rentenberechtigten, der bei Beginn der Rente das 65. Lebensjahr vollendet hat, 27 % des Rentenbetrags. Hat er bei Beginn der Rente z.B. das 60. Lebensjahr vollendet, so erhöht sich der Ertragsanteil auf 32 % der Rente. Dieser Satz bleibt dann für jedes Jahr des Rentenbezugs konstant. Andere wiederkehrende Leistungen, wie etwa Zeitrenten, sind in vollem Umfang zu versteuernde wiederkehrende Bezüge, wenn ihnen keine Gegenleistung gegenübersteht (sonst ist nur der über die Jahre fallende Zinsanteil als Einkünfte aus Kapitalvermögen zu versteuern).

Eine Sonderstellung im Rahmen der wiederkehrenden Bezüge nehmen die sog. Leistungen aus Altersvorsorgeverträgen ein. Sie unterliegen nach dem Prinzip der nachgelagerten Besteuerung in der Leistungsphase im vollen Umfang der Besteuerung (§ 22 Nr. 5 EStG). Einzahlungen auf begünstigte Altersvorsorgeverträge werden durch Sonderausgabenabzug (§ 10a EStG) bzw. Zulagen (§ 84f. EStG) begünstigt (Ansparphase).

Da es sich bei den sonstigen Einkünften nach § 22 EStG um eine Nebeneinkunftsart handelt, die in der Zuordnungsrangfolge an letzter Stelle steht, ist besonders auch bei Renten zu prüfen, ob sie nicht zu einer anderen Einkunftsart gehören. Ist eine Rente betrieblich verursacht, so kann sie unter die Einkünfte aus Land- und Forstwirtschaft, aus Gewerbebetrieb oder aus selbstständiger Arbeit fallen. Die betrieblichen Renten hängen regelmäßig mit der Veräußerung eines Betriebs zusammen. Eine Rente etwa aus der Veräußerung von Mietwohngrundstücken gehört dagegen zu den sonstigen Einkünften nach § 22 EStG.

Im einzelnen Rentenfall ist bei der Zuordnungsprüfung[50] also als Erstes zu untersuchen, ob die Rente mit einem der genannten betrieblichen Veräußerungsvorgänge zusammenhängt. Ist das nicht der Fall, dann handelt es sich um eine private Rente. Ist das aber der Fall, so ist u.a. weiter zu prüfen, ob zwischen der Leistung (dem Barwert[51] der Rente) und der Gegenleistung (z.B. dem Wert des veräußerten Betriebsvermögens,

---

[50] Vgl. hierzu ausführlich BMF 23.12.1996 BStBl. 1996 I 1508.

[51] Der Barwert ist die Summe der diskontierten Einnahmeüberschüsse (ohne Anlagevolumen, Anfangsvermögen). Der Kapitalwert entspricht dem Barwert nach Subtraktion des Anlagevolumens/Anfangsvermögens.

Unternehmenswert) ein gewisser Ausgleich zu konstatieren ist. Da dieses Problem vor allem bei Rentenversprechen unter Angehörigen[52] auftritt, wird u.a. verlangt, dass "...die Beteiligten Leistung und Gegenleistung nach kaufmännischen Gesichtspunkten gegeneinander abgewogen haben..."[53]. Ist ein solcher Ausgleich festzustellen, dann liegt eine betriebliche Veräußerungsrente vor. Der Berechtigte hat einen Veräußerungsgewinn und laufend sonstige Einkünfte in Höhe des Ertragsanteils (allerdings Wahlrecht in R 139 Abs. 11 EStR 2001), der Rentenverpflichtete hat eine betriebliche Verbindlichkeit (Rückstellung) in Höhe des Barwerts der Renten und kann den Zinsanteil der Rentenzahlungen als Betriebsausgabe geltend machen. Stirbt der Verpflichtete, dann hat der Berechtigte einen außerordentlichen Ertrag zu versteuern.

Ist ein solcher Ausgleich von Leistung und Gegenleistung nicht festzustellen, dann kann ein teilentgeltlicher Vermögensübergang vorliegen. Ist der Unternehmenswert größer als der Barwert der Rente, dann ist der Verpflichtete um die Differenz beider Werte bereichert (ErbSt), die laufenden Rentenzahlungen sind in vollem Umfang wie dargestellt zu behandeln.

Ist umgekehrt der Barwert der Rente größer als der Unternehmenswert, dann kommt es u.a. auf die Differenz beider Werte an. Ist der Barwert der Rente größer als das Doppelte des Unternehmenswerts (die Differenz also eher groß, Unterhaltsrente), dann liegt ein insgesamt unentgeltlicher Vermögensübergang vor: In Höhe der Differenz aus Barwert der Rente und Unternehmenswert ist der Berechtigte bereichert (ErbSt), die laufenden Rentenzahlungen sind steuerlich irrelevant. Ist der Barwert der Rente größer als der Unternehmenswert, aber nicht in dem genannten Umfang (die Differenz also eher klein, private Versorgungsrente), dann liegt ein teilentgeltlicher Vermögensübergang vor. Der Berechtigte ist bereichert um die Differenz aus Barwert der Rente und Unternehmenswert (ErbSt), die laufenden Rentenzahlungen sind - soweit sie diesem unentgeltlichen Anteil entsprechen - steuerlich irrelevant. Für die auf den entgeltlichen Teil des Vermögensübergangs entfallenden Rentenzahlungen gelten wieder die Regelungen der betrieblichen Veräußerungsrente.

Schließlich fallen Einkünfte aus privaten Veräußerungsgeschäften unter die sonstigen Einkünfte nach § 22 EStG. Der Begriff des privaten Veräußerungsgeschäfts ist in § 23 EStG erläutert. Es sind dies insbesondere Grundstücksan- und -verkäufe innerhalb eines Zeitraums von zehn Jahren sowie (Termin-)Geschäfte mit Wertpapieren[54] oder Waren innerhalb eines Zeitraums von einem Jahr zwischen An- und Verkauf. Als Gewinn oder Verlust (trotz Überschuss-Einkunftsart in § 23 Abs. 3 EStG so bezeichnet) aus privatem Veräußerungsgeschäft wird die Differenz zwischen Veräußerungspreis und Anschaffungs oder Herstellungskosten (AHK) sowie eventuellen Werbungskosten

---

[52] Vgl. zur optimalen Gestaltung etwa Gratz, K., Müller, R., Unternehmensverkauf gegen Leibrente – Ein Ausweg aus der Steuerfalle, in DB 2000, S. 693ff.

[53] Vgl. BMF 23.12.1996 BStBl. 1996 I 1508 Tz 4.

[54] Handelt es sich um Veräußerungsgewinne aus Beteiligungsveräußerungen (z.B. Aktien, GmbH-Anteile), dann greift auch hier das Halbeinkünfteverfahren.

angesehen. Die AHK sind um AfA, Sonderabschreibungen und erhöhte Absetzungen im Zeitraum zwischen Anschaffung und Veräußerung zu mindern. Damit entspricht das Veräußerungsergebnis der Differenz zwischen Veräußerungspreis und 'Buchwert'. Ist der Saldo sämtlicher Einnahmen niedriger als € 512 im Kalenderjahr, so bleiben diese Einkünfte steuerfrei. Wird diese Freigrenze überschritten, so unterliegen sie in vollem Umfang der ESt. Ein Verlustausgleich usw. mit *anderen* Einkunfts*arten* ist nicht möglich. Auch innerhalb der Einkunftsart der sonstigen Einkünfte ist ein Verlustausgleich, -vor- und -rücktrag nur mit Gewinnen aus privaten Veräußerungsgeschäften möglich.

Bei den Überschuss-Einkunftsarten wird der Überschuss als Differenz zwischen den Einnahmen und den Werbungskosten ermittelt (§ 2 Abs. 2 EStG). Als Einnahmen bezeichnet das Gesetz "...alle Güter, die in Geld oder Geldeswert bestehen und dem Steuerpflichtigen im Rahmen..." einer Überschuss-Einkunftsart zufließen (§ 8 Abs. 1 EStG). "Werbungskosten sind Aufwendungen zur Erwerbung, Sicherung und Erhaltung der Einnahmen" (§ 9 Abs. 1 EStG). Dabei gilt das Zuflussprinzip des § 11 EStG. Einnahmen sind in dem Kalenderjahr bezogen, in dem sie dem Steuerpflichtigen zufließen, Werbungskosten sind in dem Kalenderjahr abzusetzen, in dem sie geleistet werden. Nur regelmäßige Zahlungen, die kurz vor oder nach dem Ende eines Kalenderjahrs zugeflossen sind, gelten als in dem Kalenderjahr bezogen, zu dem sie wirtschaftlich gehören (etwa bei Mieteinnahmen, die schon Ende Dezember bezahlt werden, aber den Januar des folgenden Jahres betreffen).

Zu den Einnahmen zählen nicht Einnahmen aus der Veräußerung von Wirtschaftsgütern, die der Steuerpflichtige zur Erzielung laufender Einnahmen verwendet (etwa die Veräußerung des Kraftwagens eines Arbeitnehmers, den dieser für Fahrten zum Arbeitsplatz genutzt hat, oder die Veräußerung eines Mietwohngrundstücks, aus dem der Steuerpflichtige bis zur Veräußerung Einkünfte aus Vermietung und Verpachtung bezogen hat). Außerdem gelten die sog. **bloßen Aufmerksamkeiten** bis zu € 40 (R 73 LStR 2002) nicht als Einnahmen. Das sind Zuwendungen, die wegen ihres geringen Umfangs nicht als sog. **geldwerter Vorteil** (also als Einnahme i.S.d. § 8 Abs. 1 EStG) anzusehen sind, weil dem Steuerpflichtigen keine sein Vermögen erhöhende Vorteile zugeflossen sind. Es handelt sich meist um Zuwendungen, die zum sofortigen Konsum bestimmt sind, wie etwa Getränke, Genussmittel oder einzelne Theaterkarten. Die bloßen Aufmerksamkeiten und damit die Abgrenzung zu den geldwerten Vorteilen kommen vor allem im Zusammenhang mit Einkünften aus nichtselbstständiger Arbeit vor. R 31 Abs. 9 LStR 2002 nennt etwa die private Nutzung eines betrieblichen Kraftfahrzeugs und typisiert den geldwerten Vorteil mit 1 % des Listenpreises je Monat. Darf das Fahrzeug auch für Fahrten zwischen Wohnung und Arbeitsstätte genutzt werden, so erhöht sich der geldwerte Vorteil um 0,03 % des Listenpreises, multipliziert mit der Entfernung zwischen Wohnung und Arbeitsstätte. Diese Typisierung kann durch ein Fahrtenbuch verhindert werden. Zuwendungen des Arbeitgebers im eigenbetrieblichen Interesse stellen keine Einnahmen (Arbeitslohn) dar.

In analoger Weise zu den Einnahmen gehören Ausgaben für die Beschaffung oder Herstellung von Wirtschaftsgütern, die der Steuerpflichtige zur Erzielung der Einnahmen verwendet, nicht zu den Werbungskosten. Grundsätzlich kann er – soweit dem nicht besondere, für einzelne Einkunftsarten geltende Vorschriften entgegenstehen – für diese sog. **Arbeitsmittel** allerdings AfA ansetzen (§ 9 Abs. 1 Nr. 7 EStG). Insofern liegt auch hier eine Abweichung vom Zuflussprinzip vor. Liegen die Ausgaben für ein Arbeitsmittel nicht über € 410 zuzüglich USt, so kann diese Ausgabe nach § 9 Abs. 1 Nr. 7 EStG aus Vereinfachungsgründen sofort als Werbungskosten abgesetzt werden. Wegen der vielfältigen Besonderheiten der Werbungskosten in Abhängigkeit von der Zugehörigkeit zu der jeweiligen Einkunftsart und der teilweise schwierigen Abgrenzung zwischen (abzugsfähigen) Werbungskosten und (prinzipiell nichtabzugsfähigem) Lebensführungsaufwand[55] werden in § 9 Abs. 1 EStG Werbungskosten beispielhaft aufgezählt.

Bei den Einkünften aus nichtselbstständiger Arbeit sind von den Einnahmen (dem sog. Arbeitslohn, § 2 LStDV) die ausdrücklich steuerfrei belassenen Bestandteile abzusetzen (z.B. in gewissen Grenzen Heirats- und Geburtsbeihilfen, Trinkgelder u.a.). Sind in den Einnahmen aus nichtselbstständiger Arbeit sog. Versorgungsbezüge enthalten (Bezüge aus früheren Dienstverhältnissen, wie etwa die Ruhegehälter der Beamten; vgl. § 19 Abs. 2 EStG), so bleibt von diesen ein Betrag von 40 %, maximal € 3.072 im Kalenderjahr ebenfalls steuerfrei. Der Restbetrag stellt als steuerpflichtiger Arbeitslohn die steuerpflichtigen Einnahmen aus nichtselbstständiger Arbeit dar. Vom Arbeitslohn sind die Werbungskosten abzusetzen. Sind im jeweiligen Einzelfall keine höheren Werbungskosten entstanden, dann wird von dem veranlagenden Finanzamt für jeden Arbeitnehmer der Werbungskostenpauschbetrag von € 1.044 nach § 9a Nr. 1a EStG angesetzt. Sind die tatsächlichen Werbungskosten höher, so sind weitere Pauschalierungen und Begrenzungen zu beachten. Auch die Ausgaben für Fahrten zwischen Wohnung und Arbeitsstätte sind pauschaliert (nach § 9 Abs. 1 Nr. 4 EStG mit € 0,36/0,40 je *Entfernung*skilometer). Ausgaben, die durch doppelte Haushaltsführung oder durch ein häusliches Arbeitszimmer entstehen, unterliegen zeitlichen bzw. betragsmäßigen Beschränkungen.

Bei den Einkünften aus Kapitalvermögen kann bei nicht entstandenen oder nicht nachweisbaren Werbungskosten ein Pauschbetrag von € 51 im Kalenderjahr abgesetzt werden (§ 9a Nr. 1b EStG). Ist der Überschuss der Einnahmen über die pauschalierten oder nachgewiesenen Werbungskosten positiv, so wird ein sog. Sparerfreibetrag[56] bis € 1.550 je Kalenderjahr abgesetzt (§ 20 Abs. 4 EStG). Bei zusammenveranlagten Ehegatten (€ 3.100) ergibt sich hier die Besonderheit, dass ein nicht verbrauchter Freibetrag eines Ehegatten dem anderen Ehegatten zugerechnet wird. Bei Dividenden verdoppeln sich diese Frei- und Abzugsbeträge faktisch wegen des Halbeinkünfteverfahrens.

---

[55] § 12 EStG mit dem aus § 12 Nr.1 EStG hergeleitetem Aufteilungsverbot gemischter Ausgaben; vgl. auch Völlmeke, M., Die Rechtsprechung des BFH zu § 12 EStG – Aufweichung des Aufteilungsverbots?, in DStR 1995, S. 745ff.

[56] Der seinerzeit noch doppelt so hohe Sparerfreibetrag (durch das Zinsabschlaggesetz in das EStG aufgenommen) soll die Gleichmäßigkeit der Besteuerung bei den Einkünften aus Kapitalvermögen sichern. "Tatsächlich...gibt es das Zinsabschlaggesetz, weil 90 % der Steuerbürger es hinsichtlich der Steuer nicht so ernst meinen. Das Zinsabschlaggesetz ist mithin tatsächlich ein Zinssteuerhinterzieherprivilegierungsgesetz." Streck, M., Besteuerung inländischer und ausländischer Einkünfte aus Kapitalvermögen, in DStR 1993, S. 342ff., hier S. 342.

Bei den Einkünften aus Vermietung und Verpachtung gibt es keine Freibeträge. Als Werbungskosten können Schuldzinsen (Hypothekenzinsen), wenn die Schuldaufnahme für den Erwerb, die Erhaltung oder die Verbesserung des Grundstücks vorgenommen wurde, abgesetzt werden. Weiterhin können AfA (und evtl. erhöhte Absetzungen oder Sonderabschreibungen) sowie etwa Ausgaben für Heizung, Ver- und Entsorgung, GrSt, Versicherungsprämien und laufender Erhaltungsaufwand geltend gemacht werden. Besondere Probleme treten bei der Abgrenzung von (sofort absetzbarem) Erhaltungsaufwand und (als AfA zu verteilendem) Herstellungs- oder anschaffungsnahem Aufwand auf (vgl. hierzu R 157 EStR 2001).

2.1.4 Besonderheiten der Einkommensteuer

2.1.4.1 Sonderausgaben und außergewöhnliche Belastungen

Sonderausgaben – das sei wiederholt – sind Lebensführungsaufwand, der aufgrund besonderer steuerrechtlicher Vorschriften ganz oder zum Teil vom *Gesamtbetrag der Einkünfte* abgezogen wird. Sie sind deswegen auch bei betrieblichen Entscheidungen von Bedeutung, weil sie die Höhe des zu versteuernden Einkommens beeinflussen und damit eine Änderung der entscheidungsrelevanten Differenz- und Grenzsteuersätze verursachen. Die steuerliche Wirkung betrieblicher Entscheidungen wird also auch durch die Existenz und besonders die Höhe des privaten Lebensführungsaufwands beeinflusst, wenn er steuerrechtlich abzugsfähig ist (Sonderausgaben und die anschließend skizzierten außergewöhnlichen Belastungen).

Die Sonderausgaben sind in §§ 10 – 10b EStG aufgezählt. In § 10c EStG sind für einige Sonderausgabenarten Pauschbeträge festgelegt, die abgezogen werden können, wenn der Steuerpflichtige nicht höhere Sonderausgaben nachweist. § 10d EStG bestimmt, dass Verlustrück- bzw. -vortrag unter weiteren Bedingungen wie Sonderausgaben abgezogen werden. Schließlich können nach § 10f EStG auch AHK für zu eigenen Wohnzwecken genutzte Baudenkmale und Gebäude in Sanierungsgebieten und städtebaulichen Entwicklungsbereichen sowie nach § 10g EStG auch AHK für schutzwürdige Kulturgüter zehn Jahre lang mit 10 % der AHK wie Sonderausgaben behandelt werden.

Es gibt unbeschränkt und beschränkt abzugsfähige Sonderausgaben. Unbeschränkt abzugsfähig sind:

- Renten und dauernde Lasten unter bestimmten Voraussetzungen (z.T. Beschränkung auf den Ertragsanteil der Rente, besonderes Abzugsverbot für freiwillige Zuwendungen usw.)
- *gezahlte* KiSt
- Steuerberatungskosten, soweit diese nicht Betriebsausgaben oder Werbungskosten darstellen.

Beschränkt abzugsfähige Sonderausgaben sind etwa:

- Altersvorsorgesparleistungen (§ 10a EStG) in begünstigte Sparverträge bis maximal € 525 (der Maximalbetrag steigt bis 2008 auf maximal € 2.100). Alternativ wird eine progressionsunabhängige Zulage gewährt (§§ 84f. EStG). Der Sonderausgabenabzug wird nur gewährt, wenn die ESt-Minderung die Zulage übersteigt.
- Unterhaltsleistungen an geschiedene oder dauernd getrennt lebende Ehegatten (auf Antrag und mit Zustimmung des Empfängers, weil die Zahlungen dort sonstige Einkünfte i.S.d. § 22 EStG darstellen, Realsplitting) bis maximal € 13.805
- Spenden zur Förderung mildtätiger, kirchlicher, religiöser, wissenschaftlicher und gemeinnütziger Zwecke bis zu 5 % (z.T. bis zu 10 %) des Gesamtbetrags der Einkünfte oder bis zu 2 ‰ der Umsätze und der Löhne und Gehälter (§ 10b Abs. 1 EStG; in Anlage 1 zu § 48 Abs. 2 EStDV ist eine Reihe begünstigter Zwecke aufgezählt)
- Spenden und Beiträge an politische Parteien bis zu € 1.534 (§ 10b Abs. 2 EStG), soweit die Steuerermäßigung nach § 34g EStG (Steuerabzug von 50 % der Spende, maximal € 767) nicht greift
- Aufwendungen für die Weiterbildung in einem nicht ausgeübten Beruf oder für die Berufsausbildung bis € 920 (bei auswärtiger Unterbringung bis € 1.227), die der Steuerpflichtige für sich oder für seinen Ehegatten erbringt. Fortbildungskosten im ausgeübten Beruf sind dagegen Werbungskosten und als solche in voller Höhe absetzbar.
- Beiträge zu Kranken-, Unfall- und Haftpflichtversicherungen sowie den gesetzlichen Renten- und Arbeitslosenversicherungen und zu Lebensversicherungen auf den Erlebens- oder Todesfall in den unten genannten Grenzen. Die Lebensversicherung darf allerdings nicht der Sicherung von Krediten dienen, die zur Erzielung von Einkünften aufgenommen worden sind, es sei denn, mit den Krediten ist Anlagevermögen angeschafft worden.[57]

Die zuletzt genannte Gruppe von Sonderausgaben (Versicherungsbeiträge) wird im Gesetz als Vorsorgeaufwendungen bezeichnet (§ 10 Abs. 2 EStG). Sie sind überhaupt nur abzugsfähig, wenn sie nicht im Zusammenhang mit steuerfreien Einkünften stehen und wenn an einen Sozialversicherungsträger geleistet wird bzw. das Versicherungsunternehmen inländisch ist oder die Erlaubnis zum Geschäftsbetrieb im Inland hat. Sind diese qualitativen Bedingungen erfüllt, so sind quantitative Begrenzungen zu beachten. Die Vorsorgeaufwendungen sind bis € 1.334 (bzw. € 2.668 bei zusammenveranlagten Ehegatten) voll abzugsfähig. Der darüber hinausgehende Betrag kann mit der Hälfte bis maximal der Hälfte der genannten Grenzen abgezogen werden. Von den Versicherungsbeiträgen sind vorab € 3.068 (bzw. € 6.136) voll abzugsfähig. Bei Arbeitnehmern, die in der gesetzlichen Rentenversicherung u.a. pflichtversichert sind bzw. denen bei Ausscheiden aus dem Beruf eine lebenslängliche Versorgung zusteht (z.B. Beamte), wird der Vorwegabzug um 16 % des Arbeitslohns als Ausgleich für die steuerfreien Leistungen

[57] Vgl. dazu BMF 15.06.2000 BStBl 2000 I 1118.

des Arbeitgebers zur Sozialversicherung gekürzt, sodass der Vorwegabzug schon ab einem Arbeitslohn von € 19.175 (bzw. € 38.350) gegenstandslos ist.

Soweit der Steuerpflichtige nicht höhere Sonderausgaben nachweist, werden nach § 10c EStG folgende Pauschalierungen vorgenommen (bei zusammenveranlagten Ehegatten verdoppeln sich sämtliche Grenzen):

- € 36 für Renten und dauernde Lasten, KiSt, Steuerberatung, Berufsausbildung und Spenden
- bei Arbeitnehmern 20 % des Arbeitslohns. Hiervon ist maximal € 3.068 minus 16 % des Arbeitslohns abzugsfähig. Höhere Beträge werden bis zu € 1.334 voll abgesetzt. Liegt der Betrag noch höher, dann wird die Hälfte des Rests bis zu € 667 abgesetzt.

Bei den **außergewöhnlichen Belastungen** handelt es sich wie bei den Sonderausgaben grundsätzlich um Lebensführungsaufwand. Der Abzug außergewöhnlicher Belastungen ist wie der der Sonderausgaben sozialpolitisch bedingt. Im Unterschied zu den Sonderausgaben, die regelmäßig bei jedem Steuerpflichtigen anfallen können, stellen die außergewöhnlichen Belastungen (wie die Bezeichnung schon andeutet) grundsätzlich Ausgaben dar, die nur *einzelne* Steuerpflichtige unfreiwillig treffen. Sie sind unter gewissen Bedingungen und in bestimmten Grenzen vom Gesamtbetrag der Einkünfte abzusetzen.

Die außergewöhnlichen Belastungen sind in §§ 33 – 33b EStG geregelt. § 33 EStG enthält die grundsätzliche Norm für die steuerliche Behandlung. § 33a EStG stellt gegenüber dieser Generalvorschrift die Spezialvorschrift dar, in der einzelne Fälle typisiert sind und deren steuerrechtliche Behandlung geregelt ist. Im praktischen Einzelfall ist also jeweils zu prüfen, ob die vermutete außergewöhnliche Belastung in den Katalog des § 33a EStG gehört. In § 33b EStG sind Pauschbeträge für Körperbehinderte und Hinterbliebene zugelassen. Diese sind – sofern nicht höhere tatsächliche Belastungen gem. § 33 EStG nachgewiesen werden – ohne Nachweis zu berücksichtigen.

Besondere außergewöhnliche Belastungen nach §§ 33a f. EStG sind unter weiteren Bedingungen:

- zwangsläufige Unterhalts- oder Ausbildungsaufwendungen für Personen, für die kein Anspruch auf Kindergeld/-freibetrag besteht
- Aufwendungen für die Berufsausbildung eines volljährigen Kindes, für das Anspruch auf Kindergeld/-freibetrag besteht und das auswärtig untergebracht ist (sog. Ausbildungsfreibetrag). Er beläuft sich auf € 924 und wird u.U. um eigene Einkünfte und Bezüge des Kindes gekürzt.
- unter sehr engen Voraussetzungen Aufwendungen für eine Haushaltshilfe bis € 924
- unter bestimmten Voraussetzungen Aufwendungen für eine Heimunterbringung des Steuerpflichtigen oder seines Ehegatten bis € 924
- unter bestimmten Voraussetzungen Kinderbetreuungskosten bis zu 1.500 €.

Fallen vermutete außergewöhnliche Belastungen der Art nach nicht unter die genannten typisierten Fälle, so ist zu prüfen, ob es sich um allgemein in § 33 EStG definierte außergewöhnliche Belastungen handelt. Es sind dies Aufwendungen, die den Steuerpflichtigen belasten, die außergewöhnlich sind und die sich zwangsläufig ergeben (vgl. R 186 EStR 2001). Erfüllen die vermuteten außergewöhnlichen Belastungen alle sachlichen Voraussetzungen, so sind sie abzugsfähig, soweit sie notwendig und angemessen sind und nur soweit sie die sog. zumutbare Eigenbelastung (§ 33 Abs. 3 EStG, zwischen 1 % und 7 % des Gesamtbetrags der Einkünfte) übersteigen.

2.1.4.2 Verlustausgleich/-rücktrag/-vortrag

Unter dem **Verlustausgleich** versteht man die Saldierung von positiven und negativen Einkünften *verschiedener* Einkunftsarten innerhalb *eines* Kalenderjahrs. Diese Möglichkeit ergibt sich grundsätzlich aus § 2 Abs. 3 EStG, nach dem die Summe der Einkünfte die Basis des zu versteuernden Einkommens darstellt. Sind in dieser Summe negative Einkünfte enthalten, so wird der Wert der Summe und damit die Höhe des zu versteuernden Einkommens automatisch herabgesetzt. Verluste werden durch positive Einkünfte ausgeglichen. Dabei ist allerdings zu beachten, dass negative Einkünfte nur dann berücksichtigt werden können, wenn sie nicht nach § 3 EStG steuerfrei sind (§ 3c EStG).

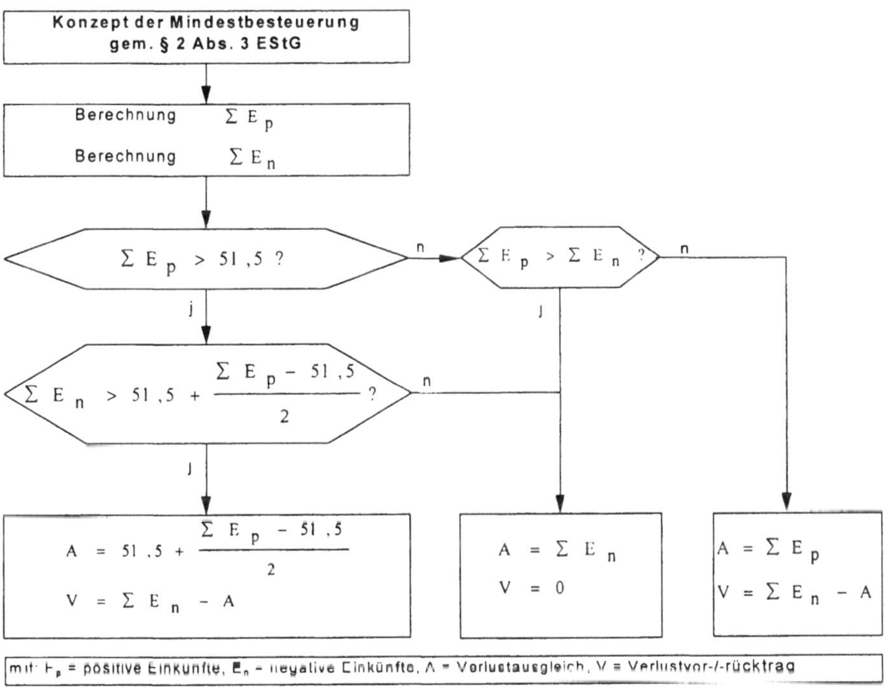

Abb. 7: Konzept der Mindestbesteuerung gem. § 2 Abs. 3 EStG (T€)

Auch nach dem Verlustausgleich kann die Summe der Einkünfte eines Kalenderjahrs negativ sein. Der Verlustausgleich innerhalb des Kalenderjahrs ist nur soweit durchführbar, bis der Wert von null erreicht ist. Darüber hinausgehende negative Einkünfte bewirken in diesem Kalenderjahr keine weitere Steuerherabsetzung. Die ESt-Belastung beträgt null. Eine ESt-Erstattung auf negative Einkünfte innerhalb eines Kalenderjahrs ist nicht vorgesehen. Der Ausgleich kann nur über andere Jahre durchgeführt werden (Verlustrück- und -vortrag).

Diese prinzipiell einfache Berücksichtigung von Verlusten bei einzelnen Einkunftsarten ist aber zur Vermeidung sog. ungerechtfertigter Steuervorteile insbesondere durch Verlustzuweisungsgesellschaften in § 2 Abs. 3 EStG mittels des Konzepts der sog. 'Mindestbesteuerung'[58] erheblich kompliziert worden. Positive Einkünfte unter € 51.500 können in jedem Fall in vollem Umfang durch andere negative Einkünfte ausgeglichen werden. Überschreiten positive Einkünfte diese Grenze, so kann der Differenzbetrag nur zur Hälfte durch andere negative Einkünfte ausgeglichen werden. Die verbleibenden negativen Beträge führen zu Verlustrück- bzw. -vorträgen, die den gleichen Beschränkungen unterliegen. Damit die Beschränkung auf die einzelnen Einkunftsarten verfolgt werden kann, muss ein Verlustausgleich, -rücktrag und -vortrag für jede einzelne Einkunftsart vorgenommen werden[59]. Das Konzept der Mindestbesteuerung gem. § 2 Abs. 3 EStG ist in Abb. 7 (in T€) dargestellt und sei anschließend an einem Beispiel verdeutlicht.

Der Einzelunternehmer M. Atjes erzielt im Jahr 2002 folgende Einkünfte:

		$\sum E_p$	$\sum E_n$
	€	€	€
Einkünfte aus Gewerbebetrieb			
M. Atjes Fischgroßhandel e.K.	460.000		
Ostsee Fischbrötchen OHG	60.000		
Fischkonserven KG	-350.000	170.000	
Einkünfte aus Kapitalvermögen		80.000	
Einkünfte aus Vermietung und Verpachtung			-500.000
		250.000	-500.000

Einkünfte aus der KG können unbeschränkt mit den positiven gewerblichen Einkünften ausgeglichen werden. Die Ausgleichsbegrenzung greift, da die Summe der positiven Einkünfte € 51.500 übersteigt. Es können in 2002 maximal € 150.750 positive mit

[58] Vgl. zu weiteren Auswirkungen Freyer, T., Schult, E., Auswirkungen der Mindestbesteuerung auf die Bemessungsgrundlage tarifbegünstigter Einkünfte, in DStR 2001, S. 71ff.

[59] Vgl. Herzig, N., Briesemeister, S., Systematische und grundsätzliche Anmerkungen zur Einschränkung der steuerlichen Verlustnutzung, in DStR 1999, S. 1377ff.; Raupach, A., Böckstiegel, M., Die Verlustregelungen des Steuerentlastungsgesetzes 1999/2000/2002, in FR 1999, S. 487ff., S. 557ff., S. 617ff.

negativen Einkünften ausgeglichen werden (€ 51.500 in voller Höhe und € 198.500 zur Hälfte). Die verbleibenden negativen Einkünfte in Höhe von € 349.250 können nur im Wege des Verlustrücktrags bzw. -vortrags berücksichtigt werden. Es verbleibt in 2002 trotz rechnerisch negativer Summe der Einkünfte (€ -250.000) bei einer in das zu versteuernde Einkommen einfließenden Summe der Einkünfte von € 99.250 (€ 250.000 abzüglich Verlustausgleich von € 150.750).

Der Verlustausgleich ist zu 68 % oder € 102.510 durch Minderung der Einkünfte aus Gewerbebetrieb und zu 32 % oder € 48.240 durch Minderung der Einkünfte aus Kapitalvermögen vorzunehmen (§ 2 Abs. 3 S. 4 EStG).

Unter der Annahme, dass *nur* ein Verlustvortrag möglich sei, ist in 2003 zunächst § 2 Abs. 3 EStG in beschriebener Weise anzuwenden. Anschließend ist zunächst der unbeschränkte Verlustabzug mit positiven Einkünften aus Vermietung und Verpachtung zu prüfen. Im Rahmen der Betragsbegrenzung des § 2 Abs. 3 EStG ist dann ein weiterer Verlustabzug zu prüfen (§ 10d Abs. 2 EStG).

Hat Atjes beispielsweise in 2003 nur Einkünfte aus Vermietung und Verpachtung von € 150.000 (ein vollständiger Ausgleich ist insoweit möglich, da innerhalb der Einkunftsart keine Abzugsbeschränkung besteht) und aus Gewerbebetrieb in Höhe von € 100.000, so ist nach Ausgleich der Einkünfte aus Vermietung und Verpachtung nur ein teilweiser Ausgleich von € 75.750 mit den Einkünften aus Gewerbebetrieb möglich. Ein Verlustabzug ist in Höhe von € 225.750 vorzunehmen; Verluste von € 123.500 sind weiter vorzutragen.

Die gleiche Intention verfolgt § 2b EStG: Negative Einkünfte aus Verlustzuweisungsgesellschaften und ähnlichen Modellen dürfen nicht mit anderen Einkünften ausgeglichen werden, wenn bei dem Erwerb dieser Beteiligungen die Erzielung eines steuerlichen Vorteils im Vordergrund steht. Dies soll insbesondere dann der Fall sein, wenn nach dem Beteiligungskonzept die Rentabilität des Eigenkapitals nach Steuern mehr als doppelt zu hoch ist wie vor Steuern und wenn den Beteiligten Verlustzuweisungen in Aussicht gestellt worden sind[60].

Auch § 15a EStG verfolgt dieses Ziel. Danach ist ein Verlustausgleich für sog. Verluste aus beschränkter Haftung weiter begrenzt. Es handelt sich hierbei um Verluste aus Gewerbebetrieb[61], die einem beschränkt haftenden Mitunternehmer zugewiesen werden. Entsteht oder erhöht sich durch diese Verluste ein negatives Kapitalkonto, dann dürfen solche Verluste weder mit positiven anderen Einkünften noch mit anderweitigen

---

60 Herzig, N., Briesemeister, S., Zusammenwirken verlustbeschränkender Normen, in DB 1999, S. 1470ff.; Marx, F., Löffler, C., Das Renditeparadoxon nach § 2b EStG, in DStR 1999, S. 1957ff.; Seer, R., Schneider, N., Die Behandlung der sogenannten Verlustzuweisungsgesellschaften nach dem neuen § 2b EStG, in BB 1999, S. 872ff.

61 Diese Verlustbegrenzung gilt auch für einige andere Einkunftsarten (§ 13 Abs. 5 EStG Land- und Forstwirtschaft, § 18 Abs. 5 EStG selbstständige Arbeit, § 20 Abs. 1 Nr. 4 EStG typische stille Beteiligung und § 21 Abs. 1 EStG Vermietung und Verpachtung).

Gewinnen aus Gewerbebetrieb (bzw. aus selbstständiger Arbeit oder Überschüssen aus Vermietung und Verpachtung) ausgeglichen werden. Auch ein Verlustrücktrag (in diesem Fall praktisch selten) oder -vortrag ist nur eingeschränkt möglich, nämlich nur durch Saldierung mit früheren oder späteren Gewinnen aus eben dieser Mitunternehmerschaft.

Das Kapitalkonto beschränkt den Verlustabzug. Deshalb ist die Definition des Kapitalkontos (vgl. hierzu auch Kapitel "Die Steuerbilanz der Mitunternehmerschaften") wie auch die des Verlusts von hervorragender Bedeutung. Die Kapitalkonten der Gesamthandsbilanz der Gesellschaft sowie der Ergänzungsbilanz des Gesellschafters werden zusammengefasst. Das dem Sonderbetriebsvermögen gegenüberstehende Kapital wird nicht einbezogen[62]. Der ausgleichsfähige Verlust umfasst dementsprechend nur den Verlust der Steuerbilanz erster Stufe (also einschl. Ergänzungsbilanz), nicht die Sonderbetriebsausgaben (also z.B. nicht die Sollzinsen eines Gesellschafters zwecks Finanzierung des Gesellschaftsanteils oder eine Gesellschaftervergütung, die auf Ebene der Gesellschaft als Betriebsausgabe behandelt wird – den nicht ausgleichsfähigen Verlust also vergrößert – und als Sonderbetriebseinnahme das zu versteuernde Einkommen des Gesellschafters erhöht[63]).

Mit dieser Vorschrift sollen insbesondere sog. **Verlustzuweisungsgesellschaften** verhindert werden. Diese Absicht hat generell schon § 15 Abs. 2 EStG[64], aber auch § 15 Abs. 4 EStG bezüglich der Verluste aus gewerblicher Tierzucht und -haltung und bestimmten Termingeschäften und § 2a EStG bezüglich ausländischer Verluste. Für diese ist – mit Ausnahme einiger gewerblicher Einkünfte – nur ein Verlustvortrag auf spätere ausländische Einkünfte der gleichen Art in demselben Land möglich.

Unter dem **Verlustrücktrag** versteht man die Saldierung *früherer* positiver mit *späteren* negativen Einkünften. Der Verlustrücktrag ist nach § 10d EStG nur auf das vorangehende Kalenderjahr zulässig (s.u.), wenn ein Verlustausgleich nicht möglich ist und soweit der Verlust den Betrag von insgesamt T€ 511,5 nicht übersteigt. Die Beschränkungen auf 50 % des den Betrag von T€ 51,5 bei jeder Einkunftsart übersteigenden Verlustes gelten auch hier. Der Verlustrücktrag existiert nach § 8 Abs. 4 KStG i.V.m. § 10d EStG auch für die KSt – nicht aber für die GewSt (hier nur ggf. Verlustausgleich und Verlustvortrag).

Führen Verlustausgleich und -rücktrag nicht zur vollständigen Neutralisierung des Verlusts, so wird ein **Verlustvortrag** durchgeführt. Es werden *frühere* negative mit *späteren* positiven Einkünften saldiert. Nach § 10d EStG ist der Verlustvortrag zeitlich unbegrenzt möglich, allerdings unter Beachtung der T€ 51,5-/50 %-Begrenzung. Es muss sich nicht um dieselbe Einkunftsquelle handeln – wenn es sich allerdings um dieselbe Einkunfts*art* handelt, greift die T€ 51,5-/50 %-Begrenzung *nicht*. Soweit es sich um

---

62 BFH 30.03.1993 BStBl. 1993 II 706.

63 BFH 14.11.1985 BStBl. 1986 II 58 und BFH 13.10.1998 BStBl. 1999 II 284.

64 "Eine durch die Betätigung verursachte Minderung der Steuern vom Einkommen ist kein Gewinn..." Einkünfte liegen nicht vor – es handelt sich um ErStlich irrelevante Liebhaberei.

dieselbe Einkunftsart handelt, ist der Verlustvortrag auch bei Verlusten aus beschränkter Haftung, aus gewerblicher Tierzucht oder –haltung, aus Termingeschäften sowie z.T. aus ausländischen Verlusten sowie auch für andere Steuern möglich (§ 10a GewStG für die GewSt sowie § 8 Abs. 1 KStG i.V.m. § 10d EStG für die KSt). Soweit es sich um denselben Tatbestand innerhalb der Einkunftsart der sonstigen Einkünfte handelt, gilt dies auch für private Veräußerungsgeschäfte und 'gelegentliche' Leistungen.

Der Verlustvortrag bzw. -rücktrag ist wie eine Sonderausgabe vorrangig vor den Sonderausgaben und außergewöhnlichen Belastungen vom Gesamtbetrag der Einkünfte abzusetzen, und zwar in jedem Kalenderjahr, soweit es die erwirtschafteten positiven Einkünfte dieses Kalenderjahrs bzw. die genannten Grenzen erlauben. Die Option auf einen nur teilweisen Abzug zur Ausnutzung hoher Progressionsstufen[65] existiert nur für den Verlust*rücktrag,* nicht aber für den Verlustausgleich oder -vortrag.

2.1.4.3 Steuerfreie und außerordentliche Einkünfte

Jede Einkunft, die unter eine der sieben Einkunftsarten fällt, ist ESt-pflichtig, wenn nicht eine besondere Steuerbefreiungsvorschrift existiert. Die umfangreichste Aufzählung **steuerfreier Einkünfte** findet sich in § 3 EStG. Mit dieser Vorschrift wird versucht, die steuerfreien Einkünfte vollständig zu erfassen. Daneben bestehen dennoch weitere steuerbefreiende Vorschriften. Zu den steuerfreien Einkünften gehören u.a. (soweit ohne Hinweis nach § 3 EStG):

- die Hälfte der Einkünfte aus Beteiligungen an Kapitalgesellschaften (Dividenden und Veräußerungsgewinne), gleichgültig, bei welcher Einkunftsart sie anfallen (Halbeinkünfteverfahren)[66]. Handelt es sich um Einkünfte aus Gewerbebetrieb nach § 17 EStG, dann ist vorab außerdem der dort genannte Freibetrag zu subtrahieren.
- Leistungen einer Krankenversicherung und der gesetzlichen Unfallversicherung sowie Mutterschaftsgeld
- Leistungen der Arbeitslosenversicherung und -hilfe sowie Konkursausfall- und Wintergeld
- Abfindungen bei Auflösung eines Arbeitsverhältnisses durch den Arbeitgeber (Freibeträge)
- Heirats- und Geburtsbeihilfen des Arbeitgebers an den Arbeitnehmer (Freibeträge)
- Kostenentschädigungen für dienstlich veranlasste Reisen und Umzüge eines Arbeitnehmers
- Kindergeld und staatliche Stipendien
- durchlaufende Gelder und Auslagenersatz eines Arbeitnehmers

[65] Schult, E., Hundsdoerfer, J., Optimale Nutzung des geplanten Wahlrechts beim Verlustrücktrag nach § 10d EStG, in DStR 1993, S. 525ff.

[66] Ist der Empfänger eine Kapitalgesellschaft, dann sind diese Gewinne völlig steuerfrei (§ 8b KStG).

- Trinkgelder eines Arbeitnehmers (Freibetrag)
- besondere Arbeitgeberzuwendungen wie Getränke und Genussmittel
- Wohngeld
- der Arbeitgeberanteil zur Sozialversicherung sowie zu befreienden Versicherungen
- Investitionszulagen (§ 9 InvZulG 1999)
- Eigenheimzulagen (§ 16 EigZulG)

§ 3c EStG stellt schließlich klar, dass es sich *nicht* um steuerfreie *Einnahmen*, sondern um steuerfreie *Einkünfte* handelt. Soweit Einnahmen nicht der Steuer unterliegen, sind damit zusammenhängende Betriebsausgaben oder Werbungskosten steuerlich nicht absetzbar Wegen des sog. Halbeinkünfteverfahrens sind Betriebsausgaben oder Werbungskosten im Zusammenhang mit Einnahmen aus Beteiligungen an Kapitalgesellschaften (Dividenden und Veräußerungsgewinne) analog zu 50 % nicht absetzbar. Das betrifft z.B. auch Zinsausgaben, die zur Finanzierung von Investitionen getätigt werden, wenn der Zweck der Investition die Erwirtschaftung steuerfreier Veräußerungsgewinne[67] ist (etwa Anschaffung und Veräußerung von Wertpapieren und Grundstücken, wenn die Ein-/Zehnjahresfrist überschritten wird).

Neben den steuerfreien Einkünften gibt es eine Reihe sog. **außerordentlicher Einkünfte**, die gem. § 34 EStG ggf. besonderen Steuersätzen unterliegen. Der Zweck dieser Vorschrift ist es, die Progressionswirkung des ESt-Tarifs zu mildern. Nach § 34 Abs. 1 EStG unterliegen diese einem modifizierten ESt-Satz[68] bzw. alternativ nach § 34 Abs. 3 EStG einem – allerdings auf Unternehmensveräußerungsgewinne[69] begrenzten – ermäßigten (halben) ESt-Satz[70]. Es wird unterstellt, dass diese Einkünfte insofern außerordentlich sind, als sie nicht regelmäßig im Verlauf der Kalenderjahre ausgefallen sind, in denen die wirtschaftliche Basis für die Einkunftserzielung gelegt wurde, sondern sich im Veräußerungsjahr zusammenballen und damit zu einer vergleichsweise hohen ESt führen.

---

[67] Zu den wirtschaftlichen Wirkungen Siegel, T., Kreditzinsen und steuerfreier Veräußerungsgewinn: Eine ökonomische Analyse des 'Anlagemodells', in DStR 1992, S. 1595ff.

[68] Die Progressionsmilderung wie folgt erreicht: Es wird die Steuerdifferenz zwischen dem zu versteuernden Einkommen ohne diese Einkünfte und diesem zu versteuernden Einkommen zuzüglich eines Fünftels dieser Einkünfte berechnet. Diese Steuerdifferenz wird verfünffacht, um die ESt auf die außerordentlichen Einkünfte zu erhalten. Für das verbleibende zu versteuernde Einkommen wird der Normaltarif (§ 32a EStG) angewandt.

[69] Vgl. zur vorteilhaften Wahlrechtsausübung Freyer, T., Schult, E., Unternehmenssteuerreform 2001: Die Besteuerung von Unternehmensveräußerungsgewinnen nach Wiedereinführung des halben durchschnittlichen Steuersatzes, in DStR 2001, S. 445ff.

[70] Hier ergibt sich die Progressionsmilderung, indem der halbe durchschnittliche ESt-Satz für das gesamte zu versteuernde Einkommen (incl. der außerordentlichen Einkünfte) ermittelt und auf die außerordentlichen Einkünfte angewandt wird. Für das verbleibende zu versteuernde Einkommen wird ebenfalls der Normaltarif (§ 32a EStG) angewandt.

Außerordentliche Einkünfte i.S.d. § 34 EStG sind:

- Gewinne, die durch die Veräußerung land- und forstwirtschaftlicher oder gewerblicher oder freiberuflicher Betriebe oder Teilbetriebe oder Mitunternehmeranteile entstehen (Veräußerungsgewinne; nicht bei der Veräußerung von *Teilen* von Mitunternehmeranteilen, § 16 Abs. 2 EStG).
- Entschädigungen für entgangene oder entgehende Einnahmen, für die Aufgabe oder Unterlassung einer Tätigkeit oder einer Gewinnbeteiligung oder einer Anwartschaft hierauf und für Ausgleichszahlungen an Handelsvertreter nach Beendigung des Vertragsverhältnisses (§ 89b HGB). Diese Entschädigungen sind abschließend in § 24 Nr. 1 EStG aufgezählt (vgl. zu den Voraussetzungen R 170 EStR 2001).
- Nutzungsvergütungen für die öffentliche Inanspruchnahme von Grundstücken, soweit sie für mehr als drei Jahre nachentrichtet werden.

Wegen ihrer praktischen Bedeutung sollen (Unternehmens-)**Veräußerungsgewinne** i.S.d. § 34 Abs. 2 Nr. 1 EStG hier gesondert behandelt werden. Als Erstes muss geklärt werden, was überhaupt ein Veräußerungsgewinn im obigen Sinne ist. Sodann wird auf die Berechnung des Veräußerungsgewinns einzugehen sein (zur Darstellung und Berechnung der Tarifbegünstigung vgl. Kapitel "Besondere Steuersätze").

Veräußerungsgewinne, die zu außerordentlichen Einkünften i.S.d. § 34 EStG führen und u.U. teilweise steuerfrei belassen werden, können sein:

- Einkünfte aus Land- und Forstwirtschaft, die aus der Veräußerung oder Aufgabe eines land- und forstwirtschaftlichen Betriebs oder Teilbetriebs oder Anteils an einem solchen Betrieb erzielt werden (§§ 14f. EStG)
- Einkünfte aus Gewerbebetrieb i.S.d. § 16 EStG, die aus der Veräußerung oder Aufgabe eines Gewerbebetriebs, eines gewerblichen Teilbetriebs[71], eines Mitunternehmeranteils an einer Personengesellschaft bzw. einer KGaA erzielt werden. Soweit auf Veräußerer- und Erwerberseite dieselben Personen beteiligt sind, gilt der Gewinn nach § 16 Abs. 2 EStG als laufender Gewinn (etwa bei Einbringung eines Einzelunternehmens in eine Personengesellschaft, an der der Einzelunternehmer beteiligt ist).
- Einkünfte aus selbstständiger Arbeit, die aus der Veräußerung oder Aufgabe des Vermögens, eines selbstständigen Vermögensteils oder eines Anteils am Vermögen, das der selbstständigen Arbeit dient, erzielt werden (§ 18 Abs. 3 EStG)[72].

[71] Nicht die in § 16 Abs. 1 Nr. 1 EStG genannte, als Teilbetrieb geltende "...das gesamte Nennkapital umfassende Beteiligung an einer Kapitalgesellschaft...", da für diese grundsätzlich das Halbeinkünfteverfahren greift. Eine doppelte Begünstigung über Bemessungsgrundlage *und* Tarif soll vermieden werden. Auch der Veräußerungsgewinn aus einer Beteiligung von mindestens 1 % des gezeichneten Kapitals an einer Kapitalgesellschaft, die im Privatvermögen gehalten wird, (§ 17 EStG) stellt aus demselben Grund keine außerordentliche Einkunftsart dar. Schließlich gilt dies ebenfalls für den Fall eines dem § 17 EStG vorgehenden privaten Veräußerungsgeschäfts i.S. des § 23 EStG (die unsystematische Dominanz der Nebeneinkunftsart 'sonstige Einkünfte nach § 22 EStG' über die Haupteinkunftsart 'Einkünfte aus Gewerbebetrieb' ist explizit in § 23 Abs. 3 EStG fixiert).

[72] Veräußerungen von *Teilen* eines Mitunternehmeranteils werden wie laufender nicht begünstigter Gewinn behandelt (§ 16 Abs. 2 EStG).

Daneben existieren ökonomisch vergleichbare Veräußerungsgewinne i.S.d. § 17 EStG, die *nicht* zu den begünstigten außerordentlichen Einkünften i.S.d. § 34 EStG zählen. Im Gegensatz zu der tariflichen Steuerbegünstigung der oben genannten Veräußerungsgewinne erfolgt hier eine Begünstigung der Bemessungsgrundlage durch Anwendung des Halbeinkünfteverfahrens.

Der Veräußerungsgewinn[73] (besser: Veräußerungserfolg, da auch Veräußerungsverluste auftreten können) berechnet sich zu:

Veräußerungsgewinn (-verlust) = Veräußerungserlös
– Veräußerungskosten
– Buchwert des veräußerten Betriebsvermögens/Anschaffungskosten der Beteiligung

Wird ein Veräußerungserlös in Form eines festen Kaufpreises (auch bei kurzzeitiger Ratenzahlung) erbracht, so ergeben sich keine weiteren Probleme. Wird die Veräußerung aber gegen Zahlung einer Zeit- oder Leibrente vorgenommen, so ist der Barwert dieser Rente als Veräußerungserlös anzusehen. Wird schließlich im Fall einer Betriebsverpachtung vom Verpächter erklärt, dass dies als Betriebsaufgabe[74] anzusehen sei, so entspricht der Veräußerungserlös wie im Fall der Betriebsaufgabe dem Teilwert des Betriebsvermögens (ohne Firmenwert). Werden für die Vermögensübertragung Gesellschaftsrechte gewährt (z.B. Einbringung eines Einzelunternehmens usw. in eine Gesellschaft gegen Gewährung von Anteilen), so gilt der Wert, mit dem die aufnehmende Gesellschaft das eingebrachte Vermögen bilanziert, als Veräußerungspreis (§ 20 Abs. 4 UmwStG bzw. § 24 Abs. 3 UmwStG).

Der Buchwert des veräußerten Betriebsvermögens entspricht bei der Gesamtbetriebsveräußerung, -aufgabe, -verpachtung oder -einbringung dem Wert des Reinvermögens (Eigenkapital, Kapitalkonto) in der Bilanz zum Veräußerungszeitpunkt. Wird nur ein Teil des Betriebsvermögens veräußert usw., so entspricht die Summe der Buchwerte dieses Teils dem Buchwert des Teilbetriebs. Mitunternehmeranteile sind mit dem Wert des Kapitalkontos des Mitunternehmers anzusetzen. Im Fall der Veräußerung 100%iger Beteiligungen gem. § 16 Abs. 1 EStG gehören diese fiktiv zu einem Betriebsvermögen und sind mit dem Buchwert (der niedriger sein kann als die Anschaffungskosten) anzusetzen. Entstehen Veräußerungsgewinne im Rahmen der Einkünfte aus selbstständiger Arbeit, so ist bei Gewinnermittlung nach § 4 Abs. 3 EStG mangels

---

73 Zur Berechnung der Bemessunggrundlage bei negativen anderen Einkünften vgl. Freyer, T., Schult, E., Unternehmenssteuerreform 2001: Die Besteuerung von Unternehmensveräußerungsgewinnen nach Wiedereinführung des halben durchschnittlichen Steuersatzes, a.a.O., S. 458ff.

74 Nach einer Betriebsverpachtung hat der Verpächter zu jedem Zeitpunkt ein Wahlrecht (vgl. hierzu R 139 Abs. 5 EStR 2001). Er kann die Verpachtung als Betriebsaufgabe erklären. Dann gilt das Betriebsvermögen mit Ausnahme des Firmenwerts zum jeweiligen Tageswert (Teilwert) als in sein Privatvermögen überführt. Der Teilwert ist der Veräußerungserlös. Die späteren Einnahmen zählen zu den Einkünften aus Vermietung und Verpachtung. Der Firmenwert führt erst bei späterer Veräußerung zu einer Veräußerungseinnahme. Der Verpächter kann aber auch erklären, dass er den Gewerbebetrieb nicht aufgeben wolle. Dann ergibt sich kein Veräußerungsvorgang, die späteren Einnahmen sind zu den Einkünften aus Gewerbebetrieb zu zählen. Eine GewSt-Pflicht entfällt allerdings für den Verpächter.

Kapitalkonto die Summe der Buchwerte der Wirtschaftsgüter und Schulden des Betriebsvermögens als Basis zur Berechnung des Veräußerungsgewinns heranzuziehen.

Veräußerungsgewinne unterliegen nur insoweit der ESt, als sie die im EStG genannten Freibeträge übersteigen. Nach § 16 Abs. 4 EStG beträgt der Freibetrag € 51.200 bei der Veräußerung usw. ganzer Betriebe, wenn der Veräußerungsgewinn maximal € 154.000 beträgt und der Steuerpflichtige entweder älter ist als 55 Jahre oder den Betrieb wegen dauernder Berufsunfähigkeit veräußert. Ist der Veräußerer auch Erwerber (z.B. im Rahmen einer Mitunternehmerschaft), dann wird der Freibetrag nach § 16 Abs. 2 EStG anteilig reduziert. Weiterhin wird der Freibetrag nur einmal im Leben gewährt. Er mindert sich *nicht* bei Veräußerung von Teilbetrieben oder (auch nur geringfügigen) Mitunternehmeranteilen. Liegt der Veräußerungsgewinn über € 154.000, dann sinkt der Freibetrag um den über € 154.000 liegenden Teil. Bei einem Veräußerungsgewinn € 205.200 entfällt der Freibetrag also vollständig.

Durch die Regelung des sich verflüchtigenden Freibetrags wird der modifizierte Differenzsteuersatz auf den Veräußerungsgewinn im Bereich zwischen € 154.000 und € 205.200 faktisch verdoppelt. Damit kann die ErSt-Belastung für diesen Bereich über 100 % liegen. Ein lediger Steuerpflichtiger soll z.B. (im Jahr 2003) ein zu versteuerndes Einkommen von € 200.000 haben. Durch Verkauf seines Einzelunternehmens soll er zusätzlich einen Veräußerungsgewinn von gerade € 154.000 erzielen. Wenn es ihm gelingt, den Veräußerungspreis durch erfolgreiche Verhandlungen um € 50.000 anzuheben, dann bewirkt er damit einen Gesamtverlust von € 1.288 (Mehreinnahme vom Käufer € 50.000, höhere ESt, KiSt (3,5 % Kappung) und ErgAbg € 51.288). Er ist gut beraten, auf die Verhandlungsbemühungen zu verzichten.

Der Veräußerungsgewinn nach § 17 EStG gehört – wie bereits oben dargestellt – nicht zu den außerordentlichen Einkünften i.S.d. § 34 EStG und ist ohnehin nur zur Hälfte in die EStliche Bemessungsgrundlage einzubeziehen (Halbeinkünfteverfahren; § 3 Nr. 40c, § 3c Abs. 2 EStG). Die Freibetragsregelung ist aber ähnlich. Nach § 17 Abs. 3 EStG beträgt der Freibetrag bei der Veräußerung von Beteiligungen an Kapitalgesellschaften (wenn die Beteiligung mindestens 1 % des gezeichneten Kapitals beträgt, § 17 EStG), die im *Privatvermögen* gehalten werden, € 10.300. Dieser Freibetrag wird auch mehrmals im Leben gewährt. Anders als bei Veräußerungen nach § 16 EStG reduziert sich dieser Freibetrag entsprechend dem Anteil der Beteiligung am gezeichneten Kapital: Bei einem Anteil von z.B. 1 % am gezeichneten Kapital beträgt der Freibetrag also € 103. Liegt der Veräußerungsgewinn über € 41.000, dann sinkt der Freibetrag um den über € 41.000 liegenden Teil. Bei einem Veräußerungsgewinn ab € 51.300 entfällt der Freibetrag also vollständig. Auch diese Werte gelten anteilig. Im Beispielsfall wird demnach ab einem Veräußerungsgewinn von € 410 der Freibetrag von € 103 reduziert - liegt der Veräußerungsgewinn über € 513, dann entfällt der Freibetrag vollständig. Der volle Freibetrag wird also nur bei 100%iger Beteiligung gewährt.

2.1.5 Der Einkommensteuertarif

Wie prinzipiell bei jeder Steuerart berechnet sich auch bei der ESt die Steuerbelastung durch Multiplikation der Bemessungsgrundlage mit dem Steuersatz. Dieser ergibt sich aus dem Steuertarif. Bei der ESt ist der Steuertarif progressiv gestaltet. Die ESt-Belastung steigt mit zunehmendem zu versteuernden Einkommen überproportional. Neben diesem Normal- oder Grundtarif existiert eine Reihe besonderer ESt-Sätze, die zum größten Teil aus dem Grundtarif abgeleitet sind.

2.1.5.1 Der Normalsteuertarif

Die ESt berechnet sich normalerweise nach der Tarifvorschrift des § 32a Abs. 1 EStG[75]. Danach existieren vier Tarifbereiche – der Grundfreibetrag, der untere und der obere Progressionsbereich[76] und der Proportionalbereich. Das zu versteuernde Einkommen unterliegt je nach Höhe folgender ESt-Belastung (vgl. auch Abb. 8):

- Für zu versteuernde Einkommen innerhalb des Grundfreibetrags beträgt die ESt null; diese Beträge werden als Existenzminimum angesehen und bleiben deshalb unbesteuert. Der Grundfreibetrag beträgt:

	Tarif 2001/2	**Tarif 2003/4**	**Tarif 2005ff.**
Grundtarif €	7.235	7.426	7.664
Splittingtarif €	14.470	14.852	15.328

[75] Diese Tarifvorschrift gilt für 2001/2; für die Jahre 2003ff. vgl. § 52 Abs. 41 EStG.

[76] Die unten dargestellten einfachen Formeln für den Progressionsbereich sind aus § 32a Abs. 1 EStG hergeleitet; vgl. hierzu etwa Siegel, T., Steuerbarwertminimierung nach dem Einkommensteuertarif 1990, in WISU 1989, S. 269ff. oder Schult, E., Richter, H., Zur Ermittlung von Grenz- und insbesondere Differenzsteuersätzen nach der Vereinfachung des Einkommensteuertarifs 1990, in SteuerStud 1990, S. 379ff. Die Konstanten für den oberen progressiven Bereich werden hier – da diesem Bereich eine ökonomisch größere Bedeutung zukommt – mit a, b und c, die Konstanten im unteren progressiven Bereich mit d, e und f bezeichnet.

- Für zu versteuernde Einkommen des unteren Progressionsbereichs berechnet sich die ESt nach der Formel:

$$A_{ESt} = d \cdot Y^2 + e \cdot Y - f$$

mit	A_{ESt}	ESt-Ausgabe
	Y	zu versteuerndes Einkommen[77]
	d, e, f	Konstante des ESt-Tarifs im unteren Progressionsbereich

Konstante	Tarif 2001/2	Tarif 2003/4	Tarif 2005ff.
zvE von ... bis ...	7.236 – 9.251	7.427 – 12.755	7.665 – 12.739
d	$7{,}6885 \cdot 10^{-6}$	$7{,}478 \cdot 10^{-6}$	$8{,}8374 \cdot 10^{-6}$
e	0,0882856	0,058936744	0,014540333
f	1.034	850	631

Dieser Bereich wird (unterer) Progressionsbereich genannt, weil die Zunahme des zu versteuernden Einkommens mit einem von 19,9 % (sog. Eingangssteuersatz) linear auf etwa 23 % steigenden Steuersatz belastet ist (Tarif 2001/2). Der Eingangssteuersatz sinkt auf letztlich 15 % ab dem Jahr 2005.

- Die Formel zur Berechnung der ESt im oberen Progressionsbereich lautet:

$$A_{ESt} = a \cdot Y^2 + b \cdot Y - c$$

Konstante	Tarif 2001/2	Tarif 2003/4	Tarif 2005ff.
zvE von ... bis ...	9.252 – 55.007	12.756 – 52.292	12.740 – 52.152
a	$2{,}7865 \cdot 10^{-6}$	$2{,}7859 \cdot 10^{-6}$	$2{,}2874 \cdot 10^{-6}$
b	0,178639232	0,178631691	0,181421623
c	1.451	1.614	1.693

Dieser Bereich wird (oberer) Progressionsbereich genannt, weil die Zunahme des zu versteuernden Einkommens mit einem von etwa von 23 % linear auf 48,5 % steigenden Steuersatz belastet ist (Tarif 2001/2). Der Spitzensteuersatz sinkt ab 2005 letztlich auf 42 %.

[77] Letztmals in 2002 ist nach § 32a Abs. 2 EStG das zu versteuernde Einkommen auf den nächsten durch 36 ohne Rest teilbaren vollen Euro-Betrag abzurunden, wenn es nicht bereits durch 36 ohne Rest zu teilen ist, und um 18 € zu erhöhen. Diese Vorschrift soll den Abdruck einer ESt-Tabelle ermöglichen. Da diese Stufen sehr klein sind, werden sie bei Untersuchungen über die wirtschaftlichen Wirkungen der ESt meist vernachlässigt. Der Fehler ist unbeachtlich. Die ESt-Tabelle und damit die Rundungsvorschrift wird ab 2003 abgeschafft (§ 52 Abs. 42 EStG).

Für zu versteuernde Einkommen des Proportionalbereichs berechnet sich die ESt nach der Formel:

$$A_{ESt} = g \cdot Y - h$$

Konstante	Tarif 2001/2	Tarif 2003/4	Tarif 2005ff.
zvE ab ... €	55.008	52.293	52.152
g	0,485	0,47	0,42
h	9.872	9.232	7.914

Die Konstante g drückt den Spitzen-ESt-Satz aus. Dieser Tarifbereich wird oberer Proportionalbereich genannt, weil die Zunahme des zu versteuernden Einkommens mit einem konstanten Steuersatz belastet ist.

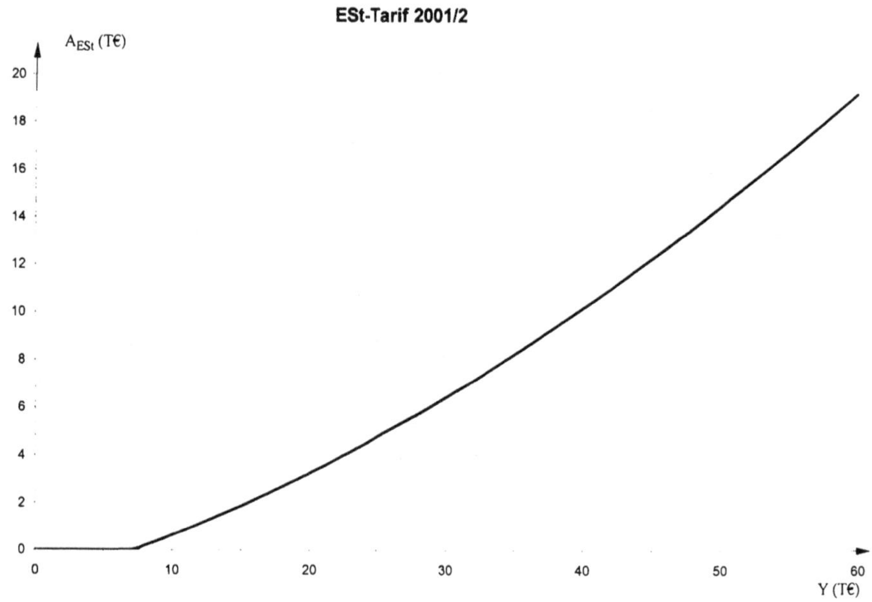

Abb. 8: Die Höhe der ESt A_{ESt} in Abhängigkeit vom zu versteuernden Einkommen Y (Grundtarif)

Da ab 2003 keine Abrundung des zu versteuernden Einkommens erfolgt, können auch keine ESt-Tabellen mehr erstellt werden. Die ESt kann auf Basis von ESt-Programmen berechnet werden, die vom BMF im Internet[78] publiziert werden. Eine Berechnung ist aber auch mit dem folgenden Programm möglich – beliebig nach dem ESt-Tarif 2001/2, dem ESt-Tarif 2003/4 oder dem ESt-Tarif 2005ff.

```
10 CLS:INPUT"ESt-Tarif 2001/2 oder 2003/4 oder 2005ff.
Jahr 2 oder 3 oder 5";JAHR
20 CLS:PRINT"SCHULT ESt Grund- und Splittingtabelle sowie Splitting-
'vorteil'"
30 IF JAHR=2 THEN PRINT"ESt-Tarif 2001/2"
40 IF JAHR=3 THEN PRINT"ESt-Tarif 2003/4"
50 IF JAHR=5 THEN PRINT"ESt-Tarif 2005ff."
60 PRINT"      zvE      ESt-Grundtarif  ESt-Splittingtarif Splitting-
'vorteil'"
70 PRINT"      Euro             Euro             Euro             Euro"
80 IF JAHR=2 THEN CONSTD=7.6885*10^-
6:CONSTE=.0883:CONSTF=1034:CONSTA=2.7865*10^-
6:CONSTB=.17864:CONSTC=1451:CONSTH=9872:REM Tarif 2001/2
90 IF JAHR=2 THEN
GRENZU=7235:GRENZM=9241:GRENZO=55007!:CONSTG=.485:REM:Tarif 2001/2
100 IF JAHR=3 THEN CONSTD=7.478*10^-
6:CONSTE=.05894:CONSTF=850:CONSTA=2.7859*10^-
6:CONSTB=.1763:CONSTC=1614:CONSTH=9232:REM Tarif 2003/4
110 IF JAHR=3 THEN
GRENZU=7426:GRENZM=12755:GRENZO=52292!:CONSTG=.47:REM:Tarif 2003/4
120 IF JAHR=5 THEN CONSTD=8.837401*10^-
6:CONSTE=.01454:CONSTF=631:CONSTA=2.2874*10^-
6:CONSTB=.18142:CONSTC=1693:CONSTH=7914:REM Tarif 2005ff.
130 IF JAHR=5 THEN
GRENZU=7664:GRENZM=12739:GRENZO=52151!:CONSTG=.42:REM:Tarif 2005ff.
140 FOR ZVE=10000 TO 90000! STEP 5000
150 IF ZVE<GRENZU THEN GRUND=0:GOTO 190
160 IF ZVE<GRENZM THEN GRUND=CONSTD*ZVE^2+CONSTE*ZVE-CONSTF:GOTO 190
170 IF ZVE<GRENZO THEN GRUND=CONSTA*ZVE^2+CONSTB*ZVE-CONSTC:GOTO 190
180 GRUND=CONSTG*ZVE-CONSTH
190 IF ZVE<2*GRENZU THEN SPLIT=0:GOTO 230
200 IF ZVE<2*GRENZM THEN SPLIT=2*(CONSTD*(ZVE/2)^2+CONSTE*ZVE/2-
CONSTF):GOTO 230
210 IF ZVE<2*GRENZO THEN SPLIT=2*(CONSTA*(ZVE/2)^2+CONSTB*ZVE/2-
CONSTC):GOTO 230
220 SPLIT=2*(CONSTG*ZVE/2-CONSTH)
230 PRINT USING"#########      ";ZVE;GRUND;SPLIT;GRUND-SPLIT
240 NEXT ZVE
250 END
```

Abb. 9: Programm zur Berechnung der ESt

Das Programm berechnet die ESt nach dem Grundtarif und nach dem Splittingtarif. Außerdem wird der sog. Splittingvorteil berechnet. In dem Programm können in Zeile 140 der Bereich der zu versteuernden Einkommen bzw. die Schrittweite eingestellt werden. Sucht man etwa die ESt für einen Bereich von € 10.000 bis € 90.000, so berechnet sich

[78] www.bundesfinanzministerium.de

die ESt nach dem Grundtarif bzw. nach dem Splittingtarif wie in der folgenden Abb. 10 dargestellt. Interessehalber wird der Splitting'vorteil' als Differenz der ESt nach dem Grund- und dem Splittingtarif ebenfalls berechnet.

```
SCHULT ESt Grund- und Splittingtabelle sowie Splitting-'vorteil'
 ESt-Tarif 2005ff.
```

zvE	ESt-Grundtarif	ESt-Splittingtarif	Splitting'vorteil'
Euro	Euro	Euro	Euro
10000	398	0	398
15000	1543	0	1543
20000	2850	796	2054
25000	4272	1863	2409
30000	5808	3086	2722
35000	7459	4365	3094
40000	9224	5701	3523
45000	11103	7094	4009
50000	13097	8544	4552
55000	15186	10052	5134
60000	17286	11617	5669
65000	19386	13238	6148
70000	21486	14918	6568
75000	23586	16654	6932
80000	25686	18447	7239
85000	27786	20298	7488
90000	29886	22206	7680

Abb. 10: Tabelle der ESt nach Grund- und Splittingtarif sowie sog. Splittingvorteil

Bei *Einkünften aus Gewerbebetrieb* wird auf die ESt eine fiktive GewSt (§ 35 EStG) angerechnet. Danach wird bei den Einkünften aus Gewerbebetrieb die anteilige ESt um das 1,8-fache des GewSt-Messbetrags ermäßigt (falls die GewSt höher sein sollte als die ESt ergibt sich hieraus jedoch kein ESt-Erstattungsanspruch). Im Normalfall soll[79] damit die GewSt-Belastung unter Berücksichtigung der Abzugsfähigkeit der GewSt als Betriebsausgabe neutralisiert werden. Durch den Abzug einer fiktiven GewSt statt der tatsächlichen GewSt soll das Verfahren vereinfacht werden. Der Zweck dieser Regelung ist es, die im internationalen Bereich einigermaßen singuläre zusätzliche GewSt-Belastung auszugleichen. Der näherliegende Weg, die GewSt abzuschaffen, ist politisch bisher nicht durchsetzbar.

Die fiktive GewSt Anr_{GewSt} (und damit die maximale ESt-Ermäßigung) beträgt:

$$Anr_{GewSt} = 1{,}8 \cdot m \cdot G_{netto}$$

mit m Messzahl

G_{netto} Gewerbeertrag *nach* GewSt

[79] Vgl. hierzu etwa Herzig, N., Lochmann, U., Das Grundmodell der Besteuerung nach der Unternehmenssteuerreform – Die Steuerermäßigung für gewerbliche Einkünfte bei der Einkommensteuer, in DB 2000, S. 540ff., Siegel, T., Plädoyer für eine systemkonforme Reform der Gewerbesteueranrechnung nach § 35 EStG, in BB 2001, S. 701ff.

Grundsätzlich ist für ökonomische Planungsrechnungen nur der Gewerbeertrag vor GewSt G_{brutto} bekannt. Die effektive GewSt-Belastung (vgl. Kapitel "Die Gewerbesteuer"), d.h. unter Berücksichtigung der Abzugsfähigkeit von der eigenen Bemessungsgrundlage, beträgt:

$$A_{GewSt} = G_{brutto} \cdot \frac{m \cdot h}{1 + m \cdot h}$$

mit		
	A_{GewSt}	GewSt-Ausgabe
	G_{brutto}	Gewerbeertrag **vor** GewSt
	h	Hebesatz

Die anzurechnende fiktive GewSt errechnet sich somit wie folgt:

$$Anr_{GewSt} = 1{,}8 \cdot m \cdot (G_{brutto} - A_{GewSt})$$

Setzt man A_{GewSt} ein, so ergibt sich die Anrechnung fiktiver GewSt:

$$Anr_{GewSt} = 1{,}8 \cdot m \cdot G_{brutto} \cdot \left(1 - \frac{m \cdot h}{1 + m \cdot h}\right)$$

Berücksichtigt man weiterhin, dass die GewSt als Betriebsausgabe die ESt mindert, dann ergibt sich für die tatsächliche GewSt-Belastung vor fiktiver GewSt-Anrechnung:

$$A_{GewSt}^{tat} = G_{brutto} \cdot \frac{m \cdot h}{1 + m \cdot h} \cdot (1 - s_e)$$

mit s_e ESt-Satz

Die tatsächliche GewSt-Belastung, also die durch die Existenz der GewSt verursachte Mehr- oder Mindersteuerbelastung, ergibt sich somit unter Berücksichtigung von drei Effekten: Die Abzugsfähigkeit der GewSt von der eigenen Bemessungsgrundlage, die Abzugsfähigkeit der GewSt von der Bemessungsgrundlage der ESt und die Minderung der ESt durch die Anrechnung fiktiver GewSt.

$$A_{GewSt}^{tat} = G_{brutto} \cdot \left(\frac{m \cdot h}{1 + m \cdot h} \cdot (1 - s_e) - 1{,}8 \cdot \left(1 - \frac{m \cdot h}{1 + m \cdot h}\right)\right)$$

Setzt man die tatsächliche GewSt-Belastung (nach fiktiver GewSt-Anrechnung) gleich null und löst die Gleichung nach h auf, so lässt sich ein kritischer Hebesatz berechnen, bei dem die GewSt gerade neutralisiert ist:

$$h_{krit} = \frac{1{,}8}{1 - s_e}$$

Der kritische Hebesatz ist erwartungsgemäß abhängig von der ESt-Entlastung durch die GewSt (also von den Differenzsteuersätzen der ESt auf die Betriebsausgabe GewSt bezogen). Bei einer Messzahl von m = 0,05 und fehlender ESt beträgt der kritische Hebesatz 180 %. Bei einem Differenzsteuersatz der ESt von 40 % steigt er auf 300 %; beim maximalen ESt-Satz von 48,5 % (Tarif 2001/2) beträgt er etwa 350 %. Da die realistischen GewSt-Hebesätze zwischen 200 % und 500 % liegen, wird eine Neutralisation der GewSt durch den Abzug fiktiver GewSt von der ESt eher bei höheren zu versteuerten Einkommen erreicht. Ein gegenläufiger Effekt geht allerdings von den bei niedrigen Gewerbeerträgen niedrigeren Messzahlen aus.

Liegt die fiktive GewSt-Entlastung über der ESt-Gesamtbelastung, so wird die GewSt nur teilweise neutralisiert. Bei fehlender ESt kann die GewSt überhaupt nicht angerechnet werden – es verbleibt bei der effektiven GewSt-Belastung. Diese Wirkung könnte mit Hilfe von durchschnittlichen ESt- bzw. GewSt-Sätzen untersucht werden.

Der **durchschnittliche Steuersatz** wird z.B. benötigt, um *kritische* Situationen zu ermitteln. Damit kann abgeschätzt werden, wie hoch die (subjektive) Wahrscheinlichkeit sein könnte, dass die geplante Situation tatsächlich realisiert wird. Von größerer Bedeutung ist es jedoch, festzustellen, welche *Änderung* der steuerlichen Belastung durch die *Änderung* wirtschaftlicher Größen verursacht wird. Es kann entscheidungswirksam sein, dass eine Gewinnerhöhung, die z.B. durch Produktions- oder Marketinganstrengungen erzielt wird, einer zusätzlichen ESt-Belastung von z.B. 42 % unterliegt. Die durch die jeweilige Entscheidung verursachte Änderung der Steuerbelastung kann mit Hilfe sog. **Differenzsteuersätze** berechnet werden. Um *optimale* Entscheidungen zu treffen, ist es schließlich erforderlich, die Steueränderungen zu kennen, die sich aus unendlich kleinen Änderungen der Bemessungsgrundlage ergeben (sog. Marginal- oder Grenzbetrachtung). Das ist z.B. für Entscheidungen im Bereich der Steuerbilanzpolitik oder der Finanzierungspolitik vorteilhaft. Um diese marginalen Steueränderungen zu erfassen, werden durch Ableitung des Steuertarifs sog. **Grenzsteuersätze** gebildet.

Die durchschnittlichen und die Grenzsteuersätze werden auch zur Definition eines Steuertarifs[80] herangezogen. Sind beide identisch, so kann man den Steuertarif proportional nennen. Ist der Grenzsteuersatz höher als der durchschnittliche Steuersatz, dann kann man den Steuertarif als progressiv bezeichnen. In analoger Weise ist ein degressiver Steuertarif denkbar.

---

80 Vgl. etwa Bareis, P., Die Anforderungen an den Einkommensteuertarif in der Diskussion, in WiSt 1997, S. 7ff., Brümmerhoff, D., Finanzwissenschaft, 8.Aufl. München Wien 2001, S. 492ff.

Der durchschnittliche ESt-Satz ist definiert zu:

$$t_e = \frac{A_{ESt}}{Y}$$

mit		
	t_e	durchschnittlicher ESt-Satz
	A_{ESt}	ESt-Ausgabe
	Y	zu versteuerndes Einkommen

Der Grenzsteuersatz der ESt ist definiert zu:

$$T_e = \frac{dA_{ESt}}{dY}$$

mit		
	T_e	Grenzsteuersatz der ESt
	d.	Differenzial (unendlich kleine Änderung)
	dA_{ESt}	unendlich kleine Änderung der ESt-Ausgabe
	dY	unendlich kleine Änderung des zu versteuernden Einkommens

Für proportionale Steuertarife muss gelten:

$$t_e = T_e$$

Als Beispiel sei der obere Proportionalbereich der ESt (Tarif 2001/2) herangezogen. Dort berechnen sich t_e und T_e zu:

$$t_e = \frac{0{,}485 \cdot Y - 9.872}{Y} = 0{,}485 - \frac{9.872}{Y}$$

$$T_e = 0{,}485$$

Da $t_e < T_e$ ist, liegt auch im oberen Proportionalbereich nach dieser Definition eine progressive Steuer vor. Der obere Tarifbereich müßte richtigerweise als 'oberer progressiver Bereich mit konstantem Grenzsteuersatz' bezeichnet werden. Der sog. progressive Bereich müßte richtigerweise als 'progressiv mit linear steigendem Grenzsteuersatz' bezeichnet werden. Im oberen[81] progressiven Bereich berechnen sich der durchschnittliche bzw. der Grenzsteuersatz zu:

$$t_e = \frac{a \cdot Y^2 + b \cdot Y - c}{Y} = a \cdot Y + b - \frac{c}{Y}$$

$$T_e = 2 \cdot a \cdot Y + b$$

---

[81] Im unteren progressiven Bereich sind die Konstanten d, e und f einzusetzen.

Es ist ohne weiteres ersichtlich, dass die Progressionsbedingung $T_e > t_e$ erfüllt ist. Weiter wird durch die Formel für den Grenzsteuersatz deutlich, dass dieser linear vom zu versteuernden Einkommen Y abhängt. Mit Hilfe der Konstanten a, b und c berechnet sich für ein zu versteuerndes Einkommen von z.B. € 30.000 der durchschnittliche Steuersatz zu $t_e = 0{,}214$ (21,4 %) und der Grenzsteuersatz zu $T_e = 0{,}3458$ (34,58 %). Bei einem zu versteuernden Einkommen von € 60.000 steigt der durchschnittliche Steuersatz auf $t_e = 0{,}3205$ (30,05 %) und der Grenzsteuersatz auf $T_e = 0{,}485$ (48,5 %, alle ESt-Tarif 2001/2).

Der Deutlichkeit halber ist der Verlauf der durchschnittlichen und der Grenzsteuersätze in einer Graphik (Abb. 11) dargestellt (Grundtarif). Der Grenzsteuersatz beginnt bei einem zu versteuernden Einkommen von € 7.236 mit 19,9 % und steigt – mit einem Knick – linear auf 48,5 % bei einem zu versteuernden Einkommen von € 55.008. Im oberen Proportionalbereich ist der Grenzsteuersatz mit 48,5 % konstant. Der durchschnittliche ESt-Satz t_e ist immer niedriger als der Grenzsteuersatz T_e. Er steigt asymptotisch gegen den Spitzensteuersatz von 48,5 %, erreicht ihn also nie.

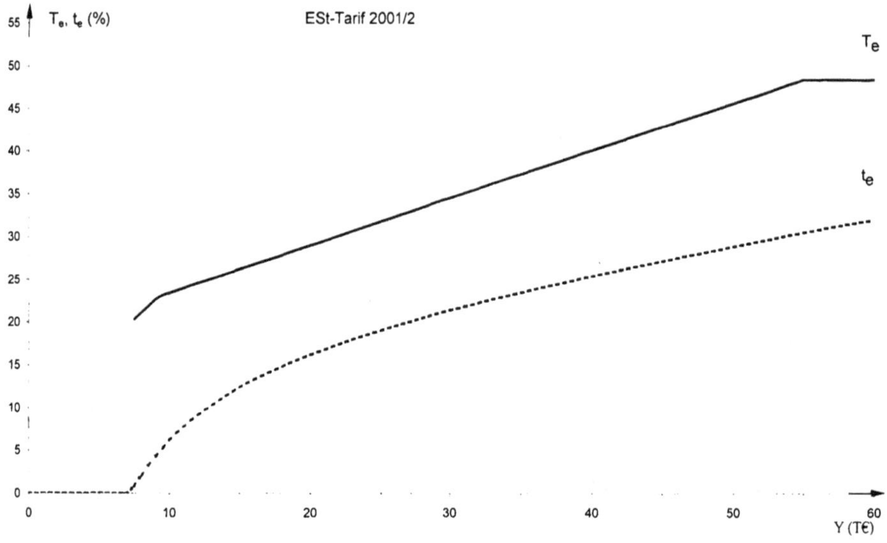

Abb. 11: Durchschnittlicher t_e und Grenzsteuersatz T_e der ESt in Abhängigkeit vom zu versteuernden Einkommen Y (Grundtarif)

Die Berechnung von durchschnittlichen, Grenz- und Differenzsteuersätzen ist vorteilhafterweise computergestützt vorzunehmen[82]. Das gilt um so mehr, als ggf. nicht nur die ESt, sondern weitere Steuern direkt oder indirekt nach derselben Bemessungsgrundlage berechnet werden (wie etwa die KiSt und die GewSt). Diese sind darüber hinaus z.T. voneinander abhängig. Ein solches Programm zur Berechnung der durchschnittlichen und der Grenzsteuersätze[83] der ESt für zu versteuernde Einkommen von € 5.000 bis € 80.000 kann wie in Abb. 12 dargestellt aussehen (in gwbasic).

```
10 CLS:INPUT"ESt-Tarif 2001/2 oder 2003/4 oder 2005ff.        Jahr 2
oder 3 oder 5";JAHR
20 CLS:PRINT"SCHULT Durchschnitts- und Grenzsteuersätze ESt
Grundtabelle"
30 IF JAHR=2 THEN PRINT"ESt-Tarif 2001/2
40 IF JAHR=3 THEN PRINT"ESt-Tarif 2003/4
50 IF JAHR=5 THEN PRINT"ESt-Tarif 2005ff."
60 PRINT"  zvE Euro      Durchschnitts-  Grenzsteuersatz  %"
70 IF JAHR=2 THEN CONSTD=7.6885*10^-
6:CONSTE=.0883:CONSTF=1034:CONSTA=2.7865*10^-
6:CONSTB=.17864:CONSTC=1451:CONSTH=9872:REM Tarif 2001/2
80 IF JAHR=2 THEN
GRENZU=7235:GRENZM=9241:GRENZO=55007!:CONSTG=.485:REM:Tarif 2001/2
90 IF JAHR=3 THEN CONSTD=7.478*10^-
6:CONSTE=.05894:CONSTF=850:CONSTA=2.7859*10^-
6:CONSTB=.1763:CONSTC=1614:CONSTH=9232:REM Tarif 2003/4
100 IF JAHR=3 THEN
GRENZU=7426:GRENZM=12755:GRENZO=52292!:CONSTG=.47:REM:Tarif 2003/4
110 IF JAHR=5 THEN CONSTD=8.837401*10^-
6:CONSTE=.01454:CONSTF=631:CONSTA=2.2874*10^-
6:CONSTB=.18142:CONSTC=1693:CONSTH=7914:REM Tarif 2005ff.
120 IF JAHR=5 THEN
GRENZU=7664:GRENZM=12739:GRENZO=52151!:CONSTG=.42:REM:Tarif 2005ff.
130 FOR ZVE=5000 TO 80000! STEP 5000
140 IF ZVE<GRENZU THEN GRENZSATZ=0:DURCHSATZ=0:GOTO 180
150 IF ZVE<GRENZM THEN
GRENZSATZ=2*CONSTD*ZVE+CONSTE:DURCHSATZ=(CONSTD*ZVE^2+CONSTE*ZVE-
CONSTF)/ZVE:GOTO 180
160 IF ZVE<GRENZO THEN
GRENZSATZ=2*CONSTA*ZVE+CONSTB:DURCHSATZ=(CONSTA*ZVE^2+CONSTB*ZVE-
CONSTC)/ZVE:GOTO 180
170 GRENZSATZ=CONSTG:DURCHSATZ=(CONSTG*ZVE-CONSTH)/ZVE
180 PRINT USING"#######.##        ";ZVE;100*DURCHSATZ;100*GRENZSATZ
190 NEXT ZVE
200 END
```

Abb. 12: Programm zur Berechnung der durchschnittlichen und Grenzsteuersätze der ESt

[82] Vgl. hierzu schon Schult, E., Steuerbelastungsvergleiche mit Taschencomputern, in DStR 1984, S. 27ff., sowie ders., Steuerbasic, 3.Aufl. München Wien 1993. Das jeweils aktuelle Programm kann unter der Adresse: www.wiwiss.fu-berlin.de/schult von der Seite Aktuelles/Download heruntergeladen werden.

[83] Hier wird angenommen, dass keine Einkünfte aus Gewerbebetrieb vorliegen.

Die Ausführung dieses Programms zeigt am Bildschirm die Tabelle der durchschnittlichen und Grenzsteuersätze der ESt (Tarif 2005ff., vgl. Abb. 13). Durch Änderung der Zeile 130 kann sowohl der Bereich als auch der Abstand der zu versteuernden Einkommen variiert werden.

```
SCHULT Durchschnitts-/Grenzsteuersätze ESt Grundtarif
ESt-Tarif 2005ff.
    zvE Euro           Durchschnitts-     Grenzsteuersatz %
     5000.00               0.00                0.00
    10000.00               3.98               19.13
    15000.00              10.29               25.00
    20000.00              14.25               27.29
    25000.00              17.09               29.58
    30000.00              19.36               31.87
    35000.00              21.31               34.15
    40000.00              23.06               36.44
    45000.00              24.67               38.73
    50000.00              26.19               41.02
    55000.00              27.61               42.00
    60000.00              28.81               42.00
    65000.00              29.82               42.00
    70000.00              30.69               42.00
    75000.00              31.45               42.00
    80000.00              32.11               42.00
```

Abb. 13: Tabelle der durchschnittlichen und der Grenzsteuersätze der ESt

Um den Anforderungen praktischer betrieblicher Steuerpolitik nachkommen zu können, ist es erforderlich, auch den Differenzsteuersatz möglichst einfach zu ermitteln. Dieser gibt – das sei wiederholt – die Steueränderung wieder, die aus einer *nicht* unendlich kleinen Änderung einer Bemessungsgrundlage resultiert. Mit Hilfe dieses Steuersatzes kann z.B. die Steuerersparnis aus einer AfA von € 30.000 (Gewinnminderung um € 30.000) oder die Steuermehr- bzw. -minderbelastung aus einer Gewinnverschiebung von € 50.000 von einem Wirtschaftsjahr in ein anderes Wirtschaftsjahr (Berechnung des Differenzsteuersatzes für das Jahr der Gewinnminderung und das Jahr der Gewinnerhöhung) u.v.m. berechnet werden. Der Differenzsteuersatz ist definiert als Relation zwischen endlicher Steueränderung und endlicher Änderung der Bemessungsgrundlage:

$$s_e = \frac{A_{EStv} - A_{EStn}}{V - N}$$

mit

s_e	Differenzsteuersatz der ESt
V	zu versteuerndes Einkommen vor Änderung
N	zu versteuerndes Einkommen nach Änderung
A_{EStv}	ESt-Ausgabe beim zu versteuernden Einkommen V
A_{EStn}	ESt-Ausgabe beim zu versteuernden Einkommen N

Da die Steuerausgabe das Produkt aus Bemessungsgrundlage und durchschnittlichem Steuersatz ist, gilt für s_e:

$$s_e = \frac{t_{ev} \cdot V - t_{en} \cdot N}{V - N}$$

mit t_{ev} durchschnittlicher ESt-Satz beim zu versteuernden Einkommen V

t_{en} durchschnittlicher ESt-Satz beim zu versteuernden Einkommen N

Der Differenzsteuersatz kann also bei Kenntnis der durchschnittlichen Steuersätze ermittelt werden. Da der Differenzsteuer*satz* aber gerade dazu dienen soll, den Differenzsteuer*betrag* zu ermitteln, dieser aber bereits im Zähler steht, ist eine Berechnung nach dieser Methode sinnlos. Die Berechnung des Differenzsteuersatzes ist nur sinnvoll, wenn nicht vorab die Steuerbeträge ermittelt werden müssen. Dieses Problem ist gelöst[84]. Der Ansatz wird im Folgenden für den progressiven Tarifbereich skizziert.

Im oberen Proportionalbereich sind Grenz- und Differenzsteuersätze identisch und konstant (z.B. 47 %, ESt-Tarif 2003/4). Liegen die zu versteuernden Einkommen vor und nach der Änderung im (mittleren) progressiven Bereich, so berechnet sich der Differenzsteuersatz mit Hilfe der genannten Konstanten a, b und c zu:

$$s_e = \frac{a \cdot V^2 + b \cdot V - c - a \cdot N^2 - b \cdot N + c}{V - N}$$

Diese Formel vereinfacht sich zu:

$$s_e = a \cdot (V + N) + b$$

Steigt z.B. das zu versteuernde Einkommen durch einen zusätzlichen Produktionsauftrag von € 30.000 auf € 60.000, so beträgt der Differenzsteuersatz (ESt-Tarif 2003/4, Grundtarif) s_e = 0,4262 (42,62 %); die ESt erhöht sich also um € 12.786.

Will man den Differenzsteuersatz für sämtliche Bereiche des zu versteuernden Einkommens berechnen, so bietet sich alternativ der Einsatz eines Programms an, das auf der Veranlagungssimulation basiert. Einfacherweise wird die ESt für das eine und für das andere zu versteuernde Einkommen berechnet. Die Differenz der beiden ESt wird durch die Differenz der zu versteuernden Einkommen dividiert (vgl. Abb. 14).

---

[84] Vgl. zum Folgenden sowie zur Berechnung von Differenzsteuersätzen für den Fall, dass nicht beide zu versteuernden Einkommen nur in einem Bereich des ESt-Tarifs liegen, Schult, E., Richter, H., Zur Ermittlung von Grenz- und insbesondere Differenzsteuersätzen nach der Vereinfachung des Einkommensteuertarifs 1990, a.a.O.

```
10 CLS:INPUT"ESt-Tarif 2001/2 oder 2003/4 oder 2005ff.
Jahr 2 oder 3 oder 5";JAHR
20 CLS:PRINT"SCHULT Differenzsteuersatz der ESt"
30 IF JAHR=2 THEN PRINT"ESt-Tarif 2001/2"
40 IF JAHR=3 THEN PRINT"ESt-Tarif 2003/4"
50 IF JAHR=5 THEN PRINT"ESt-Tarif 2005ff."
60 J=1
70 INPUT "zu versteuerndes Einkommen vorher          Euro";VORHER
80 INPUT "zu versteuerndes Einkommen nachher         Euro";NACHHER
90 IF J=1 THEN ZVE=VORHER
100 IF JAHR=2 THEN CONSTD=7.6885*10^-
6:CONSTE=.0883:CONSTF=1034:CONSTA=2.7865*10^-
6:CONSTB=.17864:CONSTC=1451:CONSTH=9872:REM Tarif 2001/2
110 IF JAHR=2 THEN
GRENZU=7235:GRENZM=9241:GRENZO=55007!:CONSTG=.485:REM:Tarif 2001/2
120 IF JAHR=3 THEN CONSTD=7.478*10^-
6:CONSTE=.05894:CONSTF=850:CONSTA=2.7859*10^-
6:CONSTB=.1763:CONSTC=1614:CONSTH=9232:REM Tarif 2003/4
130 IF JAHR=3 THEN
GRENZU=7426:GRENZM=12755:GRENZO=52292!:CONSTG=.47:REM:Tarif 2003/4
140 IF JAHR=5 THEN CONSTD=8.837401*10^-
6:CONSTE=.01454:CONSTF=631:CONSTA=2.2874*10^-
6:CONSTB=.18142:CONSTC=1693:CONSTH=7914:REM Tarif 2005ff.
150 IF JAHR=5 THEN
GRENZU=7664:GRENZM=12739:GRENZO=52151!:CONSTG=.42:REM:Tarif 2005ff.
160 IF ZVE<GRENZU THEN EST=0:GOTO 200 .
170 IF ZVE<GRENZM THEN EST=CONSTD*ZVE^2+CONSTE*ZVE-CONSTF:GOTO 200
180 IF ZVE<GRENZO THEN EST=CONSTA*ZVE^2+CONSTB*ZVE-CONSTC:GOTO 200
190 EST=CONSTG*ZVE-CONSTH
200 IF J=1 THEN EST1=EST:ZVE=NACHHER:J=2:GOTO 160
210 DIFFSATZ= (EST1-EST)/(VORHER-
NACHHER):DIFFSATZ=INT(10000*DIFFSATZ)/100
220 PRINT"Differenzsteuersatz                         %";DIFFSATZ
230 END
```

Abb. 14: Programm zur Berechnung der Differenzsteuersätze der ESt

Soll etwa der Differenzsteuersatz der ESt (Tarif 2003/4, Grundtarif) für eine Erhöhung des zu versteuernden Einkommens von € 35.000 auf € 55.000 berechnet werden, so zeigt der Bildschirm das Ergebnis.

```
Schult Differenzsteuersatz der ESt
Tarif 2003/4
    zu versteuerndes Einkommen vorher    Euro? 35000
    zu versteuerndes Einkommen nachher   Euro? 55000
    Differenzsteuersatz                     %  43.24
```

2.1.5.2 Besondere Steuersätze

Eine Eigenart der ESt ist die sog. **Haushaltsbesteuerung.** Die Bemessungsgrundlage der ESt ist das zu versteuernde Einkommen des gesamten Haushalts. Allerdings werden die Kinder nicht in die Veranlagung einbezogen, sodass es sich um eine **Ehegattenbesteuerung** handelt. Bei progressiven Steuertarifen – wie also z.B. bei der ESt – ergeben sich daraus Steuerbelastungen, die u.U. erheblich höher als bei Einzelpersonen sind. Leben etwa zwei Personen unverheiratet zusammen und beziehen sie beide jeweils ein zu versteuerndes Einkommen von € 25.000, so beträgt die ESt (Tarif 2001/2) für jeden € 4.756, zusammen also € 9.512. Heiraten diese beiden Personen und bilden somit einen Haushalt, so beträgt das zu versteuernde Einkommen dieses Haushalts € 50.000. Die ESt hierauf beliefe sich auf € 14.447. Durch die ESt-Mehrbelastung von € 4.935 wird der Haushalt bzw. die Ehe benachteiligt. Um dieses zu vermeiden und um auch der Tatsache Rechnung zu tragen, dass die Hausarbeit zu Einkünften führt, die aber weder ausgezahlt noch besteuert werden, gibt es im System der Einkommenbesteuerung das sog. **Splittingverfahren**. Bei diesem Verfahren wird unterstellt, dass das Haushaltseinkommen von beiden Ehepartnern zu gleichen Teilen bezogen wird. Das Haushaltseinkommen wird in zwei gleich große Teileinkommen 'gesplittet', für die sich die ESt jeweils aus dem Grundtarif ergibt. § 32a Abs. 5 EStG bestimmt, dass "...die tarifliche Einkommensteuer...das Zweifache des Steuerbetrags (beträgt), der sich für die Hälfte ihres gemeinsam zu versteuernden Einkommens...ergibt (Splitting-Verfahren)."

Die gesetzliche Regelung der ESt-Berechnung bei Ehegatten[85] ist wie folgt festgelegt. Nach § 26 Abs. 1 EStG können Ehegatten, die beide unbeschränkt steuerpflichtig sind und nicht dauernd getrennt leben und die diese Voraussetzungen wenigstens an einem Tag des Kalenderjahrs erfüllen, wählen: Sie können die getrennte Veranlagung beantragen (§ 26 Abs. 2 EStG) oder sie können sich ohne besondere Willensäußerung zusammen veranlagen lassen (§ 26 Abs. 3 EStG). Bei der getrennten Veranlagung werden sie wie zwei unabhängige Steuerpflichtige behandelt. Ihnen werden die Einkünfte zugerechnet, die sie bezogen haben (§ 26a EStG). Sonderausgaben werden bei dem Steuerpflichtigen abgezogen, der sie geleistet hat. Außergewöhnliche Belastungen werden halbiert oder auf Antrag anders auf die Ehegatten verteilt. Im Regelfall der **Zusammenveranlagung** werden die Einkünfte der Ehegatten zusammengerechnet (§ 26b EStG). Der Gesamtbetrag der Einkünfte wird den Ehegatten gemeinsam zugerechnet. Bei den weiteren Abzügen (insbesondere Sonderausgaben und außergewöhnliche Belastungen) werden die Ehegatten wie ein Steuerpflichtiger behandelt. Es existiert schließlich also nur ein zu versteuerndes Einkommen. Auf dieses wird der Splittingtarif angewendet.

[85] Außer bei Ehegatten wird das Splittingverfahren nach § 32a Abs. 6 EStG bei verwitweten, früher zusammenveranlagten Steuerpflichtigen im ersten Jahr nach dem Tod des Ehegatten (sog,. Gnadensplitting) und auch bei Scheidung bzw. Aufhebung der Ehe bei Wiederverheiratung angewendet, wenn sowohl die alte als auch die neue Ehe die Zusammenveranlagungsvoraussetzungen erfüllen und Trennung und Wiederverheiratung in einem Kalenderjahr stattgefunden haben, in diesem Jahr auch bei dem Ehegatten, der nicht wieder geheiratet hat.

Dies sei an einem Beispiel dargestellt. Die Personen M und F beziehen jede ein zu versteuerndes Einkommen von € 40.000. Sie überlegen, ob sie zusammenziehen sollen. Dies soll zur Folge haben, dass F die Berufstätigkeit aufgibt und ausschließlich Hausarbeit verrichtet. M kann wegen der Entlastung von der Hausarbeit sein zu versteuerndes Einkommen auf € 80.000 verdoppeln. Sie überlegen schließlich, ob sie heiraten sollen. Die EStlichen Folgen (Tarif 2005ff.) der drei Situationen stellen sich wie folgt dar:

	zu versteuerndes Einkommen in €	ESt in €
a) getrennte Haushalte	Y_M = 40.000	A_{EStM} = 9.223
	Y_F = 40.000	A_{EStF} = 9.223
		A_{ESt} = 18.446
b) 'wilde Ehe'	Y_M = 80.000	A_{EStM} = 25.686
	Y_F = 0	A_{EStF} = 0
		A_{ESt} = 25.686
c) legale Ehe (Zusammenveranlagung)	Y_{MF} = 80.000	A_{ESt} = 18.446

Bei getrennter Haushaltsführung haben M und F jeweils Hausarbeit verrichtet, der ein Wert von € 40.000 zuzurechnen ist. Ziehen beide nämlich zusammen und vollbringt F allein die nun anfallende doppelte Hausarbeit, so kann M sein Einkommen wegen der Entlastung im Haushalt auf € 80.000 verdoppeln. F ist dagegen wegen der doppelten Hausarbeit nicht mehr in der Lage, Einkommen außerhalb des Haushalts zu beziehen. Ziehen also M und F zusammen, so ändert sich wirtschaftlich gesehen nichts am bisherigen Zustand. Sie beziehen zusammen weiterhin € 80.000 zu versteuerndes Einkommen sowie € 80.000 nicht zu versteuerndes Hausarbeitseinkommen. Wenn sich aber wirtschaftlich nichts ändert, dann darf sich auch die Steuerlast nicht ändern. Bei der Haushaltsbesteuerung erhöht sich aber im Fall b) die ESt-Belastung erheblich. Statt vorher € 18.446 entrichten M und F jetzt € 25.686. Um dies zu vermeiden, werden sie (allerdings nur bei legal vollzogener Haushaltsbildung, nicht etwa im Fall 'illegaler' Haushaltsbildung) zusammenveranlagt mit der Folge, dass sich die ESt-Belastung gegenüber dem Fall der getrennten Haushalte nicht ändert.

In der Praxis wird allerdings kaum ein Haushalt durch die Zusammenlegung identischer Haushalte – wie im Beispiel – entstehen. Deshalb ergibt sich durch die Eheschließung nicht selten ein **Splittingvorteil**. Dieser nimmt (ESt-Tarif 2001/2) maximal den Wert von € 9.872 an, wenn vor der Ehe ein Partner kein eigenes Einkommen hatte und das zu versteuernde Einkommen des anderen Partners über etwa € 110.000 liegt (im oberen Proportionalbereich bei Splitting).

Ein besonderer ESt-Satz ist auch auf die sog. außerordentlichen Einkünfte i.S.d. § 34 Abs. 2 EStG (im Wesentlichen Veräußerungsgewinne[86] und Entschädigungen) anzuwenden. Es ist der **modifizierte Steuersatz** nach § 34 Abs. 1 EStG. Dieser entspricht dem Differenzsteuersatz zwischen dem zu versteuernden Einkommen ohne außerordentliche Einkünfte und dem um ein Fünftel der außerordentlichen Einkünfte erhöhten ursprünglichen zu versteuernden Einkommen. Der Steuervorteil dieser Regelung läßt sich mit Hilfe von Differenzsteuersätzen deutlich machen. Er beläuft sich auf die Differenz der Differenzsteuersätze auf ein Fünftel der außerordentlichen Einkünfte bzw. auf die gesamten außerordentlichen Einkünfte, multipliziert mit den außerordentlichen Einkünften. Für Unternehmensveräußerungsgewinne kann hier ggf. alternativ[87] **der ermäßigte (halbe durchschnittliche) ESt-Satz** beantragt werden, der sich ergibt, wenn das gesamte zu versteuernde Einkommen incl. außerordentlicher Einkünfte zur Berechnung herangezogen wird. Mindestens wird allerdings ein ESt-Satz von 19.9 %[88] angesetzt. Außerdem ist der halbe durchschnittliche ESt-Satz auf außerordentliche Einkünfte von maximal € 5 Mio beschränkt (§ 34 Abs. 3 EStG). Auf das verbleibende zu versteuernde Einkommen wird in beiden Fällen der Normaltarif angewandt.

Die Berechnung des **modifizierten ESt-Satzes** und die EStlichen Wirkungen sollen an einem Beispiel verdeutlicht werden. Ein unverheirateter unbeschränkt Steuerpflichtiger mittleren Alters bezieht in 2002 Einkünfte aus selbstständiger Arbeit in Höhe von € 50.000 sowie Einkünfte aus nichtselbstständiger Arbeit in Höhe von € 8.500. Die Sonderausgaben und andere Abzüge sollen € 2.500 betragen, sodass sich sein zu versteuerndes Einkommen auf € 56.000 beläuft und zu einer ESt von € 17.288 führt.

Gegen Ende des Jahres 2002 will er seine freiberufliche Praxis verkaufen und erwartet einen Veräußerungsgewinn in Höhe von € 100.000. Ohne jede Sonderregelung erhöht sich die ESt bei einem dann zu versteuernden Einkommen von € 156.000 auf € 65.788. Der Veräußerungsgewinn führt zu einer ESt-Differenz von € 48.500; der Differenzsteuersatz der ESt beträgt erwartungsgemäß (oberer Proportionalbereich) $s_e = 0{,}485$ oder 48,5 %.

---

[86] Zu den außerordentlichen Einkünften i.S.d. § 34 EStG gehören *nicht* solche nach § 17 EStG. Diese Gewinne aus Veräußerungen von Anteilen an Kapitalgesellschaften mit mindestens 1 % des gezeichneten Kapitals, die im *Privat*vermögen gehalten werden, unterliegen nach Abzug eines möglichen Freibetrags nach § 17 Abs. 3 EStG dem Halbeinkünfteverfahren (§ 3 Nr. 40c EStG). Werden solche Beteiligungen im *Betriebs*vermögen eines Einzelunternehmers/einer Mitunternehmerschaft gehalten, dann fallen die Gewinne nicht unter § 17 EStG, der Freibetrag entfällt, das Halbeinkünfteverfahren greift dagegen. Beträgt die Beteiligung 100 % des gezeichneten Kapitals, dann ist ggf. ein Freibetrag von € 51.200 zu subtrahieren (§ 16 Abs. 4 EStG). Werden solche Beteiligungen schließlich im Betriebsvermögen einer Kapitalgesellschaft gehalten, dann sind die Veräußerungsgewinne wie Dividenden nach § 8b Abs. 2 KStG gänzlich KSt-frei.

[87] Vgl. Freyer, T., Schult, E., Unternehmenssteuerreform 2001: Die Besteuerung von Unternehmensveräußerungsgewinnen nach Wiedereinführung des halben durchschnittlichen Steuersatzes, a.a.O.

[88] Dieser Satz wird dem Eingangssteuersatz entsprechend gesenkt: Tarif 2003/4 = 17 % und Tarif 2005 = 15 % (§ 52 Abs. 47 S. 6 EStG).

Nach der Regelung des § 34 Abs. 1 EStG wird ein Fünftel dieses Veräußerungsgewinns, also € 20.000 zum ursprünglichen zu versteuernden Einkommen addiert, die ESt beträgt jetzt € 26.988, die ESt-Differenz € 9.700. Diese ESt-Differenz wird verfünffacht (€ 48.500) und der ursprünglichen ESt von € 17.288 hinzugefügt. Der Differenzsteuersatz der ESt beläuft sich weiterhin auf $s_e = 0{,}485$ oder 48,5 %. Die modifizierte ESt-Ermittlung führt hier nicht zu einer ESt-Minderung, weil die Differenz der zu versteuernden Einkommen – gefünftelt oder nicht – im oberen Proportionalbereich liegt. Nur wenn zumindest das zu versteuernde Einkommen vor Anwendung der Fünftel-Regelung im progressiven Bereich liegt, kann es zu ESt-Ersparnissen auf außerordentliche Einkünfte kommen.

Aus diesem Grund plant der Steuerpflichtige, den Praxisverkauf in das Jahr 2003 (ESt-Tarif 2001/2 soll zwecks Vergleichbarkeit weiter gelten) zu verschieben – andere Einkünfte sollen dann nicht mehr anfallen. Bei gleichbleibenden Sonderausgaben beträgt das zu versteuernde Einkommen in 2003 € 97.500. Die ESt bei einem Fünftel dieses Betrags beläuft sich auf € 3.092. Insgesamt beträgt die ESt auf den Veräußerungsgewinn also € 15.460. Gegenüber der Veräußerung in 2002 spart er € 33.040. Der Veräußerungsgewinn unterliegt jetzt nicht mehr einem Differenzsteuersatz von $s_e = 0{,}485$ oder 48,5 %, sondern nur von $s_e = t_e = 0{,}1546$ oder 15,46%.

Erwartet der Steuerpflichtige, dass auch in 2003 Einkünfte aus nichtselbstständiger Arbeit in Höhe von € 8.500 anfallen (z.B. weil er nur seine freiberufliche Praxis aufgegeben hat), dann berechnet sich die ESt auf den Veräußerungsgewinn wie folgt: Das zu versteuernde Einkommen ohne Veräußerungsgewinn beträgt € 6.000, die ESt null. Das um ein Fünftel des Veräußerungsgewinns erhöhte zu versteuernde Einkommen beläuft sich auf € 26.000, die ESt auf € 5.077. Insgesamt beträgt die ESt auf den Veräußerungsgewinn jetzt € 25.385 (gegenüber € 15.460 ohne Einkünfte aus nichtselbstständiger Arbeit) Die zusätzlichen Einkünfte aus nichtselbstständiger Arbeit in Höhe von € 8.500 führen zu einer zusätzlichen ESt von € 9.952. Die zusätzliche ESt ist ausschließlich durch die Einkünfte aus nichtselbstständiger Arbeit verursacht – diese unterliegen also einem Differenzsteuersatz von 116,76 %! Es ist für den Steuerpflichtigen ökonomisch sinnvoll, auf die Einkünfte aus nichtselbstständiger Arbeit zu verzichten. Die Ursache liegt darin, dass eine Anhebung der nicht begünstigten Einkünfte sich durch den Berechnungsmodus so auswirkt, als seien diese Einkünfte fünf Mal (fünf Jahre lang) angehoben worden. Sie wirken also fünffach auf die Steuerbelastung der begünstigten Einkünfte. "Aus ökonomischer Sicht handelt es sich jedoch um zusätzliche Steuern auf die nichtbegünstigten Einkünfte, weil nur diese sich geändert haben."[89]

Bei Einkünften aus nichtselbstständiger Arbeit kann die ESt u.U. mit **Pauschalsteuersätzen** abgegolten werden. Werden etwa sonstige Bezüge in größerer Zahl gewährt oder wird in einer größeren Zahl von Fällen LSt nicht ordnungsgemäß abgeführt, dann

---

[89] Henning, M., Hundsdoerfer, J., Schult, E., Die Progressionsglättung für außerordentliche Einkünfte nach § 34 Abs. 1 EStG-Entwurf: Steuersätze bis zu 265 %, in DStR 1999, S. 131ff., hier S. 133.

kann unter weiteren vergleichsweise restriktiven Bedingungen der Arbeitgeber die ESt, hier also die LSt, pauschalieren (§ 40 Abs. 1 EStG). Gewährt der Arbeitgeber verbilligte oder unentgeltliche Mahlzeiten oder zahlt er Arbeitslohn aus Anlass von Betriebsveranstaltungen oder für Erholungsbeihilfen, so kann das Betriebsstättenfinanzamt den Ansatz eines pauschalen LSt-Satzes von 15 % bzw. 25 % zulassen (§ 40 Abs. 2 EStG). Diese Pauschalsteuer ist vom Arbeitgeber zu tragen.

Weiterhin kann bei Teilzeitbeschäftigten die LSt mit 20 % bzw. mit 25 % pauschaliert werden, wenn bestimmte Höchstverdienst- und -zeitgrenzen nicht überschritten werden. Auch in diesen Fällen hat der Arbeitgeber die LSt zu übernehmen (§ 40a EStG). Schließlich kann der Arbeitgeber bei bestimmten Zukunftssicherungsleistungen des Arbeitnehmers die LSt mit 20 % pauschalieren, wenn er die Bedingungen des § 40b EStG einhält. Eine wirtschaftlich auf den Arbeitnehmer abgewälzte Pauschalsteuer mindert nicht ihre Bemessungsgrundlage.

Beziehen unbeschränkt Steuerpflichtige Arbeitslosen-, Kurzarbeiter-, Schlechtwettergeld u.ä. (sog. **Lohnersatzleistungen**) oder Einkünfte aus dem Ausland[90], die wegen der Existenz eines Doppelbesteuerungsabkommens (DBA) im Inland steuerfrei sind, so unterliegt das zu versteuernde Einkommen einer geringeren Progression als bei Einbeziehung dieser steuerfreien Einkünfte. Um das zu vermeiden, wird die ESt nach dem durchschnittlichen Steuersatz bemessen, der sich unter Berücksichtigung der steuerfreien Einkünfte ergibt (§ 32b EStG). Dies sei an einem Beispiel demonstriert. Das zu versteuernde Einkommen eines unverheirateten unbeschränkt Steuerpflichtigen betrage € 10.000, die ESt beträgt € 614 (Tarif 2001/2). Außerdem sollen steuerfreie ausländische Einkünfte in Höhe von € 25.000 vorliegen. Bei einem zu versteuernden Einkommen von € 35.000 beträgt der durchschnittliche Steuersatz 23,47 %. Die ESt beläuft sich unter Berücksichtigung dieses sog. **Progressionsvorbehalts** auf 23,47 % der inländischen Einkünfte € 10.000. Sie beträgt tatsächlich also € 2.347. Formell sind die ausländischen Einkünfte weiterhin steuerfrei, verursachen aber eine Mehrbelastung von € 1.733. Sind die steuerfreien Einkünfte negativ – das kann regelmäßig, wenn auch selten wirksam (vgl. § 2a EStG) nur bei ausländischen Einkünften der Fall sein –, dann kann der Progressionsvorbehalt auch negativ sein. Dann mindert er die Steuerbelastung auf die steuerpflichtigen Einkünfte überproportional.

Um auch dann die Doppelbesteuerung zu mildern, wenn mit einem ausländischen Staat kein DBA besteht, bestimmt § 34c EStG, dass eine der ESt entsprechende ausländische Steuer auf die ESt angerechnet wird, soweit die ESt auf die ausländischen Einkünfte entfällt (**Anrechnungsmethode**). Voraussetzung ist, dass der Steuerpflichtige unbeschränkt steuerpflichtig ist und dass die ausländischen Steuern auf im Veranlagungszeitraum bezogene Einkünfte entfallen. Die in Frage kommenden ausländischen Einkünfte ergeben sich aus § 34d EStG.

---

[90] Vgl. hierzu auch das Kapitel "Die steuerrechtliche Basis bei internationalen Beziehungen".

Handelt es sich bei den ausländische Einkünften um solche aus Gewerbebetrieb, dann kann die ESt auf die ausländischen Einkünfte auf Antrag u.U. pauschaliert werden (**Pauschalierungsmethode**). § 34c Abs. 5 EStG enthält hierzu die Ermächtigung. Voraussetzungen und Verfahren werden in den sog. Pauschalierungserlassen der Länderfinanzminister geregelt. Weiterhin ist es möglich, die ESt auf die ausländischen Einkünfte zu erlassen.

Entspricht die ausländische Steuer *nicht* der ESt, dann enthält § 34c Abs. 3 EStG die Milderungsregelung, dass die ausländische Steuer vom Gesamtbetrag der Einkünfte abgezogen werden kann (**Abzugsmethode**).

Bei beschränkt Steuerpflichtigen – außer bei Arbeitnehmern – greift bei den inländischen Einkünften nach § 50 Abs. 3 EStG die sog. **Mindestbesteuerung**. Das zu versteuernde Einkommen beschränkt Steuerpflichtiger entspricht im Wesentlichen der Summe der inländischen Einkünfte. Diese Einkunftsarten sind in § 49 EStG aufgeführt. Nach § 50 Abs. 3 EStG bemisst sich die ESt nach dem Grundtarif. Eine Zusammenveranlagung und damit die Ausnutzung des Splittingvorteils ist nicht möglich, wenn auch nur einer der Ehegatten beschränkt steuerpflichtig[91] ist. Liegt allerdings die tarifliche ESt unter 25 % des Einkommens, so bemisst sich die ESt nach diesem Satz. Der beschränkt Steuerpflichtige muss also den jeweils höheren Betrag entrichten.

Eine besondere Regelung ist in § 50a EStG für beschränkt Steuerpflichtige bestimmter Berufsgruppen getroffen. Bei diesen Berufsgruppen wird einmal die ESt nicht im Veranlagungsverfahren, sondern im Abzugsverfahren erhoben. Zum anderen ist nicht das zu versteuernde Einkommen, sondern sind die Einnahmen Bemessungsgrundlage. Schließlich wird die ESt nach einem festen Prozentsatz berechnet. Die ESt wird danach wie folgt abgezogen:

- bei beschränkt steuerpflichtigen Aufsichtsräten mit 30 % der Einnahmen (sog. Aufsichtsratsteuer)

- bei beschränkt steuerpflichtigen Künstlern, Berufssportlern, Schriftstellern, Journalisten und Bildberichterstattern mit bis zu 25 % (ab 2003 bis zu 20 %) der Einnahmen

- bei Einnahmen beschränkt Steuerpflichtiger aus der Nutzung von Urheberrechten, gewerblichen Schutzrechten, Plänen, Mustern, Verfahren und gewerblichen Erfahrungen mit 25 % (ab 2003 mit 20 %) der Einnahmen.

---

91 Vgl. aber § 1 Abs. 3 bzw. § 1a Abs. 1 Nr. 2 EStG über die Möglichkeit, beschränkt Steuerpflichtige bzw. im Bereich der EU lebende Ehegatten auf Antrag als unbeschränkt steuerpflichtig behandeln zu können.

2.1.6 Die Lohn- und die Kapitalertragsteuer

Bei zwei der sieben Einkunftsarten des § 2 Abs. 1 EStG wird die ESt in einem besonderen Verfahren erhoben. "Bei Einkünften aus nichtselbstständiger Arbeit wird die Einkommensteuer durch Abzug vom Arbeitslohn erhoben (Lohnsteuer)..." (§ 38 Abs. 1 EStG), wenn bestimmte Voraussetzungen erfüllt sind. In ähnlicher Weise wird bei den in § 43 EStG genannten "...Kapitalerträgen...die Einkommensteuer durch Abzug vom Kapitalertrag (Kapitalertragsteuer) erhoben..." (§ 43 Abs. 1 EStG). Es handelt sich also nicht etwa um andere Steuerarten als die ESt, sondern um *eine besondere Erhebungsform* der ESt. Während die ESt grundsätzlich jährlich im Veranlagungsverfahren erhoben wird, werden die LSt und die KapESt bei Auszahlung des Arbeitslohns bzw. der Kapitalerträge durch Abzug erhoben.

Die **Lohnsteuer** (LSt) wird nur bei Einkünften aus nichtselbstständiger Arbeit erhoben. Der Arbeitnehmer ist nach § 38 Abs. 2 EStG zwar Steuerschuldner, die LSt wird aber vom Arbeitgeber einbehalten und an die Finanzbehörden abgeführt (§ 38 Abs. 3 EStG). Neben dem Arbeitnehmer haftet der Arbeitgeber für die LSt (§ 42d Abs. 1 EStG). Die Jahres-LSt bemisst sich nach dem Arbeitslohn (§ 38 a Abs. 1 EStG). Sie wird so berechnet, dass sie der ESt-Belastung entspricht, die durch die Existenz der Einkünfte aus nichtselbstständiger Arbeit verursacht ist (§ 38a Abs. 2 EStG).

Da Arbeitnehmer nach dem Grund- oder dem Splittingtarif besteuert werden können, weiterhin z.B. Arbeitslohn aus mehreren Arbeitsverhältnissen beziehen können und weil sich daraus unterschiedliche LStliche Folgen ergeben, werden sie in sechs LSt-Klassen eingeordnet (vgl. hierzu § 38b EStG). Dabei sind die Unterschiede zwischen dem zu versteuernden Einkommen (Bemessungsgrundlage der ESt) und dem Arbeitslohn (Bemessungsgrundlage der LSt) berücksichtigt. Es werden z.B. je nach LSt-Klasse abgezogen:

- der Arbeitnehmerpauschbetrag von € 1.044 in den Steuerklassen I bis V
- der Sonderausgabenpauschbetrag von € 36 in den Steuerklassen I, II und IV, von € 72 in der Steuerklasse III
- die allgemeine Vorsorgepauschale (§ 10c Abs. 2 EStG) in den Steuerklassen I, II und IV.
- die allgemeine Vorsorgepauschale (§ 10c Abs. 3 EStG; z.B. für Beamte) in den Steuerklassen I, II und IV.

Diese Zuordnung zu den LSt-Klassen wird von den Gemeinden vorgenommen und in die LSt-Karte (je Kalenderjahr und Arbeitsverhältnis eine LSt-Karte) eingetragen. Der Arbeitgeber trägt in die LSt-Karte (die Lohn- und LSt-Buchführung des Arbeitnehmers) sowie in das Lohnkonto (die Lohn- und LSt-Buchführung des Arbeitgebers) am Jahres- oder Beschäftigungsende u.a. die bezahlten Arbeitslöhne und die abgeführten LSt-, KiSt- und ErgAbg-Beträge ein. Das ist notwendig, weil das Besteuerungsverfahren regelmäßig mit dem meist monatlichen LSt-Abzug noch nicht abgeschlossen ist.

Es kann sich am Jahresende herausstellen, dass der Arbeitnehmer im LSt-Abzugsverfahren mehr oder weniger LSt bezahlt hat, als er bei einer Veranlagung zur ESt hätte entrichten müssen. Überzahlungen können dadurch verursacht sein, dass bei einem monatlichen Lohnsteuerabzug der Berechnung ein Zwölftel der Jahressteuer zugrunde liegt, der Steuerpflichtige aber nicht in jedem Monat ein Zwölftel des Jahresarbeitslohns bezieht. Weiterhin kann es sein, dass der Arbeitnehmer Werbungskosten und Sonderausgaben nachweist, die höher sind als die bei der LSt eingearbeiteten Pauschbeträge. Auch der Übergang zur Zusammenveranlagung durch Eheschließung führt regelmäßig zu LSt-Erstattungen. Schließlich kann der Arbeitnehmer andere Einkünfte haben, die negativ sind (z.B. Verluste aus Vermietung und Verpachtung). Unterzahlungen ergeben sich etwa, wenn beide Ehegatten Arbeitslohn beziehen oder wenn andere Einkünfte existieren, die positiv sind (z.B. Einkünfte aus Kapitalvermögen). Deshalb ist das LSt-Verfahren regelmäßig erst dann abgeschlossen, wenn der Steuerpflichtige (freiwillig oder gesetzlich gezwungen) zur ESt veranlagt wird.

Ist der Arbeitnehmer der Meinung, dass er zuviel LSt 'vorausbezahlt' hat, so kann er nach § 46 Abs. 2 Nr. 8 EStG beim Wohnsitzfinanzamt die Veranlagung zur ESt beantragen (Antragsveranlagung). Hierfür gilt eine Ausschlussfrist von zwei Jahren. Führt die *Antrags*veranlagung zu einer Steuernachzahlung, so wird innerhalb der Rechtsbehelfsfrist der Steuerbescheid durch einen Antrag auf schlichte Änderung (§ 172 Abs. 1 Nr. 2a AO) oder ggf. durch einen Einspruch zurückgenommen. Damit soll vermieden werden, dass der Arbeitnehmer aus Furcht vor Nachzahlungen auf eine Antragsveranlagung verzichtet. Für die Fälle, bei denen u.U. die Gefahr von Nachzahlungen besteht, hat das EStG regelmäßig die *Pflicht* der ESt-Veranlagung vorgesehen. Die Pflichtveranlagung kann zu Erstattungen und zu Nachzahlungen führen. Schließlich ist der Arbeitgeber nach § 42b EStG u.U. berechtigt oder verpflichtet, einen sog. LSt-Jahresausgleich durchzuführen.

Wird eine Veranlagung weder auf Antrag nach § 46 Abs. 2 Nr. 8 EStG noch aufgrund gesetzlicher Verpflichtung nach § 46 Abs. 2 Nr. 1 – 7 EStG durchgeführt, dann gilt die LSt durch den LSt-Abzug als abgegolten. Im Fall einer Veranlagung werden die LSt-Zahlungen als Vorauszahlung zur ESt auf die endgültige ESt-Schuld angerechnet.

Die Veranlagung wird insbesondere durchgeführt, wenn:

- die Summe der anderen Einkünfte € 410 übersteigt
- Arbeitslohn nebeneinander von mehreren Arbeitgebern bezogen wurde
- zusammenveranlagte Ehegatten, die beide Arbeitslohn bezogen haben, nach Steuerklasse V oder VI besteuert wurden
- anderweitige Verluste berücksichtigt werden sollen
- die Anrechnung/Erstattung von KapESt berücksichtigt werden soll.

Der **Kapitalertragsteuer** (KapESt) unterliegen *nicht sämtliche* Einkünfte aus Kapitalvermögen, sondern nur die in § 43 EStG aufgeführten sog. Kapitalerträge[92]. Es sind dies vor allem Dividenden u.ä. aus Eigenkapitalanteilen (wie etwa Aktien oder GmbH-Anteile – auf die volle Dividende, also einschließlich der nach § 3 Nr. 40 EStG steuerfreien Einnahmen), Zinsen aus sog. Festverzinslichen, aus Spar- und anderen Guthaben und Einnahmen aus einer typischen stillen Beteiligung an einem Handelsgewerbe.

Die Bemessungsgrundlage der KapESt ist auch bei Dividenden trotz Halbeinkünfteverfahrens der volle Kapitalertrag ohne jeden Abzug (§ 43a Abs. 2 EStG). Der Steuersatz beträgt 20 %, bei sog. Festverzinslichen 25 % (bei Tafelgeschäften 35 %). Steuerschuldner ist der Empfänger der Kapitalerträge, daneben haftet der Schuldner der Kapitalerträge. Dieser hat die KapESt außerdem einzubehalten und an die Finanzbehörden abzuführen. Dem Empfänger der Kapitalerträge ist eine Steuerbescheinigung auszustellen, damit er ggf. die KapESt bei der veranlagten ESt absetzen kann. Vom Steuerabzug kann abgesehen werden, wenn die Kapitalerträge voraussichtlich unter dem Sparerfreibetrag und dem Werbungskosten-Pauschbetrag liegen oder eine ESt-Veranlagung voraussichtlich nicht in Betracht kommt (§ 44a Abs. 1 EStG). Zu diesem Zweck muss der Empfänger der Kapitalerträge im ersten Fall einen Freistellungsauftrag bei der auszahlenden Stelle bzw. im zweiten Fall beim für ihn zuständigen Finanzamt eine NV-Bescheinigung beantragen und der auszahlenden Stelle vorlegen (§ 44a Abs. 2 S. 1 Nr. 2 EStG).

2.1.7 Die Kirchensteuer und Ergänzungsabgaben

Religionsgemeinschaften, die eine Körperschaft öffentlichen Rechts sind, können **Kirchensteuer** (KiSt) erheben. Die in sämtlichen Bundesländern erhobene und wichtigste Form der KiSt ist die KiSt vom Einkommen. Bemessungsgrundlage für diese allgemein als KiSt bezeichnete Art ist die ESt, die nach § 51a EStG in jedem Fall unter Berücksichtigung der Kinderfreibeträge (also auch dann, wenn Kindergeld gewährt wird) und *ohne* Berücksichtigung des Halbeinkünfteverfahrens und *ohne* Anrechnung fiktiver GewSt berechnet wird. Auf diese *fiktive* ESt wird die KiSt mit einem länderabhängigen Steuersatz von regelmäßig 9 %, teilweise auch 8 % erhoben. Durch das Berechnungsverfahren liegt der faktische KiSt-Satz (oft) weit über 9 %; es kann sogar KiSt ohne ESt anfallen (s.u.).

In den meisten Bundesländern wird die KiSt von Amts wegen oder auf Antrag 'gekappt'. Übersteigt die KiSt das Produkt aus zu versteuerndem Einkommen und **Kappungs-KiSt-Satz**, dann wird sie für höhere zu versteuernde Einkommen auf diesen Betrag gekappt. Der Kappungs-KiSt-Satz ist ebenfalls länderabhängig und beträgt 3 %, 3,5 % oder 4 %.

Um die endgültige Belastung durch die KiSt zu ermitteln, ist aber zu beachten, dass die in einem Kalenderjahr *gezahlte* KiSt als Sonderausgabe unbeschränkt abzugsfähig ist. Diese

[92] Nach § 43 Abs. 4 EStG unterliegen diese Kapitalerträge auch dann der KapESt, wenn sie unter andere Einkunftsarten fallen.

Interdependenz der ESt und der KiSt kann wirtschaftlich erfasst werden, indem die ESt-Sätze um die KiSt erweitert werden (sog. Teilsteuersätze[93] aus ESt und KiSt). Dabei wird allerdings angenommen, dass nicht die gezahlte, sondern die veranlagte KiSt als Sonderausgabe abzugsfähig ist. Der Fehler ist akzeptabel.

Der Grenzteilsteuersatz aus ESt und KiSt läßt sich etwa wie folgt herleiten. Die unendlich kleine Änderung der ESt und KiSt wird als Produkt aus der unendlich kleinen Änderung des zu versteuernden Einkommens und dem gesuchten Grenzteilsteuersatz aus ESt und KiSt T_{eki} formuliert. Enthalten ist als Erstes die unendlich kleine Änderung der ESt (der Grenzsteuersatz der ESt T_e, ebenfalls auf dY bezogen). Diese Grenz-ESt stellt die Bemessungsgrundlage der KiSt dar, sodass als unendlich kleine Änderung der KiSt $dY \cdot T_e \cdot s_{ki}$ addiert wird. Diese KiSt mindert als Sonderausgabe weiter sowohl die ESt als auch indirekt die KiSt, sodass ein Betrag von $dY \cdot T_e \cdot s_{ki} \cdot T_{eki}$ zu subtrahieren ist. Die gesuchte Grenzsteuerausgabe aus ESt und KiSt beläuft sich also auf:

$$dY \cdot T_{eki} = dY \cdot T_e + dY \cdot T_e \cdot s_{ki} - dY \cdot T_e \cdot s_{ki} \cdot T_{eki}$$

mit		
	dY	unendliche kleine Änderung des zu versteuernden Einkommens
	T_{eki}	Grenzteilsteuersatz aus ESt und KiSt
	T_e	Grenzsteuersatz der ESt
	s_{ki}	(durchschnittlicher und Grenz-)Steuersatz der KiSt

Die gesamte Gleichung wird durch dY dividiert und nach dem gesuchten Grenzsteuersatz aus ESt und KiSt aufgelöst. Dann ergibt sich:

$$T_{eki} = \frac{T_e + T_e \cdot s_{ki}}{1 + T_e \cdot s_{ki}}$$

Im oberen Proportionalbereich beträgt der Grenzsteuersatz aus ESt und KiSt bei einem KiSt-Satz von 9 % z.B. $T_{eki} = 0{,}5065$ (50,65 %, ESt-Tarif 2001/2). Die gesamte Grenzsteuerbelastung beläuft sich also keinesfalls auf die Summe beider Steuersätze (weil die Bemessungsgrundlage der KiSt die ESt ist und nicht das zu versteuernde Einkommen) und auch nicht auf die Summe des ESt-Satzes und des Produkts aus ESt-Satz und KiSt-Satz (weil dann die Abzugsfähigkeit der KiSt unberücksichtigt bleibt). Im höchsten Einkommensbereich beträgt der Grenzteilsteuersatz vielmehr 50,65 % des zu versteuernden Einkommens. Da 48,5 %-Punkte auf die ESt entfallen, beträgt die zusätzliche Belastung durch KiSt 2,15 %-Punkte. Durch einen Kirchenaustritt würde sich die Steuerersparnis also auf 2,15 % des zu versteuernden Einkommens belaufen.

---

[93] Vgl. hierzu schon Priese, J., Die steuerlich günstigste Unternehmensform – Ein Belastungsvergleich, in DB 1953, S. 892f.; ausführlich Rose, G., Die Steuerbelastung der Unternehmung – Grundzüge der Teilsteuerrechnung, Wiesbaden 1973, ders., Betriebswirtschaftliche Steuerlehre – Eine Einführung für Fortgeschrittene, a.a.O., S. 38ff. sowie Kapitel "Die Ertragsteuerbelastung".

In analoger Weise kann man den Grenzteilsteuersatz bei Kappung ermitteln. Die Grenzsteuerausgabe aus ESt und KiSt stellt ebenfalls die Summe aus Grenz-ESt- und Grenz-KiSt-Ausgabe dar. Letztere mindert als Sonderausgabe beide Steuern. Abweichend von der obigen Berechnung stellt bei der Kappungs-KiSt die unendlich kleine Änderung des zu versteuernden Einkommens dY, nicht die der ESt, die Bemessungsgrundlage dar:

$$dY \cdot T_{eki} = dY \cdot T_e + dY \cdot s'_{ka} - dY \cdot s'_{ka} \cdot T_{eki}$$

mit s'_{ka} nominaler Kappungs-KiSt-Satz

Kürzt man wiederum die gesamte Gleichung durch dY und löst sie nach T_{eki} auf, so ergibt sich für den Fall der Kappung:

$$T_{eki} = \frac{T_e + s'_{ka}}{1 + s'_{ka}}$$

Da die Kappungs-KiSt die eigene Bemessungsgrundlage mindert, kann der Teilsteuersatz aus ESt und Kappungs-KiSt auch mit Hilfe des sog. **effektiven Steuersatzes**[94] ermittelt werden. Der effektive Steuersatz ergibt sich aus dem nominalen Steuersatz s_{nom} generell mit $s_{eff} = s_{nom}/(1 + s_{nom})$. Wird der effektive Kappungs-KiSt-Satz mit s_{ka} bezeichnet, dann lautet die Ausgangsgleichung:

$$dY \cdot T_{eki} = dY \cdot T_e + dY \cdot s_{ka} - dY \cdot s_{ka} \cdot T_e$$

Dividiert man durch dY und löst nach der gesuchten Größe auf, so ergibt sich:

$$T_{eki} = T_e \cdot (1 - s_{ka}) + s_{ka}$$

Existiert z.B. eine Kappung von 3 % im oberen Proportionalbereich, so beträgt der Grenzsteuersatz aus ESt und Kappungs-KiSt 50,05 % (ESt-Tarif 2001/2). Ohne Kappung würde der Grenzsteuersatz aus ESt und KiSt (z.B. 8 %) 50,42 % betragen. Das bedeutet jedoch nicht, dass schon zu Beginn des sog. oberen Proportionalbereichs die Kappung greifen würde. Hierzu sind wegen der Relation aus gesamter KiSt bzw. Kappungs-KiSt die *durchschnittlichen* ESt-Sätze zu vergleichen. Die Kappung greift bei dem zu versteuernden Einkommen, bei dem gerade $t_e = s_{ka}/s_{ki}$ gilt. Bei $s_{ki} = 0{,}08$ und $s_{ka} = 0{,}03$ beträgt $t_e = 0{,}375$. Das kritische zu versteuernde Einkommen beträgt etwa € 92.000 (nach Abzug der KiSt als Sonderausgabe, ESt-Tarif 2001/2).

Die Berechnung der Teilsteuersätze nach diesem Verfahren führt jedoch nur zu exakten Ergebnissen, wenn die KiSt den Grenzsteuersatz (bzw. den durchschnittlichen Steuersatz)

94 Der Begriff des effektiven Steuersatzes soll hier nur die Wirkung erfassen, dass die Steuer selbst ihre Bemessungsgrundlage mindert. Dieser ist nicht zu verwechseln mit der effektiven Steuerbelastung. "Formelmäßig errechnet sich...(diese)...aus dem Verhältnis von Steuerkeil (Rendite vor Steuern...abzüglich der effektiv versteuerten Rendite...), bezogen auf die Rendite vor Steuern..." Schneider, D., Investition, Finanzierung und Besteuerung, 7.Aufl. Wiesbaden 1992, S. 240.

der ESt *nicht* ändert. Dies ist aber der Fall, wenn das zu versteuernde Einkommen vor oder nach der KiSt-Sonderausgabe im progressiven Bereich der ESt liegt. Der dadurch entstehende Fehler ist vergleichsweise gering.

Durch die Berechnung einer fiktiven ESt – im Fall von gewerblichen und/oder Dividendeneinkünften – als Bemessungsgrundlage der KiSt (vgl. § 51a Abs. 2 EStG) wird mancher Steuerpflichtiger[95] zwar keine ESt, wohl aber KiSt bezahlen. So sieht z.B. bei verheirateten Steuerpflichtigen, die in 2001 ausschließlich private Dividendeneinkünfte von € 25.000 beziehen und damit ein zu versteuerndes Einkommen von € 9.298 haben sollen, der ESt-Bescheid etwa so aus (ohne KapESt):

	ESt	KiSt	ErgAbg
	€	€	€
Festgesetzt werden	0	145	0

Bei Dividenden von z.B. € 36.400 beträgt der KiSt-Satz 1.000 % der ESt. Er sinkt dann stark z.B. bei Dividenden von € 41.000 auf etwa 100 %. Ein KiSt-Satz von etwa 19 % der ESt wird aber auch bei sehr hohen Dividenden nicht unterschritten. Wird die Anrechnung einer fiktiven GewSt zusätzlich berücksichtigt, dann fällt der KiSt-Satz allenfalls auf etwa 26 % der ESt. So sieht z.B. bei einem ledigen Gewerbetreibenden, der im Betriebsvermögen ausschließlich Dividendeneinkünfte von € 1,0 Mio bezieht, der ESt-Bescheid für 2002 etwa so aus (ohne KapESt):

	ESt	KiSt	ErgAbg
	€	€	€
Festgesetzt werden	212.012	40.906	11.660

Die KiSt beträgt demnach 19,3 % der ESt. Auch wenn die Rechnungen recht grob sind und die Beispiele extrem gewählt sind - die KiSt beträgt oft weit mehr als 9 % der ESt.

Privilegiert werden u.U. Steuerpflichtige, wenn sie in Bundesländern mit KiSt-Kappung veranlagt werden. Während Steuerpflichtige etwa in Mecklenburg-Vorpommern die volle KiSt trifft, sind Bremer privilegiert[96]. Hier wird die KiSt auf 3 % des zu versteuernden Einkommens gekappt – also auf 3 % der halben Dividende.

Durch die Kappungsregelung sinkt das zu versteuernde Einkommen, von dem ab die Kappung greift, dramatisch. In früheren Jahren lag dieses kritische Einkommen bei etwa € 92.000 (s.o., ledige Steuerpflichtige). Jetzt greift die Kappung u.U. schon bei Dividenden von etwa € 20.000, also zu versteuernden Einkommen von € 10.000. Bremer Steuerpflichtige bleiben also z.B. weitgehend von der dramatischen KiSt-Belastung

[95] Schult, E., Reformphantasien des Steuergesetzgebers – jetzt auch Kirchensteuersätze über 100%!, in BB 2001, S. 1019ff.

[96] Vgl. BStBl 2001 I 92 sowie BStBl 2001 I 94; in Hessen-Nassau wird allerdings bei Kappung nicht das halbe zu versteuernde Einkommen zugrunde gelegt (BStBl 2001 I 183).

verschont – Mecklenburger nicht. Im o.a. Beispielsfall einer Dividende im Privatvermögen von € 1,0 Mio steht € 40.906 KiSt eines Mecklenburgers bei gleichen Verhältnissen eine KiSt von nur € 14.516 eines Bremers gegenüber – eine Reduktion der KiSt-Belastung um etwa zwei Drittel.

Auf die ESt (damit auch auf die LSt und die KapESt, außerdem auf die KSt) wird ein Solidaritätszuschlag erhoben. Für derartige Zuschläge werden und wurden in der Vergangenheit Bezeichnungen verwendet wie **Ergänzungsabgabe**, Investitionshilfeabgabe, Solidaritätszuschlag u.a. Für betriebswirtschaftliche Entscheidungen ist die Bezeichnung irrelevant. Nach § 4 SolZG beträgt der ErgAbg-Satz[97] 5,5 % der ESt[98] usw. Bei an natürliche Gesellschafter ausgeschütteten Gewinnen von Kapitalgesellschaften fällt die ErgAbg zweimal an (einmal in der Gesellschaft und einmal bei den Gesellschaftern). Die ErgAbg der Gesellschaft mindert die Ausschüttung. Dadurch ist die Bemessungsgrundlage der ESt und damit die der ErgAbg beim Gesellschafter ebenfalls gemindert. Die Gesamtbelastung durch ErgAbg (linker Teil der folgenden Ungleichung) ist niedriger, als wenn der Teilsteuersatz aus KSt und ESt als Bemessungsgrundlage der ErgAbg herangezogen werden würde (rechter Teil der folgenden Ungleichung).

$$s_{kea} + (1 - s_{kea}) \cdot \frac{s_{eea}}{2} < \left(s_k + (1 - s_k) \cdot \frac{s_e}{2} \right) \cdot (1 + s_{ea})$$

Nach § 3 SolZG wird die ErgAbg erst ab einer ESt von € 972 (in jedem Fall berechnet nach Abzug der Kinderfreibeträge und unter Berücksichtigung des Halbeinkünfteverfahrens sowie nach Anrechnung der fiktiven GewSt) erhoben. Aus dieser ESt-Grenze läßt sich mit Hilfe der ESt-Tarifformel das zugehörige zu versteuernde Einkommen ermitteln. Die ErgAbg wird ab einem zu versteuernden Einkommen von etwa € 11.500 (ESt-Tarif 2001/2) erhoben. Hierbei handelt es sich um eine *Freigrenze*. Liegt das zu versteuernde Einkommen höher, so wird mit einem ErgAbg-Satz von 20 % auf die € 972 übersteigende ESt die ErgAbg an die normale ErgAbg von 5,5 % der ESt herangeführt (§ 4 SolZG). Der normale ErgAbg-Satz ist bei einer ESt von € 1.341 bzw. einem zu versteuernden Einkommen von etwa € 13.000 erreicht (im Splittingverfahren jeweils doppelte Werte).

Die Einbeziehung der ErgAbg in die ErSt-Sätze ist einfach. Die ErgAbg ist – anders als die KiSt – keine Sonderausgabe. Deshalb wird der ESt-Satz nur mit $(1 + s_{ea})$ multipliziert.

---

97 Grefe, C., Belastungsänderungen durch die Senkung des Solidaritätszuschlags ab 1998, in SteuerStud 1998, S. 73ff.

98 Durch § 3 Abs. 2 SolZG gilt § 51a EStG faktisch nicht. Die Wirkungen des Halbeinkünfteverfahrens wie auch die Anrechnung fiktiver GewSt werden *nicht* neutralisiert. Bemessungsgrundlage der ErgAbg ist die ESt, berechnet unter Berücksichtigung der Kinderfreibeträge, des Halbeinkünfteverfahrens und der Anrechnung fiktiver GewSt.

Da die ErgAbg nicht die KiSt erhöht, bleibt der ESt-Satz dort, wo er Bemessungsgrundlage der KiSt ist, unverändert. Der Steuersatz aus ESt und ErgAbg lautet:

$$s_{eea} = s_e \cdot (1 + s_{ea})$$

mit s_{eea} ErSt-Satz aus ESt und ErgAbg

s_e ESt-Satz

s_{ea} ErgAbg-Satz

Der Steuersatz aus ESt, KiSt und ErgAbg lautet:

$$s_{ekiea} = \frac{s_e \cdot (1 + s_{ea}) + s_e \cdot s_{ki}}{1 + s_e \cdot s_{ki}}$$

mit s_{ekiea} ErSt-Satz aus ESt, KiSt und ErgAbg

2.2 Die Körperschaftsteuer

Die in § 1 Abs. 1 KStG aufgezählten nicht-natürlichen Personen mit Geschäftsleitung oder Sitz im Inland sind mit ihren sämtlichen in- und ausländischen Einkünften KSt-pflichtig (*unbeschränkte* Steuerpflicht). Andere juristische Personen, die weder Geschäftsleitung noch Sitz im Inland haben, sind mit ihren inländischen Einkünften *beschränkt* steuerpflichtig (§ 2 Nr. 1 KStG). Nach § 2 Nr. 2 KStG sind Körperschaften, Personenvereinigungen und Vermögensmassen *beschränkt* steuerpflichtig, die nicht als unbeschränkt steuerpflichtig aufgeführt sind (z.B. juristische Personen des öffentlichen Rechts). In solchen Fällen unterliegen die Einkünfte der KSt, die als inländische Kapitalerträge dem KapESt-Abzug unterworfen sind. Die KSt ist dann meist mit der KapESt abgegolten (§ 32 Abs. 1 KStG).

Persönlich KSt-pflichtig sind:

- Kapitalgesellschaften (z.B. AG, KGaA oder GmbH)
- Erwerbs- und Wirtschaftsgenossenschaften
- Versicherungsvereine auf Gegenseitigkeit
- sonstige juristische Personen des privaten Rechts
- nichtrechtsfähige Vereine, Anstalten u.ä. des privaten Rechts
- Betriebe gewerblicher Art von juristischen Personen des öffentlichen Rechts.

Die Beteiligung einer (*rechtlich* selbstständigen) Kapitalgesellschaft an einer anderen Kapitalgesellschaft kann so eng sein, dass nach wirtschaftlicher Betrachtungsweise eine der Gesellschaften nicht mehr als selbstständig angesehen werden kann. Sie stellt eher eine Abteilung dar. Da der Unterschied zwischen einer Abteilung und einer abhängigen Gesellschaft ausschließlich rechtlicher Art ist, muss mangels wirtschaftlicher

Selbstständigkeit auch eine KSt-Pflicht dieses 'Organs' entfallen. Die Vorschriften der §§ 14ff. KStG tragen dem Rechnung. Einkommen, die aus einer derartigen **Organschaft** stammen, werden der Obergesellschaft zugerechnet. Voraussetzungen für die KSt-rechtliche Anerkennung einer Organschaft sind:

- ein Gewinnabführungsvertrag gem. § 291 AktG, der für wenigstens fünf Jahre abgeschlossen ist und in dieser Zeit auch praktiziert wird
- finanzielle Eingliederung seit Beginn des Wirtschaftsjahrs (Mehrheit der Stimmrechte)
- der Organträger muss unbeschränkt steuerpflichtig sein
- das Organ darf freie Rücklagen nur in der Höhe dotieren, in der dies wirtschaftlich sinnvoll ist. Anderenfalls wird angenommen, dass ein Gewinnabführungsvertrag wegen überhöhter Rücklagenbildung nicht durchgeführt wird.

Da das Organ wirtschaftlich als unselbstständiger Unternehmensteil betrachtet wird, wird die KSt durch die Zurechnung des Organergebnisses zur Obergesellschaft bei dieser erhoben. Ausgleichszahlungen an außenstehende Gesellschafter (Garantiedividende) sind – gleichgültig, ob sie vom Organträger oder vom Organ selbst geleistet werden – nicht als Betriebsausgaben abzugsfähig. Nach § 16 KStG sind sie als Einkommen durch das Organ zu versteuern.

Persönliche Steuerbefreiungen finden sich in großer Zahl in § 5 KStG. Es handelt sich dabei etwa um das Bundeseisenbahnvermögen, öffentlich-rechtliche Kreditinstitute wie die Deutsche Bundesbank, Unternehmen, die einen kirchlichen, gemeinnützigen oder mildtätigen Zweck verfolgen, rechtsfähige Pensions- u.ä. Kassen oder Erwerbs- und Wirtschaftsgenossenschaften, deren Gegenstand die gemeinschaftliche Nutzung landwirtschaftlicher Einrichtungen ist. Um einen Missbrauch der Einrichtungen von Pensions- u.ä. Kassen zu verhindern, sieht § 6 KStG eine Einschränkung der persönlichen KSt-Befreiung vor.

Die sachliche KSt-Pflicht erstreckt sich bei unbeschränkter Steuerpflicht nach § 1 Abs. 2 KStG auf sämtliche Einkünfte der juristischen Person. Das sind grundsätzlich die Einkunftsarten des § 2 Abs. 1 EStG. Da die Unternehmen der gewerblichen Wirtschaft, soweit sie in Form einer juristischen Person betrieben werden, nach § 6 HGB Kaufleute sind und damit nach § 238 HGB zur Buchführung und zum Jahresabschluss verpflichtet sind, fallen sie immer unter § 8 Abs. 2 KStG: Einkünfte jeglicher Art werden als Einkünfte aus Gewerbebetrieb behandelt.

Neben persönlichen existieren sachliche Steuerbefreiungen. Es handelt sich hier um die nach § 8 Abs. 1 KStG anzuwendenden Vorschriften des EStG sowie um Steuerbefreiungen nach anderen Gesetzen. Genannt seien etwa die Investitionszulagen nach § 9 InvZulG 1999. Nach § 8b Abs. 1 KStG sind weiterhin Gewinne aus der Beteiligung an Kapitalgesellschaften steuerfrei (insbesondere Dividenden). Betriebsausgaben, die mit diesen steuerfreien Dividenden in unmittelbarem wirtschaftlichen Zusammenhang stehen – z.B. Finanzierungskosten einer Beteiligung –, werden nicht zum Abzug zugelassen (§ 3c Abs. 1 EStG). Nach § 8b Abs. 2 KStG sind auch Gewinne aus der Veräußerung von

Anteilen an Kapitalgesellschaften steuerfrei. Das gilt auch, wenn es sich um ausländische Beteiligungen handelt. In jedem Fall ist § 3c EStG zu beachten: Nicht die Erträge, sondern die Gewinne sind steuerfrei. Betriebsausgaben in diesem Zusammenhang sind also steuerunwirksam. Für Dividenden aus dem Ausland werden nicht abzugsfähige Betriebsausgaben nach § 8b Abs. 5 KStG mit 5 % der Dividende fingiert, § 3c EStG wird dadurch verdrängt.

Eine sachliche Steuerbefreiung stellt auch § 16 KStG dar, nach dem Ausgleichszahlungen eines Organträgers an eine Organgesellschaft bei dieser besteuert werden und beim Organträger steuerfrei sind. Werden die steuerfreien Einkünfte allerdings an eine natürliche Person ausgeschüttet, so entfällt die Steuerbefreiung. Entnimmt dagegen ein Einzel- oder ein Mitunternehmer (OHG, KG) z.B. InvZul, so bleiben sie weiterhin steuerfrei.

Zur zeitlichen Abgrenzung der Berechnung der Bemessungsgrundlage sowie zur Erhebung der KSt ist es notwendig, den Ermittlungs- und den Veranlagungszeitraum festzulegen. Veranlagungszeitraum ist das Kalenderjahr (§ 7 Abs. 3 KStG). Da juristische Personen als Formkaufleute buchführungspflichtig sind, können sie den Gewinn auch nach einem vom Kalenderjahr abweichenden Wirtschaftsjahr ermitteln (§ 7 Abs. 4 KStG). Weil die KSt aber auch in diesem Fall nach dem Kalenderjahr berechnet wird, muss wie bei der ESt und der GewSt festgelegt werden, welchem Kalenderjahr der Gewinn des abweichenden Wirtschaftsjahrs zugerechnet werden soll. Der Gewinn aus Gewerbebetrieb gilt als in dem Kalenderjahr bezogen, in dem das Wirtschaftsjahr endet. Dadurch können sich – wie bei der ESt und der GewSt – Vorteile durch die zeitliche Verschiebung der KSt-Zahlungen ergeben. Die Umstellung eines mit dem Kalenderjahr identischen Wirtschaftsjahrs auf ein abweichendes Wirtschaftsjahr ist in Übereinstimmung mit § 4a EStG nach § 7 Abs. 4 KStG nur mit Zustimmung des Finanzamts möglich. Dieses wird nur zustimmen, wenn wirtschaftliche Gründe hierfür sprechen (ein positiver Zinseffekt durch Steuerverschiebung ist allerdings kein wirtschaftlicher Grund, der das Finanzamt überzeugen könnte).

2.2.1 Die Bemessungsgrundlage der Körperschaftsteuer

Die Bemessungsgrundlage der KSt ist das zu versteuernde Einkommen (§ 7 Abs. 1 KStG). Es bestimmt sich gem. § 8 Abs. 1 KStG nach den Vorschriften des EStG. Welche Vorschriften des EStG dies im Einzelnen sind, ist detailliert in A 27 KStR 1995 zusammengestellt. §§ 8 – 10, 14 – 19, 24f. KStG (nichtabzugsfähige Betriebsausgaben, Organschaft, Freibeträge) sind daneben zu beachten. Insbesondere sind die sog. verdeckten Gewinnausschüttungen zu berücksichtigen (§ 8 Abs. 3 KStG). In analoger Anwendung des Berechnungsschemas für das zu versteuernde Einkommen nach dem EStG ergibt sich das zu versteuernde Einkommen nach dem KStG vereinfacht nach dem folgenden Schema (in Anlehnung an A 24 KStR 1995[99]):

---

[99] A 24 KStR 1995 geht von der Summe der Einkünfte aus. Im Regelfall der Buchführungspflicht von Kapitalgesellschaften sind diese Einkünfte insgesamt nach § 8 Abs. 2 KStG als Einkünfte aus Gewerbebetrieb zu behandeln.

Gewinn/Verlust aus Gewerbebetrieb

- Gewinne aus Beteiligungen an anderen Kapitalgesellschaften, die nach § 8b Abs. 1f. KStG steuerfrei sind (Dividenden und Veräußerungsgewinne)
- ausländische Steuern vom Einkommen, die nicht angerechnet werden
+ ausländische Verluste, die nach einem DBA nicht zu berücksichtigen sind
- ausländische Gewinne, die nach einem DBA steuerfrei sind
- Verluste aus der Veräußerung von Beteiligungen an anderen Kapitalgesellschaften (§ 8b Abs. 3 KStG)
- Spenden und Beiträge
+ Einkommen von Organgesellschaften
- Verlustabzug
- (ausnahmsweise) Freibetrag
= zu versteuerndes Einkommen nach dem KStG

Da – im Gegensatz zu den Personengesellschaften (Mitunternehmerschaften) – Verträge und andere Rechtsgeschäfte zwischen den Gesellschaftern und der Gesellschaft steuerrechtlich anerkannt werden, müssen auch die finanziellen Folgen hieraus akzeptiert werden. Führt also z.B. ein Gesellschafter das Unternehmen und erhält er hierfür eine Geschäftsführervergütung, so stellt diese bei der Gesellschaft eine Betriebsausgabe dar. Beim Gesellschafter-Geschäftsführer liegen Einkünfte aus nichtselbstständiger Arbeit vor. Gewährt der Gesellschafter der Gesellschaft ein Darlehen, so sind die Zinsen hierauf bei der Gesellschaft Betriebsausgaben, beim Gesellschafter Einkünfte aus Kapitalvermögen. Die Betriebsausgaben mindern den KSt- und GewSt-pflichtigen Gewinn. Deshalb könnten Gesellschafter versucht sein, diese Betriebsausgaben zu erhöhen, indem etwa das Geschäftsführergehalt sehr hoch angesetzt wird oder ein außergewöhnlich hoher Zinsfuß für das Darlehen vereinbart wird. Es kann aber auch – und zwar gerade bei Geschäftsführergehältern – sein, dass die Betriebsausgaben aus Unkenntnis über 'angemessene' Beträge überhöht sind. Der Zufluss an den Gesellschafter ist dann zwar als Betriebsausgabe deklariert, stellt aber hinsichtlich des 'unangemessenen' Teils tatsächlich eine Gewinnausschüttung dar. Um diese sog. **verdeckten Gewinnausschüttungen** zu erfassen und der KSt (und der GewSt) zu unterwerfen, bestimmt § 8 Abs. 3 KStG, dass verdeckte Gewinnausschüttungen das Einkommen nicht mindern. In A 31 Abs. 3 KStR 1995 ist die verdeckte Gewinnausschüttung definiert als "...Vermögensminderung oder verhinderte Vermögensmehrung, die durch das Gesellschaftsverhältnis veranlasst ist, sich auf die Höhe des Einkommens auswirkt und nicht auf einem den gesellschaftsrechtlichen Vorschriften entsprechenden Gewinnverteilungsbeschluss beruht." Dort sind auch Beispiele für verdeckte Gewinnausschüttungen aufgeführt.

Verdeckte Gewinnausschüttungen sind definitionsgemäß nicht nur überhöhte Betriebsausgaben (Vermögensminderung), sondern auch zu niedrige Betriebseinnahmen (verhinderte Vermögensmehrung), die für einen Gesellschafter mit einem Vorteil verbunden sind, den ein Dritter nicht wahrnehmen könnte. Erhält ein Gesellschafter z.B. von der Gesellschaft ein unverzinsliches oder sehr niedrig verzinsliches Darlehen oder erwirbt er von der

Gesellschaft Produkte zu einem äußerst niedrigen Preis, so handelt es sich in Höhe der Differenz zum angemessenen Betrag um eine verdeckte Gewinnausschüttung. Es steht außer Frage, dass es nicht oder nur sehr schwer möglich ist, angemessene Beträge zu ermitteln. Damit sind dem Ermessen des Steuerpflichtigen und der Finanzbehörden recht weite Grenzen gesetzt.

Auch bei *angemessenen* Zinskonditionen können sich verdeckte Gewinnausschüttungen ergeben. Dies ist der Fall, wenn ausländische Kapitaleigner an einer inländischen Kapitalgesellschaft beteiligt sind. Diese könnten ihre Kapitalgesellschaft statt eigen- auch fremdfinanzieren. Damit entfiele die Steuerbelastung der inländischen Kapitalgesellschaft; es greift die ausländische Besteuerung. Ist diese niedriger, so ergibt sich durch die Fremdfinanzierung ein Steuervorteil. Das versucht § 8a KStG zu verhindern: Dort ist ein besonderer Fall der verdeckten Gewinnausschüttung – für beschränkt steuerpflichtige Anteilseigner – kodifiziert[100].

Wird z.B. einer inländischen Kapitalgesellschaft statt Eigenkapital Fremdkapital zugeführt – also ein Kredit gewährt –, so erhält der ausländische Kapitaleigner nicht mehr mit KSt und GewSt[101] belastete Dividenden, sondern Zinszahlungen, die – da sie im Inland Betriebsausgaben darstellen – nicht durch die KSt/GewSt gemindert sind. Eine solche Gesellschafter-Fremdfinanzierung muss den Anforderungen des § 8a KStG[102] standhalten. Wenn die dort aufgeführten Bedingungen nicht eingehalten sind, werden die gezahlten Zinsen insoweit als verdeckte Gewinnausschüttung behandelt.

Folgende Bedingungen müssen erfüllt sein, damit eine derartige Umwidmung greift:

- eine unbeschränkt KSt-pflichtige Kapitalgesellschaft zahlt Fremdkapitalvergütungen an einen Anteilseigner, der die Vergütungen nicht im Inland der Besteuerung unterwerfen muss und
- es liegt eine wesentliche Beteiligung vor (nach § 8a Abs. 3 KStG mehr als 25 % des Nennkapitals) und
- die Vergütung ist *nicht* mit einem festen Zinsfuß vereinbart (z.B. gewinn- oder umsatzabhängig) oder
- die Vergütung ist mit einem festen Zinsfuß vereinbart (Regelfall eines Darlehens) und das Fremdkapital übersteigt das Eineinhalbfache des anteiligen Eigenkapitals (safe haven; es sei denn, der Zinsfuß hält dem Fremdvergleich stand oder es handelt sich um die Finanzierung banküblicher Geschäfte); für Holdings ist als Grenze das Dreifache des anteiligen Eigenkapitals vorgesehen (§ 8a Abs. 4 KStG).

---

[100] Vgl. BMF 17.11.1994 BStBl. 1995 I, 25, sowie Knobbe-Keuk, B., Wieder einmal ein Entwurf zu § 8a KStG – Wiederauflage einer Regelung zur Gesellschafterfremdfinanzierung im Standortsicherungsgesetz, in DB 1993, S. 60ff., Prinz, U., Gestaltungsmöglichkeiten und -grenzen bei § 8a KStG, in FR 1994, S. 622ff., Bareis, P., Gesellschafter-Fremdfinanzierung bei Nichtanrechnungsberechtigten, in Recht der Internationalen Wirtschaft 1994, S. 141ff.

[101] Regelmäßig werden allerdings Dauerschuldzinsen vorliegen, die zu einer hälftigen Belastung mit GewSt führen.

[102] Vgl. hierzu ausführlich Herzig, N., Standortsicherungsgesetz: Gesetzliche Regelung der Gesellschafter-Fremdfinanzierung in § 8a KStG, in DB 1994, S. 110ff., 168ff.

Die verdeckte Gewinnausschüttung wird nur angenommen, *soweit* die Vergütungen Kapital betreffen, das die genannten Grenzen überschreitet.

Stammen Einkünfte einer Kapitalgesellschaft aus der Beteiligung an einer anderen inländischen Kapitalgesellschaft, dann sind die Dividendenerträge nach § 8b Abs. 1 KStG steuerfrei **(inländische Dividendenerträge)**. Damit sind durch die Beteiligungsfinanzierung verursachte Betriebsausgaben (z.B. Kapitalkosten einer Fremdfinanzierung der Beteiligung) nach § 3c EStG nicht abzugsfähig. Das bedeutet, dass die steuerliche Wirkung einer solchen Finanzierung davon abhängig ist, ob die Finanzierung bei der Tochter-Kapitalgesellschaft (dann abzugsfähige Betriebsausgabe) oder bei der Mutter-Kapitalgesellschaft durchgeführt wird (dann nichtabzugsfähige Betriebsausgabe). Ökonomisch richtig ist, dass diese Fremdfinanzierungskosten abzugsfähig bleiben, auch wenn sie mit einer steuerfreien Einnahme zusammen hängen[103]. Der Gesetzgeber hat aus dieser ökonomischen Erkenntnis keine Konsequenzen gezogen.

Stammen Einkünfte einer inländischen Kapitalgesellschaft aus der Beteiligung an einer ausländischen Kapitalgesellschaft (**ausländische Dividendenerträge**), so sind diese – wie auch inländische Dividendenerträge – steuerfrei (§ 8b Abs. 1 KStG). Die ausländische Tochter-Kapitalgesellschaft bezahlt im Ausland als unbeschränkt steuerpflichtige Person ihre Steuern selbst. Bei einer auf die ausländischen Dividendenerträge anfallenden ausländischen Quellensteuer (KapESt) ist wiederum die inländische Kapitalgesellschaft beschränkt steuerpflichtig. Im Inland werden 5 % der ausländischen Dividenden der KSt unterworfen (§ 8b Abs. 5 KStG). Damit wird pauschal berücksichtigt, dass Aufwendungen, die mit steuerfreien Einnahmen in unmittelbarem wirtschaftlichen Zusammenhang stehen, nach § 3c EStG nicht als Betriebsausgaben abgezogen werden dürften. Wegen dieser pauschalen Regelung sind sie abzugsfähig.

Vom Gewinn/Verlust aus Gewerbebetrieb sind insbesondere die **steuerfreien Einkünfte** nach anderen Gesetzen als dem KStG (etwa steuerfreie ausländische Einkünfte oder InvZul) wie auch solche nach dem KStG (etwa nach § 8b KStG aus bezogenen Dividenden oder aus Veräußerungsgewinnen von Kapitalanteilen) zu subtrahieren. Für den Abzug ausländischer Steuern gelten gem. § 26 Abs. 6 KStG die Vorschriften des § 34c EStG. Spenden u.ä. stellen grundsätzlich keine Betriebsausgaben dar. Sie können aber – mit Ausnahme der Parteispenden – nach § 9 Abs. 1 Nr. 2 KStG in der Höhe, wie sie bei natürlichen Personen als Sonderausgabe berücksichtigt werden, abgezogen werden.

Ein **Verlustausgleich** – Ausgleich unterschiedlicher positiver und negativer Einkünfte in *einem* Wirtschaftsjahr – ist grundsätzlich bei Kapitalgesellschaften nicht möglich, da sämtliche Einkünfte nach § 8 Abs. 2 KStG als solche aus Gewerbebetrieb gelten. Der Saldo der Betriebseinnahmen und -ausgaben bildet den Gewinn aus Gewerbebetrieb, sodass faktisch Verluste einzelner Unternehmensbereiche ausgeglichen werden. Dabei ist

[103] Vgl. Hundsdoerfer, J., Beteiligungsaufwendungen im Halbeinkünfteverfahren, in BB 2001, S. 2242ff. Bei natürlichen Steuerpflichtigen dürfte § 3c EStG insoweit (auf die Hälfte der Fremdfinanzierungskosten) ebenfalls nicht greifen. Auch hier hat der Gesetzgeber die Konsequenzen nicht gezogen - diese Finanzierungskosten sind zur Hälfte nichtabzugsfähig.

es gleichgültig, ob diese etwa durch Verfolgung des Betriebszwecks oder durch Vermögensverwaltung o.ä. verursacht werden. Allerdings existiert bei Vorliegen einer Organschaft eine besondere Art des Verlustausgleichs: der Ausgleich eines negativen Organeinkommens mit einem positiven Organträgereinkommen. Dieser Verlustausgleich betrifft jedoch nicht unterschiedliche Einkunftsarten, sondern Einkünfte der gleichen Art, aber unterschiedlicher Herkunft.

Nach § 8 Abs. 1 KStG gilt § 10d EStG auch für die Ermittlung des KSt-pflichtigen Einkommens. Ein Verlust aus Gewerbebetrieb wird bis zur Höhe von € 511.500 auf das letzte Jahr zurückgetragen, wobei auch hier das Verteilungswahlrecht des § 10d EStG gilt. Nicht ausgeglichene Fehlbeträge werden unbeschränkt vorgetragen.

§ 8 Abs. 4 KStG soll den Verlustvortrag beim sog. **Mantelkauf**[104] weitgehend verhindern. Hat eine Kapitalgesellschaft einen Verlust angesammelt, so bleibt dieser grundsätzlich auch bei Veräußerung sämtlicher Anteile an dieser Kapitalgesellschaft Verlustvortragspotenzial. Ein Käufer, der nur den rechtlichen Mantel erstanden hat, kann spätere Gewinne steuerlich neutralisieren. Das ist nach § 8 Abs. 4 KStG nur möglich, wenn insbesondere nicht mehr als 50 % der Anteile übertragen werden und wenn die Gesellschaft danach ihren Geschäftsbetrieb nicht mit überwiegend neuem Betriebsvermögen fortführt oder wieder aufnimmt. In Sanierungsfällen ist die Zuführung neuen Betriebsvermögens unschädlich.

2.2.2. Der Körperschaftsteuertarif

Der KSt-Tarif ist proportional. Der Differenzsteuersatz s_k, der durchschnittliche KSt-Satz t_k und der Grenzsteuersatz T_k sind identisch und betragen $s_k = t_k = T_k = 0{,}25$ (25 %; § 23 Abs. 1 KStG).

Die Besteuerung der Kapitalgesellschaft und ihrer Gesellschafter sei an einem Beispiel skizziert (nur KSt und ESt mit einem ESt-Satz von 48,5 %, ESt-Tarif 2001/2):

	€
Gewinn aus Gewerbebetrieb Tochter-GmbH	1.000.000
– KSt Tochter-GmbH	– 250.000
Ausschüttung an Mutter-AG	750.000
– KSt Mutter-AG	0
Ausschüttung an natürlichen Gesellschafter der Mutter-AG	750.000
– ESt (ohne Sparerfreibetrag)	– 181.875
	568.125

[104] Hörger, H., Endres N., Verlustnutzung beim Mantelkauf, in DB 1998, S. 335ff.; BMF 16.04.1999 BStBl. 1999 I 455.

Die gesamte Steuerbelastung beträgt also (gleichgültig, wieviele Konzernstufen eine Dividende durchlaufen hat) € 431.875 oder 43,19 % des ursprünglich erwirtschafteten Gewinns. Stellt man die Belastung aus KSt und ESt in einem Teilsteuersatz dar (unter näherungsweisem Ansatz des halben ESt-Satzes für das Halbeinkünfteverfahren), dann ergibt sich:

$$s_{ke} = s_k + (1 - s_k) \cdot \frac{s_e}{2}$$

Bezieht eine inländische Kapitalgesellschaft Einkünfte aus einer **ausländischen Betriebsstätte**, so sind diese Einkünfte im Inland grundsätzlich KSt-pflichtig. Im Ausland ist die inländische Kapitalgesellschaft beschränkt steuerpflichtig. Die ausländische Steuer, die der inländischen KSt entspricht, wird nach § 26 Abs. 1 KStG auf die inländische KSt angerechnet, soweit diese auf Einkünfte aus diesem Staat entfällt.

Um die Wirkung eines im Inland KSt-pflichtigen ausländischen Betriebsstättengewinns zu demonstrieren, sei von folgendem Beispiel ausgegangen. Im Jahr 2002 soll ausschließlich ein Gewinn von einer ausländischen Betriebsstätte in Höhe von brutto € 200.000 zufließen, der im Ausland einer anrechenbaren KSt von 20 % unterlegen hat. Die inländische KSt beträgt € 50.000, nach Anrechnung der ausländischen KSt von € 40.000 verbleiben € 10.000 inländische KSt.

Im Regelfall bestehen allerdings Abkommen zur Vermeidung der Doppelbesteuerung (DBA). Gilt z.B. das Belegenheitsprinzip (Betriebsstättenprinzip), dann sind die Einkünfte nur im Ausland steuerpflichtig, nicht aber im Inland. Solange die Einkünfte in der inländischen Kapitalgesellschaft thesauriert werden, ist die KSt mit der ausländischen Steuer abgegolten. Werden diese Gewinnteile allerdings ausgeschüttet, so unterliegen sie bei Ausschüttung an eine natürliche Person der ESt nach dem Halbeinkünfteverfahren. Die Folgen sind die gleichen wie bei ausländischen Tochterkapitalgesellschaften (Dividenden und Veräußerungsgewinne; § 8b KStG).

Wie auf die ESt wird auch auf die KSt eine ErgAbg erhoben (§ 1 SolZG). Die Bezeichnung – etwa Solidaritätszuschlag – ist für Entscheidungen irrelevant. Der ErgAbg-Satz entspricht dem bei der ESt ($s_{ea} = 0{,}055$). Der KSt-Satz wird mit $(1 + s_{ea})$ multipliziert. Eine Freigrenze ist nicht vorgesehen.

2.3 Die Gewerbesteuer

Die GewSt ist neben der ESt und der KSt mit Annexsteuern die dritte Ertragsteuer. Die GewSt ist nach § 3 Abs. 2 AO eine Realsteuer (wie die GrSt) und wird grundsätzlich von den Gemeinden verwaltet. Daraus ergeben sich im Gegensatz zu den Personensteuern ESt und KSt – die von den Finanzämtern verwaltet werden – Unterschiede insbesondere formalrechtlicher Art. Materiellrechtlich ist eine Besonderheit der Realsteuern, dass die Steuerschuld nicht durch Multiplikation von Bemessungsgrundlage und Steuersatz ermittelt wird, sondern durch Anwendung eines gemeindlich zu bestimmenden Hebesatzes. Die Realsteuerschuld wird grundsätzlich durch Multiplikation der Bemessungsgrundlage mit der sog. Messzahl berechnet. Das ergibt den Messbetrag. Dieser wird mit dem Hebesatz multipliziert. Das ergibt die Steuerausgabe:

$$A_{Stnichtreal} = B \cdot t$$

$$A_{Streal} = B \cdot m \cdot h$$

mit		
	$A_{Stnichtreal}$	Steuerausgabe bei den Nicht-Realsteuern
	A_{Streal}	Steuerausgabe bei den Realsteuern GewSt und GrSt
	B	Bemessungsgrundlage
	t	durchschnittlicher Steuersatz
	m	Messzahl
	$B \cdot m$	Messbetrag
	h	Hebesatz

Im Rahmen betrieblicher Entscheidungen ist es vorteilhaft, bei den Realsteuern das Produkt aus Messzahl m und Hebesatz h als Steuersatz zu bezeichnen ($t_{real} = m \cdot h$). Dieses Produkt unterscheidet sich nämlich prinzipiell nicht von einem einfachen Steuersatz.

GewSt-pflichtig ist jeder inländische Gewerbebetrieb. Zur Definition verweist das GewStG auf das EStG. Dort findet sich in § 15 Abs. 2 EStG die Definition: "Eine selbstständige nachhaltige Betätigung, die mit der Absicht, Gewinn zu erzielen, unternommen wird und sich als Beteiligung am allgemeinen wirtschaftlichen Verkehr darstellt, ist Gewerbebetrieb, wenn die Betätigung weder als Ausübung von Land- und Forstwirtschaft noch als Ausübung eines freien Berufs noch als eine andere selbstständige Arbeit anzusehen ist." Das Gewinnstreben kann Nebenzweck sein.

Erfüllt eine Einrichtung die oben genannten Voraussetzungen der Selbstständigkeit, Nachhaltigkeit, Gewinnerzielungsabsicht und Beteiligung am allgemeinen wirtschaftlichen Verkehr und handelt es sich nicht um Land- und Forstwirtschaft oder selbstständige Arbeit, so liegt ein 'Gewerbebetrieb kraft Betätigung' vor. Das gilt auch dann, wenn die Einrichtung in Form einer Personengesellschaft geführt wird. Auch diese muss nach § 15 Abs. 1 Nr. 2 EStG die genannten Bedingungen gewerblicher Tätigkeit erfüllen. Allerdings wird gem. A 11 GewStR 1998 *widerlegbar* vermutet, dass es sich um 'Gewerbebetriebe kraft Rechtsform' handelt. Bei gewerblich geprägten Mitunternehmerschaften (§ 15 Abs. 3 Nr. 2 EStG) sowie bei Kapitalgesellschaften

(§ 8 Abs. 2 KStG) werden unwiderlegbar sämtliche Einkünfte als Einkünfte aus Gewerbebetrieb behandelt. Damit besteht GewSt-Pflicht (A 13 GewStR 1998).

Ein Gewerbebetrieb ist dann inländisch, unterliegt also der GewSt-Pflicht, wenn im Inland eine sog. **Betriebsstätte** unterhalten wird. Nach § 12 AO ist "Betriebsstätte...jede feste Geschäftseinrichtung oder Anlage, die der Tätigkeit eines Unternehmens dient." Charakteristisches Merkmal der Betriebsstätte ist die Unselbstständigkeit. Die Betriebsstätte soll der unternehmerischen Tätigkeit dienen. In § 12 AO sind einige Beispiele für Betriebsstätten aufgeführt. Es sind dies etwa die Stätte der Geschäftsleitung, Zweigniederlassungen oder Bauausführungen. Wird im Inland eine Betriebsstätte unterhalten, so ist der Gewerbebetrieb inländisch und unterliegt der GewSt – also auch dann, wenn sich die Geschäftsleitung im Ausland befindet. Allerdings sieht § 2 Abs. 6 GewStG Steuerbefreiungen vor.

Ein rechtlich zwar selbstständiges, jedoch wirtschaftlich abhängiges Unternehmen (Organ) wird dementsprechend als Betriebsstätte eines anderen Unternehmens (der Obergesellschaft oder des Organträgers in Form eines Einzelunternehmens) aufgefasst (§ 2 Abs. 2 GewStG). Dieses andere Unternehmen ist GewSt-pflichtig. Die Organerträge werden nicht dem Organ, sondern dem Organträger zugerechnet. Die KStliche Vorschrift des § 14 KStG wird analog angewendet. Die gesetzlichen Voraussetzungen sind bei der GewStlichen Organschaft entsprechen denen der KStlichen Organschaft.

In § 3 GewStG sind vielfältige persönliche Befreiungen von der GewSt-Pflicht vorgesehen. Es handelt sich dabei etwa um das Bundeseisenbahnvermögen und die Deutsche Bundesbank sowie um gemeinnützige, mildtätige oder kirchliche Einrichtungen *ohne* wirtschaftlichen Geschäftsbetrieb, z.T. weiterhin um land- und forstwirtschaftliche Genossenschaften und gemeinnützige Siedlungsunternehmen.

2.3.1 Die Bemessungsgrundlage der Gewerbesteuer

Die Bemessungsgrundlage der GewSt ist der Gewerbeertrag (§ 6 GewStG). Dieser ist nach § 7 GewStG definiert als der Gewinn aus Gewerbebetrieb zuzüglich der sog. Hinzurechnungen und abzüglich der sog. Kürzungen des GewStG. Auch für den Gewerbeertrag gilt bei abweichendem Wirtschaftsjahr, dass er "...als in dem Erhebungszeitraum bezogen (gilt), in dem das Wirtschaftsjahr endet" (§ 10 Abs. 2 GewStG). Nach § 14 Abs. 2 GewStG ist das Kalenderjahr der Erhebungszeitraum. Dadurch können sich bei abweichendem Wirtschaftsjahr wie bei der ESt und der KSt Vorteile ergeben, weil die GewSt tendenziell später anfällt als bei der Identität von Kalender- und Wirtschaftsjahr.

Wie bei der ESt und KSt gibt es bei der GewSt einen Verlustvortrag (aber keinen Verlustrücktrag; § 10a GewStG). Dieser ist ebenfalls zeitlich unbeschränkt. Der Gewerbeertrag ist auf volle € 50 abzurunden. Schließlich ist nach § 11 Abs. 1 GewStG bei natürlichen Personen und Personengesellschaften ein Freibetrag von € 24.500 abzusetzen, der aber nicht zu einem Gewerbeverlust führen darf.

Der Gewerbeertrag berechnet sich danach in allgemeiner Form zu:

Gewinn/Verlust aus Gewerbebetrieb

\+ Hinzurechnungen nach § 8 GewStG

\- Kürzungen nach § 9 GewStG

\- Verlustvortrag nach § 10a GewStG

\- Freibetrag nach § 11 Abs. 1 GewStG (nicht bei Kapitalgesellschaften)

= Gewerbeertrag

§ 7 GewStG nennt als Basis des Gewerbeertrags den Gewinn bzw. Verlust aus Gewerbebetrieb. Bei Einzelunternehmen und Personengesellschaften (nicht aber bei Kapitalgesellschaften) bleiben jedoch z.T. Einkünfte, die nach dem EStG zu den Einkünften aus Gewerbebetrieb gehören, bei der Ermittlung des Gewerbeertrags außer Ansatz. Es sind dies insbesondere (vgl. A 39 GewStR 1998):

- Veräußerungsgewinne nach § 16 EStG, soweit sie nicht nach § 16 Abs. 2 EStG wegen Personenidentität oder weil es sich um *Teile* von Mitunternehmeranteilen handelt als laufender Gewinn (§ 15 EStG) gelten, oder es sich um eine 100%ige Beteiligung an einer Kapitalgesellschaft handelt. Da der Gewerbebetrieb bei Betriebsaufgabe oder -veräußerung als eingestellt gilt, also nicht mehr 'stehend' ist (§ 2 Abs. 5 GewStG), können solche Veräußerungsgewinne nicht Gewerbeertrag sein. Das gilt auch dann, wenn die Veräußerungsgewinne im Rahmen einer Betriebsverpachtung anfallen. Dabei ist es gleichgültig, ob der Verpächter die Betriebsaufgabe erklärt hat (dann hat er überhaupt keine Einkünfte aus Gewerbebetrieb mehr) oder nicht (dann existiert für ihn kein stehender Gewerbebetrieb mehr); vgl. hierzu A 19 GewStR 1998.
- Veräußerungsgewinne nach § 17 EStG (Beteiligungen an Kapitalgesellschaften von mindestens 1 % am gezeichneten Kapital). Diese Vorschrift bestimmt für die ESt, dass derartige Gewinne als Einkünfte aus Gewerbebetrieb gelten, obwohl die Beteiligungen im *Privat*vermögen gehalten werden. Ein Gewerbebetrieb liegt überhaupt nicht vor.
- Entschädigungen für entgangene oder entgehende Einnahmen nach § 24 EStG, wenn diese z.B. für die Aufgabe des gewerblichen Betriebs bezahlt werden. Fallen sie allerdings im stehenden Gewerbebetrieb an und sind unmittelbar dessen Erträge, dann besteht GewSt-Pflicht.

Umfasst ein Gewerbebetrieb mehrere räumlich getrennte Betriebsstätten, so wird der Gewinn aus Gewerbebetrieb für sämtliche Betriebsstätten gemeinsam berechnet und der Besteuerung zugrunde gelegt. Das entspricht auch der buchführungsmäßigen undifferenzierten Erfassung der Betriebsstätten. In Einzelfällen ist jedoch zu prüfen (vgl. A 16 GewStR 1998), ob es sich nicht etwa um mehrere voneinander unabhängige Gewerbebetriebe desselben Gewerbetreibenden handelt. Dann ist jeder dieser Gewerbebetriebe für sich GewSt-pflichtig, da es sich dann eben nicht um bloße Betriebsstätten handelt, die nur Hilfsfunktionen ausüben. Regelmäßig werden dann auch getrennte Buchführungen vorliegen. Eine Organgesellschaft gilt stets als Betriebsstätte. Dies bedeutet, dass für sie der Gewerbeertrag gesondert ausgerechnet werden muss, schließlich aber dem Gewerbeertrag des Organträgers zugerechnet wird. Auch das ist buchführungsmäßig nicht besonders schwierig, da das Organ wegen seiner rechtlichen Selbstständigkeit eine gesonderte Buchführung haben muss.

Die Abgrenzung mehrerer Betriebe bzw. Betriebsstätten ist deshalb wichtig, weil ein Verlustausgleich innerhalb eines Jahres nur bei mehreren *Betriebsstätten* möglich ist (**Grundsatz der Unternehmensidentität**; A 16 GewStR 1998). Nur dann liegt nämlich ein einheitlicher Gewerbebetrieb vor. Das gilt ebenfalls für Organ und Organträger, zwischen denen trotz getrennter Buchführung und getrennter Ermittlung des Gewerbeertrags ein Verlustausgleich möglich ist. Für das Organ wird die Betriebsstätteneigenschaft durch das GewStG fingiert. Hat z.B. *eine* natürliche Person (**Unternehmeridentität**) mehrere Gewerbebetriebe, so kann zwischen diesen ein Verlustausgleich nicht vorgenommen werden. Es liegt keine Unternehmensidentität vor. Mehrere Personengesellschaften führen auch dann, wenn dieselben Personen im gleichen Verhältnis beteiligt sind, selbstständige Gewerbebetriebe. Hier ist ein Verlustausgleich also nicht möglich. Andererseits kann der GewStliche Freibetrag (und der Stufentarif) für jeden Gewerbebetrieb in voller Höhe beansprucht werden.

Die Hinzurechnungen sollen insbesondere sicherstellen, dass jedes Objekt 'Gewerbebetrieb' unabhängig von den jeweiligen Finanzierungsverhältnissen durch die GewSt gleichmäßig belastet ist. Dieses Ziel wird allerdings u.a. durch die nur teilweise Hinzurechnung der sog. Dauerschuldzinsen nicht erreicht. Die Kürzungen sollen im Wesentlichen verhindern, dass eine Mehrfachbelastung desselben Gewerbeertrags mit GewSt bzw. mit mehreren Steuern (GrSt und GewSt) eintritt.

Die **Hinzurechnungen** zur Ermittlung des Gewerbeertrags betreffen (vgl. § 8 GewStG) als Erstes die in praxi sehr häufigen sog. **Dauerschuldzinsen**. Diese sind mit 50 % ihres Betrags dem Gewinn aus Gewerbebetrieb hinzuzurechnen. Es handelt sich hierbei *einmal* um Entgelte jeglicher Art für Darlehen, die wirtschaftlich mit der Gründung oder dem Erwerb eines Betriebs (oder Teilbetriebs oder Anteils an einer Mitunternehmerschaft) oder mit einer Erweiterung bzw. einer Verbesserung des Betriebs zusammenhängen. Bei diesen Dauerschulden kommt es auf die Laufzeit nicht an. Der *zweiten* Gruppe kommt eine größere Bedeutung zu. Das sind die Verbindlichkeiten[105], die nicht nur der vorübergehenden Stärkung des Betriebskapitals dienen. Bei diesen kommt es also einmal darauf an, dass die zu beurteilende Schuld der Stärkung des Betriebskapitals dient. Überziehungen von Giro- und Kontokorrentkonten stellen damit keine Dauerschulden dar. Der Beurteilungsmaßstab der 'Stärkung' ist allerdings kaum anwendbar. Deshalb wird vor allem die Laufzeit des Darlehens zur Beurteilung herangezogen. Bei *jeder* Verbindlichkeit besteht deshalb die Gefahr, dass sie bei längerer Laufzeit zur Dauerschuld deklariert wird und damit eine Hinzurechnung erfolgt. Da die Zeitspanne im GewStG nur sehr vage umschrieben ist, vermutet A 45 Abs. 3 GewStR 1998, dass in "...der Regel davon ausgegangen werden (kann), dass Schulden mit einer Laufzeit von mehr als einem Jahr Dauerschulden sind."

---

[105] Das können auch Rückstellungen sein. So gehört zu den Dauerschulden regelmäßig die Rückstellung für Leasingverpflichtung des Leasingnehmers, wenn das Leasinggut diesem zugerechnet wird (vgl. A 45 Abs. 6 GewStR 1998).

Obwohl Giro- und Kontokorrentkonten nicht der Stärkung des Betriebskapitals dienen, wird auf der Basis des A 45 Abs. 7 GewStR 1998 dennoch der Dauerschuldcharakter von Kontoüberziehungen geprüft. Es wird also ermittelt, ob auf diesen Konten der Bezeichnung entsprechend eine laufende Verrechnung von Forderungen und Verbindlichkeiten stattfindet oder ob sie etwa trotz der abweichenden Bezeichnung einer längerfristigen Kreditierung dienen. Erscheint beabsichtigt, dass ein dauernder Kredit in gewisser Höhe eingeräumt und beansprucht ist, dann wird die Kontokorrentschuld mit ihrem niedrigsten *Schulden*stand als Dauerschuld angesehen. Grundsätzliche Voraussetzung für die Annahme einer Dauerschuld ist also, dass im Wesentlichen während des ganzen Wirtschaftsjahrs ein Schuldenstand ausgewiesen ist. Dabei werden kurzzeitige (das sind solche, die insgesamt weniger als sieben Tage bestanden haben) Soll- und Habenstände eliminiert. Besteht der Guthabenstand insgesamt mehr als sieben Tage, dann stellt die Kontokorrentschuld keine Dauerschuld dar. Anderenfalls wird eine Dauerschuld in Höhe des verbleibenden niedrigsten Schuldenstands angenommen. Die Dauerschuldzinsen berechnen sich dann aus dem Zinsfuß des Kontokorrents multipliziert mit diesem Schuldenstand.

Weiterhin werden Renten (regelmäßig mit dem Zinsanteil) und dauernde Lasten, die wirtschaftlich mit der Gründung oder dem Erwerb eines Betriebs usw. zusammenhängen und die *nicht* beim Empfänger dieser Zahlungen der GewSt unterliegen, hinzugerechnet. Im Einzelfall ist die Hinzurechnungsnotwendigkeit wie folgt festzustellen:

- Die Rente/dauernde Last muss den Gewinn aus Gewerbebetrieb gemindert haben. Das ist z.B. nicht der Fall bei privaten Renten, auch wenn diese u.U. mit dem Erwerb eines Betriebs zusammenhängen (insbesondere die sog. Versorgungsrente).
- Die Rente/dauernde Last muss wirtschaftlich mit der Betriebsgründung bzw. mit einem Betriebserwerb zusammenhängen.
- Schließlich darf die Rente/dauernde Last nicht beim Empfänger der GewSt unterliegen. Ist der Veräußerer eines Betriebs also z.B. eine Privatperson, so unterliegt die Renteneinnahme bei dieser nicht der GewSt – die Zahlung muss vom Erwerber hinzugerechnet werden. Ist der Veräußerer dagegen z.B. eine Kapitalgesellschaft, so unterliegen die Rentenzahlungen bei dieser der GewSt. Eine Hinzurechnung beim Erwerber unterbleibt, um eine doppelte Besteuerung zu vermeiden.

Auch die Gewinnanteile eines typischen stillen Gesellschafters sind hinzuzurechnen, wenn diese nicht beim Empfänger der GewSt unterliegen. Die stille Einlage kann als eine Art dauernde Stärkung des Betriebskapitals aufgefasst werden. Da die Zinsen auf eine typische stille Einlage den Gewinn aus Gewerbebetrieb mindern (Betriebsausgaben), sind sie für die GewSt u.U. wieder hinzuzurechnen. Liegt eine atypische stille Teilhaberschaft vor (Mitunternehmerschaft), dann sind Zahlungen an den stillen Gesellschafter Entnahmen. Sie mindern nicht den Gewinn aus Gewerbebetrieb. Sie unterliegen der GewSt ohne besondere Hinzurechnungsvorschrift.

Gewinnanteile (nicht, soweit sie Einlagen auf das Grundkapital betreffen), Geschäftsführervergütungen, Darlehenszinsen und Mietzahlungen, die eine KGaA an ihren Komplementär bezahlt, stellen bei diesem grundsätzlich Gewinn aus Gewerbebetrieb dar (§ 15 Abs. 1 Nr. 3 EStG; quasi Einzelunternehmer bzw.

Mitunternehmerschaft der Komplementäre). Nach § 9 Abs. 1 Nr. 1 KStG sind sie bei der KGaA (quasi Kapitalgesellschaft der Kommanditaktionäre) abzugsfähig. Bei der Mitunternehmerschaft der Komplementäre sind diese Zahlungen als Gewinn aus Gewerbebetrieb Bestandteil des Gewerbeertrags. Bei der Kapitalgesellschaft der Kommanditaktionäre müssen diese Zahlungen für die Zwecke der GewSt hinzugerechnet werden. Das geschieht nach § 8 Nr. 4 GewStG für Gewinnanteile und Geschäftsführervergütungen, nach § 8 Nr. 1 GewStG evtl. für Darlehenszinsen und nach § 8 Nr. 7 GewStG evtl. für Mietzahlungen. Diese Hinzurechnung wird aber durch die Kürzung nach § 9 Nr. 2b GewStG teilweise neutralisiert.

Für die GewSt gilt das Halbeinkünfteverfahren für Dividendeneinkünfte aus Streubesitz (Beteiligung < 10 %) nicht (§ 8 Nr. 5 GewStG; hälftige Hinzurechnung), d.h. solche Dividenden sind in vollem Umfang GewSt-pflichtig. Entsprechendes gilt für KSt-freie Dividenden aus Streubesitz (volle Hinzurechnung). Damit unterliegen Dividenden aus Streubesitz im Betriebsvermögen in vollem Umfang (nochmals, evtl. mehrfach) der GewSt. Die Mehrfachbelastung wird nur vermieden, wenn eine Schachtelbeteiligung vorliegt (Schachtelprivileg). Bei Kapitalgesellschaften folgt dann die GewSt-Freiheit der KSt-Freiheit. Bei Einzelunternehmern bzw. Mitunternehmerschaften wird die zweite Hälfte der Dividendeneinnahmen nach § 9 Nr. 2a bzw. Nr. 7 GewStG gekürzt (s.u.).

Um bei Miet- und Pachtverhältnissen eine gewisse Gleichverteilung des GewSt-Aufkommens auf evtl. unterschiedliche Gemeinden des Mieters/Pächters und des Vermieters/Verpächters zu erreichen, sind u.U. beim Mieter/Pächter 50 % der Miet- oder Pachtzinsen hinzuzurechnen (vgl. die entsprechenden Kürzungen beim Vermieter/Verpächter). Das ist dann erforderlich, wenn:

- die Miet-/Pachtzinsen auf *Anlage*vermögen (außer Grundbesitz; wohl aber ganze Betriebe oder Teilbetriebe) entfallen und wenn die Zahlungen nicht schon beim Empfänger der GewSt unterliegen *oder*
- die Miet-/Pachtzinsen für eine (Teil-)Betriebsvermietung/-verpachtung bezahlt werden und € 125.000 im Wirtschaftsjahr übersteigen. In diesem Fall kann der Zahlungsempfänger eine entsprechende Kürzung vornehmen, wenn er der GewSt-Pflicht überhaupt unterliegt. Auf eine eventuelle GewSt-Pflicht des Empfängers kommt es hier nicht an[106].

Bei der Ermittlung des Gewinns aus Gewerbebetrieb sind Gewinn- oder Verlustanteile aus einer Mitunternehmerschaft dann bereits enthalten, wenn der Gesellschaftsanteil ebenfalls in einem Betriebsvermögen gehalten wird. Das ist etwa der Fall, wenn eine GmbH als Komplementär an einer KG beteiligt ist (GmbH & Co KG). Da die Mitunternehmerschaft selbst GewSt-pflichtig ist, würde die Berücksichtigung eines Verlusts bei dieser und beim Mitunternehmer zu einer doppelten Entlastung führen. Um dies zu vermeiden, sind Verlustanteile an einer in- oder ausländischen Mitunternehmerschaft beim Mitunter-

[106] Möglicherweise sollen Miet- und Pachtzinsen beim Mieter/Pächter grundsätzlich zu 25 % hinzugerechnet und beim Vermieter/-pächter in gleicher Höhe gekürzt werden. Ziel ist es dabei, den Nutzer fremder Anlagevermögensgegenstände mit dem Eigentümer 'möglichst' gleichzustellen.

nehmer wieder hinzuzurechnen. In analoger Weise werden Gewinnanteile aus einer Mitunternehmerschaft zur Vermeidung einer doppelten GewSt-Belastung gekürzt.

Bei natürlichen Personen stellen Spenden in gewissem Umfang Sonderausgaben dar. KSt-pflichtige Gewerbebetriebe haben keinen Privatbereich. Nicht-Parteispenden mindern deshalb nach § 9 Abs. 1 Nr. 2 KStG den Gewinn aus Gewerbebetrieb und damit grundsätzlich den Gewerbeertrag. Um eine formelle Gleichbehandlung sämtlicher Steuerpflichtiger zu erreichen, werden die Spenden bei Kapitalgesellschaften nach § 8 Nr. 9 GewStG hinzugerechnet. Danach werden sie bei sämtlichen Gewerbebetrieben nach § 9 Nr. 5 GewStG gekürzt – ein etwas umständliches Verfahren.

Ausschüttungen von bestimmten Kapitalgesellschaften, an denen der GewSt-Pflichtige mit mindestens 10 % des gezeichneten Kapitals beteiligt ist, gehören zu den GewStlichen Kürzungen. Damit soll eine Mehrfachbelastung mit GewSt vermieden werden. Solche Ausschüttungen vermindern aber gleichzeitig den Wert der entsprechenden Beteiligung, sodass eine Teilwertabschreibung möglich oder notwendig ist. Dadurch führt eine solche Ausschüttung einerseits zu GewSt-freien Gewinnen, andererseits zu einem GewSt-wirksamen Verlust. Diese durch die Ausschüttung verursachte Wertminderung soll aber ebenfalls GewStlich neutral behandelt werden, sodass dem Gewinn ein Betrag in Höhe der Teilwertabschreibung wieder hinzuzurechnen ist. Das gilt allerdings nur, wenn sich der Gewinn überhaupt um die **ausschüttungsbedingte Teilwertabschreibung** gemindert hat (vgl. dazu § 50c EStG und § 8b Abs. 3 KStG). Da eine ausschüttungsbedingte Gewinnminderung auch bei Veräußerung usw. des zugehörigen Kapitalanteils eintreten kann, ist auch in diesen Fällen hinzuzurechnen.

Ausländische Steuern sind zur Ermittlung des Gewerbeertrags hinzuzurechnen, wenn diese nach § 34c EStG von Gewinnen abgezogen wurden, die nicht der GewSt unterliegen.

Als **Kürzungen** nennt § 9 GewStG hauptsächlich die folgenden Positionen:

Zur Vermeidung einer Doppelbesteuerung der Betriebsgrundstücke sowohl mit GewSt als auch mit GrSt ist der Gewinn aus Gewerbebetrieb pauschal um 1,2 % des Einheitswerts der Betriebsgrundstücke zu kürzen. Solange der auf den 1.1.1964 ermittelte Einheitswert gilt, ist er um 40 % zu erhöhen. Für grundstücksverwaltende Gewerbebetriebe wird die Doppelbesteuerung nicht durch diese pauschale Kürzung gemildert. Bei diesen wird der Gewinn aus Gewerbebetrieb um den Teil gekürzt, der tatsächlich auf die Verwaltung und Nutzung eigenen Grundbesitzes entfällt.

Mit der gleichen Begründung wie bei der Hinzurechnung des Verlusts aus Mitunternehmeranteilen wird der Gewinn aus Gewerbebetrieb um den Gewinn aus einer Mitunternehmerschaft gekürzt, da sich sonst eine doppelte Besteuerung ergeben würde. In analoger Form ist der Gewinn aus Gewerbebetrieb auch um Gewinne aus der Beteiligung an Kapitalgesellschaften zu kürzen. Die Kürzung ist aber nur möglich, wenn eine sog. steuerliche Schachtelbeteiligung vorliegt. Diese beträgt mindestens 10 % des gezeichneten Kapitals. Ist die Beteiligung niedriger, so unterliegt der Gewinn hieraus einer doppelten GewSt-Belastung. Die Bezeichnung **'Schachtelprivileg'** bezieht sich also nur auf den Vergleich einer Schachtelbeteiligung mit einer Nicht-Schachtel – nicht aber auf den Vergleich einer Beteiligung an einer Kapital- mit der an einer Personengesellschaft. Die Schachtelgrenze existiert bei Anteilen an Personengesellschaften nicht – diese werden auch bei geringeren Beteiligungen GewStlich nur einmal erfasst.

Das Schachtelprivileg des GewStG ist durch die Kürzungsvorschrift des § 9 Nr. 7 GewStG auch auf Beteiligungen an ausländischen Kapitalgesellschaften ausgedehnt, soweit deren Erträge fast ausschließlich aus den in § 8 Abs. 1 Nr. 1 – 6 AStG genannten Tätigkeiten entstammen. Es sind dies z.B. Erträge aus Landwirtschaft, Produktion und Handel sowie Dienstleistungen.

Analog zur Hinzurechnung von Miet- und Pachtzinsen beim Mieter/Pächter wird beim Vermieter/Verpächter eine Kürzung vorgenommen, um eine doppelte Belastung zu vermeiden. Eine weitere Kürzung betrifft die bereits erwähnten Spenden.

Die Umklassifizierung von Darlehenszinsen nach § 8a KStG in verdeckte Gewinnausschüttungen soll sich bei der GewSt nicht auswirken. Deshalb ist in § 9 Nr. 10 GewStG eine Kürzung um die verdeckte Gewinnausschüttung vorgesehen. Die eventuelle Qualifizierung als Dauerschuldzinsen ist zu beachten.

Nach § 10a GewStG kann schließlich – analog zum EStlichen und KStlichen Verlust*vortrag* – ein eventueller Gewerbeverlust auf die folgenden Wirtschaftsjahre vorgetragen werden. Durch das Erfordernis der Unternehmeridentität wird die Berücksichtigung des Gewerbeverlusts an die Person desjenigen geknüpft, der den Verlust erlitten hat. Für den sog. **Mantelkauf** bei Kapitalgesellschaften verweist § 10a GewStG auf die Regelung des § 8 Abs. 4 KStG. Ein GewStlicher Verlustvortrag unterliegt also den gleichen Bedingungen wie der KStliche Verlustvortrag. Eine Besonderheit ergibt sich auch, wenn etwa ein Einzelunternehmer seinen Betrieb in eine Personengesellschaft einbringt. Dann ist ein ihm aus dem Einzelunternehmen zustehender GewStlicher Verlustvortrag nur bis zu dem Betrag vom Gewerbeertrag der Personengesellschaft abziehbar, als dieser anteilig auf den neuen Mitunternehmer entfällt. Die Unternehmensidentität erfordert, dass der Gewerbeverlust nur von dem Gewerbeertrag des Gewerbebetriebs abzugsfähig ist, bei dem er entstanden ist. Eine Saldierung von Gewerbeerträgen und -verlusten eines Erhebungszeitraums ist nicht zulässig, auch wenn der Gewerbetreibende mehrere Gewerbebetriebe unterhält. Ein GewStlicher Verlustrücktrag ist gesetzlich nicht vorgesehen.

2.3.2 Der Gewerbesteuertarif

Der Gewerbeertrag wird auf volle € 100 abgerundet. Sodann wird bei Gewerbebetrieben natürlicher Personen und Personengesellschaften (nicht also bei Kapitalgesellschaften) nach § 11 Abs. 1 GewStG ein Freibetrag von € 24.500 subtrahiert. Damit soll der nicht als Betriebsausgabe abzugsfähige Unternehmerlohn berücksichtigt werden[107]. Die GewSt wird durch Multiplikation des Gewerbeertrags mit einer Messzahl (Gewerbeertrag·Messzahl = Messbetrag) und durch weitere Multiplikation des Messbetrags mit dem Hebesatz (Messbetrag·Hebesatz = GewSt) berechnet. Bezeichnet man das Produkt aus Messzahl und Hebesatz als Steuersatz, so kann man auch für die Berechnung der GewSt die übliche Formel Bemessungsgrundlage·Steuersatz verwenden.

Der Hebesatz wird nach § 16 Abs. 1 GewStG von der hebeberechtigten Gemeinde festgesetzt. Die Hebesätze sind also standortabhängig. Sie liegen zwischen etwa 200 % und 500 % (ausnahmsweise liegen sie auch unter 200 % bzw. betragen sogar 0 %).

Die Steuermesszahl beträgt nach § 11 Abs. 2 GewStG für Einzelunternehmen und Personengesellschaften:

für Gewerbeerträge	von	€ 24.500	bis	€ 36.500	1 %
für Gewerbeerträge	von	€ 36.501	bis	€ 48.500	2 %
für Gewerbeerträge	von	€ 48.501	bis	€ 60.500	3 %
für Gewerbeerträge	von	€ 60.501	bis	€ 72.500	4 %
für Gewerbeerträge			über	€ 72.500	5 %

Die Bereichsgrenzen beziehen sich auf die Gewerbeerträge nach Abzug der GewSt. Da in wirtschaftlichen Betrachtungen von Gewerbeerträgen vor Abzug der GewSt ausgegangen wird, verschieben sich diese Grenzen in Abhängigkeit vom Hebesatz (vgl. die Zeilen 230ff. im EDV-Programm zur Berechnung der Teilsteuersätze, Abb. 18). Die Bereichsgrenze von netto € 72.500 erhöht sich bei einem Hebesatz von z.B. 300 % auf brutto € 76.100 und bei einem Hebesatz von z.B. 500 % auf brutto € 78.500. Liegt der Brutto-Gewerbeertrag über dieser Grenze, dann kann die GewSt einfacherweise berechnet werden, indem ein fiktiver Freibetrag von € 48.500 angesetzt wird und der Rest mit dem maximalen effektiven GewSt-Satz multipliziert wird[108].

---

107 "Die Unternehmerlohn-Rechtfertigung ist...anfechtbar. Der Freibetrag wird nämlich unabhängig davon gewährt, ob der Einzelunternehmer bzw. die Personengesellschafter tatsächlich in dem Unternehmen mitarbeiten oder nicht." Seer, R., Rechtsformabhängige Unternehmensbesteuerung – Kritische Bestandsaufnahme der derzeitigen Rechtslage, in StuW 1993, S. 114ff., hier S. 118.

108 Vgl. hierzu ausführlich etwa König, R.J., Kunkel, P., Stegmaier, W., Auswirkungen der Einführung des Staffeltarifs bei der Gewerbeertragsteuer, in DStR 1992, S. 922ff.

Der sich durch die Multiplikation der Messzahl mit dem Hebesatz ergebende sog. nominale GewSt-Satz ist somit abhängig von der Höhe des Gewerbeertrags. Er berechnet sich zu:

$$s'_g = m \cdot h$$

mit		
	s'_g	nominaler GewSt-Satz
	m	Messzahl
	h	Hebesatz

Bei einem Hebesatz von z.B. 300 % steigt der nominale GewSt-Satz im Stufenbereich von 3 % auf 15 %, bei einem Hebesatz von 500 % steigt er von 5 % auf 25 %.

Im Gegensatz zu den Personensteuern stellen die Realsteuern (abzugsfähige) Betriebsausgaben dar. Damit mindert die GewSt den Gewinn aus Gewerbebetrieb, also letztlich die eigene Bemessungsgrundlage. Ähnlich wie bei der Kappungs-KiSt kann ein **effektiver GewSt-Satz** ermittelt werden, der sich auf den Brutto-Gewerbeertrag vor Abzug der bisher nicht bekannten GewSt bezieht. Der nominale Steuersatz ist der im Gesetz ausgewiesene Satz, der sich auf die juristische Bemessungsgrundlage – den Netto-Gewerbeertrag nach Abzug der jeweiligen Steuer – bezieht. Auf der Basis des Netto-Gewerbeertrags $G - A_{GewSt}$ ergibt sich für die GewSt:

$$A_{GewSt} = (G - A_{GewSt}) \cdot s'_g$$

mit		
	A_{GewSt}	GewSt-Ausgabe (juristisch oder wirtschaftlich berechnet)
	G	Gewinn aus Gewerbebetrieb (hier gleich Brutto-Gewerbeertrag) vor Abzug der GewSt

Löst man die Formel nach A_{GewSt} auf, dann ergibt sich:

$$A_{GewSt} = G \cdot \frac{s'_g}{1 + s'_g}$$

Die GewSt kann also auf der Basis des Brutto-Gewerbeertrags berechnet werden, wenn man statt des nominalen Steuersatzes den effektiven Steuersatz s_g ansetzt[109]:

$$s_g = \frac{s'_g}{1 + s'_g}$$

Beträgt der nominale GewSt-Satz also z.B. 5 %, so beläuft sich die effektive Belastung nur auf etwa 4,76 %. Steigt der nominale GewSt-Satz z.B. (durch steigende Messzahlen

[109] So schon bei der Kappungs-KiSt, die als Sonderausgabe die eigene Bemessungsgrundlage, das zu versteuernde Einkommen, mindert und analog auch bei der USt, wenn diese aus dem Bruttoentgelt herausgerechnet werden soll.

oder einen höheren Hebesatz) auf 20 %, dann reduziert sich die effektive Belastung auf 16,67 %, steigt er auf 25 %, dann beläuft sich der effektive GewSt-Satz auf 20 %. Beträgt z.B. der Brutto-Gewerbeertrag € 100.000, dann berechnet sich die GewSt unter Ansatz des fiktiven Freibetrags von € 48.500 einfacherweise nach der Formel $A_{GewSt} = (100.000-48.500)\cdot 0{,}1667 = 8.585$. Der Netto-Gewerbeertrag beträgt also € 91.415. Bei Ansatz des Stufentarifs und der nominalen GewSt-Sätze kommt man auf denselben Wert.

Der GewSt-Tarif ist in Abb. 15 beispielhaft für den Hebesatz von 400 % dargestellt. Ab einem Bruttogewerbeertrag von € 77.300 verlaufen die Tarifkurven für Kapitalgesellschaften und Einzelunternehmen bzw. Personengesellschaften parallel, in beiden Fällen kommt die Messzahl von 5 % zur Anwendung. Der konstante Abstand von € 8.083 resultiert aus der Entlastung durch Freibetrag und Stufentarif und errechnet sich durch Multiplikation des fiktiven Freibetrags mit dem effektiven GewSt-Satz.

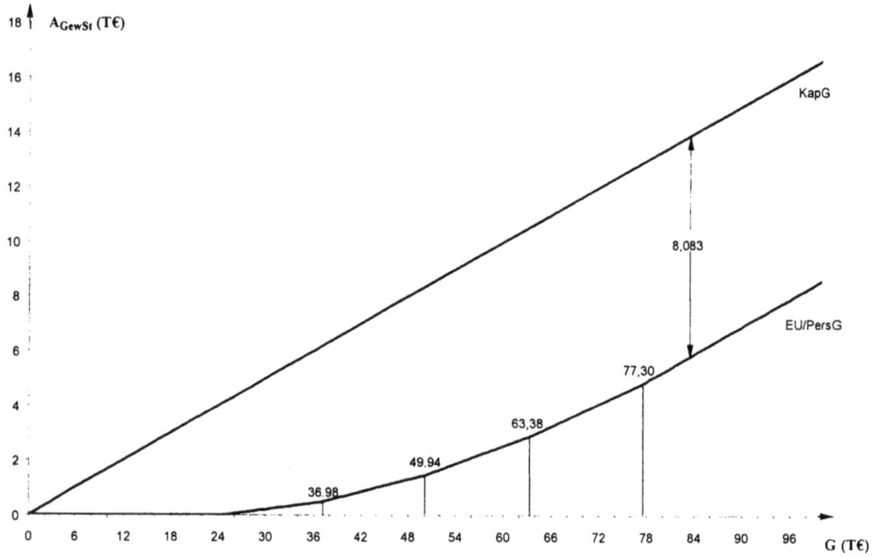

Abb. 15: Die GewSt A_{GewSt} (Hebesatz 400 %) in Abhängigkeit vom Brutto-Gewerbeertrag G bei Kapitalgesellschaften (KapG) bzw. Einzelunternehmen und Personengesellschaften (EU/PersG)

Bei Kapitalgesellschaften existiert weder ein Freibetrag noch ein Stufentarif. Die Messzahl ist konstant und beträgt nach § 11 Abs. 2 GewStG 5 %. Die GewSt-Ausgabe berechnet sich also zu $A_{GewSt} = G\cdot s_g$. Sowohl die erste Ableitung dieser Formel (Steigung) als auch die Division durch G (Durchschnitt) ergibt s_g. Der Grenzsteuersatz und der durchschnittliche Steuersatz sind gleich. Der GewSt-Tarif ist hier proportional. Auch der Differenzsteuersatz hat den Wert s_g.

Bei Einzelunternehmen und Personengesellschaften gilt schon wegen des Freibetrags, aber auch wegen der anfangs steigenden Messzahlen, dass der Grenzsteuersatz höher ist als der durchschnittliche (nominale oder effektive) GewSt-Satz. Deshalb liegt nach der hier verwendeten Definition ein progressiver GewSt-Tarif vor. Im Bereich des Freibetrags sind selbstverständlich sämtliche GewSt-Sätze null. Liegen Änderungen des Gewerbeertrags ausschließlich oberhalb des (Netto-)Gewerbeertrags von € 72.500, dann entsprechen Differenz- und Grenzsteuersatz dem Wert s_g. Der durchschnittliche Steuersatz nähert sich dem Grenzsteuersatz asymptotisch, erreicht ihn also nie.

Die GewSt ist eine von den Gemeinden zu erhebende und diesen auch direkt bzw. indirekt zufließende Steuer. Es kommt nicht selten vor, dass sich die Betriebsstätten eines Gewerbebetriebs auf mehrere Gemeinden erstrecken. Dann ist es notwendig, die GewSt auf diese Gemeinden zu verteilen. Dazu dienen die Vorschriften über die **Zerlegung** des Messbetrags in §§ 28ff. GewStG. Da die gemeindlichen Hebesätze unterschiedlich sein können, ergibt sich aus den Zerlegungsvorschriften u.U. ein erheblicher Einfluss auf die GewSt-Belastung.

Zerlegungsmaßstab ist bei Existenz von Betriebsstätten in mehreren Gemeinden das Verhältnis der Arbeitslöhne der einzelnen Betriebsstätten zueinander. Die Arbeitslöhne sind auf volle € 1.000 abzurunden. Nach § 31 GewStG ist bei Einzelunternehmen und Personengesellschaften für den Unternehmerlohn ein Betrag von insgesamt € 25.000 zu addieren. Erstreckt sich eine Betriebsstätte auf mehrere Gemeinden, so ist die Zerlegung "...nach der Lage der örtlichen Verhältnisse unter Berücksichtigung der durch das Vorhandensein der Betriebsstätte erwachsenden Gemeindelasten" (§ 30 GewStG) vorzunehmen.

2.4 Die Ertragsteuerbelastung

Für betriebliche Planungen ist es weniger interessant, festzustellen, durch welche Steuerart welche steuerliche Belastung verursacht wird. Vielmehr interessiert, wie hoch die *Änderung* der *gesamten* Steuerbelastung ist, die sich durch eine bestimmte betriebliche Entscheidung ergibt. Soll z.B. eine Sonderabschreibung vorgenommen werden, so ist es wichtig, die dadurch verursachte Steuerersparnis z.B. an KSt und GewSt oder an ESt, KiSt und GewSt zu kennen. Da wegen der steuerrechtlichen Verknüpfung der einzelnen Steuerarten und ihrer Bemessungsgrundlagen Abhängigkeiten existieren, kann die gesamte Steuerbelastung nicht durch einfache Addition der einzelnen Steuern festgestellt werden. Allerdings ist es vorteilhaft, dass die Abhängigkeiten zwischen einzelnen Steuerarten funktional abgebildet werden können. Dadurch laßt sich die Belastung mit mehreren Steuerarten in *einem* Steuersatz ausdrücken (vgl. etwa die Teilsteuersätze aus ESt, KiSt und ErgAbg im Kapitel "Die Kirchensteuer und Ergänzungsabgaben").

Die Integration mehrerer Steuerarten kann z.B. mit Hilfe der sog. **Teilsteuerrechnung**[110] erfolgen. Um die steuerlichen Konsequenzen einer betrieblichen Entscheidung exakt und dennoch einfach mit der Teilsteuerrechnung erfassen zu können, müssen drei Probleme gelöst werden. Als Erstes muss die betriebswirtschaftliche Basis (z.B. der betriebswirtschaftlich definierte Gewinn oder die betriebswirtschaftlich definierten Erlöse) in steuerrechtliche Bemessungsgrundlagenteile zerlegt werden (also z.B. den Gewinn aus Gewerbebetrieb oder den Gewerbeertrag). Diese werden anschließend für evtl. mehrere Steuerarten zusammengefasst. Sodann sind die auf die jeweiligen 'Teile' der betriebswirtschaftlichen Basis entfallenden evtl. mehreren Steuerarten durch gemeinsame Steuersätze zu erfassen (sog. **Multifaktoren**; schon diese werden auch als Teilsteuersätze bezeichnet). Schließlich sind die Multifaktoren durch Einsetzen der steuer*rechtlichen* Steuersätze auszurechnen und damit praktikabel zu machen (sog. **Teilsteuersätze**). Das soll im Folgenden für die Ertragsteuern dargestellt werden.

Da betriebliche Entscheidungen primär betriebswirtschaftlich definierte Größen (Wertströme) ändern, liegt es nahe, für die Erfassung der ErSt-Belastung einen Zusammenhang zwischen dem betriebswirtschaftlich definierten Gewinn und den steuerrechtlichen Bemessungsgrundlagen 'Gewinn aus Gewerbebetrieb' als Teil des 'zu versteuernden Einkommens' bzw. 'Gewerbeertrags' herzustellen. Hinsichtlich der Erfassung des betriebswirtschaftlichen Gewinns bestehen erhebliche Definitionsprobleme. Deshalb soll als sog. betriebswirtschaftliche Basis der handelsrechtliche Jahresüberschuss herangezogen werden. Dieser ist insoweit zu korrigieren, als eine periodengerechte Abgrenzung einzelner Erträge oder Aufwendungen nicht erfolgt ist. Weiterhin sind die ErSt zu addieren, deren Belastung erst durch die jeweilige Berechnung ermittelt werden soll. Das sind hier die GewSt bei Einzelunternehmen und Personengesellschaften (da die ESt und die KiSt/ErgAbg keinen Aufwand darstellen) und bei Kapitalgesellschaften die GewSt und die KSt/ErgAbg. Schließlich sind Vergütungen für Gesellschafterleistungen – falls sie als Aufwand erfasst sind – zu addieren. Diese werden nämlich bei Einzelunternehmen/Personengesellschaften steuerlich anders erfasst als bei Kapitalgesellschaften. Solche ausschließlich rechtsformabhängigen Unterschiede müssen neutralisiert werden. Der sich daraus ergebende sog. Reinertrag ist aufgrund ErStlicher Vorschriften zu modifizieren, um den Gewinn aus Gewerbebetrieb bzw. den Gewerbeertrag zu erhalten.

Bei Einzelunternehmen und Personengesellschaften[111] wird der Reinertrag regelmäßig durch Addition des evtl. korrigierten Jahresüberschusses mit dem davon abgesetzten GewSt-Aufwand ermittelt. Der Reinertrag ist um EStliche Modifikationen M_e zu ändern. Ein Teil des Reinertrags unterliegt nicht den ErSt. Das sind z.B. steuerfreie Erträge wie wie die Hälfte von Dividendenerträgen oder die InvZul oder nach einem DBA steuerfreie ausländische Einkünfte. Diese Minderungen werden durch die negative Modifikation $-M_e$

[110] Vgl. hierzu Rose, G., Die Steuerbelastung der Unternehmung – Grundzüge der Teilsteuerrechnung, a.a.O., ders., Betriebswirtschaftliche Steuerlehre – Eine Einführung für Fortgeschrittene, a.a.O., S. 38ff. sowie Cordes, M., Teilsteuerrechnung für Kapitalgesellschaften ab 2001, in SteuerStud 2001, S. 524ff.

[111] Hier müssen als Aufwand abgezogene Gesellschaftervergütungen – da sie zwar Aufwand, aber keine Betriebsausgabe darstellen – addiert werden.

erfasst. Andererseits existieren Aufwendungen und Betriebsausgaben, die steuerrechtlich nicht oder nur beschränkt abzugsfähig sind. Das sind etwa die in § 4 Abs. 5 EStG genannten nichtabzugsfähigen Betriebsausgaben. Diese werden zum Reinertrag durch eine positive Modifikation $+M_e$ addiert. Der so modifizierte Reinertrag stellt den Gewinn aus Gewerbebetrieb dar, der evtl. neben anderen Einkünften die Bemessungsgrundlage der ESt und indirekt der KiSt bildet. Wird der Gewinn aus Gewerbebetrieb weiter nach den Vorschriften des GewStG modifiziert, so ergibt sich der Gewerbeertrag. Diese GewStlichen Modifikationen können wiederum negativ (die Kürzungen $-M_g$) oder positiv (die Hinzurechnungen $+M_g$) sein. Schließlich ist der GewStliche Freibetrag $-F_g$ abzuziehen[112].

Wie Abb. 16 zeigt, unterliegen einzelne Teile des Reinertrags Steuerbelastungen unterschiedlicher Höhe. Ändert etwa eine betriebliche Entscheidung den Reinertrag im mit '0' gekennzeichneten Bereich, so ergibt sich überhaupt keine Änderung der steuerlichen Belastung. Betrifft die Gewinnänderung den mit 'EStKiSt' gekennzeichneten Bereich, so ändern sich ESt, ErgAbg und KiSt, nicht aber die GewSt. Im mit 'EStKiStGewSt' markierten Bereich werden sämtliche drei ErSt des Einzelunternehmers durch die jeweilige Entscheidung beeinflusst. Im rechten mit 'GewSt' bezeichneten Bereich schließlich führt eine Entscheidung direkt nur zu einer Änderung der GewSt. Jede betriebliche Entscheidung ist also genau daraufhin zu untersuchen, in welchen Belastungsbereich die dadurch verursachte Gewinnänderung fällt, damit die ErStlichen Wirkungen hinsichtlich der betroffenen Steuerarten durch den zugehörigen Teilsteuersatz erfasst werden können.

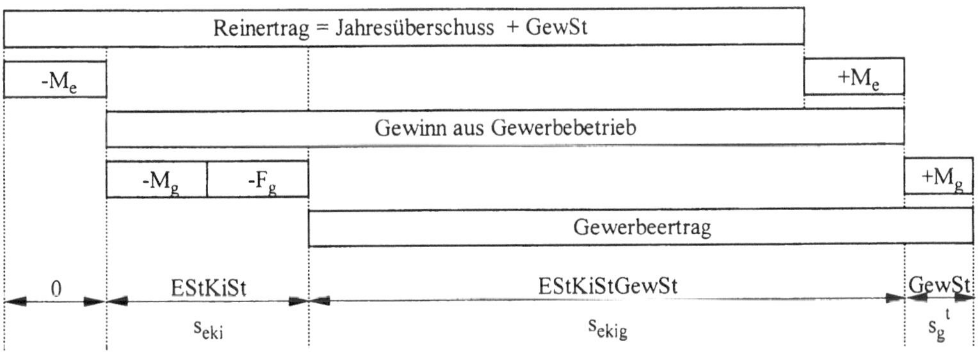

Abb. 16: Herleitung der Teil-ErSt-Sätze für Einzelunternehmen

Bei Kapitalgesellschaften (vgl. Abb. 17) erfolgt die Ermittlung der Bemessungsgrundlagenteile analog. Da Gesellschaftervergütungen (L) hier Aufwand darstellen, müssen sie addiert werden, um den Reinertrag vergleichbar zu machen. Addiert werden

[112] Die Staffelung der Messzahlen für Nicht-Kapitalgesellschaften kann durch Umformung in einen Freibetrag berücksichtigt werden. Liegt der (Netto-)Gewerbeertrag über € 72.500, dann beträgt dieser fiktive Freibetrag z.B. € 42.500, bei niedrigeren Gewerbeerträgen reduziert er sich. Bei Gewerbeerträgen von netto mehr als € 72.500 kann also mit einem festen Freibetrag von € 42.500 bei einer festen Messzahl von 5 % gerechnet werden.

auch die vorläufig berechnete oder bezahlte GewSt und KSt. Beide sollen endgültig erst durch die Teilsteuerrechnung ermittelt werden. Der Reinertrag ist dann um die Gesellschaftervergütungen (L) zu mindern, da diese nicht der GewSt unterliegen. Weiterhin ist der Reinertrag auch hier durch die Modifikationen auf der generellen Basis des EStG zu ändern (+/–M_e, s.o.). Hinzu kommen Modifikationen nach dem KStG. Es handelt sich z.B. um steuerfreie Dividendenertäge nach § 8b KStG (-M_k) und um die nach § 10 KStG nichtabzugsfähigen Betriebsausgaben (+M_k). Der ermittelte Gewinn aus Gewerbebetrieb ist mangels Existenz anderer Einkunftsarten identisch mit dem zu versteuernden Einkommen. Der Gewinn aus Gewerbebetrieb wird schließlich um die GewStlichen Kürzungen bzw. Hinzurechnungen (+/–M_g) modifiziert, um den Gewerbeertrag zu erhalten. Bei Kapitalgesellschaften existiert demnach gegenüber Personengesellschaften/Einzelunternehmen ein weiterer Bereich unterschiedlicher steuerlicher Wirkungen – der Bereich der Vergütungen an Gesellschafter.

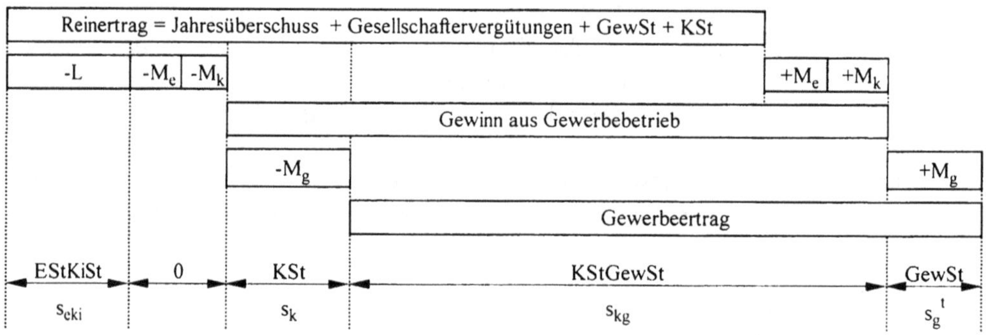

Abb. 17: Herleitung der Teil-ErSt-Sätze für thesaurierende Kapitalgesellschaften

Bei der Zusammenfassung der ErSt-Sätze muss berücksichtigt werden, dass die GewSt als abzugsfähige Betriebsausgabe sowohl den Gewerbeertrag als auch das zu versteuernde Einkommen und dass die KiSt als Sonderausgabe das zu versteuernde Einkommen mindert. Diese Abhängigkeiten werden bei der Berechnung der Multifaktoren einbezogen. Ein solcher Multifaktor wurde bereits für die *Grenz*steuersätze aus ESt und KiSt berechnet. Hier werden die allgemein verwendbaren *Differenz*steuersätze herangezogen. Der Multifaktor aus ESt und KiSt lautet[113]:

$$s_{eki} = \frac{s_e + s_e \cdot s_{ki}}{1 + s_e \cdot s_{ki}}$$

[113] Die Einbeziehung einer ErgAbg wird hier vernachlässigt. Sie wird – wie dargestellt – durch eine Multiplikation der Steuersätze s_e bzw. s_k mit (1 + s_{ea}) berücksichtigt. Diese Multiplikation unterbleibt selbstverständlich an den Stellen, an denen s_e die Bemessungsgrundlage für die KiSt darstellt.

oder bei Kappung:

$$s_{eki} = \frac{s_e + s'_{ka}}{1 + s'_{ka}}$$

mit s_{eki} Multifaktor (Teilsteuersatz) aus ESt und KiSt

s_e ESt-Satz

s_{ki} KiSt-Satz

s'_{ka} nominaler KiSt-Satz bei Kappung

Diese Teilsteuersätze sind bei Einzelunternehmen und Personengesellschaften anzuwenden, wenn betriebliche Entscheidungen den Reinertrag im Bereich 'EStKiSt' betreffen. Bei Personengesellschaften kann für die mehreren Gesellschafter näherungsweise ein mit den Gewinnanteilen gewichteter ESt-Satz angesetzt werden.

Ebenso wurde bereits der GewSt-Satz hergeleitet, der die Abzugsfähigkeit der GewSt vom Gewerbeertrag berücksichtigt. Es ist der effektive GewSt-Satz:

$$s_g = \frac{s'_g}{1 + s'_g}$$

mit s_g effektiver GewSt-Satz

s'_g nominaler GewSt-Satz

Dieser effektive GewSt-Satz ist in den mit 'GewSt' gekennzeichneten Bereichen anzuwenden, wenn ESt bzw. KSt *nicht* existiert. Das ist etwa der Fall, wenn anderweitige Verluste oder KStliche Verlustrückträge zwar das zu versteuernde Einkommen, nicht aber den Gewerbeertrag, auf null mindern.

Existiert keine KiSt, so ist in dem mit 'EStKiStGewSt' bezeichneten Teil ein Multifaktor aus ESt und GewSt anzusetzen. Verwendet man den effektiven GewSt-Satz s_g, dann ist bereits der Abzug der GewSt vom Gewerbeertrag erfasst. Es muss nurmehr die Minderung des Gewinns aus Gewerbebetrieb für die ESt und die Anrechnung fiktiver GewSt einbezogen werden:

$$s_{eg} = s_e + s_g - s_g \cdot s_e - 1{,}8 \cdot m \cdot (1 - s_g)$$

mit s_{eg} Multifaktor (Teilsteuersatz) aus ESt und GewSt

Bei KiSt-Pflicht ist dieser Multifaktor zu modifizieren. Der ESt-Satz wird einfacherweise durch den Multifaktor aus ESt und KiSt ersetzt. Die fiktive GewSt-Anrechnung mindert die KiSt-Bemessungsgrundlage nicht:

$$s_{ekig} = s_{eki} + s_g - s_g \cdot s_{eki} - 1{,}8 \cdot m \cdot (1 - s_g)$$

mit s_{ekig} Multifaktor (Teilsteuersatz) aus ESt, KiSt und GewSt

Der in der Formel enthaltene Multifaktor s_{eki} und der effektive GewSt-Satz s_g können durch die juristischen Steuersätze s_e, s_{ki} und s'_g ermittelt und ersetzt werden. Erst dann ergibt sich ein Multifaktor aus den drei einbezogenen Steuerarten, der ohne weiteres durch Einsetzen der juristischen Einzelsteuersätze als Teilsteuersatz berechnet werden kann.

Für den Bemessungsgrundlagenteil 'GewSt', bei dessen Änderung ausschließlich der Gewerbeertrag beeinflusst wird, kann nur dann der effektive GewSt-Satz verwendet werden, wenn keine ESt/KiSt bzw. keine KSt existiert. Das wird eher der Ausnahmefall sein. Vielmehr muss berücksichtigt werden, dass die GewSt auch das zu versteuernde Einkommen mindert. Eine Erhöhung der GewSt führt z.B. zu einer Minderung der ESt/KiSt bzw. der KSt. Diese Abzugsfähigkeit der GewSt auch z.B. bei der Bemessungsgrundlage der KSt wird mit dem sog. **tatsächlichen GewSt-Satz** erfasst:

$$s_g^t = s_g - s_g \cdot s_k = s_g \cdot (1 - s_k)$$

oder umgeformt

$$s_g^t = s_{kg} - s_k$$

mit s_g^t tatsächlicher GewSt-Satz

s_{kg} Multifaktor (Teilsteuersatz) aus KSt und GewSt

s_k KSt-Satz

Der tatsächliche GewSt-Satz wird also ermittelt, indem vom effektiven GewSt-Satz die KStliche Entlastung subtrahiert wird. Durch Umformung erhält man die zweite Formel. Danach berechnet sich die tatsächliche GewSt-Belastung aus der Differenz der Belastung aus KSt *und* GewSt und der Belastung ausschließlich aus KSt.

Der Multifaktor aus KSt und GewSt s_{kg} berechnet sich analog zum Multifaktor aus ESt und GewSt s_{eg} zu:

$$s_{kg} = s_k + s_g - s_g \cdot s_k$$

Beträgt etwa der Hebesatz der GewSt 300 %, dann beläuft sich der effektive GewSt-Satz auf 13,04 %. Unter der Annahme ausschließlich firmeneigener Zielsetzung (die Steuerbelastung der Gesellschafter interessiert also nicht) wirkt nur der KSt-Satz von

25 %. Der Teilsteuersatz aus KSt und GewSt beläuft sich auf 34,78 %. Der tatsächliche GewSt-Satz berechnet sich damit auf 9,78 %. Werden also z.B. im Rahmen einer Außenprüfung € 200.000 Zinsaufwand hälftig als Dauerschuldzinsen hinzugerechnet, so erhöht sich dadurch die gesamte Steuerbelastung tatsächlich um € 9.780, nicht etwa effektiv um € 13.040 oder gar nominal um € 15.000.

Bei durchgreifender Zielsetzung wird der Gewinn einer Kapitalgesellschaft einmal in der Gesellschaft und der verbleibende Teil zusätzlich nach Abzug der GewSt und KSt auch nach Ausschüttung beim natürlichen Gesellschafter besteuert.

Der Teilsteuersatz für ausgeschüttete Gewinne lautet:

$$s_{keg} = s_{kg} + (1 - s_{kg}) \cdot s'_e$$

mit s_{keg} Multifaktor (Teilsteuersatz) aus GewSt, KSt und ESt

s_{kg} Mulifaktor (Teilsteuersatz) aus GewSt und KSt

s'_e Differenzsteuersatz der ESt (ggf. mit KiSt und ErgAbg) auf die Hälfte der ausgeschütteten Dividende

Setzt man s'_e näherungsweise mit $s_e/2$ an (der Hälfte des Differenzsteuersatzes auf die gesamte ausgeschüttete Dividende; dieser Wert ist im progressiven Bereich der ESt immer größer als der exakte Wert), dann lautet der Multifaktor (Teilsteuersatz) aus den drei ErSt:

$$s_{keg} = s_{kg} + \frac{(1 - s_{kg}) \cdot s_e}{2}$$

Im Fall des Einzelunternehmens bzw. der Personengesellschaft ist der KSt-Satz durch den ESt-Satz bzw. den EStKiSt-Satz zu ersetzen. Des Weiteren ist die Anrechnung fiktiver GewSt zu berücksichtigen. Der Teilsteuersatz s_{eg} und der tatsächliche GewSt-Satz ergeben sich damit wie folgt:

$$s_{eg} = s_e + s_g - s_g \cdot = s_e - 1{,}8 \cdot m \cdot (1 - s_g)$$

$$s_g^t = s_g - s_g \cdot s_e - 1{,}8 \cdot m \cdot (1 - s_g)$$

Die Berechnung von durchschnittlichen und Grenz-Teilsteuersätzen ist auch mit Hilfe der Veranlagungssimulation (s.u.) möglich. Im folgenden Programm (Abb. 18) werden die Grenzsteuersätze zwecks Fehlerbegrenzung jeweils als Differenzsteuersatz für einen Gewinnbereich von + € 100 und – € 100 berechnet (vgl. Zeile 190). Das Programm gilt alternativ für die Jahre 2001/2 oder 2003/4 oder ab 2005. Die Anrechnung einer fiktiven GewSt ist in den Zeilen 300-320 berücksichtigt.

```
10 CLS:INPUT"ESt 2001/2 oder 2003/4 oder 2005ff.     Jahr 2 oder 3 oder
5";JAHR
20 CLS:PRINT"Schult Durchschnitts-/Grenzsteuersätze
ESt/KiSt/GewSt/ErgAbg"
30 IF JAHR=2 THEN PRINT"ESt-Tarif 2001/2 Grundtarif"
40 IF JAHR=3 THEN PRINT"ESt-Tarif 2003/4 Grundtarif"
50 IF JAHR=5 THEN PRINT"ESt-Tarif 2005ff. Grundtarif"
60 IF JAHR=2 THEN CONSTD=7.6885*10^-
6:CONSTE=.0883:CONSTF=1034:CONSTA=2.7865*10^-
6:CONSTB=.17864:CONSTC=1451:CONSTG=9872:REM 2001/2
70 IF JAHR=2 THEN
GRENZU=7235:GRENZM=9241:GRENZO=55007!:CONSTH=.485:REM:2001/2
80 IF JAHR=3 THEN CONSTD=7.478*10^-
6:CONSTE=.05894:CONSTF=850:CONSTA=2.7859*10^-
6:CONSTB=.1763:CONSTC=1614:CONSTG=9232:REM 2003/4
90 IF JAHR=3 THEN
GRENZU=7426:GRENZM=12755:GRENZO=52292!:CONSTH=.47:REM: 2003/4
100 IF JAHR=5 THEN CONSTD=8.837401*10^-
6:CONSTE=.01454:CONSTF=631:CONSTA=2.2874*10^-
6:CONSTB=.18142:CONSTC=1693:CONSTG=7914:REM 2005ff.
110 IF JAHR=5 THEN
GRENZU=7664:GRENZM=12739:GRENZO=52151!:CONSTG=.42:REM 2005ff.
120 INPUT"Hebesatz                                          %
=";HEBE:HEBE=HEBE/100
130 INPUT"Kirchensteuersatz                                 %
=";SKI:SKI=SKI/100
140 INPUT"Kappungs-Kirchensteuersatz                        %
=";SKA:SKA=SKA/100
150 IF SKA<.01 THEN SKA=1
160 INPUT"Ergänzungsabgabe-, Solidaritätszuschlagssatz  %
=";SEA:SEA=SEA/100
170 PRINT"Gewinn Euro  Durchschnitts- Grenzsteuersatz  %"
180 FOR GEWE=10000 TO 80000! STEP 5000
190 GEWE1=GEWE-100:GEWE2=GEWE+100
200 FOR SIT=1 TO 2
210 IF SIT=1 THEN GEWE=GEWE1 ELSE GEWE=GEWE2
220 MZ=.05:FR=48500!
230 IF GEWE<72500!+1200*HEBE THEN MZ=.04:FR=42500!
240 IF GEWE<60500!+720*HEBE THEN MZ=.03:FR=36500!
250 IF GEWE<48500!+360*HEBE THEN MZ=.02:FR=30500!
260 IF GEWE<36500!+120*HEBE THEN MZ=.01:FR=24500!
270 IF GEWE<24500! THEN MZ=0
280 SG=MZ*HEBE/(1+MZ*HEBE):GEWST=INT((GEWE-FR)*SG)
290 IF GEWST<0 THEN GEWST=0
```

```
300 SGPAUSCH=MZ*1.8:ANRECHNUNG=INT((GEWE-GEWST-FR)*SGPAUSCH)
310 IF ANRECHNUNG<0 THEN ANRECHNUNG=0
320 IF HEBE<=0 THEN ANRECHNUNG=0
330 FOR ITER=1 TO 30
340 KIST=0:ZVE=GEWE-GEWST
350 IF ZVE<GRENZO THEN EST=CONSTA*ZVE^2+CONSTB*ZVE-CONSTC:GOTO 400
360 IF ZVE<GRENZU THEN EST=0:GOTO 400
370 IF ZVE<GRENZO THEN EST=CONSTA*ZVE^2+CONSTB*ZVE-CONSTC:GOTO 400
380 IF ZVE<GRENZO THEN EST=CONSTA*ZVE^2+CONSTB*ZVE-CONSTC:GOTO 400
390 EST=CONSTG*ZVE-CONSTH
400 ZVE=ZVE+KIST:IF ITER>30 GOTO 470
410 KIST=SKI*EST:ZVE=ZVE-KIST
420 NEXT ITER
430 IF KIST<0 THEN KIST=0:GOTO 470
440 SKAP=SKA/(1+SKA):KAPPST=ABS((ZVE+KIST)*SKAP)
450 IF KAPPST>KIST GOTO 470
460 ZVE=ZVE+KIST:KIST=KAPPST:ZVE=ZVE-KAPPST:GOTO 360
470 IF ANRECHNUNG>EST THEN ANRECHNUNG=EST
480 ERGABG=INT(SEA*(EST-ANRECHNUNG))
490 IF ERGABG>.2*(EST-ANRECHNUNG-972) THEN ERGABG=.2*(EST-ANRECHNUNG-
972)
500 IF EST<972 THEN ERGABG=0
510 IF ERGABG<0 THEN ERGABG=0
520 ERST=GEWST+EST+KIST+ERGABG-ANRECHNUNG
530 IF SIT=1 THEN ERST1=ERST ELSE ERST2=ERST
540 KAPPST=0:NEXT SIT
550 GRENZSATZ=ABS(100*(ERST2-ERST1)/(GEWE1-GEWE2))
560 DURCHSATZ=ABS(100*(ERST2+ERST1)/(GEWE1+GEWE2))
570 GEWE=GEWE-100
580 PRINT USING"#######.##   ";GEWE;DURCHSATZ;GRENZSATZ
590 NEXT GEWE
600 END
```

Abb. 18: Programm zur Berechnung der durchschnittlichen und Grenz-Teilsteuersätze aus ESt, KiSt, ErgAbg und GewSt

Das Programm berechnet die Grenzsteuersätze aus ESt, KiSt, GewSt und ErgAbg für Gewinne aus Gewerbebetrieb/Gewerbeerträge von € 10.000 bis € 80.000 mit einer Schrittweite von € 5.000. Der Bereich und die Schrittweite können in Zeile 180 beliebig geändert werden. Für den Gewinn ist jeder Wert ab null möglich. Wird der Hebesatz der GewSt mit 500 %, der KiSt-Satz mit 9 %, der KiSt-Kappungssatz mit 4 % und der ErgAbg-Satz mit 5,5 % angenommen, dann zeigt die Tabelle (vgl. Abb. 19) die durchschnittlichen und Grenz-Teilsteuersätze.

```
SCHULT Durchschnitts-/Grenzsteuersätze ESt/KiSt/GewSt/ErgAbg
ESt-Tarif 2005ff. Grundtarif
Hebesatz                                          % ? 500
Kirchensteuersatz                                 % ? 9
Kappungs-Kirchensteuersatz                        % ? 4
Ergänzungsabgabe-, Solidaritätzuschlagssatz       % ? 5.5
Gewinn Euro   Durchschnitts-    Grenzsteuersatz %
   10000.00        3.81           24.76
   15000.00       11.78           28.75
   20000.00       16.32           31.25
   25000.00       19.59           34.78
   30000.00       22.39           37.05
   35000.00       24.73           39.81
   40000.00       26.84           42.75
   45000.00       28.78           45.82
   50000.00       30.54           47.38
   55000.00       32.23           49.33
   60000.00       33.70           49.33
   65000.00       34.95           50.23
   70000.00       36.06           50.23
   75000.00       37.01           50.50
   80000.00       37.86           50.12
```

Abb. 19: Tabelle der durchschnittlichen und Grenz-Teilsteuersätze aus ESt, KiSt, ErgAbg und GewSt

Für die Berechnung von Differenzsteuersätzen ist es vorteilhaft, auf die Teilsteuerrechnung dann zu verzichten, wenn Gewinnänderungen den Stufenbereich der GewSt und/oder den progressiven Bereich der ESt betreffen. Dann ist es einfacher, den Weg der **Veranlagungssimulation**[114] zu beschreiten. Hierbei wird im Wesentlichen versucht, die Vorgehensweise der Finanzbehörden bei der Steuerveranlagung bzw. -festsetzung zu

---

[114] Eine Gegenüberstellung findet sich bei Scheffler, W., Veranlagungssimulation versus Teilsteuerrechnung, in WiSt 1991, S. 69ff.

simulieren. Allerdings werden auch hier einige Annahmen getroffen, die von der tatsächlichen Veranlagung abweichen. Diese Annahmen sind aber notwendig, um ökonomisch richtige Steuerdifferenzen bzw. Differenzsteuersätze zu ermitteln. Sie betreffen im Wesentlichen den Abzug der KiSt und der GewSt. Bei der Veranlagung wird die *gezahlte* KiSt als Sonderausgabe abgesetzt, bei der Veranlagungssimulation wird die *veranlagte* KiSt abgesetzt. Bei der GewSt wird die sog. Fünf-Sechstel-Methode für die GewSt-Rückstellungen akzeptiert (vgl. R 20 Abs. 2 EStR 2001). Der effektive GewSt-Satz wird danach mit etwa 83 % des nominalen Satzes geschätzt. Bei der Veranlagungssimulation wird der effektive GewSt-Satz dagegen richtig berechnet (die GewSt-Rückstellung kann selbstverständlich ebenfalls mit dem effektiven Steuersatz berechnet werden; nach der Fünf-Sechstel-Methode ist die GewSt-Rückstellung bei Kapitalgesellschaften und Hebesätzen über 400 %, bei Einzelunternehmen und Personengesellschaften schon bei niedrigeren Hebesätzen höher als bei exakter Berechnung).

Bei der Veranlagungssimulation wird für die beiden Gewerbeerträge (vor und nach der beabsichtigten Entscheidung) jeweils zuerst die GewSt berechnet, da diese als Betriebsausgabe auch das zu versteuernde Einkommen mindert. Sodann wird von den beiden zu versteuernden Einkommen, die von den Gewerbeerträgen abweichen können und um die GewSt gemindert sind, iterativ die ESt und KiSt gemeinsam ermittelt: Von den zu versteuernden Einkommen wird die ESt und davon die KiSt berechnet. Die KiSt wird sodann ebenfalls subtrahiert und nochmals die ESt von den weiter geminderten zu versteuernden Einkommen ermittelt. Die daraus folgende KiSt wird sodann von dem ursprünglichen zu versteuernden Einkommen subtrahiert. Dieser Vorgang wird solange wiederholt, bis sich keine Änderung der KiSt mehr ergibt. Sodann wird die Kappungs-KiSt berechnet und mit der normalen KiSt verglichen. Der jeweils niedrigere Wert wird in die weitere Berechnung übernommen. Ist diese Berechnung für beide Gewerbeerträge bzw. zu versteuernden Einkommen durchgeführt worden, so werden die Steuerdifferenzen gebildet und der Differenzsteuersatz berechnet. Bei der Veranlagungssimulation können relativ einfach auch Besonderheiten wie etwa standortabhängige Steuerermäßigungen berücksichtigt werden.

Eine derartige computergestützte Veranlagungssimulation stellt etwa das Programm STEUERBASIC[115] dar. Mit diesem Programm lassen sich u.a. Differenzsteuersätze berechnen. Das sei an einem Beispiel (vgl. Abb. 20) demonstriert. Ein verheirateter KiSt-pflichtiger Unternehmer möchte in seinem Betrieb eine Buchhalterin einstellen. Dies verursacht Personalaufwendungen in Höhe von € 50.000. Er möchte wissen, wie hoch die jährliche ErSt-Ersparnis durch diese Maßnahme ist. Die steuerlichen Daten werden vom Programm abgefragt. Der Gewerbeertrag reduziert sich von € 120.000 auf € 70.000, das zu versteuernde Einkommen von € 100.000 auf € 50.000 (jeweils vor Abzug der GewSt und der KiSt). Der Hebesatz beträgt 420 %, der KiSt-Satz 9 %, der Kappungs-KiSt-Satz 3,5 % und der ErgAbg-Satz 5,5 %. Nach Berechnung der einzelnen Steuern wird das Ergebnis am Bildschirm angezeigt.

---

[115] Schult, E., Steuerbasic, a.a.O., S. 6ff.

```
Schult STEUERBASIC - ESt-Tarif 2001/2
Ertragsteuern natürliche Personen
Gewerbeertrag 1 vor GewSt                                         Eur=? 120000
Gewerbeertrag 2 vor GewSt                                         Eur=? 70000
Hebesatz                                                          % =? 420
zu verst Einkommen 1 brutto ohne Dividende nach Freibeträgen Eur=? 100000
zu verst Einkommen 2 brutto ohne Dividende nach Freibeträgen Eur=? 50000
Dividende 1 (KapESt vernachlässigt)                               Eur=? 0
Dividende 2 (KapESt vernachlässigt)                               Eur=? 0
Kirchensteuersatz                                                 % =? 9
Kappungs-Kirchensteuersatz                                        % =? 3.5
Ledig (verheiratet = n)                                           j/n? n
Kinderzahl                                                           ? 2
Ergänzungsabgabe-, Solidaritätszuschlagssatz u.ä.                 % =? 5.5
.............................       Vorher      Nachher  Differenz
Gewerbesteuer           Eur          12409         3955      -8454
Einkommensteuer         Eur          22581         8055     -14526
angerechnete GewSt      Eur          -5318        -1695      -3623
Kirchensteuer           Eur           2032          725      -1307
Ergänzungsabgabe        Eur            656          256      - 400
Ertragsteuern           Eur          32360        11296     -21064
Differenzsteuersatz in %      42.13
Rundungsdifferenzen möglich. Bildschirm drucken? DRUCK-Taste drücken) j/n? j
```

Abb. 20: Ergebnistableau zur Berechnung des Differenzsteuersatzes aus ESt, KiSt, ErgAbg und GewSt

Die Änderungen der einzelnen Steuerarten sind nur interessehalber gesondert dargestellt. Für betriebliche Entscheidungen kommt ihnen keine Bedeutung zu. Die Minderung der Bemessungsgrundlagen (rechts oben) um € 50.000 wird zu einer ErSt-Minderung von € 21.064 führen (rechts unten). Die Berechnung des Differenzsteuersatzes mit 42,13 % ist an sich ebenfalls überflüssig, weil die Steuerdifferenz, also der absolute Betrag der Steuerminderung interessiert, der aber schon berechnet ist.

3 Steuerrechtliche Basis: Die Substanzsteuern

Substanzsteuern sind solche, deren Bemessungsgrundlage die Substanz ist. Nach der Abschaffung der Vermögensteuer zum 1.1.1997 und der Gewerbekapitalsteuer zum 1.1.1998 sind dies nur noch die Grundsteuer (GrSt) und – bei unentgeltlichem Vermögensübergang – die Erbschaft- und Schenkungsteuer (ErbSt). Das Bewertungsgesetz (BewG) als generelle Vorschrift zur Wertermittlung der Vermögensarten hat dementsprechend erheblich an Bedeutung verloren. Für die ErSt ist die Bewertung im Wesentlichen im EStG (bzw. über das Maßgeblichkeitsprinzip im HGB) geregelt. Für die ErbSt (und in Ausnahmefällen für die Grunderwerbsteuer (GrESt)) sind außerdem besondere Vorschriften zur Bedarfsbewertung[116] in §§ 138ff. BewG enthalten.

3.1 Das Bewertungsgesetz

Im allgemeinen Teil sind nach einigen einleitenden Vorschriften die Basiswerte definiert. Grundsätzlicher Wert ist nach § 9 BewG der gemeine Wert. Das ist der Wert, der "...im gewöhnlichen Geschäftsverkehr nach der Beschaffenheit des Wirtschaftsgutes bei einer Veräußerung zu erzielen wäre." (§ 9 Abs. 2 BewG). Der gemeine Wert als Einzelveräußerungspreis wird nur angesetzt, wenn nicht für einzelne Vermögensarten etwas anderes gilt.

Das ist für die Ermittlung des Werts von Betriebsvermögen der Fall. Nach § 10 BewG sind im Betriebsvermögen ausgewiesene Wirtschaftsgüter mit dem Teilwert (ein Gesamtbeschaffungswert) anzusetzen, soweit nichts anderes vorgeschrieben ist. Dies deutet darauf hin, dass die Bewertung eher unabhängig vom Zweck der Ertragbesteuerung, eben der Steuerbilanz, ist. Das wäre auch plausibel, weil insbesondere wegen des Vorsichtsprinzips sowie wegen der vielfältigen Bewertungsfreiheiten in der Steuerbilanz das Eigenkapital unterbewertet ist. Das führt bei den ErSt im Wesentlichen nur zu Steuerverschiebungen, weil sich wegen der Zweischneidigkeit der Handels- und Steuerbilanz stille Rücklagen in späteren Jahren gewinnerhöhend auflösen. Bei der ErbSt führen Vorsichtsprinzip und Bewertungsfreiheiten dagegen zu einer endgültigen Steuerersparnis.

Der Hinweis in § 10 BewG, dass statt des Teilwertansatzes etwas anderes vorgeschrieben sein könnte, zeigt nicht etwa die Ausnahme, sondern den Regelfall an. In § 109 Abs. 1 BewG wird nämlich bestimmt, dass bei Gewerbebetrieben, die den Gewinn durch

[116] Dohm, H.-J., Die Vermögensaufstellung für Zwecke der Erbschaft- und Schenkungsteuer ab 1. Januar 1996, in Stbg 1998, S. 52ff.

Vermögensvergleich ermitteln, die Steuerbilanzwerte angesetzt werden. Die Steuerbilanz ist maßgeblich für die Substanzbewertung. Da die Steuerbilanz wiederum auf der Handelsbilanz basiert, nennt man diesen Zusammenhang das verlängerte Maßgeblichkeitsprinzip[117].

Bilanzierungsfähig und damit grundsätzlich -pflichtig sind dementsprechend nach § 95 Abs. 1 BewG alle Wirtschaftsgüter und Schulden, die bei der EStlichen Gewinnermittlung zum Betriebsvermögen gehören. Die Bilanzierung entspricht wie die Bewertung der der Steuerbilanz.

Im sonstigen Vermögen enthaltene Anteile an Kapitalgesellschaften, die an einer deutschen Börse zum amtlichen Handel zugelassen sind, werden nach § 11 BewG mit dem niedrigsten Börsenkurswert am Bewertungsstichtag angesetzt. Anteile an anderen Kapitalgesellschaften werden mit dem gemeinen Wert bewertet. Dieser soll aus Verkäufen innerhalb des letzten Jahres vor dem Bewertungsstichtag hergeleitet werden. Haben solche Verkäufe nicht stattgefunden, dann ist der gemeine Wert nach § 11 Abs. 2 BewG "...unter Berücksichtigung des Vermögens und der Ertragsaussichten der Kapitalgesellschaft zu schätzen."

Diese Schätzung erfolgt nach dem sog. Stuttgarter Verfahren (R 95ff. ErbStR 1998) im Sinne einer Unternehmensbewertung. Dabei wird unterstellt, dass der Unternehmenswert eine Normalverzinsung von 9 % p.a. (wird häufiger geändert) erwirtschaftet und dass ein darüber liegender Übergewinn fünf Jahre lang erzielt werden kann. Nach der betriebswirtschaftlich antiquierten Methode der Übergewinnkapitalisierung bzw. der verkürzten Good-Will-Rentendauer ergibt sich dann ein Unternehmenswert (also hier gemeiner Wert) von:

$$GW = V + 5 \cdot (G - 0{,}09 \cdot GW)$$

mit GW — gemeiner Wert

V — Substanzwert

G — Gewinn

Löst man die Gleichung nach GW auf, so ergibt sich für den gemeinen Wert:

$$GW = 0{,}68 \cdot (V + 5 \cdot G)$$

Der gemeine Wert beläuft sich auf 68 % der Summe aus Substanzwert und dem fünffachen Gewinn. Der Substanz- oder Vermögenswert entspricht dem Wert des Betriebsvermögens, steuerfreie Schachtelbeteiligungen sind jedoch zu addieren, eventuelle damit im Zusammenhang stehende Schulden zu subtrahieren. Der Gewinn oder Ertragshundertsatz ergibt sich aus den mit einem Zeitfaktor gewichteten Betriebsergebnissen der letzten drei Jahre. Hiervon wird zur Abgeltung von Unwägbarkeiten eine generelle Minderung von 15 % vorgenommen.

---

[117] Herzig, N., Verlängerte Maßgeblichkeit und Bilanzpolitik, in DB 1992, S. 1053f.

Kapitalforderungen und Schulden werden nach § 12 BewG mit dem Nennwert angesetzt, soweit nicht eine – im Vergleich zum steuerrechtlichen Normalzinsfuß von 5,5 % p.a. – besonders hohe oder besonders niedrige Verzinsung eine Auf- bzw. Abwertung erfordert. Unverzinsliche Forderungen und Schulden sind ebenso wie wiederkehrende oder lebenslängliche Nutzungen und Leistungen mit dem Barwert anzusetzen.

Personengesellschaften, die Gewinn-Einkünfte erzielen, werden im ESt-Recht nicht als selbstständige Steuerpflichtige angesehen. Vielmehr wird ein Zusammenschluss von Einzelunternehmern zu einer Mitunternehmerschaft konstruiert. Das führt z.B. dazu, dass Forderungen und Schulden zwischen Gesellschaft und Gesellschaftern regelmäßig nicht als solche anerkannt werden. Zum Zweck der ESt wird eine einheitliche und gesonderte Feststellung des Gewinns notwendig.

Die Aufteilung des Werts des Betriebsvermögens von Mitunternehmerschaften ist bei mehreren Beschenkten/Erben für die ErbSt erforderlich und wird nach § 97 Abs. 1a BewG wie folgt vorgenommen:

- als Erstes wird den Gesellschaftern eventuelles Sonderbetriebsvermögen zugerechnet
- sodann wird den Gesellschaftern ein Anteil in Höhe des (möglicherweise auch negativen) Kapitalkontos (nach Abzug der einzelnen Sonderbetriebsvermögen) zugerechnet
- der verbleibende Rest wird den Gesellschaftern schließlich nach dem Gewinnverteilungsschlüssel zugerechnet.

Die Bedarfsbewertung (für die ErbSt und für die GrESt) ist in §§ 138ff. BewG geregelt. Danach ist Grundbesitz (das sind das land- und forstwirtschaftliche Vermögen, das Grundvermögen und die Betriebsgrundstücke) nur bei Bedarf (also bei ErbSt- oder evtl. GrESt-Pflicht) typisiert zu bewerten. Von besonderer praktischer Bedeutung ist die Bewertung des Grundvermögens:

- unbebaute Grundstücke werden nach § 145 BewG mit 80 % der Bodenrichtwerte angesetzt
- bebaute Grundstücke werden mit dem 12,5fachen der durchschnittlichen Jahresmiete der letzten drei Jahre bewertet. Von diesem Wert wird eine jährliche Abschreibung von 0,5 % vorgenommen – maximal allerdings 25 %. Ein- und Zweifamilienhäuser werden mit 120 % dieses Werts angesetzt. Der Wert für das unbebaute Grundstück stellt die Untergrenze dar.

3.2 Die Grundsteuer

Objekt der GrSt ist der Grundbesitz. Dieser ist in § 19 BewG und nochmals in § 2 GrStG definiert zu:

- Betriebe der Land- und Forstwirtschaft; soweit Betriebsgrundstücke dazu gehören würden (wenn sie keine Betriebsgrundstücke wären), stehen sie dem land- und forstwirtschaftlichen Vermögen gleich. Auf diesen Teil des Grundbesitzes wird die sog. GrSt A erhoben.
- Grundstücke; das sind die wirtschaftlichen Einheiten des Grundvermögens. Soweit Betriebsgrundstücke zu dieser Vermögensart gehören würden, stehen sie dem Grundvermögen gleich. Auf diesen Teil des Grundbesitzes wird die sog. GrSt B erhoben.

In §§ 3ff. GrStG sind umfangreiche persönliche Steuerbefreiungen vorgesehen, die insbesondere den Grundbesitz betreffen, der für öffentliche, gemeinnützige, mildtätige oder religiöse Zwecke genutzt wird. §§ 32ff. GrStG sehen darüber hinaus einen GrSt-Erlass für Grundbesitz vor, der kulturellen Zwecken dient oder in öffentlichen Grünanlagen besteht oder wenn sich der Ertrag vom Grundbesitz im Einzelfall um mehr als 20 % mindert (Teilerlass).

Die Bemessungsgrundlage der GrSt ist der Einheitswert des Grundbesitzes (§ 13 Abs. 1 GrStG), der für den jeweiligen Veranlagungszeitpunkt maßgeblich ist. Hier gelten *nicht* die typisierten Vorschriften der Bedarfsbewertung nach §§ 138ff. BewG, sondern die Vorschriften nach §§ 33ff. BewG.

Da es sich bei der GrSt wie bei der GewSt um eine Realsteuer handelt, wird die GrSt-Schuld ebenfalls durch Multiplikation des Einheitswerts des Grundbesitzes mit einer Messzahl und Anwendung eines gemeindlich festzusetzenden Hebesatzes auf den Messbetrag ermittelt. Die GrSt-Messzahlen sind in §§ 14f. GrStG festgelegt und je nach Vermögensart unterschiedlich:

- die Messzahl für land- und forstwirtschaftliche Betriebe beträgt 0,6 %
- die Messzahl für den sonstigen Grundbesitz beträgt 0,35 %, es sei denn, es handelt sich um Einfamilienhäuser; hier beträgt die Messzahl für die ersten € 38.346,89 des Einheitswerts 0,26 %, für den Restbetrag 0,35 %, oder es handelt sich um Zweifamilienhäuser; hier beträgt die Messzahl 0,31 %.

Nach § 25 Abs. 1 GrStG bestimmt die Gemeinde den Hebesatz. Der Hebesatz ist einheitlich festzusetzen einmal für die in einer Gemeinde liegenden Betriebe der Land- und Forstwirtschaft (GrSt A, z.B. 250 %) und zum anderen für die sonstigen in einer Gemeinde liegenden Grundstücke (GrSt B, z.B. 450 %). Erstreckt sich der Grundbesitz über mehrere Gemeinden, so ist der Messbetrag – wie bei der GewSt – zu zerlegen. Dies geschieht bei land- und forstwirtschaftlichem Vermögen so, dass der Wohnteil der Belegenheitsgemeinde zugeordnet wird und der Wirtschaftsteil nach der Fläche, die auf die jeweilige Gemeinde entfällt, aufgeteilt wird. Bei den Grundstücken wird die Zerlegung nach der jeweils in einer Gemeinde belegenen Fläche vorgenommen.

Die GrSt wird für ein Kalenderjahr festgesetzt und durch GrSt-Bescheid mitgeteilt (§ 27 GrStG). Sie ist mit einem Viertel der Jahressteuerschuld jeweils zum 15.2./15.5./15.8./15.11. fällig. Zu diesen Terminen sind auch Vorauszahlungen zu entrichten, wenn noch kein (neuer) GrSt-Bescheid erteilt worden ist. Diese werden bei Erteilung des Bescheides auf die endgültige GrSt angerechnet.

Steht die GrSt im Zusammenhang mit einer Einkunftsart, dann ist sie – wie die GewSt – als Betriebsausgabe oder als Werbungskosten von der Bemessungsgrundlage der ErSt abzugsfähig. Dann stellt die nominale GrSt-Belastung nicht die tatsächliche Belastung dar. Vielmehr ist die ErStliche Entlastung zu berücksichtigen.

3.3 Die Erbschaft- und Schenkungsteuer

Der Erbschaft- und Schenkungsteuer (ErbSt) unterliegen Erwerbe von Todes wegen, Schenkungen unter Lebenden, Zweckzuwendungen (freigebige Zuwendungen unter der Auflage einer bestimmten Zweckverwendung) und das Vermögen einer Familienstiftung in Abständen einer Generation (alle dreißig Jahre; vgl. § 1 ErbStG). Die Bemessungsgrundlage der ErbSt ist der steuerpflichtige Erwerb nach § 10 Abs. 1 ErbStG. Dies ist der Wert der Zuwendung, ermittelt nach den Vorschriften des BewG (§ 12 ErbStG) über die Bedarfsbewertung, gemindert um Freibeträge, die wie der Tarif selbst vom Verwandtschaftsgrad abhängig sind. Nach § 15 ErbStG werden drei Steuerklassen unterschieden (mit jeweils sinkenden Freibeträgen und steigenden Steuersätzen):

- Steuerklasse I (Ehegatte, Kinder, Stiefkinder und Enkelkinder, außerdem Eltern und Großeltern bei Erwerben von Todes wegen)
- Steuerklasse II (Eltern und Großeltern bei Schenkungen, Geschwister, Neffen und Nichten, Stiefeltern, Schwiegerkinder und -eltern sowie der geschiedene Ehegatte)
- Steuerklasse III (alle übrigen Erwerber und die Zweckzuwendungen).

Die Freibeträge sind einmal sachlicher (je nach Erwerbsart) und andererseits persönlicher Art (je nach Angehörigkeitsgrad des Erwerbers). Die sachlichen Freibeträge betragen nach §§ 13f. ErbStG z.B. für:

- Betriebsvermögen, Anteile an Betrieben der Land- und Forstwirtschaft sowie Schachtelbeteiligungen (mehr als 25 %) an Kapitalgesellschaften € 256.000 (§ 13a ErbStG). Bei mehreren Begünstigten wird der Freibetrag aufgeteilt. Der verbleibende Wert des begünstigten Vermögens wird mit 60 % angesetzt.
- Hausrat, Kunstgegenstände u.ä. bei Erwerb durch Personen der Steuerklasse I € 80.000, bei anderen Erwerbern € 10.300
- andere bewegliche körperliche Gegenstände bei Erwerb durch Personen der Steuerklasse I € 10.300
- übliche Gelegenheitsgeschenke in voller Höhe
- Zuwendungen, die kirchlichen, gemeinnützigen oder mildtätigen Zwecken dienen, in voller Höhe u.v.m.

Die persönlichen Freibeträge sind in §§ 16f. ErbStG zusammengestellt. Danach sind steuerfrei:

- bei Ehegatten € 307.000; dieser Freibetrag erhöht sich bei Erwerben von Todes wegen um einen Versorgungsfreibetrag von € 256.000. Der Versorgungsfreibetrag wird allerdings um den Barwert eigener ErbSt-freier Versorgungsansprüche des überlebenden Ehegatten gemindert.
- bei den Kindern i.S.d. Steuerklasse I und den Kindern verstorbener Kinder i.S.d. Steuerklasse I Nr. 2 € 205.000; hinzu kommt auch hier bei Erwerben von Todes wegen ein vom Lebensalter abhängiger Versorgungsfreibetrag, der je nach Höhe des Erwerbs und bei Existenz eigener ErbSt-freier Versorgungsansprüche gemindert wird.
- bei den Personen der Steuerklasse II € 10.300 und der Steuerklasse III € 5.200.

Der ErbSt-Tarif sieht Steuersätze vor, die umso höher sind, je höher der Wert des jeweiligen steuerpflichtigen Erwerbs und je entfernter das Verwandtschaftsverhältnis ist[118]. Die Tabelle der Steuersätze ist in § 19 ErbStG ausgewiesen. Danach beträgt der niedrigste Steuersatz 7 % bei einem Erwerb von maximal € 52.000 in der Steuerklasse I. Der höchste Steuersatz beträgt 50 % bei einem steuerpflichtigen Erwerb von mehr als T€ 25.565 in der Steuerklasse III. Nach § 19a ErbStG gilt für den Erwerb von Betriebsvermögen, Betrieben der Land- und Forstwirtschaft und von Schachtelbeteiligungen an Kapitalgesellschaften ein Entlastungsbetrag. Dadurch wird beim Erwerb einer natürlichen Person in den Steuerklassen II und III eine ErbSt-Belastung für diese Vermögensteile hergestellt, die der der Steuerklasse I entspricht.

Da es sich um einen Sprungtarif handelt, muss für Erwerbe, die gerade eine der in § 19 ErbStG genannten Grenzen überschreiten, eine Milderungsregel existieren. Ein Erwerb von z.B. € 52.000 in Steuerklasse III zieht eine ErbSt von € 8.840 nach sich. Beträgt der Erwerb € 53.000, dann würde die ErbSt auf € 12.190 steigen. Der die Grenze überschreitende Betrag würde also hier mit mehr als 100 % ErbSt belegt. Die Milderungsregel findet sich in § 19 Abs. 3 ErbStG. Danach ist die ErbSt z.B. bei einem ErbSt-Satz bis zu 30 % auf 50 % des die Grenze überschreitenden Erwerbs limitiert. Im Beispielsfall beträgt die ErbSt deshalb nur (8.840 + 0,5·1.000 =) € 9.340.

Insbesondere wegen der progressiven Steuersatzstaffelung nach dem Wert des jeweiligen steuerpflichtigen Erwerbs liegt es nahe, statt *eines* Erwerbs mit hohem Wert jährliche Erwerbsvorgänge mit jeweils niedrigeren Steuersätzen zu realisieren. Damit hätte man die relativ hohen ErbSt-Sätze bei Erwerben hohen Werts umgangen und zusätzlich die Freibeträge zumindest z.T. mehrfach ausgenutzt. Das wird durch § 14 ErbStG verhindert. Danach sind zur Berechnung der ErbSt alle Erwerbe zusammenzurechnen, die dieselben Personen betreffen und die innerhalb von zehn Jahren getätigt werden. Die früher bezahlte ErbSt wird angerechnet. Durch diese Zusammenrechnung soll verhindert werden, dass die Aufteilung in mehrere Erwerbe zu Steuervorteilen führt.

---

118 Vgl. hierzu die graphischen Darstellungen bei Voss, J., Der Tarifverlauf der Erbschaft- und Schenkungsteuer und seine Wirkungen auf § 10 Abs. 2 ErbStG, in DB 1990, S. 2557ff.

Schließlich sieht § 10 Abs. 2 ErbStG vor, dass z.B. der Erblasser oder Schenker die ErbSt selbst übernehmen kann. Dann gehört die ErbSt zum steuerpflichtigen Erwerb. Diese Regelung scheint eher nachteilig zu sein, weil dann ErbSt auf die ErbSt zu zahlen ist. Die Erhöhung der Erwerbs berechnet sich aber nach der ursprünglichen ErbSt. Hierdurch ist die Übernahme der ErbSt vorteilhaft; der Vorteil verstärkt sich noch durch den progressiven ErbSt-Tarif[119]. So ist z.B. die Schenkung eines Bruttobetrags unvorteilhaft gegenüber der Schenkung des Nettobetrags nach ErbSt und Übernahme der ErbSt.

[119] "Sowohl bei Schenkungen unter Lebenden als auch bei Erwerben von Todes wegen läßt sich mit der Übernahme der ErbSt. durch den Schenkenden bzw. den Erben eine Ersparnis an ErbSt. erzielen." Ebenda, S. 2562; vgl. auch die Darstellung im Kapitel "Sonstige steuerliche Optionen".

4 Steuerrechtliche Basis: Andere Steuern und Subventionen

An dieser Stelle sollen die Umsatzsteuer (USt) und die Grunderwerbsteuer (GrESt) sowie einige Subventionen skizziert werden.

4.1 Die Umsatzsteuer

Die USt[120] zählt nach steuerrechtlichen Kriterien zu den Verkehrsteuern. Die Steuerpflicht knüpft an bestimmte Rechtsverkehrs- oder tatsächliche Vorgänge an. Unter wirtschaftlichem Aspekt gehört sie jedoch zu den Verbrauchsteuern, weil sie nach dem Willen des Gesetzgebers und in Betrachtung ihrer rechtlichen Gestaltung auf den Konsumenten überwälzt werden soll. Sie soll also ausschließlich den Konsumenten belasten. Da sie direkt mit dem Konsum und nicht mit dem Einkommen verknüpft ist und der Konsum mit steigendem Einkommen eher degressiv zunimmt, ergibt sich auf das Einkommen bezogen eine degressive Wirkung der USt. Mit steigenden Einkommen wird ein relativ größerer Teil für Verbrauchs- und Sparvorgänge verwendet, die nicht der USt unterliegen. Diese grundsätzlich unsoziale Wirkung soll durch niedrigere USt-Sätze auf lebensnotwendigen Konsum (vor allem Nahrungsmittel und Literatur) und durch die progressive Gestaltung des ESt-Tarifs kompensiert werden. Ein Verzicht auf die USt und Ersatz durch eine höhere ESt ist wegen der dadurch erheblich steigenden Steuerwiderstände nicht vorteilhaft. Die USt zeichnet sich durch einfache Erhebung und hohes Steueraufkommen aus. Aus diesen Gründen wird tendenziell vielmehr eine Erhöhung der USt-Sätze angestrebt, obwohl die aufgezeigte unsoziale Wirkung dadurch verstärkt würde.

Die USt existiert (international) in unterschiedlichen Ausprägungen. Mit Hilfe zweier Kriterien können die Arten der USt systematisiert werden. Das eine Kriterium ist die Zahl der Stufen von der Urproduktion über die Verarbeitungs- zu den Handelsbetrieben, auf denen die USt erhoben wird. Wird sie auf sämtlichen Stufen erhoben, so nennt man sie eine Allphasen-USt. Wird sie nur auf einigen Stufen erhoben, so wird sie als Mehrphasen-USt bezeichnet. Wird sie schließlich nur auf einer Stufe erhoben (der Einzelhandelsstufe), dann liegt eine Einphasen-USt vor. Da bei der Erhebung der USt auf nur einer Phase aber der Betrag der einzubehaltenden und abzuführenden USt außerordentlich hoch ist und weil damit der Steuerwiderstand in dieser Stufe wachsen könnte (Gefahr der Steuerhinterziehung im Einzelhandel), wird regelmäßig das Allphasensystem praktiziert. Das erhöht zwar sowohl die öffentliche wie die private Verwaltungsarbeit, führt jedoch (vermutlich) zu höheren USt-Einnahmen der öffentlichen Hand.

Das zweite Kriterium ist die Bemessungsgrundlage der USt. Wird als Bemessungsgrundlage der Verkaufspreis angesetzt, so bezeichnet man sie als Brutto-USt.

---

120 Vgl. hierzu etwa Rose, G., Umsatzsteuer, 14.Aufl. Bielefeld 2000.

Wird nur die sog. Wertschöpfung (das ist der Mehrwert, der auf der jeweiligen Stufe über die Vorleistungen der vorhergehenden Stufe hinaus 'geschöpft' wird) als Bemessungsgrundlage herangezogen, so wird sie Netto-USt genannt. Um die mehrfache Besteuerung der Vorleistungen anderer Stufen zu vermeiden, existieren zwei Möglichkeiten. Beim sog. Vor*umsatz*abzug wird als Bemessungsgrundlage der USt der Bruttopreis abzüglich des Preises der Vorlieferungen und -leistungen anderer Stufen angesetzt. Beim sog. Vor*steuer*system wird als Bemessungsgrundlage der Bruttopreis herangezogen. Von dem so berechneten Steuerbetrag ist die an die jeweilige Vorstufe entrichtete USt-Zahlung (Vorsteuer) zu subtrahieren. Die Differenz ist die USt-Schuld.

In den Ländern der EU ist die **Allphasen-Netto-USt mit Vorsteuerabzug** realisiert. Jeder Unternehmer stellt seinem Abnehmer – also auch einem Konsumenten – USt in Rechnung. Jeder Unternehmer – also *nicht* der Konsument – kann die ihm von anderen Unternehmern in Rechnung gestellte USt als Vorsteuer absetzen.

4.1.1 Die Bemessungsgrundlage der Umsatzsteuer

Der USt unterliegen als sog. steuerbare Umsätze (vgl. § 1 UStG):

- Lieferungen, die ein Unternehmer im Inland gegen Entgelt im Rahmen seines Unternehmens ausführt (u.U. werden Sachentnahmen und -zuwendungen als Lieferungen fingiert). Lieferungen liegen nach § 1 Abs. 1a UStG nicht vor, wenn ganze Betriebe geliefert werden (nicht steuerbarer Vorgang mit eventuellem Vorsteuerabzug).
- sonstige Leistungen, unter den gleichen Bedingungen (u.U. werden Nutzungsentnahmen und -zuwendungen als sonstige Leistungen fingiert)
- die Einfuhr von Gegenständen aus Ländern, die nicht der EU angehören (Drittlandsgebiet)
- der innergemeinschaftliche Erwerb aus Ländern der EU (Gemeinschaftsgebiet).

Lieferungen liegen vor, wenn der Lieferer dem Abnehmer die Verfügungsmacht über einen Gegenstand verschafft (§ 3 Abs. 1 UStG). Beide können einen Dritten mit der Lieferung bzw. Abnahme beauftragen. Gegenstände sind einmal Sachen i.S.d. BGB und weiterhin Gegenstände, die im Wirtschaftsverkehr wie materielle Wirtschaftsgüter behandelt werden (z.B. Energie, Sachinbegriffe).

Lieferungen führen erst dann zu steuerbaren Umsätzen, wenn weitere Bedingungen erfüllt sind. Nach § 1 Abs. 1 Nr. 1 UStG müssen die Lieferungen von einem Unternehmer im Inland gegen Entgelt und im Rahmen seines Unternehmens ausgeführt werden. Unternehmer i.S.d. UStG ist jeder, der eine gewerbliche oder berufliche Tätigkeit selbstständig ausübt (§ 2 Abs. 1 UStG). Gewerblich oder beruflich ist jede nachhaltige Tätigkeit zur Erzielung von Einnahmen. Auf eine Gewinnerzielungsabsicht kommt es – im Gegensatz zur Definition von Einkünften i.S.d. EStG – nicht an. Auch die Eigenschaft der Teilnahme am allgemeinen wirtschaftlichen Verkehr ist nicht erforderlich. Die genannte Tätigkeit nennt das UStG 'Unternehmen'. Dabei ist festgelegt, dass das Unternehmen die gesamte gewerbliche oder berufliche Tätigkeit des

Unternehmers umfasst. Hat ein Unternehmer also z.B. mehrere Betriebe (ein Einzelunternehmer betreibt ein Hotel und davon örtlich unabhängig ein Restaurant), so sind Lieferungen zwischen diesen Betrieben nicht steuerbar.

Lieferungen sind ebenfalls dann nicht steuerbar, wenn das Merkmal der Selbstständigkeit des Lieferanten, also seine Unternehmereigenschaft, fehlt. Das ist z.B. bei Arbeitnehmern der Fall. Aber auch dann, wenn eine juristische Person in ein anderes Unternehmen finanziell, wirtschaftlich und organisatorisch eingegliedert ist (§ 2 Abs. 2 Nr. 2 UStG; UStliche Organschaft), fehlt es an dem Merkmal der Selbstständigkeit. Lieferungen des Organs an den Organträger (und umgekehrt) sind als Innenumsätze ebensowenig steuerbar wie Lieferungen von einer Abteilung an eine andere Abteilung desselben Unternehmens. Lieferungen des Organs an Dritte werden UStlich wie Lieferungen des Organträgers behandelt. Der Organträger ist Unternehmer und tätigt (z.B. über sein Organ) steuerbare Umsätze. Ist die Organschaft allerdings grenzüberschreitend, dann sind die Umsätze steuerbar.

Die Lieferung muss – damit es sich um einen steuerbaren Umsatz handelt – weiterhin im Inland ausgeführt werden (vgl. § 1 Abs. 2 UStG). Ob der Steuerpflichtige deutscher Staatsangehöriger ist oder seinen Wohnsitz oder Sitz u.ä. im Inland hat, ist unerheblich. Wird eine Lieferung nicht im Inland getätigt, so handelt es sich nicht um einen steuerbaren Vorgang. In § 1 Abs. 3 UStG sind einige Ausnahmen angeführt. So sind etwa bestimmte Freihafenumsätze wie Umsätze im Inland zu behandeln.

Bei den Lieferungen (und den sonstigen Leistungen sowie dem innergemeinschaftlichen Erwerb, s.u.) ist das Entgelt die Bemessungsgrundlage der USt. "Entgelt ist alles, was der Leistungsempfänger aufwendet, um die Leistung zu erhalten, jedoch abzüglich der Umsatzsteuer. Zum Entgelt gehört auch, was ein anderer als der Leistungsempfänger dem Unternehmer für die Leistung gewährt. Die Beträge, die der Unternehmer im Namen und für Rechnung eines anderen vereinnahmt und verausgabt (durchlaufende Posten), gehören nicht zum Entgelt" (§ 10 Abs. 1 UStG). Dabei kommt es grundsätzlich auf das vereinbarte Entgelt (Sollbesteuerung), nur in Ausnahmefällen auf das vereinnahmte Entgelt (Istbesteuerung; § 20 UStG) an. Das Entgelt deckt sich regelmäßig mit dem Rechnungsbetrag ohne USt. Zuschläge und Abschläge (z.B. Skonti und Rabatte) sind als Entgeltänderung zu berücksichtigen. Werden die Rechnungsbeträge verschiedener Lieferungen z.B. durch jährliche Skontoabschläge oder Jahresboni gemindert, dann muss der Unternehmer dem Abnehmer einen Beleg erteilen, aus dem zu ersehen ist, wie sich die Entgeltänderung auf die steuerbaren Umsätze mit unterschiedlichen Steuersätzen aufteilt (§ 17 Abs. 4 UStG). Eine Aufteilung auf die einzelnen Lieferungen ist nicht notwendig, da die Zurechnung im jeweiligen Einzelfall unzumutbar oder überhaupt nicht möglich ist.

Ausländische Rechnungsbeträge sind nach den monatlich publizierten Durchschnittskursen umzurechnen. Beim Tausch oder Tausch mit Baraufgabe oder bei tauschähnlichen Vorgängen ist als Entgelt der gemeine Wert anzusetzen.

Nachdem für jede Lieferung geprüft worden ist, ob sie überhaupt zu einem steuerbaren Umsatz führt, muss als nächster Schritt untersucht werden, ob der jeweilige steuerbare

Umsatz steuerpflichtig ist oder ob eine der Befreiungsvorschriften des § 4 UStG dazu führt, dass der Umsatz zwar steuerbar, aber steuerfrei ist (s.u.).

Einer Lieferung gegen Entgelt wird nach § 3 Abs. 1b UStG gleichgestellt (Sachentnahmen bzw. -zuwendungen),

- wenn ein Unternehmer einen Gegenstand aus seinem Unternehmen für Zwecke entnimmt, die außerhalb des Unternehmens liegen (also im Wesentlichen für privaten Konsum; ein Elektronikhändler entnimmt für sein Ferienhaus ein Fernsehgerät)
- wenn ein Unternehmer seinem Personal für dessen privaten Bedarf Gegenstände zuwendet, wenn es sich nicht um bloße Aufmerksamkeiten handelt (also nur bei geldwerten Vorteilen; ein Pelzhändler schenkt seinen Mitarbeitern zu Weihnachten Pelzjacken)
- wenn aus welchem anderen Grund auch immer Gegenstände unentgeltlich zugewendet werden (z.B. Preise im Rahmen einer Verlosung).

Bemessungsgrundlage dieser 'unentgeltlichen Wertabgaben' ist nach § 10 Abs. 4 UStG grundsätzlich der Einkaufspreis zum Zeitpunkt des Umsatzes. Da in diesen Fällen verhindert werden soll, dass ein Vorsteuerabzug ungerechtfertigt stattgefunden hat, gelten diese Entnahmen/Zuwendungen nur dann als Lieferung gegen Entgelt, wenn der Gegenstand zum vollen oder teilweisen Vorsteuerabzug berechtigt hat.

Lieferungen sind Leistungen, die in der Übereignung materieller Wirtschaftsgüter bestehen. Leistungen, die keine Lieferungen sind, werden im UStG **sonstige Leistungen** genannt. Diese führen unter den gleichen Voraussetzungen wie die Lieferungen zu einem steuerbaren Umsatz.

Da sonstige Leistungen nicht nur in einem positiven Tun, sondern auch in einem Unterlassen oder Dulden einer Handlung oder eines Zustands bestehen können (§ 3 Abs. 9 UStG), lassen sich diese steuerbaren Umsätze kaum systematisieren. Typische Beispiele für sonstige Leistungen sind:

- Vermietung und Verpachtung von Gegenständen
- freiberufliche Leistungen (etwa der Architekten, Ärzte oder Steuerberater)
- Reparaturleistungen
- Speditions- und Beförderungsleistungen
- Lizenzgewährungen u.ä.

In manchen Fällen ist die Abgrenzung zwischen einer Lieferung und einer sonstigen Leistung schwierig. Hat ein Unternehmer etwa die Be- oder Verarbeitung eines Gegenstands übernommen und beschafft er die notwendigen Stoffe selbst, so liegt eine sog. Werklieferung vor, die nach § 3 Abs. 4 UStG als Lieferung anzusehen ist. Beschafft der Unternehmer lediglich Zutaten oder sonstige Nebensachen, so liegt eine Werkleistung vor, die wie eine sonstige Leistung zu behandelt ist. Während bei der Werklieferung wie bei der Lieferung das Entgelt auch das Material umfasst, beschränkt sich das Entgelt bei der Werkleistung wie bei einer sonstigen Leistung auf den Werklohn. Eine Materialbeistellung (der Stoff zur Herstellung wird z.T. vom Unternehmer, z.T. vom Besteller beschafft) wird nur insoweit als Lieferung angesehen, als die Werkstoffe durch den Unternehmer beschafft worden sind. Die Werkstoffe, die der Besteller beigestellt hat, gehören nicht zum Entgelt.

Für die Feststellung, ob ein Umsatz überhaupt steuerbar ist, oder für den Zeitpunkt der Steuerbarkeit oder eines Vorsteuerabzugs sind Ort und Zeitpunkt der Leistung wichtig. Bei den Lieferungen ist der Ort und Zeitpunkt der Lieferung meist einfach festzustellen (§ 3 Abs. 6 UStG). Bei den sonstigen Leistungen ergeben sich Schwierigkeiten. Der Zeitpunkt der sonstigen Leistung ist regelmäßig der Abschluss der Leistung. Bei dauernden Leistungen wird jeweils das Ende des Abrechnungszeitraums als Zeitpunkt der Leistung anzusehen sein. Der Ort der sonstigen Leistung ist dort, wo der Unternehmer sein Unternehmen betreibt (vgl. aber die umfänglichen Ausnahmeregelungen in § 3a UStG[121]).

Die Bemessungsgrundlage ist bei den sonstigen Leistungen wie bei den Lieferungen das Entgelt. Dieses berechnet sich in gleicher Weise; insbesondere sind Entgeltzu- und -abschläge zu berücksichtigen.

Einer sonstigen Leistung gegen Entgelt wird nach § 3 Abs. 9a UStG gleichstellt (Nutzungsentnahmen bzw. -zuwendungen),

- wenn ein Unternehmensgegenstand, der zum vollen oder teilweisen Vorsteuerabzug berechtigt hat, durch den Unternehmer unentgeltlich für Zwecke genutzt wird, die außerhalb des Unternehmens liegen oder wenn diese unentgeltliche Nutzung einen geldwerten Vorteil für das Personal darstellt (ein EDV-Einzelhändler stellt seinem Sohn bzw. seinen Mitarbeitern für private Zwecke EDV-Geräte leihweise zur Verfügung)
- wenn der Unternehmer eine sonstige Leistung unentgeltlich für Zwecke erbringt, die außerhalb des Unternehmens liegen oder wenn diese Leistung einen geldwerten Vorteil für das Personal darstellt (ein Malermeister setzt sein Personal ein, um seine Wohnung bzw. Wohnungen seiner Mitarbeiter renovieren zu lassen).

Exporte (in Drittländer) und innergemeinschaftliche Lieferungen (in Länder der EU) sind regelmäßig steuerbefreit. Um im jeweiligen Importland den entsprechenden Importen keine ungerechtfertigten Steuervorteile zukommen zu lassen und um somit eine Wettbewerbsverzerrung zugunsten der Importe zu vermeiden, unterliegen diese im Importland der USt. Importe (**Einfuhren** aus Drittländern; zum innergemeinschaftlichen

[121] "...ein Dickicht von Regeln..., das...kaum noch verständlich...ist." Noll, B., Rödder, T., Der Ort der sonstigen Leistung nach den Änderungen durch das Umsatzsteuer-Binnenmarktgesetz, in DB 1993, S. 455ff., hier S. 455.

Erwerb s.u.) sind der vierte Tatbestand steuerbarer Umsätze nach § 1 Abs. 1 Nr. 4 UStG. Die Entlastung von Exporten bzw. die Belastung von Importen wäre aus Wettbewerbsgründen nicht notwendig, wenn alle Länder das gleiche USt-System mit den gleichen USt-Sätzen hätten. Da dies aber nicht der Fall ist, ist die Angleichung der Steuerbelastung bei grenzüberschreitenden Leistungen notwendig.

Es ist unerheblich, wer die Einfuhr vornimmt. Damit ist jede Einfuhr – also auch die private Einfuhr – steuerbar. Ist der Importeur (aus einem Drittland) ein Unternehmer i.S.d. UStG, dann kann er die Einfuhr-USt als Vorsteuer von seiner USt subtrahieren. Die Einfuhr-USt ist nach § 21 Abs. 1 UStG auch rechtlich eine Verbrauchsteuer. Diese Feststellung ist wichtig für einzelne Vorschriften der AO, besonders z.B. über die (kurze) Verjährungsfrist.

Der Steuerfreiheit innergemeinschaftlicher Lieferungen steht der letzte Tatbestand steuerbarer Umsätze gegenüber, der **innergemeinschaftliche Erwerb** (§ 1a UStG). Im Wesentlichen handelt es sich hierbei um Lieferungen von einem Unternehmer an einen anderen Unternehmer in ein anderes Land der EU gegen Entgelt. Aufgrund der Einführung des EU-Binnenmarktes und des damit verbundenen Wegfalls der Grenzkontrollen musste für grenzüberschreitende Lieferungen innerhalb der EU ein gesonderter Steuertatbestand geschaffen werden. Der angestrebte Wechsel vom Bestimmungsland- zum Ursprungslandprinzip ist aufgrund der unterschiedlichen fiskalischen Interessen der Mitgliedsstaaten (noch) nicht realisiert.

Ausnahmen bestehen im Wesentlichen bei innergemeinschaftlichen Lieferungen, die für steuerbefreite Umsätze verwendet werden oder wenn es sich beim Empfänger um einen sog. Kleinunternehmer handelt *und* der Gesamtbetrag der Entgelte im Vorjahr € 12.500 nicht überstiegen hat. Der Erwerber hat ein Optionsrecht mit zweijähriger Bindung. Importiert eine Privatperson aus einem anderen Land der EU, dann liegt keine innergemeinschaftliche Lieferung und kein innergemeinschaftlicher Erwerb vor – der Konsument bezahlt die USt des Ursprungslands nach dem ersten Tatbestand der Lieferung im Inland. Handelt es sich bei dem Produkt allerdings um ein neues *Fahrzeug*, dann wird auch der private Konsument faktisch wie ein Unternehmer gestellt – es liegt eine innergemeinschaftliche Lieferung mit der Folge der USt-Freiheit und ein innergemeinschaftlicher Erwerb mit der Folge der Steuerbarkeit im Importland vor (§§ 1b, 6a Abs. 1 Nr. 2c UStG). Als Besonderheit ist hervorzuheben, dass jeder Unternehmer, der im Bereich der EU Im- und Exporte ausführt, eine USt-Identifikationsnummer benötigt, die auf Antrag vom Bundesamt für Finanzen vergeben wird (§ 27a UStG). Des Weiteren muss er bei innergemeinschaftlichen Vorgängen ggf. auch die USt-IDNr. des Geschäftspartners kennen. Diese Nummer soll formal nachweisen, dass der Geschäftspartner regelversteuernder Unternehmer ist. Schließlich muss er vierteljährlich eine sog. zusammenfassende Meldung nach § 18a UStG beim Bundesamt für Finanzen einreichen, die detailliert über innergemeinschaftliche Vorgänge einschl. der USt-IDNr. der Geschäftspartner berichtet. Trotz dieser Regelungen soll der Umfang der Steuerhinterziehung in diesem Bereich recht hoch sein.

Die USt-Schuld entsteht (§ 13 UStG)

- bei Lieferungen und sonstigen Leistungen
    - und bei Besteuerung nach vereinbarten Entgelten mit Ablauf des Voranmeldungszeitraums, in dem die Leistung ausgeführt wurde. Wurde die Leistung noch nicht ausgeführt, aber eine Anzahlung vereinbart, dann entsteht für diese die USt-Schuld mit Vereinnahmung,
    - und bei Besteuerung nach *vereinnahmten* Entgelten mit Ablauf des Voranmeldungszeitraums, in dem die Entgelte eingenommen worden sind (das gilt in jedem Fall auch für Anzahlungen).
- bei unentgeltlichen Wertabgaben mit Ablauf des Voranmeldungszeitraums, in dem die Wertabgabe getätigt wurde.
- beim innergemeinschaftlichen Erwerb mit Ausstellung der Rechnung, spätestens mit Ablauf des dem Erwerb folgenden Kalendermonats.

Nach § 18 Abs. 2 UStG ist der Voranmeldungszeitraum das Kalendervierteljahr. Betrug die Steuerschuld des vergangenen Kalenderjahrs mehr als € 6.136, dann ist der Kalendermonat Voranmeldungszeitraum. Das gilt auch für die ersten beiden Jahre nach Gründung des Unternehmens. Betrug die Steuerschuld des Vorjahrs nicht mehr als € 512, dann kann das Finanzamt den Unternehmer von Voranmeldungen bzw. Vorauszahlungen entbinden.

Der Steuerpflichtige muss innerhalb von zehn Tagen nach Ablauf eines Voranmeldungszeitraums dem Finanzamt eine Voranmeldung über die USt einreichen und – wenn sich eine Zahlungsschuld ergibt – in dieser Höhe eine Vorauszahlung leisten. Ergibt sich bei der Voranmeldung, dass die Vorsteuer höher ist als die USt, dass also ein Anspruch gegen das Finanzamt besteht, so wird dieses Guthaben erstattet. Nach Ablauf des Kalenderjahrs – auch bei abweichendem Wirtschaftsjahr – wird der Steuerpflichtige zur USt veranlagt. Zu diesem Zweck hat er eine Steuererklärung (Steueranmeldung) abzugeben, in der er die USt selbst zu berechnen hat. Von der so berechneten USt sind die Vorauszahlungen zu subtrahieren.

4.1.2 Der Umsatzsteuertarif

Der USt-Tarif ist proportional. Durchschnittlicher, Grenz- und Differenzsteuersatz sind identisch. Der sog. Regelsatz beträgt für jeden steuerpflichtigen Umsatz 16 % der Bemessungsgrundlage (§ 12 Abs. 1 UStG). Für die in § 12 Abs. 2 UStG genannten Umsätze ermäßigt sich der Steuersatz auf 7 % der Bemessungsgrundlage. Zu den ermäßigt besteuerten Umsatzarten gehören etwa (vgl. § 12 UStG sowie Anlage 1 zum UStG):

- in weitem Umfang Produkte, die zu Nahrungsmitteln verarbeitet werden, sowie die Nahrungsmittel selbst. Das gilt nicht für die Lieferung von Speisen und Getränken zum Verzehr an Ort und Stelle (nach § 3 Abs. 9 UStG als sonstige Leistung definiert, z.B. Restaurant).
- in weitem Umfang Druckerzeugnisse
- Hilfsmittel für Körperbehinderte
- zahntechnische Leistungen
- Kunstgegenstände
- kulturelle, gemeinnützige, mildtätige oder kirchliche Aktivitäten
- der Personenverkehr auf der Schiene, mit Bussen oder im Taxi.

Der genannte Tarif bezieht sich auf die Bemessungsgrundlage, die die USt nicht umfasst (§ 10 Abs. 1 USt: "...Entgelt ist alles, was der Leistungsempfänger aufwendet...jedoch abzüglich der Umsatzsteuer"). Ist es erforderlich, die USt nicht *auf* eine Bemessungsgrundlage zu berechnen, sondern *aus* einem Bruttobetrag herauszurechnen (z.B. bei Umsätzen an Endverbraucher), so kann dies analog zur Berechnung des effektiven GewSt-Satzes (vgl. Kapitel "Der Gewerbesteuertarif") geschehen. Der auf den Bruttobetrag anzuwendende effektive USt-Satz s_u ergibt sich demnach aus dem nominalen USt-Satz s'_u zu:

$$s_u = \frac{s'_u}{1 + s'_u}$$

Setzt man die nominalen USt-Sätze in diese Gleichung ein, so ergibt sich:

nominaler USt-Satz	effektiver USt-Satz
0,16 (16 %)	0,1379 (13,79 %)
0,07 (7 %)	0,0654 (6,54 %)

Die ausgerechneten USt-Sätze sind zwar nicht ganz genau, werden aber von Unternehmern und Finanzbehörden praktiziert (vgl. auch A 194 Abs. 3 UStR 2000).

4.1.3 Besonderheiten der Umsatzsteuer

Ein Unternehmer ist grundsätzlich nach § 15 UStG zum **Vorsteuerabzug** berechtigt. Unter dem Begriff der Vorsteuer versteht man die USt, die ihm von der jeweils vorgelagerten Produktions- oder Handelsstufe in Rechnung gestellt wurde. Da jede Stufe die USt der jeweils vorgelagerten Stufe von der eigenen USt abziehen kann, wird eine Kumulation vermieden. Im Endverkaufspreis (am Konsummarkt) ist die USt nur in Höhe ihres effektiven Satzes enthalten.

Die folgenden Beträge sind als Vorsteuer abzugsfähig:

- die von anderen Unternehmern gesondert in Rechnung gestellte USt für Lieferungen und sonstige Leistungen, die für sein Unternehmen ausgeführt werden. Die Rechnung muss verschiedene Angaben enthalten (vgl. § 14 Abs. 1 UStG; z.B. Name und Anschrift der Vertragspartner, Bezeichnung der Leistung und USt-Betrag). Bei Kleinbetragsrechnungen bis € 100 genügen Name und Anschrift des Leistenden, Menge, Steuersatz u.ä. (vgl. § 33 UStDV). Ähnliche Erleichterungen gibt es auch für Gutschriften und bei Fahrausweisen.
- die entrichtete Einfuhr-USt für Gegenstände, die für sein Unternehmen eingeführt werden
- die Steuer für den innergemeinschaftlichen Erwerb von Gegenständen für sein Unternehmen.

Ein Vorsteuerabzug ist nicht möglich, wenn die Vorsteuer Lieferungen, Importe oder innergemeinschaftliche Erwerbe sowie sonstige Leistungen betrifft, die der Unternehmer u.a. zur Ausführung steuerfreier Umsätze verwendet (§ 15 Abs. 2 UStG). Bei einigen teilweise wesentlichen steuerfreien Umsätzen (z.B. Exporte und innergemeinschaftliche Lieferungen) bleibt der Vorsteuerabzug dagegen bestehen (§ 15 Abs. 3 UStG), um eine Kumulation zu vermeiden.

Bei Fahrzeugen vermutet der Gesetzgeber, dass sie auch privat genutzt werden. Die private Nutzung könnte (wie andere unentgeltliche private Nutzungen) als sonstige Leistung erfasst und besteuert werden, eine Entnahme (wie andere unentgeltliche Lieferungen) als Lieferung fingiert werden (§ 3 Abs. 1b, 9a UStG). Wegen der Häufigkeit dieser Vorgänge und wegen der schwierigen Erfassung hat der Gesetzgeber hier eine Ausnahme vorgesehen. Werden solche Fahrzeuge (§ 15 Abs. 1b UStG: "...die auch für den privaten Bedarf des Unternehmers oder für andere unternehmensfremde Zwecke verwendet werden.") angeschafft, dann können nur 50 % der in Rechnung gestellten USt als Vorsteuer abgezogen werden. Die laufende private Nutzung stellt keine sonstige Leistung dar – die für den Betrieb in Rechnung gestellte USt ist ebenfalls nur zu 50 % als Vorsteuer abzugsfähig. Eine Veräußerung des Fahrzeugs ist eine steuerbare und ggf. in vollem Umfang steuerpflichtige Lieferung.

Insbesondere bei langlebigen Wirtschaftsgütern ändert sich nicht selten die Verwendung für steuerpflichtige bzw. steuerfreie Umsätze. In diesen Fällen ist der Vorsteuerabzug nach § 15a UStG zu korrigieren. Ändert sich die Verwendung innerhalb von fünf Jahren nach Anschaffung oder Herstellung, so ist der Vorsteuerabzug zeitanteilig zu ändern. Für jedes Jahr der Verwendung für steuerfreie Umsätze sind 20 % des Vorsteuerabzugs entsprechend zu kürzen bzw. analog zu erhöhen bei nachträglicher Verwendung für steuerpflichtige Umsätze. Diese Frist verlängert sich auf zehn Jahre (Korrekturfaktor entsprechend 10 %), wenn es sich um bebaute Grundstücke handelt. Die Korrektur erfolgt auch bei Veräußerung von gemischtgenutzten Fahrzeugen. Dabei wird für den Zeitraum von der Veräußerung bis zum Ende des maßgeblichen Korrekturzeitraums ein ausschließlich steuerpflichtiger Ausgangsumsatz unterstellt. Der bei der Anschaffung versagte Vorsteuerabzug wird somit zeitanteilig nachträglich gewährt.

Tätigt ein Unternehmer nicht ausschließlich steuerpflichtige oder steuerfreie Umsätze, sondern beide Arten nebeneinander, dann muss die Vorsteuer in einen abziehbaren und einen nicht abziehbaren Teil getrennt werden. Das wäre exakt möglich, wenn die von ihm beschafften Gegenstände oder die ihm erbrachten Leistungen verursachungsgerecht den steuerpflichtigen bzw. den steuerfreien Umsätzen ohne Vorsteuerabzug zuzurechnen wären. Obwohl das kaum möglich ist, bestimmt § 15 Abs. 4 UStG, dass "...der Teil der jeweiligen Vorsteuerbeträge nicht abziehbar (ist), der den zum Ausschluss vom Vorsteuerabzug führenden Umsätzen wirtschaftlich zuzurechnen ist." Allerdings erlaubt derselbe Absatz, dass der "...Unternehmer...die nicht abziehbaren Teilbeträge im Wege einer sachgerechten Schätzung ermitteln..." kann. Eine Aufteilung ausschließlich nach dem Anteil der steuerpflichtigen bzw. der steuerfreien Umsätze ist aber nicht als eine solche sachgerechte Schätzung anzusehen. Dies ist allerdings dennoch möglich, wenn kein anderer sachgerechter Aufteilungsmaßstab vorhanden ist (A 208 Abs. 3 UStR 2000).

Es wurde bereits darauf hingewiesen, dass bei jedem Umsatz als Erstes untersucht werden muss, ob es sich um einen steuerbaren (z.B. Export oder innergemeinschaftliche Lieferung) oder einen nicht steuerbaren (z.B. Lieferung ausschließlich im Ausland) Umsatz handelt. Bei den steuerbaren Umsätzen ist weiter zu prüfen, ob es sich um steuerpflichtige oder **steuerfreie Umsätze** handelt. Die Gründe für die Steuerbefreiung steuerbarer Umsätze sind systematischer Art (z.B. bei Exporten und innergemeinschaftlichen Lieferungen; dann mit Vorsteuerabzug) oder sozialer Art (z.B. die Umsätze der Heilberufe; dann ohne Vorsteuerabzug) oder dienen der Verhinderung einer doppelten Besteuerung (z.B. Umsätze, die prinzipiell der GrESt unterliegen; dann ohne Vorsteuerabzug). Diese Befreiungen sind in § 4 UStG aufgeführt. Eine Systematik läßt sich wie folgt vornehmen:

- steuerfreie Umsätze mit Vorsteuerabzug
- steuerfreie Umsätze ohne Vorsteuerabzug, aber mit der Möglichkeit, auf USt-Pflicht zu optieren
- steuerfreie Umsätze ohne Vorsteuerabzug und ohne Optionsrecht.

Die erste Gruppe der **steuerfreien Umsätze mit Vorsteuerabzug** umfasst etwa (vgl. § 4 Nr. 1 - 6, § 25 Abs. 2, § 26 Abs. 5 i.V.m. § 15 Abs. 3 UStG):

- Exportlieferungen[122] (Definition und Voraussetzungen in § 6 UStG; in Drittlandsgebiet, also Länder außerhalb der EU)
- Lohnveredelungen an Exportlieferungen unter den gleichen Voraussetzungen (§ 7 UStG)
- innergemeinschaftliche Lieferungen (Definition und Voraussetzungen in § 6a UStG; in das Gemeinschaftsgebiet, also in andere Länder der EU)
- Umsätze für die Seeschiff- und Luftfahrt (Definition und Voraussetzungen in § 8 UStG)
- grenzüberschreitende Beförderungen von Gegenständen und Gegenstandstransporte im internationalen Eisenbahnfrachtverkehr.

Die zweite Gruppe der **steuerfreien Umsätze ohne Vorsteuerabzug**, aber **mit Optionsrecht** und damit der Möglichkeit, den Vorsteuerabzug in Anspruch nehmen zu können, umfasst etwa (vgl. § 4 Nr. 8a-g, 9a, 12, 13 und 19 UStG i.V.m. § 9 UStG):

- Kreditgewährungen und -vermittlungen, Umsätze von Forderungen (nicht aber deren Einziehung), Wertpapieren und Gesellschaftsanteilen sowie ähnliche Bankgeschäfte (nicht die Wertpapierverwaltung). Die Befreiungen gelten für jeden Unternehmer, nicht nur für Kreditinstitute.
- Umsätze, die unter das GrEStG fallen
- Vermietung und Verpachtung von Grundstücken, grundstücksgleichen Rechten u.ä. außer z.B. Hotelleistungen oder etwa die Vermietung von Parkflächen bzw. Maschinen und anderen Vorrichtungen. Das Optionsrecht gilt nur für Gebäude(-teile), die der Mieter ausschließlich für Umsätze verwendet, die den Vorsteuerabzug nicht ausschließen.
- Leistungen von Wohnungseigentümergemeinschaften an ihre Mitglieder
- Umsätze der Blinden unter weiteren Voraussetzungen.

Die dritte Gruppe der **steuerfreien Umsätze ohne Vorsteuerabzug** und **ohne Optionsrecht** umfasst etwa (vgl. § 4 Nr. 8h-j, 9b, 10a-b, 11, 14-18, 20-28 i.V.m. § 15 Abs. 2 S. 1 UStG):

- Rennwett-, Lotterie- und Spielbankumsätze
- Versicherungs- und Bausparkassenumsätze

---

[122] Nach § 6 Abs. 3a UStG liegt ein Export in diesem Sinne nicht vor, wenn die Lieferung für nichtunternehmerische Zwecke und durch den Abnehmer im persönlichen Reisegepäck durchgeführt wird. Ein Export liegt dennoch vor, wenn der Abnehmer seinen Wohnort oder Sitz im Drittlandsgebiet hat und der Gegenstand innerhalb von drei Monaten nach Lieferung exportiert wird.

- Leistungen der freiberuflichen Heilberufe; ausgenommen sind die Leistungen der Tierärzte sowie zahntechnische Leistungen, auch wenn sie durch angestellte Zahntechniker vorgenommen werden
- Umsätze von Sozialversicherungsträgern, Wohlfahrtsverbänden, Krankenanstalten und Alterseinrichtungen unter weiteren Voraussetzungen
- Lieferungen menschlicher Organe usw. sowie Leistungen des Krankentransports
- Umsätze von Theatern, Orchestern, botanischen und zoologischen Gärten u.ä.
- Umsätze privater Schulen, Volkshochschulen u.ä., die unmittelbar dem Schul- oder Bildungszweck dienen
- Leistungen von Einrichtungen, die überwiegend Jugendliche zu Bildungszwecken beherbergen, sowie der Jugendhilfe und -ausbildung oder des Deutschen Jugendherbergswerks
- ehrenamtliche Leistungen.

Neben den Optionsrechten der zweitgenannten Gruppe existieren im USt-Recht unter gewissen Bedingungen fünf weitere **Optionsrechte**. Die insgesamt sechs Optionsrechte sind:

- die oben genannte Option auf innergemeinschaftlichen Erwerb nach § 1a Abs. 4 UStG bei steuerfreien Umsätzen (Begründung und Wirkung wie beim nächsten Optionsrecht) bzw. von Kleinunternehmern (Begründung und Wirkung wie beim übernächsten Optionsrecht) u.a.
- die eben genannte Option auf USt-Pflicht steuerfreier Umsätze nach § 9 Abs. 1 UStG
- die Option auf Regelbesteuerung von Kleinunternehmern nach § 19 Abs. 2 UStG
- die Option auf Istbesteuerung anstelle der Sollbesteuerung nach § 20 Abs. 1 UStG
- die Option auf Durchschnittsbesteuerung anstelle der grundsätzlich exakt zu ermittelnden Steuerschuld nach § 23 Abs. 3, § 23a Abs. 3 oder § 24 Abs. 4 UStG
- die Option auf Differenzbesteuerung nach § 25a UStG.

Wenn ein Unternehmer Leistungen der in der zweiten der drei aufgeführten Gruppen steuerfreier Umsätze genannten Art an einen anderen Unternehmer erbringt, kann er auf **Steuerpflicht** seiner Umsätze optieren. Da die Steuerfreiheit nicht selten wegen des dann nicht möglichen Vorsteuerabzugs wirtschaftlich von Nachteil ist, muss im Einzelfall entschieden werden, ob optiert werden soll. Die Option ist für jedes Kalenderjahr möglich. Auf die Korrektur des Vorsteuerabzugs nach § 15a UStG wird hingewiesen. Die Option kann z.B. von Vorteil sein, wenn mit 16 % Vorsteuer belastete Vorleistungen mehr als etwa 45 % eines mit nur 7 % belasteten Umsatzes ausmachen. Unter der Annahme, die USt könne nicht überwälzt werden, ergäbe sich durch eine mögliche Steuerfreiheit ein Vorsteuernachteil von mehr als 7 % des Umsatzes, während der Vorteil genau 7 % des Umsatzes ausmacht (tatsächlich sind die effektiven USt-Sätze anzuwenden). Die Option kann auch vorteilhaft sein, wenn der Vorsteuerabzug sofort möglich ist, die USt aber erst in den späteren Jahren anfällt (z.B. bei der Errichtung von Gewerbeimmobilien). Die Option auf Steuerpflicht kann aber auch in anderen weniger übersichtlichen Fällen von Vorteil sein.

Ein weiteres Optionsrecht (auf Regelbesteuerung) betrifft die sog. **Kleinunternehmer** (§ 19 UStG). Kleinunternehmer i.S.d. UStG sind solche, bei denen die Bruttoumsätze (also einschl. USt) im vorangegangenen Kalenderjahr € 16.620 nicht überstiegen haben und im laufenden Kalenderjahr € 50.000 voraussichtlich nicht übersteigen werden. Die USt wird aus Vereinfachungsgründen nicht erhoben, ein Vorsteuerabzug entfällt. Auch in diesen Fällen kann es vorteilhaft sein, wenn die Umsätze steuerpflichtig sind. Das ist etwa der Fall, wenn die USt voll überwälzt werden kann (bei Leistungen an andere Unternehmer der Regelfall) und damit ein Vorsteuerabzug möglich ist. Um Nachteile auszuschließen, kann der Kleinunternehmer auf die Regelbesteuerung optieren. An diese Option ist er allerdings fünf Jahre lang gebunden.

Das Optionsrecht auf **Istbesteuerung** betrifft besonders Freiberufler, aber auch andere Unternehmer, deren Gesamtumsatz im Vorjahr nicht mehr als € 125.000 betragen hat oder die nach § 148 AO von der Verpflichtung befreit sind, Bücher zu führen und den Gewinn durch Vermögensvergleich zu ermitteln. Diese können für jedes Kalenderjahr darauf optieren, dass die USt nicht dann erhoben wird, wenn die Umsätze vereinbart sind (Rechnungslegung), sondern dann, wenn die Einnahmen tatsächlich ausgeführt werden[123]. Das ist notwendig, weil eine Periodenabgrenzung zwischen Einnahmen und Erträgen bei den Aufzeichnungen nach § 4 Abs. 3 EStG grundsätzlich nicht durchgeführt wird. Der Vorsteuerabzug ist allerdings auch bei der Istbesteuerung schon möglich, wenn die Leistung erbracht wurde und eine formgerechte Rechnung vorliegt. Hier liegt also eine Durchbrechung des Istprinzips vor. Fallen die Umsätze später als die Vorleistungen an, führt die Istbesteuerung gegenüber der Sollbesteuerung zu einem zeitlichen Vorteil. Beim Übergang zwischen Ist- und Sollbesteuerung ist sicherzustellen, dass Umsätze nicht doppelt erfasst werden.

Die fünfte Optionsmöglichkeit betrifft **Pauschalierungen** der Vorsteuer bzw. der Vorsteuer *und* der USt (Besteuerung nach Durchschnittssätzen). Für die in der Anlage zu der UStDV (vgl. § 69 UStDV) aufgeführten Berufs- und Gewerbezweige besteht danach bei kleinen Betrieben (Vorjahresumsatz maximal € 61.356 und keine Verpflichtung zur Führung von Büchern) das Wahlrecht, die Vorsteuer in exakter Höhe zu berechnen oder sie ganz oder teilweise pauschal zu ermitteln. Wird der Antrag auf Pauschalierung widerrufen, so kann er frühestens nach Ablauf von fünf Kalenderjahren neu gestellt werden. So können z.B. Journalisten die Vorsteuer mit 4,8 % des Umsatzes pauschalieren. Damit ist die gesamte Vorsteuer abgegolten. Ein Journalist wird von dieser Option also dann Gebrauch machen, wenn die tatsächliche Vorsteuer niedriger ist, wenn also die USt-pflichtigen Vorleistungen unter ca. 30 % des Umsatzes bei einem Vorsteuersatz von 16 % liegen.

---

[123] Es sei darauf hingewiesen, dass bei der Gewinnermittlung nach § 4 Abs. 3 EStG bzw. bei der Ermittlung des Überschusses der Einnahmen über die Werbungskosten USt-Zahlungen (in Form von Vorsteuer an den Lieferanten oder in Form von USt an das Finanzamt) zu den (Betriebs-)Ausgaben gehören und USt-Einnahmen (von den Kunden oder in Form von USt-Erstattungen durch das Finanzamt) zu den (Betriebs-)Einnahmen gehören (R 86 Abs. 4 EStR 2001). Dadurch ergibt sich eine zeitliche *Verschiebung* der Gewinne aus Gewerbebetrieb gegenüber dem Vermögensvergleich.

Für land- und forstwirtschaftliche Betriebe ist in § 24 UStG eine **Durchschnittsbesteuerung** sowohl für die USt als auch für die Vorsteuer vorgesehen. Der Unternehmer kann aber auch die Regelbesteuerung beantragen. Auch diese Option bindet für fünf Jahre. So ist etwa bei den üblichen landwirtschaftlichen Produkten die USt mit 9 % der Umsätze und die (fiktive) Vorsteuer ebenfalls mit 9 % der Umsätze pauschaliert. Die USt-Belastung der Landwirte reduziert sich damit auf null. Die Festsetzung der USt ist dennoch wichtig, weil bei Lieferungen an andere Unternehmer diese die USt des Landwirts als Vorsteuer abziehen können.

Nach § 25 UStG ist für Reiseleistungen u.U. die **Differenzbesteuerung** vorgesehen: Erbringt ein Reiseunternehmen Leistungen gegenüber solchen Kunden, die keine Unternehmer sind (also Privatreisende), dann ist die Bemessungsgrundlage der USt die Differenz aus Reisepreis und Reisevorleistung. Aus dieser Differenz ist die USt herauszurechnen. Es ist also der effektive USt-Satz anzusetzen. Ein Vorsteuerabzug ist nicht möglich.

Schließlich wird nach § 25a UStG u.U. auch bei der Veräußerung (und Entnahme) gebrauchter Gegenstände (insbesondere gebrauchter Kraftfahrzeuge) eine Differenzbesteuerung vorgenommen. Ist der Steuerpflichtige gewerblicher Händler und hat er gebrauchte Gegenstände ohne Vorsteuer erworben, dann unterliegt nur die Differenz zwischen (Netto-)Verkaufs- und Einkaufspreis der USt. Außerdem räumt § 25a Abs. 2 UStG ein allgemeines Optionsrecht auf Differenzbesteuerung auch bei bestimmten Gegenständen (Kunstgegenstände, Sammlungsstücke und Antiquitäten) ein, die mit Vorsteuerabzug erworben wurden. Diese Option kann nach § 25a Abs. 8 UStG für jede einzelne Lieferung rückgängig gemacht werden.

Im Zusammenhang mit der USt sei abschließend auf das Problem der **Überwälzung** eingegangen. Unter dem Begriff der Überwälzung versteht man die Möglichkeit, betriebliche Belastungen auf andere Personen – insbesondere den Konsumenten – überwälzen zu können. Es handelt sich hierbei nicht um ein speziell UStliches Problem. Vielmehr tritt diese Frage bei sämtlichen betrieblichen und privaten Steuern des Unternehmers wie überhaupt bei sämtlichen Aufwendungen/Kosten auf. Die USt ist aber deshalb als Darstellungsobjekt besonders geeignet, weil sie nach dem Willen des Gesetzgebers[124] für Unternehmen nur einen durchlaufenden Posten darstellen soll. Sie wird zwar bei den Unternehmern erhoben, soll aber den privaten Konsum belasten. Fraglich ist, ob dieses Ziel erreicht wird.

Der Umfang der Überwälzung ist primär vom Verlauf der Nachfragefunktion abhängig, der sich der Unternehmer am Konsummarkt gegenübersieht. Dieser Verlauf wird durch die sog. Elastizität[125] gekennzeichnet. Liegt z.B. vollkommene Konkurrenz vor, so ist die

---

[124] "Verfolgt man die steuerrechtliche Diskussion, dann drängt sich der Eindruck auf, dass viele Rechtsanwender die Mehrwertsteuer (i.O. hervorgehoben) für eine besonders einfach gelagerte Abgabe halten, deren Konstruktion und Wirkungen leicht einschätzbar sind... Hiernach wird die Mehrwertsteuer von den Unternehmen auf die Verbraucher überwälzt...Ganz so einfach liegen die Dinge allerdings nicht." Homburg, S., Allgemeine Steuerlehre, a.a.O., S. 139; vgl. auch Tipke, K., Lang, J., Steuerrecht, 16.Aufl. Köln 1998, S. 606.

[125] Homburg, S., Allgemeine Steuerlehre, a.a.O., S. 108ff.

Nachfrage unendlich elastisch; eine auch nur geringe Preiserhöhung würde die Nachfrage auf einen anderen Bereich verlagern. Eine Preiserhöhung z.B. zur Überwälzung der USt ist nicht möglich. Die USt wird in vollem Umfang vom Unternehmer getragen. Ist die Nachfrage extremerweise völlig unelastisch, dann kann eine bestimmte Produktmenge zu jedem beliebigen Preis abgesetzt werden. Nur in diesem praktisch eher seltenen Fall kann eine Preiserhöhung zwecks vollständiger USt-Überwälzung durchgesetzt werden.

Die tatsächliche Marktsituation liegt meist zwischen den beiden genannten Extremwerten. Die Nachfrage ist weder vollkommen elastisch noch vollkommen unelastisch. Eine Preiserhöhung führt zu einem Absatzrückgang, nicht aber zu einer völligen Verdrängung des Produkts vom Markt. Ein Teil der USt kann überwälzt werden, der Rest der USt belastet gegen die Absicht des Gesetzgebers den Unternehmer. Der Überwälzungsgrad hängt augenscheinlich davon ab, ob der Markt eher elastisch oder eher unelastisch reagiert. Je höher die Elastizität ist, desto weniger wird eine USt-Überwälzung gelingen. Um den Überwälzungsgrad im Einzelfall festzustellen, muss die Elastizität der Nachfrage ermittelt werden – ein in der Praxis schwieriges Unterfangen. Immerhin kann konstatiert werden, dass die Absicht des Gesetzgebers der vollständigen Überwälzung der USt nur im Ausnahmefall Realität wird (vgl. Kapitel "Das unternehmenspolitische Instrumentarium und Steuern" und "Steuern und Preispolitik").

4.2 Die Grunderwerbsteuer

Der Grunderwerbsteuer (GrESt) unterliegen inländische Grundstücksumsätze. Diese besonderen Umsätze sind zur Vermeidung der Doppelbesteuerung von der USt befreit (§ 4 Nr. 9a UStG). Der GrESt unterliegen Kaufverträge, die den Anspruch auf Übereignung eines Grundstücks begründen, Auflassungen, andere Eigentumsübertragungen und Meistgebote im Zwangsversteigerungsverfahren u.ä., deren Gegenstand ein Grundstück ist. Um Missbräuche auszuschließen, unterliegt auch die Übertragung von Gesellschaftsanteilen der GrESt, wenn durch diese Übertragung mindestens 95 % der Anteile in der Hand neuer Gesellschafter sind. Diese GrESt-pflichtigen Erwerbsvorgänge sind weiterhin auf abhängige Personen u.ä. (z.B. Organe) ausgedehnt. Grundstücke sind nach § 2 GrEStG definiert wie im BGB, jedoch ohne Vorrichtungen. Wie Grundstücke behandelt werden Erbbaurechte und Gebäude auf fremdem Boden.

Die Bemessungsgrundlage ist der Wert der Gegenleistung, ersatzweise der Wert des Grundstücks (§ 8 GrEStG). Beim Kauf gilt als Gegenleistung der Kaufpreis einschließlich der vom Käufer übernommenen sonstigen Leistungen und der dem Verkäufer evtl. eingeräumten Nutzungen (§ 9 Abs. 1 GrEStG). Im Einzelfall ist der Wert aus der Bedarfsbewertung nach §§ 138ff. BewG anzusetzen. Der Steuersatz beträgt 3,5 %. Das GrEStG sieht einige Steuerbefreiungen vor, so etwa für Grundstückserwerbe i.S.d. ErbStG, für Erwerbsvorgänge zwischen Ehegatten oder in gerader Linie Verwandten (und deren Ehegatten) sowie für Grunderwerbe zwischen Gemeinschaften und deren Gemeinschaftern, soweit hierdurch die direkten bzw. indirekten Grundstücksanteile der Gemeinschafter unverändert bleiben. Für alle Grunderwerbe ist eine Freigrenze von € 2.500 vorgesehen (§ 3 GrEStG).

4.3 Subventionen

Zur Förderung von Investitionen etwa aus konjunktur- oder strukturpolitischen Gründen werden **Zulagen** gewährt. Die öffentliche Hand sagt dem Investor im Fall einer Investition Zahlungen zu. Die Bemessungsgrundlage der Zulagen sind in jedem Fall – wenn auch teilweise begrenzt – die AHK. Die Zulagen unterliegen *nicht* den ErSt, es handelt sich also um steuerfreie Einnahmen. Dadurch verstärkt sich die Wirkung einer Zulage erheblich.

Im privaten Investitionsbereich wird die Schaffung von selbstgenutztem Wohneigentum durch eine **Eigenheimzulage** (§ 1 EigZulG) gefördert. Der Investor erhält unter einigen Nebenbedingungen auf Antrag einen Fördergrundbetrag von 5 % der AHK, maximal € 2.556 (bei Altbauten 2,5 %, maximal € 1.278). Außerdem erhält er eine Kinderzulage von € 767 je Kind. Eigenheim- und Kinderzulage werden acht Jahre lang gewährt.

Investitionszulagen (InvZul) werden nach dem InvZulG 1999 für Investitionen in den neuen Bundesländern gewährt. Der Zulagesatz beträgt bei neuen abnutzbaren beweglichen Wirtschaftsgütern des Anlagevermögens zeit-, größen- und branchenabhängig 5 - 22 % der AHK. Die Steuerfreiheit der InvZul geht verloren, wenn eine Kapitalgesellschaft die InvZul ausschüttet, dann werden sie ErSt-pflichtig (Halbeinkünfteverfahren).

Ein wichtiges Element der staatlichen Strukturpolitik z.B. in den neuen Bundesländern sind **Investitionszuschüsse**, etwa im Rahmen der Gemeinschaftsaufgabe 'Verbesserung der regionalen Wirtschaftsstruktur' (z.B. 15 - 23 % der AHK). Diese sind – im Gegensatz zu den InvZul – ErSt-pflichtig.

Eine weitere Subvention stellen die **USt-Präferenzen** dar. Diese können z.B. darin bestehen, dass fiktive Vorsteuern angesetzt werden können. Hierbei wird also eine USt als Vorsteuer angerechnet, die niemals in Rechnung gestellt oder an den Vorlieferanten bezahlt wurde (§ 24 UStG für land- und forstwirtschaftliche Betriebe). Die USt-Präferenzen stellen Betriebseinnahmen dar; der Bruttovorteil wird damit um die ErSt gekürzt.

Eine Subventionsmaßnahme stellen auch die **Steuerermäßigungen** dar. Diese führen zwar nicht zu einer Einnahme, mindern aber Steuerausgaben und wirken deshalb wirtschaftlich ähnlich wie eine Einnahme. Sie können dadurch zustande kommen, dass die Bemessungsgrundlage oder dass der Steuersatz ermäßigt wird. Im ersten Fall werden besondere Freibeträge gewährt. Dadurch können z.B. bestimmte Einkunftsarten privilegiert werden, wie etwa nach § 13 Abs. 3 EStG Einkünfte aus Land- und Forstwirtschaft oder nach § 20 Abs. 4 EStG Einkünfte aus Kapitalvermögen.

Steuerermäßigungen existieren für Einkünfte aus Gewerbebetrieb. Auf die ESt wird unabhängig von der realen GewSt-Belastung eine fiktive GewSt angerechnet (§ 35 GewSt).

Zur Erleichterung bestimmter Investitionen (z.B. in den neuen Bundesländern) werden **Zinszuschüsse** durch die öffentliche Hand gewährt. Diese können auch darin bestehen, dass zinsgünstige Kredite vergeben werden (z.B. die sog. ERP-Kredite). Auch Zinszuschüsse, wie sie etwa zeitweise zur Zwischenfinanzierung von Bauspardarlehen zur Aktivierung der Bauwirtschaft gegeben werden, gehören hierher.

Eine weitere Subventionsmaßnahme sind **Prämien**. Diese werden aus unterschiedlichen Gründen an unterschiedliche Personenkreise gegeben. Prämien sollen etwa den Wohnungsbau für sozial schwache Kreise fördern, Maßnahmen in der Landwirtschaft aktivieren (z.B. Stilllegung von landwirtschaftlich genutzten Flächen) oder Arbeitnehmer bewegen, eine Arbeit an bestimmten Standorten aufzunehmen. Die Prämien oder Zulagen sind sämtlich steuerfrei.

Schließlich sei angemerkt, dass auch andere Förderungsmaßnahmen für Investitionen bestehen, die zu den Subventionen gerechnet werden können. Es handelt sich hierbei um bilanzielle Maßnahmen, die zu Steuerverschiebungen führen. Die Subventionseinnahme besteht dann darin, dass die Finanzbehörden zeitweise auf Steuereinnahmen verzichten und sich diesen Verzicht auch nicht durch eine Verzinsung entgelten lassen (zinsloser Steuerkredit). Solche Maßnahmen sind die sog. steuerfreien Rücklagen und die erhöhten Absetzungen bzw. Sonderabschreibungen. Im ersten Fall kann, wenn dies gesetzlich unter genau fixierten Bedingungen zulässig ist, Gewinn in eine Rücklage eingestellt werden, *ehe* er besteuert ist (normalerweise wird der Gewinn erst besteuert, der Rest kann in eine Rücklage eingestellt werden – Gewinnrücklagen nach § 266 Abs. 3 HGB). Der Gewinn wird also vorübergehend gemindert, ErSt werden verschoben. Im zweiten Fall lassen besondere Vorschriften zu, dass *statt* der AfA eine erhöhte Absetzung bzw. dass *neben* der AfA eine Sonderabschreibung angesetzt wird. Auch damit werden die Einkünfte zeitweise gemindert und die ErSt verschoben. Der Effekt entspricht dem der steuerfreien Rücklagen. Da in jedem Fall nicht mehr als die AHK einer Investition steuerlich abgesetzt werden können, erfolgt nur eine Gewinn*verschiebung* mit einem positiven Zinseffekt und (bei progressiven Steuern) einem positiven/negativen Steuereffekt.

5 Steuerrechtliche Basis: Die Steuerbilanz

Der Zweck der Steuerbilanz[126] ist nach § 4 Abs. 1 EStG die Gewinnermittlung. Von erheblich größerer Bedeutung ist allerdings die Gewinnermittlung nach § 4 Abs. 1 EStG *i.V.m.* § 5 EStG. Werden nämlich schon die relativ niedrigen Gewinn- und Umsatzgrenzen des § 141 AO überschritten, dann sind *gewerbliche* Unternehmer verpflichtet, Bücher zu führen und jährlich Abschlüsse zu machen. Dann gelten über das Maßgeblichkeitsprinzip des § 5 Abs. 1 EStG die handelsrechtlichen Vorschriften *sowie* die Bilanzierungs- und Bewertungsvorschriften des EStG.

5.1 Die Handelsbilanz als Basis der Steuerbilanz

In § 5 Abs. 1 EStG ist das **Maßgeblichkeitsprinzip** kodifiziert. Danach sind bei der Aufstellung der Steuerbilanz die handelsrechtlichen Grundsätze ordnungsmäßiger Buchführung (und Bilanzierung und Bewertung; GoB) zu beachten. Das gilt allerdings nur, wenn nicht spezielle steuerrechtliche Vorschriften etwas anderes bestimmen (**Durchbrechung des Maßgeblichkeitsprinzips**). Ebenda ist auch die **Umkehrung des Maßgeblichkeitsprinzips** formuliert: "Steuerrechtliche Wahlrechte bei der Gewinnermittlung sind in Übereinstimmung mit der handelsrechtlichen Jahresbilanz auszuüben."

Bei der Aufstellung der Handelsbilanz[127] ergeben sich wie bei jeder Bilanzerstellung drei Probleme. Als Erstes ist zu entscheiden, was überhaupt in die Bilanz aufgenommen werden soll (**Bilanzierungsprinzipien**). Sodann ist zu entscheiden, wie die bilanzierungsfähigen Vermögensgegenstände, Schulden usw. bewertet werden (**Bewertungsprinzipien**). Schließlich dürfen Bilanzierung und Bewertung nicht nach den subjektiven Vorstellungen des jeweiligen Unternehmers durchgeführt werden. Anderenfalls würde evtl. das handelsrechtliche Ziel des Jahresabschlusses verfehlt werden, "...ein den tatsächlichen Verhältnissen entsprechendes Bild der Vermögens-, Finanz- und Ertragslage...zu vermitteln" (§ 264 Abs. 2 HGB)[128]. Deshalb müssen weiterhin Regeln normiert und eingehalten werden, die den Rahmen für die Bilanzierung und Bewertung bilden. Das sind die Grundsätze ordnungsmäßiger Buchführung i.e.S. (**Ordnungsmäßigkeitsprinzipien**).

---

126 Zu weiteren Zielsetzungen vgl. Federmann, R., Bilanzierung und Bewertung nach Handelsrecht und Steuerrecht, 11.Aufl. Berlin 2000, S. 51ff.

127 Vgl. hierzu ausführlich Bitz, M., Schneeloch, D., Wittstock, W., Der Jahresabschluss, 3.Aufl. München 2000.

128 Dieses true-and-fair-view-Gebot obliegt den Kapitalgesellschaften, vgl. Richter, H., Die Generalklausel des § 264 Abs. 2 HGB und die Forderung des true and fair view, in BB 1988, S. 2212ff.

Die Frage der **Bilanzierungsfähigkeit**[129] beantwortet § 246 Abs. 1 HGB. Danach sind "...sämtliche Vermögensgegenstände, Schulden, Rechnungsabgrenzungsposten...(in der Bilanz auszuweisen), soweit gesetzlich nichts anderes bestimmt ist." Bilanzierungsfähigkeit bedeutet also grundsätzlich Bilanzierungspflicht. Nur in Ausnahmefällen existieren Bilanzierungsverbote oder -wahlrechte. Bilanzierungsfähig sind danach Vermögensgegenstände und Schulden sowie Rechnungsabgrenzungsposten[130].

Der Begriff des Vermögensgegenstands ist gesetzlich nicht definiert. Immerhin verweist § 240 Abs. 1 HGB darauf, dass Grundstücke, Forderungen und Bargeld Vermögensgegenstände darstellen. Die Bilanzgliederung für Kapitalgesellschaften in § 266 HGB enthält darüber hinaus eine umfängliche Aufzählung von Vermögensgegenständen.

Ein Gegenstand ist dann ein **Vermögensgegenstand**, wenn er selbstständig *bewertungsfähig* und selbstständig *verkehrsfähig* ist. Die selbstständige Bewertbarkeit ist notwendige Voraussetzung der Bilanzierungsfähigkeit, da nach § 252 Abs. 1 Nr. 3 HGB das Prinzip der Einzelbewertung gilt. Das Betriebsvermögen wird nicht als Gesamtvermögen (etwa als Unternehmenswert) erfasst. Aber auch bei der Einzelbewertung wird nicht von einer Zerschlagung des Unternehmens ausgegangen. Vielmehr sind die Vermögensgegenstände mit den Werten anzusetzen, die ihnen bei einer Fortführung des Unternehmens beizulegen sind (sog. **going-concern-Prinzip**). Kann der Gegenstand darüber hinaus Gegenstand des Rechtsverkehrs sein – kann er also z.B. verkauft, vermietet oder abgetreten werden –, dann ist er weiterhin selbstständig[131] verkehrsfähig. Es ist nicht notwendig, dass der Wert exakt zu bestimmen ist. Auch geschätzte Werte reichen aus.

Stellt ein Gegenstand einen Vermögensgegenstand dar, so gehört er zum Betriebsvermögen, wenn er im *Eigentum des Unternehmers* steht und dem *Unternehmenszweck* dient. Die Zugehörigkeit richtet sich grundsätzlich nach dem juristischen Eigentum. Da aber die Bilanz einen wirtschaftlichen Sachverhalt repräsentieren soll, greift über das rechtliche Eigentum hinaus das **wirtschaftliche Eigentum**[132]. Der steuerrechtliche Begriff der wirtschaftlichen Betrachtungsweise entstammt dem Handelsrecht – kodifiziert ist er aber in einer steuerrechtlichen Vorschrift (§ 39 AO). Um zu verhindern, dass auch privates Vermögen des Kaufmanns bilanziert wird, sind nur die Vermögensgegenstände bilanzierungsfähig, die dem Unternehmenszweck dienen. Regelmäßig wird dieses Kriterium anhand der Art des Vermögensgegenstands geprüft. Ist er geeignet, dem Unternehmenszweck zu dienen, dann gilt dieses Erfordernis als erfüllt. Ist er geeignet,

---

[129] Vgl. etwa Kußmaul, H., Bilanzierungsfähigkeit und Bilanzierungspflicht, in Küting, K., Weber, C.-P. (Hrsg.), Handbuch der Rechnungslegung, Band Ia, 4.Aufl., Stuttgart 1995, S. 505ff.

[130] Kapitalgesellschaften dürfen darüber hinaus nach § 269 HGB Aufwendungen der Ingangsetzung und Erweiterung des Geschäftsbetriebs sowie nach § 274 HGB latenten Steuerminderaufwand als *Bilanzierungshilfe* aktivieren. Diesem Aktivierungswahlrecht steht in der Steuerbilanz ein Aktivierungsverbot gegenüber.

[131] Die Rechtsprechung tendiert dazu, das Kriterium der selbstständigen Verkehrsfähigkeit fallen zu lassen, vgl. etwa Janke, M., Periodisierung, Objektivierung und Vorsicht bei Vermögensgegenständen und Schulden, in StuW 1994, S. 214ff., hier S. 219ff.

[132] Vgl. hierzu Moxter, A., Zur wirtschaftlichen Betrachtungsweise im Bilanzrecht, in StuW 1989, S. 232ff.

(auch) privaten Zwecken zu dienen, dann werden an den Nachweis der Zweckverwendung erhöhte Anforderungen gestellt.

Die Bilanzierungsfähigkeit wird also in zwei Schritten geprüft. Liegt überhaupt ein Vermögensgegenstand vor? Dies ist der Fall bei selbstständiger Bewertungs- und Verkehrsfähigkeit. Ist die Frage positiv beantwortet, dann ist zu prüfen, ob der Vermögensgegenstand zum Betriebsvermögen gehört. Das ist der Fall, wenn er im wirtschaftlichen Eigentum des Unternehmers steht und dem Unternehmenszweck dienen soll.

Ist ein Vermögensgegenstand bilanzierungsfähig und damit grundsätzlich bilanzierungspflichtig, so ist weiter zu prüfen, ob nicht ausnahmsweise ein spezielles **Bilanzierungsverbot** oder ein **Bilanzierungswahlrecht** vorliegt. Bilanzierungsverbote sieht etwa § 248 HGB vor. Danach sind z.B. Gründungskosten oder Eigenfinanzierungskosten nicht in die Bilanz aufzunehmen – es handelt sich wohl auch nicht um Vermögensgegenstände. Auch für nicht entgeltlich erworbene oder selbstgeschaffene immaterielle Vermögensgegenstände des *Anlage*vermögens[133] besteht ein Bilanzierungsverbot – auch in der Steuerbilanz.

Der Geschäfts- oder Firmenwert wird teilweise nicht als Vermögensgegenstand, sondern als Bilanzierungshilfe angesehen[134]. § 255 Abs. 4 HGB sieht ein Bilanzierungswahlrecht vor, wenn er im Zusammenhang mit einem Unternehmenskauf realisiert ist. Dieser immaterielle Wert des Unternehmens ist nicht für sich verkehrsfähig und erfüllt deshalb nicht sämtliche Kriterien eines Vermögensgegenstands.

Schulden sind Verpflichtungen gegenüber einem Dritten (z.B. Bank, Lieferanten, Finanzbehörden oder Arbeitnehmer), die selbstständig bewertungsfähig sind. Bei weitgehend sicherer Bewertungsmöglichkeit werden sie Verbindlichkeiten, bei geschätztem Wert Rückstellungen genannt. Sie sind bilanzierungs-, also passivierungsfähig (und damit -pflichtig), wenn der Unternehmer selbst wirtschaftlich belastet ist und wenn sie dem Unternehmenszweck dienen – wenn die Verpflichtung also aus betrieblichen Gründen eingegangen wurde.

Für die sog. Sonderposten mit Rücklageanteil besteht nach § 247 Abs. 3 HGB ein Passivierungswahlrecht; die Umkehrung des Maßgeblichkeitsprinzips in § 5 Abs. 1 EStG führt auch in der Handelsbilanz zur Passivierungspflicht, wenn sie in der Steuerbilanz angesetzt werden. Sonderposten mit Rücklageanteil werden aufgrund steuerrechtlicher Besonderheiten gebildet. Sie umfassen Gewinnthesaurierungen *vor* Besteuerung (sog. steuerfreie Rücklagen) und bei Kapitalgesellschaften wahlweise überhöhte steuerrechtlich

---

[133] Für selbstgeschaffene immaterielle Vermögensgegenstände des *Umlauf*vermögens – z.B. zur Veräußerung bestimmte EDV-Programme – gilt das Aktivierungsverbot nicht, es besteht also Aktivierungspflicht.

[134] Mujkanovic, R., Der derivative Geschäftswert im handelsrechtlichen Jahresabschluss, in BB 1994, S. 894 mit ausführlichen Literaturhinweisen. Wenn man allerdings das Kriterium der selbstständigen Verkehrsfähigkeit fallen läßt, dann kann man auch die Auffassung vertreten, der "...positive Geschäftswert wird von der höchstrichterlichen Judikatur als selbstständig bewertbares immaterielles Wirtschaftsgut qualifiziert." Janke, M., Periodisierung, Objektivierung und Vorsicht bei Vermögensgegenständen und Schulden, a.a.O., S. 231; so etwa auch BFH 24.02.1994 BStBl. 1994 II 590, dass der"...aufgedeckte Praxiswert ein abnutzbares Wirtschaftsgut darstellt."

zulässige Abschreibungen (z.B. Sonderabschreibungen). Die Sonderposten stellen also teilweise Steuerverbindlichkeiten dar, die noch nicht zu einer formellen Steuerschuld geführt haben (sog. latente Steuern[135]), der Rest kann als Gewinnteil angesehen werden, der den Kapitaleignern zusteht (wirtschaftlich gesehen allenfalls bei Publikums-Kapitalgesellschaften eine Verpflichtung gegenüber einem Dritten).

Neben Vermögensgegenständen und Schulden sind **Rechnungsabgrenzungsposten** bilanzierungsfähig. Sie haben das Ziel, den Gewinn des Unternehmens periodengerecht auszuweisen. Dieses Ziel wird zwar auch mit dem Ausweis und insbesondere mit der Wertfortführung der Vermögensgegenstände verfolgt. Die Rechnungsabgrenzungsposten sollen darüber hinaus die Abgrenzungen erfassen, die nicht zu Vermögensgegenständen geführt haben. Allerdings engt § 250 HGB die grundsätzliche Bilanzierungsfähigkeit der Rechnungsabgrenzungsposten ein. Für solche Rechnungsabgrenzungsposten, die auf der Aktivseite Ausgaben vor dem Bilanzstichtag von Aufwendungen für einen bestimmten Zeitraum nach diesem Stichtag abgrenzen sollen, besteht Bilanzierungspflicht. Das gilt auch für passive Rechnungsabgrenzungsposten, die Einnahmen vor dem Bilanzstichtag von Erträgen für einen bestimmten Zeitraum[136] nach diesem Stichtag abgrenzen sollen.

Bilanzierungspflicht besteht demnach für die sog. transitorischen Rechnungsabgrenzungsposten i.e.S. Das sind solche, bei denen der Zahlungsvorgang vor dem erfolgswirksamen Vorgang liegt *und* die Zahlung für einen bestimmten Zeitraum entrichtet wird. Abzugrenzen sind also etwa Miet-, Zins- oder Versicherungsausgaben oder -einnahmen für folgende Geschäftsjahre. Diese Zahlungen betreffen bestimmte Zeiträume (Monate, Quartale oder Jahre). Vorgänge, bei denen der Erfolgsvorgang vor der Zahlung liegt (sog. antizipative Rechnungsabgrenzung), sind in der Bilanz nicht als Rechnungsabgrenzungsposten auszuweisen. Sie erfüllen allerdings oft die Bedingungen einer Forderung oder Verbindlichkeit/Rückstellung und sind als solche zu bilanzieren.

Unter die aktiven Rechnungsabgrenzungsposten dürfen weiterhin als Aufwand berücksichtigte Zölle und Verbrauchsteuern, die auf am Bilanzstichtag auszuweisendes Vorratsvermögen entfallen, sowie die als Aufwand berücksichtigte USt auf Anzahlungen erfasst werden. Ein Aktivierungswahlrecht ist schließlich auch für Disagiobeträge u.ä. vorgesehen. Im Fall der Aktivierung mit folgender planmäßiger Abschreibung wird dem Prinzip der periodengerechten Erfolgsabgrenzung eher Rechnung getragen als durch Aufwandsbuchung im Jahr der Kreditaufnahme.

Die **Bewertung** der bilanzierungsfähigen Vermögensgegenstände und Schulden ist zielabhängig. Existiert nur ein einziges Ziel des Jahresabschlusses, dann existiert notwendigerweise auch nur *ein* richtiger Wert (sog. **Fixwertprinzip**). Die Handelsbilanz verfolgt aber nicht nur ein Ziel. Vielmehr soll nach § 252 HGB einerseits vorsichtig, andererseits so bewertet werden, dass Aufwendungen und Erträge periodenrichtig abgegrenzt werden. Hinter dem Vorsichtsprinzip verbirgt sich das Ziel, potenzielle

---

[135] Hintze, S., Zur Bilanzierung latenter Steuern im Konzernabschluss, in DB 1990, S. 845ff.

[136] "Das Kriterium der bestimmten Zeit ist nach der neuesten Rechtsprechung im Wandel." Stobbe, T., Das Kriterium der 'bestimmten Zeit' bei den Rechnungsabgrenzungsposten, in FR 1995, S. 399ff., hier S. 402.

Fremdkapitalgeber durch eine eher pessimistische Darstellung der Vermögenslage bzw. derzeitige Fremdkapitalgeber durch Verhinderung zu hoher Ausschüttungen zu schützen. Das Abgrenzungs- oder Verursachungsprinzip steht für das Ziel, die Eigenkapitalgeber vor einer allzu pessimistischen Darstellung der Vermögenslage zu schützen. Damit würde nämlich u.U. der Gewinn vorübergehend zu niedrig ausgewiesen und eine Gewinnausschüttung verschoben werden. Vorsichts- und Abgrenzungsprinzip stehen in Konkurrenz. Es sind für jeden Vermögensgegenstand und für jede Schuld wenigstens zwei mögliche Werte denkbar.

Das **Vorsichtsprinzip** verlangt im Zweifel auf der Aktivseite eine eher zu niedrige und auf der Passivseite eine eher zu hohe Bewertung (Niederst- bzw. Höchstwertprinzip). Gewinne (nicht Erträge[137]) werden erst ausgewiesen, wenn sie durch Vertragserfüllung[138] realisiert sind (**Realisationsprinzip**). Verluste (nicht Aufwendungen) müssen schon berücksichtigt werden, wenn sie nur drohen. Sie brauchen noch nicht realisiert zu sein (**Verlustantizipation**[139]). Die ungleiche Behandlung von Gewinnen einerseits und Verlusten andererseits wird als **Imparitätsprinzip** bezeichnet. Ein deutliches Beispiel für diese imparitätische Behandlung ist die in § 249 Abs. 1 HGB vorgesehene Passivierungspflicht von Rückstellungen für drohende Verluste aus schwebenden Geschäften (nach § 5 Abs. 4a EStG Passivierungsverbot in der Steuerbilanz; Durchbrechung des Maßgeblichkeitsprinzips).

Das **Abgrenzungsprinzip** verlangt eine verursachungsgerechte Bewertung. Die Vermögensgegenstände und Schulden sollen mit dem Wert angesetzt werden, der den Wertverlust (Aufwand) bzw. Wertzuwachs (Ertrag) des jeweiligen Geschäftsjahrs exakt berücksichtigt. Die Differenz der so ermittelten Erträge und Aufwendungen stellt dann den richtig, d.h. periodengerecht abgegrenzten Gewinn dar.

Das Vorsichtsprinzip dominiert das Abgrenzungsprinzip. Das wird besonders deutlich bei einzelnen Bewertungsvorschriften. So sind Vermögensgegenstände höchstens mit den AHK anzusetzen (**Nominalwertprinzip**). Das sind die tatsächlich erfolgten Ausgaben für den Vermögensgegenstand. Inflatorische Werterhöhungen bleiben außer Ansatz, obwohl sie zur Periodenabgrenzung einbezogen werden müßten. Des Weiteren ist etwa das Anlagevermögen *planmäßig* abzuschreiben. Die Abschreibungen stellen einen wesentlichen Teil der Periodenabgrenzung dar. Nicht einmal für *deren* Ermittlung wird eine Erfassung des im Geschäftsjahr *verursachten* Wertverlusts verlangt. Vielmehr wird in diesem Zusammenhang auf außerplanmäßige Abschreibungen eingegangen, die Ausfluss des Vorsichtsprinzips sind.

---

[137] Vgl. Siegel, T., Das Realisationsprinzip als allgemeines Periodisierungsprinzip?, in BFuP 1994, S. 1ff.

[138] Bei langfristiger Fertigung kann auch eine Gewinnrealisation vor Abschluss der Fertigung möglich sein, vgl. hierzu Selchert, F.W., Das Realisationsprinzip – Teilgewinnrealisierung bei langfristiger Auftragsfertigung, in DB 1990, S. 797ff. "Steuerlich ist am Realisationsprinzip festzuhalten." Schmid, P., Walter, W., Teilgewinnrealisierung bei langfristiger Fertigung in Handels- und Steuerbilanz, in DB 1994, S. 2353ff., hier S. 2359.

[139] Der Begriff der Verlustantizipation darf nicht so verstanden werden, dass Verluste späterer Perioden vorweggenommen werden. Die Ursache für die Verluste muss im abgelaufenen Geschäftsjahr liegen. Vgl. hierzu Kessler, H., Verabschiedet sich der Bundesfinanzhof vom Imparitätsprinzip?, in DStR 1994, S. 1289ff., insbesondere S. 1294ff.

Die **Ordnungsmäßigkeitsprinzipien** bestehen aus den Grundsätzen ordnungsmäßiger Buchführung i.e.S. Sie sind z.T. kodifiziert. Das HGB enthält eine Auswahl der wichtigsten GoB. Grundsätzlich sind sie aus dem Brauch ordentlicher Kaufleute entstanden und durch Richterspruch und Wissenschaft bestätigt und/oder weiterentwickelt worden[140].

Voraussetzung korrekter Rechnungslegung ist, dass die laufenden Geschäftsvorfälle formell und materiell richtig erfasst und wiedergegeben werden. Sämtliche Geschäftsvorfälle müssen belegt, fortlaufend, vollständig, richtig und übersichtlich gebucht werden (vgl. § 239 Abs. 2 HGB). Ein sachverständiger Dritter (z.B. ein Außenprüfer) muss das in angemessener Zeit kontrollieren können.

Neben der ordnungsmäßigen Aufzeichnung der laufenden Geschäftsvorfälle schreibt § 240 HGB vor, dass das in der Buchführung erfasste Betriebsvermögen regelmäßig durch eine körperliche Bestandsaufnahme kontrolliert wird. Auch für diese **Inventur** gelten Ordnungsmäßigkeitsregeln. §§ 240f. HGB sehen für die Inventur Vereinfachungen vor (Festwerte, Sammelbewertung, statistische, permanente oder zeitverschobene Inventur).

Schließlich ist für die das Geschäftsjahr abschließende Rechnung – den Jahresabschluss – eine Reihe besonderer GoB zu beachten. Da diese GoB auch bei der Aufstellung der Steuerbilanz von Bedeutung sind, sollen sie etwas näher betrachtet werden.

Die **formellen Grundsätze** der Bilanzklarheit und Bilanzübersichtlichkeit verlangen, Bilanz und Gewinn- und Verlustrechnung (GuV)[141] so zu gliedern, dass die formelle Einteilung dem tatsächlichen Inhalt der Positionen entspricht. Ist das in Einzelfällen nicht eindeutig möglich, so ist die Mitzugehörigkeit zu einer anderen Position zu vermerken. Für Kapitalgesellschaften sieht § 266 HGB eine Mindestgliederung vor. Eine weitere Untergliederung ist zulässig, darf aber nicht zu einer unübersichtlichen Darstellung führen. Saldierungen von Aktiv-/Passivpositionen bzw. Aufwendungen/Erträgen sind nach § 246 Abs. 2 HGB grundsätzlich unzulässig.

Des Weiteren sind *Veränderungen* einzelner Positionen auszuweisen. Das wird (bei Kapitalgesellschaften) generell durch Ausweis der Vorjahreszahlen (vgl. § 265 Abs. 2 HGB) und durch die Darstellung der Entwicklung des Anlagevermögens (vgl. § 268 Abs. 2 HGB; sog. Anlagengitter) erreicht.

Zur formellen Ordnungsmäßigkeit ist es weiterhin notwendig, dass die Schlussbilanz eines Geschäftsjahrs mit der Anfangsbilanz des folgenden Geschäftsjahrs identisch ist (Bilanzidentität). Beide Bilanzen müssen in allen Positionen wertmäßig, aber auch formell übereinstimmen. Das gilt auch für die Schlussbilanzen aufeinanderfolgender Geschäftsjahre (formelle Bilanzkontinuität, § 265 Abs. 1 HGB). Wirtschaftlich begründbare Ausnahmen sind zulässig.

---

140 Beisse, H., Rechtsfragen der Gewinnung von GoB, in BFuP 1990, S. 499ff.

141 Vgl. hierzu etwa Chmielewicz, K., Gesamt- und Umsatzkostenverfahren der Gewinn- und Verlustrechnung im Vergleich, in DBW 1990, S. 27ff.

Die formellen Grundsätze betreffen die *Darstellung* des Jahresabschlusses. Die **materiellen Grundsätze** sollen die Ordnungsmäßigkeit des *Inhalts* sichern. Danach muss der Jahresabschluss vollständig und richtig sein.

Der Grundsatz der Bilanzvollständigkeit verlangt die Erfassung *sämtlicher* Vermögens- und Schuldenteile sowie sämtlicher erfolgswirksamer Vorgänge des Geschäftsjahrs. Privatvermögen darf nicht in die Bilanz aufgenommen werden. Andererseits dürfen nicht Teile des Betriebsvermögens vernachlässigt werden. Ebensowenig dürfen etwa Aufwendungen durch falsche Belege fingiert oder Erträge durch Vernichtung von Belegen vernachlässigt werden. Die Einhaltung des Vollständigkeitsprinzips ist eher ein Problem der laufenden Erfassung der Geschäftsvorfälle, weniger ein Problem des Jahresabschlusses.

Der wichtigste und zugleich schwierigste Bilanzierungsgrundsatz ist der der Bilanzrichtigkeit. Voraussetzung für die Richtigkeit des Jahresabschlusses ist einmal die richtige Zuordnung der wirtschaftlichen Vorgänge zu den entsprechenden Posten des Jahresabschlusses. Inhalt und Bezeichnung müssen sich decken. Weiterhin ist Voraussetzung, dass die rechnerischen Vorgänge richtig erfolgen. Beide Voraussetzungen für die Richtigkeit des Jahresabschlusses gehören ebenfalls eher in den Bereich der laufenden Buchführung. Die richtige Zuordnung wird durch die richtige Kontierung der Belege und die rechnerische Richtigkeit durch das System der doppelten Buchführung und die dabei vorgesehenen laufenden Kontrollen gesichert.

Eine typische Abschlussaktivität ist die Bewertung des Vermögens und der Schulden bzw. der Erträge und Aufwendungen. Eine richtige Bewertung ist wegen des Zielkonflikts zwischen Vorsichts- und Abgrenzungsprinzip nicht möglich. Selbst wenn nur eine Zielsetzung verfolgt werden sollte, ist meist nicht allgemein akzeptiert, mit welcher Bewertung dieses eine Ziel erreicht werden könnte. So ist die Höhe des periodengerechten Erfolgs davon abhängig, welche wirtschaftlichen Faktoren berücksichtigt werden. Die Einbeziehung von Geldwertänderungen oder technischem Fortschritt führt zu Erfolgsgrößen, die nicht mit dem nominal definierten Jahresüberschuss identisch sind. Aus diesen Gründen wird im praktischen Fall die Bewertung dann als richtig angesehen werden können, wenn sie nach Meinung des Bilanzierenden die handelsrechtlichen Ziele am ehesten erfüllt und wenn die Bewertungsprinzipien des Handelsrechts, insbesondere die Vorschriften des HGB, beachtet werden. Damit ist allerdings das grundsätzliche Problem nicht gelöst, ob diese Vorschriften in dem Sinne richtig sind, dass sie bestmöglich geeignet sind, die handelsrechtlichen Zielsetzungen zu erreichen. Ebensowenig ist damit die Frage beantwortet, ob die handelsrechtlichen Zielsetzungen selbst richtig sind.

Die Vorstellungen über die richtige Bewertung können nicht an jedem Bilanzstichtag willkürlich geändert werden. Eine einmal als richtig angesehene Bewertungsmethode soll über mehrere Geschäftsjahre beibehalten werden (Prinzip der Bewertungsstetigkeit). Dieses Prinzip schränkt die bilanzpolitischen Möglichkeiten u.U. erheblich ein. So könnte es in einem Geschäftsjahr vorteilhaft sein, linear abzuschreiben, und im nächsten Geschäftsjahr auf die degressive Abschreibung überzugehen. Ein *willkürlicher* Wechsel der Abschreibungsmethoden ist aber unzulässig. Durch die Umkehrung des Maßgeblichkeitsprinzips (Übernahme steuerbilanzrechtlicher Sondervorschriften in die Handelsbilanz) wird das Stetigkeitsprinzip allerdings nicht selten zulässigerweise durchbrochen.

Die handelsrechtlichen Ordnungsmäßigkeitsprinzipien werden in einigen steuerrechtlichen Vorschriften übernommen bzw. ausgeführt. Dabei handelt es sich hauptsächlich um die GoB i.e.S. Hierzu finden sich Ausführungen in § 146 AO und in R 29 EStR 2001, die im Wesentlichen gleichlautend mit §§ 238ff. HGB sind. Die für den Jahresabschluss wesentlichen GoB zur Bewertung in § 252 HGB haben kein steuerrechtliches Pendant.

Aus § 4 Abs. 1 EStG ergibt sich indirekt der Grundsatz der Bilanzidentität, weil nicht auf die Anfangsbilanz, sondern auf die Schlussbilanz des vorhergehenden Wirtschaftsjahrs (Geschäftsjahrs) zurückgegriffen wird. Damit wird zwischen den beiden Bilanzen Identität hergestellt. Die Rechtsprechung hat für die Folgen der Bilanzidentität einen besonderen Begriff entwickelt: die **Zweischneidigkeit der Bilanz**. Durch die Bilanzidentität werden bilanzpolitische Maßnahmen in dem Sinne zweischneidig, dass Gewinnänderungen in einem Wirtschaftsjahr zu gegenläufigen Gewinnänderungen in anderen Wirtschaftsjahren führen. So können z.B. wegen des Nominalwertprinzips nur die AHK einer Investition abgeschrieben werden – nicht mehr und nicht weniger wird gewinnwirksam. Werden also in den ersten Jahren die Abschreibungen überhöht angesetzt, so mindert das das Abschreibungsvolumen späterer Jahre. Ist der Differenzsteuersatz konstant, dann führen frühere Steuervorteile in späteren Jahren zu identischen Steuernachteilen. Über die Nutzungsdauer werden die Gewinn- bzw. Steuerwirkungen neutralisiert. Allerdings resultiert aus der Gewinn- und damit Steuerverschiebung ein positiver Zinseffekt.

Ausnahmsweise kann die Bilanzidentität durchbrochen werden. Nach § 4 Abs. 2 EStG kann eine Bilanz berichtigt werden, wenn der Steuerpflichtige nach Einreichung beim Finanzamt feststellt, dass der Jahresabschluss die GoB oder steuerrechtliche Vorschriften verletzt. Dann kann die falsche Bilanz ohne weiteres durch die richtige Bilanz ersetzt werden. Die Änderung einer richtigen Bilanz (z.B. weil ein Bewertungswahlrecht anders als erklärt ausgeübt werden soll) ist grundsätzlich nicht möglich.

Das **Maßgeblichkeitsprinzip** des § 5 Abs. 1 EStG bestimmt, dass der Gewinn nach den handelsrechtlichen GoB zu ermitteln ist. Die Bilanzierungs- und Bewertungsprinzipien der Handelsbilanz gelten auch für die Steuerbilanz. Allerdings bestimmt § 5 Abs. 6 EStG, dass die steuerrechtlichen "...Vorschriften über die Entnahmen und die Einlagen, über die Zulässigkeit der Bilanzänderung, über die Betriebsausgaben, über die Bewertung und über die Absetzung für Abnutzung oder Substanzverringerung...zu befolgen..." sind. Handelsrechtlich zulässige Ansätze, die gegen spezielle steuerrechtliche Vorschriften verstoßen, sind den steuerlichen Vorschriften anzupassen (§ 60 Abs. 2 EStDV). Regelmäßig wird die Handelsbilanz entsprechend modifiziert: Das Ergebnis ist die Steuerbilanz. Abweichungen zwischen Handels- und Steuerbilanz resultieren also aus einer Durchbrechung des Maßgeblichkeitsprinzips.

Im Bereich der Bilanzierung ist das Maßgeblichkeitsprinzip im Wesentlichen erfüllt. Handelsrechtlich sind Vermögensgegenstände, Schulden und transitorische Abgrenzungsposten i.e.S. bilanzierungsfähig und -pflichtig. Die Vermögensgegenstände werden in der

Steuerbilanz Wirtschaftsgüter genannt, ohne dass der unterschiedlichen Bezeichnung eine unterschiedliche Bedeutung folgt[142]. Schulden (Verbindlichkeiten und Rückstellungen) werden auch in der Steuerbilanz als Schulden bezeichnet. Eine Durchbrechung des Maßgeblichkeitsprinzips findet sich z.B. bei den Rückstellungen für unterlassene Instandhaltung, die erst in den letzten neun Monaten des folgenden Geschäftsjahrs nachgeholt werden. Dem Passivierungswahlrecht des § 249 Abs. 1 HGB steht das Passivierungsverbot der R 31c Abs. 11 EStR 2001 gegenüber. Auch bei den Rückstellungen für drohende Verluste aus schwebenden Geschäften ist das Maßgeblichkeitsprinzip durchbrochen – nach § 5 Abs. 4a EStG ist deren Passivierung in der Steuerbilanz verboten. Eine weitere Durchbrechung liegt beim derivativen Firmenwert vor. Für diesen besteht nach § 255 Abs. 4 HGB ein Aktivierungswahlrecht (mit maximal vierjähriger oder anderer planmäßiger Abschreibung). In der Steuerbilanz muss der Firmenwert nach § 7 Abs. 1 EStG aktiviert werden (mit 15jähriger AfA). Für die Bilanzierungshilfen ist das Maßgeblichkeitsprinzip ebenfalls durchbrochen – sie dürfen in der Steuerbilanz nicht aktiviert werden.

Sieht das EStG etwa Bilanzierungswahlrechte vor, denen im HGB Aktivierungs- oder Passivierungspflichten gegenüberstehen, so sind diese Passivierungspflichten maßgeblich für die Steuerbilanz. So regelt etwa § 6a EStG für Pensionsrückstellungen ein Passivierungswahlrecht. Nach § 249 Abs. 1 HGB *müssen* derartige Verpflichtungen in der Bilanz erfasst werden. Die handelsrechtliche Passivierungspflicht ist für die Steuerbilanz maßgeblich. Sind die engeren steuerrechtlichen Bedingungen allerdings nicht eingehalten, dann liegt eine Durchbrechung des Maßgeblichkeitsprinzips vor (Passivierungspflicht in der Handelsbilanz, Passivierungsverbot in der Steuerbilanz).

Bei der Bewertung greift das Maßgeblichkeitsprinzip im praktischen Regelfall: Der handelsrechtliche Wertansatz ist steuerrechtlich zulässig. Besondere Bedeutung hat das Maßgeblichkeitsprinzip auch in den Fällen, in denen handelsrechtlich nur ein Wert zulässig ist, während das Steuerrecht wahlweise einen höheren Wert zulässt. Dem steuerrechtlichen Wahlrecht kommt dann (bei Gewinnermittlung unter Beachtung der GoB) keine Bedeutung zu. So gilt etwa für das Umlaufvermögen nach § 253 Abs. 3 HGB das strenge Niederstwertprinzip. Ist der Börsen- oder Marktpreis am Bilanzstichtag niedriger als die AHK, dann muss er angesetzt werden. Das steuerrechtliche Wahlrecht des § 6 Abs. 1 Nr. 2 EStG bei dauernder Wertminderung ist bedeutungslos. In ähnlicher Weise wirkt das Maßgeblichkeitsprinzip auch im Anlagevermögen. Sind Wertminderungen voraussichtlich von Dauer, dann muss handelsrechtlich nach § 253 Abs. 2 HGB abgewertet werden. Auch hier greift das steuerrechtliche Abwertungswahlrecht des § 6 Abs. 1 Nr. 2 EStG nicht.

Durchbrechungen des Maßgeblichkeitsprinzips bei der Bewertung finden sich etwa bei der erwähnten Abschreibung des derivativen Firmenwerts. In der Handelsbilanz kann er z.B. in vier Jahren abgeschrieben werden, in der Steuerbilanz genau in 15 Jahren. Auch die degressive Abschreibungsmethode ist steuerrechtlich begrenzt. Handelsrechtlich ist jede degressive Methode mit jedem Abschreibungssatz zulässig (es sei denn, er verstößt

142 Vgl. etwa Schneider, D., Betriebswirtschaftslehre, Band 2: Rechnungslegung, a.a.O., S. 100f.

offensichtlich gegen das Vorsichts- oder das Abgrenzungsprinzip), die Abschreibung muss nur planmäßig sein. Nach § 7 Abs. 2 EStG ist in der Steuerbilanz nur die geometrisch-degressive Methode und diese nur bei beweglichem Anlagevermögen zulässig. Weiterhin sind die AfA-Sätze auf 20 % bzw. das Zweifache des linearen AfA-Satzes begrenzt. Ein weiteres wichtiges Beispiel für die Durchbrechung des Maßgeblichkeitsprinzip bei der Bewertung stellen die Pensionsrückstellungen dar. Wird deren Wert in der Handelsbilanz mit einem niedrigeren Zinsfuß als den in § 6a Abs. 3 EStG für die Steuerbilanz vorgeschriebenen 6 % p.a. ermittelt, dann darf der handelsrechtliche Wert nicht in die Steuerbilanz übernommen werden.

Die Steuerbilanz stellt ein wichtiges Instrument staatlicher Wirtschaftspolitik dar. Sollen etwa Investitionen zu bestimmten Zeiten oder in bestimmten Gebieten gefördert werden, so werden zeitweise sog. **Bewertungsfreiheiten** gewährt. In der Steuerbilanz dürfen dann etwa neben der 'normalen' AfA in den ersten Jahren Sonderabschreibungen vorgenommen werden. Wegen der Zweischneidigkeit der Bilanz gleichen sich die Unterschiede über die Nutzungsdauer wieder aus – anfangs ist jedoch eine z.T. erhebliche Unterbewertung in der Steuerbilanz zulässig. Da einerseits solche Vorschriften im Handelsrecht nicht existieren, andererseits aber über das Maßgeblichkeitsprinzip eine Übereinstimmung zwischen beiden Rechenwerken verlangt wird, musste der Gesetzgeber nach einem Lösungsweg suchen. Eine Möglichkeit wäre, auf das Maßgeblichkeitsprinzip überhaupt zu verzichten[143]: Für die Ertragbesteuerung wird eine autonome Steuerbilanz erstellt. Der Gesetzgeber hat eine zweite Möglichkeit gewählt. Drohen besondere steuerrechtliche Vorschriften das Maßgeblichkeitsprinzip zu verletzen, so stellt § 5 Abs. 1 EStG die Übereinstimmung formell wieder her: "Steuerrechtliche Wahlrechte bei der Gewinnermittlung sind in Übereinstimmung mit der handelsrechtlichen Jahresbilanz auszuüben." Hier liegt tatsächlich eine **Umkehrung des Maßgeblichkeitsprinzips** vor. Steuerrechtliche Vorschriften werden für die Handelsbilanz maßgeblich – die Handelsbilanz wird steuerrechtlich deformiert[144].

So sieht z.B. § 6b EStG vor, dass bestimmte Veräußerungsgewinne nicht sofort ausgewiesen und besteuert werden, sondern auf neue Investitionen übertragen werden dürfen. Die AHK werden insoweit gemindert. Dadurch kann eine Investition von z.B. € 3 Mio schon zum Anschaffungszeitpunkt mit dem Erinnerungswert von € 1 in der Steuerbilanz erscheinen. Nach § 5 Abs. 1 EStG muss diese Bewertungsfreiheit auch in der Handelsbilanz vorgenommen werden. Da das die handelsrechtlichen Zielsetzungen u.U. erheblich verletzt, wäre eine solche Bewertung wegen Verstoßes gegen die GoB

---

[143] Ballwieser, W., Ist das Maßgeblichkeitsprinzip überholt?, in BFuP 1990, S. 477ff., Kußmaul, H., Klein, N., Überlegungen zum Maßgeblichkeitsprinzip im Kontext jüngerer nationaler sowie internationaler Entwicklungen, in DStR 2001, S. 546ff.

[144] Raupach, A., Von der Maßgeblichkeit der Handelsbilanz für die steuerliche Gewinnermittlung zur Prädominanz des Steuerrechts in der Handelsbilanz, in BFuP 1990, S. 515ff., Wagner, F.W., Die umgekehrte Maßgeblichkeit der Handelsbilanz für die Steuerbilanz, in StuW 1990, S. 3ff., Henscheid, M., Ökonomische Wirkungen der umgekehrten Maßgeblichkeit, in BB 1992, S. 1243ff., eine Übersicht findet sich bei Robisch, M., Die Umkehrung des Maßgeblichkeitsprinzips – Eine kritische Bestandsaufnahme unter besonderer Berücksichtigung der Situation in den neuen Bundesländern -, in DStR 1993, S. 998ff., Müller, W., Die Ausnahme und die Regel – Ein Lehrstück, dargestellt am so genannten Maßgeblichkeitsprinzip, in DStR 2001, S. 1858ff.

unzulässig. Um die Übernahme des steuerrechtlich zulässigen Werts in die Handelsbilanz dennoch zu ermöglichen, muss der Gesetzgeber im HGB korrespondierende Regelungen treffen. Das hat er im vorliegenden Beispielsfall mit § 254 HGB getan: "Abschreibungen können auch vorgenommen werden, um Vermögensgegenstände...mit dem niedrigeren Wert anzusetzen, der auf einer nur steuerrechtlich zulässigen Abschreibung beruht." Die Verletzung der GoB hat der Gesetzgeber bei Kapitalgesellschaften durch eine Berichtspflicht zu heilen versucht. § 281 Abs. 2 HGB bestimmt: "Im Anhang ist der Betrag der im Geschäftsjahr allein nach steuerrechtlichen Vorschriften vorgenommenen Abschreibungen...anzugeben...und hinreichend zu begründen."

Zumindest bei Einzelunternehmern und Personengesellschaften dominiert regelmäßig die Steuerbilanz die Handelsbilanz. Das findet seinen Ausdruck darin, dass überhaupt nur eine Steuerbilanz (sog. **Einheitsbilanz**[145]) aufgestellt wird, die – falls sie gegen einzelne handelsrechtliche Vorschriften verstoßen sollte – entsprechend modifiziert wird. Das Maßgeblichkeitsprinzip wird vollständig umgekehrt. Es wird nicht entsprechend § 60 Abs. 2 EStDV die Handelsbilanz steuerrechtlich modifiziert, sondern faktisch die Steuerbilanz in den jeweiligen Positionen dem Handelsrecht angepasst.

5.2 Die Bilanzierung in der Steuerbilanz

Für die ErStliche Bilanzierung ist das Maßgeblichkeitsprinzip einigermaßen erfüllt. Danach sind Vermögensgegenstände, Schulden und Rechnungsabgrenzungsposten zu bilanzieren. Für die Bilanzierungshilfen und für die Rückstellungen für drohende Verluste aus schwebenden Geschäften ist das Maßgeblichkeitsprinzip durchbrochen. Dem handelsrechtlichen Aktivierungswahlrecht/der handelsrechtlichen Passivierungspflicht steht ein steuerrechtliches Bilanzierungsverbot gegenüber.

Das Steuerrecht hat den Begriff des Vermögensgegenstands nicht übernommen. Vielmehr sind nach § 4 Abs. 1 EStG **Wirtschaftsgüter** zu bilanzieren (die dem Unternehmenszweck dienen und dem Unternehmer wirtschaftlich zuzurechnen sind). Trotz der unterschiedlichen Bezeichnung sieht die h.M. keinen inhaltlichen Unterschied zwischen den beiden Begriffen[146].

Einige besondere Situationen hat das Steuerrecht durch Festlegung normierter Kriterien praktikabel gemacht. Es handelt sich einmal um das Problem, ob durch umfängliche Ausgaben für ein vorhandenes Wirtschaftsgut (insbesondere für Gebäude) ein neues Wirtschaftsgut entstanden ist. Das zweite Problem betrifft die sog. gemischtgenutzten Wirtschaftsgüter, bei denen die betriebliche bzw. private Zweckverfolgung nicht immer einfach abzugrenzen ist. Das dritte Problem schließlich betrifft die Frage des

---

[145] Der Gesetzgeber "...hat alles getan, um den Unternehmen die Einheitsbilanz zu ermöglichen...Somit gehört auch das Prinzip der Einheitsbilanz zu den Grundentscheidungen des Gesetzgebers." Beisse, H., Grundsatzfragen der Auslegung des neuen Bilanzrechts, in BB 1990, S. 2007ff., hier S. 2009; vgl. auch Streim, H., Ein Plädoyer für die Einheitsbilanz, in BFuP 1990, S. 527ff.

[146] Vgl. BFH 26.10.1987 BStBl. 1988 II 348, Bitz, M., Schneeloch, D., Wittstock, W., Der Jahresabschluss, a.a.O., S. 313; zu differenzierenden Interpretationen Budde, D., u.a., Beck'scher Bilanz-Kommentar, 4.Aufl. München 1999, S. 120.

wirtschaftlichen Eigentums beim Leasing; hier fällt u.U. rechtliches und wirtschaftliches Eigentum auseinander.

Werden an einem Wirtschaftsgut größere Reparaturarbeiten vorgenommen, so kann es sein, dass dadurch ein neues Wirtschaftsgut entsteht. In diesem Fall ist das neue Wirtschaftsgut unter Einbeziehung des Buchwerts des alten Wirtschaftsguts zu bilanzieren. Die Ausgabe wird über die AfA (u.U. auf einen sehr langen Zeitraum verteilt) steuerwirksam. Entsteht aber durch die Ausgabe kein neues Wirtschaftsgut, so kann sie – eben weil ihr die Wirtschaftsguteigenschaft fehlt – nicht bilanziert werden. Sie ist sofort als Betriebsausgabe gewinnmindernd abzusetzen. Dieses Problem ist bei Gebäuden wegen der relativ langen Nutzungsdauer besonders gravierend.

Die Steuerbehörden haben für die Abgrenzung bei Gebäuden umfangreiche Normierungen in R 157 EStR 2001 festgelegt. Aktivierungspflichtiger sog. **Herstellungsaufwand** liegt nach R 157 Abs. 3 EStR 2001 vor, wenn "...Aufwendungen durch den Verbrauch von Gütern und die Inanspruchnahme von Diensten für die Erweiterung oder für die über den ursprünglichen Zustand hinausgehende wesentliche Verbesserung eines Gebäudes entstehen...". Fallen in diesem Zusammenhang Ausgaben an, die für sich nicht aktivierungsfähig wären, dann gehören sie ebenfalls zum Herstellungsaufwand. Sog. **Erhaltungsaufwand** liegt dagegen vor, wenn die Ausgaben der laufenden Instandhaltung und Instandsetzung dienen. Das Wirtschaftsgut soll in seiner bestimmungsmäßigen Nutzungsmöglichkeit erhalten werden.

Die Abgrenzung ist im Einzelfall schwierig. Deshalb sieht R 157 Abs. 3 EStR 2001 vor, dass eine Prüfung nur durchgeführt wird, wenn die Ausgabe für eine einzelne Baumaßnahme höher ist als € 2.100 (zuzüglich USt). Liegt bei niedrigeren Ausgaben möglicherweise Herstellungsaufwand vor, so kann der Steuerpflichtige dennoch einen sofortigen Abzug als Erhaltungsaufwand (also als Betriebsausgabe bzw. Werbungskosten) beantragen.

Eine steuerrechtliche Besonderheit findet sich in R 157 Abs. 4 EStR 2001. Danach sind Erhaltungsaufwendungen, die in relativ kurzer Zeit nach Anschaffung des Gebäudes getätigt werden, als Herstellungsaufwand (Herstellungskosten) zu behandeln, "...wenn in zeitlicher Nähe zur Anschaffung... im Verhältnis zum Kaufpreis hohe Reparatur- oder Modernisierungsaufwendungen anfallen..." (**anschaffungsnaher Aufwand**[147]). Um diese Abgrenzung praktikabel zu machen, wird das Vorliegen anschaffungsnahen Aufwands nur in den ersten drei Jahren nach der Anschaffung geprüft, wenn derartige Ausgaben insgesamt 15 % der Anschaffungskosten des *Gebäudes* übersteigen.

[147] In R 157 Abs. 4 EStR 2001 irreführend anschaffungsnaher Herstellungsaufwand genannt. Der Begriff der anschaffungsnahen Aufwendungen deckt sich nicht mit dem der nachträglichen Anschaffungskosten nach § 255 Abs. 1 HGB. Diese stellen nämlich keinen Aufwand dar; außerdem fehlt die zeitliche Beschränkung. Nach der Rechtsprechung ist eine Annäherung beider Begriffe zu erwarten.

Die für die Steuerbilanz getroffene Abgrenzung zwischen Herstellungs-, Erhaltungs- und anschaffungsnahem Aufwand ist regelmäßig in die Handelsbilanz zu übernehmen. Es handelt sich hier aber nicht um ein Beispiel der Umkehrung des Maßgeblichkeitsprinzips, sondern nach Auffassung der Finanzbehörden um eine Spezifizierung von GoB.

Ein weiteres Problem ist die **Zurechnung von Wirtschaftsgütern zum Betriebs- oder Privatvermögen**. In diesen Fällen hat der Unternehmer das wirtschaftliche Eigentum – nur die Zweckbestimmung ist nicht immer eindeutig zu klären. Bei der überwiegenden Zahl der Wirtschaftsgüter besteht dieses Problem allerdings nicht. Wegen ihrer besonderen technischen Eigenschaften können sie entweder nur betrieblich oder nur privat genutzt werden. Im ersten Fall handelt es sich um sog. **notwendiges Betriebsvermögen**, im zweiten Fall um notwendiges Privatvermögen. Wirtschaftsgüter, die nicht nach 'objektiven' Kriterien der einen oder anderen Zweckbestimmung zugeordnet werden können, stellen nach R 13 Abs. 1 EStR 2001 dann sog. **gewillkürtes Betriebsvermögen** dar, wenn sie "...in einem gewissen objektiven Zusammenhang mit dem Betrieb stehen und ihn zu fördern bestimmt und geeignet sind..." Für notwendiges Betriebsvermögen besteht Bilanzierungspflicht, für gewillkürtes Betriebsvermögen ein Bilanzierungswahlrecht und für notwendiges Privatvermögen Bilanzierungsverbot.

Die EStR unterscheiden bei **gemischter Nutzung** hinsichtlich der Zuordnung zwischen beweglichen Wirtschaftsgütern einerseits und Grundstücken andererseits. Werden bewegliche Wirtschaftsgüter teilweise betrieblich, teilweise privat genutzt, dann wird das gesamte Wirtschaftsgut dem einen oder dem anderen Vermögen zugeordnet[148]. Die Abgrenzung soll nach den Anteilen der Nutzung erfolgen (vgl. R 13 Abs. 1 EStR 2001). Wird das Wirtschaftsgut zu weniger als 10 % ausschließlich und unmittelbar im eigenen Unternehmen (eigenbetrieblich) genutzt, dann gehört es zum notwendigen Privatvermögen. Der betriebliche Nutzungsanteil wird durch Einlagen erfasst. Wird das Wirtschaftsgut zu mehr als 50 % eigenbetrieblich genutzt, dann gehört es zum notwendigen Betriebsvermögen. Der private Anteil wird durch Entnahmen erfasst. In den anderen Fällen hat der Steuerpflichtige ein Zuordnungswahlrecht. Das Wirtschaftsgut stellt gewillkürtes Betriebsvermögen dar. Die ErStlichen und UStlichen Vor- und Nachteile müssen zwecks vorteilhafter Ausübung des Wahlrechts gegenübergestellt werden[149].

Bei Grundstücken, die sich im rechtlichen Eigentum des Unternehmers befinden, wird das einheitliche Wirtschaftsgut *aufgeteilt*. Nach R 13 Abs. 4 EStR 2001 wird ein gemischt-genutztes Grundstück nach folgenden Kriterien zugeordnet:

- Grundstücksteile, die für eigene Wohnzwecke genutzt werden, stellen notwendiges Privatvermögen dar.

---

[148] UStlich hat der Unternehmer sowohl bei beweglichen als auch bei unbeweglichen Wirtschaftsgütern ein Wahlrecht der Aufteilung bzw. gesamten Zuordnung zum einen oder zum anderen Vermögen (BMF 27.06.1996 BStBl. 1996 I 702).

[149] Vgl. hierzu Kapitel "Zurechnung zu Vermögenssphären".

- Grundstücksteile, die eigenbetrieblich genutzt werden, stellen notwendiges Betriebsvermögen dar. Ist allerdings der eigenbetrieblich genutzte Teil relativ und absolut klein (Anteil kleiner als 20 % *und* gemeiner Wert kleiner als € 20.500, § 8 EStDV), dann stellt er gewillkürtes Betriebsvermögen dar.
- Grundstücksteile, die fremdgenutzt sind (für fremdbetriebliche oder Wohnzwecke vermietet sind) und bei denen ein gewisser objektiver Zusammenhang zum eigenen Unternehmen besteht und die dem Unternehmenszweck dienen, stellen gewillkürtes Betriebsvermögen dar. Sind die Bedingungen nicht erfüllt, ist aber der eigen- und fremdbetrieblich genutzte Teil größer als 50 % des Grundstücks, dann stellt dieser Teil dennoch gewillkürtes Betriebsvermögen dar.

Die Zuordnungsentscheidung ist bei Grundstücken regelmäßig von größerer Bedeutung, aber auch schwieriger als bei beweglichen Wirtschaftsgütern. Bei einer Zuordnung zum Betriebsvermögen mindert die AfA (auf die Gebäude) auch die GewSt. Bei Zuordnung zum Privatvermögen ist dagegen der Veräußerungsgewinn regelmäßig steuerfrei. Da Grundstücke nur in relativ großen Zeitabständen angeschafft bzw. veräußert werden, ist insbesondere die Prognose des Veräußerungsgewinns schwierig.

Während in den genannten Fällen die Zweckbestimmung der Wirtschaftsgüter problematisch ist, gibt es Fälle, in denen die betriebliche Nutzung eindeutig, das **wirtschaftliche Eigentum** jedoch schwierig zu bestimmen ist. Grundsätzlich folgt die wirtschaftliche Zugehörigkeit dem rechtlichen Eigentum. Nach § 39 Abs. 1 AO sind "...Wirtschaftsgüter...dem Eigentümer zuzurechnen". "Übt ein anderer als der Eigentümer die tatsächliche Herrschaft über ein Wirtschaftsgut in der Weise aus, dass er den Eigentümer im Regelfall für die gewöhnliche Nutzungsdauer von der Einwirkung auf das Wirtschaftsgut ausschließen kann, so ist ihm das Wirtschaftsgut zuzurechnen" (§ 39 Abs. 2 AO). Dieser Fall wirtschaftlichen Eigentums kann z.B. bei mietweiser Überlassung von Wirtschaftsgütern mit Optionsrechten (**Leasing**) vorliegen.

Bei üblichen Gewerbemietverträgen existiert meist allenfalls ein Vormietrecht. Der Mieter gibt nach Ablauf des Mietvertrags das Wirtschaftsgut dem Vermieter zurück. Dieser ist rechtlicher und wirtschaftlicher Eigentümer. Die Mietausgaben stellen Aufwand dar. Das gilt in gleicher Weise grundsätzlich auch beim Leasing. Die Leasingraten sind in vollem Umfang Aufwand bzw. Betriebsausgabe.

Bei Leasingverträgen kann es sein, dass der Mieter (Leasingnehmer) die Option wahrnimmt und so den Vermieter (Leasinggeber) von der Nutzung auch nach Ablauf des Mietvertrags ausschließen kann. Dann fällt rechtliches und wirtschaftliches Eigentum auseinander. Der Leasingnehmer ist der wirtschaftliche Eigentümer. Er muss das geleaste Wirtschaftsgut in seiner Bilanz ausweisen. Die eingegangene Verpflichtung zur Zahlung der Leasingraten ist in gleicher Höhe zu passivieren. Vom Leasinggeber wird eine entsprechende Forderung aktiviert. Der Leasinggegenstand wird um die jährliche AfA gemindert. Der Tilgungsanteil der Leasingrate (Differenz zwischen den Barwerten der Leasingverpflichtung zu Beginn und zum Ende des Wirtschaftsjahrs) mindert die Leasingverbindlichkeit. Der Zinsanteil (und eben die AfA) ist aufwandswirksam.

Die Zurechnung bei Leasinggegenständen ist im Wesentlichen in zwei Schreiben des BMF geregelt[150]. In diesen Schreiben wird auf das sog. **Finanzierungsleasing** abgestellt: Während der unkündbaren Grundmietzeit deckt die Summe der Leasingraten die AHK, die Finanzierungs- und die sonstigen Kosten des Leasinggebers. Ist das geleaste Wirtschaftsgut für die Zwecke des Leasingnehmers konstruiert (sog. **Spezialleasing**), so werden bewegliche Wirtschaftsgüter und Gebäude dem Leasingnehmer zugerechnet. Der Grund und Boden wird prinzipiell dem rechtlichen Eigentümer, also dem Leasinggeber, zugerechnet.

Das Spezialleasing stellt eher den Ausnahmefall dar. Überwiegend werden Wirtschaftsgüter verleast, die nicht nur durch den jeweiligen Leasingnehmer genutzt werden können. In diesen Fällen muss abgeschätzt werden, ob der Leasingnehmer nach Ablauf der Grundmietzeit die Option ausüben wird. Dann ist ihm das Wirtschaftsgut zuzurechnen. Die genannten Leasingerlasse typisieren die Wahrscheinlichkeitsprüfung (hier für das Finanzierungsleasing):

- Ist die Grundmietzeit kürzer als 40 % der betriebsgewöhnlichen Nutzungsdauer, dann wird eine vorteilhafte Option fingiert. Ein Leasingnehmer wird nämlich kaum bereit sein, in recht kurzer Zeit die gesamten Investitions- und Finanzierungsausgaben zu tragen, wenn ihm nicht eine vorteilhafte Kauf- oder Mietverlängerungsoption eingeräumt worden ist. Diese wird er nach Ablauf der Grundmietzeit ausüben.
- Ist die Grundmietzeit länger als 90 % der betriebsgewöhnlichen Nutzungsdauer, dann wird der Leasinggeber für fast die gesamte Nutzungsdauer von einer Einwirkung ausgeschlossen. Nach Ablauf der Grundmietzeit ist der Leasinggegenstand im Wesentlichen verbraucht. Hier kommt es auf die Vorteilhaftigkeit der Option nicht an – das Wirtschaftsgut wird dem Leasingnehmer zugerechnet.
- Liegt die Grundmietzeit innerhalb der genannten Grenzen, dann wird das Wirtschaftsgut dem Leasingnehmer nur zugerechnet, wenn eine für ihn vorteilhafte Option vereinbart wurde. Eine Kaufoption wird z.B. dann als vorteilhaft angesehen, wenn der Kaufpreis niedriger ist als der Restbuchwert bei linearer AfA oder als der niedrigere gemeine Wert. Eine Mietverlängerungsoption wird als vorteilhaft angesehen, wenn die Anschlussmiete niedriger ist als die Rest-AfA vom Buchwert bzw. vom niedrigeren gemeinen Wert.

Bei Leasingverträgen über unbewegliche Wirtschaftsgüter wird der Grund und Boden dem Leasingnehmer nur bei einer vorteilhaften *Kauf*option zugerechnet. Da Grund und Boden nichtabnutzbar ist, kann der Leasingnehmer den Leasinggeber auch bei relativ langen Leasingverträgen oder bei Mietverlängerungsoptionen nicht für die unendlich lange betriebsgewöhnliche Nutzungsdauer von der Einwirkung ausschließen.

[150] Vgl. BMF 19.04.1971 BStBl. 1971 I 264 und BMF 21.03.1972 BStBl. 1972 I 188.

Auf der Passivseite der Bilanz besteht nach § 249 Abs. 1 HGB für die Gruppe der praktisch wichtigen **Rückstellungen für ungewisse Verbindlichkeiten** Passivierungspflicht. Die Passivierungspflicht gilt auch für die Steuerbilanz. Für eine Reihe weiterer Rückstellungen sind teilweise unterschiedliche Passivierungsregeln vorgesehen. Hierbei handelt es sich im Wesentlichen um:

- Rückstellungen für drohende Verluste aus schwebenden Geschäften (Passivierungspflicht in der Handelsbilanz und Passivierungsverbot in der Steuerbilanz)
- Rückstellungen für unterlassene Instandhaltung, die in den ersten drei Monaten des folgenden Geschäftsjahrs nachgeholt wird (Passivierungspflicht in der Handelsbilanz und damit auch in der Steuerbilanz)
- Rückstellungen für unterlassene Abraumbeseitigung, die im folgenden Geschäftsjahr nachgeholt wird (Passivierungspflicht in der Handelsbilanz und damit auch in der Steuerbilanz)
- Rückstellungen für Gewährleistungen ohne rechtliche Verpflichtung (Passivierungspflicht in der Handelsbilanz und damit auch in der Steuerbilanz)
- Rückstellungen für unterlassene Instandhaltung, die in den letzten neun Monaten des folgenden Geschäftsjahrs nachgeholt wird (Passivierungswahlrecht in der Handelsbilanz und Passivierungsverbot in der Steuerbilanz)
- Rückstellungen nach § 249 Abs. 2 HGB für genau umschriebene nachgeholte Aufwendungen (Passivierungswahlrecht in der Handelsbilanz und Passivierungsverbot in der Steuerbilanz)
- Rückstellungen für latente Steuern nach § 274 HGB für Kapitalgesellschaften (Passivierungspflicht in der Handelsbilanz und Passivierungsverbot in der Steuerbilanz).

Im Einzelfall – etwa bei Pensionsrückstellungen in § 6a EStG – sind die steuerrechtlichen Anforderungen schärfer als die des Handelsrechts. Verpflichtet sich ein Betrieb, an Arbeitnehmer oder deren Angehörige Versorgungszahlungen zu leisten, dann geht er eine ungewisse Verbindlichkeit gegenüber einem Dritten ein. In der Handelsbilanz besteht Passivierungspflicht. Für die Steuerbilanz sind Bilanzierung und Bewertung in § 6a EStG geregelt. Das Maßgeblichkeitsprinzip ist zu beachten. Pensionsrückstellungen dürfen in der Steuerbilanz nur gebildet werden, wenn:

- der Pensionsberechtigte einen Rechtsanspruch hat
- die Pensionszusage keinen speziellen Leistungsvorbehalt enthält
- die Pensionszusage schriftlich erteilt ist.

Sind diese Bedingungen sämtlich erfüllt, dann besteht über das Maßgeblichkeitsprinzip Passivierungspflicht. Anderenfalls wird das Maßgeblichkeitsprinzip durchbrochen. Einer möglichen handelsrechtlichen Passivierungspflicht steht dann ein steuerrechtliches Passivierungsverbot gegenüber.

Der handelsrechtlichen Passivierungspflicht für latente Steuern steht ein steuerrechtliches Passivierungsverbot gegenüber. Auch bei den Rückstellungen für drohende Verluste aus schwebenden Geschäften ist das Maßgeblichkeitsprinzip durchbrochen (Passivierungspflicht in der Handelsbilanz/Passivierungsverbot in der Steuerbilanz). Schließlich sieht § 249 HGB für unterlassene Instandhaltung, die in den letzten neun Monaten des Geschäftsjahrs nachgeholt wird sowie für besondere Fälle (Großreparaturen) ein Passivierungswahlrecht für Rückstellungen vor – in der Steuerbilanz sind sie verboten.

Für **Verbindlichkeiten** gilt das Maßgeblichkeitsprinzip. Sie sind in Handels- wie in Steuerbilanz passivierungspflichtig.

Bei den **Rechnungsabgrenzungsposten** decken sich die Vorschriften des § 250 HGB und des § 5 Abs. 5 EStG (vgl. auch R 31b EStR 2001). Dem handelsrechtlichen Aktivierungswahlrecht für als Aufwand berücksichtigte Zölle und Verbrauchsteuern auf Vorratsvermögen sowie USt auf Anzahlungen und für das Disagio steht steuerrechtlich Aktivierungspflicht gegenüber. Insbesondere im letzten Fall dominiert also in der Steuerbilanz das Periodisierungsprinzip.

5.3 Die Bewertung in der Steuerbilanz

Der steuerrechtlichen Zielvorstellung der periodengerechten Gewinnermittlung folgend, überwiegt bei der Kodifizierung der Bewertungsvorschriften in § 6 EStG das Abgrenzungsprinzip. Die Wirtschaftsgüter und Schulden des Betriebsvermögens (und selbstverständlich die Abgrenzungsposten) sind so zu bewerten, dass der Gewinn aus Gewerbebetrieb in dem Wirtschaftsjahr ausgewiesen wird, in dem er verursacht ist. Diese Bewertung kann grundsätzlich nur zu *einem* Wert erfolgen. Jeder andere Wert führt zu einem periodenfalschen Gewinn. Die Wirtschaftsgüter und Schulden sind mit diesem einen Wert anzusetzen.

Das steuerrechtliche Fixwertprinzip läßt sich allerdings nicht mit der Forderung nach Einhaltung der GoB vereinbaren. Nach dem Vorsichtsprinzip ist nicht der periodengerechte, sondern ein eher pessimistisch geschätzter Wert anzusetzen. Von mehreren möglichen Werten ist auf der Aktivseite der jeweils niedrigste Wert, auf der Passivseite der jeweils höchste Wert zu wählen. Weil sich diese Zielkonkurrenz wegen des Maßgeblichkeitsprinzips auch auf die Steuerbilanz auswirkt, ist in § 6 EStG nicht das Fixwertprinzip, sondern wie im HGB ein grundsätzliches Bewertungswahlrecht (das im HGB aber vor allem für Kapitalgesellschaften eingeschränkt ist) formuliert.

5.3.1 Die Bewertung des Anlagevermögens

"Wirtschaftsgüter des Anlagevermögens, die der Abnutzung unterliegen, sind mit den Anschaffungs- oder Herstellungskosten..., vermindert um die Absetzungen für Abnutzung ..., anzusetzen. Ist der Teilwert aufgrund einer voraussichtlich dauernden Wertminderung niedriger, so kann dieser angesetzt werden" (§ 6 Abs. 1 EStG). Ebenda ist geregelt, dass nichtabnutzbares Anlagevermögen ebenfalls mit den AHK, nur selbstverständlich ohne

Absetzungen für Abnutzung, oder mit dem niedrigeren Teilwert bei voraussichtlich dauernder Wertminderung zu bewerten ist. Unter den Absetzungen für Abnutzung sind hier die Absetzung für gewöhnliche Abnutzung (AfA) sowie die Absetzung für Substanzverringerung (AfS) und die Absetzung für außergewöhnliche Abnutzung (AfaA) zu verstehen. Darüber hinaus sind die handelsrechtlichen GoB zu beachten. Von besonderer praktischer Bedeutung sind schließlich die steuerrechtlichen Möglichkeiten, erhöhte Absetzungen statt AfA oder Sonderabschreibungen neben der AfA zu wählen.

Aus dieser Skizze ergeben sich die grundsätzlichen Probleme bei der Bewertung des Anlagevermögens in der Steuerbilanz:

- die Definition und Ermittlung der Basiswerte Anschaffungskosten, Herstellungskosten und Teilwert
- die Wertfortführung im praktischen Normalfall der Wert*minderung* (Abschreibung) durch AfA, AfS, AfaA, Teilwertabschreibung, erhöhte Absetzungen oder Sonderabschreibungen
- die Wertfortführung im praktischen Ausnahmefall der Wert*aufholung* (Zuschreibung).

5.3.1.1 Die Basiswerte

Nach § 255 Abs. 1 HGB sind **Anschaffungskosten** "...die Aufwendungen, die geleistet werden, um einen Vermögensgegenstand zu erwerben und ihn in einen betriebsbereiten Zustand zu versetzen, soweit sie dem Vermögensgegenstand einzeln zugeordnet werden können. Zu den Anschaffungskosten gehören auch die Nebenkosten sowie die nachträglichen Anschaffungskosten. Anschaffungspreisminderungen sind abzusetzen." In gleicher Weise sind die steuerlichen Anschaffungskosten definiert (H 32a EStH 2000).

Die Anschaffungskosten umfassen als wesentlichen Bestandteil einmal den Anschaffungspreis. Die USt (Vorsteuer) gehört regelmäßig nicht dazu (§ 9b Abs. 1 EStG). Korrekturen von nach Auffassung der Finanzbehörden überhöhten oder zu niedrigen Preisen auf einen 'angemessenen' Preis erfolgen ausnahmsweise z.B. in den Fällen des § 4 Abs. 5 Nr. 7 EStG. Es handelt sich hier um Wirtschaftsgüter, die auch privat verwendet werden können (gemischtgenutzte Wirtschaftsgüter, wie etwa Personenkraftwagen, die besonders aufwendig sind). Regelmäßig ist aber der tatsächliche Anschaffungspreis die Grundlage der Anschaffungskosten.

Zu den Anschaffungskosten gehören auch die Nebenkosten, deren Ausgabe erst die Einsatzfähigkeit herbeiführt. Hierzu gehören etwa Transport- und Transportversicherungsausgaben, Montage- und Fundamentierungsausgaben, auch wenn sie durch eigene Arbeitnehmer erfolgen, Gebühren, Provisionen und eventuelle Steuern (etwa GrESt). Arbeiten, die der Einzelunternehmer[151] selbst durchführt, stellen kalkulatorische Kosten dar, die bilanzrechtlich nicht zu den Anschaffungskosten gehören. Auch Gemeinkosten gehören nicht zu den Anschaffungskosten (§ 255 Abs. 1 HGB:"...einzeln zugeordnet werden können..."). Schließlich können auch nachträgliche Ausgaben anfallen, die handelsrechtlich als nachträgliche Anschaffungskosten, steuerrechtlich als Herstellungsaufwand bezeichnet werden. Führen die nachträglichen Ausgaben nicht zur Schaffung eines neuen Wirtschaftsguts, dann stellen sie Erhaltungsaufwand dar, sind also im Wirtschaftsjahr der Verursachung als Betriebsausgabe abzusetzen.

In Ausnahmefällen gehört auch die USt ganz oder teilweise zu den Anschaffungskosten. Das ist der Fall, wenn steuerfreie Umsätze getätigt werden oder – wie etwa beim Kleinunternehmer des § 19 UStG – die USt nicht erhoben wird. Die Zurechnung der USt zu den Anschaffungskosten kann schwierig sein, wenn teilweise USt-pflichtige (oder nicht steuerbare) und teilweise USt-freie Umsätze existieren. Dann ist der nichtabzugsfähige Teil der USt den AHK zuzurechnen.

Wird das jeweilige Wirtschaftsgut in den folgenden fünf bzw. zehn Jahren in einem anderen als dem ursprünglich angenommenen Verhältnis zur Erwirtschaftung USt-pflichtiger (oder nicht steuerbarer) bzw. USt-freier Umsätze eingesetzt, so ist nach § 15a Abs. 1 UStG eine Korrektur erforderlich. Dann ergibt sich eine Verschiebung zwischen Vorsteuerabzug und Anschaffungskosten. Das führt nach § 9b Abs. 2 EStG aber nicht zu nachträglichen Anschaffungskosten oder -minderungen. Einfacherweise müssen im jeweiligen Wirtschaftsjahr Erhöhungen des Vorsteuerbetrags als Betriebseinnahmen bzw. Minderungen als Betriebsausgaben erfasst werden. Ein Zuordnungswahlrecht besteht nicht.

Da zu den Anschaffungskosten nur die tatsächlich getätigten Ausgaben gehören, sind z.B. Preisnachlässe wie Skonti und Rabatte vom Anschaffungspreis abzusetzen. Werden Skonti nicht in Anspruch genommen, so führt dies wegen des längeren Zahlungsziels zu Finanzierungsaufwand in Höhe der Skontobeträge (Buchung von Skontoaufwand, sog. Nettomethode). Der BFH verlangt jedoch die Bruttomethode: Werden Skonti nicht in Anspruch genommen, dann erfolgt überhaupt keine Buchung – die Anschaffungskosten werden nicht gemindert (H 32a EStH 2000).

Auch Zuschüsse, die der Unternehmer von einem Dritten für die Anschaffung erhält, mindern den Anschaffungspreis und sind abzusetzen. Dieser Grundsatz wird jedoch durch R 34 EStR 2001 zu einem Wahlrecht. Zuschüsse können als Anschaffungspreisminderung abgesetzt werden (sog. **erfolgsneutrale Buchung**). Sie können aber auch als Betriebseinnahme erfasst werden (sog. **erfolgswirksame Buchung**). Dieses Wahlrecht wird grundsätzlich auch in die Handelsbilanz übernommen. Allerdings wird dort die erfolgswirksame Buchung wegen der Verzerrung der Erfolgslage nicht akzeptiert. Vielmehr wird dann ein Passivposten verlangt, der über die Nutzungsdauer aufzulösen ist. Wegen des Maßgeblichkeitsprinzips ist die erfolgsneutrale Buchung in der Steuerbilanz

[151] Eigenartigerweise gehören aber Arbeiten, die ein Mitunternehmer selbst durchführt, zu den Anschaffungskosten.

nur möglich, wenn auch in der Handelsbilanz die Anschaffungskosten gemindert werden. Anderenfalls steht dem handelsbilanziellen Passivposten eine steuerbilanzielle Betriebseinnahme gegenüber.

Auch InvZul sind Zuschüsse. Da sie steuerfrei sind, wäre eine erfolgsneutrale Buchung unpraktisch. Die Sicherung der Steuerfreiheit erfordert dann nämlich mehrjährige Korrekturen; das wäre recht kompliziert. Sie werden erfolgswirksam gebucht; der Erfolg wird außerhalb der Steuerbilanz neutralisiert.

Aufgrund der Antragsmodalitäten werden Zuschüsse nicht selten erst nach Abschluss der Anschaffung gezahlt. Bei dann nachträglicher erfolgsneutraler Buchung berechnen sich die AfA-Beträge bei Gebäuden nach den geminderten Anschaffungskosten, ansonsten nach dem geminderten Buchwert. Werden Zuschüsse bereits im Voraus gezahlt, dann kann – wenn eine erfolgsneutrale Buchung geplant ist – eine steuerfreie Rücklage gebildet werden. Diese wird im Jahr der Anschaffung auf die Anschaffungskosten übertragen. Auch hier muss in der Handelsbilanz in gleicher Weise vorgegangen werden (vgl. R 34 EStR 2001).

Ein besonderer Anschaffungsvorgang ist der unentgeltliche Erwerb. Hier existieren überhaupt keine Anschaffungskosten. Da sich das Wirtschaftsgut jedoch im wirtschaftlichen Eigentum des Unternehmers befindet und auch zu seinem Betriebsvermögen gehört, muss es nach dem Grundsatz der Vollständigkeit aktiviert werden. In der Handelsbilanz wird nach h.M. der Zeitwert angesetzt. Für die Steuerbilanz ist nach § 6 Abs. 4 EStG der gemeine Wert ausdrücklich dann fixiert, wenn das Wirtschaftsgut aus betrieblichem Anlass unentgeltlich von einem Betriebsvermögen in ein anderes überführt wird. Wird das Wirtschaftsgut unentgeltlich aus einem Privatvermögen übernommen, dann liegt eine Einlage nach § 4 Abs. 1 EStG vor, die nach § 6 Abs. 1 EStG mit dem Teilwert anzusetzen ist.

Beim Tausch gilt nach § 6 Abs. 6 EStG der gemeine Wert (Einzelveräußerungspreis) des hingegebenen Wirtschaftsguts als Anschaffungskosten des erhaltenen Wirtschaftsguts. Der Tausch wird also wie ein Kaufvertrag angesehen, bei dem die Gegenleistung nicht in Geld, sondern in einen anderen Wirtschaftsgut erbracht wird. Ist der gemeine Wert höher als der Buchwert des hingegebenen Wirtschaftsguts, dann entsteht in Höhe der Differenz ein Ertrag, weil stille Rücklagen existiert haben, die durch den Tauschvorgang realisiert werden.

Herstellungskosten sind nach § 255 Abs. 2 HGB "...die Aufwendungen, die durch den Verbrauch von Gütern und die Inanspruchnahme von Diensten für die Herstellung eines Vermögensgegenstands, seine Erweiterung oder für eine über seinen ursprünglichen Zustand hinausgehende wesentliche Verbesserung entstehen." Diese Definition gilt auch für die Steuerbilanz (vgl. H 33 EStH 2000). Damit ist festgelegt, dass (wie bei den Anschaffungskosten) nur Aufwand zu Herstellungskosten führen kann. Kalkulatorische Kosten werden nicht einbezogen. Die Behandlung der USt, Skonti, Rabatte und Zuschüsse entspricht der bei den Anschaffungskosten.

Aus der Definition ergibt sich weiter das grundsätzliche Abgrenzungskriterium für die Herstellungskosten. Es kann sich nur um solche Aufwendungen handeln, die durch die Herstellung, Erweiterung oder wesentliche Verbesserung *verursacht* sind. Es kann sich also nur um variable bzw. Einzelkosten handeln. Fixe bzw. Gemeinkosten würden demnach außer Ansatz bleiben, da sie dem jeweiligen Wirtschaftsgut nicht verursachungsgerecht zuzurechnen sind.

§ 255 Abs. 2 HGB spricht allerdings an zwei Stellen davon, dass Gemeinkosten in die Herstellungskosten *ein*gerechnet werden dürfen – nach wörtlicher Interpretation stellen sie also Herstellungskosten dar. Die zugrunde liegende EG-Bilanzrichtlinie spricht von einer *Hinzu*rechnung[152]. Dann wären die Gemeinkosten keine Herstellungskosten. Es läge ein besonderes Zurechnungswahlrecht vor, dessen Existenz möglicherweise bilanzpolitisch motiviert ist. Die Zweifel an der wörtlichen Auslegung lassen sich teleologisch beseitigen. Nach den Zielen des § 264 HGB wird das Erfolgsdarstellungsziel verfehlt, weil die Gemeinkosten eben nicht richtig zuzuordnen sind, sondern als Einzelkostenzuschlag erfasst werden. Damit ist die Bewertung falsch. Das Liquiditätsdarstellungsziel wird verfehlt, weil es weniger wahrscheinlich ist, dass die Gemeinkosten realisiert werden können. Vorsichtigerweise müssen sie deshalb bei der Bewertung der einzelnen Vermögensgegenstände vernachlässigt werden.

Die Bewertung mit Einzelkosten ist zielkonform. Die handelsrechtliche Bewertung hat sich dieser Auffassung nur eingeschränkt angeschlossen. § 255 Abs. 2 HGB gibt ein Einbeziehungs*wahlrecht* für die notwendigen Gemeinkosten. Die Untergrenze für die handelsrechtlichen Herstellungskosten stellen die Einzelkosten (bzw. die variablen Kosten) dar. Die steuerrechtliche Bewertung (§ 6 Abs. 1 EStG[153], verdeutlicht in R 33 Abs. 1 EStR 2001) sieht dagegen eine Durchbrechung des Maßgeblichkeitsprinzips vor. Danach *müssen* die notwendigen Gemeinkosten in die Herstellungskosten bei der steuerrechtlichen Bewertung einbezogen werden[154].

Für die allgemeinen Verwaltungsgemeinkosten gilt auch in der Steuerbilanz ein Einbeziehungswahlrecht. Die Finanzierungskosten stellen – da sie nicht der Investition, sondern der Finanzierung zugerechnet werden – keine Herstellungskosten dar. Deshalb dürfen sie nicht in die Herstellungskosten einbezogen werden. Ausnahmsweise gelten sie jedoch nach § 255 Abs. 3 HGB als Herstellungskosten, "...soweit sie auf den Zeitraum der Herstellung entfallen." Vertriebskosten schließlich fallen nicht bei der Produktion, sondern eben im Vertrieb an, sodass sie nicht zu den Herstellungskosten gehören. Diese Abgrenzung ist nicht immer einfach.

---

[152] Nach Siegel, T., Herstellungskosten und Grundsätze ordnungsmäßiger Buchführung, in Elschen, R., Siegel, T., Wagner, F.W. (Hrsg.), Unternehmenstheorie und Besteuerung, a.a.O., S. 635ff., hier S. 642.

[153] "Bei der steuerlichen Gewinnermittlung sind nach § 6 Abs. 1 Nr. 2 Satz 1 EStG *die* Herstellungskosten anzusetzen, also grundsätzlich *alle* Aufwendungen, die ihrer Art nach Herstellungskosten sind..." (Hervorhebung i.O.). Durch diese wörtliche Auslegung (BFH 21.10.1993 BStBl. 1994 II 176 (178)) werden die Ziele der Handels- und damit auch der Steuerbilanz verletzt.

[154] Vgl. kritisch Küting, K., Lorson, P., Grundsatzfragen der Ermittlung von Herstellungskosten in der Handelsbilanz, in DStR 1994, S. 666ff., dies., Kritische Anmerkungen zum Umfang der Herstellungskosten in der Steuerbilanz im Spiegel von Literatur und BFH-Rechtsprechung, in DStR 1994, S. 729ff.

Für die Einbeziehung in die Herstellungskosten gilt:

Kostenart	**Kostengruppe**	**Handelsbilanz**	**Steuerbilanz**
kalkulatorische Kosten		Verbot	Verbot
Fertigungslöhne	Fertigungs-einzelkosten	Pflicht	Pflicht
Fertigungsmaterial	Fertigungs-einzelkosten	Pflicht	Pflicht
Materialgemeinkosten	Fertigungs-gemeinkosten	Wahlrecht	Pflicht
spezielle Verwaltungsgemeinkosten	Verwaltungs-gemeinkosten	Wahlrecht	Pflicht
allgemeine Verwaltungsgemeinkosten	Verwaltungs-gemeinkosten	Wahlrecht	Wahlrecht
allgemeine Finanzierungskosten		Verbot	Verbot
spezielle Finanzierungskosten		Wahlrecht	Wahlrecht
Vertriebskosten		Verbot	Verbot

Problematisch ist weiterhin, ob die tatsächlichen Istkosten, die bei normaler Beschäftigung anfallenden Normalkosten oder die bei optimaler Beschäftigung erwarteten Plankosten für die Einzel- und Gemeinkosten angesetzt werden sollen. Geht man davon aus, dass nur tatsächlicher Wertverzehr in die Herstellungskosten eingehen darf, dann sind die Istkosten anzusetzen. Nach h.M. stellen sie die zulässige Obergrenze dar. Sind die Normal- oder Plankosten niedriger und basieren sie auf einer ordnungsmäßigen Kostenrechnung, dann können sie gewählt werden. Da dieses Vorgehen den GoB entspricht, können die Normal- oder Plankosten auch in die Steuerbilanz übernommen werden. Es sei wiederholt, dass bei jedem Kostenrechnungssystem die kalkulatorischen Kostenarten eliminiert werden müssen.

Der **Teilwert** ist in § 6 Abs. 1 EStG und fast gleichlautend in § 10 BewG definiert als "...der Betrag, den ein Erwerber des ganzen Betriebes im Rahmen des Gesamtkaufpreises für das einzelne Wirtschaftsgut ansetzen würde; dabei ist davon auszugehen, dass der Erwerber den Betrieb fortführt." Der Teilwert ist also im Gegensatz zu den AHK grundsätzlich unternehmensabhängig. Identische Wirtschaftsgüter könnten dementsprechend unterschiedliche Teilwerte haben. Weiterhin basiert der Teilwert auf einer *Gesamt*bewertung des Unternehmens.

Aus der Definition ergibt sich die Methodik zur Ermittlung des Teilwerts. Zuerst muss der fiktive Käufer das gesamte Unternehmen bewerten, um die Preisobergrenze festzustellen. Die Unternehmensbewertung soll nach dem going-concern-Prinzip vorgenommen werden. Es ist also der Ertrags- oder Barwert des Unternehmens zu schätzen. Dann muss hieraus der Gesamtkaufpreis hergeleitet werden, von dem allenfalls bekannt ist, dass er unter dem Ertrags- oder Barwert liegt, da dieser die Preisobergrenze des fiktiven Käufers darstellt.

Weiterhin kann man die Definition so interpretieren, dass der (unbekannte) Gesamtkaufpreis schließlich auf die einzelnen Wirtschaftsgüter des Betriebsvermögens aufzuteilen sei. Diese Aufteilung muss dem Verursachungsprinzip folgen. Auch das ist nicht möglich, weil der Gesamtkaufpreis nicht nur durch die bloße Existenz einzelner Wirtschaftsgüter bestimmt wird, sondern vor allem auf dem Kombinationsmehrwert (Firmen- oder Geschäftswert) basiert. Der Kombinationsmehrwert läßt sich aber weder isoliert berechnen noch ist er verursachungsgerecht aufzuteilen[155].

Die Unmöglichkeit der Teilwertermittlung hat aber bisher nicht dazu geführt, auf diesen Wert zu verzichten. Vielmehr hat die Rechtsprechung sog. Teilwertvermutungen aufgestellt. Diese gelten, wenn der Unternehmer sie nicht widerlegen kann. Da der Teilwert nur relevant wird, wenn er unter den AHK liegt, existieren solche Vermutungen nach R 35a EStR 2001 nur für den *niedrigeren* Teilwert. Danach entspricht der Teilwert im Anlagevermögen trivialerweise den AHK, bei abnutzbaren Wirtschaftsgütern den um lineare AfA geminderten AHK. Nur im Umlaufvermögen wird vermutet, dass der Teilwert den Wiederbeschaffungskosten entspreche – allerdings sei auch der Börsen- oder Marktpreis zu beachten. Wie gezeigt wurde[156], ist diese Vermutung kein Näherungswert, sondern theoretisch richtig.

Nach dem Maßgeblichkeitsprinzip ist der sog. beizulegende Wert des § 253 Abs. 2 HGB in die Steuerbilanz zu übernehmen, wenn er in der Handelsbilanz angesetzt werden darf oder muss. Es liegt – da der Teilwert nur steuerrechtlich definiert ist – deshalb nahe, eine Verbindung zwischen diesen beiden Werten herzustellen. Der beizulegende Wert ist gesetzlich nicht definiert. Nach h.M.[157] sind die Wiederbeschaffungs- oder Wiederherstellungskosten und der (Einzel-)Veräußerungspreis als Anhaltspunkte für die Ermittlung heranzuziehen. Diese beiden Werte finden sich auch bei der praktischen Eingrenzung des Teilwerts durch die sog. Vermutungen. Weil sich weiterhin eine wirtschaftliche Begründung für divergierende beizulegende bzw. Teilwerte kaum finden läßt, wäre ein vom beizulegenden Wert abweichender Teilwert sogar unzulässig. Entspricht nämlich der beizulegende Wert den GoB, so muss der nach den gleichen Kriterien zu ermittelnde abweichende Teilwert diese Grundsätze verletzen. Ein Ansatz in der Steuerbilanz wäre nicht möglich, weil auch dort die GoB zu beachten sind.

In der Steuerbilanz könnte demnach auf den Teilwert verzichtet werden. Als niedrigerer Alternativwert zu den (fortgeschriebenen) AHK wäre dann der handelsrechtliche

---

[155] Die Herleitung des Teilwerts basiert auf einem unlogischen Gedankengang. Nach § 255 Abs. 4 HGB ist der derivative Firmenwert die Differenz zwischen Gesamtkaufpreis und Wert der einzelnen Wirtschaftsgüter. Diese sind nach § 6 Abs. 1 Nr. 7 EStG mit dem Teilwert anzusetzen. Um diesen zu ermitteln, muss aber vorab der derivative Firmenwert bekannt sein, damit die Differenz zum Gesamtkaufpreis auf die materiellen und immateriellen Wirtschaftsgüter verteilt werden kann. Damit werden die Einzel-Wirtschaftsgüter aber tatsächlich mit den Wiederbeschaffungs- oder -herstellungskosten bewertet. Der Teilwertbegriff ist überflüssig; vgl. hierzu Schult, E., Richter, H., Wider den Teilwert – Eine Schimäre des Steuerrechts, in DStR 1991, S. 1261ff.; dies., Nochmals: Wider den Teilwert – Erwiderung zu Siegel, in DStR 1992, S. 208f.

[156] Ebenda

[157] Institut der Wirtschaftsprüfer in Deutschland e.V. (Hrsg.), Wirtschaftsprüfer-Handbuch 2000, Band I, 12.Aufl. Düsseldorf 2000, S. 285.

beizulegende Wert in die Steuerbilanz zu übernehmen. Der Teilwert ist theoretisch wie praktisch mit den Wiederbeschaffungs- oder -herstellungskosten identisch. Der Gesetzgeber sieht den Teilwert dagegen als "...Wert..., der auf einer nur steuerrechtlich zulässigen Abschreibung beruht" (§ 254 HGB).

5.3.1.2 Die Wertfortführung

Unter dem Begriff der **Wertfortführung** fasst man die unveränderte oder veränderte Fortschreibung eines Bilanzansatzes auf spätere Bilanzstichtage zusammen. Eine Änderung der Werte kann regelmäßig eine Wertminderung oder ausnahmsweise eine Wertaufholung sein. Die regelmäßige Wertminderung im abnutzbaren Anlagevermögen erfolgt in der Handelsbilanz durch planmäßige Abschreibungen, in der Steuerbilanz durch AfA. Daneben existieren außerplanmäßige Abschreibungen in der Handelsbilanz bzw. AfaA/AfaS in der Steuerbilanz. Schließlich gehören auch die sog. steuerrechtlichen Bewertungsfreiheiten (erhöhte Absetzungen und Sonderabschreibungen, Teilwertabschreibung) zu den Methoden der Wertminderung.

Das **nichtabnutzbare Anlagevermögen** (etwa Grund und Boden oder Beteiligungen) wird regelmäßig zu jedem Bilanzstichtag mit dem unveränderten Basiswert – den Anschaffungskosten – fortgeführt. Planmäßige Abschreibungen bzw. AfA, AfS oder AfaA sind nicht möglich.

Nach § 6 Abs. 1 EStG kann der niedrigere Teilwert nur dann angesetzt werden (**Teilwertabschreibung**), wenn er auf einer voraussichtlich dauernden Wertminderung basiert. Handelsrechtlich stellt eine entsprechende außerplanmäßige Abschreibung auf den niedrigeren beizulegenden Wert gem. § 253 Abs. 2 HGB schon bei vorübergehender Wertminderung ein Wahlrecht dar. Dann ist das Maßgeblichkeitsprinzip durchbrochen. Der Wert in der Steuerbilanz ist u.U. höher als der Wert in der Handelsbilanz. Bei dauernder Wertminderung *muss* die außerplanmäßige Abschreibung vorgenommen werden. Deshalb muss die Teilwertabschreibung in diesem Fall auch in der Steuerbilanz vorgenommen werden. Das Maßgeblichkeitsprinzip setzt das steuerrechtliche Wahlrecht außer Kraft.

Fällt nach erfolgter Abwertung zu einem späteren Bilanzstichtag der Grund für die Abwertung weg, dann können Nicht-Kapitalgesellschaften den niedrigeren Wert beibehalten, sie können auch auf maximal die Anschaffungskosten aufwerten. Für Kapitalgesellschaften schreibt § 280 Abs. 1 HGB Aufwertungspflicht vor, soweit es sich nicht um Finanzanlagen handelt. Diese Aufwertungspflicht gilt nach § 6 Abs. 1 EStG bei jeder Rechtsform für die Steuerbilanz.

Das **abnutzbare Anlagevermögen** wird in der Handelsbilanz durch planmäßige bzw. außerplanmäßige Abschreibungen fortgeführt. Diesen stehen in der Steuerbilanz Absetzungen/Abschreibungen unterschiedlicher Bezeichnung gegenüber:

Handelsbilanz	**Steuerbilanz**
planmäßige Abschreibung	Absetzung für Abnutzung bzw. Substanzverringerung
außerplanmäßige Abschreibung:	
- auf den niedrigeren beizulegenden Wert	Absetzung für außergewöhnliche Abnutzung bzw. Substanzverringerung
- auf den niedrigeren steuerlich zulässigen Wert	erhöhte Absetzungen Sonderabschreibungen Teilwertabschreibung[158]
- nach vernünftiger kaufmännischer Beurteilung[159]	--

Die AfA hat ihrer Bezeichnung entsprechend die Aufgabe[160], die erfolgsunwirksame Investitionsausgabe (AHK) verursachungsgerecht als Abnutzungsaufwand auf die Jahre der betrieblichen Nutzung zu verteilen. Als Betriebsausgabe jedes Wirtschaftsjahrs soll nur der Teil der AHK angesetzt werden, um den sich der Nutzungsvorrat der Investition durch die betrieblichen Aktivitäten gemindert hat. Diese Abgrenzung macht nur bei den Wirtschaftsgütern Schwierigkeiten, die dem Betrieb über einen Bilanzstichtag hinaus dienen sollen. Dann muss der gesamte Nutzungsvorrat auf zwei oder mehr Jahre verteilt werden. Neben der genannten **Verteilungsfunktion** (periodengerechte Gewinnermittlung) kommt den Abschreibungen eine **Finanzierungsfunktion** zu. Der Abschreibungsaufwand verhindert, dass Einnahmen in dieser Höhe als Gewinn ausgewiesen werden und damit z.T. als Steuern, z.T. als Ausschüttungen den Betrieb verlassen. Dann wäre eine Finanzierung der Reinvestition nach vollständigem Verbrauch des Wirtschaftsguts nicht sichergestellt.

Sowohl die Verteilungs- als auch die Finanzierungsfunktion können durch den Ansatz der bilanziellen Abschreibungen nur sehr unvollkommen erfüllt werden. Eine periodengerechte Aufwandsverteilung scheitert schon daran, dass zum Anschaffungs- oder Herstellungszeitpunkt der Nutzungsvorrat nicht bekannt ist. Weiterhin kann nicht exakt

---

158 Wird die Auffassung vertreten, dass die Teilwertabschreibung keine *nur* steuerrechtlich zulässige Abschreibung ist, dann entspricht sie der Abschreibung auf den niedrigeren beizulegenden Wert.

159 Dieser sog. Stille-Reserven-Wert nach § 253 Abs. 4 HGB, der noch niedriger als der beizulegende Wert ist, ist nach § 279 Abs. 1 HGB bei Kapitalgesellschaften und außerdem generell steuerrechtlich unzulässig. Der sog. Wertschwankungswert nach § 253 Abs. 3 HGB betrifft nur das Umlaufvermögen.

160 Vgl. zu diesen und weiteren Argumenten für die Notwendigkeit von Abschreibungen etwa Schneider, D., Betriebswirtschaftslehre, Band 2: Rechnungslegung, a.a.O., S. 129ff.

bestimmt werden, welcher Teil in welchem Jahr verbraucht worden ist. Außerdem ist zumindest strittig, ob die AHK tatsächlich den Wert des Nutzungsvorrats repräsentieren. Die Entscheidung des Unternehmers, das jeweilige Wirtschaftsgut anzuschaffen, deutet eher darauf hin, dass er diesen Wert höher als die AHK einschätzt. Sonst hätte er die Investition nicht vorgenommen.

Die Erfüllung der Finanzierungsfunktion scheitert regelmäßig schon daran, dass der gesamte Abschreibungsaufwand auf die Höhe der AHK begrenzt ist (Nominalwertprinzip). Es wird also gesetzlich unterstellt, dass die in dieser Höhe zurückbehaltene Einnahme ausreiche, die Reinvestition zu finanzieren. Dabei wird aber nicht berücksichtigt, dass die zwischenzeitlich durch die Abschreibungsaufwendungen jedes Jahres vor Besteuerung/Ausschüttung geschützten Einnahmen zu Zinseinnahmen führen, die ebenfalls zur Refinanzierung dienen können (sog. Abschreibungsfinanzierung). Außerdem wird nicht beachtet, dass bei Existenz inflatorischer Preisentwicklung die Reinvestitionsausgabe höher ist als die ursprünglichen AHK.

Der Gesetzgeber hat aus diesen Schwierigkeiten die Konsequenz gezogen. In der Handelsbilanz wird von den Abschreibungen formal überhaupt nicht verlangt, dass sie die Verteilungs- und die Finanzierungsfunktion erfüllen. Die Abschreibungen sollen nur *planmäßig* sein, also auf einem zum Zeitpunkt des Zugangs erstellten Abschreibungsplan beruhen. Selbstverständlich dürfen sie nicht gegen die GoB verstoßen, also wegen des Vorsichtsprinzips nicht übermäßig niedrig und wegen des Abgrenzungsprinzips nicht übermäßig hoch sein, sodass indirekt die Verteilungsfunktion schon zu beachten ist.

Die steuerrechtliche Terminologie hat bisher nicht auf die Bezeichnung 'Absetzung für Abnutzung' verzichtet. Die praktische Ermittlung dieser 'abnutzungsgerechten' Absetzung zeigt jedoch, dass zwischen Bezeichnung und Inhalt kein Zusammenhang besteht. Sämtliche Einflussfaktoren auf die Höhe der Absetzungsbeträge sind normiert und damit weitgehend unabhängig von den wirtschaftlichen Verhältnissen des jeweiligen Betriebs. Der gesamte Absetzungsumfang ist auf die AHK begrenzt und die Nutzungsdauer als betriebsgewöhnliche Nutzungsdauer im EStG oder in den sog. AfA-Tabellen fixiert. Die zulässigen Absetzungsmethoden sind gesetzlich auf bestimmte Methoden bzw. bestimmte Sätze beschränkt. Ein möglicherweise existierender Restnutzungswert wird regelmäßig mit null fingiert.

Für die praktische Ermittlung der jährlichen AfA-Beträge sind die einzelnen Einflussfaktoren zu fixieren. Es sind dies die z.T. bereits genannten Faktoren des Beginns und des Endes, des Gesamtumfangs und der AfA-Methode. Der Beginn wird durch den Anschaffungs- oder Herstellungszeitpunkt markiert, das Ende durch die Länge der betriebsgewöhnlichen Nutzungsdauer. Die AHK und ausnahmsweise ein eventueller Restnutzungswert[161] bestimmen den Absetzungsumfang.

Die Aufwandsverteilungsfunktion der AfA wird am ehesten erfüllt, wenn sie mit Aufnahme der betrieblichen Nutzung beginnt. Als praktischer AfA-Beginn wird dagegen

---

[161] Institut der Wirtschaftsprüfer in Deutschland e.V. (Hrsg.), Wirtschaftsprüfer-Handbuch 2000, Band I, a.a.O., S. 276f.

wegen des Vorsichtsprinzips der **Anschaffungs- oder Herstellungszeitpunkt** angesetzt. Dieser Zeitpunkt ist in § 9a EStDV vage beschrieben: "Jahr der Anschaffung ist das Jahr der Lieferung, Jahr der Herstellung ist das Jahr der Fertigstellung." Danach wäre der Anschaffungszeitpunkt derjenige Tag, an dem das Wirtschaftsgut geliefert ist, an dem der Unternehmer also die tatsächliche Verfügungsgewalt (das wirtschaftliche Eigentum, vgl. R 44 Abs. 1 EStR 2001) erhält.

Während der Anschaffungszeitpunkt meist leicht feststellbar ist, ist der Herstellungszeitpunkt, also der Fertigstellungszeitpunkt, schwieriger zu fixieren. Allgemein ist das der Zeitpunkt, an dem das Wirtschaftsgut den beabsichtigten Zweck zu erfüllen in der Lage ist (R 44 Abs. 1 EStR 2001). Dieses Kriterium gilt auch, wenn bei angeschafften Wirtschaftsgütern Anschaffungsnebenkosten anfallen, die die betriebliche Nutzung erst ermöglichen (§ 255 Abs. 1 HGB: "...in einen betriebsbereiten Zustand zu versetzen...").

Weil insbesondere der Herstellungszeitpunkt schwierig zu bestimmen ist, enthält R 44 Abs. 2 EStR 2001 für die Steuerbilanz eine **Vereinfachungsregel**, die nur für bewegliche Wirtschaftsgüter gilt. Bei diesen kann bei Zugang in der ersten Hälfte des Wirtschaftsjahrs die gesamte Jahres-AfA, bei Zugang in der zweiten Hälfte des Wirtschaftsjahrs die halbe Jahres-AfA angesetzt werden. Bei den unbeweglichen Wirtschaftsgütern ist die AfA im Regelfall linearer Sätze immer pro rata temporis (meist in Monatsabschnitten) vorzunehmen. Das gilt analog auch für Rumpfwirtschaftsjahre. Die Vereinfachungsregel gilt auch für die Handelsbilanz.

Die **Nutzungsdauer** ist grundsätzlich eine nach wirtschaftlichen Kriterien richtige Nutzungsdauer, nicht etwa die – wie es tendenziell die Auffassung der Finanzbehörden ist – technisch mögliche Nutzungsdauer. Als wirtschaftliches Kriterium kann z.B. der Kapitalwert einer Investitionskette oder hilfsweise der Kapitalwert der isolierten Investition angesetzt werden (vgl. Kapitel "Steuern und ökonomische Nutzungsdauer"). Bei der Ermittlung dieses sog. **optimalen Ersatzzeitpunkts** tritt aber eine Vielzahl von Prognoseproblemen auf. Deshalb werden betriebswirtschaftliche Verfahren zur Bestimmung der optimalen Nutzungsdauer nicht für die handels- und steuerrechtliche Bilanzierung herangezogen.

Die Nutzungsdauer ist zu schätzen. Dabei sind technische Faktoren wie Verschleiß durch Gebrauch oder durch Witterungseinflüsse und wirtschaftliche Faktoren wie Auslauf von Lieferverträgen, vorzeitiger Ersatz wegen technischen Fortschritts u.ä. zu berücksichtigen. Da diese Prognose nicht einfach ist, ist auf Erfahrungswerte zurückzugreifen. Um dem Unternehmer für die Steuerbilanz allgemeingültige Erfahrungen an die Hand zu geben, haben die Finanzbehörden sog. **betriebsgewöhnliche Nutzungsdauern** ermittelt und in Form von AfA-Tabellen publiziert. Diese bestehen aus einem generellen Teil[162] und aus branchenabhängigen Teilen. Die Existenz der AfA-Tabellen hat praktisch dazu geführt, dass der Steuerpflichtige dann, wenn er andere als die dort aufgeführten betriebsgewöhnlichen Nutzungsdauern ansetzen will, hierfür die Beweispflicht hat. Er

[162] Vgl. etwa BStBl. 2000 I 1533.

muss also nachweisen, welche besonderen Faktoren, die nur in seinem Betrieb existieren, den Ansatz einer anderen (meist kürzeren) Nutzungsdauer erfordern[163].

Relativ selten sind sog. kurzlebige Wirtschaftsgüter – das sind solche, deren Nutzungsdauer unter einem Jahr liegt. Nach dem Verursachungsprinzip wäre die AfA auch hier – wenn innerhalb der Nutzungsdauer ein Bilanzstichtag liegt – auf zwei Wirtschaftsjahre zu verteilen. Da sich nach wörtlicher – ökonomisch sinnloser – Auslegung des § 7 Abs. 1 EStG die Nutzungsdauer aber nicht "...auf einen Zeitraum von mehr als einem Jahr erstreckt...", sondern kürzer ist als ein Jahr, ist die AfA eines solchen kurzlebigen Wirtschaftsguts vollständig im ersten der beiden Wirtschaftsjahre anzusetzen[164].

Ein die Nutzungsdauer verkürzender Faktor ist in den AfA-Tabellen normiert. Wird ein Wirtschaftsgut das ganze Wirtschaftsjahr hindurch im Zweischichtbetrieb genutzt, so verkürzt sich die Nutzungsdauer um 20 % der betriebsgewöhnlichen Nutzungsdauer. Wird es im Dreischichtbetrieb genutzt, so verkürzt sie sich um 33,33 % der betriebsgewöhnlichen Nutzungsdauer. Diese Verkürzung kann aber bei der Berechnung der AfA nicht berücksichtigt werden, wenn die degressive AfA-Methode gewählt wird, weil die Finanzbehörden in dieser Verkürzung eine AfaA sehen.

Für Gebäude und für den derivativen Firmenwert ist die gewöhnliche Nutzungsdauer gesetzlich normiert. Nach § 7 Abs. 4 EStG beträgt sie bei Gebäuden, die zu einem Betriebsvermögen gehören und nicht Wohnzwecken dienen und bei denen der Bauantrag nach dem 31.3.1985 gestellt wurde, 33,33 Jahre. Bei anderen Gebäuden, die vor dem 1.1.1925 fertiggestellt wurden, beträgt sie 40 Jahre, ansonsten 50 Jahre. Interessanterweise beginnen die Nutzungsdauern bei jedem entgeltlichen Eigentumswechsel neu zu laufen. Dies wie auch die ab 2001 von 25 Jahren auf 33,33 Jahre verlängerte Nutzungsdauer bei relativ neuen Wirtschaftsgebäuden zeigt, dass der Gedanke einer periodengerechten Aufwandsverteilung schon im Gesetz kaum beachtet wird. Das gilt auch für die Regelung der Nutzungsdauer des derivativen Firmenwerts, die in § 7 Abs. 1 EStG mit 15 Jahren normiert ist. Es sei angemerkt, dass für den sog. Praxiswert (derivativer Firmenwert freiberuflicher Praxen) die Nutzungsdauer mit drei bis fünf Jahren angenommen wird[165].

Der gesamte Nutzungsvorrat (**Absetzungsumfang**) eines Wirtschaftsguts wird unterstellterweise durch die AHK repräsentiert. Kann für ein Wirtschaftsgut am Ende der Nutzung noch eine Veräußerungseinnahme erzielt werden, dann ist der Nutzungsvorrat grundsätzlich aufzuteilen. Ein Teil in Höhe der Differenz zwischen AHK und Veräußerungseinnahme wird durch die betriebliche Nutzung verbraucht, während der zweite Teil durch den Veräußerungsvorgang verbraucht wird. Daraus ergibt sich, dass zum Zweck richtiger Periodenabgrenzung nur die Differenz zwischen AHK und

---

[163] Vgl. hierzu ausführlich BFH 10.11.1997 BStBl. 1998 II 9 sowie BMF 15.06.1999 BStBl. 1999 I 43.

[164] BFH 27.8.1993 BStBl. 1994 II 232 (235).

[165] So etwa BFH 24.02.1994 BStBl. 1994 II 590.

Veräußerungseinnahme als AfA zu erfassen ist. Der Veräußerungsvorgang führt dann richtigerweise zu einer erfolgsneutralen Buchung.

Die Schätzung des Restbuchwerts in Höhe der prognostizierten Veräußerungseinnahme ist schwierig. Deshalb wird in der Handelsbilanz auf einen Ansatz meist verzichtet. Für die Steuerbilanz ist in § 7 Abs. 1 EStG bestimmt, dass der Absetzungsumfang ohne den Ansatz eines Restbuchwerts die gesamten AHK umfasst[166].

Grundsätzlich ist die **AfA-Methode** so zu wählen, dass sie die Verteilungs- und die Finanzierungsfunktion erfüllt. Da dies nicht möglich ist, haben sich in der Praxis vereinfachende AfA-Methoden durchgesetzt. Als Basis für die Verteilung der AHK wird regelmäßig der Zeitablauf angesetzt. Bei der **Zeit-AfA** wird das AfA-Volumen nach einer einfachen Formel auf die Nutzungsdauer verteilt. Daneben existiert eher ausnahmsweise auch die **Leistungs-AfA**, die sich an der Verteilungsfunktion orientiert. Hier wird das AfA-Volumen im Verhältnis der im Wirtschaftsjahr erbrachten Leistung zum gesamten Leistungsvorrat auf die Nutzungsdauer verteilt.

Die 'normale' Abschreibungsmethode ist in Handels- und Steuerbilanz die lineare Abschreibung. § 7 Abs. 1 EStG bestimmt dies für die Steuerbilanz ausdrücklich. Im abnutzbaren Anlagevermögen "...ist jeweils für ein Jahr der Teil der Anschaffungs- oder Herstellungskosten abzusetzen, der bei gleichmäßiger Verteilung dieser Kosten auf die Gesamtdauer der Verwendung oder Nutzung auf ein Jahr entfällt (AfA in gleichen Jahresbeträgen)."

Die AfA-Beträge berechnen sich also zu:

$$a = \frac{AHK}{n}$$

mit	a	AfA-Betrag
	AHK	Anschaffungs- oder Herstellungskosten
	n	betriebsgewöhnliche Nutzungsdauer

Für das bewegliche abnutzbare Anlagevermögen kann nach § 7 Abs. 2 EStG alternativ eine degressive AfA angesetzt werden. Diese wird mit einem konstanten AfA-Satz auf den sinkenden Buchwert vorgenommen (sog. geometrisch-degressive AfA). Der AfA-Satz darf höchstens das Zweifache des linearen Satzes *und* höchstens 20 % betragen (zeitweise realisiert das 2,5/3fache des linearen AfA-Satzes bzw. 25 %/30%[167]). Die relative

[166] Dennoch ist bei beträchtlichen Restbuchwerten (bei Schiffen der Schrottwert, bei Zuchtvieh und Milchkühen der Schlachtwert) ausnahmsweise bei der Berechnung der AfA von der Differenz zwischen AHK und Restbuchwert auszugehen.

[167] "Durch die (seinerzeit, d.V.) geplante Verringerung der degressiven AfA von 30 % auf 25 % sinkt die rechnerische Netto-Rendite der Investitionen nach Steuern nur um einen Zehntel-Prozentpunkt...Damit bleibt der Schaden voraussichtlich gering, gesetzt, die Unternehmer rechnen richtig und lassen sich die Stimmung nicht verderben." Wagner, F.W., Neuauflage der zu den Akten gelegten Betriebssteuer, in Handelsblatt Nr. 194 v. 7.10.1992.

Obergrenze greift ersichtlicherweise bei Nutzungsdauern ab 10 Jahren, die absolute Grenze bei Nutzungsdauern bis zu 10 Jahren.

Eine am 29.5.2002 angeschaffte Maschine mit AHK von € 120.000 soll alternativ eine Nutzungsdauer von 8 Jahren bzw. von 12 Jahren haben. Die AfA-Beträge bei linearer und bei degressiver AfA ergeben sich bei Anwendung der Vereinfachungsregel wie folgt:

Nutzungsdauer		**8 Jahre**			**12 Jahre**	
AfA-Methode Bilanzstichtag	linear	degressiv	Wechsel	linear	degressiv	Wechsel
	€	€	€	€	€	€
1	15.000	24.000	24.000	10.000	20.000	20.000
2	15.000	19.200	19.200	10.000	16.667	16.667
3	15.000	15.360	15.360	10.000	13.889	13.889
4	15.000	12.288	*12.288	10.000	11.574	11.574
5	15.000	9.830	12.288	10.000	9.645	9.645
6	15.000	7.864	12.288	10.000	8.038	8.038
7	15.000	6.291	12.288	10.000	6.698	*6.698
8	15.000	25.167	12.288	10.000	5.582	6.698
9				10.000	4.651	6.698
10				10.000	3.876	6.698
11				10.000	3.230	6.698
12				10.000	16.151	6.698
Summen	120.000	120.000	120.000	120.000	120.000	120.000

Bei achtjähriger Nutzungsdauer beträgt der lineare AfA-Satz 12,5 %. Der degressive AfA-Satz ist auf den absoluten Wert von 20 % begrenzt, weil dieser niedriger ist als das Zweifache des linearen AfA-Satzes. Der Buchwert des jeweils vorangehenden Bilanzstichtags wird um 20 % gemindert. Bei zwölfjähriger Nutzungsdauer beträgt der lineare AfA-Satz 8,33 %. Der degressive AfA-Satz ist auf den relativen Wert des Zweifachen des linearen AfA-Satzes, hier also 16,67 % begrenzt. Der in der Spalte 'Wechsel' berechnete AfA-Verlauf wird unten erläutert.

Bis zu Nutzungsdauern von vier Jahren ist der lineare AfA-Satz anfangs höher als der degressive AfA-Satz (mindestens 25 % gegenüber 20 %). Bei einer Nutzungsdauer von fünf Jahren sind beide Verfahren im ersten Jahr indifferent. Bei Nutzungsdauern ab sechs Jahren ist dagegen der degressive AfA-Satz anfangs höher als der lineare AfA-Satz. Wegen des Nominalwertprinzips – es dürfen in jedem Fall insgesamt genau die AHK abgesetzt werden – und wegen der Zweischneidigkeit der Bilanz sind die degressiven AfA-Beträge später niedriger als die linearen AfA-Beträge.

Das Wahlrecht zwischen der linearen und der degressiven AfA bei beweglichen abnutzbaren Wirtschaftsgütern des Anlagevermögens gehört zu den wichtigen bilanzpolitischen Entscheidungsvariablen. Durch die Wahl der einen oder anderen Methode kann der Jahresüberschuss bzw. der Gewinn aus Gewerbebetrieb in den einzelnen Jahren ausgewiesen unterschiedlich werden. Wird angestrebt, den Gewinn möglichst spät auszuweisen, dann ist bei Nutzungsdauern von mehr als fünf Jahren die degressive AfA vorteilhaft. Es muss aber angemerkt werden, dass das Ziel einer möglichst großen Gewinnverschiebung nicht richtig sein muss. Hierbei wird nämlich der Effekt vernachlässigt, dass bei progressiven Steuern – insbesondere der ESt – eine andere Gewinnverteilung dazu führen kann, dass die ESt gemindert wird. Der **Zinseffekt** durch die Steuerverschiebung und der **Steuereffekt** durch Glättung der Gewinne konkurrieren (vgl. hierzu das Kapitel "Steuerbilanzpolitik").

Eine degressive AfA-Methode führt nicht zu einem Restbuchwert von null. Im letzten Jahr der Nutzungsdauer wird deshalb der gesamte Restbuchwert abgesetzt (bzw. auf den Erinnerungswert von € 1 abgeschrieben). Dies entspricht einem Übergang auf die lineare AfA im letzten Jahr: Der Restbuchwert wird gleichmäßig auf die Restnutzungsdauer (hier von einem Jahr) verteilt. § 7 Abs. 3 EStG läßt aber auch den früheren Übergang von der degressiven auf die lineare AfA zu (nicht aber umgekehrt, weil dafür nicht der Grund vorliegt, einen Restbuchwert von null zu erreichen). Im Beispielsfall kann also auch z.B. zum dritten Bilanzstichtag auf die lineare AfA übergegangen werden. Der Buchwert beträgt dann € 76.800 bzw. € 83.333. Auf die restlichen sechs bzw. zehn Bilanzstichtage entfallen dann konstante AfA-Beträge von € 12.800 bzw. € 8.333.

Verfolgt man das Ziel, die AfA möglichst früh abzusetzen, dann stellt sich bei Nutzungsdauern vom mehr als fünf Jahren das Problem, den Bilanzstichtag zu finden, von dem ab die lineare Restwert-AfA höher ist als die degressive AfA (**optimaler Methodenwechsel**). An diesem kritischen Bilanzstichtag sind lineare Restwert-AfA und degressive AfA gerade gleich hoch:

$$a_{jd} = a_{jr}$$

mit a_{jd} AfA-Betrag am j-ten Bilanzstichtag bei degressiver AfA

a_{jr} AfA-Betrag am j-ten Bilanzstichtag bei linearer Restwert-AfA

Dabei gilt für die AfA-Beträge:

$$a_{jd} = t_d \cdot B_{j-1}$$

$$a_{jr} = \frac{B_{j-1}}{n-(j-1)} = \frac{B_{j-1}}{n-j+1}$$

mit t_d degressiver AfA-Satz

B_{j-1} Buchwert zum vorhergehenden Bilanzstichtag

j jeweiliger Bilanzstichtag (j = 1,2...n)

n betriebsgewöhnliche Nutzungsdauer

Der degressive AfA-Betrag berechnet sich aus dem Produkt von konstantem AfA-Satz und Buchwert zum vorhergehenden Bilanzstichtag. Der Betrag der linearen Restwert-AfA wird ermittelt, indem der genannte Buchwert auf die Restnutzungsdauer verteilt wird; das bereits abgelaufene Wirtschaftsjahr wird im Nenner berücksichtigt. Setzt man die Ausdrücke gleich und löst nach j auf, so ergibt sich für den kritischen Bilanzstichtag:

$$j_{krit} = n + 1 - \frac{1}{t_d}$$

Der berechnete kritische Wert ist auf volle Beträge aufzurunden, um das abgelaufene Wirtschaftsjahr einzubeziehen: Die AfA wird vom Buchwert der Anfangsbilanz berechnet. Im genannten Beispielsfall beträgt der degressive AfA-Satz 20 % bzw. 16,67 %, der kritische Bilanzstichtag ist der vierte bzw. siebte Bilanzstichtag. Der Verlauf der Buchwerte und AfA-Beträge ist in der Tabelle in der Spalte 'Wechsel' ausgewiesen, die kritischen Bilanzstichtage sind mit einem * gekennzeichnet.

Die Berechnung von AfA-Beträgen, Buchwerten und optimalem Methodenwechsel überläßt man vorteilhafterweise programmierbaren Rechnern (vgl. Abb. 21 in gwbasic).

```
10 CLS:PRINT"Schult AfA linear, degressiv und degressiv mit
   Wechsel"
20 PRINT"Zugang in erster Jahreshälfte unterstellt"
30 INPUT"Anschaffungs- oder Herstellungskosten    Euro";AHK
40 INPUT"betriebsgewöhnliche Nutzungsdauer     Jahre";N
50 IF N<5 THEN PRINT"betriebsgewöhnliche Nutzungsdauer unter fünf
   Jahren, lineare AfA vorteilhaft":GOTO 260
60 CLS:PRINT"Schult AfA linear, degressiv und degressiv mit
   Wechsel"
70 PRINT"Zugang in erster Jahreshälfte unterstellt"
80 PRINT"Anschaffungs- oder Herstellungskosten Euro";AHK;"Nutzungs
   dauer Jahre";N
90 PRINT"AfA-Methode              linear                degressiv
           Wechsel"
100 Print"               Buchwert        AfA     Buchwert      AfA
        Buchwert       AfA"
110 PRINT"Bilanzstichtag"
120 BL=AHK:BD=AHK:BW=AHK:A=0
130 TD=.2:IF 2/N<.2 THEN TD=2/N
140 FOR J=1 TO N
150 AL=AHK/N:BL=BL-AL
160 AD=TD*BD:BD=BD-AD
170 IF J=N THEN AD=AD+BD:BD=0:GOTO 220
180 IF J>N+1-1/TD GOTO 220
190 A=BD/(N-J)
200 BW=BW-AD:AW=AD
210 GOTO 230
220 AW=A:BW=BW-AW
230 PRINT USING "##########";J;BL;AL;BD;AD;BW;AW
240 NEXT J
250 PRINT"Rundungsfehler sind möglich"
260 END
```

Abb. 21: Programm zur Berechnung von AfA-Beträgen mit optimalem Methodenwechsel

In Zeile 130 wird geprüft, welcher degressive AfA-Satz zulässig ist. In den Zeilen 150 und 160 werden die AfA-Beträge und die Buchwerte für die lineare und die degressive AfA berechnet, in Zeile 170 der letzte AfA-Betrag bei degressiver AfA. Die Kontrolle des optimalen Übergangszeitpunkts findet in Zeile 180 statt. In Zeile 190 wird die lineare Restwert-AfA berechnet. Da sie erst im jeweils folgenden Wirtschaftsjahr geprüft wird, wird nicht durch (n – j + 1) dividiert, sondern nur durch (n – j). Der dann konstante Restwert-AfA-Betrag wird für jedes folgende Jahr der Restnutzungszeit in Zeile 220 subtrahiert.

Schult AfA linear, degressiv und degressiv mit Wechsel
Zugang in erster Jahreshälfte unterstellt
Anschaffungs- oder Herstellungskosten Euro 500000 Nutzungsdauer Jahre 14

AfA-Methode	linear		degressiv		Wechsel	
	Buchwert	AfA	Buchwert	AfA	Buchwert	AfA
Bilanzstichtag						
1	464286	35714	428571	71429	428571	71429
2	428571	35714	367347	61224	367347	61224
3	392857	35714	314869	52478	314869	52478
4	357143	35714	269888	44981	269888	44981
5	321429	35714	231332	38555	231332	38555
6	285714	35714	198285	33047	198285	33047
7	250000	35714	169958	28326	169958	28326
8	214286	35714	145679	24280	145679	24280
9	178571	35714	124867	20811	145679	24280
10	142857	35714	107029	17838	145679	24280
11	107143	35714	91739	15290	145679	24280
12	71429	35714	78634	13106	145679	24280
13	35714	35714	67400	11233	145679	24280
14	0	35714	0	67400	145679	24280

Rundungsfehler sind möglich

Abb. 22: Ergebnisanzeige der AfA-Berechnung mit optimalem Methodenwechsel

Will man etwa bei einem Zugang in der ersten Jahreshälfte 2002 mit AHK von € 500.000 bei einer Nutzungsdauer von vierzehn Jahren die Buchwerte und AfA-Beträge mit Hilfe des Programms berechnen, so zeigt der Bildschirm das in Abb. 22 dargestellte Ergebnis (der Wechsel erfolgt ersichtlicherweise am achten Bilanzstichtag).

Die **Leistungs-AfA** ist nach § 7 Abs. 1 EStG zulässig, wenn ein bewegliches Wirtschaftsgut vorliegt, wenn sie wirtschaftlich begründet werden kann und wenn der auf das jeweilige Jahr entfallende Leistungsumfang z.B. durch Zählwerke nachweisbar ist. Nach R 44 Abs. 5 EStR 2001 muss die Leistung in der Regel weiterhin erheblich schwanken und der Verschleiß dementsprechend erhebliche Unterschiede ausweisen. Die Methode entspricht der der folgenden AfS.

Grund und Boden gehört regelmäßig zu den nichtabnutzbaren Wirtschaftsgütern. Eine AfA (oder AfaA) ist also nicht möglich. In besonderen Fällen wird Grund und Boden jedoch nicht durch Gebrauch genutzt, sondern durch Verbrauch der Substanz abgenutzt. Das ist der Fall bei der Ausbeutung von Mineralvorkommen wie Kohle oder Kies. Diese Grundstücke gehören zum *abnutzbaren* Anlagevermögen.

Die jährliche Ausbeutung wird durch **Absetzungen für Substanzverringerung** (§ 7 Abs. 6 EStG, R 44a EStR 2001) erfasst. Diese können konstant sein (lineare AfS). Bei Mineralvorkommen kann der gesamte Nutzungsvorrat durch geologische Messungen vergleichsweise exakt ermittelt werden. Auch die jährliche Ausbeute wird regelmäßig erfasst, sodass die AfS – etwa wie bei der Leistungs-AfA – auch berechnet werden kann mit:

$$a_j = A_k \cdot \frac{x_j}{x}$$

mit		
	a_j	Absetzungsbetrag des j-ten Wirtschaftsjahrs
	A_k	Anschaffungskosten
	x_j	ausgebeutete Menge des j-ten Wirtschaftsjahrs
	x	gesamter Ausbeutungsvorrat

Nach § 7 Abs. 1 EStG sind "...**Absetzungen für außergewöhnliche technische oder wirtschaftliche Abnutzung**...zulässig."[168] Diesen AfaA entsprechen die außerplanmäßigen Abschreibungen auf den niedrigeren beizulegenden Wert nach § 253 Abs. 2 HGB. Ist die außergewöhnliche Wertminderung voraussichtlich von Dauer, dann *muss* wegen des Maßgeblichkeitsprinzips die AfaA vorgenommen werden. Das Abwertungswahlrecht wird zur Abwertungspflicht.

Die Gründe für die außergewöhnliche Abnutzung können technischer oder wirtschaftlicher Art sein. Technische Gründe sind etwa Minderungen des Nutzungsvorrats durch Brand, Explosionen oder Überschwemmungen. Wirtschaftliche Gründe für eine AfaA sind etwa unerwartete Absatzrückgänge oder -verschiebungen oder Einflüsse des technischen Fortschritts, die eine weitere wirtschaftliche Verwendung des Wirtschaftsguts nicht im geplanten Umfang ermöglichen.

Die AfaA wird regelmäßig dadurch vorgenommen, dass im Verursachungsjahr der Buchwert entsprechend der außergewöhnlichen Abnutzung gemindert wird. Die AfaA nach § 7 Abs. 2 EStG ist nicht bei vorhergehender degressiver AfA möglich. Allerdings kann vorab auf die lineare AfA übergegangen werden und anschließend die AfaA vorgenommen werden, sodass dieser Einschränkung keine große praktische Bedeutung zukommt. Für die restliche Nutzungsdauer ist die Restwert-AfA linear vorzunehmen.

Die **Teilwertabschreibung** ist bei sämtlichen Wirtschaftsgütern möglich, wenn mit einer voraussichtlich dauernden[169] Wertminderung zu rechnen ist. Dabei ist es gleichgültig, ob die Wirtschaftsgüter abnutzbar sind oder nicht. Das Maßgeblichkeitsprinzip führt allerdings dazu, dass das steuerrechtliche Wahlrecht bei voraussichtlich dauernder Wertminderung zur Abwertungspflicht wird. Beim Umlaufvermögen kann es zu einer

---

168 I.O. nicht hervorgehoben. Analog auch Absetzungen für außergewöhnliche technische oder wirtschaftliche Substanzverringerung.

169 Zur Definition vgl. BMF 25.02.2000 BStBl. 2000 I 372.

Durchbrechung des Maßgeblichkeitsprinzips kommen, wenn die Wertminderung voraussichtlich nicht von Dauer ist. Dann muss in der Handelsbilanz abgewertet werden. In der Steuerbilanz darf nicht abgewertet werden[170]. Um den niedrigeren Teilwert zu ermitteln, ist auf die sog. Teilwertvermutungen zurückzugreifen. Diese wiederum basieren auf Einflussfaktoren, die auch zu einer AfaA führen können. So groß der definitorische Unterschied zwischen der Teilwertabschreibung und der AfaA ist, so gering ist in praxi die Unterscheidbarkeit.

Aufgrund der gesetzlichen Regelungen muss dennoch der formalrechtliche Unterschied beachtet werden. Nach § 6 Abs. 1 Nr. 1 EStG geht die AfaA außerdem der Teilwertabschreibung vor. Beides gemeinsam bedeutet, dass:

- eine außergewöhnliche Wertminderung im abnutzbaren Anlagevermögen zu einer AfaA führt – nach vorheriger degressiver AfA ist sie aber nicht zulässig (§ 7 Abs. 2 EStG); eine Teilwertabschreibung wäre zulässig.
- eine Wertminderung im nichtabnutzbaren Anlagevermögen und im Umlaufvermögen nur durch eine Teilwertabschreibung berücksichtigt werden kann. Eine AfaA ist unzulässig.
- bei der Überschussrechnung nach § 4 Abs. 3 EStG im nichtabnutzbaren Anlagevermögen[171] eine außergewöhnliche Wertminderung bis zur Realisation unberücksichtigt bleibt: Eine AfaA ist hier generell unzulässig, eine Teilwertabschreibung ist bei der Überschussrechnung unzulässig – sie ist in § 4 Abs. 3 EStG nicht genannt.

Zur Unterstützung von Vereinfachungsmaßnahmen sowie zur Förderung sozial-, kultur-, konjunktur- oder strukturpolitischer Ziele existiert eine Reihe besonderer Maßnahmen. Dabei handelt es sich neben den Subventionen (vor allem den InvZul) um die **erhöhten Absetzungen** und die **Sonderabschreibungen**[172]. Sind im jeweiligen Einzelfall sämtliche Bedingungen erfüllt, an die das Gesetz die Gewährung einer erhöhten Absetzung knüpft, dann hat der Steuerpflichtige das Wahlrecht, diese *statt* der AfA vorzunehmen. Sind analog sämtliche Voraussetzungen für eine Sonderabschreibung erfüllt, so kann diese *neben* der AfA gewählt werden. Ist die erhöhte Absetzung ausgeschöpft, dann wird ein evtl. verbleibender Restbuchwert regelmäßig linear auf die Restnutzungsdauer verteilt. Bei Sonderabschreibungen wird (soweit noch Absetzungsvolumen vorhanden ist) bis zum Ende des sog. Begünstigungszeitraums (regelmäßig fünf Jahre) die ursprüngliche AfA, danach ebenfalls die lineare Restwert-AfA durchgeführt.

Für sämtliche dieser Maßnahmen gilt die Umkehrung des Maßgeblichkeitsprinzips nach § 5 Abs. 1 EStG. Auch in der Handelsbilanz muss die erhöhte Absetzung bzw. die

---

[170] Schult, E., Freyer, T., Teilwertabschreibung, in WiSt 2000, S.335ff.

[171] Umlaufvermögen wird bei der Gewinnermittlung nach § 4 Abs. 3 EStG nicht 'aktiviert'.

[172] Die erhöhten Absetzungen und die Sonderabschreibungen werden mit anderen Maßnahmen auch unter dem Begriff der Bewertungsfreiheiten zusammengefasst. Hierzu gehören auch die Übertragung stiller Reserven sowie die Bildung steuerfreier Rücklagen. Sämtliche Bewertungsfreiheiten bewirken wegen der Zweischneidigkeit der Bilanz eine Gewinnverschiebung. Dies führt zu einen positiven Zinseffekt und u.U. je nach Entwicklung der Differenzsteuersätze zu einem positiven oder negativen Steuereffekt.

Sonderabschreibung angesetzt werden. Dies ermöglicht § 254 HGB: "Abschreibungen können auch vorgenommen werden, um Vermögensgegenstände...mit dem niedrigeren Wert anzusetzen, der auf einer nur steuerrechtlich zulässigen Abschreibung beruht." Der Einschränkung des § 279 Abs. 2 HGB für Kapitalgesellschaften kommt keine Bedeutung zu. Der dort formulierten Forderung, dass das Steuerrecht die Übernahme in die Handelsbilanz verlangen muss, wird in § 5 Abs. 1 EStG generell nachgekommen.

Die in praxi wohl häufigste erhöhte Absetzung ist die nach § 6 Abs. 2 EStG für die sog. **geringwertigen Wirtschaftsgüter** (ausschließlich des Anlagevermögens). Danach sind Wirtschaftsgüter geringwertig, wenn ihre AHK maximal € 410 betragen (generell ohne USt), wenn sie beweglich und abnutzbar sind und wenn sie selbstständig nutzungsfähig sind (z.B. Milchkühe, Container oder Bierfässer). "Ein Wirtschaftsgut ist einer selbstständigen Nutzung nicht fähig, wenn es nach seiner betrieblichen Zweckbestimmung nur zusammen mit anderen Wirtschaftsgütern des Anlagevermögens genutzt werden kann und die in den Nutzungszusammenhang eingefügten Wirtschaftsgüter technisch aufeinander abgestimmt sind" (§ 6 Abs. 2 EStG, vgl. hierzu auch R 40 EStR 2001). Erfüllt ein Wirtschaftsgut diese Bedingungen, dann können statt AfA die gesamten[173] AHK im Anschaffungs- oder Herstellungsjahr als Betriebsausgabe (analog auch als Werbungskosten) abgesetzt werden. Wegen des Grundsatzes der Bilanzvollständigkeit ist ein Erinnerungsposten auszuweisen.

Immaterielle Wirtschaftsgüter[174] gelten als unbeweglich (H 42 EStH 2000). Sie können also keine geringwertigen Wirtschaftsgüter sein. Abweichend hiervon regelt aber R 31a Abs. 1 EStR 2001, dass "Trivialprogramme...abnutzbare bewegliche und selbstständig nutzbare Wirtschaftsgüter (sind). Computerprogramme, deren Anschaffungskosten nicht mehr als € 410 betragen, sind stets als Trivialprogramme zu behandeln." Sie gelten also als geringwertige Wirtschaftsgüter.

Nach § 7 Abs. 5 EStG[175] kann statt der linearen AfA bei im Inland belegenen Gebäuden die sog. **degressive Gebäude-AfA** angesetzt werden. Hier handelt es sich ebenfalls um eine erhöhte Absetzung[176]. Unabhängig vom Anschaffungs- oder Herstellungszeitpunkt kann sie auch im ersten Jahr in voller Höhe abgesetzt werden. Außerdem ist in jedem Fall Voraussetzung, dass das Gebäude vom Steuerpflichtigen hergestellt oder im Jahr der Fertigstellung angeschafft worden ist. Schon das zeigt deutlich, dass mit der Vorschrift ein strukturpolitisches Ziel – Unterstützung der Bauwirtschaft und Förderung des Wohnungsbaus – verfolgt wird, dass also eine erhöhte Absetzung vorliegt.

---

[173] Bei der Sofortabschreibung von Zuchtvieh ist allerdings auch hier ein Restwert (Schlachtwert) zu berücksichtigen, vgl. dazu BFH 15.02.2001 BFH/NV 2001 972.

[174] Kählert, J.-P., Lange, S., Zur Abgrenzung immaterieller von materiellen Vermögensgegenständen, in BB 1993, S. 613ff.

[175] Diese Vorschrift unterliegt relativ häufigen Änderungen, sodass hier besonders auf die jeweils geltende Fassung zu achten ist.

[176] Der "...Gesetzgeber (sieht) die degressive Gebäude-AfA nicht als erhöhte Absetzung an...; sonst hätte er sie...nicht gesondert neben den erhöhten Absetzungen genannt." BFH 24.11.1993 BStBl. 1994 II 322. Andererseits soll aber das umgekehrte Maßgeblichkeitsprinzip gelten, Niedersächsisches Finanzministerium, Erl. v. 30.12.1994 in DStR 1995, S. 181f.

Bei (neuen) Wohngebäuden kann statt der jährlichen AfA von 2 % der AHK wie folgt erhöht abgesetzt werden:

- in den ersten acht Jahren jeweils 5 %
- in den folgenden sechs Jahren jeweils 2,5 %
- in den letzten 36 Jahren jeweils 1,25 % der AHK.

Das gesamte Absetzungsvolumen umfasst auch hier die AHK.

Es ist nicht ohne weiteres festzustellen, welche der Absetzungsalternativen im Einzelfall vorteilhaft ist. Dem positiven Zinseffekt durch Steuerverschiebung kann ein negativer Steuereffekt bei der progressiven ESt und ggf. GewSt gegenüberstehen. Unterstellt man, dass der Differenzsteuersatz im Planungszeitraum konstant ist, dann existiert kein Steuereffekt. Maximale Gewinnverschiebung führt zur Maximierung des Zinseffekts. Der Zinseffekt wird durch den Barwert wiedergegeben. Die Alternative mit dem höchsten Barwert ist vorteilhaft. Da das Absetzungsvolumen in allen Fällen gleich ist, ist die sonst nicht einfache Wahl des Kalkulationszinsfußes hier unproblematisch. Jeder beliebige konstante Zinsfuß führt zur richtigen Entscheidung. Wählt man etwa den Kalkulationszinsfuß mit 5 % p.a., dann ergeben sich folgende Barwerte:

		Barwert der Abschreibungs-beträge in % der AHK
neue Wirtschaftsgebäude:	– lineare AfA auf 33,33 Jahre	48,20
Wohngebäude:	– lineare AfA auf 50 Jahre	36,51
	– erhöhte (degressive)Absetzung	51,35

Wie die Ergebnisse zeigen, wirkt der Zinseffekt der relativ hohen linearen AfA bei Wirtschaftsgebäuden etwa wie bei Wohngebäuden und erhöhter Absetzung.

Eine Sonderabschreibung (sowie eine sog. steuerfreie Rücklage zur Ansparabschreibung von insgesamt höchstens € 154.000) findet sich in § 7g EStG zur Förderung kleiner und mittlerer Betriebe. Das sind solche Betriebe, deren Wert des Betriebsvermögens maximal € 204.517 beträgt. Bei neuem beweglichen abnutzbaren Anlagevermögen kann neben der AfA eine Sonderabschreibung von insgesamt 20 % der AHK, beliebig verteilt auf die ersten fünf Jahre der Nutzungsdauer (Begünstigungszeitraum), angesetzt werden. Diese Sonderabschreibung ist ausnahmsweise auch neben der *degressiven* AfA zulässig (vgl. R 83 Abs. 8 EStR 2001). Ggf. wird nach Ablauf des Begünstigungszeitraums eine lineare Restwert-AfA angesetzt. Die Sonderabschreibung kann nur vorgenommen werden, wenn vorab eine steuerfreie Rücklage (§ 7g Abs. 3 EStG) gebildet worden ist.

Dies sei an einem Beispiel demonstriert. Für einen Zugang im ersten Halbjahr 2002 sollen die AHK € 200.000 betragen, die Nutzungsdauer fünf Jahre. Die Sonderabschreibung soll im ersten Jahr in voller Höhe abgesetzt werden.

Jahr	Sonder-abschreibung		lineare AfA	Sonder-abschreibung		degressive AfA
	€	€	€	€	€	€
2002	40.000	+	40.000	40.000	+	40.000
2003			40.000			24.000
2004			40.000			19.200
2005			40.000			15.360
2006			–			61.440
Summen		200.000			200.000	

Die Gewinnverschiebung ist bei der Wahl der degressiven AfA nicht wesentlich anders als bei linearer AfA, weil R 83 Abs. 8 EStR 2001 vorschreibt, dass für die Berechnung der degressiven AfA des zweiten Jahrs der Buchwert nach Abzug der Sonderabschreibung heranzuziehen ist.

Da die Vorschriften über die erhöhten Absetzungen bzw. die Sonderabschreibungen zu einer evtl. missbräuchlichen Anwendung durch einzelne Steuerpflichtige führen können, sind in § 7a EStG weitere Bedingungen aufgeführt:

- nachträgliche Erhöhungen oder Minderungen der AHK wirken nur in die Zukunft
- soweit die Begünstigungen schon für Anzahlungen beansprucht worden sind, ist eine weitere Begünstigung des Wirtschaftsguts ausgeschlossen
- im Begünstigungszeitraum muss mindestens die jährliche AfA abgesetzt werden
- neben Sonderabschreibungen ist nur die lineare AfA zulässig (Ausnahme § 7g EStG)
- existieren mehrere Begünstigungsvorschriften, dann kann nur eine dieser Vorschriften gewählt werden
- erhöhte Absetzungen oder Sonderabschreibungen werden bei der Prüfung der Buchführungspflicht neutralisiert
- mehrere Beteiligte (z.B. Mitunternehmer) dürfen die Wahlrechte nur anteilig und einheitlich ausüben
- die begünstigten Wirtschaftsgüter müssen u.U. in ein fortzuschreibendes Verzeichnis aufgenommen werden
- nach Ablauf des Begünstigungszeitraums wird bei Sonderabschreibungen die Restwert-AfA nach der Restnutzungsdauer berechnet.

Obwohl auch im Anlagevermögen der Grundsatz der Einzelbewertung des § 252 Nr. 3 HGB gilt, kann u.U. zwecks (Inventur- und) Bewertungsvereinfachung eine **Sammel- oder Gruppenbewertung** vorgenommen werden. Nach § 240 Abs. 4 HGB[177] können "...gleichartige oder annähernd gleichwertige bewegliche Vermögensgegenstände...jeweils zu einer Gruppe zusammengefasst werden und mit dem gewogenen Durchschnittswert

[177] Die Sammel- oder Gruppenbewertung ist weiterhin zulässig bei gleichartigen Vermögensgegenständen des Vorratsvermögens sowie bei Schulden.

angesetzt werden." Diese Inventurvereinfachung gilt nach § 256 HGB auch für die Bilanzierung und Bewertung im Jahresabschluss. Das bewegliche Anlagevermögen, das annähernd gleichwertig ist *oder* das gleichartig ist, kann also zu einer Gruppe zusammengefasst werden. Als durchschnittliche AHK wird das gewogene Mittel der einzelnen AHK angesetzt. Dieser Wert gilt als AHK und ist mit dem beizulegenden bzw. dem Teilwert zu vergleichen. Ist dieser niedriger, so muss bzw. kann er angesetzt werden.

Des Weiteren ist ebenfalls zum Zweck der Inventur- und Abschlussvereinfachung eine **Festbewertung** möglich. Nach § 240 Abs. 3 HGB ist Voraussetzung, dass es sich um Sachanlagevermögen handelt, dass dieses regelmäßig ersetzt wird und dass der Gesamtwert der festbewerteten Vermögensgegenstände von nachrangiger Bedeutung ist. Außerdem darf der Bestand in Größe, Wert und Zusammensetzung nur geringen Veränderungen unterliegen. Diese Inventurvereinfachung gilt nach § 256 HGB auch für die handelsbilanzrechtliche Bewertung. Nach R 31 Abs. 4 EStR 2001 ist in der Steuerbilanz in gleicher Weise zu verfahren. Allerdings müssen die festbewerteten Sachanlagen dann durch die Buchung von Zugängen aufgewertet werden, wenn die Wertsteigerung mehr als 10 % des Festwerts beträgt. Sind die Wertsteigerungen niedriger, so *darf* eine Aufwertung erfolgen. Ist der Festwert schließlich gesunken, dann besteht ein Abwertungswahlrecht. In diesem Fall wird aber auch der beizulegende Wert bzw. der Teilwert gesunken sein, sodass bei voraussichtlich dauernder Wertminderung Abwertungspflicht besteht. Die 10 %-Regelung kann in die Handelsbilanz übernommen werden, sodass dem Maßgeblichkeitsprinzip formal Rechnung getragen wird.

5.3.2 Die Bewertung des Umlaufvermögens

Im Umlaufvermögen befinden sich einmal die **Vorräte**. Das sind Vermögensgegenstände bzw. Wirtschaftsgüter, die nicht durch Nutzung abgenutzt werden, sondern die durch Veräußerung oder Verarbeitung dem Betrieb dienen. Außerdem werden im Umlaufvermögen **Forderungen** und sonstige Vermögensgegenstände, **Wertpapiere** und **Geldkonten** ausgewiesen. Das sind Vermögensgegenstände bzw. Wirtschaftsgüter, die dem Unternehmen eher kurzfristig dienen – z.B. zur Abwicklung des Zahlungsverkehrs oder als vorübergehende Liquiditätsreserve. Der Gruppe der Vorräte an Roh-, Hilfs- und Betriebsstoffen, an unfertigen Erzeugnissen und Leistungen, an fertigen Erzeugnissen und Waren sowie geleisteten Anzahlungen kommt in Industrie- und Handelsbetrieben meist die größte Bedeutung zu.

Nach § 6 Abs. 1 Nr. 2 EStG gilt im Umlaufvermögen das gemilderte Niederstwertprinzip. Es können wahlweise die AHK oder der niedrigere Teilwert (wenn er auf einer voraussichtlich dauernden Wertminderung basiert) angesetzt werden. Eine Wertaufholung ist dementsprechend bei Wegfall des Abwertungsgrunds erforderlich. In der Handelsbilanz gilt dagegen nach § 253 Abs. 3 HGB generell das strenge Niederstwertprinzip. Ist der sich aus dem Börsen- oder Marktpreis ergebende Wert oder ersatzweise der sog. beizulegende Wert niedriger, so *muss* er angesetzt werden. Über das Maßgeblichkeitsprinzip gilt das strenge Niederstwertprinzip in der Steuerbilanz nur, wenn eine voraussichtlich dauernde[178] Wertminderung vorliegt. Sonst ist das Maßgeblichkeitsprinzip durchbrochen. Der Wert in der Steuerbilanz ist höher als der Wert in der Handelsbilanz[179].

In der Handelsbilanz ist es weiterhin zwecks Vorwegnahme künftiger Wertschwankungen möglich, im Umlaufvermögen einen noch niedrigeren Wert anzusetzen (sog. **Wertschwankungswert**, § 253 Abs. 3 HGB). Außerdem ist wie im Anlagevermögen eine weitere Abwertung nach § 253 Abs. 4 HGB zulässig, wenn eine vernünftige kaufmännische Beurteilung dies notwendig erscheinen läßt (sog. **Stille-Reserven-Wert**, nicht bei Kapitalgesellschaften, § 279 Abs. 1 HGB). Beide Wertansätze dürfen nicht in die Steuerbilanz übernommen werden – das Maßgeblichkeitsprinzip ist ggf. durchbrochen. Schließlich darf auch das Umlaufvermögen in der Handelsbilanz mit einem steuerlich zulässigen niedrigeren Wert angesetzt werden (§ 254 HGB). Anders als im Anlagevermögen sind steuerrechtliche Bewertungsfreiheiten im Umlaufvermögen eher die Ausnahme.

Ist der Grund für die Abwertung weggefallen, dann darf der niedrigere Wert nach § 253 Abs. 5 HGB bei Nicht-Kapitalgesellschaften beibehalten werden. Für Kapitalgesellschaften gilt nach § 280 Abs. 1 HGB ein Wertaufholungsgebot. In der Steuerbilanz besteht im Umlauf- wie im Anlagevermögen bei Wegfall des Abwertungsgrunds Aufwertungspflicht.

Die Ermittlung der AHK bzw. des Teilwerts wird im Umlaufvermögen nach den gleichen Prinzipien vorgenommen wie im Anlagevermögen. Allerdings kommt den Herstellungskosten (bei den unfertigen und fertigen Erzeugnissen) eine erheblich größere Bedeutung zu als im Anlagevermögen. Dabei ist auf einen Effekt hinzuweisen, der u.U. ein erhebliches Manipulationspotenzial enthält. In die steuerrechtlichen Herstellungskosten *müssen* die notwendigen Gemeinkosten einbezogen werden. Diese sind überwiegend fixer Art. Die Höhe der Gemeinkosten je Stück ist also wesentlich abhängig vom Auslastungsgrad der Produktionskapazitäten. Ist dieser niedrig, so entfällt auf jedes Wirtschaftsgut ein relativ großer Anteil der Gemeinkosten und umgekehrt. Die Gemeinkosten werden den Erzeugnissen in praxi regelmäßig über Zuschläge auf die Einzelkosten zugerechnet, sodass die Gemeinkosten je Stück konstant sind. Die gesamten Gemeinkosten werden wie proportionale Kosten behandelt, obwohl sie es nicht sind. Bei Unterbeschäftigung werden also weniger Gemeinkosten aktiviert, als es richtig wäre – bei Überbeschäftigung werden zuviel Gemeinkosten aktiviert. Die Vorräte an unfertigen und fertigen Erzeugnissen sind also zu niedrig bzw. zu hoch bewertet – mit den entsprechenden Wirkungen auf den Gewinn des jeweiligen Geschäfts- bzw. Wirtschaftsjahrs.

Durch eine Änderung der Gemeinkostenzurechnung wäre dieser Effekt zu neutralisieren. Das läßt R 33 Abs. 6 EStR 2001 allerdings bei Unterbeschäftigung nicht zu: "Wird ein Betrieb infolge teilweiser Stilllegung oder mangelnder Aufträge nicht voll ausgenutzt, so sind die dadurch verursachten Kosten bei der Berechnung der Herstellungskosten nicht zu

---

178 Vgl. BMF 29.02.2000 DStR 2000 470ff.

179 Schult, E., Freyer, T., Teilwertabschreibung, a.a.O., S. 335ff.

berücksichtigen." Es ist der Zuschlagssatz bei Normalbeschäftigung anzusetzen. Bei Überbeschäftigung wäre eine Reduktion des Gemeinkostenzuschlags möglich.

Der Grundsatz der Einzelbewertung ist auch im Umlaufvermögen aus Vereinfachungsgründen teilweise durchbrochen. Nach § 256 HGB i.V.m. § 240 Abs. 4 HGB ist eine **Sammel-** oder **Gruppenbewertung** bei gleichartigen Vermögensgegenständen des Vorratsvermögens zulässig. Die AHK werden grundsätzlich als Durchschnittswert ermittelt. Nach § 256 HGB kann dabei unterstellt werden, dass "...die zuerst oder dass die zuletzt angeschafften oder hergestellten Vermögensgegenstände zuerst oder in einer sonstigen bestimmten Folge verbraucht oder veräußert worden sind." Bei gleichartigen Vermögensgegenständen des Vorratsvermögens werden die Bestände im ersten Fall also mit den Preisen der jeweils zuletzt zugegangenen Vermögensgegenstände bewertet. Die zuerst zugegangenen Vermögensgegenstände gelten als zuerst verbraucht (First-in-first-out-Methode, Fifo-Methode). Bei tendenziell steigenden Preisen führt dieses Verfahren zu eher höheren AHK der am Bilanzstichtag vorhandenen Vorräte. Umgekehrt ist auch die Fiktion zulässig, dass die zuerst zugegangenen Vermögensgegenstände zuletzt verbraucht worden sind (Last-in-first-out-Methode, Lifo-Methode). Bei tendenziell steigenden Preisen führt diese Methode zu eher niedrigeren AHK.

Bei den genannten Methoden (Durchschnitts- und Fifo- bzw. Lifo-Methode) handelt es sich um *Zeit*folgeverfahren. Es kann aber auch fingiert werden, dass die Zu- und Abgänge *wert*mäßig erfolgen. Gelten die teuersten Vermögensgegenstände als zuerst verbraucht, spricht man vom Highest-in-first-out- oder Hifo-Verfahren. Nach diesem Verfahren werden die durchschnittlichen AHK unabhängig von der Preisentwicklung eher niedrig geschätzt. In analoger Weise gibt es das Lowest-in-first-out- oder Lofo-Verfahren.

Die Fiktion eines Verbrauchs der Zugänge im Vorratsvermögen nach dem Wert ist wirtschaftlich nicht zu begründen. Die Lofo-Methode verstößt außerdem gegen das Vorsichtsprinzip, sodass beide Verfahren in Handels- und Steuerbilanz unzulässig sind. Das Lifo-Verfahren ist nach § 6 Abs. 1 Nr. 2a EStG auch in der Steuerbilanz zulässig.[180] Allerdings muss es dann ebenfalls in der Handelsbilanz angewendet werden. Ein Übergang auf das Durchschnittsverfahren ist nur möglich mit Zustimmung der Finanzbehörden (vgl. hierzu ausführlich R 36a EStR 2001).

Der Ansatz eines **Festwerts** ist unter den gleichen Bedingungen wie im Anlagevermögen bei Roh-, Hilfs- und Betriebsstoffen möglich. Nach § 256 HGB i.V.m. § 240 Abs. 3 HGB ist weiter Bedingung, dass sie regelmäßig ersetzt werden, der Gesamtwert von nachrangiger Bedeutung ist und der Bestand in Größe, Wert und Zusammensetzung nur geringen Änderungen unterliegt. Nach H 36 EStH 2000 gilt dies auch für die Steuerbilanz. Auch die 10%-Regelung gilt hier; stellt sich bei der Inventur allerdings heraus, dass der Festwert niedriger ist als in der Bilanz ausgewiesen, dann muss auch bei

[180] Allerdings lässt der BFH zumindest das Lifo-Verfahren nicht zu, wenn die Einzelwerte relativ hoch sind und den einzelnen Wirtschaftsgütern zugerechnet werden können (hier Kraftfahrzeuge, vgl. BFH 20.6.2000 BStBl 2001 II636). Dies widerspräche den Grundsätzen ordnungsmäßiger Bewertung, deren Einhaltung ebenfalls in § 6 Abs. 1 Nr. 2a EStG gefordert wird.

nur vorübergehender Wertminderung wegen des strengen Niederstwertprinzips in der Handelsbilanz (nicht in der Steuerbilanz) abgewertet werden.

Forderungen und sonstige Vermögensgegenstände werden regelmäßig zu dem Zeitpunkt bilanziert, zu dem die eigene Leistung erbracht und vom Geschäftspartner akzeptiert worden ist. Dieser Termin wird als Zeitpunkt der Gewinnrealisation angesehen. Damit wird dem Periodenabgrenzungsprinzip Rechnung getragen. Der Ertrag wird im Jahr der Verursachung in der GuV realisiert. Die Bewertung erfolgt zu den AHK, das ist meist der Nennwert einschl. USt. Die (anteilige) USt-Forderung gegenüber dem Geschäftspartner wird durch eine entsprechende USt-Verbindlichkeit gegenüber dem Finanzamt neutralisiert. Falls Gründe für eine voraussichtlich dauernde Abwertung erst nach dem Bilanzstichtag bekannt werden, diese aber im abgelaufenen Geschäftsjahr liegen, dann *muss* wegen des Maßgeblichkeitsprinzips eine Teilwertabschreibung vorgenommen werden (**Wertaufhellungstheorie**). Liegen die Gründe dagegen nach dem Bilanzstichtag, so dürfen sie nicht zu einer Wertminderung führen (**Wertbeeinflussungstheorie**).

Wird dem Geschäftspartner Skonto eingeräumt, dann müsste nach dem strengen Niederstwertprinzip das maximale Skontoangebot vom Nennwert abgesetzt werden. Skonto stellt Finanzierungskosten dar, gehört also nicht zu den AHK. Eine Einbeziehung wäre falsch. Wird das Skonto nicht in Anspruch genommen, dann entsteht bei Begleichung der Forderung richtigerweise ein Skontoertrag. Auch dem Vorsichtsprinzip wäre Genüge getan. Dennoch ist eine Bewertung mit dem Nennwert zulässig. Wird Skonto in Anspruch genommen, so entsteht Skontoaufwand.

Forderungen mit Abgeld (Disagio, analog auch Agio) werden mit dem Auszahlungsbetrag bewertet. Dieser erhöht sich ertragswirksam in jedem folgenden Jahr um das auf die Laufzeit verteilte Disagio, sodass zum Tilgungszeitpunkt der Nennwert aktiviert ist. Mit dieser Vorgehensweise ist sowohl dem Abgrenzungs- als auch dem Vorsichtsprinzip Rechnung getragen.

Auch unverzinsliche Forderungen werden – wenn sie eher kurzfristig sind – mit dem Nennwert angesetzt. Das gilt z.B. für die Position der Forderungen aus Lieferungen und Leistungen. Sind die zinslosen Forderungen eher langfristig, dann muss der niedrigere beizulegende Wert angesetzt werden. In der Steuerbilanz muss eine Teilwertabschreibung vorgenommen werden. Der Teilwert entspricht dem Barwert der Forderung.

Eine nur formal unverzinsliche Forderung stellt der sog. **Zero-Bond** dar. Der Kreditgeber stellt dem Kreditnehmer einen Betrag zur Verfügung, der je nach Länge der Laufzeit u.U. erheblich unter dem Nennwert liegt. Der Kreditnehmer verspricht, am Ende der Laufzeit den Nennwert auszuzahlen. Die Zinsen werden also nicht laufend, sondern einmalig gezahlt. Diese Finanzierungsform entspricht der Forderung mit Abgeld, aber eben ohne laufende Verzinsung. Der Zero-Bond ist mit dem Auszahlungsbetrag zu bewerten. Dieser ist in den folgenden Jahren um den rechnerischen Zins erfolgswirksam zu erhöhen. Die Tilgung am Ende der Laufzeit ist erfolgsneutral.

Eine steuerliche Besonderheit stellen Gesellschafterdarlehen dar. Da *Personen*gesellschaften EStlich als Mitunternehmerschaften aufgefasst werden, wird eine Vertragsbeziehung zu den Gesellschaftern regelmäßig steuerlich nicht akzeptiert. Die Forderungen gegen einen Gesellschafter werden in der Steuerbilanz als Entnahme, die Zinszahlungen als Einlage betrachtet. Zwischen *Kapital*gesellschaften und deren Gesellschaftern wird dagegen ein Vertrag auch steuerlich anerkannt. Die Forderungen sind zu aktivieren, die Zinsen stellen Betriebseinnahmen dar. Nur wenn die Kreditbedingungen unüblich sind – hier z.B. ein äußerst niedriger Zinsfuß –, dann wird der dem Gesellschafter zufließende Vorteil als verdeckte Gewinnausschüttung behandelt.

Wertpapiere werden mit den Anschaffungskosten (evtl. einschl. Stückzinsen) bewertet. Liegt der Wert zum Bilanzstichtag niedriger, dann muss dieser niedrigere aus dem Börsenpreis abgeleitete oder beizulegende Wert in der Handelsbilanz angesetzt werden. In der Steuerbilanz darf der niedrigere Teilwert nur bei voraussichtlich dauernder Wertminderung angesetzt werden. Steigt der Kurs später wieder, dann ist eine Zuschreibung in der Handelsbilanz möglich, maximal aber bis zu den Anschaffungskosten. In der Steuerbilanz muss zugeschrieben werden. Dieser Fall wird im Umlaufvermögen selten sein, weil Wertpapiere, die eher langfristig gehalten werden sollen, zum Anlagevermögen gehören.

5.3.3 Die Bewertung des Eigenkapitals

Das Eigenkapital als Differenz zwischen Roh- oder Brutto-Betriebsvermögen und Schulden wird wesentlich bestimmt durch die dargestellten Bilanzierungs- und Bewertungsvorschriften. Da die doppelte Buchführung Pflicht ist, wirken sich diese Vorschriften auch auf die Betriebseinnahmen und Betriebsausgaben aus. Weiterhin wird das Eigenkapital gem. § 4 Abs. 1 EStG auch durch Einlagen und Entnahmen beeinflusst. ErStrechtliche Besonderheiten sollen im Folgenden skizziert werden.

Neben dem Regelfall der steuerpflichtigen Betriebseinnahmen gibt es eine Reihe **steuerfreier Betriebseinnahmen**. Diese stellen Erträge/Betriebseinnahmen dar und erhöhen das Betriebsvermögen. Außerhalb der Steuerbilanz werden sie jedoch neutralisiert, sodass der Gewinn aus Gewerbebetrieb um diese Betriebseinnahmen reduziert wird. Es handelt sich um Betriebseinnahmen, die aufgrund besonderer Vorschriften steuerfrei bleiben sollen. Bei Kapitalgesellschaften sind dies insbesondere zugeflossene Dividenden oder Gewinne aus der Veräußerung von Anteilen an Kapitalgesellschaften (§ 8b KStG). Bei Einzelunternehmen und Mitunternehmerschaften ist nur die Hälfte dieser Nettozuflüsse steuerfrei (§ 3 Nr. 40 EStG in Verbindung mit § 3c Abs. 2 EStG; Halbeinkünfteverfahren). Für den betrieblichen Bereich wäre generell etwa die InvZul nach § 9 InvZulG 1999 zu nennen. Soweit sie im Bereich des Freibetrags liegen, stellen auch die Veräußerungsgewinne nach §§ 16f. EStG eine steuerfreie Betriebseinnahme dar. Schließlich sind ausländische Betriebseinnahmen steuerfrei, wenn sie aufgrund eines DBA im Inland nach dem Freistellungsprinzip unbesteuert bleiben.

Betriebsausgaben mindern den Gewinn aus Gewerbebetrieb. Insbesondere im EStG ist eine Reihe von **nichtabzugsfähigen Betriebsausgaben** vorgesehen. Das sind einmal nach § 3c EStG die Betriebsausgaben, die mit steuerfreien Betriebseinnahmen im Zusammenhang stehen. Sind die o.g. Anteile an Kapitalgesellschaften fremdfinanziert, dann sind die Zinsen bei Kapitalgesellschaften überhaupt nicht, bei Einzelunternehmen/Mitunternehmerschaften zur Hälfte abzugsfähig. Des Weiteren werden in § 4 Abs. 4a, 5 EStG in großem Umfang Betriebsausgaben zumindest teilweise für nichtabzugsfähig erklärt. Durch diese Vorschrift soll z.T. einem vermuteten Missbrauch vorgebeugt werden, andererseits liegen der Nichtabzugsfähigkeit auch Gleichmäßigkeitserwägungen zugrunde.

Nach § 4 Abs. 4a EStG soll bei Schuldzinsen verhindert werden, dass diese als Betriebsausgabe abzugsfähig sind, obwohl der Grund der Darlehensaufnahme privatbedingt ist. Die zugeflossenen Mittel werden entnommen und privat verwendet (z.B. für selbsgenutzte Immobilien). Schuldzinsen sind nach § 4 Abs. 4a EStG dann nichtabzugsfähige Betriebsausgaben, wenn sog. Überentnahmen vorliegen – eine nicht unbestrittene Lösung[181].

Nach § 4 Abs. 5 EStG sind im Wesentlichen die folgenden Betriebsausgaben nichtabzugsfähig:

- Geschenke an Geschäftsfreunde in vollem Umfang, wenn diese pro Jahr und Empfänger € 40 übersteigen und nicht ausschließlich betrieblich genutzt werden können
- Bewirtungen von Geschäftsfreunden, die unangemessen sind, in voller Höhe. Die angemessenen Bewirtungsaufwendungen werden um 20 % reduziert. Bestimmte Formvorschriften sind einzuhalten.
- Aufwendungen für auswärtige Gästehäuser
- Aufwendungen für Jagd oder Fischerei, Segel- oder Motorjachten und damit zusammenhängende Betriebsausgaben
- Verpflegungsmehraufwand; es können nur Pauschbeträge abgesetzt werden
- Aufwendungen für Fahrten zwischen Wohnung und Betriebsstätte mit dem eigenen Kraftfahrzeug in Höhe der positiven Differenz zwischen 0,03 % des Listenpreises je Monat und dem bei Arbeitnehmern je Monat als Werbungskosten anerkannten Betrag. Bei eher niedrigpreisigen Kraftfahrzeugen kann diese Differenz null sein.
- Geldbußen, Ordnungs- und Verwarnungsgelder
- Spenden für staatspolitische Zwecke (Parteispenden)
- Schmiergelder, wenn wegen des Empfangs eine Verurteilung bzw. ein Bußgeld droht.

---

[181] Hundsdoerfer, J., Henning, M., Konzept und Praktikabilität einer eigenkapitalbezogenen Begrenzung des Schuldzinsenabzugs – zum neuen § 4 Abs. 4a EStG, in BB 2000, S. 542ff.

Bei Kapitalgesellschaften sind außerdem nach §§ 9f. KStG u.a. die folgenden Betriebsausgaben nichtabzugsfähig:

- Spenden, soweit sie bestimmte relative oder absolute Grenzen übersteigen
- KSt und die USt auf Entnahmen, weil es sich hier um Betriebsausgaben handelt, anders als bei Personengesellschaften und Einzelunternehmern, bei denen privater Lebensführungsaufwand vorliegt, der ohnehin nichtabzugsfähig ist
- Geldstrafen
- die Hälfte der Aufsichtsratsvergütungen.

Einlagen werden nach § 6 Abs. 1 Nr. 5 EStG mit dem Teilwert angesetzt, auch wenn er höher ist als die AHK. Allerdings stellen die AHK die Bewertungsobergrenze dar, wenn

- das Wirtschaftsgut innerhalb der letzten drei Jahre vor der Einlage angeschafft oder hergestellt wurde oder
- Anteile an Kapitalgesellschaften eingelegt werden und der Steuerpflichtige zu mindestens 1 % an der Gesellschaft beteiligt ist.

Wird ein abnutzbares Wirtschaftsgut eingelegt, so sind die AHK um die AfA zu kürzen, die auf die Zeit vor der Einlage entfallen.

Als Einlage wird nach § 6 Abs. 1 Nr. 6 EStG auch die Betriebseröffnung aufgefasst. Wird ein Betrieb entgeltlich erworben, so stellen nach § 6 Abs. 1 Nr. 7 EStG die AHK die Wertobergrenze dar. Ein eventueller Differenzbetrag zwischen Kaufpreis und der Summe der Einzelwerte wird als derivativer Firmenwert aktiviert[182].

Entnahmen werden nach § 6 Abs. 1 Nr. 4 EStG ebenfalls mit dem Teilwert angesetzt. Damit sollen eventuelle Veräußerungsgewinne im betrieblichen – damit ErStwirksamen – Bereich verbleiben. Bei einer niedrigeren Bewertung würden sie im Privatbereich realisiert und der Besteuerung entzogen. Für die private Nutzung eines betrieblichen Kraftfahrzeugs wird die Entnahme mit 1 % des Listenpreises je Monat typisiert (durch Nachweis widerlegbar).

Die Einbringung von Betrieben in andere Betriebe wird grundsätzlich ebenfalls als Entnahme mit nachfolgender Einlage aufgefasst. Durch den Ansatz des Teilwerts bei der Entnahme wird möglicherweise ein Veräußerungsgewinn realisiert, der steuerpflichtig ist (ggf. nach Freibetrag und zum modifizierten oder ermäßigten Steuersatz, vgl. §§ 15ff. EStG). Da zumindest z.T. keine Veräußerung gegen Zahlung eines Geldbetrags vorliegt, kann die ausgelöste ESt zu einer erheblichen Liquiditätsanspannung führen. Deshalb sieht das UmwStG bei der Einbringung regelmäßig das Wahlrecht vor, zum Buchwert, zum

182 Diese Differenz kann nicht negativ sein, weil dann die Wirtschaftsgüter einzeln veräußert werden würden. Das bedeutet, "...dass ein negativer Geschäftswert nicht begründbar ist." Siegel, T., Bareis, P., Der 'negative Geschäftswert' – eine Schimäre als Steuersparmodell?, in BB 1993, S. 1477ff., hier S. 1485.

Teilwert oder zu einem Zwischenwert einzubringen. Damit liegt ein Entscheidungsproblem (vgl. Kapitel "Ertragsteuerliche Optionen") zwischen zwei Alternativen vor (die Zwischenwertalternative wird hier vernachlässigt):

- Teilwerteinbringung mit sofortiger modifizierter bzw. ermäßigter Besteuerung des Veräußerungsgewinns (keine GewSt-Pflicht) und Erhöhung des späteren AfA-Volumens um den Veräußerungsgewinn oder
- Buchwerteinbringung ohne sofortige Besteuerung bei unverändertem AfA-Volumen.

5.3.4 Die Bewertung der steuerfreien Rücklagen

Steuerfreie Rücklagen sind Passivpositionen, die aufgrund besonderer steuerlicher Vorschriften erst nach ihrer Auflösung zu versteuern sind. Während also Rücklagen – mit Ausnahme der stillen Rücklagen – üblicherweise aus dem bereits besteuerten Gewinn gebildet werden, werden in die steuerfreien Rücklagen Gewinnteile *vor* Besteuerung eingestellt. Die Wirkung der steuerfreien Rücklagen ist demnach der der stillen Rücklagen ähnlich. Beide enthalten in Höhe des Gewinnteils nach Steuern Eigenkapital und in Höhe der Steuern Fremdkapital. Daher werden die steuerfreien Rücklagen in der Handelsbilanz nach § 247 Abs. 3 HGB als Sonderposten mit Rücklageanteil[183] bezeichnet und sind gem. § 273 HGB zwischen dem Eigenkapital und den Rückstellungen auszuweisen. Auf den Fremdkapitalanteil weist auch die Formulierung in § 247 Abs. 3 HGB hin, dass es einer Rückstellung insoweit (also soweit es die latenten Steuern betrifft) nicht bedarf.

Die steuerfreien Rücklagen führen gegenüber den üblichen Rücklagen zu einem Finanzierungseffekt in Höhe der aufgeschobenen ErSt (ggf. zusätzlich in Höhe aufgeschobener Ausschüttungen). Das Finanzamt gewährt dem Betrieb einen Steuerkredit, der regelmäßig zinslos ist. Dem Betrieb steht der Steuerbetrag solange zur Verfügung, bis die steuerfreie Rücklage gewinnwirksam aufgelöst wird.

Steuerfreie Rücklagen werden insbesondere gewährt, wenn verhindert werden soll, dass außergewöhnliche Veräußerungsgewinne besteuert werden und damit nur die um die Steuern geminderte Veräußerungseinnahme zur Investitionsfinanzierung bereit steht. Der Gesetzgeber ist der Auffassung, dass dadurch die Produktionskraft von Betrieben geschwächt wird. Steuerfreie Rücklagen haben also überwiegend einen wirtschaftspolitischen Grund.

Die wesentlichen steuerfreien Rücklagen sind:

- die steuerfreie **Rücklage nach § 6b EStG** zur Erleichterung der Finanzierung einiger eher langfristiger Reinvestitionen, die der Verbesserung der Unternehmensstruktur dienen sollen
- die steuerfreie **Rücklage** nach § 7g EStG **zur Ansparabschreibung**

---

[183] Bei Kapitalgesellschaften können in die Sonderposten mit Rücklageanteil nach § 281 Abs. 1 HGB auch die Mehrbeträge der steuerlich zulässigen Abschreibung eingestellt werden (indirekte Abschreibung), Institut der Wirtschaftprüfer in Deutschland e.V. (Hrsg.), Wirtschaftsprüfer-Handbuch 2000, Band I, a.a.O., S. 423.

- die steuerfreie **Rücklage für Ersatzbeschaffung** nach R 35 EStR 2001 zur zeitweisen Steuerbefreiung von Entschädigungen zwecks Finanzierung von Ersatzinvestitionen, die durch höhere Gewalt/behördliche Eingriffe notwendig werden
- die steuerfreie **Rücklage** nach R 34 Abs. 4 EStR 2001 **zur Verschiebung einer Zuschussbesteuerung** bei sog. erfolgsneutraler Behandlung von Zuschüssen.

Nach § 6b EStG können (unter weiteren Bedingungen) stille Rücklagen, die durch die Veräußerung von Anlagevermögen realisiert werden, auf im Wirtschaftsjahr der Veräußerung oder im vorhergehenden Wirtschaftsjahr (nicht bei Anteilen an Kapitalgesellschaften) angeschafftes oder hergestelltes Anlagevermögen übertragen werden. Es kann aber auch vorübergehend eine steuerfreie Rücklage gebildet werden:

veräußerte Wirtschaftsgüter, seit mindestens sechs Jahren im Anlagevermögen	**Übertragung möglich auf angeschaffte oder hergestellte Wirtschaftsgüter des Anlagevermögens**	**maximale Dauer der steuerfreien Rücklage**
Grund und Boden	Grund und Boden oder Gebäude	vier/sechs Jahre
Gebäude	Gebäude	vier/sechs Jahre
Anteile an Kapitalgesellschaften im Betriebsvermögen von Einzelunternehmen bzw. Mitunternehmerschaften für Veräußerungsgewinne bis € 500.000	Gebäude oder abnutzbare bewegliche Wirtschaftsgüter oder Anteile an Kapitalgesellschaften	zwei/vier Jahre

Im Übertragungsfall wird der Veräußerungsgewinn dadurch neutralisiert, dass die AHK des neuen Wirtschaftsguts (bei im Vorjahr zugegangenen Wirtschaftsgütern der Buchwert) entsprechend gemindert werden. Das AfA-Volumen bei Gebäuden wird kleiner. Die Besteuerung des Veräußerungsgewinns wird u.U. erheblich verschoben.

Unabhängig davon, ob im Veräußerungsjahr ausreichend Investitionsvolumen zur Übertragung existiert, kann der Veräußerungsgewinn alternativ in eine steuerfreie Rücklage eingestellt werden. Diese wird in späteren Jahren 'erfolgsneutral' auf die AHK angeschaffter oder hergestellter Wirtschaftsgüter der genannten Art des Anlagevermögens übertragen oder erfolgswirksam aufgelöst. Im letzteren Fall versucht der Gesetzgeber allerdings, den Zinsvorteil durch die Steuerverschiebung zu neutralisieren. Nach § 6b Abs. 7 EStG ist der Gewinn im Auflösungsjahr um 6 % des Auflösungsbetrags für jedes Jahr, in dem die steuerfreie Rücklage bestanden hat, zu erhöhen[184]. Der Gesetzgeber sieht also nicht etwa eine nachträgliche Verzinsung, sondern die nachträgliche Besteuerung fiktiver Zinsen vor. Sämtliche Wahlrechte müssen wegen der Umkehrung des Maßgeblichkeitsprinzips nach § 5 Abs. 1 EStG in gleicher Weise in der Handelsbilanz ausgeübt werden.

Unter den Bedingungen des § 7g EStG können kleine und mittlere Betriebe neben der Sonderabschreibung eine steuerfreie Rücklage bilden, wenn sie Investitionen *planen*. Dadurch sollen Steuerbeträge gespart werden, um eine Finanzierung zu erleichtern (diese Wirkung, die im Wesentlichen zu einer Steuerverschiebung führt, wird Ansparabschreibung genannt). Die Rücklage darf 50 % der erwarteten AHK der Investitionen der folgenden zwei Jahre nicht überschreiten. Die Summe der Rücklagen darf nicht höher sein als € 154.000. Bei Zugang der Investitionen wird die Rücklage erfolgswirksam aufgelöst. Unter weiteren Bedingungen wird auch hier bei Nichtdurchführung der Investition ein fiktiver Zins von 6 % p.a. besteuert. Für Existenzgründer darf die Summe der Rücklagen maximal € 307.000 betragen, die Rücklage darf nach dem Jahr ihrer Bildung fünf Jahre bestehen bleiben und eine Auflösung, ohne dass die geplante Investition vorgenommen worden ist, verursacht keine Besteuerung eines fiktiven Zinses (§ 7g Abs. 7 EStG).

Wirtschaftsgüter können 'unfreiwillig' aus dem Betriebsvermögen ausscheiden. Das kann etwa durch höhere Gewalt wie Brand, Diebstahl, Explosion u.a. oder durch behördlichen Eingriff wie Enteignung u.ä. erfolgen. In vielen Fällen wird eine Entschädigung (Versicherung) bezahlt. Übersteigt diese den Buchwert, dann ist die Differenz als Veräußerungsgewinn steuerpflichtig. Zur Finanzierung der Ersatzinvestition müssten weitere Mittel beschafft werden.

Unter gewissen Bedingungen läßt R 35 EStR 2001 zu, dass in diesen Fällen die aufgedeckte stille Rücklage auf das Ersatzwirtschaftsgut übertragen wird, dass also das Ersatzwirtschaftsgut mit den um den Veräußerungsgewinn geminderten AHK bewertet wird. Wird das Ersatzwirtschaftsgut erst in einem späteren Jahr beschafft oder hergestellt, dann kann der Veräußerungsgewinn in eine steuerfreie Rücklage für Ersatzbeschaffung eingestellt werden. Die Ersatzbeschaffung muss ernsthaft geplant sein (R 35 Abs. 4 EStR 2001). Die steuerfreie Rücklage muss nach einem Jahr bzw. beim Abgang von Grundstücken und Gebäuden nach zwei Jahren übertragen oder aufgelöst werden. Die Frist kann im Einzelfall angemessen verlängert werden. Auch hier gilt die Umkehrung des Maßgeblichkeitsprinzips.

Die steuerfreie Rücklage nach R 34 Abs. 4 EStR 2001 zur Verhinderung einer Zuschussbesteuerung bei erfolgsneutraler Behandlung hat den Zweck, den erfolgsneutralen Abzug des Zuschusses von den AHK zu ermöglichen, wenn das bezuschusste Wirtschaftsgut erst in einem späteren Jahr angeschafft oder hergestellt wird, der Zuschuss also vor Anschaffung oder Herstellung ausgezahlt wird.

---

[184] Zur Vorteilsberechnung unter Berücksichtigung der Besteuerung der fiktiven Zinsen vgl. etwa von Rosenberg, E., Müller, R., Die Vorteilhaftigkeit der Bildung einer Rücklage nach § 6b EStG, in DB 1990, S. 2433ff.

5.3.5 Die Bewertung der Rückstellungen

Nach § 253 Abs. 1 HGB sind Rückstellungen mit dem Betrag anzusetzen, der nach vernünftiger kaufmännischer Beurteilung notwendig ist. Die vernünftige kaufmännische Beurteilung soll sowohl auf dem Vorsichts- als auch auf dem Abgrenzungsprinzip beruhen. Dem Wertaufhellungsprinzip kommt bei der Passivierung und Bewertung der Rückstellungen eine besondere Bedeutung zu. Eine Abzinsung darf nur erfolgen, soweit die der Rückstellung zugrundeliegende Verpflichtung Zinsanteile enthält (z.B. bei Pensions- und Leasingverpflichtungen). Rückstellungen dürfen nach § 249 Abs. 3 HGB nur aufgelöst werden, *soweit* der Grund für die Rückstellung weggefallen ist.

Abweichend von der handelsrechtlichen Regelung müssen nach § 6 Abs. 1 Nr. 3a EStG in der Steuerbilanz vor allem zwei Besonderheiten beachtet werden. Sind mit der Erfüllung der Rückstellungsverpflichtung voraussichtlich Vorteile verbunden, die nicht zu einer aktivierungsfähigen Forderung führen, dann ist der Wert dieser Vorteile bei der Bewertung vom Rückstellungsbetrag zu subtrahieren (Kompensationsgebot). Weiterhin müssen längerfristige (mehr als ein Jahr) Rückstellungsverpflichtungen in der Steuerbilanz mit 5,5 % p.a diskontiert werden (Abzinsungsgebot).

Pensionsrückstellungen sind nach § 6a Abs. 3 EStG höchstens mit dem Teilwert anzusetzen. Ist der Arbeitnehmer aus dem Betrieb ausgeschieden, so ist dies nach § 6a Abs. 3 Nr. 2 EStG der Barwert der Pensionsleistungen. Der Kalkulationszinsfuß beträgt nach § 6a Abs. 3 EStG 6 % p.a. Im Regelfall ist der Arbeitnehmer zum Zusagezeitpunkt noch nicht ausgeschieden. Vielmehr erbringt er bis zum Eintritt des Versorgungsfalls weitere Arbeitsleistungen. Der Barwert der künftigen Verpflichtungen wird deshalb um den Barwert der noch für die Ansammlung des Pensionsstocks zu erbringenden Personalleistungen gemindert (§ 6a Abs. 3 Nr. 1 EStG). Bei diesen wird der Einfachheit halber angenommen, sie hätten in jedem Jahr die gleiche Höhe.

Zur Berechnung der Pensionsrückstellung muss als Erstes der Barwert dieser gleichbleibenden Beträge ermittelt werden. Dazu wird der Barwert der Pensionsverpflichtungen auf den Zeitpunkt des Diensteintritts berechnet. Aus diesem wird für die Zeit bis zum Eintritt des Versorgungsfalls die Annuität (der gleichbleibende Betrag) ermittelt. Liegt der Diensteintritt vor dem 28. Lebensjahr des Arbeitnehmers, so gilt letzterer Zeitpunkt als Diensteintritt. Auf den Zeitpunkt der Pensionszusage wird der Barwert der Pensionsverpflichtung berechnet. Von diesem wird der Barwert der vorab berechneten gleichbleibenden Beträge subtrahiert. Die Differenz stellt die Höhe der Pensionsrückstellung dar. Da auch abgelaufene Jahre in die Berechnung eingehen, ist die sog. Erstjahreszuführung relativ hoch.

Für jeden folgenden Bilanzstichtag wird ebenso verfahren. Die Differenz zwischen den Teilwerten – also die Differenz zwischen den Barwertdifferenzen – wird der Pensionsrückstellung zugeführt. Diese Differenz entspricht der Personalleistung des jeweiligen Jahres (dem gleichbleibendem Betrag) zuzüglich Zinsen auf den bisher angesammelten Betrag. Bei Eintritt des Versorgungsfalls hat die Pensionsrückstellung den Barwert der künftigen Pensionsverpflichtungen erreicht.

Nach Eintritt des Versorgungsfalls ist die Pensionsrückstellung aufzulösen. Das geschieht nach dem sog. versicherungsmathematischen Verfahren. An jedem Bilanzstichtag wird auf der Basis der statistischen Lebenserwartung des jeweiligen Arbeitnehmers (Prinzip der Einzelbewertung) der Barwert berechnet. Die Pensionszahlungen werden in Höhe der Barwertdifferenz erfolgsneutral gebucht, da sie insoweit die Verpflichtung mindern. Der Rest stellt (Zins-)Aufwand dar.

Bei der Berechnung der **Steuerrückstellungen** sind zwei Besonderheiten zu beachten. Die KSt stellt Aufwand, aber eine nichtabzugsfähige Betriebsausgabe dar. Dennoch ist wie in der Handelsbilanz auch in der Steuerbilanz eine Rückstellung zu bilden. Die erfolgswirksamen Änderungen der Rückstellung sind außerhalb der Steuerbilanz zu neutralisieren. Die GewSt-Rückstellung ist ebenfalls in Handels- und Steuerbilanz zu bilden. Sie kann mit Hilfe der effektiven GewSt-Sätze exakt berechnet werden. Es ist aber in Handels- und Steuerbilanz auch zulässig, die sog. Fünf-Sechstel-Methode nach R 20 Abs. 2 EStR 2001 anzusetzen. Dabei wird der Brutto-Gewerbeertrag mit dem nominalen GewSt-Satz multipliziert. 5/6 des Betrags (abzüglich Vorauszahlungen) werden in die GewSt-Rückstellung eingestellt[185].

Von diesen Steuerrückstellungen sind die für **latente Steuern** zu unterscheiden. *Steuer*rückstellungen werden gebildet für solche Steuern, die mit Ablauf des Wirtschaftsjahrs rechtlich entstanden sind. Rückstellungen für *latente* Steuern nach § 274 Abs. 1 HGB sollen Steuern als Aufwand ausweisen, die zwar nicht rechtlich, wohl aber wirtschaftlich im laufenden Geschäftsjahr entstanden sind. Sie werden auf der Basis des handelsrechtlichen Bruttogewinns berechnet. Sind sie höher als die auf der Basis des steuerrechtlichen Gewinns aus Gewerbebetrieb, dann ist in Höhe der Differenz eine Rückstellung für latente Steuern zu bilden. Die Bildung setzt weiter voraus, dass die Gewinndifferenz nur vorübergehend ist, sodass die Rückstellung wegen der Zweischneidigkeit der Bilanz im Lauf der Zeit aufgelöst werden muss. Die Rückstellung für latente Steuern darf nicht in die Steuerbilanz übernommen werden. Dort sind – wie in der Handelsbilanz – allerdings in den steuerfreien Rücklagen latente Steuerverpflichtungen enthalten.

5.3.6 Die Bewertung der Verbindlichkeiten

In der Position der Verbindlichkeiten werden Verpflichtungen gegenüber Dritten ausgewiesen, deren Höhe im Gegensatz zu den Rückstellungen einigermaßen gewiß ist. Solche Verpflichtungen müssen passiviert und einzeln bewertet werden. § 240 Abs. 4 i.V.m. § 256 HGB läßt auch eine Sammel- oder Gruppenpassivierung und -bewertung zu.

Verbindlichkeiten werden nach § 253 Abs. 1 HGB mit ihrem Rückzahlungsbetrag und nach § 6 Abs. 1 Nr. 3 EStG analog zu den Bewertungsvorschriften für Wirtschaftsgüter bewertet. Nach H 37 EStH 2000 ist das ebenfalls der Rückzahlungsbetrag. Im Regelfall

---

[185] Zu dem Entscheidungsproblem der optimalen GewSt-Rückstellung in Abhängigkeit vom Hebesatz vgl. etwa Gerl, C., Steueroptimale Dotierung der Gewerbesteuerrückstellung ab 1993, in DStR 1993, S. 141ff. sowie Kapitel "Das unternehmenspolititsche Instrumentarium und Steuern".

deckt sich der Rückzahlungsbetrag mit dem Nennwert. Dieser ist bei Verbindlichkeiten mit einer Restlaufzeit von mindestens einem Jahr mit 5,5 % p.a. zu diskontieren[186] – es sei denn, die Verbindlichkeiten sind ohnehin verzinslich.

Ist der Rückzahlungsbetrag höher als der Ausgabebetrag (bei Verbindlichkeiten mit Disagio oder Agio), dann darf der Unterschiedsbetrag in der Handelsbilanz bei den Rechnungsabgrenzungsposten aktiviert und über die Laufzeit abgeschrieben werden. Für die Steuerbilanz besteht nach H 37 EStH 2000 Aktivierungspflicht.

Für Zero-Bonds gilt diese Bewertung nach h.M.[187] allerdings nicht. Bei dieser Verbindlichkeit wird angenommen, dass der niedrigere Ausgabebetrag identisch mit dem Rückzahlungsbetrag sei. Die Differenz stellt eine Zinsverbindlichkeit dar. Deshalb ist eine Zero-Bond-Verbindlichkeit in Handels- und Steuerbilanz mit dem Ausgabebetrag zu passivieren. Dieser wird aufwandswirksam um die jährlichen Zinsen erhöht. Am Ende der Laufzeit ist der Rückzahlungsbetrag ausgewiesen. Die Tilgung ist erfolgsneutral.

Verbindlichkeiten gegenüber Gesellschaftern werden analog zu den Forderungen gegen Gesellschafter behandelt. In der Steuerbilanz von Personengesellschaften werden die Verbindlichkeiten als Einlage und die jährlichen Zinsen als Entnahme behandelt. Bei Kapitalgesellschaften werden Verträge zwischen Gesellschaftern und Gesellschaft auch steuerlich akzeptiert, sodass der Vorgang wie eine Verbindlichkeit gegenüber einem Dritten zu behandeln ist. Sind die an den Gesellschafter gezahlten Zinsen allerdings unangemessen hoch oder liegt der Fall des § 8a KStG vor, dann liegt in Höhe der Differenz eine verdeckte Gewinnausschüttung vor.

5.4 Die Steuerbilanz der Mitunternehmerschaften

Bei den Mitunternehmerschaften[188] (vgl. Kapitel "Die Gewinn-Einkunftsarten") ergeben sich hinsichtlich der Bilanzierung (Sonderbilanz) und Bewertung (Ergänzungsbilanz) Besonderheiten gegenüber dem Einzelunternehmer bzw. der Kapitalgesellschaft. Weiterhin weisen die Erfolgsermittlung (Einbeziehung von Vergütungen für Gesellschafterleistungen) und die Erfolgsverteilung (besonders die Verlustverteilung) für die Mitunternehmerschaft typische Merkmale auf.

Da bei Mitunternehmerschaften auch Vermögensteile als Betriebsvermögen betrachtet werden, die nicht in der Handelsbilanz der Gesellschaft (und möglicherweise umgekehrt) ausgewiesen sind, existieren hier augenscheinlich zwei Vermögenssphären. Die Gesellschaft selbst verfügt über das Gesamthandsvermögen. Das sind die Wirtschaftsgüter, die im gemeinschaftlichen Eigentum der Gesellschafter stehen. Diese

[186] Vgl. dazu etwa van de Loo, P., Abzinsung von Verbindlichkeiten in der Steuerbilanz und Folgen für die Handelsbilanz, in DStR 2000, S. 508ff.

[187] Institut der Wirtschaftsprüfer in Deutschland e.V. (Hrsg.), Wirtschaftsprüfer-Handbuch 2000, Band I, a.a.O. S. 330

[188] Vgl. ausführlich etwa Lange, J., Grützner, D., Kussmann, M., Moench, D., Reiß, W., Personengesellschaften im Steuerrecht, 5.Aufl. Herne Berlin 1998.

können nur notwendiges Betriebsvermögen sein, weil ein anderer Vermögensbereich nicht existiert. Zum Betriebsvermögen der Mitunternehmerschaft gehören aber auch Wirtschaftsgüter (die insbesondere in der Handelsbilanz nicht bilanziert sind), die im Eigentum einzelner Gesellschafter stehen, aber dem Betriebszweck dienen sollen (sog. **Sonderbetriebsvermögen**).

Das Sonderbetriebsvermögen kann notwendig oder gewillkürt sein. Zum notwendigen Sonderbetriebsvermögen gehören z.B. Grundstücke, die an die Gesellschaft vermietet werden oder Darlehen, die ein Gesellschafter der Gesellschaft gewährt hat. Gewillkürtes Sonderbetriebsvermögen stellt eher die Ausnahme dar (etwa gemischtgenutzte Wirtschaftsgüter im Eigentum eines Gesellschafters). Solche Wirtschaftsgüter werden als Sonderbetriebsvermögen I bezeichnet. Sonderbetriebsvermögen I dient der Gesellschaft unmittelbar.

Sonderbetriebsvermögen II dient der Gesellschaft nur indirekt. Hierbei handelt es sich etwa um Darlehen, die ein Gesellschafter zur Finanzierung seines Anteils (oder zur Finanzierung von Sonderbetriebsvermögen I) aufgenommen hat. Beide Sonderbetriebsvermögen können in einer **Sonderbilanz** des jeweiligen Gesellschafters bilanziert werden.

Eine **Ergänzungsbilanz** kann für einen Gesellschafter erstellt werden, wenn Wirtschaftsgüter – die sich im Gesamthandsvermögen befinden – bei der Gesellschaft anders *bewertet* werden als beim Gesellschafter. Ergänzungsbilanzen sind erforderlich, wenn ein neuer Gesellschafter durch Anteilserwerb in die Gesellschaft eintritt und er für den Anteil mehr (oder weniger) aufzuwenden hat, als auf dem Kapitalkonto ausgewiesen ist. Die Bewertungsdifferenz und deren Fortschreibung kann in eine Ergänzungsbilanz aufgenommen werden. Die Ergänzungsbilanz enthält also die stillen Reserven bzw. einen Firmenwertanteil.

Die **Erfolgsermittlung** – insbesondere die Frage, in welchem Umfang Teile in den Erfolg aus Gewerbebetrieb der Mitunternehmerschaft einbezogen werden, die betriebswirtschaftlich (wie auch z.B. bei Kapitalgesellschaften) überhaupt kein Erfolg sind – basiert auf der Definition der Mitunternehmerschaft. Bei der Mitunternehmerschaft besteht ein Dilemma zwischen der Einheit der Gesellschaft einerseits und der Mehrheit der Gesellschafter andererseits. Die Mitunternehmerschaft kann extremerweise als eine 'Institution' oder Gesellschaft (etwa im Handelsrecht oder bei den Realsteuern) gesehen werden. Dieser Aspekt kann aber auch vollständig in den Hintergrund treten – dann liegt ein 'Bündel' von einzelnen Gewerbetreibenden, eben von Mitunternehmern, vor.

Die Definition bestimmt den Umfang des Erfolgs. Sieht man die Mitunternehmerschaft gesellschaftsbezogen als Institution – weitgehend gelöst von den Gesellschaftern –, dann umfasst der Erfolg wie bei den Kapitalgesellschaften nur den der Gesellschaft. Abstrahiert man vollständig von der Gesellschaft – sieht man also die Mitunternehmerschaft nur gesellschafterbezogen (die Gesellschaftsbilanz als ein Bilanzbündel), dann umfasst der Erfolg nur Teile, die die Mitunternehmer zur Zielverfolgung beigetragen haben. Die Gesellschaft als solche wird als nicht existent angesehen.

Die frühere **Bilanzbündeltheorie** hatte den zweiten Standpunkt eingenommen. Erfolg ist die Summe der Einzelerfolge der Mitunternehmer. Diese Theorie ist in Richtung eines Zielkompromisses durch die **Beitragstheorie** ersetzt worden. Neben den Erfolgsbeiträgen der Gesellschafter erwirtschaftet die Gesellschaft selbst einen für die Gesellschafter einheitlichen Erfolg. Der Erfolg aus Gewerbebetrieb umfasst demnach den Erfolg der Gesellschaft selbst sowie die Erfolgsteile, die ein Gesellschafter durch seine Arbeit, durch seine Fremdfinanzierung oder durch seine Wirtschaftsgüterüberlassung erwirtschaftet. Augenscheinlich ist damit von den Vorstellungen über den Umfang des Erfolgs aus Gewerbebetrieb diejenige realisiert, die diesen Erfolg maximiert – mit den möglicherweise nachteiligen Folgen einer ausgedehnten GewSt-Pflicht.

Erwirtschaftet die Mitunternehmerschaft Einkünfte aus Gewerbebetrieb, dann kann die Erfolgsermittlung etwa wie folgt skizziert werden:

- Für die Gesamthandsbilanz wird der Gewinn oder Verlust (Erfolg) aus Gewerbebetrieb nach § 4 Abs. 1 i.V.m. § 5 EStG ermittelt. Es handelt sich also im Wesentlichen um den handelsrechtlichen Jahresüberschuss unter Berücksichtigung des Maßgeblichkeitsprinzips. Steuerfreie Betriebseinnahmen und nichtabzugsfähige Betriebsausgaben werden hier angesetzt.
- Der Erfolg aus Wertfortschreibung der Ergänzungsbilanzen wird addiert. Beide zusammen ergeben den Erfolg der Mitunternehmerschaft (Steuerbilanz der ersten Stufe).
- Die Sonderbetriebsausgaben werden subtrahiert. Es kann sich um Wertminderungen im Sonderbetriebsvermögen I (z.B. AfA) oder um Vergütungen für das Sonderbetriebsvermögen II (z.B. Sollzinsen für private Kredite zur Anteilsfinanzierung) handeln. Es kann sich aber auch um Sonderbetriebsausgaben handeln, die nicht mit einem Wirtschaftsgut zusammenhängen (etwa privat bezahlte Reisen zu Gesellschafterversammlungen oder für Beratungsleistungen).
- Die Sonderbetriebseinnahmen werden addiert. Es kann sich um Werterhöhungen im Sonderbetriebsvermögen I (z.B. von der Gesellschaft bezahlte Zinsen oder Mieten) oder aus der Veräußerung dieses Vermögens handeln. Es können aber auch Sonderbetriebseinnahmen sein, die nicht mit einem bilanzierungsfähigen Wirtschaftsgut (Humanvermögen) zusammenhängen (von der Gesellschaft bezahlte Dienstleistungen wie etwa das Gesellschafter-Geschäftsführer-Gehalt sowie die weiteren in § 15 Abs. 2 EStG genannten Vergütungen an Gesellschafter, die auf Ebene der Gesamthandsbilanz als Betriebsausgabe und nicht als Vorabvergütung behandelt worden sind).
- Der Erfolg aus der Steuerbilanz der ersten Stufe (also der Gesellschaft selbst) und der der einzelnen Mitunternehmer ergibt den Erfolg der Steuerbilanz der zweiten Stufe oder der Gesamtbilanz. Dieser ist die Basis für den Gewerbeertrag.

Der Erfolg wird – soweit möglich – verursachungsgerecht auf die Mitunternehmer verteilt. Die Erfolgsteile aus den Ergänzungs- und Sonderbilanzen sowie andere Sonderbetriebsausgaben und -einnahmen werden den Mitunternehmern in der Höhe zugerechnet, wie sie bei der Erfolgsermittlung erfasst worden sind. Der verbleibende Erfolg der Steuerbilanz der ersten Stufe (also nach Ergänzungsbilanzen) wird nach Gesetz oder Gesellschaftsvertrag verteilt.

Die Erfolgsermittlung und -verteilung einer Mitunternehmerschaft sei an einem Beispiel dargestellt. Sänger und Pfeifer betreiben die Geier-Hotel KG. Der Komplementär Sänger und der Kommanditist Pfeifer sind mit je T€ 100 an der Gesellschaft beteiligt. Im Anlagevermögen befindet sich das Geier-Hotel (Betriebs- und Geschäftsausstattung) mit einem Buchwert von T€ 100, das Umlaufvermögen besteht nur aus Geldkonten in Höhe von T€ 1.100. Weiterhin hat Pfeifer seiner Gesellschaft ein Darlehen über T€ 1.000 zu 10 % p.a. gegeben, das er mit T€ 800 zu 8 % p.a. refinanziert hat. Schließlich erhält Sänger ein Gesellschafter-Geschäftsführer-Gehalt von T€ 120 p.a.

Die Gesamthandsbilanz (Steuerbilanz erster Stufe) hat das folgende Aussehen:

Gesamthandsbilanz der Geier-Hotel KG in T€

Aktiva		Passiva	
Anlagevermögen	100	Eigenkapital Sänger	100
Umlaufvermögen	1.100	Eigenkapital Pfeifer	100
		Verbindlichkeiten Pfeifer	1.000
	1.200		1.200

Dazu ist eine Sonderbilanz für Pfeifer aufzustellen, die dessen Sonderbetriebsvermögen I (das Darlehen an die Gesellschaft) und II (das Darlehen der Bank an ihn zur Finanzierung seines Darlehens an die Gesellschaft) enthält:

Sonderbilanz des Kommanditisten Pfeifer in T€

Aktiva		Passiva	
Forderungen	1.000	Eigenkapital Pfeifer	200
		Verbindlichkeiten	800
	1.000		1.000

Erwirtschaftet die Gesellschaft z.B. einen Jahresüberschuss von T€ 500 (der ansonsten dem Steuerbilanzgewinn entsprechen soll), dann ergibt sich für den Gewinn aus Gewerbebetrieb:

	T€
Erfolg der Steuerbilanz erster Stufe	500
– Sonderbetriebsausgaben Pfeifer (Sollzinsen)	– 64
+ Sonderbetriebseinnahmen Sänger (Gehalt)	+ 120
+ Sonderbetriebseinnahmen Pfeifer (Habenzinsen)	+ 100
Gewinn der Steuerbilanz zweiter Stufe	656

Dieser Gewinn der Gesamtbilanz wird wie folgt verteilt:

	Sänger T€	Pfeifer T€
Erfolg der Steuerbilanz erster Stufe lt. Vertrag	250	250
– Sonderbetriebsausgaben Pfeifer (Sollzinsen)		– 64
+ Sonderbetriebseinnahmen Sänger (Gehalt)	+ 120	
+ Sonderbetriebseinnahmen Pfeifer (Habenzinsen))		+ 100
Gewinn aus Gewerbebetrieb (T€ 656)	370	286

Die beiden Gesellschafter haben demnach Einkünfte aus Gewerbebetrieb von T€ 370 bzw. T€ 286. Zur Ermittlung des Gewerbeertrags werden zum Gewinn aus Gewerbebetrieb von T€ 656 die als Sonderbetriebsausgaben subtrahierten € 64 hälftig hinzugerechnet – der Gewerbeertrag der KG beträgt also T€ 688 (die GewSt ist hier wie im Folgenden als Betriebsausgabe vernachlässigt).

Pfeifer verkauft seinen Anteil an Vogel zu einem Preis von T€ 1.000. Die Forderung an die Gesellschaft tritt er ebenfalls an Vogel ab – wegen der hohen Verzinsung für T€ 1.200. Vogel finanziert die Investition in vollem Umfang eigen. Da eine Mitunternehmerschaft vorliegt, gehören sämtliche Vermögensteile von Pfeifer (also auch das Sonderbetriebsvermögen) zum Betriebsvermögen. Der Veräußerungsgewinn ist ESt-pflichtig. Er beträgt T€ 1.100. Bei einer Kapitalgesellschaft würde die Forderung an die Gesellschaft sonstiges Vermögen von Pfeifer darstellen – ein Veräußerungsgewinn ist EStlich irrelevant (wenn nicht § 22 Nr. 2 EStG greift). Nimmt man an, dass die Anschaffungskosten des Kapitalanteils ebenfalls T€ 100 betragen, dann würde Pfeifer nach § 17 EStG einen ESt-pflichtigen Veräußerungsgewinn von T€ 900 erzielen (Einkünfte aus Gewerbebetrieb[189] ohne GewSt-Pflicht).

[189] Ist die Frist von einem Jahr hier nicht eingehalten, dann liegen sonstige Einkünfte (Einkünfte aus privaten Veräußerungsgeschäften nach § 23 Abs. 3 EStG) vor – eine Nebeneinkunftsart dominiert eine Haupteinkunftsart!

Der Übergang der Geschäftsanteile würde die Bilanz einer Kapitalgesellschaft nicht ändern. Bei einer Mitunternehmerschaft muss für Vogel nicht nur eine Sonderbilanz für die Forderung an die Gesellschaft, sondern auch eine Ergänzungsbilanz für die stillen Reserven aufgestellt werden:

Gesamthandsbilanz der Geier-Hotel KG in T€

Aktiva		Passiva	
Anlagevermögen	100	Eigenkapital Sänger	100
Umlaufvermögen	1.100	Eigenkapital Vogel	100
		Verbindlichkeiten Vogel	1.000
	1.200		1.200

Sonderbilanz des Kommanditisten Vogel in T€

Aktiva		Passiva	
Forderungen	1.000	Eigenkapital Vogel	1.000
	1.000		1.000

Ergänzungsbilanz des Kommanditisten Vogel in T€

Aktiva		Passiva	
stille Reserven:		Eigenkapital Vogel	1.100
Hotel	900		
Darlehen	200		
	1.100		1.100

Die Gesellschaft erwirtschafte weiterhin einen Jahresüberschuss von T€ 500 (der ansonsten dem Steuerbilanzgewinn entsprechen soll). Der Übersichtlichkeit halber wird angenommen, dass die stillen Reserven im ersten Jahr vollständig abgeschrieben werden müssen (Teilwertabschreibung wegen Fehlmaßnahme; bei gleichbleibendem Gewinn nicht möglich). Die Ergänzungsbilanz von Vogel löst sich damit auf. Für den Gewinn aus Gewerbebetrieb der Mitunternehmerschaft ergibt sich:

	T€
Erfolg der Gesamthandsbilanz	500
Erfolg der Ergänzungsbilanz	– 1.100
Erfolg der Steuerbilanz erster Stufe	– 600
+ Sonderbetriebseinnahmen Sänger (Gehalt)	+ 120
+ Sonderbetriebseinnahmen Vogel (Habenzinsen)	+ 100
Verlust der Steuerbilanz zweiter Stufe	– 380

Dieser Verlust der Gesamtbilanz wird wie folgt verteilt:	Sänger	Vogel
	T€	T€
Erfolg der Steuerbilanz erster Stufe lt. Vertrag	250	250
Erfolg der Ergänzungsbilanz Vogel		– 1.100
+ Sonderbetriebseinnahmen Sänger (Gehalt)	+ 120	
+ Sonderbetriebseinnahmen Vogel (Habenzinsen)		+ 100
Verlust der Steuerbilanz zweiter Stufe (– T€ 380)	370	– 750

Die beiden Gesellschafter haben jetzt ein Gewinn aus Gewerbebetrieb von T€ 370 bzw. einen Verlust aus Gewerbebetrieb von – T€ 750. Für Vogel kommt möglicherweise ein Verlustausgleich, -rücktrag oder -vortrag in Frage. Der Gewerbeertrag ist hier identisch mit dem Verlust aus Gewerbebetrieb – möglicherweise kommt ein Verlustvortrag in Frage.

Schließlich sollen beide Gesellschafter am Jahresende ihre Anteile für jeweils T€ 1.000 veräußern. Die Gesellschaft zahlt das Darlehen an Vogel mit T€ 1.000 zurück. Bei der Kommanditgesellschaft beträgt der Veräußerungsgewinn für Sänger und für Vogel jeweils T€ 900, insgesamt also T€ 1.800. Bei einer Kapitalgesellschaft würde jetzt der Vermögensverlust von Vogel wirksam. Sein Veräußerungsgewinn würde sich auf null reduzieren. Haben die Anschaffungskosten des Anteils von Sänger – wie bisher angenommen – T€ 100 betragen, dann würde er einen Veräußerungsgewinn von T€ 900 erzielen.

6 Steuerrechtliche Basis: Das Besteuerungsverfahren

Die Organisation der Besteuerung – das Besteuerungsverfahren – wird im formellen Steuerrecht geregelt. Die für alle Steuerarten geltenden wichtigsten gesetzlichen Grundlagen über den Ablauf des Besteuerungsverfahrens sind die Abgabenordnung (AO) und die Finanzgerichtsordnung (FGO). Von besonderer wirtschaftlicher Bedeutung sind die Vorschriften der AO, die die Grundsätze der Besteuerung betreffen, sowie die Vorschriften über das Entstehen, die Ermittlung, die Festsetzung, die Fälligkeit und das Erlöschen der Steuerschuld. Außerdem ist in der AO festgelegt, welche Rechte der Steuerpflichtige auf welchem Weg durchsetzen kann, ohne die Finanzgerichte einzuschalten (der Einspruch als außergerichtlicher Rechtsbehelf). Schließlich ist das Steuerstrafrecht ebenfalls in der AO geregelt. Ist die außergerichtliche Durchsetzung der Rechte des Steuerpflichtigen erfolglos, so steht regelmäßig der gerichtliche Weg offen (Finanzgerichtsweg). Die FGO regelt im Wesentlichen das Verfahren des Finanzgerichtswegs.

6.1 Grundsätze des formellen Steuerrechts

Vor der systematischen Skizzierung wichtiger steuerlicher Verfahrensvorschriften sollen einige Begriffe (das **Ermessen**, die **wirtschaftliche Betrachtungsweise**, **Treu und Glauben**) erklärt werden, die als Grundsätze die Denkweise der Finanzbehörden beherrschen (sollen). Solche Grundsätze werden dann zur Argumentation herangezogen, wenn eindeutige gesetzliche Regelungen fehlen. Das gilt bei eventuellen Auffassungsunterschieden oder Interessengegensätzen sowohl für die Finanzbehörden/die Finanzgerichtsbarkeit als auch für den Steuerpflichtigen. Schließlich wird die **typisierende Betrachtungsweise** erläutert.

Eine Steuer kann rechtmäßig nur erhoben werden, wenn in jedem Einzelfall der Tatbestand erfüllt ist, an den das jeweilige Einzel-Steuergesetz die Leistungspflicht knüpft (§ 3 Abs. 1 AO). Im Rahmen dieser gesetzlichen Regelung existieren jedoch Bereiche, die den Finanzbehörden ein gewisses **Ermessen** einräumen. Im Gesetz sind solche Entscheidungsspielräume durch Formulierungen wie 'kann', 'darf', 'ist zulässig' u.ä.[190] erkennbar. Allerdings werden auch Wahlrechte des Steuerpflichtigen mit diesen Formulierungen bezeichnet. In diesen Fällen haben die Finanzbehörden keinen Entscheidungsspielraum, sondern müssen dem 'Ermessen' des Steuerpflichtigen folgen, wenn nur die gesetzlichen Bestimmungen eingehalten sind[191]. Keine Ermessens-

---

[190] Z.B. § 69 Abs. 2 FGO: "Die zuständige Finanzbehörde kann die Vollziehung ganz oder teilweise aussetzen." § 163 Abs. 1 AO: "Steuern können niedriger festgesetzt werden..." § 152 Abs. 1 AO: "Gegen denjenigen, der seiner Verpflichtung zur Abgabe einer Steuererklärung nicht oder nicht fristgemäß nachkommt, kann ein Verspätungszuschlag festgesetzt werden."

[191] Z.B. § 26 Abs. 1 EStG: "Ehegatten...können zwischen getrennter Veranlagung...und Zusammenveranlagung...wählen." § 9 UStG: "Der Unternehmer kann einen Umsatz, der...steuerfrei ist, als steuerpflichtig behandeln..."

entscheidungen der Finanzbehörden sind weiterhin gesetzliche Ermächtigungsbestimmungen: Diese ermächtigen den Gesetzgeber, Verordnungen zu erlassen, durch die bestimmte Sachverhalte geregelt werden. Die Finanzbehörden wie auch der Steuerpflichtige haben sich an diese Verordnungen zu halten, da sie Gesetzeskraft haben.

Die Finanzbehörden sind bei der Ausübung des Ermessens nicht frei, sondern haben "...ihr Ermessen entsprechend dem Zweck der Ermächtigung auszuüben und die gesetzlichen Grenzen des Ermessens einzuhalten" (§ 5 AO). Sie sind also einmal gehalten, die Ermessensspielräume, die durch ein Gesetz bestimmt sind, zu beachten[192]. Im Rahmen dieser gesetzlich bestimmten Grenzen muss das Ermessen weiterhin so ausgeübt werden, dass der Zweck der jeweiligen Ermessensvorschrift erreicht wird[193].

Eine Ermessensentscheidung kann durch die Finanzgerichte nachgeprüft werden (§ 102 FGO). Sie ist – entsprechend den genannten Bedingungen – dann rechtswidrig, wenn sie die gesetzlichen Grenzen überschreitet oder wenn sie nicht zweckgerecht ist. In diesen Fällen darf allerdings das Finanzgericht nicht sein eigenes Ermessen an die Stelle des Ermessens der Finanzbehörden setzen. Die Sache muss an die Finanzbehörden zur nochmaligen – und richtigen Ermessensentscheidung zurückverwiesen werden.

Es sei darauf hingewiesen, dass im steuerlichen Zwangsverfahren für den Einsatz der Zwangsmittel (Zwangsgeld, Ersatzvornahme durch eine andere Person, unmittelbarer Zwang) ebenfalls Ermessensspielräume existieren, innerhalb derer die Finanzbehörden an die beiden genannten Grundsätze (Einhaltung der gesetzlichen Grenzen, Beachtung der Zweckmäßigkeit des Umfangs der Zwangsmittel) und darüber hinaus an den Grundsatz der Angemessenheit bei der Auswahl eines der drei Zwangsmittel gebunden sind. Der letzte Grundsatz bestimmt, dass die drei Zwangsmittel in der genannten Reihenfolge auf ihren möglichen Einsatz hin untersucht werden müssen (§§ 328ff. AO).

Die Existenz von Ermessensentscheidungen hat für den Steuerpflichtigen die Folge, dass er in der Lage ist, durch eigene Aktivitäten die Ausübung des Ermessens seitens der Finanzbehörden in den genannten Grenzen zu beeinflussen. Bringt der Steuerpflichtige etwa wichtige wirtschaftliche oder persönliche Gründe vor, die einen Antrag z.B. auf Aussetzung der Vollziehung eines Steuerbescheids für zweckmäßig erscheinen lassen, so werden die Finanzbehörden von ihrem Ermessen bei diesem Steuerpflichtigen tendenziell in dessen Sinn Gebrauch machen. Begründet der Steuerpflichtige dagegen einen Antrag auf eine bestimmte Ausübung des Ermessens nicht oder stellt er diesen Antrag überhaupt nicht, so werden die Finanzbehörden das Ermessen eher in ihrem Sinne ausüben. Um etwa den Finanzbehörden eine verspätete Abgabe einer Steuererklärung entschuldbar i.S.d.

[192] Bei der Festlegung eines Verspätungszuschlags wegen Nichtabgabe einer Steuererklärung (§ 152 AO) besteht das Ermessen darin, dass ein Verspätungszuschlag erhoben werden *kann*. Der Ermessensspielraum ist durch die gesetzlichen Grenzen (§ 152 Abs. 2 AO) fixiert: Der Verspätungszuschlag darf 10 % der festgesetzten Steuer, maximal € 25.000 nicht überschreiten.

[193] Der Zweck des § 152 AO ist es, die Abgabe von Steuererklärungen nachdrücklich zu fordern. Die Finanzbehörden müssen also in jedem Einzelfall prüfen, mit welchem minimalen Verspätungszuschlag der Steuerpflichtige dazu bewegt werden könnte, der Abgabeverpflichtung nachzukommen. Nur dieser Verspätungszuschlag ist zulässig, nicht etwa ein höherer oder gar der maximale Satz.

§ 152 Abs. 1 AO erscheinen zu lassen und damit die Zahlung eines Verspätungszuschlags zu vermeiden, muss den Finanzbehörden ein Entschuldigungsgrund überhaupt erst einmal bekannt gemacht werden und darüber hinaus ausreichend begründet sein. Der Ermessensspielraum der Finanzbehörden kann also in gewisser Weise vom Steuerpflichtigen beeinflusst werden, obwohl grundsätzlich allein den Finanzbehörden die Entscheidung über die Ausübung des Ermessens zukommt.

Für das Steuerrecht gilt der **Grundsatz der wirtschaftlichen Betrachtungsweise**. Da die Erhebung von Steuern immer an bestimmte wirtschaftliche Situationen anknüpft (sog. Sachverhalt, wie etwa die Erwirtschaftung von Einkünften), kommt der wirtschaftlichen gegenüber der formalrechtlichen Betrachtungsweise eine hervorragende Bedeutung zu.

Eine Steuerschuld entsteht, sobald ein Tatbestand verwirklicht ist, an den ein Steuergesetz die Steuerleistungspflicht knüpft (§ 38 AO). Weder der Sachverhalt noch die gesetzliche Vorschrift, die diesen Sachverhalt erfassen soll (Tatbestand), können wertfrei konstatiert werden. Deshalb ist es notwendig, zur Herstellung der Verbindung zwischen Sachverhalt und Tatbestand sowohl den jeweiligen Sachverhalt nach wirtschaftlichen Kriterien auszulegen, als auch die jeweilige gesetzliche Vorschrift auf ihren wirtschaftlichen Zweck hin zu untersuchen. Die wirtschaftliche Betrachtungsweise setzt also an zwei Auslegungspunkten an. Einmal hat die *Beschreibung der Sachverhalte* nach wirtschaftlichen Kriterien zu erfolgen. § 42 AO hebt ausdrücklich hervor: "Durch Missbrauch von Gestaltungsmöglichkeiten des Rechts kann das Steuergesetz nicht umgangen werden. Liegt ein Missbrauch vor, so entsteht der Steueranspruch so, wie er bei einer den wirtschaftlichen Vorgängen angemessenen rechtlichen Gestaltung entsteht." Liegt kein Missbrauch[194] von Gestaltungsmöglichkeiten vor, so decken sich grundsätzlich Sachverhalt und gesetzliche Vorschrift. In diesen Fällen kann es aber sein, dass die Übereinstimmung zwar rechtlich existiert, aber nach der wirtschaftlichen Betrachtungsweise nicht dem Zweck des Gesetzes entspricht. Deshalb regelt die AO auch die andere Seite der Anwendung der wirtschaftlichen Betrachtungsweise. Auch die *Auslegung gesetzlicher Vorschriften* muss nach wirtschaftlichen Kriterien erfolgen.

Eine in § 39 Abs. 2 AO besonders geregelte Art der wirtschaftlichen Betrachtungsweise ist das sog. **wirtschaftliche Eigentum**. Ein Wirtschaftsgut soll *dem* Vermögensbereich (Betriebs- oder Privatvermögen) zugerechnet werden, zu dem es seiner Zwecksetzung nach gehört. Ebenso soll ein Wirtschaftsgut *dem* Steuerpflichtigen als wirtschaftlichem Eigentümer zugerechnet werden, der die tatsächliche Verfügungsgewalt über das Wirtschaftsgut ausübt. Regelmäßig werden sich wirtschaftliches und rechtliches Eigentum decken. Allerdings bestimmt schon § 39 AO ausdrücklich, dass sicherungsübereignete Wirtschaftsgüter dem Sicherungsgeber, zu treuen Händen übereignete oder treuhänderisch erworbene Wirtschaftsgüter dem Treugeber und Wirtschaftsgüter, die mehreren zur gesamten Hand zustehen, diesen mehreren soweit notwendig anteilig zugerechnet werden. Wirtschaftlicher Eigentümer ist derjenige, der den rechtlichen Eigentümer während der gewöhnlichen Nutzungsdauer von der Herrschaft über das Wirtschaftsgut ausschließen kann (§ 39 Abs. 2 Nr. 1 AO; von Bedeutung etwa beim Leasing). Die exakte

194 Vgl. dazu etwa Rose, G., Glorius-Rose, C., Missbrauchsrechtsprechung des BFH in Bewegung, in DB 2000, S. 1633ff.

Vermögenszurechnung ist für eine Vielzahl steuerlicher Vorschriften erforderlich. Gehören etwa Wirtschaftsgüter in ein Betriebsvermögen, so gehören die Einnahmen aus einer Vermögensveräußerung zu den (ESt-pflichtigen) Einkünften z.B. aus Gewerbebetrieb. Gehören diese Wirtschaftsgüter dagegen zu einem Privatvermögen, so bleiben Vermögensänderungen – also auch Einnahmen aus Vermögensverkäufen – bei den ESt-pflichtigen Einkünften grundsätzlich unberücksichtigt. Andererseits führt die Abnutzung von Betriebsvermögen über die AfA zu ESt-mindernden Betriebsausgaben; Abnutzungen privater Wirtschaftsgüter sind dagegen steuerlich regelmäßig unbeachtlich. Der wirtschaftliche Eigentümer hat z.B. das Recht, die AfA in Anspruch zu nehmen. Wird ein Pachtvertrag über die Ausbeutung von Mineralvorkommen z.B. rechtlich so gestaltet, dass nach wirtschaftlichen Kriterien ein Kaufvertrag mit Teilzahlung vorliegt, so wird das Mineralvorkommen dem formalrechtlichen Pächter zugerechnet mit der Folge, dass dies sein Vermögen erhöht. Das führt dazu, dass die Pachtzahlungen nicht als Betriebsausgaben anzusehen sind, sondern dass es sich um Zins- und Tilgungsraten auf die Verpflichtung zur Zahlung des Kaufpreises handelt. Nur der Zinsanteil und die AfS auf das aktivierte Mineralvorkommen sind Betriebsausgaben. Die Pachtzahlungen sind weiterhin keine Pachtzinsen i.S.d. § 8 Nr. 7 GewStG und somit nicht anteilig dem Gewinn aus Gewerbebetrieb hinzuzurechnen. Andererseits stellt der Zinsanteil Dauerschuldzinsen i.S.d. § 8 Nr. 1 GewStG dar und ist dem Gewinn aus Gewerbebetrieb hälftig hinzuzurechnen.

Ebenfalls ein Ausfluss der wirtschaftlichen Betrachtungsweise ist die steuerrechtliche Behandlung von Scheingeschäften, fehlerhaften Rechtsgeschäften und gesetz- bzw. sittenwidrigem Handeln (§§ 40f. AO). Diese Rechtsgeschäfte sind auf ihre wirtschaftliche Basis bzw. ihr wirtschaftliches Ergebnis hin auszulegen. Bürgerlich-rechtlich sind sie sämtlich nichtig (z.B. §§ 117, 125, 134 BGB); eine Besteuerung wird dadurch jedoch nicht ausgeschlossen. Bei Scheingeschäften geht die steuerrechtliche Regelung über die Voraussetzung eines Rechtsgeschäfts hinaus und sieht auch Scheinhandlungen (z.B. scheinbare Verlegung des Wohnsitzes) als nichtig an bzw. legt die Rechtsgeschäfte oder Handlungen, die durch das Scheingeschäft bzw. die Scheinhandlung verdeckt werden sollen, der Besteuerung zugrunde. Verlegt also ein Steuerpflichtiger seinen Wohnsitz scheinbar in das Ausland, um fortan nur noch beschränkt steuerpflichtig zu sein, so wird dies steuerlich nur berücksichtigt, wenn die Wohnsitzverlegung auch praktiziert wird. Deshalb wurde für die Abgrenzung der beschränkten von der unbeschränkten Steuerpflicht neben dem Wohnsitzkriterium das Kriterium des gewöhnlichen Aufenthalts (Definition in § 9 AO; sog. 183-Tage-Regelung) eingeführt (vgl. etwa § 1 Abs. 1 EStG).

Der **Grundsatz von Treu und Glauben** ist ein allgemeiner Rechtsgrundsatz und gilt somit auch für das Steuerrecht. Er besagt, dass im Rechtsverkehr jeder auf die Interessen des anderen Rücksicht nehmen und sich so verhalten muss, dass der andere seine Dispositionen im Vertrauen auf eine einheitliche Verhaltensweise planen und durchführen kann. Der Grundsatz von Treu und Glauben gilt also für beide Seiten. Sowohl die Finanzbehörden als auch der Steuerpflichtige haben sich daran zu halten. Regelmäßig kommt diesem Grundsatz aber bei der Beurteilung des Verhaltens der Finanzbehörden die größere Bedeutung zu, da diese aufgrund der Staatsgewalt die Dispositionen des Steuerpflichtigen in erheblich größerem Umfang beeinflussen als umgekehrt. Allerdings geht der Grundsatz von Treu und Glauben nicht so weit, dass dadurch für längere Zeit eine falsche, für den Steuerpflichtigen aber vorteilhafte, Rechtsauffassung beibehalten werden müsste. Da dies dem Grundsatz der gleichmäßigen Besteuerung zuwider laufen würde, kann sich der Steuerpflichtige nur für die jeweilige Veranlagung auf sein Vertrauen in die Vorgehensweise der Finanzbehörden berufen.

Besondere Bedeutung hat der Grundsatz von Treu und Glauben bei der Beurteilung der Verbindlichkeit von Auskünften und Zusagen der Finanzbehörden. Haben die Finanzbehörden eine verbindliche Auskunft gegeben oder verbindlich zugesagt, einen Sachverhalt künftig in bestimmter Weise zu beurteilen oder zu bearbeiten, so sind sie daran gebunden, wenn bestimmte – allerdings recht rigide – Voraussetzungen eingehalten sind[195]. Diese sind für verbindliche Zusagen in Anschluss an eine Außenprüfung in §§ 204ff. AO fixiert (in diesem Fall ist das Ermessen der Finanzbehörde nach § 204 AO eingeschränkt – sie *soll* die Zusage geben); für andere verbindliche Zusagen gilt, an diese Vorschriften angelehnt, das BMF-Schreiben v. 24.6.1987[196]. Eine derartige Auskunft oder Zusage ist solange verbindlich, wie der realisierte Sachverhalt von dem zugrunde gelegten Sachverhalt nur unwesentlich abweicht und soweit die Auskunft oder Zusage nicht zum Nachteil des Steuerpflichtigen rechtswidrig ist. Die Auskunft oder Zusage gilt nicht mehr, wenn sich die Rechtsvorschriften, auf denen die Auskunft oder Zusage basiert, ändern. Weiterhin kann die Auskunft oder Zusage mit Wirkung für die Zukunft aufgehoben oder geändert werden.

Die Steuergesetze müssen, da sie empfindlich in die Vermögens- und Rechtssphäre des Steuerpflichtigen eingreifen, dem Grundsatz einer *gleichmäßigen* Besteuerung[197] aller Steuerpflichtigen besonders sorgfältig Rechnung tragen. "Andererseits umfassen sie in der Regel Massenvorgänge des Wirtschaftslebens; daher müssen sie, um praktikabel zu sein, die Sachverhalte, an die sie dieselben Folgen knüpfen, typisieren und damit in weitem Umfange die Besonderheiten nicht nur des einzelnen Falls, sondern auch ganzer Gruppen vernachlässigen. Eine gewisse ungleiche wirtschaftliche Auswirkung auf die einzelnen Steuerschuldner und ihre Wettbewerbslage ist daher bei Steuergesetzen unvermeidbar und hinzunehmen...Die wirtschaftlich ungleiche Wirkung einer Regelung auf die Steuerzahler darf ein gewisses Maß nicht übersteigen."[198]

Diese **typisierende Betrachtungsweise** schließt den Gegenbeweis des Steuerpflichtigen, dass in seinem Einzelfall die Typisierung gegen den Grundsatz der Gleichmäßigkeit der Besteuerung verstoße, regelmäßig aus. Bezieht ein Steuerpflichtiger etwa im Rahmen der sonstigen Einkünfte i.S.d. § 22 EStG Einkünfte aus privaten Veräußerungsgeschäften, so kann er, wenn die typisierenden Bedingungen des § 23 EStG erfüllt sind, die Steuerpflicht

[195] In einigen Fällen müssen die Finanzbehörden ohne weiteres Auskunft geben (etwa die Anrufungsauskunft nach § 42e EStG, nach der ein Arbeitgeber oder ein Arbeitnehmer Auskunft darüber verlangen kann, ob und inwieweit im einzelnen Fall die Vorschriften über die LSt anzuwenden sind).

[196] BMF 24.06.1987 BStBl. 1987 I 474.

[197] Vgl. etwa Tipke, K., Lang, J., Steuerrecht, a.a.O., S. 80ff.

[198] BVerfG 20.12.1966 BStBl. 1967 II 7.

nicht dadurch abwenden, dass er nachweist, ohne jede Einkunftserzielungsabsicht gehandelt zu haben (Beispiel für die Typisierung des Sachverhalts). Ebensowenig kann ein Steuerpflichtiger z.B. versuchen, bei den Einkünften aus nichtselbstständiger Arbeit die Kraftfahrzeugkosten, die nachweislich zur Erwerbung der Einkünfte entstanden sind (tatsächliche Werbungskosten), in voller Höhe abzusetzen. Sie sind in § 9 Abs. 1 Nr. 4 EStG für Fahrten zwischen Wohnung und Arbeitsstätte betragsmäßig typisiert (Beispiel für die Typisierung des Ausgabenabzugs). Schließlich gibt es – allerdings in nur geringem Umfang – eine Typisierung der Rechtsfolgen. In diesem Fall hat der Gesetzgeber überhaupt auf die Sachverhaltsermittlung als Grundlage der Steuererhebung verzichtet und in grober Schematisierung die Steuererhebung vorgeschrieben. So wird etwa der private Anteil eines betrieblichen Kraftfahrzeugs nach § 6 Abs. 1 Nr. 4 EStG mit 12 % des Listenpreises typisiert. Durch ein Fahrtenbuch kann dies verhindert werden. Der Steuerpflichtige kann der typisierenden Betrachtungsweise entgehen, wenn er den betrieblichen/privaten Nutzungsanteil bzw. die Betriebseinnahmen und -ausgaben aufzeichnet. Nach § 13a EStG wird unter gewissen Bedingungen der Gewinn aus Land- und Forstwirtschaft nach Durchschnittssätzen ermittelt. Der Steuerpflichtige kann dieser Typisierung entgehen, wenn er Bücher führt oder zumindest die Betriebseinnahmen und -ausgaben aufzeichnet.

6.2 Die Steuerschuld

6.2.1 Das Entstehen der Steuerschuld

Die Steuerschuld entsteht, "...sobald der Tatbestand verwirklicht ist, an den das Gesetz die Leistungspflicht knüpft" (§ 38 AO; die AO sieht die Entstehung der Steuerschuld von der Seite des Steuergläubigers und spricht deshalb von einem Steueranspruch). Sobald also der Tatbestand erfüllt ist, für den die Steuerpflicht nach einem beliebigen Einzel-Steuergesetz vorgesehen ist (z.B. nach dem EStG, dem KStG oder dem UStG), ist die Steuerschuld entstanden. Bezieht eine natürliche unbeschränkt steuerpflichtige Person z.B. am 28.11.2002 zum ersten Mal in diesem Jahr Einkünfte (etwa solche aus Gewerbebetrieb), so ist für den Veranlagungszeitraum 2002 der grundsätzliche Tatbestand einer ESt-Pflicht erfüllt: Nach § 2 Abs. 1 EStG unterliegen Einkünfte dieser Art der ESt. Da die ESt eine sog. Veranlagungssteuer ist (sie wird jährlich durch Veranlagung erhoben, es werden aber Vorauszahlungen verlangt), gibt es bei dieser Steuer zwei Arten der Steuerschuld: Die Vorauszahlungsschuld nach § 37 Abs. 1 EStG und die eigentliche ESt-Schuld nach § 36 Abs. 1 EStG. Die Vorauszahlungsschuld ist mit Begründung der Steuerpflicht entstanden, d.h. am 28.11.2002. Die ESt-Schuld ist mit Ablauf des Veranlagungszeitraums – also mit Ablauf des Kalenderjahrs 2002 – entstanden.

Das Entstehen der Steuerschuld zieht noch kein Zahlungserfordernis nach sich. Dieser Vorschrift kommt aber insofern eine Bedeutung zu, als z.B. die Verjährung für die Festsetzung der Steuerschuld grundsätzlich mit Ablauf des Kalenderjahrs beginnt, in dem die Steuerschuld entstanden ist (§ 170 Abs. 1 AO). Allerdings ist die Bedeutung eher prinzipiell, da in der Mehrzahl der Steuerfälle der Beginn der Festsetzungsverjährung gehemmt wird (Anlaufhemmung). Das gilt z.B. nach § 170 Abs. 2 Nr. 1 AO für die Steuerarten, für die eine Steuererklärung oder -anmeldung einzureichen ist. Damit kommt es beim weitaus überwiegenden Teil der Steuern für die Festsetzungsverjährung nicht auf den Zeitpunkt des Entstehens der Steuerschuld, sondern auf den Zeitpunkt der Abgabe der Steuererklärung oder -anmeldung an. Gibt der Steuerpflichtige eine derartige Erklärung jedoch nicht ab und ist es auch nicht gelungen, dies durch Zwangsmittel zu erreichen, so gilt die grundsätzliche Regelung mit einer fixen Anlaufhemmung von drei Jahren: Die Festsetzungsfrist beginnt spätestens "...mit Ablauf des dritten Kalenderjahres, das auf das Kalenderjahr folgt, in dem die Steuer entstanden ist..." (§ 170 Abs. 2 AO).

6.2.2 Die Ermittlung der Steuerschuld

Wenn eine Steuerschuld entstanden ist, muss dies zwecks Entrichtung durch den Steuerpflichtigen oder aus anderen Gründen den Finanzbehörden überhaupt erst einmal bekannt sein. Deshalb sind in der AO dem Steuerpflichtigen und anderen Personen bestimmte **Informationspflichten** auferlegt. Die Finanzbehörden sind ferner berechtigt, die Einhaltung dieser Pflichten durch bestimmte Maßnahmen zu **kontrollieren** und evtl. zu **erzwingen**.

Die **Informationspflichten** lassen sich im Wesentlichen in folgende Gruppen zusammenfassen:

- Anzeigepflichten nach §§ 137 – 139 AO
- Pflicht zur Kontenwahrheit nach § 154 AO
- Aufzeichnungspflichten nach §§ 140 – 146 AO
- Aufbewahrungspflichten nach § 147 AO
- Erklärungspflichten nach §§ 149 – 150 AO
- Mitwirkungspflichten nach § 90 AO
- Auskunftspflichten nach §§ 93 – 96 AO
- Beweispflichten nach §§ 97 – 100 AO.

Besteht bei einem Steuerpflichtigen auch nur die Vermutung, dass er einen Sachverhalt realisiert, der sich mit dem Tatbestand irgendeines Steuergesetzes deckt, so hat er dies grundsätzlich der zuständigen Finanzbehörde anzuzeigen. Die Frage der sachlichen und örtlichen Zuständigkeit der Finanzbehörden ist in §§ 16ff. AO geregelt. Sachlich zuständig sind für die Anzeigepflichten regelmäßig die Finanzämter (§ 17 FVG). Örtlich zuständig sind bei natürlichen Personen regelmäßig die Wohnsitzfinanzämter (das Finanzamt, in dessen Bezirk der Steuerpflichtige seinen Wohnsitz oder seinen gewöhnlichen Aufenthalt hat) oder die Betriebsfinanzämter (das Finanzamt, in dessen Bezirk sich das Betriebsvermögen eines Land- oder Forstwirts, eines Gewerbetreibenden oder eines Selbstständigen befindet). Für die Anzeigen juristischer Personen sind regelmäßig die Finanzämter der Geschäftsleitung (das Finanzamt, in dessen Bezirk sich die Geschäftsleitung oder der Sitz des Steuerpflichtigen befindet) oder ebenfalls die Betriebsfinanzämter zuständig (vgl. dazu und zu den Besonderheiten §§ 137ff. AO i.V.m.

§§ 17ff. AO). Mit Ausnahme der Bestimmung über die Wohnsitzfinanzämter gilt dies im Wesentlichen auch für beschränkt Steuerpflichtige. An die Stelle des Wohnsitzfinanzamts tritt bei diesen das Finanzamt, in dessen Bezirk sich das Vermögen des Steuerpflichtigen befindet oder in dessen Bezirk er die gewerbliche oder berufliche Tätigkeit ausübt.

Um den Finanzbehörden die Ermittlung der Steuerschuld zu erleichtern, ist der Steuerpflichtige weiterhin gehalten, über die Zugehörigkeit von Vermögenswerten richtige Angaben zu machen. So ist es verboten, dass der Steuerpflichtige Vermögenswerte, die tatsächlich ihm gehören, durch Verschleierungsmaßnahmen einer anderen – vielleicht sogar erdichteten – Person (Strohmann) zurechnet. Das bedeutet insbesondere, dass Geldkonten oder Vermögensdepots nicht auf einen falschen oder erdichteten Namen eingerichtet werden dürfen (§ 154 AO).

In § 140 AO wird zu den Aufzeichnungspflichten vorab allgemein festgelegt, dass irgendwelche Aufzeichnungen, die nach Nicht-Steuergesetzen gemacht werden, die aber für die Besteuerung von Bedeutung sein könnten, auch zum Zweck der Besteuerung zu erfüllen sind. Damit ist gesetzlich die Grundlage geschaffen, um steuerrechtliche Zwangsmittel zur Durchsetzung der Pflichteinhaltung einsetzen zu können. Darüber hinaus bestimmt § 141 AO besondere Aufzeichnungspflichten nur zum Zweck der Besteuerung. Diese sind praktischerweise durch alternative Kennzahlen festgelegt, die die Betriebsgröße repräsentieren sollen. Danach haben Gewerbetreibende und Land- oder Forstwirte eine körperliche Bestandsaufnahme (Inventur) zu machen bzw. Bücher zu führen und diese jährlich abzuschließen, wenn:

- die Umsätze im Kalenderjahr € 260.000 überschreiten *oder*
- der Wirtschaftswert der selbstbewirtschafteten land- und forstwirtschaftlichen Flächen € 20.500 überschreitet *oder*
- der Gewinn € 25.000 im Wirtschafts- bzw. Kalenderjahr überschreitet.

Die AO weist weiter ausdrücklich darauf hin, dass die allgemeinen handelsrechtlichen Buchführungsvorschriften der §§ 238ff. HGB gelten. Damit ist insbesondere die Beachtung der Grundsätze ordnungsmäßiger Buchführung, Bilanzierung und Bewertung gemeint (z.T. kodifiziert in § 252 HGB). Die Buchführungspflicht tritt mit Beginn des Wirtschaftsjahrs ein, vor dessen Beginn die Finanzbehörden auf diese Verpflichtung hingewiesen haben. Es ist also nicht notwendig, die Überschreitung der Grenzen laufend zu prüfen und bei einem Überschreiten automatisch ohne weitere Mitteilung durch die Finanzbehörden mit der Buchführung zu beginnen.

Steuerpflichtige, die Einkünfte aus selbstständiger Arbeit beziehen, sind *nicht* buchführungspflichtig. Sie müssen allerdings zum Zweck der USt-Feststellung Aufzeichnungen machen (§ 22 UStG). Da bei den Einkünften aus selbstständiger Arbeit der Gewinn durch die Gegenüberstellung der Betriebseinnahmen und -ausgaben ermittelt wird (§ 4 Abs. 3 EStG), ist eine laufende Aufzeichnung dieser Zahlen und die Aufbewahrung der Belege schon zum Zweck des Nachweises erforderlich.

Gewerbetreibende müssen nach §§ 143f. AO weiterhin ein Wareneingangs- und ein Warenausgangsbuch führen, wenn die geforderten Informationen nicht schon aus der

Buchführung und einer geordneten Ablage ersichtlich sind. Da dies regelmäßig der Fall ist, finden sich diese Warenverbleibsbücher in praxi nur noch selten. § 242 Abs. 2 HGB bestimmt, dass der Jahresabschluss aus Bilanz und Gewinn- und Verlustrechnung besteht. Deshalb ist die Buchführung als sog. doppelte Buchführung vorzunehmen. Ein sachverständiger Dritter muss sich innerhalb angemessener Zeit einen Überblick über die Geschäftsvorfälle und über die Vermögenslage des Betriebs schaffen können. Die Buchungen sind insbesondere vollständig und richtig sowie zeitnah und chronologisch vorzunehmen. Kasseneinnahmen und -ausgaben sollen täglich aufgezeichnet werden. Weiterhin geben die Vorschriften der AO Hinweise über die ordnungsmäßige Durchführung der Buchführung, die sich an die handelsrechtlichen Vorschriften anlehnen (§ 146 AO).

Die Aufbewahrungsvorschriften des § 147 AO decken sich mit denen des § 257 HGB. Im Wesentlichen sind die Buchführungsunterlagen (einschließlich des Abschlusses) sowie Arbeitsanweisungen und Organisationsunterlagen zehn Jahre aufzubewahren. Die Aufbewahrung als Mikrokopie oder auf anderen Datenträgern ist handels- und steuerrechtlich zugelassen.

§ 149 AO enthält die Generalverpflichtung, Steuererklärungen abzugeben, wenn ein Steuerpflichtiger persönlich oder durch öffentliche Bekanntmachung von den Finanzbehörden dazu aufgefordert wird. Die Zusendung der Erklärungsformulare ist regelmäßig als eine derartige Aufforderung anzusehen. Darüber hinaus besteht auch ohne Aufforderung nach Einzel-Steuergesetzen eine Erklärungspflicht. So ist nach § 41a Abs. 1 EStG der Arbeitgeber spätestens zehn Tage nach Ablauf eines LSt-Anmeldungszeitraums verpflichtet, dem Betriebsstättenfinanzamt eine Erklärung über die einzubehaltende und zu übernehmende LSt einzureichen. Die allgemeine Erklärungspflicht für die veranlagte ESt ergibt sich aus § 25 EStG. Die Steuererklärungen müssen auf einem amtlich vorgeschriebenen Vordruck abgegeben werden. Die Steuer ist nur in Ausnahmefällen selbst zu berechnen (sog. Steueranmeldung, wie etwa die LSt-Anmeldung oder die USt-Erklärung nach § 18 UStG, bei der es sich trotz der abweichenden Bezeichnung ebenfalls um eine Anmeldung handelt). Die Steuererklärung ist eigenhändig zu unterschreiben (für die ESt-Erklärung sieht dies § 25 Abs. 1 EStG vor). Mit der Unterschrift wird versichert, dass die gemachte Erklärung nach bestem Wissen und Gewissen vollständig und richtig ist. Über die Erklärungspflicht hinaus bestimmt § 90 AO eine Mitwirkungspflicht bei der Ermittlung der Besteuerungsgrundlagen. Grundsätzlich werden diese von Amts wegen ermittelt (§ 88 AO), sodass es sich hier nur um Hilfsleistungen handelt. Auch hier ist auf die geforderte Vollständigkeit und Richtigkeit der Angaben hingewiesen, die vom Steuerpflichtigen zum Zweck der Besteuerung gemacht werden.

In § 93 Abs. 1 AO ist die grundsätzliche Auskunftspflicht des Steuerpflichtigen fixiert. Handelt es sich nach Meinung der Finanzbehörden um eine Auskunft, die nicht oder nur mit unverhältnismäßig hohem Arbeitsaufwand nachgeprüft werden kann, so bestimmt § 95 AO, dass der Steuerpflichtige nach Aufforderung der Finanzbehörden eine Versicherung an Eides statt abgibt.

Für einige besondere Beweismittel ist die Beweispflicht des § 90 AO in §§ 97ff. AO spezifiziert. Dabei handelt es sich um die Beweisnahme durch Urkunden und durch den sog. Augenschein. Die Finanzbehörden können nach Ausschöpfung sonstiger Mittel die Vorlage von Urkunden (Aufzeichnungen, Bücher, Geschäftspapiere u.a.) verlangen und bestimmte Einrichtungen und Wertsachen begutachten, soweit dies der Feststellung steuerlich erheblicher Tatbestände dient. Letzteres ist besonders für das Betreten von Grundstücken und Räumen in § 99 AO und für die Vorlage von Wertsachen in § 100 AO geregelt.

Die **Informationspflichten Dritter** entsprechen z.T. denen des Steuerpflichtigen selbst:

- Personenstands- und Betriebsaufnahmepflichten nach §§ 134 – 136 AO
- Pflicht zur Kontenwahrheit nach § 154 AO
- Auskunftspflicht nach §§ 93f. AO
- Beweispflichten nach §§ 97 – 100 AO
- Rechts- und Amtshilfepflichten nach §§ 111 – 117 AO.

Zum Zweck der vollständigen Erfassung evtl. steuerpflichtiger (natürlicher oder juristischer) Personen können die Gemeinden für die Finanzbehörden auf Anforderung der obersten Finanzbehörde Personenstands- und Betriebsaufnahmen durchführen. Grundstückseigentümer, Inhaber von Betrieben, Geschäfts- oder Lagerräumen sowie Wohnungsinhaber und Untermieter sind dabei zur Mitwirkung verpflichtet. Schließlich haben auch die Meldeämter die Pflicht, der zuständigen Finanzbehörde Änderungen, die ihnen im Personenstand oder bei Betrieben bekannt werden, mitzuteilen. Auf der Basis der gewonnenen Informationen stellen die Gemeinden die LSt-Karten aus und überprüfen die Finanzbehörden ihre Veranlagungslisten (sog. V-Listen).

Die Pflicht der wahrheitsgemäßen Kontenführung und Wertsachenverwahrung gilt in gleicher Weise wie für den Konteninhaber auch für den Kontenführer.

Die Auskunftspflicht des § 93 AO ist ebenfalls nicht nur dem Steuerpflichtigen selbst, sondern auch anderen Personen auferlegt. Damit sind sämtliche – am Besteuerungsverfahren nicht beteiligte – natürliche oder juristische oder nichtrechtsfähige Personen gemeint. Allerdings ist die Auskunftspflicht der anderen Personen sekundärer Natur: "Andere Personen als die Beteiligten sollen erst dann zur Auskunft angehalten werden, wenn die Sachverhaltsaufklärung durch die Beteiligten nicht zum Ziele führt oder keinen Erfolg verspricht" (§ 93 Abs. 1 AO). Hält es die Finanzbehörde für erforderlich, so kann sie das zuständige Finanz- oder Amtsgericht um eine eidliche Vernehmung der anderen Person ersuchen (§ 94 AO). Im Unterschied dazu wird der Steuerpflichtige selbst nur zu einer eidesstattlichen Versicherung aufgefordert.

Der Auskunftspflicht Dritter steht ein Auskunfts- und Eidesverweigerungsrecht für bestimmte Personengruppen gegenüber (§ 93a Abs. 2 sowie §§ 101ff. AO). Nach der erstgenannten Vorschrift sind insbesondere Kreditinstitute und ähnliche Institutionen von einer *allgemeinen* Mitteilungspflicht befreit. Eine *spezielle* – wenn auch sehr eingeschränkte – Auskunftspflicht besteht aber auch hier. Nach § 30a Abs. 1 AO "...haben die Finanzbehörden auf das Vertrauensverhältnis zwischen den Kreditinstituten und deren

Kunden besonders Rücksicht zu nehmen." Dieses sog. **Bankgeheimnis** führt trotz Quellenbesteuerung durch KapESt bei der Ermittlung der Einkünfte aus Kapitalvermögen vermutlich zu einer Situation, die nicht dem Grundsatz der Gleichmäßigkeit der Besteuerung entspricht.

Nach §§ 101ff. AO sind die Angehörigen des Steuerpflichtigen zur Verweigerung der Auskunft berechtigt. Der Begriff des Angehörigen ist in § 15 AO umschrieben. Weiterhin sind Personen, die wegen eines amts- oder berufsbedingten Vertrauensverhältnisses zur Wahrung bestimmter Geheimnisse verpflichtet sind, berechtigt, die Auskunft oder den Eid zu verweigern. Dies sind z.B. Geistliche, Ärzte und Rechtsanwälte, insbesondere aber auch der steuerliche Beistand des Steuerpflichtigen (z.B. Steuerberater; § 102 AO). Das Auskunftsverweigerungsrecht bezieht sich auch auf Tatsachen, die dem Angehörigen der steuerberatenden Berufe bei der Beratung oder Vertretung des Steuerpflichtigen zur Kenntnis gekommen sind. Schließlich können Personen die Auskunft verweigern, wenn sie sich selbst oder einen Angehörigen in die Gefahr der Verfolgung wegen einer Straftat oder einer Ordnungswidrigkeit bringen würden (zu weiteren zur Auskunftsverweigerung berechtigten Personen bzw. zu besonderen Verweigerungsgründen vgl. §§ 101ff. AO).

Die Beweispflichten nach §§ 97ff. AO sind wie dem Steuerpflichtigen selbst auch den anderen Personen auferlegt. Es handelt sich hier um die Beweisnahme insbesondere durch die Vorlage von Urkunden und das Betreten von Grundstücken sowie die Vorlage von Wertsachen. Die anderen Personen haben allerdings im Gegensatz zum Steuerpflichtigen selbst ein Recht, die Vorlage von Urkunden oder Wertsachen zu verweigern; die Voraussetzungen sind dieselben wie bei der Auskunftsverweigerung.

Schließlich haben alle Gerichte und Behörden die Pflicht, die Finanzbehörden bei der Durchführung des Besteuerungsverfahrens zu unterstützen (Rechts- und Amtshilfepflicht nach §§ 111ff. AO). Dies gilt insbesondere für die Anzeige eines Verdachts auf eine Steuerstraftat (§§ 116ff. AO) sowie auch für die zwischenstaatliche Rechts- und Amtshilfe (zu den Voraussetzungen vgl. § 117 AO).

Zur **Kontrolle der Einhaltung der Informationspflichten** sind die Finanzbehörden berechtigt, wenn sich dies aus den jeweiligen Einzel-Steuergesetzen ergibt (z.B. für die LSt-Außenprüfung nach § 42f EStG). Die allgemeine Berechtigung der sog. **Außenprüfung** ist darüber hinaus in § 193 AO festgelegt. Danach ist eine Außenprüfung uneingeschränkt und ohne weitere Begründung zulässig in den 'Betrieben' von Steuerpflichtigen, die Einkünfte aus Land- und Forstwirtschaft, aus Gewerbebetrieb oder aus selbstständiger Arbeit beziehen (Betriebsprüfung). Bei diesen ist eine endgültige Beurteilung des steuerlichen Sachverhalts oft nur anhand der Aufzeichnungen und Bücher sowie der Belege möglich. Wegen des großen Umfangs dieser Aufzeichnungen und Belege ist es praktisch, die Prüfung im Betrieb selbst vorzunehmen und nicht die Unterlagen zwecks Prüfung in die Amtsräume zu schaffen.

Bei anderen Steuerpflichtigen ist die Außenprüfung nur aus begründetem Anlass möglich, primär dann, "...wenn die für die Besteuerung erheblichen Verhältnisse der Aufklärung bedürfen und eine Prüfung an Amtsstelle nach Art und Umfang des zu prüfenden Sachverhaltes nicht zweckmäßig ist" (§ 193 Abs. 2 AO). Es müssen also drei

Bedingungen erfüllt sein, ehe in diesen Fällen eine Außenprüfung zulässig ist. Es müssen Fragen offen sein, ohne deren Beantwortung die Besteuerung kaum oder nicht möglich ist. Weiterhin müssen diese Fragen tatsächlich ungeklärt sein. Können der Steuerpflichtige oder die Finanzbehörden die Klärung auch ohne Außenprüfung herbeiführen, so ist sie unzulässig. Schließlich muss es unpraktisch sein, dass der Steuerpflichtige oder die Finanzbehörden die zu prüfenden Unterlagen in Amtsräume schaffen. Sind diese Bedingungen sämtlich erfüllt oder liegt eine Betriebsprüfung vor, so steht die Durchführung (insbesondere auch der Zeitpunkt oder die Festlegung eines Prüfungsturnus) im Ermessen der Finanzbehörden. Dieses ist allerdings durch den gesetzlichen Rahmen und das Zweckmäßigkeitsgebot beschränkt (vgl. § 5 AO).

Die Außenprüfung ist in zweierlei Hinsicht sachlich begrenzt (vgl. § 194 AO). Einmal dürfen die Verhältnisse des Steuerpflichtigen nur insoweit kontrolliert werden, wie es zur Ermittlung der steuerlichen Grundlagen notwendig ist. Zum anderen werden nur die Verhältnisse des Steuerpflichtigen selbst überprüft, nicht etwa die anderer Personen. Stellt der Prüfer aber bei einer Außenprüfung steuerlich wichtige Sachverhalte anderer Personen fest, so können diese Informationen mittels der sog. **Kontrollmitteilungen** ausgewertet werden, wenn:

- der Steuerpflichtige für die anderen Personen Steuern (LSt, KapESt) einzubehalten und abzuführen hat *oder*
- gegen die anderen Personen Steuernachforderungen geltend zu machen sind *oder*
- es sich bei den anderen Personen um Gesellschafter oder Aufsichtsorgane handelt (wenn also die Betriebsprüfung bei einer Gesellschaft stattfindet) *und*
- diese Tatbestände für die Besteuerung der anderen Person wichtig bzw. geeignet sind, einen Fall unerlaubter Hilfeleistung in Steuersachen aufzudecken.

Entscheidet das zuständige Finanzamt über die Durchführung einer Außenprüfung, so ist dies dem Steuerpflichtigen – regelmäßig schriftlich – mitzuteilen. Die Mitteilung muss die Prüfungsanordnung selbst sowie den voraussichtlichen Prüfungsbeginn und die Namen der Prüfer enthalten und dem Steuerpflichtigen so rechtzeitig zugehen, dass er sich auf die Prüfung einrichten kann. Die Fristsetzung kann unterbleiben, wenn dies den Prüfungszweck gefährdet oder wenn der Steuerpflichtige darauf verzichtet hat. Aus wichtigem Grund kann der Steuerpflichtige weiterhin eine Verlegung der Prüfung beantragen.

Zum Beginn der Prüfung hat sich der Prüfer unverzüglich auszuweisen sowie den Beginn aktenkundig zu machen. Letzteres ist wichtig, da mit diesem Tag die Festsetzungsverjährung gehemmt wird (§ 171 Abs. 4 AO). Die Prüfung hat 'objektiv' zu erfolgen. Die Besteuerungsgrundlagen sind sowohl zugunsten als auch zuungunsten des Steuerpflichtigen zu prüfen (§ 199 Abs. 1 AO). Damit soll verhindert werden, dass der Prüfer eine naheliegende einseitige Interessenlage vertritt und dadurch gegen den Gleichmäßigkeitsgrundsatz der Besteuerung verstoßen würde. Während der Prüfer einerseits gehalten ist, den Steuerpflichtigen über den Gang und die Ergebnisse der Prüfung zu unterrichten, kommt dem Steuerpflichtigen andererseits eine umfangreiche Mitwirkungspflicht zu (§ 200 AO; insbesondere die Pflicht, Auskünfte zu erteilen und

Aufzeichnungen vorzulegen). Über das abschließende Ergebnis der Prüfung wird eine Schlussbesprechung abgehalten, es sei denn, dass sich keine Besteuerungsgrundlage geändert hat oder dass der Steuerpflichtige darauf verzichtet. Schließlich geht dem Steuerpflichtigen über das Ergebnis der Prüfung ein detaillierter schriftlicher Prüfungsbericht zu. Der Steuerpflichtige kann beantragen, dass ihm der Prüfungsbericht vor der Auswertung zur Stellungnahme zugesandt wird (§ 202 Abs. 2 AO). Der Prüfungsbericht kann nicht durch einen Einspruch angefochten werden – dies ist erst bei den auf der Basis des Prüfungsberichts erstellten Berichtigungsbescheiden möglich.

Halten die Finanzbehörden eine regelrechte Außenprüfung im Einzelfall für nicht erforderlich, so kann sie in abgekürzter Form durchgeführt werden (§ 203 AO). Die abgekürzte Prüfung beschränkt sich auf die wesentlichen Besteuerungsgrundlagen. Eine (offizielle) Schlussbesprechung wird nicht abgehalten. Die Ergebnisse der Prüfung werden dem Steuerpflichtigen schriftlich – aber ohne detaillierten Bericht – mitgeteilt.

Neben der Außenprüfung – dem wichtigsten Kontrollinstrument der Finanzbehörden – existiert eine Reihe weiterer Kontrolleinrichtungen. So können die Finanzbehörden unter bestimmten Voraussetzungen und für bestimmte Zwecke Grundstücke und Räume betreten, um für die Besteuerung wichtige Feststellungen treffen zu können (sog. Nachschau, vgl. ausführlich §§ 209ff. AO, § 27b UStG). Zur Erforschung möglicher Steuervergehen oder -ordnungswidrigkeiten hat der Zoll- und Steuerfahndungsdienst dieselben Rechte (und Pflichten) wie die Behörden und Beamten des Polizeidienstes nach den Vorschriften der StPO (§ 404 AO). Die Zoll- und Steuerfahndung kann also insbesondere Beschlagnahmen und Hausdurchsuchungen vornehmen, wenn dies durch ein Gericht angeordnet wird.

Der Steuerpflichtige und andere Personen können durch sog. **Zwangsmittel** angehalten werden, ihren Informations- und anderen[199] Pflichten nachzukommen. Als Zwangsmittel sind in § 328 Abs. 1 AO das Zwangsgeld, die Ersatzvornahme und der unmittelbare Zwang vorgesehen. Der mögliche Einsatz ist in dieser Reihenfolge zu prüfen, da es sich um Zwangsmittel zunehmender Stärke handelt.

Das Zwangsgeld ist so zu bemessen, dass es gerade ausreicht, den Steuerpflichtigen zu veranlassen, seinen Pflichten nachzukommen. Die maximale Höhe ist auf € 25.000 begrenzt (§ 329 AO). Ist ein gegen eine natürliche Person festgesetztes Zwangsgeld uneinbringlich, so kann ersatzweise Zwangshaft angeordnet werden (maximal zwei Wochen, § 334 AO).

[199] Ist der Steuerpflichtige aufgrund eines Verwaltungsakts zu einer Steuer*zahlung* verpflichtet, dann gelten die Vorschriften der §§ 259ff. AO über die Vollstreckung wegen Geldforderungen.

Hält es die Finanzbehörde nicht für ausreichend, ein Zwangsgeld festzusetzen, so kann ein anderer mit der Vornahme der verweigerten Pflicht beauftragt werden (Ersatzvornahme, § 330 AO). Dieses Zwangsmittel ist selten. Verlangt etwa die Finanzbehörde die Vorlage eines Jahresabschlusses und weigert sich der Steuerpflichtige, ihn zu erstellen, so kann sie einen sachverständigen Dritten mit dieser Arbeit betrauen.

Sind die genannten Zwangsmittel ungeeignet oder unzureichend, so kann die Finanzbehörde nach § 331 AO einen unmittelbaren Zwang auf den Steuerpflichtigen ausüben oder die verweigerte Pflicht – soweit überhaupt möglich – selbst erfüllen. Auch dieses Zwangsmittel ist selten. Die weitaus größte Bedeutung kommt dem Zwangsgeld zu. Wird die Steuererklärungspflicht (vgl. §§ 149 f. AO) verletzt, dann ist zur Durchsetzung ein besonderes Mittel vorgesehen. Nach § 152 AO können die Finanzbehörden gegen denjenigen, der seiner Verpflichtung zur Abgabe einer Steuererklärung nicht oder nicht fristgerecht nachkommt, einen Verspätungszuschlag festsetzen. Dieser darf 10 % der festgesetzten Steuer, maximal € 25.000, nicht überschreiten. Der Verspätungszuschlag zählt zwar nicht zu den Zwangsmitteln, wird aber anstelle eines Zwangsgeldes verlangt.

6.2.3 Die Festsetzung und Mitteilung der Steuerschuld

Die Finanzbehörde ermittelt – unterstützt durch die umfangreichen Informationspflichten des Steuerpflichtigen selbst bzw. dritter Personen – von Amts wegen den für die Besteuerung evtl. relevanten Sachverhalt (§ 88 AO). Sie prüft, ob eine Steuerschuld durch eine Tatbestandsverwirklichung (z.B. Erzielung von Einkünften aus Kapitalvermögen) entstanden ist (§ 38 AO).

Im darauf folgenden Steuerfestsetzungsverfahren werden als Erstes die Besteuerungsgrundlagen festgestellt. Das ist regelmäßig die Bemessungsgrundlage der jeweiligen Steuerart, die dem Steuerpflichtigen meist in einem zusammenfassenden Steuerbescheid mitgeteilt wird (§ 157 Abs. 2 AO). In besonderen Fällen erhält der Steuerpflichtige jedoch einen gesonderten Feststellungsbescheid, der ausschließlich die Bemessungsgrundlage enthält. Dies ist der Fall, wenn:

- eine Bemessungsgrundlage nicht in jedem Jahr, sondern in größeren Abständen ermittelt wird (§ 180 Abs. 1 Nr. 1 AO)
- Einkünfte i.S.d. § 2 Abs. 1 EStG nicht nur *einem* Steuerpflichtigen zugerechnet werden, sondern auf mehrere Steuerpflichtige aufgeteilt werden (§ 180 Abs. 1 Nr. 2a AO)
- für die Feststellung der Gewinn-Einkunftsarten i.S.d. § 2 Abs. 1, 2 EStG ein anderes Finanzamt zuständig ist (Betriebsfinanzamt) als für die Steuerfestsetzung (Wohnsitzfinanzamt, § 180 Abs. 1 Nr. 2b AO)
- eine Bemessungsgrundlage nicht nur für *einen* Steuerpflichtigen die Steuerschuld bestimmt, sondern für mehrere Steuerpflichtige. Das gilt für die Feststellung des Gesamtgewinns zum Zweck der Gewinn-Zurechnung (§ 180 Abs. 2 Nr. 3 AO)

- eine Steuer unter Verwendung eines sog. Hebesatzes auf einen Steuermessbetrag (Bemessungsgrundlage·Messzahl; GewSt und GrSt) ermittelt wird und der Steuerbescheid durch die Gemeinde zugestellt wird. In diesen Fällen werden die Steuermessbeträge durch das Finanzamt festgesetzt und dem Steuerpflichtigen in einem Steuermessbescheid mitgeteilt (§ 184 Abs. 1 AO). Muss die GewSt oder GrSt auf mehrere Gemeinden verteilt werden, so wird der Steuermessbetrag durch das Finanzamt zerlegt. Der Steuerpflichtige erhält einen Zerlegungsbescheid (§ 188 Abs. 1 AO). Herrscht Streit darüber, welcher Gemeinde die GewSt oder GrSt zusteht, so entscheidet dies ebenfalls das Finanzamt und erteilt dem Steuerpflichtigen einen Zuteilungsbescheid (§ 190 AO).

Durch die Anwendung des jeweiligen Steuersatzes auf die Bemessungsgrundlage ergibt sich die festgesetzte Steuer. Über diese wird dem Steuerpflichtigen ein Steuerbescheid zugestellt (§ 155 Abs. 1 AO). Ein Steuerbescheid wird auch zugestellt, wenn die Steuer mit null festgesetzt wird (Freistellungsbescheid) oder wenn eine Steuerpflicht wegen fehlender Tatbestandserfüllung nicht vorliegt (§ 155 Abs. 1 AO, Ablehnung eines Antrags auf Steuerfestsetzung, sog. NV-Verfügung).

Der Steuerbescheid wird schriftlich erteilt. Er enthält die festgesetzte Steuer nach Steuerart und Betrag sowie den Steuerschuldner. Außerdem muss eine Belehrung darüber enthalten sein, wie, bis wann und an welcher Stelle der Steuerpflichtige gegen den Steuerbescheid vorgehen kann (§ 157 AO, Rechtsbehelfsbelehrung). Entspricht das Finanzamt der Steuererklärung in vollem Umfang, so kann auf eine Begründung der Steuerfestsetzung verzichtet werden. Anderenfalls ist eine abweichende Steuerfestsetzung zu begründen (§ 121 AO). Da der Steuerbescheid regelmäßig zu einer Steuerzahlungspflicht führt (bei Vorauszahlungen oder Steueranrechnungen u.U. zu einer Steuererstattung) und diese an bestimmte Termine geknüpft ist, kommt es auf den Zeitpunkt der Wirksamkeit des Steuerbescheids an. Er ist wirksam, wenn er dem Steuerpflichtigen oder einem Bevollmächtigten zugegangen ist (§ 124 AO). Da Steuerbescheide regelmäßig mit der Post verschickt werden, gelten sie drei Tage nach Aufgabe zur Post als dem Steuerpflichtigen zugegangen (§ 122 Abs. 2 AO).

Weil das Steuerermittlungs- und -festsetzungsverfahren (**Veranlagung**) schwierig sein kann und endgültig erst z.B. nach Durchführung einer Außenprüfung abgeschlossen werden kann, ist im Gesetz eine vorbehaltliche (neben der vorläufigen) Veranlagung vorgesehen. Da die Veranlagung die Basis für Steuernach- und -vorauszahlungen ist, kann so eine zeitnähere Steuererhebung durchgeführt werden.

Die Veranlagung unter dem Vorbehalt der Nachprüfung (**vorbehaltliche Veranlagung**) ist ohne jede Begründung möglich (§ 164 Abs. 1 AO). Die sich daraus ergebenden vorbehaltlichen Steuerbescheide können weiterhin ohne Begründung aufgehoben oder geändert werden (§ 164 Abs. 2 AO). Das gilt auch für die Festsetzung von Vorauszahlungen, da nach § 164 Abs. 1 AO diese Bescheide immer vorbehaltlicher Natur sind. Damit kann das Finanzamt vor allem ohne weitere Prüfung eine Herabsetzung der Vorauszahlungen zulassen, wenn der Steuerpflichtige das beantragt. Da es sich um eine Ermessensentscheidung handelt, ist eine Begründung durch den Steuerpflichtigen aber vorteilhaft.

Ein vorbehaltlicher Bescheid wird endgültig, wenn das Finanzamt den Vorbehalt aufhebt. Das ist ebenfalls ohne Begründung möglich (§ 164 Abs. 3 AO). Der Bescheid wird weiterhin endgültig, wenn die Festsetzungsfrist von regelmäßig vier Jahren abgelaufen ist (§ 164 Abs. 4 AO).

Ist es ungewiss, ob und in welchem Umfang die Voraussetzungen für eine Steuerschuld überhaupt gegeben sind, so kann eine **vorläufige Veranlagung** durchgeführt werden. Das führt zu einem vorläufigen Steuerbescheid. Ebenso kann vorläufig die Festsetzung einer Steuer ausgesetzt werden (§ 165 AO). Auch die vorläufige Veranlagung kann jederzeit aufgehoben oder geändert werden. Ist die Ungewissheit über die Entstehung der Steuerschuld beseitigt (z.B. durch eine Außenprüfung oder durch Nachweis des Steuerpflichtigen), dann *muss* die vorläufige Veranlagung aufgehoben, geändert oder für endgültig erklärt werden.

Eine vorläufige Veranlagung unterliegt – anders als die vorbehaltliche Veranlagung – der Festsetzungsverjährung (§ 171 Abs. 8 AO) erst dann, wenn die Ungewissheit für das Finanzamt beseitigt ist, wenn also die Vorläufigkeit aufzuheben usw. ist. Es gelten die allgemeinen Festsetzungsverjährungsfristen mit der Einschränkung, dass die Festsetzungsfrist in jedem Fall frühestens mit dem Ablauf des Jahres endet, in dem die Ungewissheit beseitigt worden ist.

Ist eine Steuerfestsetzung weder vorbehaltlich noch vorläufig und ist insbesondere der Steuerbescheid weder als vorbehaltlich noch als vorläufig *gekennzeichnet*, dann sind die Veranlagung und der Steuerbescheid endgültig (**endgültige Veranlagung**). Eine Änderung durch das Finanzamt ist ohne weiteres nicht mehr möglich. Der Steuerbescheid ist grundsätzlich bestandskräftig. Sein Inhalt bindet das Finanzamt und den Steuerpflichtigen.

Um die Rechtssicherheit insbesondere für den Steuerpflichtigen zu erhöhen, ist in § 169 AO vorgesehen, dass nach Ablauf einer Verjährungsfrist eine Steuerfestsetzung oder Aufhebung oder Änderung des Steuerbescheids nicht mehr möglich ist (Festsetzungsverjährung). Die Verjährungsfrist beträgt regelmäßig vier Jahre, bei Zöllen und Verbrauchsteuern ein Jahr (§ 169 Abs. 2 AO). Ist eine Steuer hinterzogen, so erhöht sich die Frist auf zehn Jahre, liegt eine leichtfertige Steuerverkürzung vor, so erhöht sie sich auf fünf Jahre. Grundsätzlich beginnt die Festsetzungsverjährung mit Ablauf des Kalenderjahrs, in dem die Steuerschuld bzw. der Vergütungsanspruch entstanden sind (§ 170 Abs. 1 AO). Diesem Grundsatz kommt aber nur eine geringe praktische Bedeutung zu, da dann, wenn eine Steuererklärung u.ä. abgegeben werden muss – das ist der Regelfall –, die Festsetzungsverjährung erst mit Ablauf des Erklärungsjahrs beginnt. Drei Jahre nach Entstehen der Steuerschuld dürfen aber regelmäßig nicht überschritten werden. Bei Steuern, die für mehrere Kalenderjahre festgesetzt werden, verschiebt sich der Beginn der Festsetzungsverjährung für die einzelnen Kalenderjahre des Hauptveranlagungszeitraums jeweils um die gleiche Zeit (**Anlaufhemmung** § 170 Abs. 4 AO).

Hat die Festsetzungsfrist begonnen, dann gibt es eine Reihe von Gründen (vgl. § 171 AO), die den Ablauf der Verjährungsfrist hemmen (**Ablaufhemmung**). Liegt einer der im Gesetz genannten Gründe vor, so wird der Ablauf der Verjährung solange gehemmt, bis ein die Hemmung aufhebendes Ereignis eintritt. Danach läuft die Frist weiter, bis die restliche Zeit der Verjährungsfrist abgelaufen ist. Diese Verjährungshemmung tritt vor allem dann ein, wenn der Steuerpflichtige einen Antrag auf Steuerfestsetzung oder auf Aufhebung oder Änderung der Steuerfestsetzung stellt oder wenn während der Festsetzungsfrist eine Außenprüfung begonnen wird. Der Ablauf der Verjährung wird mit Beginn der Außenprüfung gehemmt. Die Frist läuft erst weiter, wenn die aufgrund der Außenprüfung erlassenen Steuerbescheide unanfechtbar geworden sind.

Ein Steuer- oder anderer Bescheid ist wie jeder Verwaltungsakt grundsätzlich **rechts- oder bestandskräftig**. Der Steuerpflichtige und jeder Dritte wie auch die Finanzbehörden und -gerichte sind an den Inhalt des Bescheids gebunden und dürfen sich der in dem Bescheid ausgesprochenen Entscheidung nicht widersetzen. Wären die Verwaltungsakte nicht bestandskräftig, so würde sich daraus eine erhebliche Unsicherheit ergeben. Dem Grundsatz der Rechtssicherheit (Bestandssicherheit) stehen aber Erfordernisse gegenüber, die unter bestimmten Bedingungen eine Durchbrechung der Bestandskraft von Bescheiden verlangen. Es ist dies einmal die Notwendigkeit, dass der Steuerpflichtige den Anordnungen nicht hilflos gegenüberstehen darf, sondern dass ihm Rechtsbehelf und Gerichtsweg offenstehen, um seiner Meinung nach rechtswidrige Bescheide überprüfen und ggf. ändern zu lassen. Deshalb werden (u.a.) Steuerbescheide *formell* (nach § 355 Abs. 1 AO) erst dann bestandskräftig, wenn dem Steuerpflichtigen eine Frist zur Einlegung des Einspruchs gegeben ist (ein Monat) und wenn diese Frist verstrichen ist, ohne dass ein Einspruch eingelegt worden ist. Ein Antrag auf schlichte Änderung (s.u.) ist kein Rechtsbehelf.

Darüber hinaus gibt es eine Reihe materieller Gründe, die eine Durchbrechung des Grundsatzes der (*materiellen*) Bestandskraft erfordern. Es sind dies insbesondere Irrtümer des Finanzamts über Tatsachen oder Beweismittel, auf denen die Steuerfestsetzung basiert[200]. Diese führen unter den Bedingungen der §§ 172ff. AO zu einer Aufhebung oder Änderung des Steuerbescheids, wenn:

- der Steuerbescheid Zölle oder Verbrauchsteuern betrifft *oder*
- der Steuerbescheid andere Steuern betrifft *und*
- soweit der Steuerpflichtige zustimmt bzw. dem Antrag des Steuerpflichtigen in der Sache entsprochen wird (ist der Bescheid jedoch bereits formell bestandskräftig, so gilt dies nur zu*un*gunsten des Steuerpflichtigen) *oder*
- das Finanzamt sachlich unzuständig war *oder*
- der Steuerbescheid durch unlautere Mittel erwirkt wurde *oder*
- soweit dies sonst gesetzlich zugelassen ist (z.B. aus Billigkeitsgründen, § 163 AO; nach Wegfall der Ungewissheit bei vorläufiger Veranlagung, § 165 AO; bei Vorliegen neuer Tatsachen oder Beweismittel, § 173 AO).

---

[200] Irrt das Finanzamt in der Rechtsauffassung, so berührt dies die formelle Bestandskraft. Irrt das Finanzamt beim Schreiben oder Rechnen u.ä. (sog. **offenbare Unrichtigkeiten**, § 129 AO), so berührt dies die Bestandskraft des Bescheids überhaupt nicht. Diese können bis zum Ende der Festsetzungsfrist (§ 169 Abs. 1 AO) durch das Finanzamt berichtigt werden.

§ 172 Abs. 1 Nr. 2a AO erlaubt dem Steuerpflichtigen, während der Einspruchsfrist einen Antrag auf sog. **schlichte Änderung** zu seinen Gunsten zu stellen. Das Finanzamt kann auf diesen Antrag hin – auch nach Ablauf der Festsetzungsfrist – den Bescheid zugunsten des Steuerpflichtigen ändern. Eine volle Wiederaufrollung bzw. eine Verböserung (wie beim Einspruch) ist unzulässig. Durch den Antrag auf schlichte Änderung wird allerdings die Frist nicht gehemmt oder unterbrochen, auch die Vollziehung kann nicht ausgesetzt werden. Lehnt das Finanzamt den Antrag nach Ablauf der Festsetzungsfrist ab, dann ist ein Einspruch nicht mehr möglich. Aufgrund der Arbeitsbelastung der Finanzämter ist diese Gefahr relativ groß. Allerdings kann nach § 347 AO bei Ablehnung des Antrags auf schlichte Änderung Einspruch eingelegt werden. Damit würde sogar der Gefahr der generellen Verböserung entgegengewirkt werden, weil der Einspruch sich nur auf die Entscheidung über den Änderungsantrag bezieht. Eine über den Antragsumfang hinausgehende Änderung ist dann allerdings nicht mehr möglich.

Der für den Steuerpflichtigen praktisch wichtigste gesetzliche Aufhebungs- oder Änderungsbescheid ist der letztgenannte: die Aufhebung oder Änderung von Steuerbescheiden wegen neuer Tatsachen oder Beweismittel. Danach sind (endgültige) Steuerbescheide dann aufzuheben oder zu ändern, wenn die oben genannten Bedingungen erfüllt sind *und* wenn Tatsachen oder Beweismittel:

- nachträglich bekannt werden, die zu einer höheren Steuer führen *oder*
- nachträglich bekannt werden, die zu einer niedrigeren Steuer führen und den Steuerpflichtigen kein grobes Verschulden an der nachträglichen Kenntnisnahme trifft. Besteht zwischen günstigen und ungünstigen Tatsachen oder Beweismitteln ein Zusammenhang, so kommt es auf ein Verschulden des Steuerpflichtigen nicht an.

Die Aufhebung oder Änderung eines Steuerbescheids aufgrund neuer Tatsachen oder Beweismittel erfolgt nur in dem Umfang, wie dies durch die neuen Tatsachen oder Beweismittel verursacht ist. Es wird also nicht etwa das volle Festsetzungsverfahren nochmals durchgeführt (keine Wiederaufrollung des ganzen Verfahrens, wie dies etwa bei Einlegung des Einspruchs der Fall ist).

Nach einer Außenprüfung kann ein Steuerbescheid, der auf der Basis der durch die Außenprüfung festgestellten neuen Tatsachen oder Beweismittel ergangen ist, dagegen nur noch aufgehoben oder geändert werden, wenn ein Fall von Steuerhinterziehung oder leichtfertiger Steuerverkürzung vorliegt (§ 173 Abs. 2 AO).

6.2.4 Die Fälligkeit der Steuerschuld

Die Fälligkeit der Steuerschuld setzt voraus, dass ein Steuerbescheid ergangen ist, dass also der Steuerpflichtige über den Zahlungsanspruch informiert ist (§ 218 Abs. 1 AO). Dem (vorbehaltlichen) Steuerbescheid steht die Steueranmeldung gleich (§ 168 AO sowie § 218 Abs. 1 AO). Der Termin, bis zu dem die Steuerzahlung fällig ist, bestimmt sich für jede Steuerart nach dem jeweiligen Einzel-Steuergesetz (§ 220 Abs. 1 AO). Die wichtigste Fälligkeitsfrist, die sich in vielen Einzel-Steuergesetzen findet, ist die Ein-Monatsfrist. Sie beginnt mit dem Tag der Bekanntgabe des Steuerbescheids (§ 122 Abs. 2 AO: "Ein schriftlicher Verwaltungsakt, der durch die Post übermittelt wird, gilt als bekanntgegeben...bei einer Übermittlung im Geltungsbereich dieses Gesetzes am dritten Tage nach der Aufgabe zur Post..."). So ist etwa die ESt-Abschlusszahlung "...innerhalb eines Monats nach Bekanntgabe des Steuerbescheids zu entrichten..." (§ 36 Abs. 4 EStG). Bei der USt ist nach § 18 Abs. 4 UStG eine eventuelle Abschlusszahlung einen Monat nach Abgabe der Steuererklärung zu entrichten, da diese tatsächlich eine Anmeldung ist und somit einem vorbehaltlichen Steuerbescheid gleichsteht. Hat sich der Unternehmer verrechnet oder erteilt das Finanzamt aus einem anderen Grund einen Steuerbescheid, der zu einer höheren USt-Zahlung führt, so ist diese innerhalb eines Monats nach Zugang des Bescheids fällig.

Die Monatsfrist gilt regelmäßig nicht bei Fälligkeiten, die bereits gesetzlich auf feste Kalendertermine fixiert sind und damit dem Steuerpflichtigen ausreichend früh bekannt sind. Das ist etwa bei Vorauszahlungen der Fall. "Der Steuerpflichtige hat am 10. März, 10. Juni, 10. September und 10. Dezember Vorauszahlungen auf die Einkommensteuer zu entrichten..." (§ 37 Abs. 1 EStG). Ein Vorauszahlungsbescheid wird nicht für jeden einzelnen Termin zugestellt. Da die Monatsfrist hier grundsätzlich nicht vorgesehen ist, kann es sein, dass z.B. am 9. Juni ein Vorauszahlungsbescheid zugeht, der auch die Höhe der Vorauszahlung des nächsten Tages – des 10. Juni – bestimmt. Um Härten zu vermeiden, ist in § 37 Abs. 4 EStG allerdings festgelegt, dass dann, wenn sich durch den Vorauszahlungsbescheid höhere Vorauszahlungen als bisher ergeben, die Differenz zum bisherigen Betrag erst innerhalb eines Monats nach Bekanntgabe des Bescheids fällig wird. Bei der USt ist in ähnlicher Weise festgelegt (vgl. § 18 Abs. 2 UStG), dass die vierteljährlichen bzw. monatlichen Vorauszahlungen jeweils binnen zehn Tagen nach Ablauf des jeweiligen Quartals/Kalendermonats fällig sind. Auch die Vorauszahlungen muss der Unternehmer wie die USt-Abschlusszahlung selbst berechnen. Er hat also regelmäßig in einem Kalenderjahr vier bzw. zwölf USt-*Vor*anmeldungen und danach eine USt-Erklärung abzugeben.

Fälligkeitstermine können nach dem Ermessen des Finanzamts hinausgeschoben werden, wenn der Steuerpflichtige das beantragt und die Einziehung der Steuer bei Fälligkeit für ihn eine erhebliche Härte bedeuten würde. Allerdings darf dadurch der Steuerzahlungsanspruch nicht gefährdet sein. Bei größeren Steuerschulden wird deshalb, wenn die Stundung nach § 222 AO beantragt wird, regelmäßig eine Sicherheitsleistung verlangt. Außerdem sind die gestundeten Beträge zu verzinsen (§ 234 AO regelt die Stundungszinsen, § 233a AO die Nachforderungs- bzw. Erstattungszinsen). Es steht im Ermessen des Finanzamts, ganz oder teilweise auf die Verzinsung zu verzichten. Der Zinsfuß beträgt für jeden *vollen* Monat 0,5 %; angefangene Monate bleiben also unberücksichtigt (§ 238 AO).

Wird eine Steuer nicht bis zum Ablauf des Fälligkeitstags entrichtet, so fallen Säumniszuschläge an. Diese werden allerdings erst erhoben, wenn eine 'Schonfrist' von weiteren fünf Tagen abgelaufen ist[201] (§ 240 Abs. 3 AO). Ist auch die Schonfrist verstrichen, so wird ein Säumniszuschlag von 1 % der rückständigen Steuerzahlungsschuld für jeden

---

[201] Für Bar- oder Scheckzahlungen gilt die Schonfrist nicht. Ist eine angemeldete Steuer (LSt, USt) fällig, dann gilt die Schonfrist allerdings auch bei Bar- oder Scheckzahlungen, wenn gleichzeitig die Anmeldung eingereicht wird.

angefangenen Monat erhoben. Die Berechnung der Säumniszeit wird ohne Berücksichtigung der Schonfrist durchgeführt. Im Gegensatz zu den Verspätungszuschlägen für die verspätete Abgabe von Steuererklärungen (§ 152 AO) und den Stundungszinsen handelt es sich bei den Säumniszuschlägen *nicht* um eine Ermessensentscheidung des Finanzamts. Es besteht die gesetzliche Pflicht zur Erhebung der Säumniszuschläge.

6.2.5 Die Beitreibung der Steuerschuld

Ist eine Steuer bis zum Fälligkeitstermin nicht entrichtet worden, so kann bei Erfüllung weiterer Voraussetzungen in das Einkommen und Vermögen des Steuerpflichtigen bzw. anderer, die für die Steuer haften, zwangsvollstreckt werden (vgl. zu den umfangreichen Beitreibungsvorschriften §§ 249ff. AO sowie die entsprechenden Vorschriften der ZPO). Mit der Zwangsvollstreckung werden neben den Steuerschulden selbst auch die Säumniszuschläge u.ä. beigetrieben. Dabei ist die Vorschrift zu beachten, dass nur in das Einkommen oder Vermögen des Steuerpflichtigen selbst vollstreckt werden darf (bei zusammenveranlagten Ehegatten wird das Einkommen bzw. Vermögen beiden gemeinsam zugerechnet, sodass ein gesetzlicher Aufteilungsmaßstab erforderlich ist; dieser findet sich in §§ 268ff. AO). Die Zwangsvollstreckung (regelmäßig nach vorhergehender Mahnung) erfolgt entweder durch die Pfändung beweglichen Vermögens (Sachen und Forderungen wie insbesondere auch die laufenden Forderungen aus Arbeitslohn) oder sekundär durch Zwangsversteigerung, -verwaltung oder -hypothek bei unbeweglichem Vermögen (Grundstücke, Schiffe und Flugzeuge). Besteht die Gefahr, dass der Steuerpflichtige versucht, die Beitreibung zu verhindern, so kann der Arrest angeordnet werden. Der dingliche Arrest erfolgt in das bewegliche Vermögen ebenfalls durch Pfändung, in das unbewegliche Vermögen durch Eintragung einer sog. Arresthypothek. Der persönliche Arrest erfolgt durch Verhaftung oder andere Überwachungsmaßnahmen (Passbeschlagnahme, Wohnungsüberwachung).

Die *Pfändung* kann nur abgewendet werden (vgl. § 292 AO), wenn der Steuerpflichtige:

- den geschuldeten Betrag an den Vollstreckungsbeamten bezahlt oder
- nachweist, dass ihm eine Zahlungsfrist bewilligt wurde, oder
- eine Entscheidung vorlegt, aus der sich die Unzulässigkeit der Pfändung ergibt (etwa weil ihm das Finanzamt eine Aussetzung der Vollziehung des Verwaltungsakts nach § 69 Abs. 2 FGO gewährt hat), oder
- eine Quittung vorlegt, aus der hervorgeht, dass der geschuldete Betrag bereits eingezahlt oder angewiesen ist.

6.2.6 Das Erlöschen der Steuerschuld

Die Steuerschuld erlischt[202] durch Bezahlung (Tilgung), durch Aufrechnung oder durch Erlass. Insofern ergeben sich keine wesentlichen Unterschiede zu anderen Zahlungsschulden. Darüber hinaus erlischt die Steuerschuld durch Verjährung – anders als im Zivilrecht, nach dem erst die Einrede der Verjährung eine Leistungsverweigerung ermöglicht (§ 222 BGB).

Die Erfüllung der Steuerschuld durch Bezahlung (**Tilgung**) kann bar oder unbar erfolgen. Sie ist an die zuständige Kasse (regelmäßig Finanzkasse, z.B. bei der GewSt auch die Gemeindekasse) zu leisten (§ 224 Abs. 1 AO). Zur Vermeidung von Säumniszuschlägen oder Beitreibungsmaßnahmen kommt es auf eine exakte Bestimmung des Leistungstags an; dies ist ebenfalls in § 224 AO geregelt. Die Zahlung ist grundsätzlich an dem Tag wirksam, an dem die Finanzbehörde über den Geldbetrag verfügen kann.

Betrifft eine Zahlung mehrere Steuerschulden, so soll der Steuerpflichtige den Verwendungszweck bestimmen (§ 225 Abs. 1 AO). Anderenfalls werden zuerst die Geldbußen, dann die Zwangsgelder, (abzuführende) Steuerabzugsbeträge, die übrigen Steuern, die Kosten, die Verspätungszuschläge, die Zinsen und die Säumniszuschläge in dieser Reihenfolge getilgt (§ 225 Abs. 2 AO). Verschiedene Schulden innerhalb dieser Gruppen werden in der Reihenfolge der Fälligkeit getilgt. Im Beitreibungsverfahren bestimmt die Finanzbehörde die Reihenfolge der Tilgung, wenn der gesamte Betrag nicht für die Tilgung sämtlicher Schulden ausreicht (§ 225 Abs. 3 AO).

Für die **Aufrechnung** gelten grundsätzlich §§ 387ff. BGB. Voraussetzung der Aufrechnung ist danach einmal, dass es sich um gleichartige Forderungen handelt (§ 387 BGB). Das ist bei Steuerschulden immer der Fall, da es sich um Geldforderungen handelt. Weiterhin muss es sich um gegenseitige Schulden bzw. Forderungen handeln. Das Finanzamt kann also z.B. nur mit Steuerschulden aufrechnen, für die es auch Gläubiger ist. Bei der Aufrechnung aus einem Steuerschuldverhältnis gilt nach § 226 Abs. 4 AO als Gläubiger allerdings auch die Behörde, die eine Steuer verwaltet. Weiterhin müssen die Schulden bzw. Forderungen fällig sein. Der Steuerpflichtige kann also z.B. fällige Steuerschulden nicht mit zukünftigen Steuererstattungen aufrechnen, die noch nicht festgesetzt sind. Die AO verlangt über die Fälligkeit hinaus, dass ein Steuerpflichtiger nur aufrechnen kann, wenn seine Forderung unbestritten oder rechtskräftig festgestellt ist (§ 226 Abs. 3 AO). Der Vollständigkeit halber wird in § 226 Abs. 2 AO festgelegt, dass mit verjährten oder wegen des Ablaufs einer Ausschlussfrist erloschenen Forderungen nicht aufgerechnet werden kann.

Die Aufrechnung erfolgt durch einseitige, aber empfangsbedürftige Willenserklärung. Der Empfänger ist bei einer Aufrechnung durch den Steuerpflichtigen regelmäßig das zuständige Finanzamt, bei der GewSt und der GrSt die zuständige Gemeinde. Im

[202] § 47 AO, der keine vollständige Aufzählung enthält, weist darüber hinaus das Erlöschen durch Eintritt einer Bedingung bei auflösend bedingten Ansprüchen aus.

umgekehrten Fall ist der Empfänger der Aufrechnung der Steuerpflichtige oder dessen Bevollmächtigter oder Vertreter.

In analoger Weise zu der in § 163 AO geregelten Möglichkeit, Steuern aus Billigkeitsgründen niedriger *festzusetzen*, kann auch im Erhebungsverfahren eine bereits festgesetzte Steuerschuld ganz oder teilweise **erlassen** werden (§ 227 AO). Voraussetzung ist, dass der Einzug der Steuern im einzelnen Fall unbillig wäre. Unter der gleichen Voraussetzung können auch bereits entrichtete Steuern erstattet oder auf eine andere Steuerschuld angerechnet werden.

Neben der Verjährung der Steuerfestsetzung (Festsetzungsverjährung, §§ 169ff. AO) existiert auch eine Verjährung der Steuer(zahlungs)schuld selbst (**Erhebungsverjährung**, §§ 228ff. AO). Nach § 232 AO erlöschen durch die Erhebungsverjährung nicht nur die Steuer(zahlungs)schuld selbst, sondern auch von dieser abhängige Zinsen.

Die regelmäßige Verjährungsfrist beträgt fünf Jahre (§ 228 AO) und beginnt mit Ablauf des Kalenderjahrs, in dem die Steuerschuld *erstmals* fällig geworden ist, frühestens aber mit Ablauf des Kalenderjahrs, in dem die Steuerfestsetzung oder die Aufhebung oder die Änderung einer Steuerfestsetzung wirksam geworden ist.

Dieser grundsätzlichen Regelung kommt nur eine untergeordnete praktische Bedeutung zu, da die Verjährung insbesondere durch die schriftliche Geltendmachung des Zahlungsanspruchs unterbrochen wird. Diese Geltendmachung wird regelmäßig mit dem Steuerbescheid angebracht. Auch durch Zahlungsaufschub, Stundung, Aussetzung der Vollziehung u.ä. wird die Verjährung unterbrochen. Die Unterbrechung hat zur Folge, dass mit Ablauf des Kalenderjahrs, in dem die Unterbrechung endet, eine neue Verjährungsfrist beginnt, deren Dauer wiederum fünf Jahre beträgt.

Eine Verjährungshemmung ist nach § 230 AO nur im Fall höherer Gewalt vorgesehen. Diese führt – wie üblich – dazu, dass nach Beendigung der Hemmung die Frist weiterläuft. Es beginnt also keine neue Verjährungsfrist.

6.3 Die Durchsetzung der Rechte des Steuerpflichtigen

Die Ermittlung und Festsetzung der Steuern führen zu einem tiefen Eingriff in die private und wirtschaftliche Sphäre des Steuerpflichtigen. Dabei ist es oft nicht einfach, zwischen dem Interesse der Allgemeinheit (vertreten durch die Finanzbehörden) und dem Interesse des Einzelnen einen Ausgleich herbeizuführen. Um den Einzelnen den Entscheidungen der Finanzbehörden nicht machtlos auszusetzen, kann jeder Steuerpflichtige Verwaltungsakte, durch die er sich zu Unrecht beschwert fühlt, außergerichtlich oder gerichtlich überprüfen lassen. Dieser Rechtsgrundsatz ist im Grundgesetz verankert: "Wird jemand durch die öffentliche Gewalt in seinen Rechten verletzt, so steht ihm der Rechtsweg offen. Soweit eine andere Zuständigkeit nicht begründet ist, ist der ordentliche Rechtsweg gegeben" (Art. 19 Abs. 4 GG). Im Falle der öffentlichen Finanzgewalt läuft dieser Weg von der Einlegung des außergerichtlichen Rechtsbehelfs – des Einspruchs – über die

Klageerhebung beim zuständigen Finanzgericht bis zum Bundesfinanzhof (meist Revision), wenn der Interessengegensatz nicht bereits auf der vorherigen Stufe beigelegt ist.

6.3.1 Der außergerichtliche Rechtsbehelf

Regelmäßig ist zur Klageerhebung bei einem Finanzgericht Voraussetzung, dass das außergerichtliche Rechtsbehelfsverfahren erfolglos geblieben ist (§ 44 Abs. 1 FGO). Deshalb ist es in den meisten Fällen der vermuteten Rechtsverletzung durch eine Finanzbehörde vorab notwendig, das außergerichtliche Vorverfahren in Form des Einspruchs zu beginnen[203]. Der Einspruch ist kostenlos.

Nach § 347 Abs. 1 AO ist der **Einspruch** gegen sämtliche Verwaltungsakte zulässig, auf die die AO Anwendung findet. Dies sind vor allem die Steuerbescheide. Dazu gehören auch die vom Steuerpflichtigen selbst erstellten Steueranmeldungen, da sie den vorbehaltlichen Steuerbescheiden gleich stehen. Der Einspruch ist weiterhin gegeben z.B. auch gegen Feststellungs-, Steuermess-, Zerlegungs- und Zuteilungsbescheide. Nach § 348 AO ist der Einspruch insbesondere nicht zulässig gegen eine Einspruchsentscheidung – sonst wäre das außergerichtliche Vorverfahren kaum zu beenden.

Ein Einspruch ist auch zulässig, wenn der Steuerpflichtige der Meinung ist, dass über einen von ihm gestellten Einspruch unbegründet nicht in angemessener Zeit entschieden worden ist. Für diesen 'Untätigkeitseinspruch' ist allerdings ausnahmsweise keine Frist gesetzt (§ 355 Abs. 2 AO). Das wäre auch sinnlos. Der Einspruch muss durch den Beschwerten form- und fristgerecht beim zuständigen Finanzamt eingelegt werden. Es sind also vier Bedingungen für die Wirksamkeit des Einspruchs zu beachten.

Der Einspruch kann nur durch den Beschwerten eingelegt werden (§ 350 AO). Beschwert ist regelmäßig der durch den Verwaltungsakt oder dessen Unterlassung direkt betroffene Steuerpflichtige. Er kann sich durch einen Bevollmächtigten vertreten lassen. Richtet sich ein Feststellungsbescheid gegen mehrere Personen (vgl. etwa § 180 AO), so sind diese nach § 352 AO zum Einspruch berechtigt. In bestimmten Fällen (§ 353 AO) ist auch der Rechtsnachfolger zum Einspruch berechtigt. Dieselben Personen können auch auf den Einspruch verzichten (§ 354 AO) oder ihn zurücknehmen (§ 362 AO).

Der Einspruch *muss* schriftlich (oder zur Niederschrift, § 357 Abs. 1 AO) eingelegt werden, wobei der Beschwerte oder derjenige, der den Einspruch eingelegt hat, aus dem Schriftstück hervorgehen muss. In der Einspruchsschrift *soll* die Bezeichnung 'Einspruch' vorkommen (das Fehlen dieser Bezeichnung oder eine unrichtige Bezeichnung sind jedoch unschädlich). Außerdem soll der Verwaltungsakt bezeichnet werden, gegen den der Einspruch gerichtet ist. Ferner soll angegeben werden, inwieweit der Verwaltungsakt angefochten und seine Aufhebung beantragt wird. Schließlich sollen Tatsachen, die der Begründung dienen, und Beweismittel angeführt werden (§ 357 Abs. 3 AO). Die Mindestform eines Einspruchs hat also z.B. folgendes Aussehen:

---

[203] Die unten genannte Gegenvorstellung bzw. Dienstaufsichtsbeschwerde gehören nicht zum außerfinanzgerichtlichen Vorverfahren.

B. Schwerter — Berlin, den 17.12.2001
Rechtsbehelfsweg 12

An das
Finanzamt Berlin Mitte/Tiergarten
10179 Berlin

Betr.: Steuer-Nr. 1112/216/4711
hier : Einspruch gegen den ESt-Bescheid 2000 v. 29.11.2001

Sehr geehrte Damen und Herren,

gegen den o.a. Bescheid lege ich hiermit Einspruch ein. Die Begründung werde ich in etwa vier Wochen nachreichen.

Mit freundlichen Grüßen
Unterschrift: B. Schwerter

Um eine sachgerechte Entscheidung über den Einspruch treffen zu können, sieht § 364a AO vor, dass mit oder ohne Antrag des Einspruchsführers das Finanzamt den Sach- und Rechtsstand erörtern kann. Zur Beschleunigung des Einspruchsverfahrens sieht § 364b AO vor, dass das Finanzamt dem Einspruchsführer eine Frist setzen kann, innerhalb derer er die Begründung, mögliche Erklärungen unklarer Punkte usw. einzureichen hat. Begründungen, Erklärungen, Beweismittel usw., die später eingehen, sind nicht mehr zu berücksichtigen.

Die Vollziehung des durch den Einspruch angefochtenen Verwaltungsakts wird nicht automatisch gehemmt (§ 361 Abs. 1 AO). Insbesondere ist der Steuerpflichtige nicht berechtigt, die Steuerzahlung ganz oder teilweise zu unterlassen. Das Finanzamt kann aber auf Antrag des Steuerpflichtigen eine **Aussetzung der Vollziehung** (der Steuerzahlung) zulassen, wenn ernstliche Zweifel an der Rechtmäßigkeit des angefochtenen Verwaltungsakts bestehen (§ 361 Abs. 2 AO). Dieser Antrag ist vorteilhafterweise zugleich mit der Einlegung des Einspruchs zu stellen. In diesem Fall kann allerdings nicht auf die Begründung oder den Beweis verzichtet werden, da das Finanzamt von seinem Aussetzungsermessen anderenfalls wohl kaum Gebrauch machen wird. Die Zahlung kann erst verweigert werden, wenn das Finanzamt über den Aussetzungsantrag entschieden und dies dem Steuerpflichtigen mitgeteilt hat. Die Zahlungsfrist ist dann regelmäßig schon verstrichen. Es ist deshalb günstig, im Antrag bereits zinslose Stundung zu beantragen. Der obige Einspruch wäre also zu spezifizieren sowie beweiskräftig zu begründen und um den Aussetzungsantrag zu erweitern: 'Ich bitte um Aussetzung der Vollziehung bis zur Entscheidung über meinen Einspruch und beantrage zinslose Stundung bis zur Entscheidung.'

Der Einspruch ist innerhalb der Einspruchsfrist einzulegen. Diese beträgt einen Monat, gerechnet ab Bekanntgabe des Bescheids durch das Finanzamt (§ 355 Abs. 1 AO). Fehlt ausnahmsweise die für den Bescheid vorgeschriebene Rechtsbehelfsbelehrung, so beginnt die Frist erst, wenn der Steuerpflichtige entsprechend belehrt worden ist (§ 356 AO). Sie endet aber längstens nach einem Jahr.

Die Einspruchsfrist ist eine sog. Ausschlussfrist. Eine Verlängerung durch die Finanzbehörden ist nicht möglich. Die Finanzbehörde kann nur Steuererklärungs- und selbst gesetzte Fristen verlängern (§ 109 AO). Ist der Steuerpflichtige jedoch unverschuldet daran gehindert, die Einspruchsfrist zu wahren, so kann er die **Wiedereinsetzung in den vorigen Stand** beantragen (§ 110 AO). Dieser Antrag ist spätestens zwei Wochen nach Wegfall des Hindernisses zu stellen, maximal innerhalb eines Jahres nach Ende der versäumten Frist.

Der Einspruch ist an die zuständige Stelle zu richten. Das ist die Finanzbehörde, die den Verwaltungsakt erlassen hat und die auch über die Zulässigkeit (§ 358 AO) des Einspruchs sowie über den Einspruch selbst (§ 367 AO) entscheidet – regelmäßig also das zuständige Finanzamt. Dabei ist die Sache in vollem Umfang erneut zu prüfen (**Wiederaufrollung** des gesamten Falls, § 367 Abs. 2 AO). Es werden also nicht nur die Teile des Steuerbescheids geprüft und evtl. geändert, gegen die sich der Einspruch richtet (wie etwa beim Antrag auf schlichte Änderung). Es ist durchaus auch möglich, dass über einen anderen Sachverhalt, gegen dessen Behandlung sich der Einspruch überhaupt nicht gerichtet hat, neu ermittelt und entschieden wird. Eine **Verböserung** ist aber nur möglich, wenn dies dem Steuerpflichtigen vorab mitgeteilt wird. Damit hat er die Möglichkeit, die Vor- und Nachteile abzuwägen und den Einspruch ggf. (ebenfalls schriftlich) zurückzunehmen (§ 362 AO).

Neben dem Einspruch als förmlichem außerfinanzgerichtlichem Rechtsbehelf existieren die (formlose) Gegenvorstellung und die (formlose) Dienstaufsichtsbeschwerde. Beide gehören nicht zu den speziell finanzverwaltungsmäßigen Rechtsbehelfen. Sie sind in jedem Verwaltungsverfahren möglich. Die Gegenvorstellung wird meist beim zuständigen Finanzamt vorgebracht, vorteilhafterweise mündlich. Dabei wird begründet und nachgewiesen, dass eine bestimmte Handlung oder ein bestimmter Verwaltungsakt nicht rechtmäßig ist und deshalb ebenso formlos geändert oder zurückgenommen werden soll. Das gilt analog für die Dienstaufsichtsbeschwerde, die bei der jeweils übergeordneten Stelle und vorteilhafterweise schriftlich angebracht wird. Durch die Gegenvorstellung oder die Dienstaufsichtsbeschwerde wird die Einspruchsfrist nicht gehemmt oder unterbrochen.

6.3.2 Der Finanzgerichtsweg

Die Anrufung eines Finanzgerichts ist zulässig in allen steuerlichen Angelegenheiten, in denen auch der Einspruch angebracht werden kann. Des Weiteren wird der Finanzgerichtsweg beschritten in Fragen der Zulassung zum Beruf des Steuerberaters (§ 33 FGO).

Voraussetzung ist regelmäßig, dass vorab ein außergerichtlicher Rechtsbehelf (Einspruch nach § 347 AO) eingelegt worden ist und dass dieser ganz oder teilweise erfolglos geblieben ist (§ 44 Abs. 1 FGO). Ausnahmsweise ist das finanzgerichtliche Verfahren ohne außergerichtliches Vorverfahren zulässig, wenn:

- in einem einspruchsfähigen Fall ohne Einspruchseinlegung Klage beim Finanzgericht erhoben wird und das zuständige Finanzamt innerhalb eines Monats zustimmt (**Sprungklage**, § 45 Abs. 1 FGO). Sind nur Rechtsfragen zu klären, wird das Finanzamt die Zustimmung meist nicht verweigern. Ist dagegen der Sachverhalt noch nicht ausreichend geklärt, so wird das Finanzamt nicht zustimmen.
- die Rechtswidrigkeit eines Sicherungsverfahrens (dinglicher oder persönlicher Arrest, vgl. §§ 324ff. AO) geltend gemacht wird (§ 45 Abs. 2 FGO)
- über einen Einspruch ohne Mitteilung eines ausreichenden Grunds in angemessener Frist nicht entschieden worden ist (**Untätigkeitsklage**, § 46 FGO, regelmäßig frühestens sechs Monate nach Einlegung des Einspruchs).

Das finanzgerichtliche Verfahren wird durch Erhebung der **Klage** eingeleitet (§ 66 Abs. 1 FGO). Die verschiedenen Klagearten sind in §§ 40f. FGO beschrieben. Im praktischen Fall kommt der Anfechtungsklage die größte Bedeutung zu. Diese hat den Zweck, finanzbehördliche Verwaltungsakte *aufzuheben*. Handelt es sich um einspruchsfähige Verwaltungsakte (etwa sämtliche Steuerbescheide), so kann das Finanzgericht aufgrund der Anfechtungsklage den Verwaltungsakt auch *ändern* (§ 40 Abs. 1 FGO).

Die persönliche Klagebefugnis ist in analoger Weise wie beim Einspruch geregelt (vgl. § 48 FGO). Insbesondere ist der Beschwerte selbst zur Klageerhebung befugt (Kläger), ohne dass dies in der FGO besonders hervorgehoben wäre. Analog zum Einspruch sind auch Frist und Form der Klage geregelt. Die Frist beträgt einen Monat (**Ausschlussfrist**, Möglichkeit eines Antrags auf **Wiedereinsetzung in den vorigen Stand**, §§ 47 Abs. 1, 56 FGO). Sie beginnt mit der Bekanntgabe der Entscheidung über den Einspruch. Auf eine Klage kann auch verzichtet werden (§ 50 FGO). Ist die Klage bereits eingelegt, so kann sie u.U. geändert (§ 67 FGO) oder zurückgenommen werden (§ 72 FGO).

Die Klage ist schriftlich oder zur Niederschrift (§ 64 Abs. 1 FGO) beim zuständigen Finanzgericht zu erheben. Abschriften für die Prozessbeteiligten (§ 57 FGO) sollen beigefügt werden (§ 64 Abs. 2 FGO). Die Klageschrift *muss* den Kläger, den Beklagten und den Streitgegenstand sowie den angefochtenen Verwaltungsakt (oder die angefochtene Entscheidung) enthalten. Die Klage *soll* einen bestimmten Antrag enthalten sowie die zur Begründung notwendigen Tatsachen und Beweise aufzeigen (§ 65 FGO). Die Klage muss weiterhin unterschrieben sein. Weil ebenso wie das vorgerichtliche Verfahren das Finanzgerichtsverfahren die Vollziehung eines Verwaltungsakts nicht hemmt (§ 69 FGO), sollte vor oder mit der Klageerhebung ein Antrag auf Aussetzung der Vollziehung gestellt werden. Das ist selbstverständlich nur dann notwendig, wenn der Verwaltungsakt nicht bereits vollzogen ist. Eine Klage hat also etwa die folgende Mindestform:

K. Läger

Berlin, den 6.1.2002
Klageweg 18

Finanzgericht Berlin
13357 Berlin

In dem Rechtsstreit
K. Läger Steuer-Nr. 1113/222/4712 - Kläger -
gegen
das Finanzamt Berlin Mitte/Tiergarten - Beklagter -
wegen
ESt-Bescheid 2000 v. 15.7.2001
erhebe ich Klage

mit dem Antrag:
1. unter Aufhebung der Einspruchsentscheidung der Beklagten vom 12.12.2001 und Änderung des ESt-Bescheids 2000 vom 15.7.2001 Betriebsausgaben wie erklärt mit DM 30.000 (€15.339) anzuerkennen;
2. die Vollziehung der Steuernachzahlung in Höhe von DM 11.000 (€ 5.624) auszusetzen[204].
Die Begründung folgt in etwa vier Wochen.

Unterschrift: K. Läger

Durch die Erhebung der Klage wird die Streitsache rechtshängig (§ 66 Abs. 1 FGO, bei einem Gericht anhängig). Damit schwebt das finanzgerichtliche Verfahren. Es endet (ausnahmsweise) mit der Rücknahme der Klage oder (regelmäßig) mit Rechtskraft des Urteils.

Nach Eingang der Klageschrift setzt der Vorsitzende des Finanzgerichts einen Termin für die mündliche Verhandlung und lädt die Beteiligten (insbesondere Kläger und Beklagten) mit einer Frist von wenigstens zwei Wochen zur Verhandlung (§ 91 FGO), sofern eine mündliche Verhandlung vorgesehen ist. Dies ist immer der Fall, wenn einer der Beteiligten nicht damit einverstanden ist, dass ohne mündliche Verhandlung entschieden wird (§ 90 Abs. 2 FGO). Das Gericht kann auch ohne mündliche Verhandlung durch Gerichtsbescheid entscheiden (§ 90a Abs. 1 FGO). Dann kann jeder Beteiligte innerhalb eines Monats nach Zustellung des Gerichtsbescheids Revision einlegen, wenn sie zugelassen ist, Nichtzulassungsbeschwerde einlegen oder Antrag auf mündliche Verhandlung stellen. Anderenfalls wirkt der Gerichtsbescheid als Urteil. Dieses

[204] Auch hier wird der Antrag auf Aussetzung – da seine Behandlung im Ermessen der Finanzbehörde bzw. des Finanzgerichts (§ 69 FGO) liegt – nur Erfolg haben, wenn die Klage einen Antrag enthält und dieser sowie die Notwendigkeit der Aussetzung begründet wird. Der Antrag kann auch beim zuständigen Finanzamt gestellt werden. Vorteilhafterweise enthält die Klageschrift weiterhin den Antrag, der Gegenseite die Kosten des Verfahrens und die Kosten der steuerlichen Beratung und Vertretung im außergerichtlichen Vorverfahren aufzuerlegen.

vereinfachte Verfahren kann vom Gericht bestimmt werden, wenn der Streitwert € 500 nicht übersteigt.

Die mündliche Verhandlung wird durch den Vorsitzenden (drei hauptberufliche, zwei ehrenamtliche Richter, § 5 Abs. 3 FGO; u.U. ein Einzelrichter, § 6 FGO) eröffnet. Nach Aufruf der Streitsache trägt er oder ein Berichterstatter den prinzipiellen Akteninhalt vor. Anschließend erhalten die Beteiligten das Wort, um ihre Anträge zu stellen und zu begründen. Der Vorsitzende diskutiert mit den Beteiligten den Streitgegenstand in tatsächlicher und in rechtlicher Hinsicht (§§ 92f. FGO). Dann schließt der Vorsitzende die mündliche Verhandlung. Das Urteil wird regelmäßig anschließend verkündet (§ 104 FGO). Für die Urteilsverkündung kann auch innerhalb von zwei Wochen ein neuer Termin angesetzt werden. Schließlich kann das Urteil auch innerhalb von zwei Wochen zugestellt werden. Das ist bei nichtmündlicher Verhandlung immer der Fall (§ 104 Abs. 3 FGO). Im Gegensatz zum Einspruch gilt im Finanzgerichtsverfahren, dass über das Klagebegehren nicht hinausgegangen werden darf (**Verböserungsverbot**, § 96 Abs. 1 FGO).

Das Urteil ist – wie schon der Steuerbescheid und die Entscheidung über den Einspruch – grundsätzlich rechtskräftig, wenn es verkündet oder zugestellt ist. Auch hier wird zwischen formeller und materieller Rechtskraft unterschieden. Die Einhaltung der materiellen Rechtskraft dient – wie auch sonst – der Rechtssicherheit. Sie kann deshalb nur in Ausnahmefällen durchbrochen werden (wie zur Berichtigung offenbarer Unrichtigkeiten, §§ 107f. FGO oder zur nachträglichen Ergänzung, § 109 FGO). Die formelle Rechtskraft wird solange aufgeschoben, bis Kläger und Beklagter eine Zeitlang (einen Monat) Gelegenheit hatten, sich eine Meinung über die vermutete Rechtlichkeit des Urteils zu bilden. Weicht diese Auffassung von der des Finanzgerichts ab und sind weitere Bedingungen erfüllt (der Streitwert ist irrelevant), dann kann dieser Auffassung regelmäßig in Form der Revision an den Bundesfinanzhof Ausdruck verliehen werden.

Die Revision an den Bundesfinanzhof ist nach § 115 FGO zulässig, wenn das Finanzgericht die Revision zugelassen hat. Das Finanzgericht muss die Revision zulassen, wenn:

- die Rechtssache grundsätzliche Bedeutung hat oder
- die Fortbildung des Rechts oder die Sicherung einer einheitlichen Rechtsprechung eine Entscheidung des Bundesfinanzhofs erfordert oder
- ein Verfahrensmangel geltend gemacht wird und vorliegt, auf dem die Entscheidung beruhen kann.

Die Revision ist beim Finanzgericht schriftlich innerhalb eines Monats nach Zustellung des vollständigen Urteils bzw. des Zulassungsbeschlusses einzulegen und spätestens innerhalb eines weiteren Monats zu begründen (§ 120 Abs. 1 FGO). Der Bundesfinanzhof prüft, ob die Revision die formellen Erfordernisse erfüllt. Anderenfalls wird sie durch Beschluss als unzulässig verworfen (§ 126 Abs. 1 FGO). Weiterhin wird geprüft, ob die Revision materiell begründet ist. Anderenfalls wird sie als unbegründet zurückgewiesen (§ 126 Abs. 2 FGO). Ist die Revision zulässig und begründet, so kann der Bundesfinanzhof selbst in der Streitsache entscheiden oder die Streitsache an das Finanzgericht zur Entscheidung zurückgeben. Dieses hat dann die rechtliche Beurteilung des Falls durch den Bundesfinanzhof zu beachten (§ 126 Abs. 3 FGO). Im Gegensatz zu § 62 FGO *muss* sich im Revisionsverfahren jeder Beteiligte durch einen Rechtsanwalt, Wirtschaftsprüfer, Steuerberater oder die jeweilige Berufsgesellschaft vertreten lassen (§ 62a FGO).

Der finanzgerichtliche Prozess kann unter gewissen Bedingungen auch durch die Einlegung einer Beschwerde (§§ 128ff. FGO) oder durch Klage auf Wiederaufnahme des Verfahrens (§ 134 FGO) am Bundesfinanzhof weitergeführt werden. Schließlich ist es möglich, gegen ein Urteil die Verfassungsbeschwerde am Bundesverfassungsgericht einzulegen (Art. 93 Abs. 1 GG), wenn vermutet wird, dass durch das Urteil ein Grundrecht des Steuerpflichtigen verletzt wird.

6.4 Die Steuervergehen

Unter dem Begriff der Steuervergehen fasst man die **Steuerstraftaten** und die **Steuerordnungswidrigkeiten** zusammen. Steuerstraftaten sind die in §§ 369ff. AO fixierten kriminellen Unrechtstaten, für die das allgemeine Strafrecht sowie die Strafvorschriften der AO gelten. Steuerstraftaten sind u.a.:

- die Steuerhinterziehung (§ 370 AO)
- die versuchte Steuerhinterziehung (§ 370 Abs. 2 AO)
- der Bannbruch (§ 372 AO)
- der gewerbsmäßige, gewaltsame oder bandenmäßige Schmuggel (§ 373 AO)
- die Steuerhehlerei (§ 374 AO).

Steuerhinterziehung liegt vor, wenn eine Person seiner Informationspflicht gegenüber den Finanzbehörden mit dem Vorsatz nicht nachkommt, dadurch sich oder einem anderen einen Steuervorteil zu verschaffen. Neben dem Erfordernis des vorsätzlichen Handelns oder Unterlassens muss der Steuervorteil bereits realisiert sein, d.h. die Steuer muss (zu niedrig) festgesetzt sein. Anderenfalls liegt **versuchte Steuerhinterziehung** vor. Der Täter sowie sämtliche Beteiligten (Mittäter, Anstifter und Helfer, nicht jedoch unwissentlich als Werkzeug verwendete Personen) werden mit einer Freiheitsstrafe bis zu fünf Jahren (in besonders schweren Fällen bis zu zehn Jahren) oder mit einer Geldstrafe bis zu 720 Tagessätzen bestraft.

Die Täter können durch die sog. **Selbstanzeige** (und ggf. durch die Bezahlung der verkürzten Steuer u.ä.) straffrei bleiben, wenn diese Anzeige freiwillig gemacht wird. Das ist nur möglich, solange noch kein Ermittlungsbeamter (z.B. Außenprüfer) erschienen ist und den Tätern die Einleitung eines Verfahrens noch nicht bekannt gegeben worden ist und diese im Zeitpunkt der Anzeige nicht damit rechnen mussten, dass die Steuerhinterziehung bereits entdeckt war. In diesen Fällen mangelt es insbesondere an der Freiwilligkeit.

Bannbruch (verbotene Ein-, Aus- oder Durchfuhr von Gegenständen, ohne diese der zuständigen Zollstelle vorzuführen) wird wie Steuerhinterziehung bestraft. Gewerbsmäßiger, gewaltsamer oder bandenmäßiger Schmuggel (**verschärfter Bannbruch**) wird mit einer Freiheitsstrafe von mindestens drei Monaten und höchstens fünf Jahren bestraft. **Steuerhehlerei** (z.B. Verkauf dieser Gegenstände) wird wie Steuerhinterziehung, gewerbsmäßige Hehlerei wie Schmuggel bestraft. Begünstigung (Hilfeleistung mit der Absicht, dem Täter die Vorteile der Tat zukommen zu lassen; im Gegensatz zur Beihilfe) ist nur strafbar, wenn der Begünstigende eigennützig handelt, sich also selbst einen Vorteil aus seiner Handlung verspricht. Die Begünstigung von Angehörigen ist nicht strafbar.

Steuerstraftaten verjähren nach fünf Jahren. Wird allerdings ein Strafverfahren eingeleitet, dann wird die Verfolgungsverjährung unterbrochen. Der Anspruch auf die evtl. hinterzogenen Steuern verjährt dagegen erst nach zehn Jahren, sodass es möglich ist, dass im Einzelfall die Straftat wegen Verjährung nicht mehr verfolgt werden kann, wohl aber die hinterzogenen Steuern nebst Zinsen eingefordert werden können.

Steuerordnungswidrigkeiten sind die in §§ 377ff. AO fixierten nichtkriminellen Zuwiderhandlungen, für die neben diesen Vorschriften das OWiG gilt. Es sind dies:

- die leichtfertige Steuerverkürzung (§ 378 AO)
- die Steuergefährdung (§ 379 AO)
- die Gefährdung von Abzugsteuern (§ 380 AO)
- die Verbrauchsteuergefährdung (§ 381 AO)
- die Gefährdung von Eingangsabgaben (§ 382 AO).

Im Gegensatz zur Steuerhinterziehung ist die **leichtfertige Steuerverkürzung** durch besonders grobe Fahrlässigkeit, nicht aber durch Vorsatz zustande gekommen. Außerdem muss die Steuer bereits unrichtig, also verkürzt festgesetzt worden sein. Eine versuchte Steuerverkürzung ist im Gegensatz zur versuchten Steuerhinterziehung nicht zu ahnden. Auch hier ist eine Selbstanzeige möglich, wenn der Täter seine falschen oder unterlassenen Angaben berichtigt oder nachholt und wenn er dies freiwillig tut. Die Bedingungen der Selbstanzeige bei Steuerhinterziehung gelten auch hier. Die leichtfertige Steuerverkürzung wird mit einem Bußgeld bis zu € 50.000 geahndet.

Die **Steuergefährdung** (vorsätzliches oder leichtfertiges Ausstellen von falschen Belegen bzw. Durchführung oder Anordnung entsprechender Buchungen bzw. das Unterlassen notwendiger Buchungen und anderer Informationspflichten mit dem Ziel, dadurch Steuern zu kürzen), die Gefährdung von Abzugsteuern (Verletzung der Pflicht, Abzugsteuern – etwa LSt und KapESt – einzubehalten und an das Finanzamt abzuführen), die Verbrauchsteuergefährdung (Verletzung der Informationspflicht bei der Verbrauchsteuererhebung, sofern das jeweilige Verbrauchsteuergesetz darin eine Ordnungswidrigkeit sieht) und die Gefährdung von Eingangsabgaben (z.B. von Zöllen) werden mit einem Bußgeld bis zu € 5.000 geahndet.

Besteht der Verdacht auf eine Ordnungswidrigkeit, so wird das Ordnungswidrigkeitenverfahren (**Bußgeldverfahren**) vom zuständigen Finanzamt eingeleitet. Dies wird dem Betroffenen mitgeteilt. Das Finanzamt ermittelt weiterhin, ob sich der Verdacht auf eine Ordnungswidrigkeit bestätigt. Ist das nicht der Fall, so wird das Verfahren eingestellt. Liegt eine Ordnungswidrigkeit vor, so erlässt das Finanzamt einen Bußgeldbescheid, gegen den innerhalb einer Woche der Einspruch möglich ist. Liegt nach Auffassung des Finanzamts dagegen eine Steuerstraftat vor, so kann es beim Gericht den Erlass eines

Strafbefehls beantragen. Kann die Straftat nicht im vereinfachten Strafbefehlsverfahren bestraft werden (z.B. weil eine Haftstrafe von mehr als drei Monaten verhängt werden soll), so wird das Verfahren an die Staatsanwaltschaft abgegeben, damit diese Klage am Gericht erheben kann.

Besteht der Verdacht auf eine Steuerstraftat, so wird das Vorverfahren meist vom Finanzamt eingeleitet. Das wird dem Beschuldigten mitgeteilt, wobei dieser vor allem über sein Auskunftsverweigerungsrecht zu belehren ist. Vorher wie auch danach erfolgt die Ermittlung der evtl. strafbaren Handlung oder Unterlassung. Dabei ist dem Beschuldigten rechtliches Gehör zuzugestehen sowie ein Verteidiger zuzulassen. Zu den Ermittlungsmethoden gehören insbesondere die (mündliche) Vernehmung oder die (schriftliche) Anhörung, die Einholung behördlicher Auskünfte, die Zeugenvernehmung oder die Herbeiziehung von Sachverständigen und schließlich die Hausdurchsuchung und Beschlagnahme. Bestätigt sich der Verdacht auf eine Steuerstraftat nicht, so wird das Verfahren durch das Finanzamt eingestellt. Erscheint die Schuld des Täters nur als gering oder besteht kein öffentliches Interesse an der Strafverfolgung, so wird das Verfahren ebenfalls durch das Finanzamt, aber mit Zustimmung des Gerichts, eingestellt. Handelt es sich nicht um eine Straftat, sondern um eine Ordnungswidrigkeit, so wird die Sache in das Bußgeldverfahren übergeleitet. Bestätigt sich der Verdacht des Vorliegens einer Straftat, so kann das Finanzamt bei Gericht Antrag auf Erlass eines Strafbefehls stellen (wenn dieser zulässig ist) oder die Sache an die Staatsanwaltschaft zwecks Klageerhebung übergeben. Das Gericht entscheidet im sog. Zwischenverfahren darüber, ob aufgrund der Ermittlungen das sog. Hauptverfahren eröffnet werden soll. Das Hauptverfahren beginnt mit dem Eröffnungsbeschluss und endet – wenn es nicht eingestellt wird – mit der Urteilsverkündung.

7 Die steuerrechtliche Basis internationaler Beziehungen

Aus internationalen Aktivitäten[205] können sich grundsätzlich zwei steuerliche Wirkungen ergeben: eine evtl. mehrfache Besteuerung desselben Sachverhalts einerseits und die Ausnutzung des internationalen Steuergefälles bzw. der mangelhaften internationalen staatlichen Zusammenarbeit andererseits. Weder eine Doppelbesteuerung noch die Realisation von Vorteilen ist staatlich gewollt. Deshalb wird versucht, durch eine Reihe von binationalen Abkommen und nationalen Vorschriften die Doppelbesteuerung bzw. die Realisation ungerechtfertigter Vorteile einzuschränken (vgl. Abb. 23[206]).

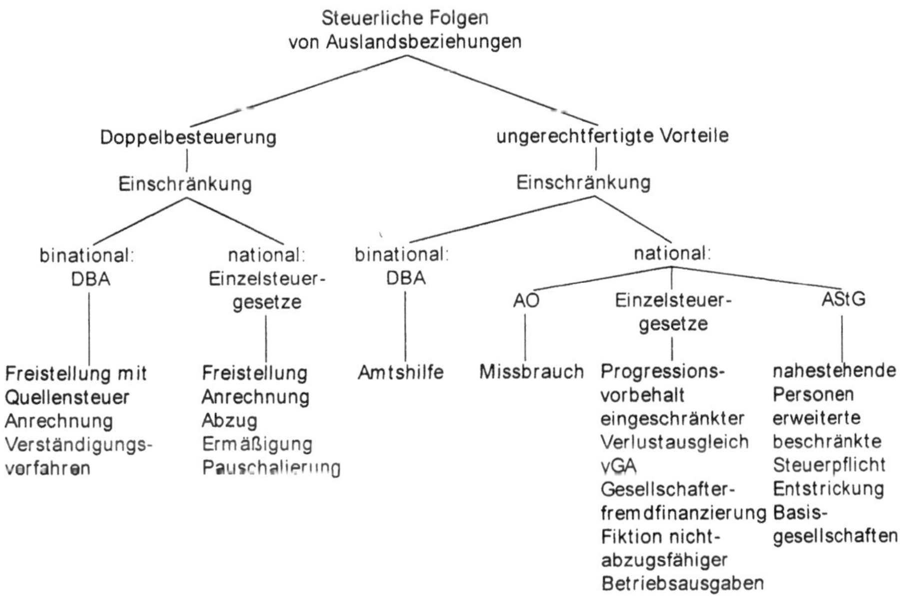

Abb. 23: Die Einschränkung negativer steuerlicher Folgen von Auslandsbeziehungen

[205] Vgl. zu den steuerlichen Wirkungen Breithecker, V., Einführung in die Internationale Betriebswirtschaftliche Steuerlehre, Bielefeld 1999, Fischer, L., Warneke, P., Internationale Betriebswirtschaftliche Steuerlehre, 4.Aufl. Berlin 1998, Scheffler, W., Besteuerung der grenzüberschreitenden Unternehmenstätigkeit, München 1995. Eine Quantifizierung der Entlastungswirkungen findet sich bei Selchert, F.W., Machens, K., Verfahren zur Verminderung ertragsteuerlicher Doppelbesteuerung und ihre reale Entlastungswirkung, in DB 1983, S. 617ff., 674ff., 728ff., Wacker, W.H., Prinzipien internationaler Besteuerung, in WISU 1990, S. 575ff.

[206] Vgl. auch die Übersicht bei Jacobs, O.H., Internationale Unternehmensbesteuerung, 4.Aufl. München 1999, S. 105.

7.1 Einschränkung der Doppelbesteuerung

Grundsätzliche steuerrechtliche Regelung ist, dass nicht etwa die Staatsangehörigkeit des Steuerpflichtigen die Steuerpflicht begründet, sondern allein das Aufenthalts- oder das Sitzprinzip gilt. Jede natürliche Person ist unbeschränkt mit ihrem gesamten in- und ausländischen Einkommen (§ 1 Abs. 1 EStG) im Inland steuerpflichtig, wenn sie ihren Wohnsitz oder ihren gewöhnlichen Aufenthalt hier hat. Einkünfte, die aus dem Ausland bezogen werden, unterliegen außerdem dort der beschränkten Steuerpflicht. Diese Teile sind also im Inland *und* im Ausland steuerpflichtig. Das Einkommen wird doppelt besteuert.

Dies gilt in gleicher Weise für juristische Personen. Eine (unbeschränkte) Steuerpflicht für ausländische Einkünfte existiert nicht nur in dem Land, in dem sie Sitz oder Ort der Geschäftsleitung haben. Auch in dem Land, in dem die Einkünfte erwirtschaftet werden, besteht (beschränkte) Steuerpflicht[207]. Damit erfolgt auch hier grundsätzlich eine **Doppelbesteuerung**.

Da wegen des Prinzips der **'Weltbesteuerung'** (unbeschränkte Steuerpflicht auch für im Ausland realisierte Sachverhalte im Inland) derselbe wirtschaftliche Sachverhalt doppelt besteuert wird (er unterliegt im Ausland außerdem der beschränkten Steuerpflicht), liegt ein Verstoß gegen die Gleichmäßigkeit der Besteuerung vor. Würden die wirtschaftlichen Aktivitäten ausschließlich im Inland unternommen, dann entfiele die Doppelbesteuerung. Steuerpflichtige mit Auslandsbeziehungen werden gegenüber denen mit ausschließlich nationalen Aktivitäten benachteiligt. Damit besteht die Gefahr, dass Produktion und Handel im internationalen Bereich u.U. erheblich beeinträchtigt werden.

Um die Doppelbesteuerung einzuschränken[208], gibt es deshalb binationale und nationale Regelungen:

Neutralisierungsversuche:

	Rechtsquelle	**Methode**	**Wirkung**
binational:	DBA	Freistellung	Vermeidung
	DBA	Anrechnung	Vermeidung
national:	KStG/EStG/GewStG	Freistellung	Vermeidung
	KStG/EStG/ErbStG	Anrechnung	Vermeidung
	KStG/EStG	Abzug	Minderung
	EStG	Ermäßigung	Minderung
	EStG	Pauschalierung	Minderung

[207] Zur Besteuerung im Ausland vgl. etwa Breithecker, V., Klapdor, R., Überblick über die Steuersysteme wichtiger Industriestaaten, in SteuerStud 1996, S. 547ff.

[208] Wasmer, C., Maßnahmen zur Vermeidung der internationalen Doppelbesteuerung, in SteuerStud 1994, S. 63ff., Jacobs, O.H., Internationale Unternehmensbesteuerung, a.a.O., S. 12ff.

Eine Vielzahl von Staaten hat miteinander binationale Abkommen zur Vermeidung der Doppelbesteuerung (**Doppelbesteuerungsabkommen**, DBA) abgeschlossen. Diese dominieren das nationale Recht[209]. Sie sehen regelmäßig vor, dass derselbe wirtschaftliche Vorgang nur jeweils einmal von einem der beiden Länder besteuert wird. In dem jeweils anderen Land wird der Steuerpflichtige insoweit von der Besteuerung freigestellt[210]. Durch die **Freistellung** wird die doppelte Besteuerung vollständig vermieden[211]. Das Besteuerungsrecht beim Freistellungsverfahren ist in den DBA für die ErSt meist wie folgt geregelt[212]:

- bei Einkünften aus Land- und Forstwirtschaft sowie aus Gewerbebetrieb gilt das Betriebsstättenprinzip
- bei Einkünften aus selbstständiger und nichtselbstständiger Arbeit gilt das Quellenprinzip
- bei Einkünften aus Kapitalvermögen (Dividenden aus Schachtelbeteiligungen und Zinsen) gilt das Wohnsitzprinzip (bei Streubesitz ist das Anrechnungsverfahren anzuwenden)
- bei Einkünften aus Vermietung und Verpachtung gilt das Belegenheitsprinzip
- bei sonstigen Einkünften das Wohnsitzprinzip.

Außer bei den Dividenden und Zinsen, die im Wohnsitzland des Empfängers besteuert werden, entspricht die Gesamtbelastung des ausländischen Einkommensteils bei Freistellung[213] der ausländischen Steuerbelastung. Existiert ein **Progressionsvorbehalt**, dann ist die gesamte Steuerbelastung auf den ausländischen Einkommensteil möglicherweise höher, als wenn dieser Teil im Inland erwirtschaftet worden wäre.

Gilt bei Dividenden (s.u.) und Zinsen das Wohnsitzprinzip, dann stellt das Land, in dem die Kapitalerträge erwirtschaftet worden sind, diese von der Besteuerung frei. Damit können ihm z.T. erhebliche Steuereinnahmen entgehen. Um das zu verhindern, kann zwischen den beiden Staaten vereinbart werden, dass der Quellenstaat eine Quellensteuer

---

[209] Der Vorrang binationalen Rechts wird teilweise eingeschränkt, indem das DBA und nationales Recht als gleichrangig angesehen werden oder sogar dem nationalen Recht Vorrang gegenüber den DBA-Regelungen eingeräumt wird, sog. **Treaty Overriding**, so etwa in Art. 21 des Protokolls zum DBA-USA, in dem Deutschland das Recht eingeräumt wird, einseitig in Einzelfällen statt der Freistellung die Anrechnung zu wählen.

[210] "...obwohl sich der Trend beobachten lässt, dass immer mehr Staaten zur Anrechnungsmethode übergehen " Krabbe, H., Das neue OECD-Musterabkommen von 1992, Diskussionsbeiträge aus dem Institut für Ausländisches und Internationales Finanz- und Steuerwesen der Universität Hamburg, Heft 91 1993, S. 15.

[211] Das gilt für die KSt allerdings nur, solange der ausländische Gewinn nicht an einen inländischen natürlichen Kapitaleigner ausgeschüttet wird; vgl. hierzu § 8b KStG sowie Kapitel "Ausländische Einkünfte"; dann fällt auf die Hälfte der Bruttodividende ESt an.

[212] Es gibt ein sog. OECD-Musterabkommen, nach dem sich die meisten DBA richten zum OECD-Musterabkommen 2000 vgl. BStBl 2001 I 72.

[213] Nicht selten versuchen sich Steuerpflichtige in Ländern ohne DBA oder mit unvorteilhaften DBA durch die Gründung von Zwischengesellschaften in Ländern mit vorteilhaften DBA in den Genuss dieser Vorteile 'einzukaufen' (treaty shopping). In neueren DBA wird versucht, dies zu verhindern (etwa Art. 28 DBA-USA).

erheben kann. Der Wohnsitzstaat rechnet die **Quellensteuer** auf die inländische ESt oder KSt an. Dies ist durchweg für sog. Schachteldividenden realisiert.

Es wird unterschieden zwischen Schachtelbeteiligungen (der Dividendenempfänger ist eine *Kapital*gesellschaft, die Beteiligung erreicht eine bestimmte Mindesthöhe, z.B. 10 % oder 25 % des gezeichneten Kapitals, Freistellung[214]) und Streubesitz (der Dividendenempfänger ist eine natürliche Person oder als Kapitalgesellschaft zu weniger als z.B. 10 % oder 25 % am gezeichneten Kapital beteiligt, Anrechnung). Im zweiten Fall wird eine Quellensteuer meist mit einem Satz von 15 – 30 % erhoben. Bei Schachtelbeteiligungen wird der Quellensteuersatz auf z.B. 5 % des Bruttobetrags gesenkt (eine der Wirkungen des internationalen Schachtelprivilegs). Die KapESt ist eine solche Quellensteuer (dabei werden die KapESt-Sätze in den einzelnen DBA z.T. abweichend von dem 20%igen Steuersatz für inländische Dividendenbezieher festgelegt).

Die neueren DBA enthalten Vorschriften über das sog. **Verständigungsverfahren**. Danach sollen die Finanzbehörden der beiden Länder Schwierigkeiten und Zweifel aus der Anwendung der DBA im gegenseitigen Einvernehmen beseitigen. Insbesondere ist vorgesehen, dass die Finanzbehörden über Fälle, in denen eine Doppelbesteuerung trotz DBA eintritt, gemeinsam beraten.

Existiert im Einzelfall kein DBA, dann wird versucht, mit Vorschriften in nationalen Steuergesetzen eine doppelte Besteuerung zu vermeiden oder zu mindern. Solche nationalen Regelungen finden sich etwa im GewStG und im EStG. Das GewStG enthält zur Vermeidung der Doppelbesteuerung das Instrument der Kürzungen. Dadurch werden entsprechende Teile des Gewinns aus Gewerbebetrieb nicht der inländischen GewSt-Pflicht unterworfen. Sie werden im Inland von der Besteuerung freigestellt. Eine solche Kürzung ist etwa die nach § 9 Nr. 2 GewStG: "Die Summe des Gewinns und der Hinzurechnungen wird gekürzt um...die Anteile am Gewinn einer...ausländischen offenen Handelsgesellschaft...". Für entsprechende Beteiligungen an ausländischen Kapitalgesellschaften gilt diese Freistellung jedoch nur, wenn die Beteiligung mindestens 10 % des gezeichneten Kapitals beträgt (§ 9 Nr. 7 GewStG). Befinden sich die Beteiligungen an ausländischen Kapitalgesellschaften im Betriebsvermögen einer inländischen Kapitalgesellschaft, dann sind die Dividenden nach § 8b Abs. 1 KStG steuerfrei. Befinden sich die Beteiligungen an ausländischen Kapitalgesellschaften dagegen im Betriebsvermögen eines inländischen Einzelunternehmens/einer inländischen Mitunternehmerschaft, dann ist nur die Hälfte der Dividenden nach § 3 Nr. 40 EStG ESt-frei. Die GewSt für die zweite Hälfte der Dividenden wird aber nur durch Kürzung vermieden, wenn die Beteiligung mindestens 10 % des gezeichneten Kapitals beträgt. Eine eventuelle Doppelbesteuerung mit GewSt bzw. einer entsprechenden ausländischen Steuer wird neutralisiert. Schachtelbeteiligungen werden privilegiert. Die Doppelbesteuerung wird also nicht vermieden, wenn die Beteiligung unter dieser Grenze liegt, da in diesem Fall die steuerfreien Dividenden nach § 8 Nr. 5 GewStG zu 95 % hinzugerechnet werden.

---

[214] In Deutschland sind alle Dividenden u.a. bei Kapitalgesellschaften durch die nationale Regelung des § 8b Abs. 1 KStG von der Besteuerung freigestellt.

Das Freistellungsverfahren existiert auch im EStG. Nach dem auf § 34c Abs. 5 EStG basierenden sog. **Auslandstätigkeitserlass** wird auf Antrag bei "...Arbeitnehmern eines inländischen Arbeitgebers...von der Besteuerung des Arbeitslohns abgesehen, den der Arbeitnehmer auf Grund eines gegenwärtigen Dienstverhältnisses für eine begünstigte Tätigkeit im Ausland erhält."[215] Damit wird für bestimmte Einkünfte aus nichtselbstständiger Arbeit im Ausland die inländische ESt **erlassen** – sofern nicht ein DBA existiert, weil dann diese Einkünfte im Inland wegen des Quellenprinzips des DBA ohnehin steuerfrei wären. Der Auslandstätigkeitserlass umreißt in seinem ersten Abschnitt genau die begünstigten Tätigkeiten. Daraus geht hervor, dass primär Tätigkeiten in 'unterentwickelten' Ländern begünstigt werden sollen – mit den 'entwickelten' Ländern existieren meist DBA.

Die Wirkung der Freistellung ist in Abb. 24 (zu den Zahlen vgl. das abschließende Beispiel) dargestellt. Das gesamte zu versteuernde Einkommen Y_g wird um den ausländischen Teil Y_a gemindert (dieser Teil ist im Inland freigestellt). Der inländische Teil Y_i führt zu einer ESt in Höhe von A_{ESti}. Durch die Freistellung wird die inländische ESt in Höhe des Differenzsteuersatzes s_{ei} auf den ausländischen Teil gespart. Der ausländische Teil Y_a wird ausschließlich mit der ausländischen ESt belastet.

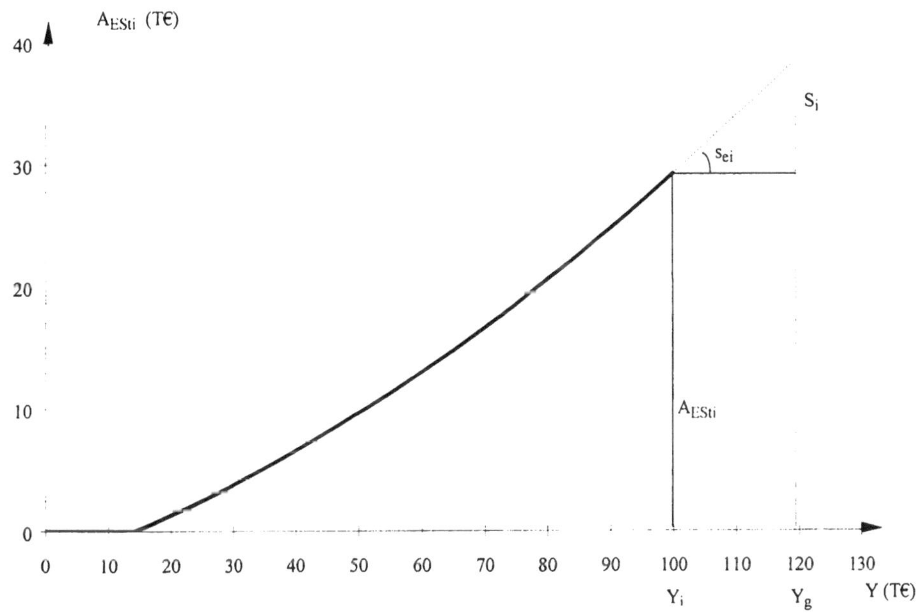

Abb. 24: Die inländische ESt-Belastung bei Freistellung

Der im Inland durch die Freistellung gesparte ESt-Betrag S_i wird als ungerechtfertigt hoch angesehen und deshalb durch den Progressionsvorbehalt eingeschränkt. Wie

[215] BMF 31.10.1983 BStBl 1983 I 470f.

Abb. 25 zeigt, ergibt sich auch bei Existenz des Progressionsvorbehalts eine Ersparnis an inländischer ESt, allerdings in geringerer Höhe. Der Progressionsvorbehalt führt dazu, dass die inländischen Einkünfte nicht mehr mit dem durchschnittlichen ESt-Satz bei Y_i, sondern mit dem durchschnittlichen ESt-Satz bei Y_g besteuert werden. Der Vorteil der Freistellung wird durch den Vorbehaltsnachteil N reduziert. Da der ausländische Teil ohne Freistellung mit dem Differenzsteuersatz auf diesen Teil besteuert werden würde, ergibt sich immer noch eine Minderung S_i der inländischen ESt – zusammen mit der ausländischen Steuer auf den ausländischen Teil kann der gesamte Differenzsteuersatz auf den ausländischen Teil aber höher sein als der inländische Differenzsteuersatz auf den ausländischen Teil.

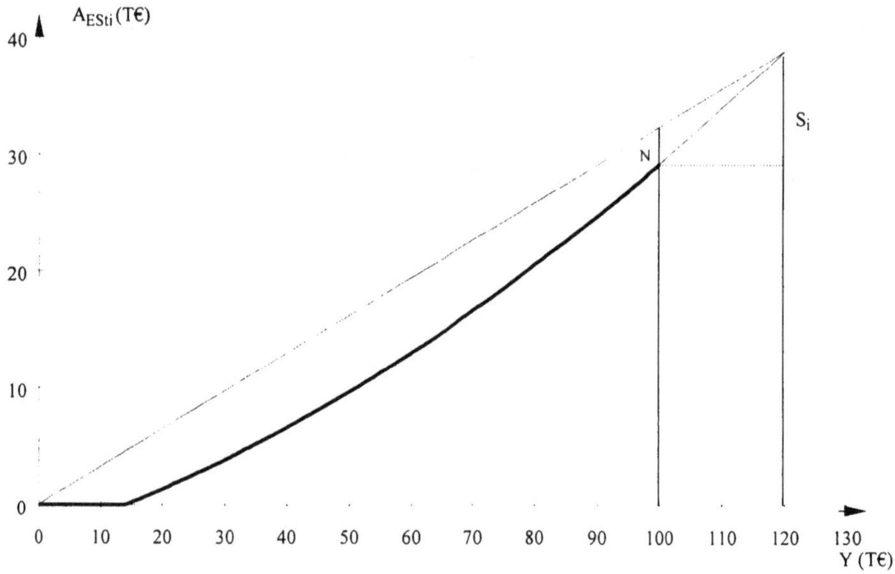

Abb. 25: Die inländische ESt-Belastung bei Freistellung mit Progressionsvorbehalt

Eine doppelte Besteuerung kann weiterhin durch eine **Anrechnung** ausländischer Steuern auf die inländische Steuer vermieden werden. Im Bereich der Besteuerung natürlicher Personen sieht § 34c Abs. 1 EStG eine Anrechnung vor. Bei unbeschränkt Steuerpflichtigen wird eine ausländische, der ESt entsprechende Steuer auf die ESt angerechnet. Die Anrechnung ist auf die ESt auf den ausländischen Teil der Einkünfte beschränkt. Deshalb kann es sein, dass der ausländische Teil höher besteuert ist, als er es bei inländischer Erwirtschaftung wäre. Die gesamte ESt-Belastung des ausländischen Teils ist also (bei beschränkter Anrechnung) gleich hoch oder höher als bei ausschließlich inländischer Besteuerung (sie entspricht der Belastung bei Freistellung mit Progressionsvorbehalt, s.u.).

Die Wirkung der Anrechnung ist in Abb. 26 dargestellt. Die inländische ESt A_{ESti} wird um die ausländische ESt A_{ESta} gemindert. Allerdings ist die Anrechnung regelmäßig nicht unbegrenzt – dann könnte es auch zu einer Erstattung ausländischer Steuer im Inland kommen. Die gesamte ESt würde der inländischen ESt entsprechen. Die ausländische Steuer wird maximal in Höhe des durchschnittlichen inländischen ESt-Satzes t_{ei} angerechnet (in Abb. 26 angerechneter Teil der ausländischen ESt AR). Ist der ausländische durchschnittliche Steuersatz höher als t_{ei}, dann ist der ausländische Teil mit inländischer und einem Teil der ausländischen Steuer belastet. Die gesamte Steuerbelastung des ausländischen Teils entspricht bei $t_{ea} < t_{ei}$ letztlich der inländischen ESt, bei $t_{ea} \geq t_{ei}$ der ausländischen ESt.

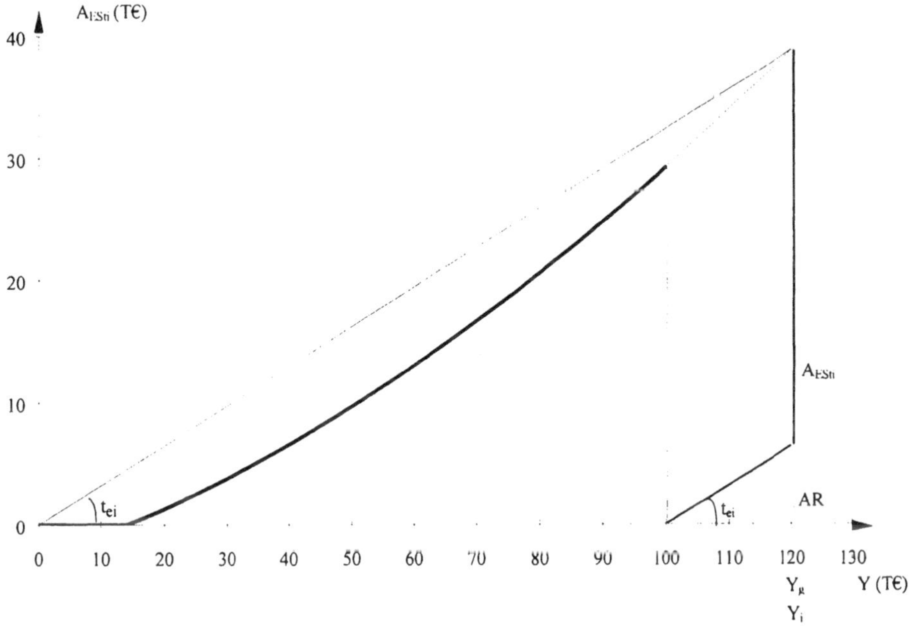

Abb. 26: Die inländische ESt-Belastung bei Anrechnung

Nach § 34c Abs. 2 EStG kann statt der Anrechnung der **Abzug** der ausländischen Steuer von der Bemessungsgrundlage der ESt beantragt werden[216]. Damit wird die Doppelbesteuerung regelmäßig gemildert, nicht aber vermieden. Ausnahmsweise kann allerdings der Antrag auf Abzug der ausländischen Steuer von der Bemessungsgrundlage der ESt vorteilhaft sein. Ist die ausländische Steuer höher als die inländische ESt, dann wird sie bei beschränkter Anrechnung nur in Höhe der inländischen ESt neutralisiert. Beim Abzugsverfahren kann es sein, dass die Steuerersparnis höher ist als die auf den ausländischen Teil entfallende ESt.

---

[216] Vgl. hierzu etwa Scheffler, W., Betriebswirtschaftliche Analyse des Wahlrechts zwischen Anrechung und Abzug ausländischer Steuern nach dem StÄndG 1992, in DB 1993, S. 845ff. oder Reichert, G., Anrechnung, Abzug oder Pauschalierung ausländischer Steuern? in DB 1997, S. 131ff.

Der anzurechnende Teil der ausländischen Steuer berechnet sich aus dem durchschnittlichen ESt-Satz, multipliziert mit der ausländischen Bemessungsgrundlage. Beim Steuerabzug berechnet sich die inländische ESt-Minderung als Produkt aus ausländischer Steuer und Differenzsteuersatz (zu versteuerndes Einkommen vor und nach ausländischer Steuer). Wenn dieses Produkt größer ist als der anzurechnende Teil, dann sollte der Abzug der ausländischen Steuer von der inländischen Bemessungsgrundlage beantragt werden[217]:

$$A_{ESta} \cdot s_{ei} > Y_a \cdot t_{ei}$$

$$A_{ESta} = Y_a \cdot t_{ea}$$

mit		
	A_{ESta}	ausländische Steuer
	s_{ei}	Differenzsteuersatz der inländischen ESt
	Y_a	ausländische Einkünfte (Bemessungsgrundlage)
	t_{ei}	durchschnittlicher inländischer ESt-Satz
	t_{ea}	durchschnittlicher ausländischer Steuersatz

Setzt man die Formel für die ausländische Steuer in die Ungleichung ein, dann folgt als Vorteilhaftigkeitskriterium für den Antrag auf Abzug der ausländischen Steuer von der Bemessungsgrundlage:

$$t_{ea} > \frac{t_{ei}}{s_{ei}}$$

Die Ungleichung kann überhaupt nur erfüllt sein, wenn $t_{ea} > t_{ei}$ ist. Eine niedrigere ausländische Steuer wird in vollem Umfang bei der Anrechnung neutralisiert. Bei höherer ausländischer Besteuerung ist die Ungleichung tendenziell dann erfüllt, wenn der ausländische durchschnittliche Steuersatz sehr hoch ist und/oder wenn der inländische durchschnittliche Steuersatz im Vergleich zum inländischen Differenzsteuersatz relativ niedrig ist. Letzteres ist am ehesten der Fall, wenn das zu versteuernde Einkommen und die ausländischen Einkünfte eher niedrig sind.

Die Wirkung des Abzugs der ausländischen Steuer von der inländischen Bemessungsgrundlage ist in Abb. 27 dargestellt. Die gesamte Bemessungsgrundlage Y_g wird um die ausländische ESt A_{ESta} gemindert. Daraus ergibt sich die inländische Bemessungsgrundlage $Y_g - A_{ESta}$. Anders als beim Freistellungsverfahren wird beim Abzugsverfahren die Doppelbelastung nur gemindert, weil im Regelfall die ausländische Steuer $A_{ESta} < Y_a$ ist. Ein Vergleich mit dem Anrechnungsverfahren kann nur auf der

[217] So auch Scheffler, W., Besteuerung der grenzüberschreitenden Unternehmenstätigkeit, a.a.O., S. 90; unter weiterer Differenzierung Richter, H., Anrechnung oder Abzug der ausländischen Steuer – Ermittlung kritischer Werte zu § 34c Abs. 1,2 EStG, in BB 1999, S. 613ff.

Basis der in- und ausländischen Steuersätze vorgenommen werden, weil die Anrechnung die inländische Steuer, der Abzug dagegen die inländische Bemessungsgrundlage mindert.

Das Abzugsverfahren greift nach § 34c Abs. 3 EStG immer, wenn eine Anrechnung der ausländischen ESt nicht möglich ist. Das ist insbesondere der Fall, wenn die ausländische ESt nicht der inländischen ESt entspricht. Ein Optionsrecht existiert in diesen Fällen nicht.

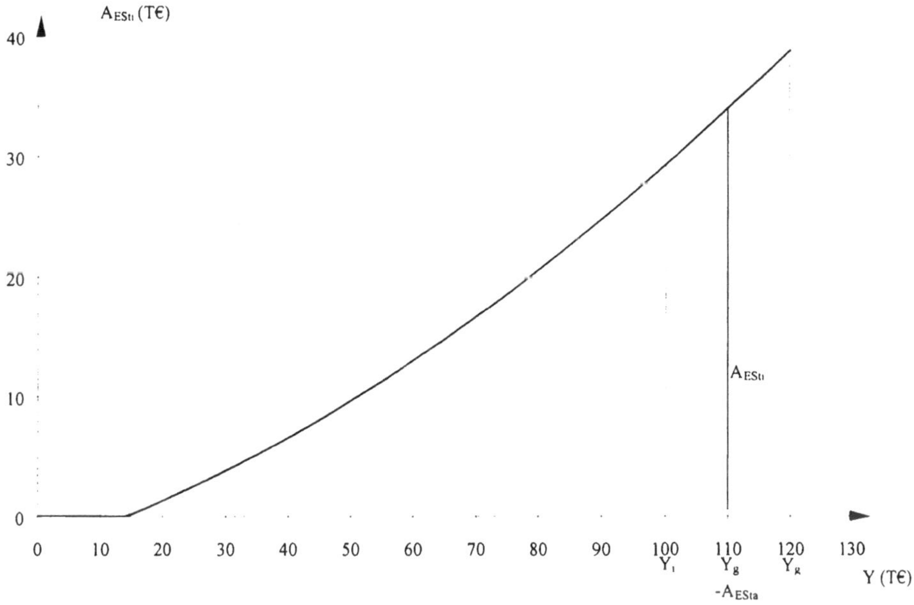

Abb. 27: Die inländische ESt-Belastung bei Abzug

Die Möglichkeit der **Ermäßigung** der inländischen Steuer auf den ausländischen Teil der Einkünfte ist derzeit im EStG nicht vorgesehen. In diesem Fall würden ausländische Einkünfte auf Antrag mit dem ermäßigten Steuersatz (halber durchschnittlicher Steuersatz nach § 34 Abs. 1 EStG) besteuert. Die ausländischen Einkünfte werden mit der vollen ausländischen – falls diese überhaupt existiert – und der ermäßigten inländischen Steuer belastet. Die Doppelbesteuerung wird gemildert. Wegen des ermäßigten ESt-Satzes kann die Gesamtbelastung des ausländischen Teils niedriger sein als bei ausschließlich inländischer Besteuerung.

Die Wirkung der Ermäßigung der inländischen ESt zeigt Abb. 28. Auf den inländischen Teil Y_i wird die tarifliche ESt erhoben, der ausländische Teil Y_a wird – neben der ausländischen Steuer – mit dem halben durchschnittlichen ESt-Satz $t_{ei/2}$ auf das gesamte zu versteuernde Einkommen belastet. Wie immer bei ermäßigter Besteuerung ist der gesparte ESt-Teil größer als die ermäßigte ESt. Der ausländische Teil ist mit der ausländischen Steuer (in der Graphik nicht enthalten) und mit der inländischen ESt in Höhe des halben durchschnittlichen ESt-Satzes $t_{ei/2}$ auf das gesamte zu versteuernde

Einkommen belastet. Die gesamte Steuerbelastung des ausländischen Teils wird um die Differenz aus Differenzsteuersatz auf den ausländischen Teil und halbem durchschnittlichen ESt-Satz auf das gesamte zu versteuernde Einkommen, multipliziert mit dem ausländischen Teil, reduziert.

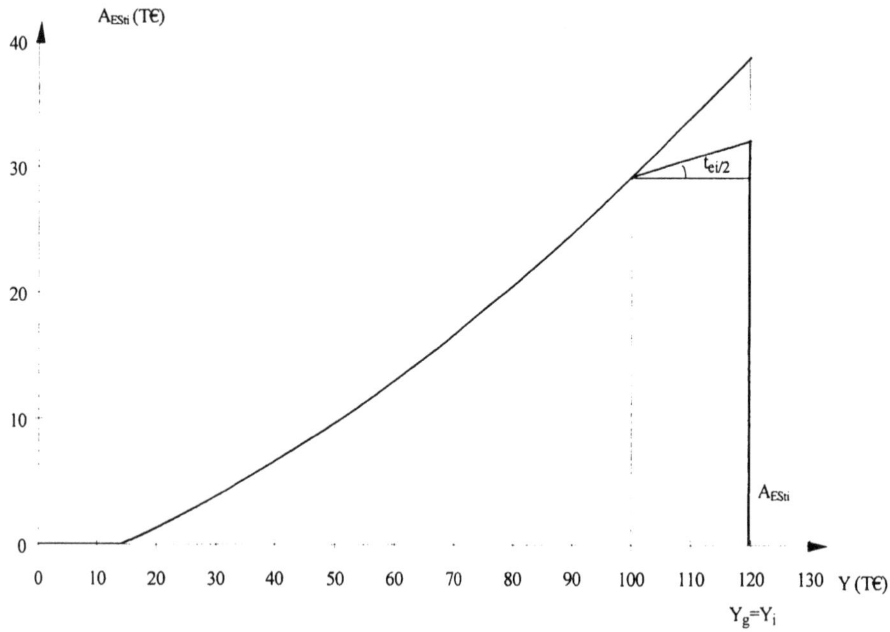

Abb. 28: Die inländische ESt-Belastung bei Ermäßigung

Eine **Pauschalierung** findet sich im sog. Pauschalierungserlass[218] auf der Basis des § 34c Abs. 5 EStG. Danach ist auf Antrag die ESt auf den ausländischen Teil mit 25 % der Einkünfte zu pauschalieren. Voraussetzung ist u.a., dass dies aus volkswirtschaftlichen Gründen zweckmäßig ist oder dass eine Anrechnung der ausländischen Steuer schwierig ist. Weiterhin müssen die Einkünfte aus im Erlass genannten 'produktiven' Tätigkeiten entstanden sind. Schließlich darf ein DBA nicht existieren.

Die Wirkung einer Pauschalierung der inländischen ESt entspricht prinzipiell der der Ermäßigung der inländischen ESt. Der Unterschied liegt in der Höhe der Steuersätze. Der ermäßigte Steuersatz ist der halbe durchschnittliche ESt-Satz, der Pauschalsteuersatz beträgt 25 %. Die gesamte in- und ausländische Steuerbelastung wird auch bei Pauschalierung nur reduziert.

Die Wirkung der einzelnen Verfahren sei an einem Beispiel demonstriert (vgl. auch die vorhergehenden Graphiken). Das zu versteuernde (Gesamt-)Einkommen betrage

[218] BStBl 1984 I 252.

Y_g = € 60.000, davon sollen im Inland (Deutschland) Y_i = € 50.000 und im Ausland Y_a = € 10.000 erwirtschaftet worden sein. Im Inland sei nur die ESt nach dem Grundtarif (Tarif 2001/2) betrachtet. Der ausländische durchschnittliche ESt-Satz betrage 50 %. Es ergeben sich folgende Gesamtbelastungen:

Steuerbelastung	**Inland**	**Ausland**	**Gesamt**
	€	€	€
bei inländischer Erwirtschaftung	19.228	0	19.228
bei ausländischer Erwirtschaftung:			
Doppelbesteuerung	19.228	5.000	24.228
Freistellung	14.447	5.000	19.447
Freistellung mit Progressionsvorbehalt	16.023	5.000	21.023
Anrechnung, unbeschränkt	19.228 – 5.000	5.000	19.228
Anrechnung, beschränkt	19.228 – 3.205	5.000	21.023
Abzug	16.803	5.000	21.803
Ermäßigung	14.447 + 1.602	5.000	21.029
Pauschalierung	14.447 + 2.500	5.000	21.947

Bei Doppelbesteuerung ist das gesamte zu versteuernde Einkommen von € 60.000 im Inland mit einem durchschnittlichen ESt-Satz von 32,05 % belastet. Der ausländische Teil ist angenommenerweise – wie in jedem anderen Fall – mit 50 % belastet. Bei Freistellung ist im Inland ein Teil von € 50.000 ESt-pflichtig – die Steuerbelastung reduziert sich um den inländischen Differenzsteuersatz auf den ausländischen Teil. Der ausländische Teil ist letztlich ausschließlich mit der ausländischen Steuer belastet. Existiert ein Progressionsvorbehalt, dann unterliegt der inländische Teil von € 50.000 dem inländischen durchschnittlichen ESt-Satz beim gesamten zu versteuernden Einkommen, also 32,05 %. Der Vorbehaltsnachteil beträgt € 1.576. Das entspricht der Differenz zwischen den durchschnittlichen ESt-Sätzen bei € 50.000 und bei € 60.000, multipliziert mit dem inländischen Teilbetrag von € 50.000.

Die Anrechnung der ausländischen Steuer erfolgt maximal in Höhe des durchschnittlichen inländischen ESt-Satzes beim gesamten zu versteuernden Einkommen. Im Beispielsfall ist der ausländische Steuersatz mit 50 % höher als der durchschnittliche inländische ESt-Satz mit 32,05 %. – es werden 32,05 % von € 10.000, also € 3.205 angerechnet. Die Gesamtbelastung entspricht der bei Freistellung mit Progressionsvorbehalt – solange nur der ausländische Steuersatz mindestens so hoch ist wie der inländische Steuersatz.

Der Abzug der ausländischen Steuer von der Bemessungsgrundlage der inländischen ESt führt zu einem inländischen zu versteuernden Einkommen von € 55.000 und damit zu einer tariflichen ESt von € 16.803. Die Doppelbesteuerung wird reduziert. Die Reduktion ist umso größer, je höher der ausländische Steuersatz ist. Bei einem irrealen ausländischen ESt-Satz von 100 % sind Freistellungs- und Abzugsmethode indifferent. Immerhin kann bei relativ hohen ausländischen Steuersätzen die gesamte Steuerbelastung niedriger sein als bei Freistellung mit Progressionsvorbehalt – im Beispielsfall liegt der kritische ausländische Steuersatz bei etwa 67 %.

Die Ermäßigung und die Pauschalierung der inländischen ESt auf den ausländischen Teil wirken methodisch gleich. Auf den inländischen Teil wird in beiden Fällen die inländische tarifliche ESt erhoben. Auf den ausländischen Teil wird die ESt im Ermäßigungsfall mit dem halben durchschnittlichen ESt-Satz auf das gesamte zu versteuernde Einkommen – hier also 16,02 % – berechnet. Im Pauschalierungsfall beträgt der Steuersatz 25 %.

7.2 Einschränkung 'ungerechtfertigter' Vorteile

Dem Problem einer möglichen Doppelbesteuerung desselben Sachverhalts steht die Möglichkeit gegenüber, durch internationale Gestaltungen die Steuerbelastung unter die inländische Steuerbelastung zu senken. Die ErSt-Sätze in einzelnen Ländern können sehr unterschiedlich sein. Dies gilt besonders für die Bundesrepublik als sog. **Hochsteuerland**[219] einerseits und für sog. Niedrigsteuerländer oder **Steueroasen** andererseits. Eine Folge des Steuergefälles ist, dass Steuerpflichtige versuchen, Einkünfte in Niedrigsteuerländer zu verlagern, um u.U. erhebliche Steuerersparnisse zu realisieren. Das kann etwa dadurch erreicht werden, dass natürliche Steuerpflichtige Wohnsitz oder gewöhnlichen Aufenthalt in das Ausland verlegen oder Leistungen zwischen in- und ausländischen Konzerngesellschaften nicht marktgerecht bewertet werden.

Um solche nach Auffassung des Gesetzgebers **ungerechtfertigten Vorteile** möglichst zu **verhindern**, existieren ebenfalls binationale und nationale Regelungen, deren Handhabung aber nicht einfach ist. Wichtigste binationale Vereinbarungen sind die sog. **Amtshilfeabkommen**, wie sie in neueren DBA vorgesehen sind. Dabei verpflichten sich z.B. die Finanzbehörden der beteiligten Länder zu gegenseitiger Information. Für die Länder der EU existiert ein gemeinsames Amtshilfeabkommen[220], das durch § 117 AO zu einer formellen nationalen Regelung zur Vermeidung ungerechtfertigter Vorteile wird.

Nationale formelle Basisregelung zur Missbrauchsverhinderung ist § 42 AO. Danach können die Finanzbehörden auch bei grenzüberschreitendem Gestaltungsmissbrauch die Steuer so veranlagen, wie sie bei angemessener Gestaltung entstehen würde. Materielle nationale Regelungen zur Vermeidung solcher ungerechtfertigter Vorteile finden sich etwa im EStG. So soll der **Progressionsvorbehalt** nach § 32b EStG verhindern, dass bei der Freistellung ausländischer Einkünfte durch das faktische Splitting (in aus- und inländische Einkünfte) die Progressionswirkung der ESt gemildert wird. Deshalb sind die ausländischen Einkünfte bei der Berechnung des durchschnittlichen ESt-Satzes einzubeziehen. Dieser ESt-Satz wird dann auf die inländischen Einkünfte angewendet.

---

[219] Vgl. hierzu die Untersuchung von Schneider, D., Hochsteuerland Deutschland 1994/95, in DB 1994, S. 541ff.

[220] Vgl. EG-Amtshilfe-Gesetz BStBl 1985 I 735.

Mit dem **eingeschränkten Verlustausgleich** nach § 2a Abs. 1, 2 EStG soll verhindert werden, dass bestimmte ausländische Verluste die inländische ESt mindern. § 2a Abs. 1, 2 EStG betrifft nur solche Fälle, in denen entweder kein DBA existiert oder das jeweilige DBA eine andere Regelung (z.B. Anrechnung) vorsieht. Meist sehen die DBA aber das Freistellungsverfahren vor, sodass solche Verluste in Deutschland ohnehin nicht ausgeglichen werden können.

Weiter stellt § 8a KStG ebenfalls eine Regelung zur Vermeidung ungerechtfertigter Vorteile dar. Die KSt stellt regelmäßig eine Belastung dar. Durch vertragliche Gestaltungen – Gesellschafterfremdfinanzierung statt Eigenkapital – wird versucht, diesen Nachteil zu verhindern, sodass (ohne Berücksichtigung der GewSt) statt 75 % des Gewinns 100 % ausgeschüttet werden können. Das gelingt nur, wenn die einschränkenden Bestimmungen des § 8a KStG beachtet werden (verdeckte Gewinnausschüttungen).

Schließlich sieht § 8b Abs. 5 KStG vor, dass bei der Existenz ausländischer im Inland steuerfreier Gewinnausschüttungen eine nichtabzugsfähige Betriebsausgabe in Höhe von 5 % dieser Ausschüttungen fingiert wird. Damit soll verhindert werden, dass bei fremdfinanzierten Anteilen an ausländischen Kapitalgesellschaften mit im Inland steuerfreien Gewinnausschüttungen durch Sachverhaltsgestaltung der Fremdfinanzierungsaufwand trotz § 3c EStG in vollem Umfang abzugsfähig ist. Die tatsächlichen Betriebsausgaben unterliegen damit nicht mehr den Beschränkungen des § 3c EStG.

Die wichtigsten nationalen Regelungen zur Verhinderung ungerechtfertigter Vorteile finden sich im Außensteuergesetz (AStG[221]). Danach sollen vor allem steuermindernde Konsequenzen bei folgenden Vorgängen eingeschränkt werden:

- Berichtigung von internationalen Gewinnverschiebungen zwischen nahestehenden natürlichen und juristischen Personen (international verbundene Unternehmen)
- Besteuerung inländischer Einkünfte auch nach Wegzug des Steuerpflichtigen in ein Niedrigsteuerland durch Erweiterung der beschränkten Steuerpflicht (das gilt auch für die ErbSt sowie bei Zwischenschaltung ausländischer Gesellschaften)
- Berichtigung von Gewinnverschiebungen zwischen inländischen Gesellschaftern und ihren ausländischen Zwischengesellschaften für von diesen typischerweise aufgefangene Einkünfte aus Zinsen, Dividenden oder Lizenzgebühren
- Besteuerung der Einkünfte ausländischer Familienstiftungen bei den inländischen Bezugsberechtigten
- Verbesserung des Informationsstands der inländischen Finanzbehörden durch erweiterte Informationspflichten.

Zwischen **nahestehenden Personen** lassen sich relativ einfach Verträge gestalten, die etwa über die Höhe der vereinbarten Leistungsentgelte Gewinnverschiebungen in das jeweilige Ausland (das muss kein Niedrigsteuerland sein) ermöglichen. Entsprechen solche Vereinbarungen nicht den Bedingungen, wie sie unter unabhängigen Dritten üblich

[221] Umfängliche Grundsätze zur Anwendung des AStG finden sich in einem gemeinsamen Erlass v. 2.12.1994 BStBl 1995 I 3.

sind (§ 1 Abs. 1 AStG), dann werden die Einkünfte berichtigt. Hierzu wird regelmäßig ein Fremdvergleich durchgeführt (**dealing at arm's length**). Weil es sich um nationales Recht handelt, kann diese Berichtigung nur bis zur Grenze wirken. Nur der inländische Gewinnteil wird korrigiert – also regelmäßig erhöht. Das würde bedeuten, dass insgesamt mehr als der gesamte Gewinn besteuert wird. Eine Wirkung über die Grenze hinaus ist deshalb in den neueren DBA vorgesehen. Danach ist eine sog. Anpassungsberichtigung vereinbart. Erhöht ein Land den inländischen Gewinnanteil, dann soll das andere Land analog eine Gewinnminderung vornehmen. Da beide Länder aber gesondert nach dem dealing-at-arm's-length-Prinzip vorgehen, wird eine Neutralisation der Gewinnerhöhung eher die Ausnahme sein. Innerhalb der EU ist allerdings vereinbart – wenn auch über ein aufwendiges Verfahren –, binational zu einem solchen Ausgleich zu kommen[222].

In § 1 AStG erfolgt weiterhin die notwendige Definition einer nahestehenden Person. Ein solches nahestehendes Verhältnis liegt etwa vor, wenn die Person an dem Steuerpflichtigen zu mindestens 25 % beteiligt ist. Hält eine inländische AG also etwa 25 % einer ausländischen GmbH, dann stellt sie in diesem Sinne eine nahestehende Person dar – nicht aber bei einer Beteiligung von z.B. 24,5 %. Nahestehend sind aber auch natürliche Personen, wenn z.B. einer der Vertragspartner auf die Vertragsbedingungen einen Einfluss ausüben kann, der nicht in der Geschäftsbeziehung begründet ist. Das kann etwa der Fall bei Angehörigen sein.

Die Wirkung des dealing at arm's length sei an einem Beispiel dargestellt. Ein deutscher unbeschränkt steuerpflichtiger Schriftsteller erzielt im Inland Einkünfte aus selbstständiger Arbeit in Höhe von € 900.000 und eine inländische Leibrente, deren Ertragsanteil € 200.000 beträgt. Das zu versteuernde Einkommen soll also € 1,1 Mio betragen. Der inländische ESt-Satz sei mit 50 % angenommen, sodass sich die ESt-Belastung auf € 550.000 beläuft.

Aufgrund dieser Steuerbelastung plant er Gewinnverlagerungen in ein anderes Land, in dem nur ein ESt-Satz von 40 % (das also – s.u. – kein Niedrigsteuerland ist) gilt, indem er Fremdleistungen eines ausländischen Freundes in Anspruch nimmt. Hierfür entrichtet er z.B. € 100.000 Zinsen (20 % p.a.), € 200.000 für Literaturrecherchen und € 400.000 für Papierlieferungen. Das im Inland ESt-pflichtige Einkommen reduziert sich dadurch auf € 400.000 – die inländische ESt beträgt € 200.000. Im Ausland wird auf das dortige Einkommen des Freundes von € 700.000 eine ESt von € 280.000 erhoben. Die gesamte ESt reduziert sich um € 70.000 von € 550.000 auf € 480.000.

Handelt es sich bei dem ausländischen Freund um eine nahestehende Person (hier kommt nur § 1 Abs. 2 Nr. 3 AStG in Betracht), dann wird das im Inland steuerpflichtige Einkommen nach § 1 Abs. 1 AStG durch Fremdvergleich ermittelt. Werden die Zinsen z.B. auf angemessene € 50.000, die Dienstleistungen auf € 150.000 und die Anschaffungskosten des Papiers auf € 250.000 reduziert, dann wird das inländische Einkommen um € 250.000 auf € 650.000 erhöht. Die inländische ESt beträgt € 325.000,

[222] BStBl 1993 I 818.

die gesamte ESt steigt um € 125.000 auf € 605.000. Der zugeschätzte Einkommensteil von € 250.000 unterliegt einer doppelten Besteuerung. Trotz des niedrigeren ausländischen ESt-Satzes ist deshalb die Gesamtbelastung höher als ohne Gewinnverlagerung. Wird die ausländische ESt auf diesen Teil (40 % von € 250.000) angerechnet, dann mindert sich die Gesamtbelastung auf € 505.000 – dann ergibt sich hier also ein – wenn auch niedrigerer – Steuervorteil durch die Einkünfteverlagerung in das Ausland.

Die sog. **erweiterte beschränkte Steuerpflicht** ist in § 2 AStG definiert. Danach sind natürliche Personen, die in den letzten zehn Jahren vor dem Ende der unbeschränkten Steuerpflicht als Deutscher insgesamt mindestens fünf Jahre unbeschränkt ESt-pflichtig waren und in einem Niedrigsteuerland ansässig sind *(oder* die nirgendwo ansässig sind) und wesentliche wirtschaftliche Interessen in Deutschland haben, zehn Jahre lang mit sämtlichen inländischen Einkünften steuerpflichtig – nicht nur mit den in § 49 EStG genannten Einkünften. Steuerpflichtig sind auch ausländische Einkünfte, die nicht unter § 34c Abs. 1 EStG fallen, die also nicht einer der ESt entsprechenden ausländischen Steuer unterliegen (sog. erweiterte Inlandseinkünfte). Um nach dem Wirtschaftlichkeitsprinzip (das auch für Steuerbehörden gelten sollte) die Verfolgung von Bagatellfällen zu verhindern, müssen diese Einkünfte allerdings mehr als € 16.500 p.a. betragen. Die erweiterte beschränkte Steuerpflicht erstreckt sich nach § 4 AStG auch auf die ErbSt.

In § 2 Abs. 3 AStG ist das sog. wesentliche wirtschaftliche Interesse definiert. Dieses liegt etwa vor, wenn die in das Ausland verzogene Person Unternehmer oder Mitunternehmer an einem inländischen Betrieb ist oder ihr eine mindestens 1%ige Beteiligung an einer inländischen Kapitalgesellschaft gehört oder die inländischen Einkünfte relativ (mehr als 30 % der Gesamteinkünfte) oder absolut (mehr als € 62.000 p.a.) hoch sind u.a.

In § 2 Abs. 2 AStG ist der Begriff des **Niedrigsteuerlandes** definiert. Ein Niedrigsteuerland liegt danach vor, wenn die ausländische Steuer um mehr als ein Drittel niedriger ist als die ESt nach dem Grundtarif bei einem zu versteuernden Einkommen von € 77.000. Da der durchschnittliche ESt-Satz bei diesem zu versteuernden Einkommen 35,68 % beträgt (Tarif 2001/2), liegt ein Niedrigsteuerland dann vor, wenn dort der durchschnittliche Steuersatz unter etwa 24 % liegt. Von dieser Regelung gibt es Ausnahmen.

Da dem im obigen Beispielsfall genannten Steuerpflichtigen der Steuervorteil durch Gewinnverlagerung zu niedrig erscheint bzw. da möglicherweise eine Steuererhöhung über die inländische ESt hinaus droht, plant er, in ein Ausland mit einem ESt-Satz von 20 % (ein Niedrigsteuerland) auszuwandern. Im Ausland ist er dann unbeschränkt, im Inland beschränkt steuerpflichtig. Allerdings bezieht er grundsätzlich keine inländischen Einkünfte mehr. Die Leibrente fällt nicht unter § 49 EStG, seine schriftstellerische Tätigkeit übt er jetzt im Ausland aus. Das gesamte Einkommen von € 1,1 Mio unterliegt im Ausland der ESt. Die gesamte ESt-Belastung reduziert sich auf € 220.000.

Diese Sachverhaltsgestaltung erfüllt den Tatbestand der erweiterten beschränkten Steuerpflicht des § 2 AStG. Deshalb ist zu prüfen, ob sich die inländische ESt-Pflicht nach § 2 Abs. 2 EStG auch auf inländische Einkünfte erstreckt, die nach § 49 EStG nicht steuerpflichtig sind. Die inländische ESt wird unter Berücksichtigung des Progressionsvorbehalts nach § 2 Abs. 5 AStG (der hier allerdings wegen der Annahme eines proportionalen ESt-Tarifs ohne Bedeutung ist) berechnet. Die gesamte ESt-Belastung erhöht sich um die inländische ESt (50 % auf den Ertragsanteil der Leibrente von € 200.000) von € 100.000 auf insgesamt € 320.000, wenn die ausländische Steuer nicht angerechnet wird.

Es wäre relativ einfach, die Bedingungen der erweiterten beschränkten Steuerpflicht durch die Gründung einer ausländischen Gesellschaft zu umgehen. Diese bezieht dann die bisher inländischen Einkünfte. Die in das Ausland verzogenen Personen beherrschen die ausländische Gesellschaft. Ihnen fließt damit letztlich das inländische Einkommen zu. Um das zu verhindern, sieht § 5 AStG vor, dass solche zwischengeschalteten Gesellschaften (wenn ansonsten die Bedingungen des § 7 AStG erfüllt sind) die erweiterte beschränkte ESt-Pflicht der Gesellschafter nicht aufheben.

Für natürliche Personen, die mit mindestens 1 % des gezeichneten Kapitals an einer Kapitalgesellschaft beteiligt sind (§ 17 EStG), sieht § 6 AStG die Besteuerung eines Veräußerungsgewinns ohne Veräußerung vor. Zieht die Person in ein Ausland und ist sie erweitert beschränkt steuerpflichtig, dann wird eine Veräußerung fingiert **(Entstrickung)**. Der Veräußerungsgewinn berechnet sich regelmäßig aus der Differenz zwischen gemeinem Wert und Anschaffungskosten. Veräußerungsgewinne unterliegen dem modifizierten ESt-Satz nach § 34 EStG. Um Liquiditätsengpässe zu vermeiden, kann die ESt in maximal fünf gleichen Jahresraten entrichtet werden. Bei Anteilen an einer Personengesellschaft ist die Entstrickung überflüssig, weil für diese Einkünfte das Belegenheitsprinzip gilt – sie sind weiterhin im Inland (und möglicherweise im Niedrigsteuerland) steuerpflichtig.

Wegen der unbeschränkten Steuerpflicht unterliegen auch die ausländischen Einkünfte inländischer Personen der inländischen Steuerpflicht. Um die originär oder konstruiert (aus dem Inland verlagerten) ausländischen Einkünfte gegenüber der inländischen Besteuerung abzuschirmen, könnte die Steuerpflicht dadurch umgangen werden, dass ausländische Kapitalgesellschaften zwischengeschaltet werden. Die dann diesen Gesellschaften zufließenden Einkünfte sind im Inland erst steuerpflichtig, wenn sie an den inländischen Gesellschafter ausgeschüttet werden. Solche **Zwischen- oder Basisgesellschaften** wirken dann besonders steuermindernd, wenn sie in Niedrigsteuerländern gegründet werden.

Zur Verhinderung dieses **Abschirmeffekts** sehen §§ 7ff. AStG unter den dort genannten vielfältigen Bedingungen eine Zugriffsbesteuerung im Inland vor. Die inländische Steuerpflicht setzt im Wesentlichen voraus, dass

- unbeschränkt Steuerpflichtige mit mehr als 50 % an der Gesellschaft beteiligt sind
- die Zwischengesellschaft nicht Einkünfte aus den in § 8 Abs. 1 AStG detailliert aufgezählten Tätigkeiten bezieht (sog. aktive Tätigkeiten, wie etwa Land- und

Forstwirtschaft oder industrielle Fertigung oder bestimmte Dienstleistungen). Finanzierungsdienstleistungen sind nur in sehr eng definiertem Umfang unschädlich, weil hier die Gefahr einer nur *passiven Existenz* besonders groß ist (Auffang- und Durchgangsgesellschaft für exportierte Gewinne). Bestimmte Holdinggesellschaften sind nach § 8 Abs. 2 AStG nicht als Zwischengesellschaften anzusehen.

- ein Niedrigsteuerland vorliegt. Dieses ist in § 8 Abs. 3 AStG mit einem durchschnittlichen Steuersatz von weniger als 25 % definiert.
- eine Bagatellgrenze überschritten wird. Diese ist nach § 9 AStG als Freigrenze definiert. Die passiven Einkünfte müssen mehr als 10 % der gesamten Einkünfte der Zwischengesellschaft *und* mehr als € 62.000 pro Gesellschaft bzw. pro Gesellschafter betragen.

Sind die Bedingungen erfüllt, dann werden die passiven Einkünfte den inländischen Einkünften hinzugerechnet (§ 7 AStG i.V.m. § 10 AStG). Die ausländischen Steuern sind zu subtrahieren. Das Halbeinkünfteverfahren bzw. Freistellung bei Körperschaften sind *nicht* anzuwenden. Alternativ kann der Steuerpflichtige nach § 12 AStG eine Anrechnung der ausländischen Steuern auf die auf den Hinzurechnungsbetrag zu erhebenden Steuern beantragen. Auch hier handelt es sich um die Besteuerung von fiktiven Einkünften. Da es sein kann, dass diese Fiktion durch Ausschüttungen realisiert wird, sieht § 12 AStG eine Milderungsregelung vor. Anderenfalls würden diese Gewinnteile doppelt der inländischen Besteuerung unterliegen. Natürliche Personen können die auf den Hinzurechnungsbetrag entrichtete Steuer im Abzugsverfahren berücksichtigten. Kapitalgesellschaften vereinnahmen die Ausschüttungen gem. § 8b Abs. 1 KStG steuerfrei und können maximal die Dividende abzüglich Steuer auf den Hinzurechnungsbetrag ausschütten. §§ 13f. AStG sehen Sonderregelungen vor, um auch bei Zwischengesellschaften die Ausnutzung des Schachtelprivilegs zu ermöglichen bzw. um zu verhindern, dass eine Nachschaltung von Gesellschaften die Besteuerung über die Zwischengesellschaft verhindert.

In dem Beispiel sei angenommen, dass der Steuerpflichtige eine Auswanderung in ein Niedrigsteuerland scheut. Vielmehr plant er, dort eine Ein-Mann-Kapitalgesellschaft (er ist der einzige Gesellschafter) zu gründen (ausländischer KSt-Satz 20 %). Diese Gesellschaft erbringt die genannten Leistungen (Fremdfinanzierung, Literaturrecherchen, Papierlieferungen). Würden die Vorschriften der §§ 7ff. AStG nicht existieren, dann würde sich die gesamte Steuerbelastung um € 210.000 auf € 340.000 (€ 140.000 im Ausland und € 200.000 im Inland) reduzieren.

Liegt allerdings eine Basisgesellschaft vor – das ist nach §§ 7ff. AStG der Fall –, dann werden nach § 10 AStG die ausländischen Nettoeinkünfte € 560.000 (€ 700.000 nach Abzug der ausländischen KSt von € 140.000) den inländischen Einkünften von € 400.000 hinzugerechnet. Die inländische ESt erhöht sich auf 50 % von € 400.000 zuzüglich 50 % auf 560.000, also auf € 480.000. Die Gesamtbelastung beträgt € 620.000. Stellt der Steuerpflichtige den Antrag nach § 12 Abs. 1 AStG auf Anrechnung der ausländischen KSt so ergibt sich eine inländische Steuerlast von € 410.000 und eine Gesamtbelastung von € 550.000.

Vermögen und Einkommen einer ausländischen Familienstiftung werden nach § 15 AStG dem inländischen Stifter bzw. den inländischen Bezugsberechtigten zugerechnet. Das gilt nicht für die ErbSt. Als Familienstiftung ist eine Stiftung definiert, bei der der Stifter oder dessen Angehörige u.ä. zu insgesamt mehr als 50 % bezugsberechtigt sind. Steuerpflicht besteht auch, wenn der Stifter in ein Niedrigsteuerland verzieht.

Die **Erweiterung der Informationspflichten** schließlich ergibt sich aus §§ 16f. AStG. Ein Steuerpflichtiger, der den Abzug ausländischer Schulden oder ausländischer Betriebsausgaben/Werbungskosten beantragt, muss seine Beziehungen zu dem Gläubiger bzw. Empfänger offen legen. Auf Verlangen des Finanzamts hat er eine eidesstattliche Versicherung abzugeben. Weiterhin hat er insbesondere die Geschäftsbeziehungen zu nahestehenden Personen zu offenbaren, sachdienliche Unterlagen wie etwa Jahresabschlüsse vorzulegen und diese auf Verlangen behördlich prüfen zu lassen. Müssen die ausländischen Einkünfte nach § 162 AO geschätzt werden, dann ist von einer Mindestverzinsung von 20 % des gemeinen Werts auszugehen.

8 Sachverhaltsgestaltungen (Steuerpolitik i.w.S.)

Der Begriff der betrieblichen Steuerpolitik[223] umfasst einmal den generellen Bereich der steuerlichen Wirkungen auf betriebliche Entscheidungen. Hierbei handelt es sich etwa um die Frage, inwieweit Steuern einen Einfluss auf die Rechtsform, den Standort oder auf Investitions- und Finanzierungsentscheidungen (Sachverhaltsgestaltungen) haben. In diesem Bereich stehen Steuern und Subventionen nicht im Vordergrund. Das Ziel ist *nicht* ausschließlich steuerlich definiert. Es enthält Steuern und Subventionen als *eine* von mehreren Erwartungs- oder Entscheidungsvariablen.

Allerdings existiert eine Reihe von Sachverhaltsgestaltungen, bei denen wegen des relativ geringfügigen Einflusses auf betriebliche Entscheidungen ein eigenes weitgehend isoliertes Ziel definiert werden kann. Des Weiteren existieren Entscheidungsvariable, sodass auch im Bereich der Sachverhaltsgestaltungen Steuerpolitik i.e.S. (Optionsausübung) vorliegen kann. Ist etwa eine leasingfinanzierte Investition realisiert worden, dann kann durch Gestaltung des Leasingvertrags eine Aktivierung erreicht werden. Ist über die Mitarbeit eines Angehörigen im Betrieb entschieden worden, dann kann durch Vertragsgestaltung eine GewSt-Minderung erreicht werden. Ist schließlich entschieden worden, einen Betrieb zu erwerben, dann kann über die Festlegung des Bilanzstichtags ein Steueraufschub oder eine Steuerersparnis erreicht werden. Bereits die Beispiele zeigen, dass diese Sachverhalte schon unter Berücksichtigung der subventionellen und steuerlichen Wirkungen hätten beurteilt werden müssen. Aktivierung und AfA haben einen Einfluss auf die Vorteilhaftigkeit einer Investition. Die Personalkosten für den Angehörigen hätten unter Berücksichtigung der Steuerkosten ermittelt werden müssen. Ebenso hat der Bilanzstichtag einen – wenn auch möglicherweise nur geringfügigen – Einfluss auf den Unternehmenswert. Da eine Abgrenzung schwierig ist, sind sämtliche Sachverhaltsgestaltungen, auch die, bei denen eine starke Affinität zur Steuerpolitik i.e.S. besteht, an dieser Stelle behandelt.

Auch der Bereich der Optionspolitik ist nicht deutlich als Steuerpolitik i.e.S. zu identifizieren. Steuerrechtliche Wahlrechte beeinflussen ebenfalls die Vorteilhaftigkeit etwa von Investitionen oder Finanzierungsformen. Dennoch wird bei diesen Entscheidungen angenommen, dass das Ziel – wie schon bei einigen Sachverhaltsgestaltungen – weitgehend isoliert von anderen betrieblichen Bereichen definiert werden kann. Die Instrumente unterscheiden sich dagegen deutlich vom Bereich der Sachverhaltsgestaltung. Es sind steuerliche Optionen – Wahlrechte, die ein Steuergesetz dem Steuerpflichtigen bei identischem Sachverhalt gibt. In praxi ist der Sachverhalt oft realisiert, ehe die Optionspolitik initiiert wird. Steuerrechtliche Wahlrechte sollen

---

[223] "Unter betrieblicher Steuerpolitik wird die planmäßige Ausnutzung steuerlicher Gestaltungsmöglichkeiten verstanden. Diese lassen sich in zwei Gruppen gliedern, und zwar in (1) rein steuerliche Wahlrechte und (2) steuerlich orientierte Sachverhaltsgestaltungen." Schneeloch, D., Betriebliche Steuerpolitik, in WiSt 1987, S. 326ff.

zieladäquat eingesetzt werden. Für die jeweilige Option ist ein Ziel weitgehend unabhängig von anderen betrieblichen Zielen[224] zu formulieren und zu definieren.

Eine sehr häufig realisierte steuerliche Optionspolitik ist die Steuerbilanzpolitik. Durch den Einsatz von Bilanzierungs- und Bewertungswahlrechten wird versucht, ein bestimmtes Ziel zu erreichen (z.B. Minimierung des Barwerts der ErSt-Zahlungen). Daneben existiert aber in den meisten Steuergesetzen eine Reihe weiterer Optionen wie etwa die Option auf Regelbesteuerung nach § 9 UStG oder die Übernahme der ErbSt nach § 10 Abs. 2 ErbStG u.v.m.

8.1 Der Kapitalwert als Entscheidungskriterium

Entscheidungen im betrieblichen Bereich können längerfristige Steuerwirkungen nach sich ziehen. Ein Beispiel hierfür ist der Ansatz von Sonderabschreibungen oder erhöhten Absetzungen in der Steuerbilanz. Dadurch werden die Absetzungsbeträge anderer Jahre verringert. Die Bemessungsgrundlagen und damit die ErSt ändern sich. Anfänglichen Steuerminderungen folgen aufgrund der Zweischneidigkeit der Bilanz regelmäßig spätere Steuererhöhungen.

Um die finanziellen Wirkungen in mehreren Jahren unter Berücksichtigung der Zinswirkungen[225] zu erfassen, ist die Berechnung z.B. des **Endvermögens** oder des **Kapitalwerts** vorteilhaft[226]. Das Endvermögen ist das Vermögen, das bei Realisation der jeweiligen Alternative am Ende des Planungszeitraums vorhanden ist. Zur Berechnung des Kapitalwerts werden sämtliche Zahlungen im Planungszeitraum auf den Beginn des Planungszeitraums abgezinst (diskontiert); außerdem wird die Investitionsausgabe subtrahiert.

Zur Beurteilung der Vorteilhaftigkeit einer Entscheidung muss das Endvermögen bzw. der Kapitalwert der untersuchten Alternative berechnet werden und mit dem Endvermögen bzw. dem Kapitalwert anderer Alternativen verglichen werden. Die Alternative mit dem höchsten Endvermögen bzw. Kapitalwert ist vorteilhaft.

Als Vergleichsalternative wird regelmäßig – bei einer Einzelentscheidung – eine Anlage in Geldvermögen (Finanzinvestition) gewählt. Es wird angenommen, dass der zur Verfügung stehende Geldbetrag zum sog. **Kalkulationszinsfuß** angelegt wird. Das Endvermögen bzw. der Kapitalwert wird mit dem Endvermögen bzw. dem Kapitalwert der betrieblichen Alternative (z.B. Investition oder Finanzierung) verglichen.

---

[224] Die steuerliche Optionspolitik beeinflusst die Höhe und die Zeitpunkte von Steuer- und Subventionszahlungen. Sie wird deshalb als Teilpolitik der betrieblichen Finanzierungspolitik aufgefasst.

[225] Sog. dynamische Verfahren, vgl. hierzu etwa Kruschwitz, L., Investitionsrechnung, 8.Aufl. München Wien 2000, S. 41ff.

[226] Neben dem Begriff des Endvermögens existiert der des Endvermögens*werts*. Darunter versteht man den aufgezinsten Kapitalwert; vgl. zur Berechnung der genannten Werte ausführlich Kruschwitz, L., Finanzmathematik, 3.Aufl. München 2001.

Das Endvermögen der Finanzinvestition berechnet sich zu:

$$EV = A_k \cdot (1 + d)^n$$

mit		
	EV	Endvermögen
	A_k	Anlagevolumen
	d	Kalkulationszinsfuß
	n	Laufzeit, Länge des Planungszeitraums

Ein Anlagevolumen von z.B. € 1 Mio erwirtschaftet nach $n = 12$ Jahren bei einem Kalkulationszinsfuß von $d = 0{,}09$ (9 % p.a.) ein Endvermögen von EV = € 2,81 Mio. Mit diesem Wert wird das Endvermögen einer geplanten betrieblichen Sachinvestition gleichen Volumens verglichen. Ist es höher, dann wird sie realisiert. Ist es niedriger, dann wird der Betrag zum Kalkulationszinsfuß angelegt. Der Kalkulationszinsfuß ist also der maximale Zins, den Geld im Planungszeitraum voraussichtlich an anderer Stelle erwirtschaften kann. Die Finanzinvestition kann auch in der Tilgung von Krediten bestehen.

Der Kapitalwert der Finanzinvestition wird durch Diskontierung sämtlicher Zahlungsströme und Subtraktion der Investitionsausgabe ermittelt. Er ist null. Damit erübrigt sich im Entscheidungsfall die Berechnung des alternativen Kapitalwerts. Da dieser immer null ist, ist eine betriebliche Sachinvestition dann vorteilhaft, wenn ihr Kapitalwert größer als null ist. Wählt man das Endvermögen als Vergleichsgröße, dann muss auch das Endvermögen der Finanzinvestition berechnet werden. Dies ist nicht erforderlich, wenn man den Endvermögens*wert* wählt, weil der Endvermögenswert als aufgezinster Kapitalwert der alternativen Finanzinvestition ebenfalls null ist.

Der Barwert der Sachinvestition ist die Summe der laufenden diskontierten Einnahmeüberschüsse. Subtrahiert man die Investitionsausgabe, erhält man den Kapitalwert. Sind die laufenden Einnahmeüberschüsse konstant, dann werden sie mit dem Rentenbarwertfaktor multipliziert. Die Formel vereinfacht sich bei diesem 'Standardmodell' ohne Steuern zu:

$$K = -A_k + EÜ \cdot \frac{(1 + d)^n - 1}{d \cdot (1 + d)^n}$$

mit		
	K	Kapitalwert
	A_k	Investitionsausgabe (Anlagevolumen)
	EÜ	konstanter jährlicher Einnahmeüberschuss
	d	Kalkulationszinsfuß
	n	Länge des Planungszeitraums

Steuern können sich auf den Kapitalwert nur auswirken[227], wenn in der Formel enthaltene Größen zumindest z.T. identisch mit steuerrechtlichen Bemessungsgrundlagen sind. Das ist z.B. bei den ErSt der Fall. Es wird angenommen, dass die Größe A_k und die steuerrechtlichen AHK gleich sind. Als AfA verteilt auf die Wirtschaftsjahre mindert A_k den Gewinn aus Gewerbebetrieb. Außerdem decken sich die laufenden Einnahmeüberschüsse zumindest teilweise mit dem Überschuss der Betriebseinnahmen über die Betriebsausgaben vor AfA (im Standardmodell wird Identität unterstellt). Schließlich können auch die Zinsen, die durch den Kalkulationszinsfuß d repräsentiert werden, den ErSt unterliegen.

Die zusätzlichen ErSt A_{ErSt} berechnen sich aus den Änderungen der Bemessungsgrundlage, multipliziert mit dem ErSt-Satz. Der Gewinn aus Gewerbebetrieb und der Gewerbeertrag erhöhen sich um den Einnnahmeüberschuss und mindern sich um die AfA. Als ErSt-Satz kann der entsprechende **Teilsteuersatz** angewendet werden, z.B. bei einer Kapitalgesellschaft mit firmeneigener Zielsetzung s_{kg} (**Differenzsteuersatz** aus KSt und GewSt). Die ErSt-Ausgabe des j-ten Jahres berechnet sich danach bei linearer AfA zu:

$$A_{ErStj} = \left(EÜ_j - \frac{A_k}{n} \right) \cdot s_{kg}$$

mit	
$EÜ_j$	Einnahmeüberschuss des j-ten Jahres
A_{ErStj}	ErSt-Ausgabe des j-ten Jahres
A_k/n	linearer AfA-Betrag

Der Bruttokalkulationszinsfuß d mindert sich um die ErSt mit dem jeweiligen ErSt-Satz s_{er}, also um $d \cdot s_{er}$. Das kann bei einer Anlage im Betriebsvermögen der Teilsteuersatz aus KSt und GewSt s_{kg} oder bei einer Anlage im Privatvermögen der ESt-Satz s_e sein. Der Kalkulationszinsfuß nach ErSt beträgt demnach z.B. bei einer Anlage im Betriebsvermögen einer Kapitalgesellschaft $d_s = d \cdot (1 - s_{kg})$. Ein Bruttozins von z.B. 12 % p.a. mindert sich bei einem Teilsteuersatz von 40 % auf 7,2 % p.a. ($d_s = 0{,}072$).

Bezieht man die ErSt in das Standardmodell vor Steuern ein, so ergibt sich als Standardmodell nach Steuern K_s (konstante Einnahmeüberschüsse, endlicher Planungszeitraum):

$$K_s = -A_k + \left(EÜ - \left(EÜ - \frac{A_k}{n} \right) \cdot s_{er} \right) \cdot b_s$$

[227] Vgl. dazu grundsätzlich Hundsdoerfer, J., Die Ertragsteuern in der Investitionsrechnung, in WISU 1999, S. 189ff., 313ff.

8.2 Steuern und Rechtsformwahl

Ein wichtiges Beispiel für den Einfluss rechtlicher Nebenbedingungen auf ökonomische Aktivitäten ist die Rechtsformwahl. Das Wirtschaftsrecht stellt eine Anzahl von Rechtsformalternativen zur Verfügung, die z.T. unterschiedliche wirtschaftliche Konsequenzen nach sich ziehen. Der Unternehmer hat bei der Gründung eines Betriebs wie auch zu späteren Zeitpunkten eine – teilweise allerdings eingeschränkte – Rechtsformoption.

8.2.1 Die Methodik der Rechtsformwahl

Wegen der Vielzahl der Rechtsformen und der in ihrem Rahmen bestehenden Dispositionsmöglichkeiten, wegen der vagen, teilweise nicht quantifizierbaren Entscheidungskriterien und nicht zuletzt wegen der Unsicherheit der Prognose stellt die Rechtsformwahl ein schlecht strukturiertes Problem dar. Eine Lösung dieses Entscheidungsproblems[228] ist mit exakten Verfahren nicht möglich – das schließt nicht aus, dass solche Verfahren in Teilentscheidungsbereichen (wie der Besteuerung) einsetzbar sind. Generell wird man sich an eine befriedigende Lösung herantasten müssen. Voraussetzung ist, dass der Unternehmer die möglichen Rechtsformen kennt und deren Konsequenzen abschätzen kann. Letzteres ist einigermaßen einfach zu realisieren, wenn die alternativen Rechtsformen nach isolierten Kriterien (Rechtsformfaktoren) beurteilt werden. Das wesentliche Problem besteht beim Alternativenvergleich in der Kriteriengewichtung, weil viele Kriterien nicht quantifizierbar sind.

Das Herantasten an eine befriedigende Lösung des Problems der Rechtsformwahl kann etwa mit Hilfe einer Entscheidungsmatrix versucht werden, die auf einem subjektiven Punktesystem basiert (Scoringmodell). Dabei kann in den folgenden Schritten vorgegangen werden (vgl. Abb. 29):

- Zusammenstellung der rechtlichen Wirkungen: In einem ersten Schritt müssen die rechtlichen Wirkungen überhaupt vollständig erfasst werden. Für den Rechtsformfaktor Steuern bedeutet dies, dass etwa das Drei-Phasen-Schema auf jede Rechtsform und auf jede Steuerart (Steuerartengruppe) angewendet wird.
- Fixierung der Zielvorstellungen: Die in Abb. 29 angesetzten Extremierungsvorstellungen sind keinesfalls allgemeingültig. Sie können im einzelnen Entscheidungsfall unterschiedlich, sogar konträr sein. So ist es vorstellbar, dass für die Finanzierung eher der Wunsch besteht, möglichst weitgehend Eigenkapital einzusetzen, weil ansonsten ein zu großer Einfluss der Fremdkapitalgeber (z.B. der Banken) auf die Entscheidungsfreiheit entstehen kann. Es liegt auf der Hand, dass die wirtschaftsrechtlichen Wirkungen ebenfalls nicht isoliert existieren, sondern dass Wirkungsbeziehungen bestehen (z.B. zwischen Haftungsbeschränkung und steuerlicher Belastung).

---

228 Vgl. Beranek, A., Steuerlicher Rechtsformvergleich zwischen Personen- und Kapitalgesellschaft – Ein klassisches Problem der Betriebswirtschaftlichen Steuerlehre, in SteuerStud 1999, S. 494ff.

- Aufstellung einer Rangfolge der isolierten Rechtsformfaktoren: In Abb. 29 sind die Ziele mit den Rangzahlen 9 (sehr wichtig) bis 1 (unwichtig) angesetzt. Die Zielrangfolge ist ebenfalls von der jeweiligen Situation und den subjektiven Vorstellungen des Unternehmers abhängig. So ist es möglich, dass die Haftungswirkung nur einen sehr niedrigen Rang erhält, weil überhaupt kein haftendes Privatvermögen vorhanden ist oder weil die Erwartungen über die zukünftige Erfolgsentwicklung überaus optimistisch sind. Auch die Stellung des Rechtsformfaktors Steuerbelastung ist nicht generell zu fixieren. Subjektiv mag sie eher hoch sein – nachprüfbar ist dies selten.
- Zusammenstellung der alternativen Rechtsformen: Einige Rechtsformen scheiden möglicherweise nicht aus wirtschaftlichen Erwägungen, sondern wegen rechtlicher Nebenbedingungen aus (etwa Mindestkapital oder Branche).
- Feststellung des rechtsformabhängigen Zielerreichungsgrads: Die Zielvorstellungen sind bei den im Vergleich verbliebenen Rechtsformen meist in unterschiedlichem Umfang zu realisieren. In Abb. 29 sind die Realisationsgrade in drei Gruppen aufgeteilt (sehr gut, gut, schlecht). Trägt man die alternativen Rechtsformen in die Matrixspalten ein, so ergeben sich durch die Multiplikation der bewerteten Realisationsgrade (z.B. sehr gut = 3, gut = 2 und schlecht = 1) mit den Zielrangzahlen die Zielerreichungsgrade der einzelnen Rechtsformfaktoren in Abhängigkeit von der Rechtsform (in den Feldern der Matrix). Bezüglich der Wirkung der Besteuerung ist es an dieser Stelle erforderlich, eine Belastungsrechnung für die Gründung, die Lebenszeit, evtl. eine Umwandlung und die Beendigung des Unternehmens durchzuführen. Im Bereich der Steuerwirkungen ist ein nachprüfbarer Zielerreichungsgrad zu realisieren.
- Addition der Wirkungszielerreichungsgrade zum Rechtsformzielerreichungsgrad: Die Summe der Wirkungszielerreichungsgrade ergibt einen Rechtsformzielerreichungsgrad. Dieser erlaubt die Aufstellung einer Vorteilhaftigkeitsrangfolge der alternativen Rechtsformen (in Abb. 29 in absteigender Reihenfolge die KG, die GmbH, das Einzelunternehmen, OHG und die AG). Er zeigt aber erwartungsgemäß auch, dass keine der Rechtsformen die Wirkungsvorstellungen des Unternehmers maximal erfüllt (der maximale Wert beträgt hier 135).

Aufgrund der unvollständigen Zielerreichung einerseits und der vielfältigen (steuer- und sonstigen) rechtlichen Dispositionsmöglichkeiten andererseits (also die Existenz von Entscheidungsvariablen) stellt sich die Frage einer Optimierungsmöglichkeit. Die Bewertung (in den Feldern der Matrix) stellt kein Datum dar, sondern ist durch vertragliche oder faktische Gestaltung teilweise bewusst beeinflussbar. Die in Abb. 29 vorgenommene Bewertung könnte z.B. auf der Basis der gesetzlichen Vorschriften erfolgt sein. Diese sind aber z.T. dispositiv, also durch vertragliche Regelungen zu ersetzen (z.B. Weisungsbefugnis oder Gewinnbeteiligung). Eine Entscheidungsrechung ist etwa vorstellbar auf der Basis der Netzwerktheorie (Entscheidungsbaum, Branch-and-Bound-Verfahren). Es wäre z.B. möglich, die gute Alternative (in Abb. 29 die KG) versuchsweise so zu verbessern, dass mit absteigender Zielrangfolge die Zielerreichungsgrade erhöht werden. Eine Verringerung der Haftung bei der KG könnte etwa erreicht werden, wenn eine Person ohne größeres Vermögen Komplementär wird (etwa eine knapp kapitalisierte GmbH). Damit könnte der Zielerreichungsgrad der Haftung von 18 auf 27 erhöht werden. Allerdings ist zu beachten, dass sich dadurch andere Zielerreichungsgrade verringern können (etwa der der Weisungsbefugnis oder des Rechtsformaufwands). Ergibt sich keine saldierte Erhöhung des Zielerreichungsgrads, so ist die Verbesserung bei der rangniedrigeren Wirkung (hier der Gewinnbeteiligung) zu versuchen. Lässt sich der Zielerreichungsgrad bei der KG nicht weiter verbessern, so wird der Versuch bei der rangnächsten Rechtsform (hier der GmbH) fortgeführt. Da hier die Haftung der Gesellschafter bereits minimiert ist, setzt der erste Versuch bei Rang 8 – der Gewinnbeteiligung – ein. Diese könnte etwa durch die Vereinbarung hoher und variabler Geschäftsführervergütungen positiv beeinflusst werden. Auch hier ist auf rangniedrigere Wirkungen – z.B. bei der Steuerbelastung – zu achten. Diese Versuche werden bis zur ungünstigsten Rechtsform fortgeführt oder an einem beliebigen Punkt abgebrochen, weil die optimale Rechtsform wegen der Subjektivität der Bewertung und der Unsicherheit der langfristig notwendigen Prognose ohnehin nicht gefunden werden kann. Es ist immerhin möglich, nach diesem Verfahren die Vollständigkeit der Untersuchung der rechtlichen Wirkungen weitgehend zu sichern und systematisch eine befriedigende Rechtsform zu finden – in fernerer Zukunft vielleicht sogar mit Hilfe eines EDV-gestützten Expertensystems[229].

Wirkung auf	Zielvorstellung	Zielrang 9 ... 1	Bewertung Realisierbarkeit bei Rechtsform (schlecht = 1 · Zielrang; gut = 2 · Zielrang; sehr gut = 3 · Zielrang)				
			EU	OHG	KG	GmbH	AG
Haftung	Minimierung	9	9	9	18	27	27
Weisungsbefugnis	Maximierung	7	21	14	21	14	7
Eigenkapital	Minimierung	5	10	10	10	10	5
Fremdfinanzierung	Maximierung	4	4	8	4	8	8
Gewinnbeteiligung	Maximierung	8	24	16	24	16	16
Rechnungslegung	Minimierung	3	9	6	6	6	3
Publizität	Minimierung	2	6	6	6	4	2
Rechtsformaufwand	Minimierung	1	3	2	2	2	1
Steuerbelastung	Minimierung	6	12	18	18	12	12
Rechtsformzielerreichnungsgrad (Max = 135):			98	89	109	99	81

Abb. 29: Scoringmodell für die Rechtsformwahl

8.2.2 Rechtsformfaktor Steuern

Die Rechtsformwahl ist nicht nur ein zivilrechtliches, sondern auch ein steuerrechtliches Problem. Steuerliche Unterschiede können sich nach der steuerökonomischen Basisformel $A_{St} = B \cdot s$ (Steuerausgabe = Bemessungsgrundlage·Steuersatz) nur ergeben, wenn die Bemessungsgrundlage und/oder der Steuersatz rechtsformabhängig sind. Fehlende Steuerpflicht einzelner Rechtsformen wird unter den ersten Fall subsumiert.

229 "Da insbesondere für die Beurteilung der qualitativen Einflussgrößen keine eindeutig formulierten Beurteilungskriterien vorliegen,...bietet sich die Umsetzung...in Form eines Expertensystems an...Derzeit stellen die meisten Expertensysteme eher noch Prototypen dar..." Jacobs, O.H., Unternehmensbesteuerung und Rechtsform, München 1988, S. 518. Diese Feststellung hat Bestand.

Stellt man Einzelunternehmen/Personengesellschaften und Kapitalgesellschaften gegenüber, so werden im Wesentlichen folgende steuerliche Unterschiede deutlich:

Einzelunternehmen/ Personengesellschaft	**Kapitalgesellschaft/natürliche Gesellschafter**
	Bemessungsgrundlage:
keine Steuerpflicht der Gesellschaft bei Personensteuern (ESt, ErgAbg)	Steuerpflicht bei Personensteuern (KSt, ErgAbg)
Steuerpflicht der Gesellschafter (ESt, ErgAbg)	Steuerpflicht der Gesellschafter (ESt, ErgAbg), Gewinnausschüttungen unterliegen dem Halbeinkünfteverfahren
möglicherweise keine GewSt-Pflicht	GewSt-Pflicht
ESt-Pflicht bei Betriebs- und -anteilsveräußerung (evtl. Freibetrag)	Halbeinkünfteverfahren bei Anteilsveräußerung, möglicherweise keine ESt-Pflicht (sonst evtl. Freibetrag)
steuerfreie Einnahmen bleiben auch bei Ausschüttung steuerfrei	steuerfreie Einnahmen werden bei Ausschüttung steuerpflichtig
Gesellschafterleistungen führen nicht zu Betriebsausgaben, stellen also Einkünfte aus Gewerbebetrieb dar	Gesellschafterleistungen führen zu Betriebsausgaben und anderen Einkunftsarten (Freibeträge)
für die ESt Verlustausgleich sowie Verlustrück- bzw. -vortrag möglich	für die KSt nur Verlustrück- und -vortrag möglich
Freibetrag bei der GewSt	kein Freibetrag bei der GewSt
Kapitalkonto der Steuerbilanz bei der ErbSt	Börsenkurs- oder gemeiner Wert bei der ErbSt
Freibetrag bei der ErbSt	Freibetrag bei der ErbSt nur bei mehr als 25 %iger Beteiligung
	Steuersatz:
$0 \leq s_e \leq 0{,}395/0{,}485$ (ESt-Tarif 2001/2)	$s_k = 0{,}25$ bei Ausschüttung $0{,}25 \leq s_{ke} \leq 0{,}43$ (ESt-Tarif 2001/2)
bei Betriebs- und Anteilsveräußerung modifizierter (1/5-Regelung) oder ermäßigter ($t_e/2$) ESt-Satz	bei Anteilsveräußerung Normaltarif (Halbeinkünfteverfahren, s.o.) oder null
s_g Stufentarif	s_g konstant

Die steuerlichen Belastungsunterscheide tendenziell nach ihrer finanziellen Bedeutung zu ordnen, ist außerordentlich schwierig. Möglicherweise steht die Abzugsfähigkeit von Vergütungen für Gesellschafterleistungen als Betriebsausgabe bei den Kapitalgesellschaften im Vordergrund. Bei Mitunternehmerschaften stellen diese Vergütungen Einkünfte aus Gewerbebetrieb dar. Das bedeutet eine zusätzliche Belastung mit GewSt. Außerdem fallen Werbungskostenpauschalen bzw. Freibeträge weg. Diese für die Kapitalgesellschaft vorteilhafte Wirkung wird bei Gewinnthesaurierung durch den gegenüber dem ESt-Satz (ggf. einschl. KiSt) niedrigeren KSt-Satz verstärkt. Dagegen wirkt bei Ausschüttung die zusätzliche halbe ESt für Einkünfte aus Kapitalvermögen gegenüber dem maximalen ESt-Satz bei Einkünften aus Gewerbebetrieb. Bei vermögensverwaltenden Personengesellschaften entfällt die GewSt-Pflicht – allerdings auch die Anrechnung fiktiver GewSt.

Insbesondere in der unternehmerischen Anfangsphase ist die Möglichkeit des Verlustausgleichs und -rücktrags bei Personengesellschaften von Bedeutung. Dadurch ergibt sich gegenüber dem Verlustvortrag bei Kapitalgesellschaften (der Verlustrücktrag ist in dieser Phase unbedeutend) ein u.U. erheblicher Zinsvorteil. Im Bereich der Kapital- und Immobilienverwaltung kann die Personengesellschaft wegen der widerlegbaren Vermutung von Einkünften aus Gewerbebetrieb gegenüber der Kapitalgesellschaft vorteilhaft sein.

Im Fall der Veräußerung des Betriebs oder von Anteilen des Betriebs ist tendenziell die Kapitalgesellschaft privilegiert. Veräußerungsgewinne sind dort entweder überhaupt nicht ErSt-pflichtig oder unterliegen dem Halbeinkünfteverfahren. Bei der Veräußerung von Mitunternehmeranteilen greift zwar u.U. ein höherer Freibetrag – der modifizierte oder ermäßigte ESt-Satz bzw. der GewSt-Vorteil sind aber bei teilweiser Personenidentität von Veräußerer und Erwerber nach § 16 Abs. 2 EStG eingeschränkt. Werden Veräußerungs*verluste* erwartet, dann ist die Personengesellschaft vorteilhaft. Bei Kapitalgesellschaften wirken sich Verluste aus der Veräußerung von Anteilen entweder überhaupt nicht oder nach § 17 Abs. 2 EStG nur unter weiteren Bedingungen steuerlich aus.

Um die steuerlichen Vorteile zu erhöhen bzw. die steuerlichen Nachteile zu mindern, werden einheitliche Betriebe z.T. als Kombinationen gesellschaftsrechtlicher Grundformen geführt. Das ist einmal die sog. **kapitalistische KG**. Der Komplementär ist eine Kapitalgesellschaft, meist eine GmbH (**GmbH & Co KG**). Damit soll neben der faktischen Haftungsbeschränkung des Komplementärs erreicht werden, dass nur die Einkünfte der GmbH gewerblich sind, während die meist vermögensverwaltende KG Einkünfte z.B. aus Vermietung und Verpachtung hätte. Der größte Teil der gesamten Einkünfte unterläge damit nicht der GewSt. Außerdem wäre in der Anlaufphase für die Gesellschafter ein Verlustausgleich mit anderen Einkünften möglich.

Die Rechtsform der GmbH & Co KG ist besonders für sog. 'Abschreibungs oder Verlustzuweisungsgesellschaften' beliebt, da Verlustausgleich für die Kommanditisten und fehlende GewSt-Pflicht einen erheblichen Zins- und Steuervorteil erwarten lassen. § 15 Abs. 3 EStG bestimmt allerdings, dass unter weiteren Bedingungen eine Personengesellschaft, deren Komplementär eine Kapitalgesellschaft ist, 'gewerblich geprägt' ist. Damit liegen Einkünfte aus Gewerbebetrieb vor. Sämtliche Einkünfte unterliegen der GewSt. Über diese Rechtsformvorschrift hinaus schränkt auch

§ 15 Abs. 2 EStG die Verlustverrechnung ein, weil danach eine "...durch die Betätigung verursachte Minderung der Steuern vom Einkommen kein Gewinn..." i.S.d. EStG ist, sodass möglicherweise überhaupt keine, also auch keine negativen Einkünfte vorliegen. Schließlich begrenzt § 15a EStG den Verlustausgleich für die Kommanditisten auf ihre Einlage. Weitere Verluste können nur vorgetragen werden. Die beiden letzten Vorschriften gelten auch für andere Rechtsformen.

Eine andere Kombination stellt die **Doppelgesellschaft** dar. Das Betriebsvermögen wird in eine KG oder OHG eingebracht. Diese vermietet oder verpachtet das Betriebsvermögen an eine GmbH, die die Produktion betreibt (Besitz-Personengesellschaft und Betriebs-Kapitalgesellschaft). Die Kapitalgesellschaft ist nicht Gesellschafter der Personengesellschaft. Die Doppelgesellschaft kann auch durch die Spaltung eines existierenden Unternehmens in zwei Gesellschaften entstehen.

Mit dieser Konstruktion soll insbesondere die GewSt gemindert werden. Nach der Rechtsprechung prägt allerdings die Kapitalgesellschaft die Personengesellschaft, wenn sachliche und persönliche Verflechtungen vorliegen (sog. Geprägetheorie). Sachliche Verflechtungen liegen etwa vor, wenn Wirtschaftsgüter, vor allem Grundbesitz, die der Betriebsgesellschaft dienen (wesentliche Betriebsgrundlagen), auf die Besitzgesellschaft übergehen. Persönliche Verflechtungen werden etwa angenommen, wenn an beiden Gesellschaften dieselben Personen im gleichen Verhältnis beteiligt sind. Sind diese Bedingungen erfüllt, dann stellen auch die Einkünfte der Personengesellschaft solche aus Gewerbebetrieb dar (**Betriebsaufspaltung**) und unterliegen der GewSt, vorteilhaft ist dann jedoch die Anrechnung fiktiver GewSt[230].

Ändern sich Rechtsformfaktoren, dann muss die Rechtsformwahl überdacht werden. Solche Änderungen wird es im Wesentlichen beim steuerlichen Rechtsformfaktor[231] geben, da das sonstige Wirtschaftsrecht nur in größeren Zeiträumen geändert wird und großteils vertragliche Modifikationen zulässt. Im Steuerrecht kommt es dagegen häufiger zu Abweichungen zwischen prognostizierten und tatsächlichen Werten (der ESt- oder KSt-Tarif wird geändert, Hebesätze werden angehoben, Freibeträge eingeführt usw.). Dann wird analog zur Rechtsformentscheidung bei der Unternehmensgründung eine solche Entscheidung bezüglich eines eventuellen Rechtsformwechsels erforderlich. Die mögliche Änderung des Sachverhalts kann ebenfalls mit Hilfe des skizzierten Verfahrens vorbereitet werden. Der Vorgang der Änderung der Rechtsform soll nach Absicht des Gesetzgebers steuerlich nicht erschwert werden (vgl. hierzu etwa die Regelungen des UmwStG). Deshalb bestehen in diesem Fall – wie auch bei der Aufnahme oder dem Ausscheiden von Gesellschaftern – Wahlrechte (etwa zwischen Teilwert- und

---

[230] Vgl. hierzu etwa Kessler, W., Teufel, T., Die klassische Betriebsaufspaltung nach der Unternehmenssteuerreform, in BB 2001, S. 17ff. sowie dies., Die umgekehrte Betriebsaufspaltung zwischen Schwestergesellschaften – eine attraktive Rechtsformkombination nach der Unternehmenssteuerreform 2001, in DStR 2001, S. 869ff.

[231] Vgl. etwa beispielhaft Herzig, N., Aspekte der Rechtsformwahl für mittelständische Unternehmen nach der Steuerreform, in Wpg 2001, S. 253ff.

Buchwerteinbringung). Da diese Wahlrechte weitgehend autonom ausgeübt werden können und weil eine eigene Zieldefinition vorstellbar ist, gehört dieser Bereich zur Steuerpolitik i.e.S. und wird dort behandelt.

Um die steuerlichen Unterschiede zwischen den Rechtsformen zu erfassen, bieten sich mehrere Verfahren an: Bei bloßen **Steuerrechtsnormendarstellungen** und **-vergleichen** ist es nicht möglich, einen Zusammenhang zwischen den steuerrechtlichen Tatbeständen und deren ökonomischen Wirkungen zu quantifizieren. Dies gelingt erst, wenn eine Erweiterung in Form einer meist EDV-gestützten **Veranlagungssimulation**[232] erfolgt. Damit können allerdings nur die steuerlichen Wirkungen für eine bestimmte Situation – dann aber mit hohem Exaktheitsgrad – ermittelt werden. Ändert sich die Situation, dann muss die Veranlagung erneut simuliert werden. Der Arbeitsaufwand ist erheblich – aber nur bei manueller Durchführung. Wesentlicher Nachteil ist die Situationsbezogenheit. Eine generelle Analyse ist nicht möglich – allerdings ist die mögliche Herleitung tendenzieller Aussagen für die praktische Entscheidungshilfe von erheblichem Vorteil. Auch die Teilsteuerrechnung[233] kann zum Rechtsformvergleich herangezogen werden. Sie erlaubt die Bildung von rechtsformabhängigen Differenzfaktoren, die die gesamte steuerliche Be- oder Entlastung einer ökonomischen Größe wiedergeben. Da auch hier das generelle Problem der **Teilsteuerrechnung** besteht, dass progressive Steuertarife nur sehr schwierig zu bewältigen sind, bietet sich eine Kombination von Veranlagungssimulation und Teilsteuerrechnung an.

Die Methode der Teilsteuerrechnung sei am Beispiel der unterschiedlichen Steuerbelastung[234] von Gewinnen je nach Rechtsform demonstriert. Dabei soll alternativ angenommen werden, dass die Gewinne ausgeschüttet bzw. thesauriert werden. Im Fall des Einzelunternehmens/der Personengesellschaft ist die Gewinnverwendung irrelevant, weil die Gewinne in jedem Fall im Zeitpunkt des Entstehens besteuert werden.

Bei geplanter Ausschüttung unterliegen die Gewinne der Kapitalgesellschaft auf der Ebene der Gesellschaft zunächst der GewSt und KSt sowie der ErgAbg und auf der Ebene des Anteilseigners der ESt zuzüglich ErgAbg und ggf. KiSt[235]. Dabei wird nachfolgend das Halbeinkünfteverfahren (§ 3 Nr. 40 EStG) – die Dividende ist beim Anteilseigner lediglich zur Hälfte steuerpflichtig – approximativ mit dem Halbsatzverfahren berücksichtigt.

---

232 Dieses Verfahren verwenden etwa Schult, E., Steuerbasic, a.a.O., S. 136ff., Jacobs, O.H., Unternehmensbesteuerung und Rechtsform, a.a.O.

233 Zur Anwendung der Teilsteuerrechnung vgl. etwa Rose, G., Betriebswirtschaftliche Steuerlehre, a.a.O. S. 83ff.

234 Vgl. zum Folgenden ausführlich Blaufus, K., Unternehmenssteuerreform 2001: Steueroptimale Entscheidungen bei der Rechtsformwahl, in StB 2001, S. 208ff.. hier S. 209ff.

235 Aus Vereinfachungsgründen wird für die folgenden Untersuchungen die KiSt vernachlässigt.

Damit ergibt sich der Teilsteuersatz s_{KapG}^{A} für den Reingewinn[236] einer Kapitalgesellschaft wie folgt:

$$s_{KapG}^{A} = s_{keag} + \frac{s_{eea}}{2} \cdot (1 - s_{keag})$$

mit	s_{KapG}^{A}	Teilsteuersatz Gesamtsteuerbelastung der Kapitalgesellschaft bei Sofortausschüttung
	s_{keag}	Teilsteuersatz aus KSt, ErgAbg und GewSt
	s_{eea}	Teilsteuersatz aus ESt und ErgAbg

Die Gewinne der Personengesellschaft werden mit GewSt, ESt und ErgAbg belastet. Unter Beachtung der Anrechnung der fiktiven GewSt auf die ESt (§ 35 EStG)[237] ergibt sich der Teilsteuersatz für den Reingewinn einer Personengesellschaft nachfolgend:

$$s_{PersG} \quad = \quad s_{eeag} - 1{,}8 \cdot m \cdot (1 - s_{ge}) \cdot (1 + s_{ea})$$

mit	s_{PersG}	Teilsteuersatz Gesamtsteuerbelastung der Personengesellschaft
	s_{eeag}	Teilsteuersatz aus ESt, ErgAbg und GewSt
	m	GewSt-Messzahl

Es sei die Hypothese aufgestellt, dass die Kapitalgesellschaft im Ausschüttungsfall vorteilhaft sei, der Teilsteuersatz der Personengesellschaft den Teilsteuersatz der Kapitalgesellschaft also übersteigt.

$$s_{PersG} > s_{KapG}^{A} \ ?$$

Nach einigen Umformungen ergibt sich folgende Bedingung:

$$s_e > \frac{2 \cdot (1{,}8 \cdot m + s_k)}{1 + s_{kca}} ?$$

---

236 Als Reingewinn sei der Handelsbilanzgewinn vor Steuern und Leistungsvergütungen an die Gesellschafter verstanden; vgl. zum Begriff Reingewinn bzw. Reinertrag Rose, G., Betriebswirtschaftliche Steuerlehre, a.a.O., S. 51. Um mit Hilfe der Teilsteuerrechnung eine Gesamtsteuerbelastung zu ermitteln, müssten zusätzlich die Teilsteuersätze auf die steuerlichen Modifikationen des Handelsbilanzgewinns und auf die Freibeträge berücksichtigt werden; dies sei hier vernachlässigt.

237 Im Rahmen der gesamten Untersuchung soll davon ausgegangen werden, dass nach § 35 EStG keine Anrechnungsüberhänge entstehen, vgl. dazu Herzig, N., Lochmann, U., Das Grundmodell der Besteuerung von Personenunternehmen nach der Unternehmenssteuerreform, in DB 2000, S. 1728 ff.

Man erkennt, dass der gesamte Differenzteilsteuersatz nur dann positiv ist, wenn der ESt-Satz höher als 53,81 % ist. Da der ESt-Satz diesen Wert nicht erreicht, ist der Differenzteilsteuersatz also stets negativ. Aus dem Differenzteilsteuersatz folgt demnach, dass

- im Fall der Sofortausschüttung die Personengesellschaft unabhängig vom Hebesatz der GewSt und ESt-Satz der Kapitalgesellschaft vorzuziehen ist,
- der Vorteil der Personengesellschaft um so größer ist, desto niedriger der ESt-Satz ist und
- der Vorteil der Personengesellschaft um so größer ist, desto kleiner der Hebesatz der GewSt ist[238].

Ist keine Ausschüttung, sondern Thesaurierung geplant, dann ergibt sich bei gleicher Hypothese, dass die Kapitalgesellschaft steuerlich vorteilhaft ist, folgende Bedingung:

$$s_e > s_k + 1{,}8 \cdot m\,?$$

Daraus folgt demnach, dass

- die Kapitalgesellschaft nur dann vorteilhaft ist, wenn der ESt-Satz 34 % übersteigt,
- der Vorteil der Kapitalgesellschaft mit steigenden ESt-Sätzen steigt und
- der Vorteil der Kapitalgesellschaft mit steigenden GewSt-Sätzen sinkt.

Allerdings wurde bisher vernachlässigt, dass bei Thesaurierung irgendwann in der Zukunft ausgeschüttet wird, wobei dann eine Einkommensbesteuerung auslöst wird[239]. Daher ist es von Interesse, den Zeitraum zu ermitteln, im dem die Gewinne thesauriert werden müssen, damit ein tatsächlicher Vorteil für die Kapitalgesellschaft nach Ausschüttung verbleibt. Zu diesem Zweck soll die kritische Thesaurierungsdauer berechnet werden, d.h. der Thesaurierungszeitraum, der zur Indifferenz zwischen Personen- und Kapitalgesellschaft führt. Die kritische Thesaurierungsdauer lässt sich ermitteln, indem man das Endvermögen der Investitionsalternativen Personen- und Kapitalgesellschaft vergleicht. Dabei stellt G den Reingewinn der Gesellschaft dar, n die Thesaurierungszeit und d den Kapitalmarktzins vor Steuern. Der Gewinn der Gesellschaft wird zunächst mit den rechtsformspezifischen Teilsteuersätzen besteuert und soll dann bis zum Ausschüttungszeitpunkt am Kapitalmarkt verzinslich angelegt werden, wobei unterstellt wird, dass die erzielbare Bruttorendite unabhängig von der gewählten Rechtsform ist. Die Anlage stellt bei der Kapitalgesellschaft Betriebsvermögen dar; bei

---

[238] Bei dieser grundsätzlichen Analyse mittels Differenzteilsteuersatz wurde jedoch vernachlässigt, dass der ESt-Satz nicht linear, sondern progressiv verläuft, dass Personengesellschaften im Gegensatz zu Kapitalgesellschaften ein GewSt-Freibetrag von € 24.500 zusteht (§ 11 Abs. 1 Nr. 1 GewStG) und dass die Messzahl der GewSt bei Einzelunternehmen/Personengesellschaften gem. § 11 Abs. 2 GewStG gestaffelt ist.

[239] Da jede Einnahmenerzielung letztlich Konsumzwecken dient, erscheint es unrealistisch, eine unendliche Thesaurierung anzunehmen, da dann die notwendige Liquidität für den Konsum fehlen würde. Dabei ist es unerheblich, ob der Gewinn der Kapitalgesellschaft tatsächlich ausgeschüttet wird oder man sich von Anteilen trennt. In beiden Fällen kommt es zur Erfassung der Kapitalgesellschaftsgewinne mit ESt (§ 17 bzw. § 20 EStG).

der Personengesellschaft wird angenommen, dass die Anlage im Privatvermögen der Gesellschafter gehalten wird.

Durch Gleichsetzen der Endvermögen und Auflösen nach n erhält man die kritische Thesaurierungsdauer:

$$EV_{PersG} = G \cdot (1 - s_{eeag}) \cdot (1 + d_{s_{eea}})^n$$

$$EV_{KapG} = G \cdot (1 - s_{keag}) \cdot (1 + d_{s_{keag}})^n \cdot \left(1 - \frac{s_{eea}}{2}\right)$$

$$EV_{PersG} = EV_{KapG}$$

Daraus ergibt sich für die kritische Thesaurierungsdauer:

$$n_{krit} = \frac{\ln\left(1 - s_{eeag}\right) - \ln\left[\left(1 - s_{keag}\right) \cdot \left(1 - \frac{s_{eea}}{2}\right)\right]}{\ln\left(1 + d_{s_{keag}}\right) - \ln\left(1 + d_{s_{eea}}\right)}$$

Ist die erwartete Thesaurierungsdauer größer als die kritische Thesaurierungsdauer, dann ist wegen des lock-in-Effekts[240] (der relativ niedrigen Zinsbesteuerung während der Thesaurierungszeit[241]) die Kapitalgesellschaft vorteilhaft. Bei kürzeren Thesaurierungsdauern ist das Einzelunternehmen/die Personengesellschaft zu präferieren. Aus der Gleichung folgt, dass die kritische Thesaurierungsdauer mit steigendem Zinsfuß sinkt und mit sinkenden ESt-Sätzen steigt.

Die Methode der **Veranlagungssimulation** sei an einem einfachen Beispiel demonstriert, dem steuerlichen Vergleich eines Einzelunternehmens mit einer Ein-Mann-GmbH[242]. Ein lediger, kinderloser und nicht KiSt-pflichtiger Unternehmer erwartet einen Bruttogewinn

---

240 Die unterschiedliche Steuerbelastung kann dazu führen, dass auch eine private Vermögensverwaltung (Kapitalvermögen, Immobilien) über eine Kapitalgesellschaft vorteilhaft sein kann, Scheffler, W. Private Vermögensverwaltung über eine GmbH?, in BB 2001, S. 2297ff.

241 Vgl. hierzu etwa Hundsdoerfer, J., Halbeinkünfteverfahren und Lock-In-Effekt, in StuW 2001, S. 113ff.

242 Eine mehrperiodige Betrachtung ist erforderlich, wenn einmalige Steuern einbezogen werden sollen. Diese können etwa anfallen, wenn eine Änderung der Rechtsform oder ein Übergang durch Schenkung/Erbschaft in die Überlegungen einbezogen werden sollen. Dann kann z.B. der Barwert der Steuerausgaben als Entscheidungskriterium herangezogen werden.

von € 50.000. Der Hebesatz der GewSt betrage 400 %. Die Berechnungen erfolgen mit Hilfe von STEUERBASIC[243] mit dem ESt-Tarif 2005ff. Die ErgAbg soll 5,5 % betragen.

```
Schult STEUERBASIC - ESt-Tarif 2005ff.
Ertragsteuern natürliche Personen
Gewerbeertrag 1 vor GewSt                                     Eur=? 0
Gewerbeertrag 2 vor GewSt                                     Eur=? 50000
Hebesatz                                                      % =? 400
zu verst Einkommen 1 brutto ohne Dividende nach Freibeträgen  Eur=? 0
zu verst Einkommen 2 brutto ohne Dividende nach Freibeträgen  Eur=? 50000
Dividende 1 (KapESt vernachlässigt)                           Eur=? 0
Dividende 2 (KapESt vernachlässigt)                           Eur=? 0
Kirchensteuersatz                                              % =? 0
Kappungs-Kirchensteuersatz                                     % =? 0
Ledig (verheiratet = n)                                       j/n ? j
Ergänzungsabgabe-, Solidaritätszuschlagssatz u.ä.              % =? 5.5
                                       Vorher      Nachher    Differenz
Gewerbesteuer              Eur              0         1446        +1446
Einkommensteuer            Eur              0        12508       +12508
angerechnete GewSt         Eur              0         -650         -650
Kirchensteuer              Eur              0            0            0
Ergänzungsabgabe           Eur              0          652         +652
Ertragsteuern              Eur              0        13956       +13956
Differenzsteuersatz in %       27.92
Rundungsdifferenzen möglich. Bildschirm drucken? DRUCK-Taste drücken j/n? j
```

Abb. 30: Veranlagungssimulation beim Einzelunternehmen

Will der Unternehmer den Betrieb als Einzelunternehmen führen, dann unterliegt der Gewinn der ESt mit ErgAbg und der GewSt, die ErSt-Belastung beträgt € 13956 (vgl. Abb. 30). Gründet er eine Ein-Mann-GmbH und thesauriert den gesamten Gewinn, dann beläuft sich die ErSt-Belastung auf € 19.321 (vgl. Abb. 31, erster Durchlauf) gegenüber einer ErSt-Belastung von € 13.956 bei einem Einzelunternehmen (gleichgültig, wie hoch die Entnahmen sind). Der Belastungsunterschied resultiert hier aus der wegen Fehlens eines Staffeltarifs wesentlich höheren GewSt, die sogar die Mehrbelastung der trotz Anrechnung der fiktiven GewSt höheren ESt überkompensiert[244]. Das Einzelunternehmen ist hier augenscheinlich die vorteilhafte Rechtsform.

Da der Unternehmer finanzielle Mittel für Konsumzwecke benötigt, plant er statt vollständiger Thesaurierung eine Dividende von € 20.000 (in Abb. 31 der zweite Durchlauf, der Sparerfreibetrag muss als anderes zu versteuerndes Einkommen negativ eingegeben werden). Die Steuerbelastung im Einzelunternehmen ändert sich durch eine Entnahme nicht. Die ErSt-Belastung der GmbH erhöht sich wegen der zusätzlichen ESt von € 122 auf € 19.443. Die GewSt und die KSt samt ErgAbg haben sich nicht verändert – sie sind von der Gewinnverwendung unabhängig. Zusätzlich fällt eine (hier geringe) ESt an.

---

243 Modifiziert nach Schult, E., Steuerbasic, a.a.O,

244 Vgl. Herzig, N., Lochmann, U., Das Grundmodell der Besteuerung von Personenunternehmen nach der Unternehmenssteuerreform, a.a.O.

Eine Minderung der GewSt ist nur möglich, wenn die Betriebsausgaben erhöht werden. Deshalb soll die GmbH dem Unternehmer ein Geschäftsführergehalt in Höhe der Dividende bezahlen (€ 20.000; nach Werbungskostenpauschbetrag € 18.956; Abb. 32, erster Durchlauf). Weil vermutet werden kann, dass ein maximales Gehalt die GewSt maximal reduziert, soll auch die ErSt-Wirkung eines Gehalts in Höhe des Gewinns (€ 50.000; nach Werbungskostenpauschbetrag € 48.956; Abb. 32, zweiter Durchlauf) berechnet werden. Im Einzelunternehmen ändert dies die Steuerbelastung nicht, da ein solcher Vertrag schon zivilrechtlich nicht möglich ist. Bei einer Personengesellschaft wäre ein solcher Vertrag zwar möglich, wird aber ErStlich nicht anerkannt (Mitunternehmerschaft). Ist das Gehalt von € 20.000 nicht überhöht (sonst verdeckte Gewinnausschüttung), dann reduziert sich die Steuerbelastung im Fall der Ein-Mann-GmbH auf € 14.300. Gegenüber einer gleich hohen Dividende wirkt hier die GewSt- und KSt- sowie ErgAbg-Ersparnis steuermindernd. Dem steht allerdings wegen des Sparerfreibetrags bei Ausschüttungen und der niedrigeren GewSt eine höhere Belastung mit ESt gegenüber.

```
Schult STEUERBASIC - ESt-Tarif 2005ff.
Ertragsteuern Kapitalgesellschaften und natürliche Personen

Anderes zu versteuerndes Einkommen ohne Dividende 1          Eur=? 0
Anderes zu versteuerndes Einkommen ohne Dividende 2          Eur=? -1550
Kirchensteuersatz                                             % =? 0
Kappungs-Kirchensteuersatz                                    % =? 0
Ledig (verheiratet = n)                                      j/n? j
Ergänzungsabgabe-, Solidaritätszuschlagssatz u.ä.             % =? 5.5
Die Dividende darf den Gewinn nach GewSt, KSt und ErgAbg nicht überschreiten.
Die maximale Dividende wird in jedem Fall ausgedruckt.
Dividende 1 (KapESt vernachlässigt)                          Eur=? 0
Dividende 2 (KapESt vernachlässigt)                          Eur=? 20000
Bildschirm drucken? DRUCK-Taste drücken                       j/n? j


Gewinn vor Gewerbesteuer 1                                   Eur=? 50000
Gewinn vor Gewerbesteuer 2                                   Eur=? 50000
Gewerbeertrag 1 vor GewSt                                    Eur=? 50000
Gewerbeertrag 2 vor GewSt                                    Eur=? 50000
Hebesatz                                                      % =? 400
........................ ...    Vorher      Nachher      Differenz
Ertragsteuern natürliche Person
Einkommensteuer          Eur         0          122           +122
Kirchensteuer            Eur         0            0             +0
Ergänzungsabgabe         Eur         0            0             +0
ErtragSt natür Person    Eur         0          122           +122
Ertragsteuern Kapitalgesellschaft
Gewerbesteuer            Eur      8333         8333             +0
Körperschaftsteuer       Eur     10416        10416             +0
Ergänzungsabgabe         Eur       572          572             +0
ErtragSt Kapitalgesell   Eur     19321        19321             +0
ErtragSt KapGes+natPers  Eur     19321        19443           +122
MAXIMALE Dividende            30677  30677
Rundungsdifferenzen möglich. Bildschirm drucken? DRUCK-Taste drücken j/n? j
```

Abb. 31: Veranlagungssimulation bei der Ein-Mann-GmbH (Thesaurierung/Ausschüttung)

Der Ansatz eines maximalen Gesellschafter-Geschäftsführer-Gehalts verhindert die GewSt gänzlich (Abb. 32, zweiter Durchlauf). Die gesamte ErSt-Belastung sinkt auf € 13.366 und liegt damit geringfügig unter der ErSt-Belastung des Einzelunternehmens mit € 13.956.

```
Schult STEUERBASIC - ESt-Tarif 2005ff.
Ertragsteuern Kapitalgesellschaften und natürliche Personen

Anderes zu versteuerndes Einkommen ohne Dividende 1        Eur=? 18956
Anderes zu versteuerndes Einkommen ohne Dividende 2        Eur=? 48956
Kirchensteuersatz                                           % =? 0
Kappungs-Kirchensteuersatz                                  % =? 0
Ledig (verheiratet = n)                                     j/n? j
Ergänzungsabgabe-, Solidaritätszuschlagssatz u.ä.           % =? 5.5
Die Dividende darf den Gewinn nach GewSt, KSt und ErgAbg nicht überschreiten.
Die maximale Dividende wird in jedem Fall ausgedruckt.
Dividende 1 (KapESt vernachlässigt)                        Eur=? 0
Dividende 2 (KapESt vernachlässigt)                        Eur=? 0
Bildschirm drucken? DRUCK-Taste drücken                     j/n? j


Gewinn vor Gewerbesteuer 1                                 Eur=? 30000
Gewinn vor Gewerbesteuer 2                                 Eur=? 0
Gewerbeertrag 1 vor GewSt                                  Eur=? 30000
Gewerbeertrag 2 vor GewSt                                  Eur=? 0
Hebesatz                                                    % =? 400
........................          Vorher      Nachher      Differenz
Ertragsteuern natürliche Person
Einkommensteuer          Eur        2567        12670         +10103
Kirchensteuer            Eur           0            0             +0
Ergänzungsabgabe         Eur         141          696           +555
ErtragSt natür Person    Eur        2708        13366         +10658
Ertragsteuern Kapitalgesellschaft
Gewerbesteuer            Eur        4999            0          -4999
Körperschaftsteuer       Eur        6250            0          -6250
Ergänzungsabgabe         Eur         343            0           -343
ErtragSt Kapitalgesell   Eur       11592            0         -11592
ErtragSt KapGes+natPers  Eur       14300        13366           -934
MAXIMALE Dividende              18406    0
Rundungsdifferenzen möglich. Bildschirm drucken? DRUCK-Taste drücken j/n? j
```

Abb. 32: Veranlagungssimulation bei der Ein-Mann-GmbH (Gehalt in Höhe der Dividende/maximales Gehalt)

Da Dividenden gegenüber Gehaltszahlungen durch das Halbeinkünfteverfahren und durch den höheren Freibetrag privilegiert sind, soll die Steuerbelastung bei maximaler Dividende (Abb. 33 erster Durchlauf) verglichen werden mit der bei maximalem Gehalt (€ 13.366, vgl. Abb. 32, zweiter Durchlauf). Eine Steuerreduktion wäre möglich, wenn im ersten Fall ein Gehalt gerade in Höhe des Werbungskostenpauschbetrags von € 1.044 bezahlt wird. Die maximale Dividende beträgt dann € 30.036; Abb. 33 zweiter Durchlauf).

Bei maximaler Dividende (nach einem Gehalt von € 1.044) beträgt die gesamte Steuerbelastung € 20.121. Gegenüber der Steuerbelastung bei maximaler Dividende (€ 20.618) ist das eine geringfügige Steuerentlastung von € 497. Bei maximalem Gehalt fallen sämtliche Steuern der Gesellschaft weg. Diese Entlastung wird durch die Mehrbelastung des Gehalts gegenüber der Dividende wegen des Halbeinkünfteverfahrens bei weitem nicht kompensiert. Die Steuerdifferenz wird umso kleiner, je höher der Differenzsteuersatz auf die Einkünfte des Gesellschafters ist. Der Differenzsteuersatz der Gesellschaft ist (bei einem Hebesatz von 400 %) mit 38,64 % konstant. Der Differenzsteuersatz der Einkünfte des Gesellschafters ist hier identisch mit dem durchschnittlichen Steuersatz von 28,1 % – mit steigenden Einkünften des Gesellschafters kann er 38,64 % allerdings auch überschreiten.

Auch gegenüber dem Einzelunternehmen ist die steuerliche Mehrbelastung mit € 6.165 erheblich. Daran ändert auch die geringfügige Steuerentlastung durch Ausnutzung des Werbungskostenpauschbetrags wenig. Hier resultiert die Entlastung aus der niedrigeren GewSt sowie der Anrechnung der fiktiven GewSt auf die ESt. Nur bei maximalem Gehalt sind hier die Steuerbelastung des Einzelunternehmens mit € 13.956 und der Kapitalgesellschaft mit € 13.366 einigermaßen indifferent – wobei die niedrige Steuerbelastung der Kapitalgesellschaft durch die Möglichkeit der Annahme einer verdeckten Gewinnausschüttung leicht steigen kann.

```
Schult STEUERBASIC - ESt-Tarif 2005ff.
Ertragsteuern Kapitalgesellschaften und natürliche Personen

Anderes zu versteuerndes Einkommen ohne Dividende 1            Eur=? -1550
Anderes zu versteuerndes Einkommen ohne Dividende 2            Eur=? -1550
Kirchensteuersatz                                               % =? 0
Kappungs-Kirchensteuersatz                                      % =? 0
Ledig (verheiratet = n)                                        j/n ? j
Ergänzungsabgabe-, Solidaritätszuschlagssatz u.ä.               % =? 5.5
Die Dividende darf den Gewinn nach GewSt, KSt und ErgAbg nicht überschreiten.
Die maximale Dividende wird in jedem Fall ausgedruckt.
Dividende 1 (KapESt vernachlässigt)                            Eur=? 30677
Dividende 2 (KapESt vernachlässigt)                            Eur=? 30036
Bildschirm drucken? DRUCK-Taste drücken                        j/n ? j


Gewinn vor Gewerbesteuer 1                                     Eur=? 50000
Gewinn vor Gewerbesteuer 2                                     Eur=? 48956
Gewerbeertrag 1 vor GewSt                                      Eur=? 50000
Gewerbeertrag 2 vor GewSt                                      Eur=? 48956
Hebesatz                                                        % =? 400
                                Vorher         Nachher        Differenz
Ertragsteuern natürliche Person
Einkommensteuer          Eur      1243            1165              -78
Kirchensteuer            Eur         0               0               +0
Ergänzungsabgabe         Eur        54              38              -16
ErtragSt natür Person    Eur      1297            1203              -94
Ertragsteuern Kapitalgesellschaft
Gewerbesteuer            Eur      8333            8159             -174
Körperschaftsteuer       Eur     10416           10199             -217
Ergänzungsabgabe         Eur       572             560              -12
ErtragSt Kapitalgesell   Eur     19321           18918             -403
ErtragSt KapGes+natPers  Eur     20618           20121             -497
MAXIMALE Dividende            30677     30036
Rundungsdifferenzen möglich. Bildschirm drucken? DRUCK-Taste drücken j/n? j
```

Abb. 33: Veranlagungssimulation bei der Ein-Mann-GmbH (maximale Dividende ohne/mit minimalem Gehalt)

Wie leicht ersichtlich ist, hängt die steuerliche Vorteilhaftigkeit in diesem Fall von der Höhe des Gesellschafter-Geschäftsführer-Gehalts ab. Da die finanzbehördliche Anerkennung der geplanten Höhe nicht immer sicher ist, ist das Gehalt von Interesse, bei dem beide Rechtsformen gerade gleich belastet sind. Kennt man dieses *kritische* Gehalt, so lässt sich einschätzen, wie groß die Wahrscheinlichkeit einer teilweisen Qualifizierung als verdeckte Gewinnausschüttung ist. Beim Einzelunternehmen beträgt die Steuerbelastung bei jedem Gehalt € 13.956. Bei der Kapitalgesellschaft sinkt die Steuerbelastung von € 20.618 bei einem Gehalt von null auf € 13.366 bei einem Gehalt von € 50.000. Das kritische Gehalt lässt sich grundsätzlich dadurch ermitteln, dass in die hier nicht hergeleitete Formel für die Steuerbelastung von Kapitalgesellschaft und Gesellschafter der Wert von € 13.956 als Steuerausgabe eingesetzt wird und die Gleichung nach dem Gehalt aufgelöst wird. Das ist relativ kompliziert, sodass sich ein iteratives Herantasten mit Hilfe von STEUERBASIC empfiehlt. Als kritisches Bruttogehalt ergibt sich im Beispielsfall ein Wert von etwa € 46.000. Wird prognostiziert, dass das Gehalt über diesem Wert liegen wird, dann ist die Ein-Mann-GmbH ErStlich geringfügig vorteilhaft, anderenfalls wäre die Rechtsform des Einzelunternehmens zu wählen.

Beispielsrechnungen sind für Entscheidungsvorbereitungen im Einzelfall ausreichend, für eine generelle Wirkungsanalyse sind sie ungeeignet. Hierfür müssen (analytische) Modelle, die unter Prämissensetzung generell formuliert sind, herangezogen werden.

Das dargestellte Beispiel hat zwei Fragestellungen deutlich gemacht: Die Höhe des Gesellschafter-Geschäftsführer-Gehalts kann für die Rechtsformwahl selbst von Bedeutung sein. Hat sich für das geplante Gehalt die Rechtsform der Kapitalgesellschaft als vorteilhaft herausgestellt, dann ist die gesamte ErSt-Belastung (von Kapitalgesellschaft und Gesellschafter) von der Höhe des (über dem kritischen Wert liegenden) Gesellschafter-Geschäftsführer-Gehalts abhängig. Für die erste Entscheidung (über die Rechtsform) ist demnach die Ermittlung des *kritischen* Gehalts, für die evtl. anschließende zweite Entscheidung (über die Höhe des Gehalts) ist die Ermittlung des *optimalen* Gehalts relevant.

Da bei der Rechtsformwahl eine Sachverhaltsgestaltung vorliegt, die wie jede Entscheidung in die Zukunft wirkt, ist nicht sicher, dass die durch die Dotierung des Gehalts erwarteten Steuerwirkungen tatsächlich realisiert werden. Um diese Unsicherheit abschätzen zu können, um insbesondere den Nachteil zu demonstrieren, der durch die eventuelle Nichterreichung der geplanten Situation entsteht, ist die Berechnung des *kritischen* Gehalts günstig. Die ErSt (hier) des Einzelunternehmens und der Ein-Mann-GmbH mit Gehalt werden gleichgesetzt:

$$G \cdot s_{eg} = (G - L) \cdot s_{kg} + (L - F_{AN}) \cdot s_e$$

mit		
	G	Gewinn vor Abzug des Gehalts
	s_{eg}	EStGewSt-Satz des Einzelunternehmers
	L	Gesellschafter-Geschäftsführer-Gehalt ($L \leq G$)
	s_{kg}	KStGewSt-Satz
	F_{AN}	Werbungskostenpauschbetrag bei Einkünften aus nichtselbstständiger Arbeit
	s_e	ESt-Satz

Löst man die Gleichung nach L/G auf, dann ergibt sich bei der Annahme $F_{AN} = 0$ für den kritischen Anteil des Gehalts am Gewinn L_{krit}/G:

$$\frac{L_{krit}}{G} = \frac{s_{kg} - s_{eg}}{s_{kg} - s_e}$$

Der Zähler des Bruchs gibt wieder, dass der Anteil des Gehalts L am Gewinn G umso höher ist, je größer der Unterschied der ErSt-Sätze auf den Gewinn der Rechtsformen ist. Je höher das Einzelunternehmen mit ErSt belastet ist, desto stärker ist der Nachteil dieser Rechtsform überhaupt. Schon ein niedriges kritisches Gehalt reicht aus, um diesen Nachteil zu kompensieren. Der Nenner repräsentiert den Unterschied in der ErSt-Belastung zwischen Gehalt und thesauriertem Gewinn. Je höher die ESt-Belastung des Gehalts ist, desto höher muss das kritische Gehalt sein, um den GewSt-Nachteil der Kapitalgesellschaft zu neutralisieren. Auch bei Ansatz weiterer Prämissen, wie etwa der, dass das restliche zu versteuernde Einkommen null sei, ist die analytische Bestimmung des kritischen Gehalts äußerst komplex. Die ESt-Sätze können dann zwar als durchschnittliche Steuersätze definiert werden, sind aber dennoch nicht konstant und von G bzw. L abhängig (und nähern sich asymptotisch dem Spitzensteuersatz mit bzw. ohne Anrechnung fiktiver GewSt.). Zur Entscheidungsvorbereitung ist es deshalb vorteilhaft, kritische Gehälter durch iterative Veranlagungssimulation zu ermitteln. Dann können auch eine eventuelle KiSt und ErgAbg einbezogen werden.

Ist die Rechtsformentscheidung zugunsten der Kapitalgesellschaft getroffen worden, dann stellt sich das Problem des *optimalen* Gehalts. Ein einfaches Erklärungsmodell für die ErSt-Ausgabe A_{ErSt} kann etwa wie folgt formuliert werden:

$$A_{ErSt} = (G - L) \cdot s_{kg} + (L - F_{AN}) \cdot s_e$$

Die ErSt-Ausgabe setzt sich zusammen aus der KStGewSt-Belastung auf den nach Abzug des Gehalts verbleibenden Gewinn und der ESt-Belastung des Gehalts nach Werbungskostenpauschbetrag. Als Prämisse ist hier also z.B. gesetzt, dass KiSt und ErgAbg nicht existieren und dass der Restgewinn thesauriert wird.

Mit steigendem L sinkt die KStGewSt-Belastung. Die ESt-Belastung steigt, wenn L > F_{AN} ist. Eine Anhebung des Gehalts auf den Werbungskostenpauschbetrag ist demnach immer vorteilhaft, weil der KStGewSt-Ersparnis keine ESt-Mehrbelastung gegenübersteht. Wird das Gehalt weiter angehoben, dann gilt die Hypothese nur, wenn $s_{kg} > s_e$ ist, wenn also die Besteuerung in der GmbH höher ist als die im privaten Bereich. Diese Bedingung ist nicht generell erfüllt. Bei einem Hebesatz von z.B. 400 % beträgt $s_{kg} = 0{,}375$, während für s_e auch $s_e = 0{,}42$ (ESt-Tarif 2005ff.) gelten kann. Es ist also nur eine Tendenzaussage möglich, etwa dass die Hypothese eher bei hohen Hebesätzen und/oder niedrigen zu versteuernden Einkommen des Gesellschafters erfüllt ist. Lässt man die Prämisse der fehlenden KiSt fallen, so steigt der Steuernachteil der Gehaltszahlung, weil s_e durch den Teilsteuersatz s_{eki} ersetzt wird und weil $s_{eki} > s_e$ gilt. Die Tendenzaussage kann aufrechterhalten werden – allerdings sinkt der mögliche Vorteil der Sachverhaltsgestaltung 'Gesellschafter-Geschäftsführer-Gehalt'. Das optimale Gehalt ist erreicht, wenn die ErSt-Ausgabe minimal ist:

$$A_{ErSt} = (G - L) \cdot s_{kg} + (L - F_{AN}) \cdot s_e = \text{Min!}$$

Leitet man die Steuerausgabe nach L ab und setzt die Ableitung gleich null, dann ergibt sich das Optimalitätskriterium mit $T_{kg} = T_e$. Die Grenzsteuersätze der beiden Verwendungen des letzten Gewinnteils (hier im progressiven Bereich der ESt, weil bei jedem realistischen Hebesatz der GewSt $T_{kg} < 0{,}42$ (ESt-Tarif 2005ff.)) ist. Ist der ESt-Satz mit 42 % konstant, dann wird jeder weitere Gewinnteil thesauriert. Mit den Konstanten des ESt-Tarifs ergibt sich dann:

$$T_{kg} = 2 \cdot a \cdot L + b$$

$$L_{opt} = \frac{T_{kg} - b}{2 \cdot a}$$

Bei einem Hebesatz von z.B. 400 % ergibt sich aus der Formel für das optimale Gehalt ein Betrag von € 42.314 (ESt-Tarif 2005ff.). Der Ansatz geht allerdings davon aus, dass keine weiteren Einkünfte/Abzüge vorliegen. Der berechnete Betrag stellt tatsächlich das optimale *zu versteuernde Einkommen* dar. Andere Einkünfte müssen also subtrahiert, Freibeträge und Sonderausgaben/außergewöhnliche Belastungen addiert werden, um das optimale Gesellschafter-Geschäftsführer-Gehalt zu ermitteln.

Bisher wurde angenommen, dass der nach Abzug des Gehalts verbleibende Gewinn thesauriert wird. Nimmt man alternativ an, dass der Restgewinn als Dividende ausgeschüttet wird, dann muss die Zieldefinition modifiziert werden: Die Dividende unterliegt nach dem Halbeinkünfteverfahren ebenfalls der ESt. Das Erklärungsmodell kann jetzt formuliert werden mit:

$$A_{ErSt} = (G - L) \cdot T_{kg} + \left(L - F_{AN} + \frac{D}{2} \right) \cdot s_e$$

Leitet man die Steuerausgabe wiederum ab, dann ergibt sich:

$$T_{kg} = 2 \cdot a \cdot L + b - 0{,}5 \cdot \left(2 \cdot a \cdot L \cdot (1 - T_{kg}) + b \cdot (1 - T_{kg}\right)$$

Setzt man die Gleichung gleich null und löst sie nach L auf, dann ergibt sich für das optimale Gehalt:

$$L_{opt} = \frac{T_{kg} - 0{,}5 \cdot b \cdot (1 + T_{kg})}{a \cdot (1 + T_{kg})}$$

Bei einem Hebesatz von 400 % ergibt sich für das optimale Gehalt ein rechnerischer Wert von € 79.574. Für diesen Bereich des zu versteuernden Einkommen gilt aber die vermutete ESt-Funktion nicht. In die Formel muss die ESt-Funktion für den oberen Proportionalbereich eingesetzt werden:

$$A_{ErSt} = (G - L) \cdot T_{kg} + \left(L - F_{AN} + \frac{D}{2}\right) \cdot 0{,}42 - 7914$$

Die Ableitung zeigt, dass sich kein optimaler (steuerausgabenminimaler) Wert berechnen lässt. Es ist vorteilhaft, den gesamten Gewinn als Gehalt 'auszuschütten'. Dieses unterliegt dem ESt-Satz von 42 %, während Dividenden mit insgesamt 50,62 % belastet sind.

Bei einem Hebesatz von 0 % ergibt sich nach der o.a. Formel ein optimales Gehalt von € 47.779. Hier gilt die angesetzte Formel für die ESt im Progressionsbereich. Die gesamte Steuerbelastung ist minimal, wenn das Gehalt € 47.779 beträgt und der restliche Gewinn nach GewSt und KSt als Dividende ausgeschüttet werden soll. Der leicht zu berechnende kritische Hebesatz beträgt nur 43 %. An Standorten mit höheren Hebesätzen ist das maximale Gesellschafter-Geschäftsführer-Gehalt optimal. Für eine Dividende verbleibt kein Gewinnteil mehr. Liegt der tatsächliche Hebesatz ausnahmsweise unter dem kritischen Hebesatz, dann erfolgt eine Aufteilung in Gehalt und Dividende. In der Realität ist also die Gehaltszahlung regelmäßig vorteilhaft.

Die beiden Entscheidungen – über die Rechtsformwahl und über die Höhe des Gesellschafter-Geschäftsführer-Gehalts – sind augenscheinlich nicht voneinander unabhängig. Um den Realitätsbezug zu wahren (Einbeziehung weiterer ErSt und Freibeträge), ist es wirtschaftlich, mit Hilfe der Veranlagungssimulation vorzugehen. Das Ergebnis der Veranlagungssimulation kann in eine sog. taxographische Darstellung[245] umgesetzt werden. Hier wird die rechtsformabhängige Steuerbelastung in Abhängigkeit von der jeweiligen Entscheidungsvariablen graphisch dargestellt. Die ErSt-Belastung wird für beide Rechtsformen in Abhängigkeit vom Gesellschafter-Geschäftsführer-Gehalt bei vollständiger Thesaurierung des verbleibenden Gewinns (vgl. Abb. 34) und bei vollständiger Ausschüttung des Gewinns (vgl. Abb. 35) gezeigt. Die ErSt-Belastung des Einzelunternehmens (Kurve EU) ist unabhängig vom Gehalt, die ErSt-Belastung der GmbH (Kurve GmbH) sinkt mit steigendem Gehalt anfangs erheblich, weil das Gehalt noch im Existenzminimum liegt. Der Ersparnis an Gesellschaftsteuern steht keine

---

[245] Rose, G., Betriebswirtschaftliche Steuerlehre, a.a.O., S. 150f. Eine taxographische Analyse des steuerlichen Rechtsformvergleichs findet sich bei Herzig, N., Schiffers, J., Rechtsformwahl unter Beachtung der laufenden Besteuerung und von aperiodischen Besteuerungstatbeständen, in StuW 1994, S. 103ff., hier S. 112ff.

Belastung des Gesellschafters gegenüber. Da die ErSt-Belastung der GmbH mit sinkendem Gehalt relativ stark[246] steigen kann, ist der Wahrscheinlichkeit einer verdeckten Gewinnausschüttung in der Rechtsformüberlegung möglicherweise ein vergleichsweise hoher Rang einzuräumen. Die Wahl des optimalen Gehalts ist prophylaktisch durch einen Fremdvergleich oder durch betriebswirtschaftliche Argumentation als wirtschaftlich sinnvoll zu deklarieren. Im Bereich realistischer Gehälter wird dieses Problem allerdings eher unbedeutend, weil die Steigung der Belastungskurve der Kapitalgesellschaft sinkt und die Belastungsdifferenzen eher gering sind. Beim optimalen Gehalt kompensieren sich die Grenzsteuervor- und -nachteile gerade. Bei höheren Gehältern nimmt der Steuervorteil der Kapitalgesellschaft ab – in Ausnahmefällen so stark, dass die Steuerbelastung höher als beim Einzelunternehmen wird. Es existiert ein weiteres kritisches Gehalt. Dies ist jedoch nur möglich, wenn beim Einzelunternehmen die Entlastungswirkung der Anrechnung der fiktiven GewSt die tatsächliche GewSt-Belastung überkompensiert.

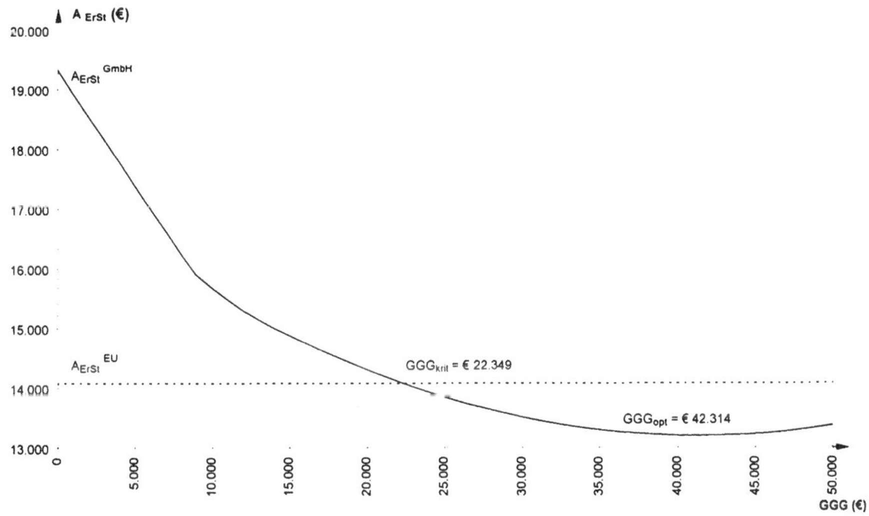

Abb. 34: Die ErSt-Belastung bei Gewinn*thesaurierung* in Abhängigkeit vom Gesellschafter-Geschäftsführer-Gehalt (GGG) beim Einzelunternehmen $A_{ErSt}{}^{EU}$ bzw. der Ein-Mann-GmbH $A_{ErSt}{}^{GmbH}$ (ESt-Tarif 2005ff.)

Bei Vollausschüttung (vgl. Abb. 35) überkompensiert bei dieser Konstellation der negative KSt- und GewSt-Effekt den Vorteil des Halbeinkünfteverfahrens. Es ergibt sich

[246] Die Steigung der Belastungskurve bei Wahl der Kapitalgesellschaft erlaubt eine Sensitivitätsanalyse. Ist die Steigung relativ niedrig, dann wirken sich Überraschungen (also Abweichungen der prognostizierten von der tatsächlichen Entwicklung) weniger stark aus. Ist die Steigung relativ hoch, dann ist die Wirkung einer solchen Überraschung erheblich sein.

ein ESt-Minimum bei einer Dividende in Höhe des wegen des Halbeinkünfteverfahrens doppelten Sparerfreibetrags und einem optimalen Gesellschafter-Geschäftsführer-Gehalt von € 44.781. Bei einem Gehalt von € 37.412 sind beide Rechtsformen indifferent. Die Steuerbelastung entspricht der bei Thesaurierung, weil die Einkünfte aus Kapitalvermögen (Dividende) wegen des Freibetrags null sind und keine ESt anfällt. Bei Ausschüttung des nach Gesellschafter-Geschäftsführer-Gehalts verbleibenden Gewinns ist ansonsten die Steuerbelastung wegen der zusätzlichen ESt generell höher. Auch hier sind aber die Steuerdifferenzen zwischen den Rechtsformen bei realistischen Gesellschafter-Geschäftsführer-Gehältern eher gering.

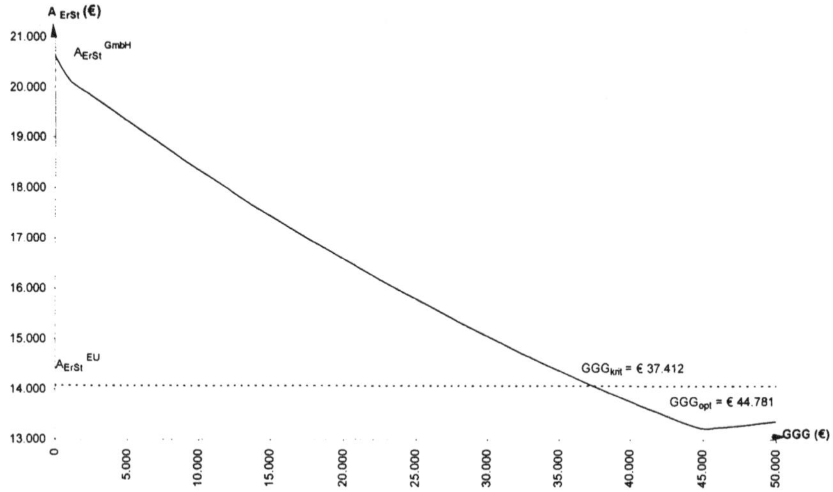

Abb. 35: Die ErSt-Belastung bei vollständiger Gewinn*ausschüttung* in Abhängigkeit vom Gesellschafter-Geschäftsführer-Gehalt GGG beim Einzelunternehmen $A_{ErSt\ EU}$ bzw. der Ein-Mann-GmbH $A_{ErSt\ GmbH}$ (ESt-Tarif 2005ff.)

8.3 Steuern und Standortwahl

Standortentscheidungen werden auf der Basis qualitativer und quantitativer Variabler (sog. **Standortfaktoren**) getroffen. Zum ersten Bereich zählen etwa die Fühlungsvorteile oder persönliche Lebensqualität (z.B. der Freizeitwert, Freundeskreis, Sprachbarrieren). Quantitative Standortfaktoren sind solche, die die quantitative Zielerreichung beeinflussen. Es sind dies etwa Transport- oder Personalkosten sowie Steuern und Subventionen.

8.3.1 Die Methodik der Standortwahl

Das Problem der Standortwahl lässt sich unter das generelle Investitionsproblem subsumieren. Die quantitativen Standortfaktoren werden in einem statischen oder (meist) dynamischen[247] Modell erfasst und in einem Entscheidungskriterium abgebildet (etwa Standortkosten oder Kapitalwert der Einnahmeüberschüsse der jeweiligen Standorte). Die sich nach diesem Kriterium ergebende Vorteilhaftigkeitsrangfolge der untersuchten Standorte kann durch die zusätzliche Berücksichtigung der qualitativen Standortfaktoren geändert werden, indem subjektiv gewichtete Veränderungen der quantitativ gefundenen Standortrangfolge vorgenommen werden.

8.3.2 Standortfaktor Steuern und Subventionen

Steuern und Subventionen zählen zu den quantitativen Standortfaktoren. Sie sind teilweise nicht standortneutral. Im internationalen Bereich ist das ohne weiteres einsichtig. Aber auch im nationalen Bereich ist die Steuerbelastung standortabhängig. Das hat einmal seinen Grund darin, dass die Steuerhöhe z.B. von den Gemeinden (GewSt, GrSt) beeinflusst werden kann. Darüber hinaus führt die staatliche Strukturpolitik dazu, dass besondere Standorte gefördert werden. Dies geschieht z.B. dadurch, dass standortabhängig bestimmte Steuern zeitweise nicht erhoben werden oder dass Sonderabschreibungen gewährt werden. Der Einfluss der Besteuerung auf die – nationale wie internationale – Standortwahl ist wegen der starken Differenzierung der standortabhängigen steuerlichen/subventionellen Be- und Entlastungen prinzipiell nur nach einer Systematisierung darstellbar. Als Systematisierungskriterium findet sich in der Literatur[248] z.B. das gesetzgeberische Zustandekommen:

- Steuersystembedingte Unterschiede verursachen eine Standortabhängigkeit von Steuerarten oder -sätzen. Im internationalen[249] Bereich treten diese Unterschiede – eben bedingt durch die unterschiedlichen Steuersysteme der einzelnen Staaten – häufig auf. Aber auch im nationalen Bereich existieren steuersystembedingte Unterschiede – etwa bei den Realsteuern durch gemeindeabhängige Hebesätze.
- Steuerverwaltungsbedingte Unterschiede verursachen im Wesentlichen zwar keine Steuerherabsetzung (sieht man von dem praktisch seltenen Fall des Erlasses ab), sondern eher eine Steuerverschiebung. Der Standorteinfluss liegt hier in der z.T. zinslosen Steuerkreditgewährung durch die Finanz- und Gemeindebehörden. Diese Unterschiede sind möglich, weil die Steuergesetze eine Vielzahl von Ermessensentscheidungen enthalten, sodass die Steuerzahlungszeitpunkte standortabhängig zu beeinflussen sind.

---

[247] So etwa Kudert, S., Der Einfluss von Unternehmenssteuern auf die Standortwahl, in WISU 1991, S. 511ff., hier S. 511.

[248] Vgl. Wöhe, G., Bieg, H., Grundzüge der Betriebswirtschaftlichen Steuerlehre, 4.Aufl. München 1995, S. 157f. Am Beispiel der ehemaligen Berlin- und Zonenrandförderung dargestellt bei Haberstock, L., Breithecker, V., Die nationale Standortwahl als steuerliches Entscheidungsproblem, in WiSt 1984, S. 53ff., 105ff.

[249] Vgl. etwa Strunk, G., Einfluss der Besteuerung auf die internationale Standortwahl, in SteuerStud 1993, S. 53ff.

- Steuerpolitikbedingte Unterschiede sind solche, die sich aus wirtschaftspolitischen (hier strukturpolitischen) Aktionen[250] des Steuergesetzgebers herleiten lassen. Dazu gehören Subventionen, Abschreibungspräferenzen oder die Nichterhebung von Steuern.

Betriebswirtschaftlich ist es allerdings gleichgültig, aus welchem politischen Grund die steuerliche Standortbelastung differiert. Vielmehr interessiert, wie die steuerlichen Standortfaktoren systematisch in Erklärungs- und Entscheidungsmodellen berücksichtigt werden können. Um dies herzuleiten, sind in Abb. 36 nochmals die Zielfunktionen skizziert. Im qualitativen Bereich kann ein Ziel kaum als Funktion definiert werden – die qualitativen Standortfaktoren können etwa wie bei der Rechtsformwahl in einem Scoringmodell berücksichtigt werden. Die quantitativen Standortfaktoren sind z.B. im Erklärungs- und Entscheidungsmodell des Kapitalwerts K enthalten. Als quantitative Entscheidungshilfe bietet sich an, den Standort zu wählen, an dem die mit dem Rentenbarwertfaktor b diskontierten standortabhängigen Einnahmeüberschüsse EÜ maximal sind.

Steuern und Subventionen stellen Standortfaktoren dar, wenn sie das Entscheidungskriterium ändern können – im Sinne der zweiten Phase des Drei-Phasen-Schemas.

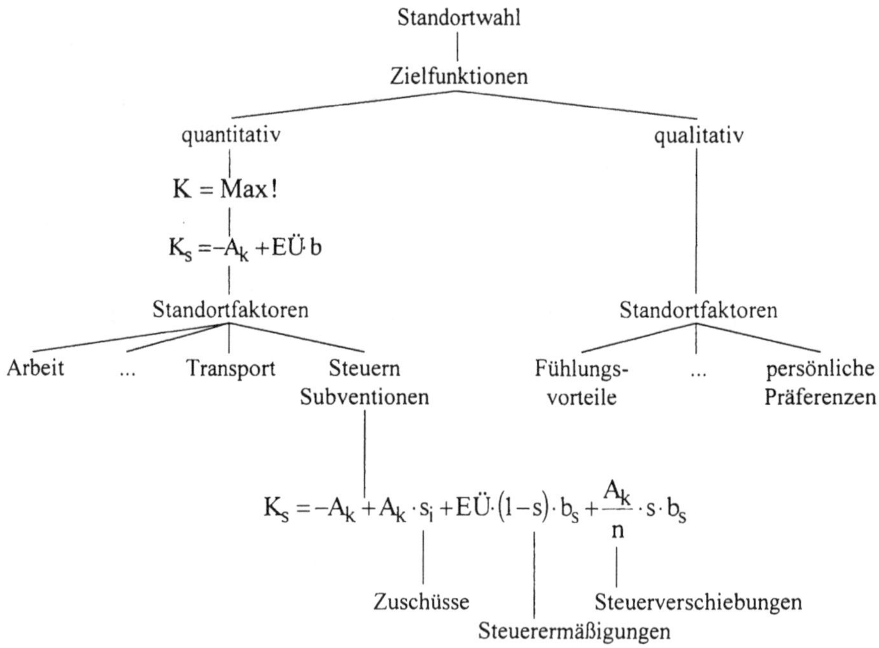

Abb. 36: Ziel und Variable (Standortfaktoren) der betrieblichen Standortpolitik

---

250 Zur Umstellung von Sonderabschreibungen auf InvZul vgl. etwa Strahl, M., Änderungen der Investitionsförderung in den neuen Ländern und Berlin (West), in BB 1998, S. 293ff.

Erweitert man den Kapitalwert um Steuern und Subventionen K_s, dann zeigt sich deutlich eine betriebswirtschaftliche Systematisierung in drei steuerliche Standortfaktoren. Der Kapitalwert wird durch standortabhängige unterschiedliche Steuersätze s geändert (**Steuerermäßigungen**/Steuersatzdifferenzen). Die Steuersätze wirken z.B. auf die AfA A_k/n, auf die Einnahmeüberschüsse und evtl. auf den Rentenbarwertfaktor b_s. Der Kapitalwert wird weiter durch die Verteilung der Abschreibungen beeinflusst (**Steuerverschiebungen** durch Sonderabschreibungen/erhöhte Absetzungen). Schließlich enthält der Kapitalwert einige Bemessungsgrundlagen, an die **Subventionen** geknüpft werden können (Investitionszulagen/-zuschüsse mit dem Zuschusssatz s_i an die AHK A_k, Umsatzpräferenzen an die Einnahmen oder Personalkostenzuschüsse an die Ausgaben u.a.).

Um die Wirkungsanalyse zu erleichtern, wird hier angenommen, dass sämtliche nichtsteuerlichen Standortfaktoren standortunabhängig sind. Dann können sie im Erklärungsmodell vernachlässigt werden. Die Darstellung kann auf die standortabhängigen Wirkungen von Steuerausgaben und Subventionseinnahmen reduziert werden. Damit sind sie isoliert nachvollziehbar.

8.3.2.1 Standortfaktor Steuerermäßigung

Standortabhängige **Steuerermäßigungen** führen zu unterschiedlichen Steuersätzen. Ursache können die Hebesätze der GewSt oder der GrSt (kommunale Steuerpolitik) sein. Es kann sich um Ermäßigungen der ESt oder der KSt handeln (nationale Standortpolitik). Auch wenn auf eine Steuer verzichtet wird, kann dies unter den Ermäßigungen erfasst werden.

Die Berücksichtigung von Steuerermäßigungen bei Entscheidungen ist relativ einfach. Bei einer Veranlagungssimulation wird die Ermäßigung so erfasst, wie das jeweilige Steuergesetz es vorschreibt. Wird eine Steuer nicht erhoben, dann wird für die Bemessungsgrundlage oder den Steuersatz der Wert null angesetzt.

Bei der Teilsteuerrechnung werden die Teilsteuersätze entsprechend modifiziert. Beruht die Steuerermäßigung auf unterschiedlichen Hebesätzen, so werden die Teilsteuersätze auf der Basis der entsprechenden nominellen GewSt-Sätze berechnet. Beträgt z.B. an einem Standort der Hebesatz 250 %, an einem zweiten 450 %, dann belaufen sich die Teilsteuersätze aus KSt und GewSt auf $s_{kg} = 0{,}333$ bzw. $s_{kg} = 0{,}388$. Der Differenzsteuersatz der ErSt – jetzt bezogen auf die 'Standortdifferenz' – beträgt demnach 5,5 %-Punkte zugunsten des ersten Standorts. Werden Steuern standortabhängig überhaupt nicht erhoben, dann entfällt u.U. der gesamte Teilsteuersatz.

Die ermäßigten Teilsteuersätze werden in die Kapitalwertformel für den jeweiligen Standort übernommen. Die tatsächliche Steuerbelastung (im Zähler) wie auch der Kalkulationszinsfuß nach Steuern werden mit Hilfe der entsprechenden Teilsteuersätze ermittelt. Dabei können die Steuersätze bei der Investition selbst (im Zähler) und bei der Zwischenanlage (im Kalkulationszinsfuß) differieren. Es kann sich standortunabhängig um unterschiedliche Einkunftsarten handeln – es kann aber auch sein, dass Standortpräferenzen für Sachinvestitionen anders gestaltet sind als für Finanzinvestitionen.

Die Untersuchungen zum Steuerparadoxon (vgl. Kapitel "Das Steuerparadoxon") haben gezeigt, dass eine Steuerermäßigung nicht notwendigerweise zu einer Standortprivilegierung führt. Eine Sachinvestition von € 1 Mio, die fünf Jahre lang einen Einnahmeüberschuss von € 263.797 p.a. erwirtschaftet, ist ohne Berücksichtigung von ErSt bei einem Kalkulationszinsfuß von 10 % p.a. indifferent zur alternativen Finanzinvestition – der Kapitalwert ist null. Bei einem derzeit nicht realistischen ErSt-Satz von 60 % und linearer AfA ergibt sich ein Kapitalwert von € 3.970. Wird der ErSt-Satz z.B. zur Standortförderung auf 30 % gesenkt, dann sinkt der Kapitalwert auf € 3.146. Die Steuersatzermäßigung hat die unerwartete Wirkung, dass der Standort benachteiligt wird. Der Grund liegt in den Prämissen des Modells – der Ansatz des Kapitalwerts vergleicht die Sach- mit der Finanzinvestition. Sinkt der Kapitalwert, dann wird die Finanzinvestition privilegiert. Deren Kapitalwert beträgt weiter null. Beide Investitionen profitieren von der Steuersatzsenkung – die Finanzinvestition in diesem Fall stärker. Vernachlässigt man eine Privilegierung der Finanzinvestition – z.B. weil Kapitaleinkünfte nicht präferenziert werden –, dann steigt der Kapitalwert der Sachinvestition auf € 89.174, der der Finanzinvestition bleibt null.

8.3.2.2 Standortfaktor Steuerverschiebung

Steuerverschiebungen lassen sich einigermaßen einfach nur in dynamischen Entscheidungsmodellen (z.B. dem Kapital- oder den Barwert[251]) berücksichtigen. Sieht z.B. eine steuergesetzliche Regelung vor, dass neben linearer AfA in den ersten fünf Jahren insgesamt 50 % der AHK beliebig abgesetzt werden können (hier im ersten Jahr eine Sonderabschreibung von 50 %), dann ändert sich der Abschreibungsverlauf bei einer Nutzungsdauer von z.B. fünf Jahren wie folgt (Werte in % der AHK):

Jahr	1	2	3	4	5	Summe
lineare AfA	20	20	20	20	20	100
Sonderabschreibung und AfA	50+20	20	10			100
Gewinnverschiebung	-50	0	+10	+20	+20	0

Im ersten Jahr wird eine überhöhte Betriebsausgabe (wegen der Umkehrung des Maßgeblichkeitsprinzips auch in der Handelsbilanz) von 50 % der AHK wirksam. Diese stille Rücklage löst sich in den letzten drei Jahren wieder auf (Zweischneidigkeit der Bilanz).

[251] Ein Beispiel findet sich bei Geiger, A., Thiede, F., Die Vorteilhaftigkeit der Abschreibung nach § 7k EStG, in DB 1990, S. 2495ff.

Die Gewinnverschiebung führt bei konstanten ErSt-Sätzen zu einer Steuerverschiebung. Bei progressiven Steuern – der ESt und der GewSt bei Nicht-Kapitalgesellschaften – kann es insgesamt auch zu einer höheren oder niedrigeren ErSt-Belastung kommen. In jedem Fall hat die Steuerverschiebung einen Zinseffekt. Die Finanzbehörden verzichten vorübergehend auf die Steuerzahlung.

Wird im Beispielsfall der ErSt-Satz mit 60 % und der Kalkulationszinsfuß mit 5 % p.a. nach Steuern angenommen, dann beträgt der Barwert der Steuerminderung durch lineare AfA 52 % der AHK. Bei Sonderabschreibung beträgt die kapitalisierte Steuerwirkung 56 % der AHK. Der kapitalisierte Steuervorteil beträgt demnach 4 % der AHK. Er resultiert wegen des konstant gesetzten ErSt-Satzes ausschließlich aus dem Zinseffekt – ebenfalls nach Steuern. Diese Differenz lässt sich auch durch Kapitalisierung der mit dem ErSt-Satz multiplizierten Gewinnverschiebungen berechnen. Der Vorteil entspricht unter diesen Annahmen dem einer zu Beginn des Planungszeitraums ausbezahlten steuerfreien InvZul in dieser Höhe.

Anders als eine sofort ausbezahlte InvZul ist der Standortfaktor Steuerverschiebung steuersatzabhängig. Es könnte vermutet werden, dass die Wirkung unter der Prämisse eines im Zeitablauf konstanten ErSt-Satzes umso größer ist, je höher der ErSt-Satz ist. Diese Hypothese sei an einem einfachen Modell überprüft: Bestimmte Standorte sollen dadurch privilegiert werden, dass anstelle einer linearen AfA eine Sofortabschreibung zulässig ist. Bei linearer AfA lautet der Barwert der abschreibungsbedingten Steuerminderungen B_{AStlin}:

$$B_{AStlin} = \frac{A_k}{n} \cdot s_{er} \cdot b_s$$

mit	
A_k	Anschaffungs- oder Herstellungskosten, AHK
n	betriebsgewöhnliche Nutzungsdauer/Planungszeitraum
s_{er}	konstanter ErSt-Satz
b_s	Rentenbarwertfaktor[252] nach ErSt

Bei Sofortabschreibung lautet der Barwert der abschreibungsbedingten Steuerminderungen (wenn man annimmt, dass die Steuerersparnis bereits zu Beginn des Planungszeitraums wirkt) B_{AStsof}:

$$B_{AStsof} = A_k \cdot s_{er}$$

---

[252] Der Rentenbarwertfaktor vor ErSt lautet $b = ((1+d)^n-1)/(d\cdot(1+d)^n)$. Im Rentenbarwertfaktor nach ErSt wird d durch d_s mit $d_s = d\cdot(1-s_{er})$ ersetzt.

Eine Hypothese ist, dass der Barwert bei Sofortabschreibung generell größer ist als bei linearer AfA:

$$A_k \cdot s_{er} > \frac{A_k}{n} \cdot s_{er} \cdot b_s ?$$

$$n > b_s$$

Durch Kürzen der gleichen Symbole ergibt sich die untere Ungleichung. Diese ist immer erfüllt[253], solange nur der Zinsfuß d > 0 ist, solange also ein Zinseffekt überhaupt existiert.

Die Steuerverschiebung bewirkt eine stille Selbstfinanzierung. Deren Wirkung ist einerseits umso geringer, je niedriger der ErSt-Satz s_{er} ist. Das Finanzierungsvolumen $A_k \cdot s_{er}$ sinkt nämlich mit fallendem s_{er}. Bei fehlender ErSt existiert keine Finanzierungswirkung. Andererseits steigt mit sinkendem ErSt-Satz der Kalkulationszins nach Steuern. Die Finanzierungswirkung steigt. Bei einem ErSt-Satz von null wie bei einem maximalen ErSt-Satz von 100 % existiert keine Finanzierungswirkung. Zusammengefasst folgt daraus, dass die Sofortabschreibung gegenüber der linearen AfA durchgängig vorteilhaft ist. Der Vorteil (die Differenz der Barwerte) steigt aber nicht generell mit steigendem ErSt-Satz. Vielmehr existiert bei einem bestimmten ErSt-Satz ein Maximum. Bei einem Zinsfuß von 10 % p.a. und einer Nutzungsdauer von 10 Jahren hat die Sonderabschreibung die größte Wirkung, wenn der ErSt-Satz bei etwa 50 % liegt.

Steuerliche Standortfaktoren existieren in der Realität nicht isoliert. Die Wirkung einer Steuerermäßigung kann also die einer Steuerverschiebung zumindest teilweise neutralisieren. Wird der ErSt-Satz an einem Standort gesenkt, dann ergibt sich hieraus möglicherweise ein Steuerermäßigungsvorteil. Existieren daneben Steuerverschiebungswahlrechte, so kann es sein, dass beide Wirkungen komplementär sind. Im Bereich existenter Steuersätze führt eine ErSt-Satzsenkung aber eher dazu, dass der Vorteil einer steuerverschiebenden Maßnahme verringert wird. Das sinkende Finanzierungsvolumen überkompensiert den steigenden Nettozins. Der Nachteil im Steuerverschiebungsbereich mindert den Vorteil der Steuerermäßigung. Strukturpolitische Maßnahmen mit gleichem Ziel können zu konkurrierenden Wirkungen führen.

8.3.2.3 Standortfaktor Subvention

Subventionen sind unterschiedlich ausgestaltet. Überwiegend werden sie zur Investitionsförderung gewährt. Die Bemessungsgrundlage sind dann – u.U. mit Modifikationen – die AHK. Werden die Subventionen zur Absatzförderung gewährt, dann berechnen sie

[253] Dies ist leicht ersichtlich, wenn man den Rentenbarwertfaktor durch die Summenformel ersetzt.

sich etwa nach dem UStlichen Entgelt. Sie können weiterhin steuerfrei (Investitions**zulagen**) oder steuerpflichtig (Investitions**zuschüsse**, USt-Präferenzen[254] u.a.) sein.

InvZul werden im Kapitalwertansatz einfacherweise durch Ansatz der InvZul-Einnahme $A_k \cdot s_i$ erfasst. Wird damit gerechnet, dass sie erst nach einiger Zeit bezahlt werden (Antrags- und Bearbeitungszeit), dann müssen sie diskontiert werden. Zum Kapitalwert der Investition ist der der InvZul zu addieren:

$$B_{InvZul} = \frac{A_k \cdot s_i}{(1 + d_s)^m}$$

mit		
mit	B_{InvZul}	Barwert der InvZul
	A_k	AHK
	s_i	InvZul-Satz
	d_s	Kalkulationszinsfuß nach Steuern
	m	Jahre bis zur Auszahlung der InvZul

Investitionszuschüsse sind ErSt-pflichtig. Sie können erfolgswirksam und erfolgsneutral[255] gebucht werden (R 34 EStR 2001). Im ersten Fall wird der Investitionszuschuss im Jahr des Zuflusses als steuerpflichtige Einnahme behandelt. Im zweiten Fall wird der Investitionszuschuss wie die (steuerfreie) InvZul in den Kapitalwert einbezogen. Die AfA bzw. die erhöhten Absetzungen oder Sonderabschreibungen werden um den Investitionszuschuss reduziert. Ist der ErSt-Satz konstant, dann ist ohne weiteres ersichtlich, dass der Zinsvorteil bei erfolgsneutraler Buchung maximiert wird, weil der Steuernachteil später anfällt und zu einem positiven Zinseffekt führt. Diese Wirkung kann analog zur Untersuchung Sofortabschreibung/lineare AfA analysiert werden.

Subventionen auf den Umsatz (etwa USt-Präferenzen) sind regelmäßig steuerpflichtig. Die laufenden Einnahmeüberschüsse wie auch die Bemessungsgrundlage der ErSt im Zähler der Kapitalwertformel werden um die USt-Präferenz erhöht.

Bei sämtlichen Subventionen können wesentliche Fehler in der Berechnung auftreten, wenn man die nominalen Subventionssätze übernimmt. Auch Subventionen können überwälzt werden. Der Lieferant von Anlagevermögen weiß, dass dem Kunden eine InvZul gewährt wird und setzt den Preis u.U. höher an. Dem Abnehmer von subventionierten Produkten ist bekannt, dass der Hersteller eine Subvention erhält. Er wird versuchen, den Preis deshalb zu reduzieren, um damit am Subventionsvorteil beteiligt zu sein. Für sämtliche Planungsrechnungen – seien es Investitions- oder Standortentscheidungen – ist deshalb der tatsächliche Subventionssatz zu schätzen. Bei den Steuerermäßigungen und

[254] Vgl. hierzu Kapitel "Steuern und Preispolitik"; eine Umsatzsubvention wirkt wie eine Brutto-USt – nur in entgegengesetzter Richtung.

[255] Gehören die Wirtschaftsgüter nicht zu einem Betriebsvermögen, dann ist nur die erfolgsneutrale Behandlung, also Abzug von den AHK, zulässig (R 163 EStR 2001). In der Handelsbilanz ist bei erfolgsneutraler Behandlung ein Sonderposten mit Rücklageanteil auszuweisen, vgl. Institut der Wirtschaftsprüfer in Deutschland e.V. (Hrsg.), Wirtschaftsprüfer-Handbuch Band I, a.a.O., S. 264.

den Steuerverschiebungen wird der Standortvorteil regelmäßig beim Berechtigten verbleiben, da der Zusammenhang mit den Märkten gering ist. Inwieweit InvZul und Investitionszuschüsse beim Käufer verbleiben, hängt von der Marktform des Beschaffungsmarkts ab. Möglicherweise werden Lieferanten mit dem Argument der Bezuschussung höhere Preise verlangen. Bei USt-Präferenzen ist der Teil, der an den Abnehmer weitergegeben werden muss, von der Marktform des Absatzmarkts abhängig. Bisher ist es allerdings in praxi nicht gelungen, die Überwälzungsanteile zu messen.

8.3.3 Internationale Standortwahl

Die Einbeziehung ausländischer Standorte ändert an der prinzipiellen Methodik der Standortwahl nichts. Möglicherweise ist aber zu bedenken, dass die Standortfaktoren ein anderes relatives Gewicht als im Inland haben. Bezüglich des Standortfaktors 'Steuern und Subventionen' können zwei Standortsituationen unterschieden werden[256]. Wird im Ausland ein *Produktions*standort gesucht, dann ist der Steuereinfluss von eher untergeordneter Bedeutung. Dann stehen etwa die Möglichkeiten der Arbeitskräftebeschaffung oder zusätzlicher Absatzmärkte im Vordergrund. Wird im Ausland dagegen ein *Dienstleistungs*standort gesucht, der es ermöglicht, Gewinne in Länder mit niedrigeren Steuerbelastungen zu verlagern, dann ist die Besteuerung maßgeblicher Standortfaktor.

In Abb. 37 ist die steuerliche Situation eines inländischen Standorts skizziert. Zwischen dem Staat, dem Betrieb und den Gesellschaftern existieren Dividenden-, Steuer- und Subventionszahlungen, die sich nach nationalem Steuer- und Subventionsrecht bestimmen. Das gilt ökonomisch auch, wenn etwa Subventionen aus internationalen Haushalten stammen, aber für nationale Standorte gewährt werden.

Soll alternativ ein Produktionsstandort im Ausland erwogen werden (vgl. Abb. 38), dann bestimmt neben dem inländischen auch das ausländische Steuer- und Subventionsrecht die Zahlungsströme zwischen den Beteiligten. Grenzüberschreitende Aktivitäten (etwa Gewinnausschüttungen oder Zinszahlungen u.a.) unterliegen außerdem meist binationalen Regelungen – den DBA. Zusätzlich zum inländischen Recht ist also bei einer Standortentscheidung das ausländische und evtl. binationales Recht zu beachten.

Eine nicht seltene Standortentscheidung ist die fast ausschließlich steuerlich bestimmte Gründung von ausländischen Zwischen- oder Basisgesellschaften (vgl. Abb. 39) als Dienstleister für den inländischen Steuerpflichtigen. Dann ist neben den genannten Regelungen auch auf die Existenz nationaler oder binationaler Missbrauchsverhinderungsvorschriften zu achten – wie etwa auf die Vorschriften des deutschen AStG.

Die steuerlichen Standortfaktoren sind im internationalen Bereich ähnlich zu systematisieren wie im nationalen Bereich. Allerdings können sie im Einzelnen anders formuliert sein. Steuerermäßigungen können im völligen Fehlen einer Steuerart bestehen (der ermäßigte Steuersatz wäre dann null). Sie können auch aus einer standortabhängigen

---

[256] Fischer, L., Warneke, P., Internationale Betriebswirtschaftliche Steuerlehre, a.a.O., S. 275f. m.w.N.

Berechnung der Bemessungsgrundlage entstehen (etwa die Abschreibung nicht von den Anschaffungs-, sondern von den Wiederbeschaffungskosten). Die Steuerermäßigung durch Reduktion der Bemessungsgrundlage kann in eine äquivalente Steuersatzermäßigung umgerechnet werden, sodass das System der steuerlichen Standortfaktoren beibehalten werden kann. Steuerverschiebungen können aus der Zulässigkeit anderer Abschreibungsmethoden resultieren. Subventionen schließlich können anders geregelt sein als im deutschen Subventionsrecht.

Weiter sind insbesondere bei der Standortwahl für ausländische Basisgesellschaften die steuerrechtlichen Nebenbedingungen von erheblich größerer Bedeutung als in den ersten beiden Situationen. Da der Gesetzgeber die Ausnutzung des internationalen Steuergefälles auf Kosten der eigenen Volkswirtschaft kaum dulden wird, existiert eine Reihe von Verhinderungsregeln. Diese sind häufig (vgl. etwa die Regelungen des AStG) operational als quantitative Nebenbedingungen formuliert (etwa Beteiligung von mindestens 1 % (§ 7 Abs. 6 AStG) oder mehr als 50 % (§ 7 Abs. 1 AStG)). Sie können also einigermaßen sicher eingehalten werden – wenn nicht das AStG oder andere Gesetzesregelungen (z.B. § 17 EStG), auf die das AStG zurückgreift, überraschend geändert werden.

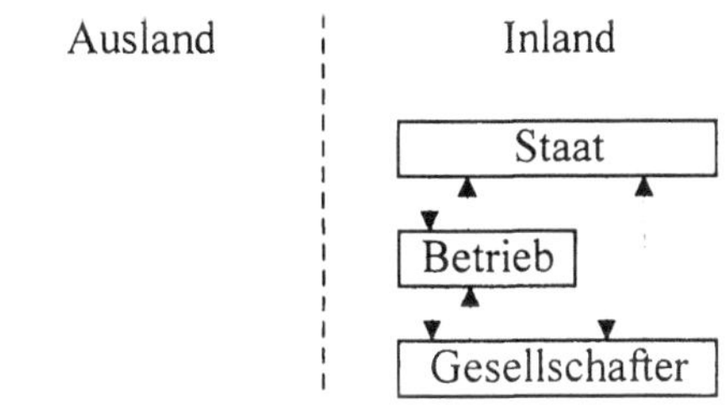

Abb. 37: Inländischer Standort

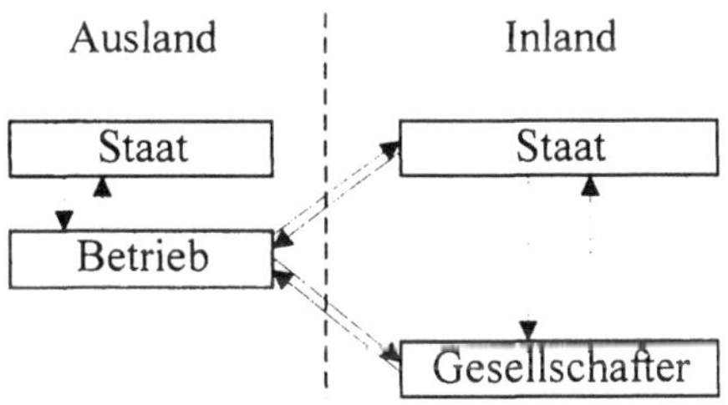

Abb. 38: Ausländischer Produktionsstandort

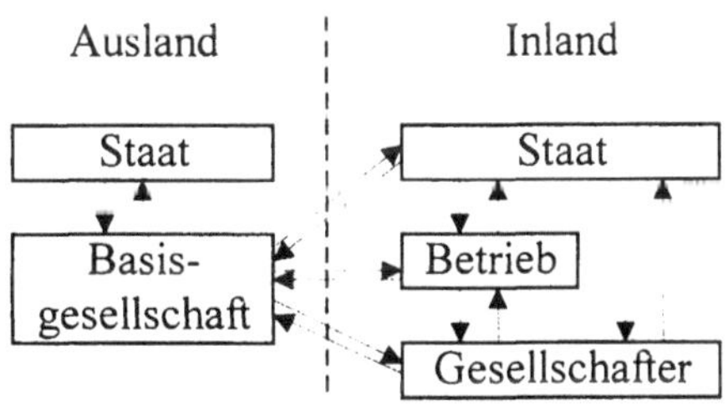

Abb. 39: Inländischer Produktionsstandort mit ausländischer Basisgesellschaft

Die Situation eines ausländischen Produktionsstandorts (Abb. 38) sei an einem Beispiel skizziert. Eine zusätzliche Produktionsinvestition mit einem prognostizierten Gewinn von € 1 Mio p.a. sei alternativ an einem inländischen oder einem ausländischen Standort ohne bzw. mit DBA geplant. Im Inland und im Rahmen eines Einzelunternehmens bzw. einer Personengesellschaft soll ESt und GewSt anfallen. Der ESt-Satz soll 48,5 % (Tarif 2001/2) betragen und konstant sein, der effektive GewSt-Satz beläuft sich bei einem Hebesatz von 400 % auf 16,67 %. KiSt und ErgAbg seien vernachlässigt. Bei der GewSt seien der Freibetrag und der Staffeltarif schon ausgenutzt. Die ErSt-Belastung entspricht damit unter Berücksichtigung der Anrechnung der fiktiven GewSt dem Teilsteuersatz $s_{eg} = 0{,}4958$. Der Nettovorteil bei inländischem Produktionsstandort beträgt € 504.200.

Wird die Investition im Rahmen einer Kapitalgesellschaft mit firmeneigener Zielsetzung vorgenommen und wird unterstellt, der zusätzliche Gewinn werde thesauriert, dann unterliegt der Gewinn der KSt und der GewSt. Auch hier sei die ErgAbg vernachlässigt. Die ErSt-Belastung entspricht damit dem Teilsteuersatz $s_{kg} = 0{,}375$. Der Nettovorteil bei inländischem Produktionsstandort beläuft sich auf € 625.000. Die rechtsformabhängige ErSt-Differenz (€ 120.800) resultiert ausschließlich aus dem Unterschied zwischen ESt- und KSt-Satz.

Wird ein ausländischer Produktionsstandort erwogen, dann kann die rechtliche Organisation im Ausland (Betriebsstätte oder Tochterkapitalgesellschaft) sowie im Inland (natürliche Person/Personengesellschaft oder Kapitalgesellschaft) die gesamte ErSt-Belastung beeinflussen[257]. Diese vier grundsätzlichen Fälle seien nachfolgend – jeweils für den Nicht-DBA-Fall und den DBA-Fall – unter Fortführung des obigen Zahlenbeispiels dargestellt.

Zunächst sei der Nicht-DBA Fall einer inländischen natürlichen Person (der Fall einer inländischen Personengesellschaft, an der ausschließlich natürliche Personen beteiligt sind, ist vergleichbar) betrachtet. Im Betriebsstättenfall ist die inländische Person im Ausland beschränkt steuerpflichtig. Gleichzeitig unterliegen die Betriebsstättenergebnisse im Inland der unbeschränkten Steuerpflicht. Die Doppelbesteuerung kann nur durch unilaterale Maßnahmen (§ 34c EStG) verhindert bzw. gemildert werden. Eine GewSt-Pflicht existiert aufgrund § 2 Abs. 1 GewStG nicht[258]. Neben die unbeschränkte Steuerpflicht der (Tochter-)Kapitalgesellschaft im Ausland tritt im Ausschüttungsfall eine auf die Dividende begrenzte beschränkte Steuerpflicht der inländischen natürlichen

[257] Vgl. hierzu etwa Grotherr, S., Internationale Steuerplanung: Betriebsstätte oder Tochtergesellschaft?, in SteuerStud 2001, S. 182ff.; zum umgekehrten Fall (inländischer Produktionsstandort eines ausländischen Investors) vgl. Karrenbrock, H., Die Unternehmenssteuerreform aus der Sicht ausländischer Investoren – Konsequenzen für die Steuerbelastung inländischer Betriebsstätten, Personengesellschaften sowie Tochterkapitalgesellschaften, in SteuerStud 2001, S. 408ff.

[258] Die Kürzungsvorschrift des § 9 Nr. 3 GewStG hat nur deklaratorische Bedeutung, vgl. Schaumburg, H., Internationales Steuerrecht, 2. Aufl. Köln 1998, S. 356 (m.w.N.).

Person im Ausland und eine unbeschränkte Steuerpflicht im Inland. Das GewStliche Schachtelprivileg[259] (§ 9 Nr. 7 GewStG) verhindert eine GewSt-Belastung. Die Gesamt-ErSt-Belastung stellt sich unter der Annahme, die ausländische Steuer[260] werde auf die ESt angerechnet, wie folgt dar:

Annahme: kein DBA, Anrechnung der ausländischen ESt

Inland: natürliche Person

Ausland:				**Kapital-gesellschaft**	**Betriebsstätte**
			€	€	€
ausländischer Gewinn				1.000.000	1.000.000
nichtanrechenbare ErSt	6 %	von	1.000.000	- 60.000	- 60.000
ausländische KSt	34 %	von	940.000	- 319.600	
Brutto-Dividende/–Entnahme				620.400	940.000
ausländische ESt	40 %			- 248.160	- 376.000
Netto-Dividende bzw. -Entnahme				372.240	564.000
deutsche ESt	48,5%	von	310.200	- 150.447	
bzw.	48,5%	von	940.000		- 455.900
angerechnete ausländische ESt				+ 150.447	+ 376.000
= Nettovorteil				372.240	484.100
				=======	=======

Die gesamte Steuerbelastung ist mit 62,8 % besonders hoch, wenn eine inländische natürliche Person eine ausländische Kapitalgesellschaft gründet, weil die ausländische KSt nicht angerechnet wird. Faktisch wird sie von der Bemessungsgrundlage abgezogen. Die Hälfte der (Brutto-)Dividende (€ 310.200) unterliegt der deutschen ESt. Die Anrechnung ausländischer ESt ist auf die inländische ESt begrenzt. Bei einer ausländischen Betriebsstätte reduziert sich wegen der Anrechnung der ausländischen ESt die Belastung auf 51,6 %. Das ist der Teilsteuersatz aus nichtanrechenbarer ErSt und inländischer ESt $s_{er} = 0{,}06 + 0{,}485 - 0{,}06 \cdot 0{,}485$. Die ausländische ESt wird über die Anrechnung vollständig neutralisiert. Der ausländische Standort erweist sich in beiden Fällen gegenüber dem inländischen Standort als nachteilig.

[259] Hier wird in jedem Fall eine Beteiligung von mindestens 10 % des gezeichneten Kapitals der Tochterkapitalgesellschaft angenommen.

[260] Es soll außerdem eine nichtanrechenbare, der inländischen GewSt entsprechende, ausländische ErSt existieren.

Für eine inländische Kapitalgesellschaft stellt sich unter der Annahme, es existiere kein DBA und die ausländische Steuer werde auf die KSt angerechnet, die ErSt-Belastung wie folgt dar:

Annahme: kein DBA, Anrechnung der ausländischen KSt

Inland: Kapitalgesellschaft

Ausland:				**Kapital-gesellschaft**	**Betriebsstätte**
			€	€	€
ausländischer Gewinn				1.000.000	1.000.000
nichtanrechenbare ErSt	6 %	von	1.000.000	- 60.000	- 60.000
ausländische KSt	34 %	von	940.000	- 319.600	- 319.600
Brutto-Dividende/-Entnahme				620.400	620.400
ausländische KSt	34 %	von	620.400	- 210.936	
Netto-Dividende bzw. -Entnahme				409.464	620.400
deutsche KSt/GewSt	37,5%	von	31.020	- 11.633	
bzw. deutsche KSt	25 %	von	940.000		- 235.000
angerechnete ausländische KSt				0	+ 235.000
= Nettovorteil				397.831	620.400
				=======	=======

Bei Gründung einer ausländischen Tochterkapitalgesellschaft ist diese dort unbeschränkt KSt-pflichtig. Die Mutterkapitalgesellschaft ist im Ausland nicht anrechnungsberechtigt, aber mit der Dividende beschränkt KSt-pflichtig. Im Inland ist die Dividende bis auf den pauschalierten Betrag von 5 % von € 620.400 (€ 31.020, § 8b Abs. 5 KStG[261]) steuerfrei (§ 8b Abs. 1 KStG, § 7 Abs. 1 GewStG). Eine Anrechnung ausländischer KSt ist damit nicht möglich. Die gesamte Belastung beträgt 60,22 %.

Wird eine ausländische Betriebsstätte gegründet, dann reduziert sich die Belastung auf 37,96 %, sie entspricht dem Teilsteuersatz aus nichtanrechenbarer Steuer und ausländischer KSt $s_{er} = 0{,}06 + 0{,}34 - 0{,}06 \cdot 0{,}34$. Die ausländische KSt wird nach § 26 Abs. 1 KStG angerechnet – allerdings begrenzt auf die Höhe der deutschen KSt.

Existiert im Fall der natürlichen Person[262] im Inland, die einen ausländischen Produktionsstandort erwägt, ein DBA, dann unterliegen Dividenden von Tochtergesellschaften regelmäßig einem begrenzten Quellensteuerabzug (beschränkte Steuerpflicht im Ausland) und sind im Inland im Rahmen des Halbeinkünfteverfahrens zu berücksichtigen. Das DBA sieht regelmäßig die Anrechnung der ausländischen

[261] Vgl. dazu Utescher, T., Blaufus, K., Unternehmenssteuerreform 2001: Begrenzung des Betriebsausgabenabzugs bei Beteiligungserträgen, in DStR 2000, S. 1581ff. hier S. 1583.

[262] Ein ähnlicher Belastungsvergleich für einen Staat der EU findet sich bei Jacobs, O.H., Spengel, C., Besteuerung deutscher Kapitalgesellschaften im internationalen Vergleich, in DBW 1995, S. 431ff., hier S. 444.; vgl. hierzu auch Spengel, C., Europäische Steuerbelastungsvergleiche, Düsseldorf 1995.

Quellensteuer vor. Für Betriebsstättengewinne findet (zumindest in Deutschland) grundsätzlich die Freistellungsmethode Anwendung.[263]

Annahme: DBA mit Freistellung von Betriebsstättengewinnen und Anrechnung ausländischer KapESt

Inland: natürliche Person

Ausland:				**Kapital-gesellschaft**	**Betriebsstätte**
			€	€	€
ausländischer Gewinn				1.000.000	1.000.000
nichtanrechenbare ErSt	6 %	von	1.000.000	- 60.000	- 60.000
ausländische KSt	34 %	von	940.000	- 319.600	
ausländische ESt	40 %	von	940.000		- 376.000
Brutto-Dividende/-Entnahme				620.400	564.000
ausländische KapESt	15 %	von	620.400	- 93.060	
Netto-Dividende bzw. -Entnahme				527.340	564.000
deutsche ESt	48,5%	von	310.200	- 150.447	
bzw.					ggf. § 32b EStG
angerechnete ausländische KapESt				+ 93.060	
= Nettovorteil				469.953	564.000
				=======	=======

Die gesamte ErSt-Belastung beträgt bei Einrichtung einer ausländischen Tochterkapitalgesellschaft 53,0 %. Die Dividende aus der Tochtergesellschaft wird nach dem Wohnsitzprinzip im Inland gem. dem Halbeinkünfteverfahren besteuert. Die ausländische KapESt wird angerechnet und damit neutralisiert. GewSt fällt aufgrund des gewerbesteuerlichen Schachtelprivilegs (§ 9 Nr. 8 GewStG) nicht an.

Bei Einrichtung einer ausländischen Betriebsstätte reduziert sich die gesamte ErSt-Belastung erheblich auf 43,6 %. Der Gewinn der Betriebsstätte wird nach dem Belegenheitsprinzip ebenfalls im Ausland besteuert, im Inland ist er von der Besteuerung freigestellt. Eine KapESt fällt hier nicht an – da sie angerechnet würde, hätte sie ohnehin keinen Einfluss auf die ErSt-Belastung. Regelmäßig hat der Progressionsvorbehalt nach § 32b EStG eine steuererhöhende Wirkung. Der ausländische Produktionsstandort erweist sich aufgrund des niedrigeren ausländischen Steuerniveaus als vorteilhaft.

Die gesamte ErSt-Belastung bei Einrichtung einer Tochtergesellschaft ist deshalb so hoch, weil zwei Steuerpflichtige mit – nach dem DBA – unterschiedlichen Einkunftsarten existieren. Die Tochtergesellschaft hat Einkünfte aus Gewerbebetrieb, die nur im Ausland besteuert werden. Die Dividende wird nach dem Wohnsitzprinzip im Inland besteuert. Bei der ausländischen Betriebsstätte werden die Einkünfte aus Gewerbebetrieb im Ausland

[263] Zu Grundzügen deutscher Doppelbesteuerungsabkommen vgl. Breithecker, V., Einführung in die Internationale Betriebswirtschaftliche Steuerlehre, a.a.O., S. 221ff.

besteuert und sind im Inland mit Progressionsvorbehalt – hier wegen der Annahme eines konstanten ESt-Satzes irrelevant – freigestellt.

Hat eine inländische Kapitalgesellschaft eine ausländische Tochter-Kapitalgesellschaft bzw. eine ausländische Betriebsstätte, dann sind Betriebsstättengewinne wiederum im Inland regelmäßig von der Besteuerung freigestellt. Die ausländische Quellensteuer (KapESt) auf Dividendeneinkünfte ist unter der Bedingung einer Mindestbeteiligung (internationales Schachtelprivileg) reduziert. Innerhalb der EU entfällt aufgrund der sog. Mutter-Tochter-Richtlinie[264] die KapESt vollständig.

Annahme: DBA mit Freistellung von Betriebsstättengewinnen und Anrechnung ausländischer KapESt

Inland: Kapitalgesellschaft

Ausland:				**Kapital-gesellschaft**	**Betriebsstätte**
			€	€	€
ausländischer Gewinn				1.000.000	1.000.000
nichtanrechenbare ErSt	6 %	von	1.000.000	- 60.000	- 60.000
ausländische KSt	34 %	von	940.000	- 319.600	- 319.600
Brutto-Dividende/-Entnahme				620.400	620.400
ausländische KapESt	15 %	von	620.400	- 31.020	
Netto-Dividende bzw. -Entnahme				589.380	620.400
deutsche KSt/GewSt	37,5%	von	31.020	- 11.633	
angerechnete ausländische KSt				0	
= Nettovorteil				577.747	620.400

Bei der Gründung einer ausländische Tochterkapitalgesellschaft beträgt die gesamte ErSt-Belastung 42,22 %. Bei einer ausländischen Betriebsstätte entfällt die ausländische KapESt, die gesamte ErSt-Belastung reduziert sich auf 37,96 %. Der Gewinn sowohl der Tochtergesellschaft als auch der Betriebsstätte wird nur im Ausland besteuert. Dividende bzw. Entnahme sind im Inland von der ErSt freigestellt (Annahme einer Thesaurierung in der inländischen Kapitalgesellschaft). Allerdings unterliegen 5 % der Dividende in Höhe von € 620.400 der Besteuerung (€ 31.020, § 8b Abs. 5 KStG). Die ausländische KapESt wird nicht angerechnet, da die Einkünfte im Inland steuerfrei sind.

Schüttet die Kapitalgesellschaft die ausländischen Gewinne an eine andere inländische Kapitalgesellschaft aus, dann verbleibt es nach § 8b Abs. 1 KStG bei den berechneten ErSt; Dividendeneinnahmen sind bei Kapitalgesellschaften steuerfrei. Werden die ausländischen Gewinne allerdings direkt oder indirekt an eine natürliche Person ausgeschüttet, dann unterliegt die Nettodividende nach inländischer KSt/GewSt mangels Anrechenbarkeit der ausländischen ErSt zusätzlich der ESt. Beim maximalen ESt-Satz

264 Richtlinie (EWG) Nr. 90/435 über das gemeinsame Steuersystem der Mutter- und Tochtergesellschaften verschiedener Mitgliedstaaten vom 23.07.1990, ABl. EG Nr. L 225, 6; § 43b EStG.

von 24,25 % (Tarif 2001/2, Halbeinkünfteverfahren) erhöht sich dann der ErSt-Satz auf 65,04 % (Nicht-DBA-Fall) bzw. auf 56,24 % (DBA-Fall). Faktisch liegt dann eine Doppelbesteuerung mit Abzug der ausländischen ErSt von der inländischen Bemessungsgrundlage vor.

Aus den ErSt-Belastungen des Beispiels lässt sich schließen, dass für die Standortwahl in einem 'normal' besteuerten Ausland der Faktor Steuern möglicherweise von eher untergeordneter Bedeutung ist. Trotz Anrechnung oder Freistellung kommt es außerdem eher zu einer höheren ErSt als bei einem inländischen Standort. Steuerlich vorteilhaft wäre es deshalb möglicherweise, wenn der Produktionsstandort zwar im Inland liegt, wenn aber – und dann ausschließlich – die ausländische Steuerpflicht greift und wenn das ausländische Steuerniveau niedrig ist.

Um das zu erreichen, könnte eine ausländische Gesellschaft gegründet werden, die den inländischen Gewinn 'absaugt' (vgl. Abb. 39). Dies geschieht etwa dadurch, dass die ausländische Gesellschaft dem inländischen Produktionsbetrieb Dienst- oder Finanzleistungen berechnet, sodass im Inland Betriebsausgaben anfallen, denen ein ausländischer Gewinn gegenübersteht. Die ausländische Gesellschaft könnte dem inländischen Produktionsbetrieb z.B. Fremdkapital überlassen; die in Rechnung gestellten Zinsen sind im Inland Aufwand/Betriebsausgabe und im Ausland Gewinn.

Die Steuerwirkungen einer solchen ausländischen Gesellschaft seien an einem Beispiel skizziert. Ein Produktionsunternehmen soll eine Finanzierungstochter (beides Kapitalgesellschaften) gründen.

Zum Vergleich soll vorab angenommen werden, dass die Finanzierungstochter im Inland liegt. Das Produktionsunternehmen stattet die Tochter mit einem Eigenkapital von € 10 Mio aus. Die Tochter gibt dem Produktionsunternehmen einen Kredit über € 10 Mio zu 10 % p.a. Der ErSt-Satz betrage für beide Gesellschaften 40 %. Ein steuerlicher Vorteil ergibt sich nicht. Die Gewinnausschüttung der Tochter an die Mutter ändert wegen der inländischen Steuerfreiheit nichts. Der Differenzsteuersatz (eine eventuelle GewStliche Hinzurechnung soll hier vernachlässigt werden) für die Mehr- oder Minderbelastung zwischen den beiden inländischen Standorten ist null.

Alternativ wird die Finanzierungstochter in einem Niedrigsteuerland (ErSt-Satz 10 %) gegründet. Das führt dazu, dass der Gewinn von € 1 Mio in dem Niedrigsteuerland realisiert wird und das Produktionsunternehmen eine Erhöhung der Betriebsausgaben von ebenfalls € 1 Mio hat. Der ausländische Gewinn unterliegt der ausländischen ErSt mit s_a; die inländische Betriebsausgabe mindert die ErSt um s_i. Damit ergibt sich ein Differenzsteuersatz s_d von:

$$s_d = s_a - s_i < 0$$

Der ausländische Standort führt hier zu einer jährlichen ErSt-Entlastung in Höhe von € 300.000. Die Ausschüttung an das inländische Produktionsunternehmen unterliegt nicht der inländischen ErSt. Damit ändert sich der Differenzsteuersatz s_d nicht.

Möglicherweise ist zu prüfen, ob die Finanzierungstochter eine nahestehende Person nach § 1 AStG darstellt. Beträgt die Beteiligung mindestens 25 %, dann kann die Tochtergesellschaft eine nahestehende Person nach § 1 AStG sein. Bei einer Beteiligung über 50 % stellt sie unter weiteren Bedingungen möglicherweise eine Basisgesellschaft nach § 7 AStG dar. Liegt eine nahestehende Person vor, dann werden die Zinsen 'berichtigt' (Fremdvergleich, **dealing at arm's length**). Der Zinsfuß soll z.B. für die inländische Besteuerung auf 7 % p.a. reduziert werden – die inländischen Betriebsausgaben sind entsprechend niedriger. Im Ausland ändert sich grundsätzlich nichts. Die Gewinnkorrektur[265] (Zinsdifferenz dd) wird also doppelt besteuert. Bei einer Ausschüttung des ausländischen Gewinns an das inländische Produktionsunternehmen muss das allerdings berücksichtigt werden. Der Differenzsteuersatz s_d wird modifiziert. Er hat sich um die inländische ErSt auf die Zinsdifferenz erhöht.

$$s_d = s_a - s_i + dd \cdot s_i$$

Liegt eine Basisgesellschaft nach § 7 AStG vor, die passive Einkünfte nach § 8 AStG erwirtschaftet – das ist hier augenscheinlich der Fall –, dann werden die passiven (Netto-) Einkünfte im Inland nach § 10 AStG hinzugerechnet. Eine spätere Ausschüttung wird nach § 11 AStG bei natürlichen Personen die Steuer auf Hinzurechnungsbeträge gekürzt, um eine Doppelbelastung zu mildern. Bei Kapitalgesellschaften erfolgt aufgrund der Dividendenfreistellung keine Korrektur. Der Differenzsteuersatz s_d lautet:

$$s_d = s_a - s_i + s_i \cdot (1 - s_a)$$

Der Gewinn unterliegt der ausländischen ErSt mit s_a. Die Betriebsausgabe spart inländische ErSt. Im Inland wird der Nettogewinn (1 - s_a) hinzugerechnet und unterliegt dem inländischen ErSt-Satz. Die Wirkung der Hinzurechnung ist also dieselbe wie die des Abzugs der ausländischen Steuer von der Bemessungsgrundlage. Wird der Nettogewinn (1 - s_a) später ausgeschüttet, dann wird dieser Betrag ggf. nach § 12 AStG um die Steuer auf den Hinzurechnungsbetrag gemindert.

Schließlich kann nach § 12 AStG der Antrag auf Anrechnung gestellt werden. Die ausländische ErSt wird auf die auf den Hinzurechnungsbetrag zu erhebende deutsche Ertragsteuer angerechnet. Der Hinzurechnungsbetrag ist um die ausländischen Steuern zu erhöhen.

---

[265] Der Satz der Zinsdifferenz wird berechnet, indem die Differenz der Zinsfüße durch den Verrechnungszinsfuß dividiert wird. Im Beispielsfall ergibt sich für dd = 0,3.

8.4 Steuern und Beschaffung

Die Notwendigkeit, Steuern (und Subventionen) bei der Beschaffungs- und Lagerungsplanung von Werkstoffen[266] zu berücksichtigen, ist wie üblich am Drei-Phasen-Schema zu überprüfen. Existiert bei der jeweiligen Beschaffungsentscheidung kein Zusammenhang zwischen den Entscheidungs- und Erwartungsvariablen des Modells und einer steuerrechtlichen Bemessungsgrundlage, dann kann die jeweilige Steuer vernachlässigt werden.

Im Bereich der Beschaffungsplanung werden eher statische Modelle verwendet. Sind in einem solchen Modell (z.B. dem der optimalen Bestellmenge) Kosten als Variable enthalten, dann besteht für die ErSt ein Zusammenhang, wenn sich Kosten und Betriebsausgaben/Werbungskosten zumindest teilweise decken. Schließlich betrifft diese Untersuchung auch die hier recht häufigen Verbrauchsteuern (z.B. Branntweinsteuer oder Mineralölsteuer). In analoger Weise – selbstverständlich in umgekehrter Richtung – wie Verbrauchsteuern wirken Subventionen, die bei Beschaffung etwa bei bestimmten Herstellern (Standortförderung) gewährt werden. Als nächster Schritt ist die Bedingung einer Änderung der Vorteilhaftigkeitsrangfolge zu untersuchen. Schließlich muss geprüft werden, ob das Wirtschaftlichkeitskriterium erfüllt ist.

Als einfaches statisches Entscheidungsmodell wird in der Literatur[267] häufig das der kostenminimalen Bestellmenge bei im Zeitablauf konstantem Abgang herangezogen. Es soll gerade soviel bestellt werden, dass die Gesamtkosten einer Periode minimiert werden (Zielfunktion). Aus dem Periodenbedarf und der optimalen Bestellmenge ergibt sich die Bestellhäufigkeit. Die Zieldefinition lautet:

$$C = x_{ep} \cdot p_e + c_l \cdot \frac{x_e \cdot p_e}{2} + C_f \cdot \frac{x_{ep}}{x_e}$$

mit		
	C	Gesamtkosten einer Periode
	x_{ep}	Periodenbedarf
	p_e	Anschaffungspreis
	c_l	Lager- und Zinskostensatz
	x_e	Bestellmenge
	C_f	bestellfixe Kosten

Im ersten Ausdruck werden die Anschaffungkosten je Periode ausgewiesen. Im zweiten Ausdruck werden die Lager- und Zinskosten in Relation zum Einkaufswert mit dem durchschnittlichen Lagerbestand multipliziert. Im letzten Ausdruck werden die bestellfixen Kosten je Periode ermittelt. Leitet man die Kostenfunktion nach x_e ab, setzt

[266] Die Beschaffung von Betriebsmitteln und Arbeitskräften gehört in den Bereich der Investitionsplanung, der von Geldmitteln in den der Finanzierung; Informationsbeschaffung gehört in das Rechnungswesen.

[267] Vgl. etwa Wöhe, G., Döring, U., Einführung in die Allgemeine Betriebswirtschaftslehre, a.a.O., S. 436ff.

die Ableitung gleich null und löst die Gleichung nach x_e auf, so ergibt sich für die optimale (= kostenminimale) Bestellmenge x_{eopt}:

$$x_{eopt} = \sqrt{\frac{2 \cdot C_f \cdot x_{ep}}{p_e \cdot c_l}}$$

Existiert eine ErSt[268] mit dem Steuersatz s_{er} und sind die Kosten C identisch mit den Betriebsausgaben als Bemessungsgrundlagenteil dieser ErSt, dann ändert sich die Zielfunktion von C = Min! in $C \cdot (1 - s_{er})$ = Min! Die optimale Bestellmenge wird wieder durch Nullsetzung des Differenzialquotienten ermittelt. Da dieser sich nur durch den konstanten Faktor $(1 - s_{er})$ vom Nichtsteuerfall unterscheidet, ergibt sich keine Änderung der optimalen Bestellmenge durch eine so konstruierte ErSt. Das gilt für jeden ErSt-Satz.

Stellt der Zinskostenanteil im Lagerkostensatz c_l Dauerschuldzinsen dar, dann werden diese Zinsen hälftig bei der Ermittlung des Gewerbeertrags hinzugerechnet. Ein Teil der Bemessungsgrundlage unterliegt dann nicht dem ErSt-Satz s_{er}, sondern einem um die Hälfte des tatsächlichen GewSt-Satzes geminderten Satz $s' < s_{er}$. Multipliziert man den ersten und den dritten Term der Lagerkostenformel mit $(1 - s_{er})$ und den mittleren Term mit $(1 - s')$, leitet alles nach x_e ab und setzt die Ableitung null und löst sie nach x_e auf, dann erscheint in der Wurzel der zusätzliche Faktor $(1 - s_{er})/(1 - s')$. Da dieser Bruch kleiner als eins ist, sinkt durch die Qualifizierung der Zinskosten als Dauerschuldzinsen die optimale Bestellmenge wie bei jeder Erhöhung des Lagerkostensatzes.

Eine (bei der Beschaffung erhobene) Verbrauchsteuer hat als Bemessungsgrundlage den Preis p_e und/oder die Menge x_e. In jedem Fall wirkt die Verbrauchsteuer wie andere Anschaffungspreiserhöhungen. Bei einer Wertsteuer mit c als Steuersatz beträgt der erhöhte Preis $p_e' = p_e \cdot (1 + c)$, bei einer Mengensteuer mit c als Steuerbetrag/Stück lautet $p_e' = p_e + c$.

Die Wirkung ist relativ einfach zu erkennen. Der Preis p_e im Nenner der Formel für die optimale Bestellmenge wird durch p_e' ersetzt. Der Wert des Nenners steigt, es ergibt sich eine niedrigere Bestellmenge. Bei steigenden preis- oder mengenabhängigen Verbrauchsteuersätzen sinkt die optimale Bestellmenge.

Der Einfluss einer Verbrauchsteuer ist aber relativ gering. Sie wirkt einmal auf die Anschaffungskosten pro Periode $x_{ep} \cdot p_e$. Dieser Formelteil ist konstant, er fällt bei der Ableitung weg (als Prämisse ist in dem Modell enthalten, dass der Periodenbedarf unabhängig vom Preis mit x_{ep} konstant ist). Es verbleibt der Einfluss der Verbrauchsteuer auf die Lagerkosten $x_e \cdot p_e \cdot c_l/2$.

---

268 Die jeweils untersuchte Steuer muss Kosten(-minderungen) darstellen, weil sie sonst die erste Phase des Drei-Phasen-Schemas nicht passiert und im jeweiligen Modell ohne Einfluss ist (vgl. dazu das Kapitel "Steuern als Kosten").

8.5 Steuern und Produktion/Absatz

Der Produktions- und der Absatzbereich[269] ist prinzipiell simultan zu betrachten. Weiter ist es durch die Einbeziehung des Produktionsbereichs mit eher langfristig wirkenden Investitionsentscheidungen grundsätzlich erforderlich, auch absatzpolitische Zielfunktionen und Instrumente mehrperiodig zu formulieren. Dies kann etwa geschehen durch den Einsatz des Kapitalwertverfahrens[270]. Da der Steuereinfluss in mehrperiodigen Modellen an anderer Stelle untersucht wird (vgl. Kapitel "Der Kapitalwert als Entscheidungskriterium" und "Steuern und Investition"), wird im Folgenden die einfachere einperiodige Modellierung bevorzugt.

Obwohl prinzipiell ein simultan definiertes Ziel erforderlich ist, wird hier ein isoliertes Absatzziel vorangestellt. Dieses Ziel kann etwa die Erreichung eines bestimmten Marktanteils oder die Einhaltung einer Marktanteilsuntergrenze sein. In der Zielhierarchie darüber – da letztlich das Absatzziel nicht sinnvoll als Mengenziel definiert werden kann – steht die absatz-produktionsorientierte Zieldefinition als Gewinnerzielung (Gewinnmaximierung, Erfolgsziel). Wegen der größeren Komplexität des Oberziels wird diese Reihenfolge hier umgekehrt. Das Liquiditätsziel wird vernachlässigt – es soll als Nebenbedingung in die Investitions- und insbesondere Finanzierungspolitik übernommen werden.

Bei der Wirkungsanalyse anhand einperiodiger Modelle ist notwendige Voraussetzung für eine Steuerwirkung, dass die jeweilige Steuer Kostencharakter bzw. die jeweilige Subvention Leistungscharakter hat. Anderenfalls wäre schon die erste Bedingung im Drei-Phasen-Schema nicht erfüllt – Steuern und Subventionen hätten keinen Einfluss auf Absatz-/Produktionsentscheidungen. Da der Kostencharakter zumindest einzelner Steuerarten nicht unbestritten ist, wird er vorab untersucht. Bei den mehrperiodigen Erklärungsmodellen im Investitionsbereich tritt dieses Problem nicht auf, da Steuern Ausgaben und Subventionen Einnahmen sind.

Als Erstes wird im Folgenden auf die Kostenfrage (Kapitel "Steuern als Kosten") eingegangen. Sodann wird der Steuereinfluss auf fixe bzw. variable Kosten untersucht, um anhand möglicher Verschiebungen der kritischen Produktionsmenge steuerkosteninduzierte Veränderungen bei den Produktionsverfahren konstatieren zu können – etwa als Beispiel für den Steuereinfluss auf den relativen Vorteil zwischen kapital- und personalintensiven Produktionsverfahren (Kapitel "Steuern und Produktionsverfahren"). Als steuerlicher und subventioneller Beispielsfall werden die Personalkosten herangezogen. Hier kann nämlich vermutet werden, dass zumindest ein indirekter Steuereinfluss durch Überwälzung und spezielle Folgen z.B. durch unterschiedliche LSt-Berechnung existieren. Aus Gründen der Arbeitsmarktpolitik werden außerdem im

---

[269] Vgl. hierzu schon Rose, G., Absatz und Besteuerung, in Koch, H. (Hrsg.), Zur Theorie des Absatzes, Wiesbaden 1973, S. 381ff.

[270] Eine Skizze findet sich bei Wöhe, G., Bieg, H., Grundzüge der Betriebswirtschaftlichen Steuerlehre, a.a.O., S. 449ff., in Ansätzen Schult, E., Die Steuern des Betriebs, Band 3: Steuerpolitik, Freiburg 1977, S. 102ff.; ausführlich Lange, R., Steuern in der Preispolitik und bei der Preiskalkulation, Wiesbaden 1989.

Personalbereich vielfältige Subventionen gewährt, die die Personalkosten ebenfalls beeinflussen (vermindern). Auf die wie Steuern wirkenden Arbeitgeberanteile zur Sozialversicherung sei hingewiesen.

Der dann folgende Abschnitt (Kapitel "Steuern und Mengenpolitik") ist dem Steuereinfluss auf das Produktziel – hier also den Marktanteil – gewidmet. Im anschließenden Abschnitt (Kapitel "Steuern und Preispolitik") soll ein möglicher Steuer- und Subventionseinfluss auf die Preispolitik dargestellt werden – wegen der unterstellten Marktform allerdings automatisch auch auf die Mengenpolitik. Es wird ein unvollkommener Markt unterstellt. Weiter wird das absatz-produktionspolitische Ziel der Gewinnmaximierung gesetzt. Bei dieser Untersuchung wird angenommen, dass die Nachfrage nicht steuerlich beeinflusst ist. Generell ist jedoch nicht auszuschließen, dass Steuern auch auf den Verlauf der Preis-Absatz-Funktion wirken. Daraus ergäbe sich dann aus dem Markt – also ohne Änderung des Produktionsverfahrens – ein Steuereinfluss auf den Output. Der Steuereinfluss auf die Nachfrage kann generell sein, er kann aber auch durch spezielle steuerliche Vorschriften nur auf einzelnen Märkten wirken.

Schließlich existiert neben der Mengen- und Preispolitik ein präferenzpolitisches Instrumentarium (Kapitel "Steuern und Präferenzpolitik"), mit dem versucht wird, die Nachfragefunktion vorteilhaft zu verändern. Hier kann über den Einfluss hinaus, den Steuern als Kosten haben können, ein weiterer Steuereinfluss aufgrund spezieller steuerlicher Vorschriften existieren.

8.5.1 Steuern als Kosten

Als einperiodige Zielfunktion wird regelmäßig die Gewinnmaximierung angesetzt. Da der Gewinn als Differenz zwischen Leistung und Kosten definiert ist, muss festgestellt werden, ob die jeweilige Steuerart Kostencharakter hat. Dies ist notwendige Voraussetzung für einen Steuereinfluss. Stellt eine Steuerart definitionsgemäß keine Kosten dar, dann geht sie überhaupt nicht in das Erklärungsmodell ein, hat also keinen Einfluss auf die Absatz-/Produktionsentscheidung. Sie kann etwa bei Entscheidungen über den optimalen Output vernachlässigt werden. Stellt die Steuerart Kosten dar, dann muss nach dem Drei-Phasen-Schema weiter geprüft werden, ob der Einfluss entscheidungsrelevant ist und ob das ökonomische Prinzip eingehalten ist.

In der Literatur[271] existieren unterschiedliche Kostendefinitionen. Daraus folgend kann es sein, dass je nach Kostendefinition die eine oder andere Steuerart irrelevant ist, weil sie die jeweilige Definition nicht erfüllt. Das gilt etwa für die ESt: Kosten werden als betriebsbedingter Wertverzehr definiert – die ESt fällt aber unstrittig im privaten Bereich an. Anders als die KSt würde sie dann bei der betrieblichen Planung nicht berücksichtigt werden; ein eigenartiges Ergebnis.

---

[271] Vgl. Rehkugler, H., Kostenbegriffe, Kostenarten und Kostenkategorien, in Wittmann, W., u.a. (Hrsg.), Handwörterbuch der Betriebswirtschaft, Teilband 2, 5.Aufl. Stuttgart 1993, Sp. 2320ff.

In der traditionellen Betriebswirtschaftslehre[272] gibt es insbesondere zwei Kostendefinitionen: Die kalkulatorische (wertmäßige) und die pagatorische (zahlungsmäßige) Kostendefinition. Ein Wertstrom stellt nach der ersten Definition Kosten dar, wenn leistungsbezogener bewertbarer Güterverzehr im Unternehmen vorliegt. Bei der pagatorischen Definition ist das Kriterium 'Güterverzehr' durch den der 'Ausgabe' ersetzt.

Für die Qualifizierung einzelner Steuerarten als Kosten[273] in Abhängigkeit von der Definition ist der Unterschied zwischen beiden Definitionen unwesentlich. Steuern sind in jedem Fall eine Ausgabe – sie sind auch in jedem Fall ein (Nominal-)Güterverzehr. Dies könnte z.B. für die USt bestritten werden. Die USt ist steuerrechtlich als durchlaufender Posten konstruiert – sie berührt im Regelfall die Gewinn- und Verlustrechnung nicht. Dahinter steht das gesetzgeberische Ziel, dass die USt nicht vom Unternehmer, sondern vom Verbraucher getragen werden soll. Ob diese Überwälzung allerdings gelingt, hängt insbesondere von der Marktform ab. Im Übrigen ist das Kriterium der Überwälzung kein Definitionsbestandteil – sonst wären nur nichtüberwälzbare Wertverzehre Kosten. Treten Gewinne auf, dann gäbe es keine Kosten und im Verlustfall wären die Kosten identisch mit dem Verlust als nicht überwälzter Teil. Die USt ist weiterhin so geregelt, dass die Pflicht zur USt-Zahlung (§ 1 UStG) gesetzlich unabhängig von dem Anspruch auf Vorsteuererstattung (§ 15 UStG) ist. Es existiert ein Wertverzehr (USt-Kosten) und ein Wertzuwachs (Vorsteuer-Leistung).

Problematisch ist das in beiden Definitionen enthaltende Kriterium der Unternehmenszugehörigkeit. Dann wären nämlich ökonomisch gleiche Steuern wegen unterschiedlicher juristischer Gestaltung (Rechtsform) Kosten bzw. keine Kosten. Die KSt stellte Kosten dar, die ESt nicht.

Die Charakterisierung einzelner Steuerarten als Kosten in Abhängigkeit von der jeweils vertretenen Kostendefinition ist unbefriedigend. Deshalb ist das Abgrenzungskriterium der Unternehmenszugehörigkeit kausal und nicht formal zu setzen. Im Rahmen einer entscheidungsorientierten Betriebswirtschaftslehre ist das wichtigste Kriterium einer Berücksichtigung bzw. Vernachlässigung von Faktoren das der eventuellen Veränderung der Zieldefinition mit dem Risiko, eine falsche Entscheidung zu treffen. Möglicherweise wird eine Situation – z.B. ein bestimmter Absatz – realisiert, die tatsächlich nicht optimal ist.

Hinter der Zielfunktion der Gewinnmaximierung steht die der Maximierung der verfügbaren Haushaltseinkommen. "Eine...getrennte Betrachtung von Betrieb und den dahinter stehenden Wirtschaftssubjekten ist grundsätzlich abzulehnen."[274] Die Prämisse, dass die Gewinnmaximierung regelmäßig auch zur Einkommensmaximierung führt, kann vielleicht noch bei Vernachlässigung der Steuern vertreten werden. Bei Berücksichtigung der Steuerexistenz kann dagegen a priori davon nicht ausgegangen werden. Die Existenz

---

[272] Vgl. den Hinweis bei Schneider, D., Betriebswirtschaftslehre, Band 2: Rechnungswesen, a.a.O., S. 60ff.

[273] Vgl. hierzu Döring, U., Kostensteuern – Der Einfluss von Steuern auf kurzfristige Produktions- und Absatzentscheidungen, Stuttgart 1984, Lange, R., Steuern in der Preispolitik und bei der Preiskalkulation, a.a.O., S. 126ff.

[274] Geese, W., Steuern im entscheidungsorientierten Rechnungswesen, Opladen 1972, S. 18.

der 'privaten' (u.U. relativ hohen) Steuern – wie der ESt – führt nämlich dazu, dass der Geldbetrag, der den Unternehmerhaushalten aus dem Gewinn zur Verfügung steht, erheblich niedriger sein kann als der Gewinn selbst. Der steuerliche Wertverzehr bzw. die Steuerausgabe ist durch betriebliche Entscheidungen *verursacht*[275], stellt damit Kosten dar.

Folgt man dieser Kostendefinition, dann sind alle Steuerausgaben Kosten, die durch betriebliche Entscheidungen verursacht sind. Das können dann auch sog. private Steuern wie die ESt oder die ErbSt sein, wenn sie durch Gewinne bzw. Betriebsvermögen verursacht sind. Steuerausgaben können demnach auch nur teilweise Kosten sein. Ist etwa eine ESt durch Gewinne wie auch durch andere Einkünfte oder Sonderausgaben bestimmt, dann muss der betrieblich verursachte Teil ermittelt werden. Das ist der Steuerbetrag, der auf die betrieblich verursachte Bemessungsgrundlagendifferenz entfällt. Die Steuerkosten sind also mit Hilfe des entsprechenden Differenzsteuersatzes zu ermitteln. Bei proportionalen Steuern ist dies einfach, bei progressiven Steuern durch Ansatz der Veranlagungssimulation entweder einfach oder überflüssig: Die Steuerkosten können direkt als Betrag berechnet werden. Als Zielfunktion kann die Gewinnmaximierung beibehalten werden – die Einbeziehung der verursachten Steuern als Kosten führt zur Einkommensmaximierung.

8.5.2 Steuern und Produktionsverfahren

Der Steuer- und Subventionseinfluss von Kostensteuern bzw. Subventionsleistungen sei am Beispiel des *kritischen* Output skizziert. Es sollen zur Produktion eines identischen Produkts zwei Produktionsverfahren konkurrieren. Das kapitalintensive Verfahren führt zu Gesamtkosten C_k, das personalintensive Verfahren zu Gesamtkosten C_p:

$$C_k = C_f + c_{vk} \cdot x$$

$$C_p = c_{vp} \cdot x$$

mit C_f fixe Kosten des kapitalintensiven Verfahrens

c_{vk} variable Stückkosten des kapitalintensiven Verfahrens

c_{vp} variable Stückkosten des personalintensiven Verfahrens

x Produktionsmenge (Output)

Das kapitalintensive Verfahren enthalte der Deutlichkeit halber keine Personalkosten, beim personalintensiven Verfahren sollen die gesamten variablen Kosten Personalkosten sein.

---

[275] Vgl. Wagner, F.W., Ertragsteuern in der Kosten- und Erlösrechnung - Ein Beitrag zur Theorie des Partialkalküls, in ZfbF 1999 S. 662ff.

Damit es überhaupt zu einem kritischen Output kommt, muss gelten $c_{vk} < c_{vp}$. Ohne die Existenz von Steuern ergibt sich für den kostengleichen (kritischen) Output x_{krit}:

$$C_k = C_p$$

$$x_{krit} = \frac{C_f}{c_{vp} - c_{vk}}$$

Solange der prognostizierte Output unter der Relation aus fixen Kosten und der Differenz der variablen Stückkosten liegt, ist das personalintensive Verfahren vorteilhaft.

Um die Wirkung einer ErSt mit dem Steuersatz s_{er} zu dokumentieren, sei angenommen, die Kosten seien mit den Betriebsausgaben identisch (was tatsächlich kaum der Fall ist). Dann werden beide Kostenfunktionen mit (1 - s_{er}) multipliziert. Bei einer Gleichsetzung hebt sich dieser Faktor auf, der kritische Output bleibt unverändert. Führt also der Gesetzgeber eine solche ErSt ein oder schafft sie ab, hebt oder senkt er den ErSt-Satz, dann hat dies keinen Einfluss auf die Auswahl des Produktionsverfahrens. Eine solche Steuer wäre hinsichtlich des Produktionsverfahrens entscheidungsneutral.

Wird eine Netto-USt als Beispiel für eine Verbrauchsteuer in das Modell aufgenommen, dann ändert die USt auf die Leistung nichts, weil die Leistung im Modell überhaupt nicht enthalten ist. Die Vorsteuer schlägt sich verfahrensabhängig – im Modell nur beim kapitalintensiven Verfahren – nieder. Allerdings werden die USt-Kosten an den Lieferanten durch die Vorsteuerleistung von den Finanzbehörden im Regelfall neutralisiert, weil die USt auf den Nicht-Konsummärkten vermutlich eher überwälzt wird – von Ausnahmen etwa USt-freier Vorgänge abgesehen. Im Modellfall würde C_k durch die USt-Kosten an die Vorlieferanten mit dem nominalen Steuersatz s_u' um den Faktor $1 + s_u'$ erhöht und in gleicher Weise um die Vorsteuerleistung von den Finanzbehörden gemindert. Die Netto-USt hat keinen Einfluss auf die Verfahrenswahl.

Als Beispielsfall für eine Steuerwirkung auf Personalkosten soll angenommen werden, sie enthielten die Pauschal-LSt mit dem Satz s'_l (effektiv $s_l = s'_l/(1 + s'_l)$) etwa nach § 40a EStG. Dies verursacht eine Veränderung der Gesamtkostenkurve des personalintensiven Verfahrens zu:

$$C_p = C_{vp} \cdot x \cdot (1 + s_l)$$

Setzt man diese Gesamtkosten mit den unveränderten C_k gleich und löst die Gleichung nach dem kritischen Output x_{krit} auf, dann ergibt sich:

$$x_{krit} = \frac{C_f}{c_{vp} \cdot (1 + s_l) - c_{vk}}$$

Der kritische Output ist erwartungsgemäß gesunken. Die steuerliche Diskriminierung nur eines Produktionsfaktors führt tendenziell dazu, dass dieser Faktor eher durch einen anderen Produktionsfaktor (hier Arbeit durch Betriebsmittel) substituiert wird. Das gilt allerdings nicht, wenn die erhöhte Pauschal-LSt auf das Personal durch Senkung des Lohns überwälzt werden kann (wie es in praxi durchaus zu beobachten ist).

Greifen Subventionen an denselben Bemessungsgrundlagen wie Steuern an, dann ist die Wirkung dementsprechend umgekehrt wie die der analog konstruierten Steuer. Wird etwa das kapitalintensive Verfahren durch eine Investitionszulage[276] mit dem InvZul-Satz s_i begünstigt, dann wird analog zu einer Erhöhung der fixen Kosten etwa durch die GrSt die Kostenfunktion modifiziert zu:

$$C_k = C_f \cdot (1 - s_i) + c_{vk} \cdot x$$

Es ist ohne weiteres ersichtlich, dass der kritische Output erwartungsgemäß sinkt – InvZul begünstigen kapitalintensive Produktionsverfahren.

Wie die Erhöhung der Pauschal-LSt – nur umgekehrt – wirkt die Subventionierung der Personalkosten mit dem Subventionssatz s_i:

$$C_p = c_{vp} \cdot x \cdot (1 - s_i)$$

Der kritische Output steigt, das personalintensive Verfahren wird privilegiert. Hier sind aber wieder Überwälzungswirkungen zu vermuten, weil Arbeitgeber eher bereit sein werden, für subventioniertes Personal höhere Löhne zu zahlen. Allerdings relativiert die Einfachheit der Modelle – die im übrigen ausreicht, um Steuer- und Subventionswirkungen exemplarisch darstellen zu können – den Realitätsgrad der Wirkungsanalyse und damit möglicher Entscheidungshilfen.

---

[276] Eine analoge Wirkung haben auch (steuerpflichtige) Investitionszuschüsse. Der Zuschusssatz ist um ErSt zu mindern.

Ein abschließendes Beispiel soll die Aussagen über die Steuerwirkungen verdeutlichen und den Einsatz des Drei-Phasen-Schemas konkretisieren. Es sollen zwei Produktionsverfahren konkurrieren. Der Absatzmarkt sei ein Konsummarkt mit monopolistischem Intervall. Die Kostenfunktion des personalintensiven bzw. des kapitalintensiven Verfahrens laute (in €):

$$C_p = 50.000.000 \; + 30.000 \cdot x$$

$$C_k = 200.000.000 + 100 \cdot x$$

Die Preis-Absatz-Funktion und damit die Leistungsfunktion laute:

$$p = 100.000 - 10 \cdot x$$

$$L = (100.000 - 10 \cdot x) \cdot x$$

mit		
	C_p	Gesamtkosten des personalintensiven Verfahrens[277]
	C_k	Gesamtkosten des kapitalintensiven Verfahrens
	x	Output
	p	Preis
	L	Leistung

Im Nicht-Steuerfall ergibt die Ableitung der Gewinnfunktion G = L - C, die Nullsetzung und Auflösung nach x für beide Fälle den *optimalen* Output, den zugehörigen Preis und den jeweiligen maximalen Gewinn:

	bei personalintensiver			**bei kapitalintensiver Produktion**	
Output	$x_p =$	3.500		$x_k =$	4.995
Preis	$p_p =$	65.000		$p_k =$	50.050
Gewinn	$G_p =$	72.500.000	= Max!	$G_k =$	49.500.250

Die personalintensive Produktion ist bei einem niedrigeren Output und höheren Preis gewinnmaximal. Tatsächlich soll aber eine USt von effektiv 20 % auf die Leistung L existieren (damit ist die erste Bedingung des Drei-Phasen-Schemas durch Prämissensetzung erfüllt), sodass beide Kostenfunktionen um die USt-Kosten erweitert werden müssen:

$$C_{sp} = 50.000.000 \; + 30.000 \cdot x + 0{,}2 \cdot (100.000 - 10 \cdot x) \cdot x$$

$$C_{sk} = 200.000.000 + \quad 100 \cdot x + 0{,}2 \cdot (100.000 - 10 \cdot x) \cdot x$$

277 Anders als in der vorhergehenden generellen Analyse soll hier nicht der kritische (kostenidentische), sondern der optimale (kostenminimale) Output verglichen werden.

Subtrahiert man diese Kosten von der Leistung – berechnet also den Gewinn –, leitet den Gewinn nach x ab und setzt die Ableitung null, dann ergeben sich folgende Situationen:

	bei personalintensiver			**bei kapitalintensiver Produktion**	
Output	x_{sp} =	3.125		x_{sk} =	4.994
Preis	p_{sp} =	68.750		p_{sk} =	50.060
Gewinn	G_{sp} =	28.125.000	= Max!	G_{sk} =	- 499.688

Die Vorteilhaftigkeitsrangfolge hat sich nicht geändert. Die USt kann bei der Entscheidungsfindung vernachlässigt werden. Mit und ohne USt wird die personalintensive Produktion realisiert. Der Gewinn ist dagegen erheblich gesunken – bei kapitalintensiver Produktion ergibt sich sogar ein Verlust. Hätte man – aus anderen Gründen, die im Modell nicht enthalten sind – die kapitalintensive Produktion vor Einführung oder ohne Berücksichtigung der USt realisiert, dann würde statt des erwarteten Gewinns von etwa € 50 Mio wegen der Existenz der USt ein Verlust von etwa T€ 500 erwirtschaftet. Weiterhin ist ohne weiteres erkennbar, dass der Preis nicht einmal um den effektiven USt-Satz von 20 % gestiegen ist.

Im Weiteren soll angenommen werden, dass die USt von 20 % mit einem Vorsteuerabzug in Höhe von ebenfalls 20 % nur auf die fixen Kosten verbunden sein soll (etwa, weil die variablen Kosten nur aus Personalkosten bestehen). Der Vorsteuerabzug mindert die Kosten bei der personalintensiven Produktion dann um € 10.000.000, bei der kapitalintensiven Produktion um € 40.000.000. Die Gewinne steigen auf G_{sp} = € 38.125.000 und bei kapitalintensiver Produktion auf G_{sk} = € 39.500.312 = Max! Bei Existenz eines so konstruierten Vorsteuerabzugs ändert sich die Rangfolge – wegen des höheren Vorsteuerabzugs ist das kapitalintensive Verfahren vorteilhaft. Das zweite Kriterium des Drei-Phasen-Schemas ist erfüllt.

Schließlich soll zusätzlich eine ErSt auf den Gewinn in Höhe von (derzeit unrealistischen) 60 % erhoben werden. Die Rangfolge ändert sich dadurch nicht, weil der Einfluss proportional zum Entscheidungskriterium ist, die ErSt kann bei der Entscheidungsfindung vernachlässigt werden. Die Gewinne verringern sich bei personalintensiver Produktion auf G_{sp} = € 15.250.000, bei kapitalintensiver Produktion auf G_{sk} = € 15.800.125 = Max! Hätte man den existenten USt-Einfluss (mit Vorsteuer) vernachlässigt, dann hätte man durch die Realisation des tatsächlich nachteiligen personalintensiven Verfahrens jährlich einen Vermögensverlust in Höhe der Differenz der Gewinne, also von € 550.125 erlitten. Der zusätzliche Planungsaufwand zur Berücksichtigung der Steuern kann jährlich bis zu € 1.375.000 zuzüglich USt betragen, ehe dieser Steuervorteil neutralisiert wird (der Bruttobedarfssatz $1/(1 - s_{er})$ beträgt hier 250 %). Es scheint also durchaus wirtschaftlich zu sein, in diesem Fall das Produktionsverfahren wie auch den Output unter Berücksichtigung der USt zu planen, weil das dritte Kriterium des Drei-Phasen-Schemas erfüllt sein wird.

8.5.3 Steuern und Mengenpolitik

Mit dem Begriff der Mengenpolitik sei die Absatzzielvorstellung verbunden, den Marktanteil zu erhöhen bzw. defensiverweise einen erreichten Marktanteil zu halten. Um dieses Ziel zu erreichen, werden die preis- und präferenzpolitischen Instrumente in üblicher Weise, aber mit anderem Schwerpunkt, eingesetzt. Das Instrumentarium weist also keine Unterschiede auf – wohl aber die Zielfunktion. Es sollen z.B. nicht die Kosten minimiert oder der Gewinn maximiert werden, vielmehr soll ein meist mengenmäßig definierter Marktanteil erreicht oder gehalten werden. Der Output ist die Zielgröße.

Ein Steuer- oder Subventionseinfluss ist nicht ersichtlich. Die Fixierung eines Marktanteils durch die Unternehmensleitung lässt sich auf das langfristige Ziel der Sicherung von Einnahmeüberschüssen zurückführen. Das ist nur möglich, wenn nicht nur interne Faktoren (optimale Kombination der Produktionsfaktoren) beachtet werden, sondern auch die Absatzmärkte langfristig gesichert sind. Dieses Ziel der Marktbehauptung als grundlegende Voraussetzung für die Verfolgung anderer unternehmenspolitischer Zielsetzungen ist augenscheinlich unabhängig von der Besteuerung. Die Existenz von Steuern wird nicht dazu führen, dass ein Unternehmen das Ziel der Marktanteilserhaltung modifiziert oder aufgibt. Das schließt nicht aus, dass ein Unternehmer wegen der Steuerbelastung das gesamte mit der Aufrechterhaltung der unternehmerischen Aktivitäten verfolgte Zielsystem – damit auch das Mengenziel – modifiziert oder aufgibt. Insofern besteht möglicherweise ein indirekter Steuereinfluss auch in diesem Bereich, der aber kaum beschreibbar oder erklärbar ist.

8.5.4 Steuern und Preispolitik

Für die folgende exemplarische Darstellung[278] wird im ersten Teil die Prämisse gesetzt, dass Preise und Mengen durch eine von der erwarteten Steuer unabhängige Preis-Absatz-Funktion verknüpft sein sollen. Ein möglicher Steuereinfluss auf die Preis-Absatz-Funktion soll anschließend skizziert werden. Der Markt soll weiterhin durch ein monopolistisches Intervall gekennzeichnet sein – der vollkommene Markt soll hier vernachlässigt werden[279]. Einerseits sind einige Steuerwirkungen bereits implizit beim Vergleich von Produktionsverfahren behandelt worden (Verschiebungen des kritischen Output führen zu entsprechenden Verschiebungen des break-even-point), andererseits sind besondere Wirkungen nur bei eher seltenen progressiven Kostenverläufen erkennbar.

Das Absatz-Produktionsmodell wurde bereits vorgestellt (vgl. Kapitel "Das unternehmenspolitische Instrumentarium und Steuern"). Mit diesem Modell wurde dort der Einfluss einer Brutto-USt skizziert. Es wurde festgestellt, dass der optimale Output

---

[278] Die Analyse steuerlicher Wirkungen am Markt gehört eher in den Bereich der mikroökonomischen Finanzwissenschaft. Deshalb wird für eine intensivere, wenn auch grundsätzlichere, Darstellung etwa verwiesen auf Musgrave, R. A., Musgrave, P. B., Kullmer, L., Die öffentlichen Finanzen in Theorie und Praxis 2. Band, 5.Aufl. Tübingen 1993, S. 34ff.

[279] Vgl. hierzu etwa Siegel, T., Steuerwirkungen und Steuerpolitik in der Unternehmung, Würzburg Wien 1982, S. 90ff., Wöhe, G., Bieg, H., Grundzüge der Betriebswirtschaftlichen Steuerlehre, a.a.O., S. 454f.

sinkt. Wegen der Lage der Preis-Absatz-Funktion steigt der Preis. Eine so konstruierte USt hat demnach einen Einfluss auf die Absatzpolitik und wäre dort zu berücksichtigen.

Ohne jede Steuer (Nicht-Steuerfall) lauten die Preis-Absatz-Funktion p, die Leistungsfunktion L, die Kostenfunktion C und die Gewinnfunktion G:

$$p = a - b \cdot x$$

$$L = p \cdot x$$

$$C = d + e \cdot x$$

$$G = L - C = (a - b \cdot x) \cdot x - d - e \cdot x$$

mit a,b,d,e Konstante

x Output

Leitet man den Gewinn G nach x ab, setzt die Ableitung null und löst die Gleichung nach x auf, dann ergibt sich für den Nicht-Steuerfall der optimale Output zu:

$$x_{opt} = \frac{a - e}{2 \cdot b}$$

Setzt man diese Menge in die Formel für die Preis-Absatz-Funktion ein, so beträgt der optimale Preis:

$$p_{opt} = \frac{a + e}{2}$$

Setzt man schließlich x_{opt} in die Gewinnfunktion ein, dann berechnet sich der maximale Gewinn mit:

$$G_{max} = \frac{(a - e)^2}{4 \cdot b} - d$$

Der Gewinn ist das Kriterium, an dem Steuerwirkungen gemessen werden. Ändert er sich nicht, dann hat die jeweilige Steuer möglicherweise zwar einen Einfluss auf Preise und Mengen – das Vermögen des Unternehmers wird nicht verändert. Die Steuerkosten werden vollständig auf den Abnehmer überwälzt.

Der Unternehmer kann – gestützt durch die Absicht des Gesetzgebers – die Entscheidung treffen, den Preis gerade um die USt zu erhöhen. Er erwartet (wenn er die o.a. Wirkungsanalyse nicht kennt), dass die USt in vollem Umfang überwälzt wird. Der (durch den Gesetzgeber) beabsichtigte Preis p_{soll} ist der um die USt erhöhte optimale Preis p_{opt}:

$$p_{soll} = p_{opt} \cdot (1 + s'_u)$$

$$p_{soll} = \frac{a+e}{2} \cdot (1 + s'_u)$$

mit s'_u nominaler USt-Satz

Löst man die Preis-Absatz-Funktion nach x auf und setzt den Preis p_{soll} ein, so zeigt sich, dass der Unternehmer eine Überraschung erlebt. Der Output x_{soll} sinkt auf:

$$x_{soll} = \frac{a - e - s'_u \cdot (a+e)}{2 \cdot b}$$

Die USt-bedingte Preiserhöhung hat also zu einer Reduktion des Output geführt. Damit ist zu erwarten, dass auch der Gewinn G_{soll} gesunken ist, weil der Preis nur um die an die Finanzbehörden abzuführende USt erhöht wurde. Die Gewinnfunktion G wird um die USt-Kosten erweitert. Es ergibt sich:

$$G = L - C - C_{USt} = p \cdot x \cdot (1 - s_u) - d - e \cdot x$$

mit s_u effektiver USt-Satz, $s_u = s'_u/(1 + s'_u)$

Setzt man p_{soll} und x_{soll} in die Gleichung ein, dann ergibt sich nach einigen Umformungen der Gewinn nach USt-Aufschlag auf den Preis mit G_{soll}:

$$G_{soll} = \frac{(a-e)^2}{4 \cdot b} - \frac{s'_u \cdot (a^2 - e^2)}{4 \cdot b} - d$$

Es ist zu prüfen, ob die Hypothese $G_{soll} < G_{max}$ bewiesen werden kann. Der erste Ausdruck sowie die Fixkosten d sind mit dem entsprechenden Teil in G_{max} identisch. Für den zusätzlichen Ausdruck ist zu prüfen, ob gilt:

$$a > e?$$

Diese Bedingung ist erfüllt, da eine Produktion nur dann aufgenommen wird, wenn der Prohibitivpreis a die Grenzkosten e übersteigt. Die Hypothese ist somit bewiesen. Der Unternehmer erlebt nicht nur die Überraschung, dass der Output sinkt. Weiterhin wird durch die Einführung oder Erhöhung der USt auch der Gewinn reduziert. Die Differenz G_{max} - G_{soll} kann nicht überwälzt werden.

Die ökonomischen Ziele des Unternehmers werden selten erreicht, wenn er die ökonomischen Erwartungen des Gesetzgebers teilt. Deshalb setzt er aufgrund der Wirkungsanalyse den Preis p_{sopt}, bei dem *seine* Zielfunktion erfüllt ist – bei dem also der Gewinn unter Berücksichtigung der USt maximiert wird. Er erwartet, dass dieser Gewinn ebenfalls kleiner als G, aber größer als G_{soll} sein wird. Der optimale Output nach USt berechnet sich zu (vgl. Kapitel "Das unternehmenspolitische Instrumentarium und Steuern"):

$$x_{sopt} = \frac{a - \frac{e}{1 - s_u}}{2 \cdot b}$$

Der realisierte Preis p_{sopt} wird ermittelt, indem in die Preis-Absatz-Funktion der optimale Output x_{sopt} nach USt eingesetzt wird:

$$p_{sopt} = \frac{a + \frac{e}{1 - s_u}}{2}$$

Der optimale Output ist also gegenüber dem Nicht-Steuerfall gesunken. Der maximale Gewinn nach USt G_{smax} ergibt sich durch Einsetzen von x_{sopt} und p_{sopt} und Hinzufügen der USt-Kosten C_{USt} nach einigen Umformungen zu:

$$G_{s\,max} = \frac{(a - e \cdot (1 + s_u')) \cdot (a \cdot (1 - s_u) - e)}{4 \cdot b} - d$$

Der maximale Gewinn ohne Berücksichtigung der USt wurde ermittelt mit:

$$G_{max} = \frac{(a - e)^2}{4 \cdot b} - d$$

Wie leicht ersichtlich ist, ist der Gewinn durch die Einführung oder Erhöhung der USt gesunken, es gilt $G_{smax} < G_{max}$. Die USt wird also nicht vollständig überwälzt. Wie sich nachweisen lässt (dieser Nachweis soll hier nicht geführt werden), ist der Gewinn bei optimaler Vorgehensweise höher als bei Aufschlag der USt auf den Preis ($G_{smax} > G_{soll}$).

Die Höhe der Überwälzung hängt von der Elastizität[280] der Preis-Absatz-Funktion ab. Je höher die Elastizität, desto niedriger ist der Überwälzungsanteil – bei vollkommen elastischer Nachfrage muss der Unternehmer die USt in vollem Umfang selbst tragen. Im entgegengesetzten Extremfall vollkommen unelastischer Nachfrage ist die Überwälzung in vollem Umfang möglich.

---

280 Vgl. hierzu etwa Schumann, J., Meyer, U., Ströbele, W., Grundzüge der mikroökonomischen Theorie, 7.Aufl. Berlin Heidelberg 1999, S. 66ff.

Tatsächlich existiert die USt nicht als Brutto-, sondern als Netto-USt mit Vorsteuerabzug. Um dessen Wirkung zu untersuchen, sei angenommen, nur die variablen Kosten würden um den Steuersatz s_u entlastet, die USt-Kostenfunktion C_{USt} lautet dann:

$$C_{USt} = L \cdot s_u - e \cdot x \cdot s_u$$

Damit erweitert sich die Kostenfunktion nach Steuern C_s zu:

$$C_s = d + e \cdot (1 - s_u) \cdot x + L \cdot s_u$$

Der Gewinn nach Steuern $G_s = L - C_s$ beträgt jetzt:

$$G_s = (a - b \cdot x) \cdot x \cdot (1 - s_u) - d - e \cdot (1 - s_u) \cdot x$$

Berechnet man nach dem üblichen Verfahren den optimalen Output x_{sopt} unter Berücksichtigung der so konstruierten USt, dann zeigt sich, dass gilt $x_{sopt} = x_{opt}$. Die den Output mindernde Wirkung der USt auf die Leistung wird durch den Vorsteuerabzug bei den variablen Kosten neutralisiert. Im Schnittpunkt von Grenzleistung und Grenzkosten sind die Grenz-USt-Kosten (Drehung der Grenzkostenkurve nach oben) gerade genau so hoch wie die durch die Vorsteuer geminderten Grenzkosten (Parallelverschiebung der Grenzkostenkurve nach unten). Der Cournotsche Punkt bleibt unverändert.

Regelmäßig ist auch in den fixen Kosten Vorsteuer enthalten. Bezieht man die Vorsteuer in den fixen Kosten isoliert in die Untersuchung ein (die Vorsteuer in den variablen Kosten wird also vernachlässigt), dann lautet die Kostenfunktion nach Steuern C_s:

$$C_s = d \cdot (1 - s_u) + e \cdot x + L \cdot s_u$$

Der Gewinn nach Steuern $G_s = L - C_s$ beträgt jetzt:

$$G_s = (a - b \cdot x) \cdot x \cdot (1 - s_u) - d \cdot (1 - s_u) - e \cdot x$$

Da der Vorsteuerabzug jetzt nur den fixen Kostenanteil betrifft, fällt er weg, wenn die Gewinnfunktion nach x abgeleitet wird. Der optimale Output entspricht dem bei Existenz einer Brutto-USt (s.o.). Er ist niedriger als im Nicht-Steuerfall bzw. als im Fall des Vorsteuerabzugs bei den variablen Kosten. Eine fixe Vorsteuer hat wie alle fixen Kosten keinen Einfluss auf den Output.

Nimmt man schließlich an, sämtliche Kosten enthielten Vorsteuer, dann vereinfacht sich die Gewinnfunktion zu $G_s = (1 - s_u) \cdot G$. Der Gewinn mindert sich um die USt. Bei einer Ableitung der Gewinnfunktion entfällt die Klammer, der optimale Output wird durch die USt nicht verändert. Es wird optimalerweise die gleiche Menge wie im Nicht-Steuerfall produziert, um den Gewinn zu maximieren. Allerdings ist der Gewinn um die USt niedriger als im Nicht-Steuerfall. Der Unternehmer trägt die gesamte USt – sie wird nicht einmal teilweise an den Verbraucher überwälzt. Die Bemessungsgrundlage der USt ist jetzt der Gewinn, die Wirkung entspricht der einer Gewinnsteuer[281].

Stellt der Gewinn die Bemessungsgrundlage der ErSt dar, dann lauten – mit dem ErSt-Satz s_{er} – die zusätzlichen ErSt-Kosten $C_s = s_{er} \cdot G$. Eine Ableitung des Gewinns nach ErSt-Kosten $G_s = G \cdot (1 - s_{er})$ führt zu dem gleichen Ergebnis wie die eben untersuchte USt mit vollständiger Vorsteuer – eine solche ErSt hat keinen Einfluss auf Output und Preis. Der Gewinn wird um die ErSt gemindert – eine Überwälzung findet nicht statt[282].

Der Gewinn aus Gewerbebetrieb des EStG bzw. der Gewerbeertrag des GewStG sind jedoch nicht identisch mit dem hier als Differenz zwischen Leistung und Kosten definierten Gewinn. Kostenteile können überhaupt keine[283] (z.B. Gesellschafterleistungen bei Mitunternehmerschaften oder kalkulatorische Kosten) oder nichtabzugsfähige Betriebsausgaben (etwa nach § 4 Abs. 5 EStG) sein. Die Bemessungsgrundlage der ErSt kann sich um einen fixen Betrag f oder um einen variablen Satz g erhöhen.

Bei einem fixen nichtabzugsfähigen Kostenteil mindert sich der Gewinn neben der proportionalen ErSt um einen zusätzlichen fixen ErSt-Teil $f \cdot s_{er}$. Dieser Teil fällt bei der Ableitung der Gewinnfunktion weg. Der Output ändert sich also nicht. Sind dagegen variable Teile g nichtabzugsfähig, so mindert sich der Gewinn nach ErSt um einen weiteren ErSt-Teil in Höhe von $g \cdot x \cdot s_{er}$. Dieser Teil bleibt bei einer Ableitung nach x als $g \cdot s_{er}$ erhalten. Setzt man die Ableitung null und löst die Gleichung nach x auf, so erhält man als optimalen Output nach ErSt x_{sopt}:

$$x_{sopt} = \frac{a - e - g \cdot \dfrac{s_{er}}{1 - s_{er}}}{2 \cdot b}$$

Ein Vergleich mit dem optimalen Output ohne ErSt x_{opt} zeigt, dass der Absatz durch solche nichtabzugsfähigen Kosten sinkt. Die Formel zeigt weiter, dass zu den variablen Stückkosten e Steuerkosten in Höhe von $g \cdot s_{er}$ – also der zusätzlichen ErSt je Stück –, multipliziert mit dem Bruttobedarfssatz, kommen. Dieses Ergebnis ist plausibel, weil die zusätzlichen ErSt-Kosten ebenfalls nichtabzugsfähig sind.

---

[281] Da die USt eher auf Zahlungsströme (z.B. Investitionsausgabe), die ErSt eher auf Erfolgsströme (z.B. Abschreibungen) abstellt, sind die Wirkungen in praxi unterschiedlich: Werden USt- und ErSt-Wirkungen simultan untersucht, dann ist auf ein mehrperiodiges Modell zurückzugreifen.

[282] Wird die Marktsituation vernachlässigt, also unterstellt, jeder kalkulierte Preis könne realisiert werden, dann folgt hieraus die irrtümliche Hypothese, Kostensteuern könnten vollständig überwälzt werden: "Die GewSt ist bei der betrieblichen Kalkulation ein Kostenfaktor, der letztlich über den Preis auf den Verbraucher abgewälzt wird." (i.O.z.T. hervorgehoben) Kratzer, W., Grundzüge des Gewerbesteuerrechts, in NWB 1994, Fach 5, S. 1235ff., hier S. 1238. Eine Überwälzung liegt aber nicht vor, wenn einfacherweise der Preis um die Kostensteuer erhöht wird; dann erlebt der Unternehmer die Überraschung, dass der Output sinkt. Eine Überwälzung ist dann gelungen, wenn der Gewinn unverändert bleibt.

[283] Das trifft dann nicht zu, wenn die beste Alternativverwendung der Produktionsfaktoren, die durch die kalkulatorischen Kosten berücksichtigt wird, ebenfalls dieser ErSt unterliegt.

Subventionen werden häufig auf die investierten Betriebsmittel (InvZul und Investitionszuschüsse), teilweise für das eingesetzte Personal (Lohnkostenzuschüsse) und selten auf die Leistung (USt-Präferenzen) gewährt. Preis- und Mengenwirkungen entsprechen denen einer Steuer auf diese Bemessungsgrundlagen – nur mit entgegengesetzter Wirkung. Eine fixe Subvention ändert am optimalen Output ebensowenig wie eine Steuer auf die fixen Kosten. Die Grenzkostenkurve ändert sich nicht. Der Vorteil aus der InvZul bzw. dem Investitionszuschuss (nach ErSt) verbleibt beim Unternehmer.

Lohnkostenzuschüsse mindern die Personalkosten. Sind die Personalkosten fix, dann haben sie keinen Einfluss auf die Preisgestaltung. Sind sie variabel (hier sollen die gesamten variablen Kosten e·x Personalkosten darstellen), dann berechnet sich der Lohnkostenzuschuss mit dem Zuschusssatz s_l beispielsweise zu $L_l = e \cdot x \cdot s_l$, die Gewinnfunktion nach Subvention G_s erweitert sich zu:

$$G_s = L + L_l - C - (a - b \cdot x) \cdot x - d - c \cdot x \cdot (1 - s_l)$$

Leitet man G_s nach x ab und setzt die Ableitung null, dann ergibt sich für den optimalen Output nach Subvention x_{sopt}:

$$x_{sopt} = \frac{a - e \cdot (1 - s_l)}{2 \cdot b}$$

Die variablen Stückkosten verringern sich, der Output steigt durch eine Subvention, die auf die variablen Kosten – hier die Personalkosten – gewährt wird. Der Absatzpreis sinkt. In umgekehrter Analogie zur Brutto-USt kann vermutet werden, dass ein Teil der Lohnkostenzuschüsse an den Nachfrager weitergegeben (überwälzt) wird. Der Gewinn steigt nicht um den Personalkostenzuschuss L_l beim neu berechneten optimalen Output.

Eine USt Präferenz kann methodisch wie eine Brutto-USt untersucht werden – nur mit umgekehrtem Vorzeichen. Der optimale Output steigt und der Preis fällt. Auch hier wird ein Teil der Subvention an den Nachfrager weitergegeben werden.

Bei der bisherigen exemplarischen Skizze der Preiswirkungen wurde angenommen, dass sich die Preis-Absatz-Funktion durch eine Steuer oder Subvention nicht ändert. Tatsächlich führt z.B. eine ErSt über die Gewinnreduktion zu einer Minderung der privaten und Erhöhung der öffentlichen Haushaltseinkommen, sodass eine Änderung des Nachfrageverhaltens eintreten kann. Eine USt kann mit produktartabhängig unterschiedlichen Steuersätzen ausgestattet sein, sodass es zu Nachfrageverschiebungen zwischen den einzelnen Märkten kommen kann. Subventionen können eine umgekehrte Wirkung auf die Nachfrage haben. Allerdings kann über die generelle Wirkung einer Steuer oder Subvention auf die Lage der Preis-Absatz-Funktion nur gemutmaßt werden.

Die Wirkungsrichtung mag noch einigermaßen plausibel erklärbar sein, das Ausmaß der Verschiebung oder Drehung der Preis-Absatz-Funktion ist es nicht.

Darüber hinaus existieren einige spezielle und nur durch Steuern oder Subventionen verursachte Einflüsse auf die Preis-Absatz-Funktion. Systematisch können das Einflussfaktoren sein, die auf die gesamte Preis-Absatz-Funktion wirken oder solche, die nur in bestimmten Preisbereichen die Preis-Absatz-Funktion verändern (Freibeträge oder Freigrenzen)[284].

Die Nachfrage in der sog. automobilen Oberklasse wird vermutlich dadurch nach oben gedreht, dass diese Fahrzeuge eher im Betriebsvermögen gehalten werden, auch wenn sie teilweise privat genutzt werden. Der Nachfrager ist der Meinung, dass die Finanzbehörden einen Teil der Preises über die ErSt-Minderung und (hälftige) Vorsteuererstattung tragen. Wird eine spätere Veräußerungseinnahme zumindest teilweise 'schwarz' bezogen, dann werden diese Vorteile nicht neutralisiert. Extremerweise könnte der für solche gemischtgenutzten Fahrzeuge bezahlte Preis entsprechend der Bruttobedarfsrechnung über doppelt so hoch sein wie der Preis, der bei einer ausschließlich privaten Nutzung bezahlt werden würde.

Ein ähnlicher Effekt kann zu einer Drehung der Preis-Absatz-Funktion von Wohnungen führen. Das kann etwa verursacht sein durch die mögliche – u.U. pauschalierte – Anerkennung eines häuslichen Arbeitszimmers. Ein häusliches Arbeitszimmer setzt ein Minimum an Wohnraum voraus – bei einer Einzelperson z.B. wenigstens zwei Zimmer. Während also die Miete für eine selbstgenutzte Einzimmerwohnung steuerlich irrelevant ist, mindert bei einer Zweizimmerwohnung die (pauschalierte) Steuerentlastung für das Arbeitszimmer die Mietbelastung. Unter Berücksichtigung des ErSt-Einflusses dreht sich die (Miet-)Preis-Absatz-Funktion bei Mehrzimmerwohnungen nach oben. Eine Zweizimmerwohnung kann nach der ErSt-Entlastung für das Arbeitszimmer absolut billiger sein als eine kleinere Einzimmerwohnung. Die ErSt-Entlastung ist von der Höhe des Differenz-ErSt-Satzes abhängig. Der kritische Mehrpreis könnte mit Hilfe der Bruttobedarfsrechnung ermittelt werden. Der Steuereinfluss kann preissteigernd am Markt für größere Wohnungen – möglicherweise aber auch preismindernd am Markt für kleinere Wohnungen – wirken.

Besondere Steuervergünstigungen für Wohnungserwerber können etwa in Sonderabschreibungen oder erhöhten Absetzungen an bestimmten Standorten oder bei Vermietung an bestimmte Bevölkerungsgruppen bestehen. Der Zins- und evtl. Steuervor-/-nachteil führt u.U. dazu, dass ein Bauträger das Produkt 'Wohnung' generell zu einem höheren Preis absetzen kann. Da der Vorteil u.a. vom Preis abhängt (Abschreibungsvolumen), wird diese Steuerwirkung zu einer Drehung der Preis-Absatz-Funktion führen. Nimmt man etwa realitätsfern an, vermietete Wohnungen könnten an einem Standort überhaupt nicht, am anderen Standort sofort abgeschrieben werden, dann verändert sich die Preis-Absatz-Funktion $p = a - b \cdot x$ um den ErSt-Vorteil auf den neuen

[284] Vgl. hierzu etwa Siegel, T., Steuerwirkungen und Steuerpolitik in der Unternehmung, a.a.O., S. 98ff.

Preis p_n. Mit dem ErSt-Satz s_{er} lautet die neue Preis-Absatz-Funktion p_n:

$$p_n = a - b \cdot x + p_n \cdot s_{er}$$

$$p_n = \frac{a - b \cdot x}{1 - s_{er}}$$

In diesem Fall – die Wirkung gilt tendenziell auch bei einer Sonderabschreibung neben der AfA u.ä. – dreht sich die Preis-Absatz-Funktion um den Bruttobedarfssatz. Tatsächlich wird die Drehung weniger groß sein, weil rationale Investoren sonst nicht an diesem Standort kaufen würden. Die Drehung kann auch größer sein, weil viele Investoren wohl nicht rational entscheiden, sondern den Steuervorteil subjektiv überbewerten; sonst gäbe es wohl keine ´Steuersparmodelle´.

Andere ErStliche Wirkungen ergeben sich, wenn Ausgaben nur beschränkt steuerlich geltend gemacht werden können. Dies kann durch steuerliche Regelungen verursacht sein, die etwa die Abzugsfähigkeit als Betriebsausgaben/Werbungskosten oder Sonderausgaben nur bis zu einer bestimmten Höhe zulassen. Darüber hinausgehende Beträge sind steuerlich irrelevant. Ähnlich wirken auch Subventionen, die nur bis zu einer bestimmten Höhe gewährt werden. So ist in § 9 Abs. 2 EigZulG der steuerlich geförderte Wohnungspreis auf € 51.120 fixiert. Preiserhöhungen im niedriger positionierten Markt wird der Nachfrager eher akzeptieren, weil die Finanzbehörden einen Teil tragen. Im darüberliegenden Bereich wird er gegen Preiserhöhungen aktiv werden, weil sie in vollem Umfang sein Vermögen mindern. Die Preis-Absatz-Funktion hat beim subventionierten Höchstbetrag (hier also € 51.120) einen Knick und ist über dem Knick elastischer als darunter. Die Preiswirkung des § 9 Abs. 2 EigZulG kann mit Hilfe einer wegen der mehrperiodigen Wirkung dynamisierten Bruttobedarfsrechnung quantifiziert werden.

Bei anderen Produkten kann die steuerliche Wirkung auf die Preis-Absatz-Funktion schließlich derart sein, dass möglicherweise ein Sprung entsteht. Bestimmte Ausgaben sind steuerlich nur abzugsfähig, wenn sie eine steuerlich fixierte Grenze nicht überschreiten. Dies betrifft etwa Produkte, die als Geschenke geeignet sind; sie sind nach § 4 Abs. 5 EStG u.a. nur als Betriebsausgaben absetzbar, wenn ihr Wert im Wirtschaftsjahr den Betrag von € 40 je Empfänger nicht übersteigt. Anderenfalls stellen sie in vollem Umfang eine nichtabzugsfähige Betriebsausgabe dar. Eine ähnliche – wenn auch schwächere – Wirkung wird § 6 Abs. 2 EStG hinsichtlich der geringwertigen Wirtschaftsgüter haben. Wird der Preis von € 410 ohne USt überschritten, dann entfällt die Sofortabschreibung für den gesamten Betrag.

Typische Produkte aus dem Bereich der geringwertigen Wirtschaftsgüter sind Büromöbel. Existierte § 6 Abs. 2 EStG nicht, dann liegt eine normale Preis-Absatz-Funktion vor. Die Sofortabschreibung führt dazu, dass die Nachfrage nach Büromöbeln unter € 410 'sprunghaft' steigt. Die Preis-Absatz-Funktion hat einen Sprung. Möglicherweise ist die Kurve im Bereich der geringwertigen Wirtschaftsgüter außerdem weniger elastisch als im oberen Bereich, weil der sog. Steuervorteil den Widerstand der Nachfrager gegen höhere Preise – solange sie nur unter € 410 bleiben – dämpft.

8.5.5 Steuern und Präferenzpolitik

Bisher wurde der direkte Steuer- oder Subventionseinfluss auf die Lage und den Verlauf der Preis-Absatz-Funktion diskutiert. Die Preis-Absatz-Funktion stellte – auch unter Steuereinfluss – eine Erwartungsgröße dar. Tatsächlich versucht der Unternehmer, durch Einsatz des präferenzpolitischen Instrumentariums Lage und Verlauf der Preis-Absatz-Funktion zu ändern. Möglicherweise existieren Wirkungen durch unterschiedliche steuerliche Regelungen bezüglich einzelner präferenzpolitischer Mittel[285].

Das präferenzpolitische Instrumentarium besteht aus der Werbung, der Produkt- und Sortimentspolitik, der Konditionspolitik und der Fixierung der Absatzmethoden. In den letzten drei Bereichen ist ein Steuereinfluss zwar zu vermuten, aber kaum quantifizierbar[286]. Werbepolitische Maßnahmen sind teilweise ErStlich beeinflusst. Dies kann einmal der Fall sein, weil sie evtl. nichtabzugsfähige Betriebsausgaben darstellen. So fallen u.U. Repräsentationsaufwendungen unter das Abzugsverbot des § 4 Abs. 5 EStG; Schmiergelder sind nur als Betriebsausgabe abzugsfähig, wenn der Empfänger genannt wird und die Zuwendung keine rechtswidrige Handlung darstellt, die eine Ahndung als Straftat oder Ordnungswidrigkeit zulässt. Zum anderen sind die Vorteile durch Werbeanstrengungen selbstgeschaffene immaterielle Wirtschaftsgüter[287], sodass Werbeausgaben auch für größere langfristig wirkende Werbeaktionen nicht aktiviert werden.

Sind Werbekosten als Betriebsausgabe abzugsfähig, dann ist ohne weiteres plausibel[288], dass sie um den Bruttobedarfssatz $1/(1 - s_{er})$ höher sein können als Werbekosten, die nicht abzugsfähig sind. Bei einem ErSt-Satz von z.B. 50 % kostet eine Werbekampagne von € 2.000.000, die abzugsfähige Betriebsausgaben darstellen, nach ErSt € 1.000.000. Das ist auch der Betrag für eine kostenindifferente Werbemaßnahme, die steuerlich nicht abzugsfähig ist. Werbemaßnahmen, die zu nichtabzugsfähigen Betriebsausgaben führen, werden steuerlich also – mit steigendem ErSt-Satz zunehmend – diskriminiert. Ein weiterer positiver ErSt-Effekt ergibt sich regelmäßig aus der Nichtaktivierung von Werbemaßnahmen. Die Investition in Werbeaktivitäten ist demnach gegenüber der in Finanz- und Sachvermögen privilegiert. Finanzinvestitionen haben überhaupt keinen, Sachinvestitionen einen geringeren Abschreibungseffekt. Nur bei Sachinvestitionen, die sofort abgeschrieben werden können – eher ein Ausnahmefall –, ist der Abschreibungsvorteil wie bei Werbeinvestitionen maximal. Unter sonst gleichen Bedingungen wird die Werbeinvestition durch den Steuereinfluss relativ vorteilhaft.

---

285 Vgl. hierzu die Übersichtsdarstellung bei Kußmaul, H., Steuern und Marketing, in Tietz, B., Köhler, R., Zentes, J. (Hrsg.), Handwörterbuch des Marketing, 2.Aufl. Stuttgart 1995, Sp. 2379ff., sowie Oblau, M., Marketing und Besteuerung, Bielefeld 2001

286 Vgl. Wöhe, G., Bieg, H., Grundzüge der Betriebswirtschaftlichen Steuerlehre, a.a.O., S. 483ff.

287 Aktivierungsfähig und -pflichtig sind Werbeaktivitäten, wenn sie ausnahmsweise zu materiellen Wirtschaftsgütern führen (Werbefahrzeuge, Reklameanlagen, Vorräte an Werbeträgern).

288 Kußmaul, H., Steuern und Marketing, a.a.O., S. 2388f.

8.6 Steuern und Investition

8.6.1 Das Steuerparadoxon

Investitionsentscheidungen können auf der Basis des Kapitalwerts getroffen werden. Im betrieblichen Bereich handelt es sich regelmäßig um Sachinvestitionen. Gegenüber den Finanzinvestitionen existiert bei abnutzbarem Anlagevermögen der Effekt der Abschreibungsfinanzierung. In Höhe der Abschreibungen werden ErSt-Ausgaben[289] aufgeschoben. Die Finanzbehörden gewähren einen zinslosen ErSt-Kredit. Dessen Vorteil ist wie bei jeder Finanzierung umso größer, je größer das Finanzierungsvolumen und je höher der Zinsfuß ist. Beide hängen vom ErSt-Satz ab:

- Das Finanzierungsvolumen berechnet sich aus der Multiplikation der Abschreibungsbeträge mit dem ErSt-Satz. Je höher der ErSt-Satz ist, desto größer ist das Finanzierungsvolumen. Ist der ErSt-Satz null (das entspricht dem Nicht-Steuerfall), dann existiert keine Abschreibungsfinanzierung, weil das Volumen null ist.
- Der Zinsfuß wird um die ErSt gemindert. Je höher also der ErSt-Satz ist, desto niedriger ist der Netto-Zinsfuß. Ist der ErSt-Satz null (das entspricht dem Nicht-Steuerfall), dann hat der Zinsfuß seinen maximalen Wert – er entspricht dem Brutto-Zinsfuß.

Bei fehlender wie bei maximaler ErSt (einem ErSt-Satz von 100 %) ist die Finanzierungswirkung null. Im ersten Fall existiert kein Finanzierungsvolumen (der Zinsfuß ist maximal), im zweiten Fall ist das Finanzierungsvolumen maximal, verzinst sich aber nicht. Das bedeutet, dass mit steigendem ErSt-Satz der Kapitalwert nach ErSt steigt, ein Maximum erreicht, und dann wieder auf null sinkt[290].

Der Kapitalwert einer *Finanz*investition ist auch nach ErSt null. Das gilt für den Kapitalwert einer Sachinvestition dann, wenn die Abschreibungsbeträge gerade so bemessen sind, dass die ErStlichen Bemessungsgrundlagen in den einzelnen Jahren dazu führen, dass der Kapitalwert der Sachinvestition unverändert bleibt. Bei einem derartigen Abschreibungsverlauf existiert gegenüber den Rückflüssen der Finanzinvestition kein Finanzierungsvorteil durch die Abschreibungen. Bei konstanten Einnahmeüberschüssen ist das z.B. der Fall, wenn der Abschreibungsverlauf dem einer annuitätischen Tilgung entspricht (also progressiv ist). Bei steigenden Einnahmeüberschüssen müssten die Abschreibungsbeträge verstärkt progressiv sein. Bei fallenden Einnahmeüberschüssen wäre der kapitalwertneutrale Abschreibungsverlauf weniger progressiv, (zufällig) linear oder sogar degressiv.

---

[289] Möglicherweise werden auch Ausschüttungen aufgeschoben. Dieser Finanzierungseffekt soll hier unberücksichtigt bleiben.

[290] "Es läßt sich zeigen, dass der Zinsgewinn der Sachanlage mit steigenden Steuersätzen zunächst wächst, ein Maximum erreicht und schließlich fällt." Schneider, D., Investition, Finanzierung und Besteuerung, a.a.O., S. 248.

Der bei konstanten Einnahmeüberschüssen für die Kapitalwertneutralität[291] erforderliche progressive Abschreibungsverlauf ist handels- und steuerrechtlich regelmäßig unzulässig. Schon im Normalfall der linearen Abschreibung ergibt sich also eine Verlagerung von ErStlichen Bemessungsgrundlagen in die Zukunft. Der Kapitalwert der Sachinvestition steigt[292]. Dies beruht also darauf, dass die Finanzierungswirkung des tatsächlichen (linearen) Abschreibungsverlaufs größer ist als die des kapitalwertneutralen Abschreibungsverlaufs. Der Finanzierungseffekt steigt mit steigendem ErSt-Satz bis zu einem Maximum, um dann wieder zu fallen (s.o.).

Dieser Effekt wird augenscheinlich bei einer degressiven AfA und noch mehr bei einer erhöhten Absetzung bzw. Sonderabschreibung verstärkt. Wegen der Existenz von ErSt *kann* also eine Investition, deren Kapitalwert ohne ErSt negativ ist (die also nicht realisiert werden würde), nach ErSt einen positiven Kapitalwert (sog. ErSt-Paradoxon) aufweisen. Eine Vernachlässigung der ErSt in der Entscheidungsrechnung würde zur Ablehnung einer tatsächlich wegen Existenz von ErSt vorteilhaften Investition führen.

Die Vorteilhaftigkeit einer Investition wird durch Vergleich ihres Kapitalwerts mit dem der Finanzinvestition zum Kalkulationszinsfuß festgestellt. Ohne Steuerberücksichtigung ist der Kapitalwert der Finanzinvestition null. Bezieht man die Steuern in die Entscheidungsrechnung ein, dann muss vorab ermittelt werden, wie sich dieser Vergleichsmaßstab ändert. Schreibt man den Kapitalwert der Finanzinvestition (ohne Steuern) ausführlich, dann ergibt sich:

$$K_{alt} = -A_k + A_k \cdot d \cdot b + \frac{A_k}{(1+d)^n}$$

mit K_{alt} Kapitalwert der Finanzinvestition zum Kalkulationszinsfuß

A_k Investitionsvolumen

d Kalkulationszinsfuß

b Rentenbarwertfaktor, $b = ((1+d)^n - 1)/(d \cdot (1+d)^n)$

n Länge des Planungszeitraums

Am Anfang fällt die Investitionsausgabe an. Diese verzinst sich laufend mit dem Kalkulationszinsfuß d, sodass der laufende Zinseinnahmeüberschuss $A_k \cdot d$ beträgt. Am Ende der Laufzeit wird getilgt. Formt man die Gleichung um, so kürzen sich sämtliche Werte. Der Kapitalwert beträgt erwartungsgemäß null.

[291] Vgl. hierzu etwa Treisch, C., Entscheidungsneutralität der Besteuerung – ökonomische Anforderungen an ein "gutes" Steuersystem, a.a.O.

[292] "Die Wirkung von Abschreibungen auf den Kapitalwert hängt somit davon ab, ob infolge der Abschreibung der steuerliche Erfolg des betrachteten Objekts gegenüber dem steuerneutralen Erfolgsausweis der Indifferenzsituation vor- oder nachverlagert wird." Wagner, F.W., Dirrigl, H., Die Steuerplanung der Unternehmung, a.a.O., S. 38.

Bezieht man die ErSt mit dem Steuersatz s_{er} ein, so fallen laufende Steuerausgaben auf die Zinsen mit $A_k \cdot d \cdot s_{er}$ an. Außerdem ist der Kalkulationszinsfuß d durch den nach ErSt $d_s = d \cdot (1 - s_{er})$ zu ersetzen:

$$K_{salt} = -A_k + A_k \cdot d_s \cdot b_s + \frac{A_k}{(1+d_s)^n}$$

mit	K_{salt}	Kapitalwert der Finanzinvestition nach ErSt
	b_s	Rentenbarwertfaktor nach ErSt, $b_s = ((1+d_s)^n - 1)/(d_s \cdot (1+d_s)^n)$

Nach wenigen Umformungen zeigt sich, dass auch dieser Kapitalwert null ist. Der Vergleichskapitalwert ändert sich also durch ErSt nicht. Die ErSt sind hier entscheidungsneutral. Das war zu erwarten, weil der Kapitalwert der Finanzinvestition bei jedem Zinsfuß null ist, also auch beim Zinsfuß nach ErSt.

Um die genannten Steuereffekte bei Sachinvestitionen zu zeigen, sei beispielhaft vorgegangen. Der Kalkulationszinsfuß betrage $d = 0{,}1$ (10 % p.a.) und der ErSt-Satz $s_{er} = 0{,}5$ (50 %). Damit beläuft sich der Kalkulationszinsfuß nach ErSt auf $d_s = 0{,}05$. Der Kapitalwert einer Finanzinvestition jeglichen Volumens und jeglicher Laufzeit zu diesen Zinsfüßen beträgt vor und nach Steuern null.

Für eine Sachinvestition sollen A_k = € 1 Mio, eine Laufzeit von $n = 5$ Jahren und ein konstanter jährlicher Einnahmeüberschuss von EÜ = € 263.797 gewählt werden. Der Kapitalwert dieser Sachinvestition K beträgt vor Steuern ebenfalls null, sodass beide Investitionen ohne Steuerberücksichtigung indifferent sind:

$$K = -A_k + EÜ \cdot b$$

mit	K	Kapitalwert der Sachinvestition vor Steuern (Standardmodell vor Steuern)
	EÜ	konstanter jährlicher Einnahmeüberschuss

Bezieht man die ErSt in den Kapitalwert ein und unterstellt, dass A_k linear über den Planungszeitraum als AfA abgesetzt wird, dann lautet die Formel:

$$K_s = -A_k + \left(EÜ - \left(EÜ - \frac{A_k}{n} \right) \cdot s_{er} \right) \cdot b_s$$

mit	K_s	Kapitalwert der Sachinvestition nach ErSt (Standardmodell nach Steuern)
	A_k/n	konstanter jährlicher AfA-Betrag (lineare AfA)

Der laufende Einnahmeüberschuss ist jetzt durch die ErSt gemindert. Die Bemessungsgrundlage ist die Differenz aus laufendem Einnahmeüberschuss und AfA. Der Kalkulationszinsfuß ist ebenfalls um die ErSt gemindert. Setzt man die Werte in die Gleichung ein, so ergibt sich K_s = + € 4.000. Die ErSt führen hier also dazu, dass die

Sachinvestition gegenüber der Finanzinvestition – wenn auch nur geringfügig – begünstigt wird.

Im Beispielsfall wurde lineare AfA angenommen. Es kann vermutet werden, dass erhöhte Absetzungen bzw. Sonderabschreibungen den positiven Abschreibungseffekt verstärken. Es soll deshalb extremerweise angenommen werden, dass eine Sofortabschreibung möglich wäre. Die Formel muss modifiziert werden zu:

$$K_s = -A_k \cdot (1 - s_{er}) + EÜ \cdot (1 - s_{er}) \cdot b_s$$

Die AHK werden also sofort[293] um die ErSt gemindert. Da das gesamte AfA-Volumen verbraucht ist, unterliegen jetzt die vollen Einnahmeüberschüsse den ErSt (Zweischneidigkeit der Bilanz). Setzt man die Werte in die Gleichung ein, so ergibt sich K_s = + € 71.052. Erwartungsgemäß ist der Kapitalwert nochmals und erheblich gestiegen.

Wie die Beispiele gezeigt haben, *kann* eine ErSt zu dem 'paradoxen' Ergebnis führen, dass Sachinvestitionen vorteilhaft werden. Das muss aber so interpretiert werden, dass ErSt Sachinvestitionen wegen eines nicht entscheidungsneutralen Verlaufs der AfA-Beträge relativ weniger belasten können als die zum Vergleich herangezogenen Finanzinvestitionen. Der Grund liegt bei AfA-Verläufen, die die steuerlichen Bemessungsgrundlagen – im Vergleich zum entscheidungsneutralen Verlauf – eher in die Zukunft verlagern. Es ergibt sich ein positiver Abschreibungsfinanzierungseffekt. Ohne Berücksichtigung von ErSt nicht vorteilhaft erscheinende Sachinvestitionen können tatsächlich gegenüber einer Finanzinvestition vorteilhaft sein.

Der durch die ErSt verursachte Effekt einer möglichen Abschreibungsfinanzierung sei ebenfalls an dem Beispiel dargestellt. Der Kapitalwert bei linearer und bei Sofortabschreibung und nach ErSt für ErSt-Sätze von null bis 100 % zeigt (vgl. Abb. 40), dass er von null auf ein Maximum steigt und dann wieder auf null zurückgeht. Die ErSt begünstigt im Beispielsfall bei jedem ErSt-Satz die Sachinvestition gegenüber der Finanzinvestition (deren Kapitalwert immer null ist). Der saldierte Vorteil ist im Beispielsfall etwa bei einem ErSt-Satz von 53 % maximal. Weiter ist ersichtlich, dass die Wirkung der ErSt bei linearer AfA eher gering, bei Sofortabschreibung erwartungsgemäß hoch ist.

293 Aus Vereinfachungsgründen wird eine Steuerentlastung schon zu Beginn des Planungszeitraums angenommen.

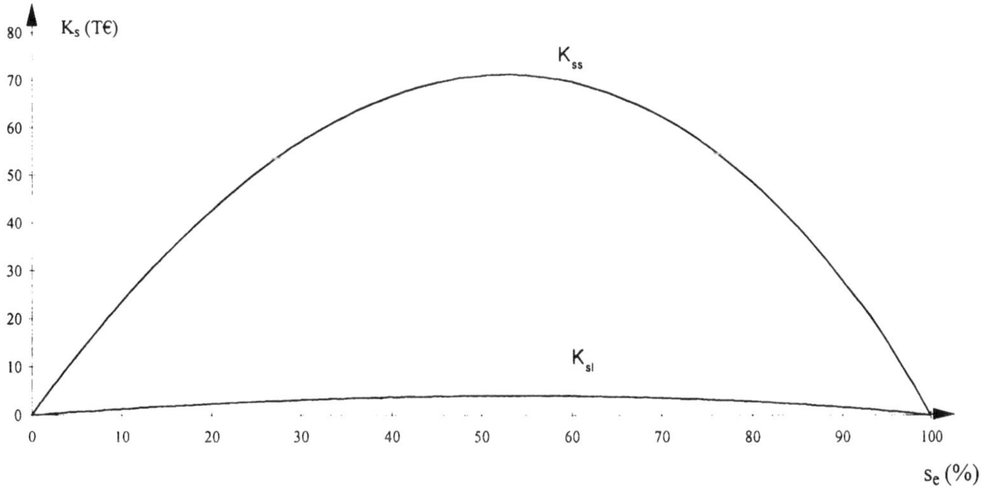

Abb. 40: Der Kapitalwert nach ErSt bei linearer AfA K_{sl} bzw. bei Sofortabschreibung K_{ss} in Abhängigkeit von der Höhe des ErSt-Satzes s_{er} (ErSt-Paradoxon)

Es sei wiederholt: Die Kapitalwertrechnung ist eine Vergleichsrechnung. Der Kapitalwert stellt ein relatives Kriterium dar. Er gibt wieder, ob und inwieweit die geplante Investition gegenüber der Finanzinvestition zum Kalkulationszinsfuß vorteilhaft ist. Die dargestellte Steuerwirkung ist ebenfalls relativ. Sie kann bei der Sachinvestition weniger nachteilig sein als bei der Finanzinvestition. Die Steuern wirken also möglicherweise relativ vorteilhaft für die Sachinvestition.

Das Endvermögen wird – von Ausnahmefällen abgesehen – durch die Besteuerung verringert. Insofern wirken Steuern investitionshemmend. Existieren etwa ausländische Standorte mit niedrigerer Steuerbelastung, dann ist dort c.p. die Endvermögenserhöhung durch die Investition höher. Das fördert die Investitionsneigung an diesem Standort generell (gleichgültig, ob es sich um Finanz- oder Sachinvestitionen handelt), weil dort die ErSt niedriger sind. Im untersuchten Fall stellt sich aber nicht die Frage unterschiedlicher Standorte für den gleichen Investitionstyp, sondern die Frage der Steuerwirkungen auf konkurrierende unterschiedliche Investitionstypen. Um Interpretationsschwierigkeiten aus dem Weg zu gehen, empfiehlt es sich, Investitionsentscheidungen nicht nach dem Hilfskriterium 'Kapitalwert', sondern nach der Höhe des Endvermögens zu treffen.

8.6.2 Steuern und ökonomische Nutzungsdauer

Bei der Analyse des Steuer- und Subventionseinflusses auf die Vorteilhaftigkeit einer Investition wurde die Nutzungsdauer bisher als Erwartungsvariable vorgegeben. Tatsächlich ist die ökonomische Nutzungsdauer weder identisch mit der technischen (vollständiger technischer Verbrauch der Investition) noch mit der betriebsgewöhnlichen Nutzungsdauer i.S.d. § 7 Abs. 1 EStG. Eine Investition ist vielmehr dann zu beenden[294], wenn das Vorteilhaftigkeitskriterium (z.B. der Kapitalwert) sein Maximum erreicht hat[295].

Um die ökonomisch optimale Nutzungsdauer bestimmen zu können, soll die Prämisse konstanter Einnahmeüberschüsse fallen gelassen werden. Weiterhin sollen die möglichen Veräußerungseinnahmen am Ende der jeweiligen Nutzungsdauern explizit einbezogen werden. Eine Vernachlässigung der Veräußerungseinnahme ist bei einer variablen Nutzungsdauer kaum haltbar. Auch die Annahme, die Veräußerungseinnahme sei unabhängig von der Nutzungsdauer, ist nur in besonderen Fällen realitätsnah (etwa bei Investitionen in Immobilien). Wesentlicher Grund für eine explizite Berücksichtigung der Veräußerungseinnahme im Rahmen einer steuerlichen Wirkungsanalyse ist aber, dass sie unterschiedliche ErStliche Folgen haben kann. Ohne Berücksichtigung von Steuern lautet der Kapitalwert K einer Investition:

$$K = -A_k + \sum_{j=1}^{m} \frac{EÜ_j}{(1+d)^j} + \frac{VE_m}{(1+d)^m}$$

mit		
	A_k	Investitionsausgabe
	d	Kalkulationszinsfuß
	$EÜ_j$	Einnahmeüberschuss des j-ten Jahres
	m	ökonomische Nutzungsdauer
	VE_m	Veräußerungseinnahme

Die optimale Nutzungsdauer – bei der der Kapitalwert der Investition maximal ist – könnte wie üblich gefunden werden, indem der Kapitalwert nach der Nutzungsdauer m abgeleitet wird. Die Ableitung wird null gesetzt und nach der Nutzungsdauer aufgelöst. Da der Kapitalwert hier als diskrete Funktion (Summen- oder Kapitalwertformel) formuliert ist, ist eine iterative Vorgehensweise – wenn EDV-gestützt – praktikabel. Der Kapitalwert wird für j = 1, 2.... berechnet. Hat der Kapitalwert sein Maximum erreicht, dann ist die optimale Nutzungsdauer gefunden. Steigt der Kapitalwert laufend, dann ist es optimal, die Investition bis zum Ende der technischen Nutzungsdauer fortzuführen.

---

[294] Hier soll nur eine isolierte Investition (keine Investitionskette) betrachtet werden, um den Steuereinfluss exemplarisch zu skizzieren.

[295] Vgl. hierzu und zum an dieser Stelle nicht behandelten Fall der Folgeinvestition (Investitionskette) sowie zum Steuereinfluss ausführlich Schneider, D., Investition, Finanzierung und Besteuerung, a.a.O., S. 104ff., 336ff., Mellwig, W., Investition und Besteuerung, Wiesbaden 1985, S. 117ff., Siegel, T., Steuerwirkungen und Steuerpolitik in der Unternehmung, a.a.O., S. 144ff., Wagner, F.W., Dirrigl, H., Die Steuerplanung der Unternehmung, a.a.O., S. 42ff.

Bei Annahme eines konstanten ErSt-Satzes s_{er} und linearer AfA über die betriebsgewöhnliche Nutzungsdauer n (n ≥ m) modifiziert die ErSt den Kapitalwert K_s nach ErSt:

$$K_s = -A_k + \sum_{j=1}^{m}\left(EÜ_j \cdot (1 - s_{er}) + \frac{A_k}{n} \cdot s_{er}\right) \cdot \frac{1}{(1+d_s)^j} +$$

$$+\left(VE_m \cdot (1 - s_{er}) + A_k \cdot \frac{n-m}{n} \cdot s_{er}\right) \cdot \frac{1}{(1+d_s)^m}$$

mit d_s Kalkulationszinsfuß nach ErSt, $d_s = d \cdot (1 - s_{er})$

Das Summenzeichen umfasst einmal die Einnahmeüberschüsse nach ErSt. Die Bemessungsgrundlage der ErSt wird um die lineare AfA A_k/n gemindert; das führt zu einem Abschreibungsvorteil. Die Veräußerungseinnahme am Ende der gesuchten Nutzungsdauer m unterliegt der ErSt. Da nur der Veräußerungs*gewinn* ErSt-pflichtig ist, existiert hier ebenfalls ein Abschreibungsvorteil in Höhe des Restbuchwerts $A_k \cdot (n-m)/n$. Eine Verlängerung der Nutzungsdauer um ein Jahr führt zu einer Erhöhung des laufenden Abschreibungsvorteils und zu einer Verringerung des Abschreibungsvorteils bei der Veräußerung. Die konkurrierenden Wirkungen sind identisch, ein möglicher ErSt-Einfluss ist (hier) nicht durch den Abschreibungseffekt verursacht.

Weiterhin existieren zwei ErSt-Nachteile. Der laufende ErSt-Nachteil durch Besteuerung der Einnahmeüberschüsse steigt, je länger die Nutzungsdauer ist. Der einmalige ErSt-Nachteil durch Besteuerung des Veräußerungsgewinns wird umso kleiner, je länger die Nutzungsdauer ist: Einerseits wird die Veräußerungseinnahme – und damit die Bemessungsgrundlage der ErSt – sinken, andererseits wirkt sich der ErSt-Nachteil später aus. Der Nutzungsdauereffekt der gegenläufigen ErSt-Wirkungen hängt augenscheinlich von der Relation zwischen den laufenden Einnahmeüberschüssen und der Veräußerungseinnahme ab. Ist letztere relativ hoch, dann werden die ErSt eher nutzungsdauerverlängernd wirken.

Die Herleitung der optimalen Nutzungsdauer impliziert, dass der kumulierte Einnahmeüberschuss nach Beendigung der Sachinvestition zum Kalkulationszinsfuß angelegt wird. Die ErSt privilegieren die Sachinvestition (ErSt-Paradoxon), sodass diese tendenziell länger beibehalten wird.

ErStliche Besonderheiten ergeben sich, wenn die Investition ganze Betriebe, Teilbetriebe usw. umfasst. Dann greift z.B. nach §§ 16, 34 EStG für den Veräußerungsgewinn (u.U. nur teilweise) ein modifizierter ESt-Satz (ggf. auch der halbe durchschnittliche ESt-Satz). In der Kapitalwertformel kann dies berücksichtigt werden, indem für die Veräußerungsgewinnbesteuerung der ErSt-Satz s_{er} durch diesen modifizierten bzw. halben durchschnittlichen ESt-Satz (jeweils ohne GewSt) ersetzt wird. Der Nachteil der Besteuerung der Veräußerungseinnahme sinkt; das bewirkt tendenziell eine Verkürzung der Nutzungsdauer. Allerdings neutralisiert sich der Abschreibungseffekt jetzt nicht mehr. Die AfA bei Veräußerung bewirkt z.B. nur die Hälfte der laufenden ErSt-Minderung. Je länger die Nutzungsdauer ist, desto größer ist der Abschreibungsvorteil. Welche Einflussfaktoren überwiegen, hängt wie bisher von der Relation zwischen den Einnahmeüberschüssen und der Veräußerungseinnahme ab. Jetzt wirkt zusätzlich die Höhe des Kalkulationszinsfußes (und damit auch die des ErSt-Satzes).

Eine weitere steuerliche Besonderheit ist, dass bei den Überschuss-Einkunftsarten Veräußerungsgewinne grundsätzlich ErStfrei sind (z.B. Veräußerung des Grundvermögens, das zur Erzielung von Einkünften aus Vermietung und Verpachtung dient). Dann vereinfacht sich in der Kapitalwertformel der Term für die Veräußerungseinnahme auf $VE/(1 + d_s)^m$. Der Steuernachteil bei Veräußerung ist völlig entfallen – das wirkt nutzungsdauerverkürzend. Allerdings ist der negative Abschreibungseffekt jetzt maximal: Die nicht laufend abgeschriebenen Teile haben überhaupt keinen Steuereffekt. Das wirkt nutzungsdauerverlängernd.

Insgesamt lassen sich anhand dieses Modells allenfalls tendenzielle Aussagen über den ErSt-Einfluss auf die ökonomische Nutzungsdauer treffen. Wie erwähnt, wird der Relation zwischen Einnahmeüberschüssen und Veräußerungseinnahme eine wesentliche Bedeutung zukommen. Je höher letztere ist, desto eher werden die ErSt nutzungsdauerverlängernd wirken. Diese Wirkung wird verstärkt, wenn durch die Verlängerung der Nutzungsdauer ein Abschreibungseffekt derart eintritt, dass die ErSt nicht nur verschoben, sondern vermindert wird. Das ist bei modifizierter ErSt oder beim halben durchschnittlichen ESt-Satz und noch stärker bei fehlender ErSt auf den Veräußerungsgewinn der Fall.

Ein Beispiel soll die ErSt-Wirkungen verdeutlichen. Es sei eine Investition mit einer Investitionsausgabe A_k von € 100 Mio geplant. Die erwarteten Einnahmeüberschüsse sollen sich während der gesuchten ökonomischen Nutzungsdauer m nach der (beispielhaft gewählten) Formel $EÜ \cdot (1-0{,}1 \cdot t)$ mit $t = 1,...m$ entwickeln. Bei einem angenommenen Wert von EÜ = € 18 Mio fallen sie damit von € 16,2 Mio im ersten Jahr auf null im letzten Jahr für den Fall, dass ökonomische Nutzungsdauer m und als betriebsgewöhnlich angenommene Nutzungsdauer n = 10 Jahre zusammenfallen. Die jährliche lineare AfA beträgt demnach € 10 Mio. Der Kalkulationszinsfuß d wird mit 10 % p.a., der ErSt-Satz mit 40 % angenommen. Für die Veräußerungseinnahme VE_m wird unterstellt, dass sich Abnutzungs- und Inflationseinfluss gerade neutralisieren; sie sei zu jedem Zeitpunkt mit der Investitionsausgabe identisch (betrage also € 100 Mio). Es wird also die Situation einer eher hohen Veräußerungseinnahme unterstellt, z.B. eine Investition in Immobilien.

Die laufenden Einnahmeüberschüsse unterliegen nach AfA-Abzug der ErSt von 40 %. Der Veräußerungsgewinn berechnet sich aus Veräußerungseinnahme abzüglich der bis zum Ende der bisher unbekannten Nutzungsdauer kumulierten AfA-Beträge. Nach zehn Jahren wäre also die gesamte Veräußerungseinnahme ErSt-pflichtig.

Die optimale (=kapitalwertmaximale) Nutzungsdauer kann durch Iteration ermittelt, indem die Kapitalwerte für jedes Jahr berechnet werden. Eine Beendigung der Investition ist in dem Jahr vorteilhaft, in dem der Kapitalwert maximal ist. Wegen der relativ hohen Veräußerungseinnahme kann vermutet werden, dass im vorliegenden Beispielsfall die ErSt die optimale Nutzungsdauer verlängert. Die Beendigung der Investition wird durch die ermäßigte bzw. die fehlende ErSt bei Veräußerung weiter hinausgeschoben.

Der Kapitalwert der Investition K ohne Berücksichtigung des ErSt-Einflusses steigt (vgl. auch Abb. 41 – dort ist der Kapitalwertverlauf der Übersichtlichkeit halber als stetig unterstellt worden) von etwa € 5,6 Mio nach möglicher Beendigung nach einem Jahr auf maximal etwa € 11,77 Mio nach vier Jahren, um dann nach etwa neun Jahren auf einen Wert von null zu fallen. Die optimale Nutzungsdauer – ohne Steuern – beträgt also etwa vier Jahre.

Ermittelt man die Kapitalwerte nach ErSt K_S, dann steigen sie von anfangs etwa € 3,5 Mio auf etwa € 9 Mio nach fünf Jahren, um auf etwa € 2,5 Mio nach zehn Jahren zu fallen. Die ErSt führt also dazu, dass die Investition später beendet wird. Tatsächlich ist eine Nutzungsdauer von etwa fünf Jahren (und nicht von vier Jahren, wie ohne ErSt berechnet) optimal.

Im übrigen ist an dem Beispiel (vgl. Abb. 41) erkennbar, dass das ErSt-Paradoxon auch hier existiert. Bis zu einer Nutzungsdauer von etwa sieben Jahren ist der Kapitalwert nach ErSt kleiner als vor ErSt. Bei höheren Nutzungsdauern übersteigt der Kapitalwert nach ErSt den vor ErSt. Ohne ErSt-Berücksichtigung würde man die Investition bei einer Nutzungsdauer von z.B. zehn Jahren nicht realisieren – eine falsche Entscheidung, wie die Rechnung mit ErSt zeigt (der Kapitalwert nach ErSt beläuft sich auf etwa € 2,5 Mio). Plant man die Investition für z.B. zehn Jahre (abweichend von der vorliegenden Untersuchung ist die Nutzungsdauer also vorgegeben), dann ist die Sachinvestition gegenüber der Finanzinvestition vorteilhaft.

Nimmt man im Beispielsfall eine ErSt-Modifikation für den Veräußerungsgewinn in Form des halben ErSt-Satzes (hier also 20 %) an, dann verlängert sich die optimale Nutzungsdauer weiter auf etwa sechs Jahre (Kurve $K_{S1/2}$ in Abb. 41). Die ErStliche Privilegierung der Sach- gegenüber der Finanzinvestition führt zu einer weiteren Erhöhung der Kapitalwerte. Sie steigen von etwa € 5,4 Mio nach einem Jahr auf etwa € 17,1 Mio nach sechs Jahren – dann fallen sie wieder auf etwa € 13,7 Mio nach zehn Jahren.

Ist der Veräußerungsgewinn schließlich steuerfrei, dann wird der für die Sachinvestition positive ErSt-Effekt (bei positivem steuerlichen Totalgewinn) maximiert. Die AfA-Beträge werden jetzt aus dem steuerfreien Bereich der Veräußerung in den ErSt-wirksamen Bereich der laufenden Besteuerung übertragen. Der positive Steuereffekt verstärkt sich und kompensiert die weiter fallenden Einnahmeüberschüsse. Im Beispielsfall steigt die optimale Nutzungsdauer von fälschlichen vier Jahren ohne Berücksichtigung der ErSt auf etwa acht Jahre (Kurve K_{S0} in Abb. 41). Der Kapitalwert der Investition beträgt nach einem Jahr etwa € 7,3 Mio. Er steigt nach acht Jahren auf ein Maximum von etwa € 26,5 Mio, um nach zehn Jahren noch etwa € 24,8 Mio zu betragen.

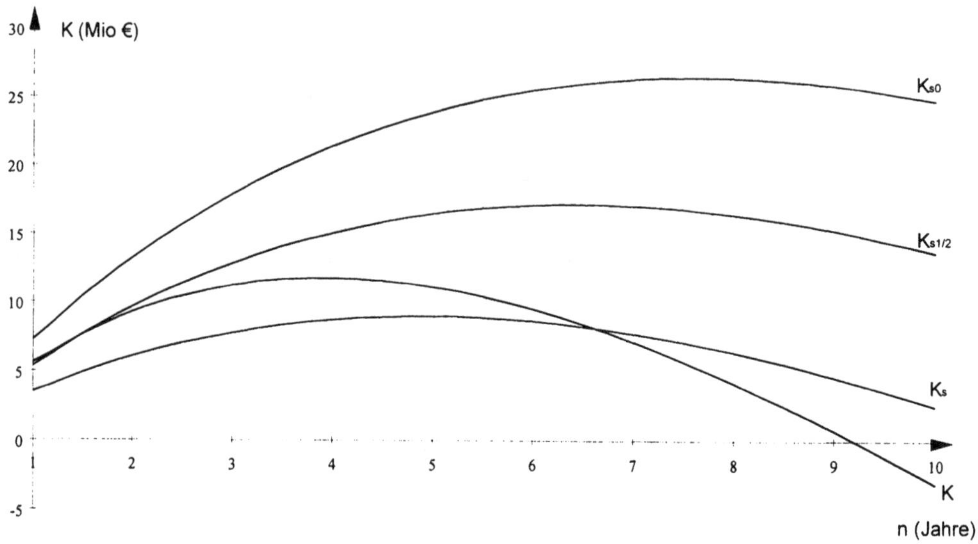

Abb. 41: Der Kapitalwert K in Abhängigkeit von der Nutzungsdauer n (ohne ErSt K, mit ErSt K_S, mit halbem ErSt-Satz auf den Veräußerungsgewinn $K_{S1/2}$ und mit ErSt-Freiheit für den Veräußerungsgewinn K_{S0}) zur Bestimmung der optimalen Nutzungsdauer

8.6.3 Steuern und Unternehmenswert

Die Bestimmung des Unternehmenswerts ist nur möglich, wenn vorab die Funktion geklärt ist, die der Unternehmenswert erfüllen soll. Der Steuereinfluss soll anhand der Funktion der Bestimmung der Preisobergrenze für einen potenziellen Unternehmenskäufer skizziert werden[296]. Es handelt sich also um eine besondere Investition, nämlich die in ein ganzes Unternehmen. Analog stellt sich für den Verkäufer die Frage, welchen Preis er gerade noch akzeptieren kann, um durch einen Verkauf nicht schlechter zu stehen als durch die Unternehmensfortführung[297].

---

[296] Vgl. hierzu für den besonderen Fall, dass die Existenz einer ErSt überhaupt erst dazu führen kann, dass auch unrentable Unternehmen gekauft werden, Schult, E., Der Ertragsteuereinfluss auf die Verkaufs- bzw. Kaufentscheidung bei unrentablen Betrieben, in StuW 1984, S. 141ff.

[297] "Die Ermittlung von Grenzpreisen...(ist die) Leitidee der modernen Unternehmensbewertung", Wagner, F.W., Unternehmensbewertung und vertragliche Abfindungsbemessung, in BFuP 1994, S. 477ff., hier S. 477.

Vor Beginn der Verkaufsverhandlungen werden Käufer und Verkäufer die Grenzpreise[298] fixieren, bis zu denen sie extremerweise bereit sind, zu kaufen bzw. zu verkaufen. Nur wenn die Preisobergrenze des Käufers höher ist als die Preisuntergrenze des Verkäufers, kommt es möglicherweise zu einem Verkauf. Auf die Höhe der Grenzpreise haben unterschiedliche Vorstellungen etwa über den Kalkulationszinsfuß, die Einnahmeüberschüsse oder die Geldwertänderung einen Einfluss[299]. Da hier die Steuerwirkungen[300] skizziert werden sollen, werden die anderen Einflussfaktoren eliminiert. Ohne Steuern soll also ein Verhandlungsbereich nicht existieren. Preisobergrenze des Käufers p_o und Preisuntergrenze des Verkäufers p_u sind identisch und entsprechen dem Unternehmenswert U (dem Barwert der Einnahmeüberschüsse):

$$p_u = p_o = U = \frac{EÜ}{d}$$ bei unendlicher Länge des Planungszeitraums

$$p_u = p_o = U = EÜ \cdot b$$ bei endlicher Länge des Planungszeitraums

mit	
EÜ	konstanter Einnahmeüberschuss
d	Kalkulationszinsfuß
1/d	Rentenbarwertfaktor bei unendlicher Länge des Planungszeitraums
b	Rentenbarwertfaktor bei endlicher Länge des Planungszeitraums $b = ((1+d)^n - 1)/(d \cdot (1+d)^n)$

Bei Annahme eines unendlichen Planungszeitraums ergibt sich ein ErSt-Einfluss auf den Unternehmenswert U_s nicht, wenn die ErSt-Sätze s_{er} alternativenunabhängig sind:

$$p_{us} = p_{os} = U_s = \frac{EÜ \cdot (1 - s_{er})}{d \cdot (1 - s_{er})}$$

"Offensichtlich kürzt sich...die ESt-Belastung heraus."[301] Preisober- und -untergrenze bleiben unverändert. Das gilt nicht mehr, wenn die ErSt-Sätze alternativenabhängig sind (so etwa bei der GewSt und bei der ESt mit Anrechnung einer fiktiven GewSt). Unterstellt

---

[298] "Wenn diese Grenzpreise einen Einigungsbereich aufweisen, dann hängt es ganz vom Verhandlungsgeschick der Beteiligten (und nicht von betriebswirtschaftlichen Erkenntnissen) ab, wie sich der tatsächliche Unternehmenskaufpreis bildet." Siegel, T., Grundlagen der Unternehmensbewertung, in WiSt 1991, S. 231ff., hier S. 231.

[299] Zum Einfluss dieser Faktoren sowie zum Steuereinfluss ebenda, zur Unsicherheit ders., Unternehmensbewertung, Unsicherheit und Komplexitätsreduktion, in BFuP 1994, S. 457ff.

[300] Vgl. etwa Wagner, F.W., Der Einfluss idealer und real existierender Steuersysteme auf den Wert der Unternehmung, in Egger, A. (Hrsg.), Unternehmensbewertung – quo vadis?, Wien 1999, S. 65ff., Hötzel, O., Beckmann, K., Einfluss der Unternehmenssteuerreform 2001 auf die Unternehmensbewertung, in Wpg 2000, S. 696ff., Siegel, T., Paradoxa in der Unternehmensbewertung und ihre Erklärung, in Poll, J. (Hrsg.), Bilanzierung und Besteuerung der Unternehmen, Stuttgart 2000, S. 391ff.

[301] Wagner, F.W., Rümmele, P., Ertragsteuern in der Unternehmensbewertung: Zum Einfluss von Steuerrechtsänderungen, in Wpg 1995, S. 433ff., hier S. 434.

man maximale ESt-Sätze und weiter, dass die alternative Anlage des Kaufpreises und die Zwischenanlage im Privatvermögen stattfinden, dann ändern sich die Preisgrenzen c.p. auf:

$$p_{us} = p_{os} = U_s = \frac{EÜ \cdot (1 - s_{eg})}{d \cdot (1 - s_e)}$$

mit s_{eg} Teilsteuersatz aus ESt und GewSt

s_e ESt-Satz

Die ErSt-Belastung kürzt sich nicht mehr heraus. Der Unternehmenswert nach ErSt ist bei $s_{eg} > s_e$ niedriger als ohne Berücksichtigung der ErSt. Ein Verhandlungsbereich existiert weiterhin nicht. Im praktisch auch möglichen Fall $s_{eg} < s_e$ steigt der Unternehmenswert. Auch dann gibt es aber keinen Verhandlungsbereich.

Im Folgenden soll die Annahme eines unendlichen Planungszeitraums aufgehoben werden, nicht zuletzt, um die Wirkung der AfA zu untersuchen. Weiter wird wieder ein einheitlicher ErSt-Satz angenommen; die betriebsgewöhnliche Nutzungsdauer der Wirtschaftsgüter des betrachteten Unternehmens soll der Länge des Planungszeitraums entsprechen.

In gleicher Weise wie in der Situation ohne Steuern wird der Verkäufer die Preisuntergrenze gerade beim Barwert der zukünftigen Einnahmeüberschüsse ansetzen – jetzt nur bei Einbeziehung der Steuern. Existieren ErSt mit dem ErSt-Satz s_{er} und nimmt man an, dass keine AfA existiere und das Kapitalkonto des Unternehmers null sei, dann lauten die Barwerte nach ErSt bei Betriebsfortführung B_{fs} bzw. bei Veräußerung B_{as}:

$$B_{fs} = EÜ \cdot (1 - s_{er}) \cdot b_s$$

$$B_{as} = p_{us} \cdot (1 - s_{er})$$

mit b_s Rentenbarwertfaktor nach ErSt
$b_s = ((1+d_s)^n - 1)/(d_s \cdot (1+d_s)^n)$

Im Fall der Unternehmensfortführung unterliegen die Einnahmeüberschüsse der ErSt und werden über den Planungszeitraum n mit dem Kalkulationszinsfuß nach ErSt $d_s = d \cdot (1 - s_{er})$ diskontiert. Im Fall des Unternehmensverkaufs entspricht der Barwert dem erzielten Preis (hier dem kritischen Preis nach ErSt p_{us}), der in voller Höhe – der Buchwert wurde mit null angenommen – der ErSt unterliegt. Setzt man beide Barwerte gleich und löst die Gleichung nach p_{us} auf, dann ergibt sich die Preisuntergrenze nach ErSt zu:

$$p_{us} = EÜ \cdot b_s$$

Die Preisuntergrenze des Verkäufers ist durch den ErSt-Einfluss gestiegen, weil der Rentenbarwertfaktor nach ErSt größer ist als der vor ErSt ($b_s > b$). Der Grund liegt einfacherweise darin, dass der Verkäufer bei einem Verkauf die ErSt auf den zu den Einnahmeüberschüssen äquivalenten Verkaufspreis sofort bezahlen muss – bei Betriebsfortführung wird dieser Nachteil auf den Planungszeitraum verteilt. Die ErSt begünstigt die Betriebsfortführung. Sollte es ohne ErSt aus welchen Gründen auch immer zu einer Verhandlung kommen, dann ist deren Spielraum durch die Einbeziehung der ErSt verringert worden.

Weiter wird angenommen, dass bei Veräußerung eines Unternehmens ein Kapitalkonto $K > 0$ existiert. Außerdem soll das Kapitalkonto dem Buchwert der Aktivseite entsprechen (das Unternehmen soll ausschließlich eigenfinanziert sein). Damit besteht bei Fortführung ein AfA-Volumen in Höhe von $K - A_k$. Bei Betriebsveräußerung mindert A_k den Veräußerungsgewinn. Die Barwerte nach ErSt bei Betriebsfortführung B_{fs} bzw. bei Veräußerung B_{as} lauten:

$$B_{fs} = \left(EÜ \cdot (1 - s_{er}) + \frac{K}{n} \cdot s_{er} \right) \cdot b_s$$

$$B_{as} = p_{us} \cdot (1 - s_{er}) + K \cdot s_{er}$$

Im Fall der Unternehmensfortführung unterliegen die Einnahmeüberschüsse der ErSt und werden über den Planungszeitraum n mit dem Kalkulationszinsfuß nach ErSt d_s diskontiert. Bei linearer AfA mindern die AfA-Beträge A_k/n die ErSt. Im Fall des Unternehmensverkaufs entspricht der Barwert dem erzielten Preis (hier dem kritischen Preis nach ErSt p_{us}). Weil nur der Veräußerungsgewinn ErSt-pflichtig ist, ist die ErSt-Wirkung des Abschreibungsvolumens zu addieren. Setzt man beide Barwerte gleich und löst die Gleichung nach p_u auf, dann ergibt sich die Preisuntergrenze nach ErSt p_{us} zu:

$$p_{us} = EÜ \cdot b_s - K \cdot \frac{s_{er}}{1 - s_{er}} \cdot \left(1 - \frac{b_s}{n}\right)$$

Die Preisuntergrenze (ohne Abschreibungsvolumen) $EÜ \cdot b_s$ mindert sich um die Differenz zwischen der Steuerwirkung bei sofortiger Buchwertabsetzung (repräsentiert durch den Faktor 1) und laufender Abschreibung – repräsentiert durch den Faktor b_s/n. Dabei muss die Nettowirkung mit Hilfe des Bruttobedarfssatzes auf die Bruttowirkung umgerechnet werden, weil der gesuchte Preis ein Bruttowert ist. Bei Existenz eines Abschreibungsvolumens wird der ErSt-Nachteil zumindest teilweise kompensiert.

Ob die Kompensationswirkung so groß ist, dass ein Verhandlungsbereich überhaupt erst entsteht, muss anhand der Preisobergrenze des Käufers nach ErSt p_{os} untersucht werden. Der kritische Preis – die Preisobergrenze – ergibt sich auch für den Käufer aus dem Vergleich der Barwerte nach ErSt des Kaufs B_{ks} und des Nichtkaufs B_{ns}:

$$B_{ks} = EÜ \cdot (1 - s_{er}) \cdot b_s + \frac{p_{os}}{n} \cdot s_{er} \cdot b_s$$

$$B_{ns} = p_{os}$$

Im Falle eines Kaufs sind die Einnahmeüberschüsse EÜ nach ErSt zu kapitalisieren. Für den Kaufpreis wird der Einfachheit halber angenommen, er werde in vollem Umfang über den Planungszeitraum n abgeschrieben. Dann mindert die lineare AfA p_{os}/n die ErSt in Höhe des ErSt-Satzes s_{er} – dieser Vorteil ist ebenfalls zu kapitalisieren. Im Fall des Nichtkaufs ist der Barwert mit der kritischen Geldsumme p_{os} identisch. Setzt man beide Barwerte gleich und löst die Gleichung nach p_{os} auf, dann ergibt sich die Preisobergrenze zu:

$$p_{os} = EÜ \cdot \frac{(1 - s_{er}) \cdot b_s}{1 - b_s \cdot \frac{s_{er}}{n}}$$

Da für den Verkäufer nicht generell nachgewiesen werden kann, ob die Preisuntergrenze nach ErSt über der ohne ErSt liegt, ist es überflüssig, zu untersuchen, ob die Preisobergrenze nach ErSt unter der ohne ErSt liegt. Um einen Verhandlungsbereich zu entdecken, können die Preisgrenzen nach ErSt verglichen werden. Bewirkt die ErSt einen Verhandlungsbereich, dann muss $p_{us} < p_{os}$ sein:

$$EÜ \cdot b_s - K \cdot \frac{s_{er}}{1 - s_{er}} \cdot \left(1 - \frac{b_s}{n}\right) < EÜ \cdot \frac{(1 - s_{er}) \cdot b_s}{1 - b_s \cdot \frac{s_{er}}{n}}$$

Generelle Wirkungen lassen sich nur bezüglich des Abschreibungsvolumens[302] K, (hier identisch mit dem Buchwert der Aktivseite, s.o.) herleiten. Je höher das Abschreibungsvolumen ist, desto größer ist der Verhandlungsbereich.

Weiterhin soll für den Verkäufer wie den Käufer der gleiche ErSt-Satz angenommen werden. Dies ist zwar wegen des progressiven ESt-Tarifs und wegen der Möglichkeit unterschiedlicher KiSt-Pflicht eher die Ausnahme; dennoch soll diese Prämisse aufrecht erhalten werden. Für den Verkäufer ist der ErSt-Satz weiter alternativenabhängig. Selbst wenn der ESt-Satz bei Unternehmensfortführung wie bei Unternehmensverkauf identisch sein sollte, so führt doch die unterschiedliche GewSt-Belastung zu unterschiedlichen ErSt-Sätzen. Der Unternehmensverkauf ist GewStlich u.U. privilegiert: Der

[302] Der Wert eines Unternehmens "...hängt in starkem Maße davon ab, ob der Erwerber mit der Übernahme Abschreibungsmasse erwirbt." Wagner, F.W., Unternehmensbewertung und vertragliche Abfindungsbemessung, a.a.O., S. 494.

Veräußerungsgewinn gehört nicht zum Gewerbeertrag. Allerdings entfällt auch die Anrechnung fiktiver GewSt, sodass dieses Privileg standortabhängig ist. Ein GewSt-Privileg existiert nur an Standorten, für die folgende Ungleichung erfüllt ist:

$$s_{eea} < s_{eeag}$$

mit s_{eea} Teilsteuersatz aus ESt und ErgAbg bei Veräußerung (ohne GewSt und ohne Anrechnung fiktiver GewSt)

s_{eeag} Teilsteuersatz aus ESt, ErgAbg und GewSt (mit Anrechnung fiktiver GewSt)

Löst man die Ungleichung nach dem Hebesatz auf, so ergibt sich ein kritischer Hebesatz von 452 %[303], d.h. an allen Standorten mit Hebesätzen über 452 % existiert das GewSt-Privileg, während sich an allen Standorten mit niedrigeren Hebesätzen die Gewerbesteuerfreiheit des Veräußerungsgewinns als Nachteil erweist. Der Barwert[304] nach ErSt bei Betriebsfortführung B_{fs} wird mit dem ErSt-Satz (Teilsteuersatz aus ESt, ErgAbg und GewSt mit $s_{eeag} > s_{eea}$) angesetzt, der Barwert bei Veräußerung B_{as} bleibt unverändert:

$$B_{fs} = \left(EÜ \cdot (1 - s_{eeag}) + \frac{K}{n} \cdot s_{eeag} \right) \cdot b_s$$

$$B_{as} = p_{us} \cdot (1 - s_e) + K \cdot s_{eea}$$

Setzt man die beiden Barwerte gleich und löst sie nach p_{us} auf, so lautet die Preisuntergrenze des Verkäufers jetzt:

$$p_{us} = EÜ \cdot b_s \cdot \frac{1 - s_{eeag}}{1 - s_{eea}} - K \cdot \frac{s_{eea} - s_{eeag} \cdot \frac{b_s}{n}}{1 - s_{eea}}$$

Ein Vergleich mit der Preisuntergrenze ohne GewSt zeigt, dass sie erwartungsgemäß durch die GewSt niedriger ist. Es ist aber nicht generell feststellbar, ob die GewSt die Wirkung hat, einen Verhandlungsbereich zu erzeugen. Die Privilegierung des Unternehmensverkaufs hängt augenscheinlich von der Höhe der tatsächlichen GewSt ab. Diese wiederum sinkt mit steigendem ESt-Satz und steigt mit steigendem Hebesatz der GewSt. Je niedriger also der ESt-Satz und je höher der Hebesatz der GewSt ist, desto eher kommt es zu Verkaufsverhandlungen.

Der Unternehmensverkauf wird weiterhin regelmäßig durch den modifizierten ESt-Satz nach § 16 i.V.m. § 34 Abs. 1 EStG oder u.U. den ermäßigten (halben durchschnittlichen) ESt-Satz nach § 34 Abs. 3 EStG privilegiert. Setzt man anschaulicherweise den

303 Berechung ohne Berücksichtigung von GewSt-Freibetrag und Stufentarif.

304 Für den Rentenbarwertfaktor gilt dies grundsätzlich ebenfalls. Hier soll eine Anlage im Privatvermögen unterstellt werden, sodass er sich nicht ändert.

ermäßigten ESt-Satz mit $s_e/2$ an, dann lautet der Barwert für den Unternehmensverkauf B_{as}:

$$B_{as} = p_{us} \cdot \left(1 - \frac{s_{eea}}{2}\right) + K \cdot \frac{s_{eea}}{2}$$

Setzt man diesen Barwert mit dem der Unternehmensfortführung (vorläufig ohne GewSt) B_{fs} gleich und löst die Gleichung nach p_{us} auf, dann ergibt sich für die Preisuntergrenze:

$$p_{us} = EÜ \cdot b_s \cdot \frac{1 - s_{eea}}{1 - \frac{s_{eea}}{2}} - K \cdot s_{eea} \cdot \frac{\frac{1}{2} - \frac{b_s}{n}}{1 - \frac{s_{eea}}{2}}$$

Die Formel hat eine ähnliche Struktur wie die zur Berücksichtigung der GewSt. In beiden Fällen wird der Unternehmensverkauf durch eine niedrigere ErSt privilegiert. Soll auch die GewSt eingeführt werden, dann lautet die Formel für p_{us}:

$$p_{us} = EÜ \cdot b_s \cdot \frac{1 - s_{eeag}}{1 - \frac{s_{eea}}{2}} - K \cdot s_{eeag} \cdot \frac{\frac{1}{2} - \frac{b_s}{n}}{1 - \frac{s_{eea}}{2}}$$

Bisher wurden ErSt-Wirkungen auf die Preisuntergrenze des Verkäufers betrachtet, weil hier besondere ErStliche Regelungen existieren (modifizierter, ggf. halber durchschnittlicher ESt-Satz, keine GewSt). Solche besonderen Regelungen gibt es auf der Käuferseite nicht. Dennoch können generelle Wahlrechte auch die Preisobergrenze beeinflussen. So wurde z.B. bisher angenommen, der Kaufpreis könne linear abgesetzt werden (vgl. die Formel für B_{ks}). Für den Käufer können aber im Einzelfall auch Bewertungsfreiheiten gelten, die erwartungsgemäß – da sie bei einen konstanten ErSt-Satz mit einem Zinsvorteil verbunden sind – die Preisobergrenze anheben. Unterstellt man extremerweise, es sei eine Sofortabschreibung des Kaufpreises möglich, dann lautet der modifizierte Barwert B_{ks}:

$$B_{ks} = EÜ \cdot (1 - s_{er}) \cdot b_s + p_o \cdot s_{er}$$

Der Kaufpreis – hier die Preisobergrenze – wird sofort um die ErSt mit dem ErSt-Satz s_{er} entlastet. Setzt man diesen Barwert gleich mit dem Barwert bei Nichtkauf $B_{ns} = p_o$ und löst die Gleichung nach p_o auf, dann ergibt sich die Preisobergrenze p_{os} zu:

$$p_{os} = EÜ \cdot b_s$$

Vergleicht man diesen Ausdruck mit dem bei linearer AfA, so ist leicht erkennbar, dass die Sofortabschreibung zu einer Anhebung der Preisobergrenze führt – der Verhandlungsbereich wird also vergrößert (oder entsteht überhaupt erst). Die

Preisobergrenze entspricht der Preisuntergrenze unter der Annahme, es existiere kein Buchwert (s.o.). Der Nachteil beim Verkäufer – sofortige Mehrbelastung durch ErSt – ist ein Vorteil für den Käufer – sofortige Entlastung durch ErSt.

Um die dargestellten Wirkungen zu verdeutlichen, sei auf das Investitionsbeispiel (vgl. Kapitel "Das Steuerparadoxon") zurückgegriffen. Ein Unternehmen lässt für die nächsten fünf Jahre einen Einnahmeüberschuss von € 263.797 erwarten. Der Kalkulationszinsfuß vor ErSt betrage 10 % p.a. Ohne ErSt sind Preisober- und -untergrenze gleich dem Barwert der Investition (dem Unternehmenswert) von € 1 Mio. Ein Verhandlungsbereich existiert nicht.

Um den ErSt-Einfluss zu dokumentieren, wird weiter angenommen (wie bei der Investition), dass das Kapitalkonto des Unternehmers und der Buchwert der Investition dem Barwert der Investition entsprechen, also € 1 Mio betragen. In der Graphik (vgl. Abb. 42) sind die Preisobergrenze bei linearer AfA und die Preisuntergrenze ohne ermäßigten ESt-Satz und ohne GewSt eingetragen (p_o^{linear} bzw. p_u^{ESt}). Beide Preisgrenzen weichen kaum von den Preisgrenzen ohne Steuern (€ 1 Mio) ab und steigen sehr geringfügig mit steigenden ESt-Satz. Die bloße ESt hat also keinen wesentlichen Einfluss auf den Verhandlungsbereich (relativ zu anderen Einflussfaktoren).

Führt man die GewSt-Freiheit des Veräußerungsgewinns in die Graphik ein, dann sinkt die Preisuntergrenze auf $p_u^{ESt+GewSt}$. Bei einem Hebesatz der GewSt von 400 % liegt die Preisuntergrenze bei einem ESt-Satz von null um etwa € 978.000, bei einem ESt-Satz von 40 % um etwa € 995.000. Bei einem ESt-Satz von ca. 46,4 % existiert ein kritischer Wert. Dieser resultiert aus der sinkenden tatsächlichen GewSt-Belastung.

Führt man – bei Vernachlässigung der GewSt – die ermäßigte ESt auf den Veräußerungsgewinn mit $s_e/2$ ein, dann zeigt sich ein erheblicher Einfluss auf die Preisuntergrenze $p_u^{½ESt}$. Sie sinkt von € 1 Mio bei einem ESt-Satz von 30 % auf etwa € 827.000 und einem ESt-Satz von 50 % auf etwa € 672.000.

Schließlich ist in der Graphik die Preisobergrenze bei Sofortabschreibung des Kaufpreises p_o^{sofort} abgebildet. Die Möglichkeit der Sofortabschreibung erhöht die Preisobergrenze, vergrößert also den Verhandlungsbereich. Bei einem ESt-Satz von z.B. 50 % steigt die Preisobergrenze von € 1 Mio auf etwa € 1.142.000. Die Wirkung einer Bewertungsfreiheit ist demnach ebenfalls eher geringfügig; es ist zu bedenken, dass die Sofortabschreibung nur selten greift (kein Firmenwert[305], nur geringwertige Wirtschaftsgüter), eine Sonderabschreibung ebenfalls nur unter weiteren Bedingungen gewährt wird und schließlich Teile des Betriebsvermögens evtl. nichtabnutzbar sind.

---

[305] Vgl. hierzu etwa Siegel, T., Der steuerliche Einfluss von stillen Reserven und Firmenwert auf die Unternehmensbewertung und auf die Bemessung von Abfindungen, in Ballwieser, W., u.a. (Hrsg.), Bilanzrecht und Kapitalmarkt, Düsseldorf 1994, S. 1484ff.

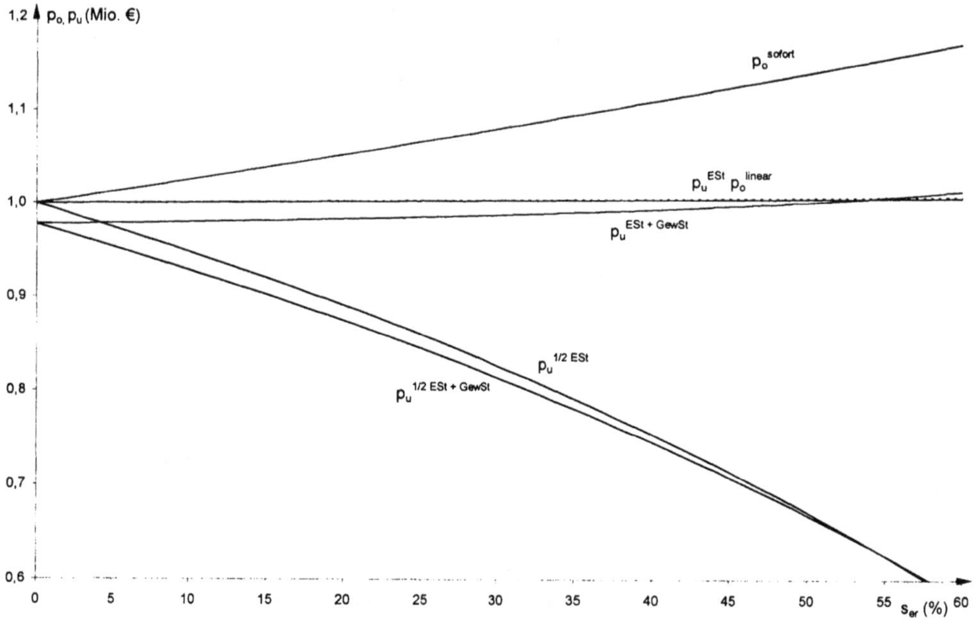

Abb. 42: Preisuntergrenzen (p_u) beim Unternehmenskauf in Abhängigkeit vom ErSt-Satz s_{er} (bei linearer AfA p_u^{ESt}, mit GewSt-Freiheit des Veräußerungsgewinns p_u^{GewSt}, mit ermäßigtem ESt-Satz $p_u^{½ESt}$) und Preisobergrenzen (p_o) beim Unternehmenskauf in Abhängigkeit vom ErSt-Satz s_{er} (bei linearer AfA p_o^{linear} und bei Sofortabschreibung p_o^{sofort})

8.7 Steuern und Finanzierung

Finanzierungsentscheidungen[306] werden in besonderem Maß steuerlich beeinflusst[307]. Kriterien für die Wirkung bzw. für die Vorteilhaftigkeit verschiedener Finanzierungsformen können aus dem Minimalzielsystem abgeleitet werden. Das Produktziel in der Definition als Marktanteilssicherung erfordert Investitionen, die wiederum bestimmte **Finanzierungsvolumina** nach sich ziehen. Das Erfolgsziel wird repräsentiert durch die Höhe der **Finanzierungskosten (Kapitalkosten)**. Schließlich wird das Ziel der **Liquiditätssicherung** mit Instrumenten der Finanzierungspolitik verfolgt.

Die folgenden Finanzierungssituationen stehen im Zentrum der Steuerwirkungsanalyse:

- offene Selbstfinanzierung oder Fremdfinanzierung bei Kapitalgesellschaften (lock-in-Effekt)
- Fremdfinanzierung durch Pensionszusagen (deferred compensation)
- offene Selbstfinanzierung durch steuerfreie Rücklagen (ggf. Besteuerung fiktiver Zinsen)
- Gesellschafterfremd- oder -eigenfinanzierung bei Kapitalgesellschaften bzw. durch Angehörige bei Einzelunternehmen/Personengesellschaften (Halbeinkünfteverfahren und GewSt bzw. Anrechnung fiktiver GewSt)
- Gesellschafter- oder Angehörigenfremdfinanzierung durch Standardkredit oder Zero-Bond
- Leasing oder Fremdfinanzierung
- Eigen- oder Fremdfinanzierung bei Investitionen im Privatvermögen.

8.7.1 Steuern und Finanzierungsvolumen

Einige Finanzierungsformen basieren auf einer meist zinslosen Kreditgewährung durch die Finanzbehörden[308]. Gewinne aus Gewerbebetrieb werden durch die Ausübung von Bilanzierungs- und Bewertungswahlrechten in Handels- und Steuerbilanz später ausgewiesen, als dies nach dem Verursachungsprinzip richtig wäre. Hierbei handelt es sich insbesondere um die stille Selbstfinanzierung. Durch außerplanmäßige Abschreibungen bzw. erhöhte Absetzungen oder Sonderabschreibungen werden die Gewinne einzelner Jahre gemindert. Wegen der Zweischneidigkeit der Bilanz resultieren hieraus spätere Gewinnerhöhungen. Die Gewinnminderungen können zu

[306] Die weitgehend autonome Steuerpolitik i.e.S. ist eine Subpolitik der Finanzierungspolitik. Hieraus ergeben sich über die hier behandelten Sachverhaltsgestaltungen hinaus weitere Steuerwirkungen.

[307] Vgl. hierzu die informative Darstellung bei Siegel, T., Steuern und Finanzierung: Ein Überblick unter Berücksichtigung der aktuellen Steuerreform, in Betriebswirtschaftliche Diskussionsbeiträge der Humboldt-Universität zu Berlin, Nr. 8, Berlin 2000.

[308] Die Finanzierungswirkung durch vorübergehenden Ausschüttungsverzicht der Kapitaleigner wird nur ansatzweise untersucht.

Dividendensenkungen (stille Selbstfinanzierung durch die Gesellschafter) und regelmäßig zu Steuerminderungen (Fremdfinanzierung durch die Finanzbehörden) führen. Das Finanzierungsvolumen ist demnach abhängig vom Ausschüttungsverhalten bzw. von der Höhe des ErSt-Satzes. Sind Ausschüttungen oder Entnahmen unabhängig vom (Steuerbilanz-)Gewinn, dann umfasst das Finanzierungsvolumen nur die Fremdfinanzierung durch die Finanzbehörden – je höher der ErSt-Satz, desto höher ist das Finanzierungsvolumen. Sind auch die Ausschüttungen bzw. Entnahmen gewinnabhängig, dann ist die Höhe des ErSt-Satzes irrelevant – nur der *Anteil* der Gesellschafterselbst- und der Finanzbehördenfremdfinanzierung variiert. Die gleiche Wirkung – nur offen – hat die Bildung steuerfreier Rücklagen (Sonderposten mit Rücklageanteil).

Die Abschreibungs- und die Rückstellungsfinanzierung kommen dadurch zustande, dass (einnahmenidentische) Aufwendungen/Betriebsausgaben erst später zu Geldabflüssen (Ausgaben) führen. Die abschreibungsgedeckte Ausgabe für die Ersatzinvestition bzw. die rückstellungsgedeckte Ausgabe für die Tilgung der Verpflichtung fällt erst später an. Im Gegensatz zur stillen Selbstfinanzierung bzw. zur Finanzierung über steuerfreie Rücklagen sind die ausgewiesenen Aufwendungen/Betriebsausgaben tatsächlich auch solche und nicht verdeckter Gewinn. Bei der Abschreibungsfinanzierung liegt Eigenfinanzierung vor. Bei der Rückstellungsfinanzierung liegt regelmäßig Fremdfinanzierung durch Dritte (z.B. durch Arbeitnehmer oder die Finanzbehörden) vor. Die Finanzierungsvolumina sind auch hier abhängig vom Ausschüttungsverhalten und u.U. von der Höhe der ErSt-Sätze.

Die genannten Finanzierungsformen sind nicht – oder eher geringfügig – mit Finanzierungskosten verbunden. Deshalb kommt ihnen eine hervorragende Bedeutung zu (vgl. hierzu die Kapitel "Steuern und Finanzierungskosten" und "Steuerbilanzpolitik").

Der Einfluss der Steuern auf das *Volumen* einzelner Finanzierungsformen soll beispielhaft quantifiziert werden. Hierzu wird die folgende Hypothese untersucht: Wenn die Eigenfinanzierung in Form der offenen Gewinnthesaurierung (offene Selbstfinanzierung) mit der Fremdfinanzierung (Darlehens- oder Kreditfinanzierung) konkurriert, dann privilegieren die ErSt möglicherweise die Fremdfinanzierung.

Für die Wirkungsanalyse der Alternativen der offenen Selbstfinanzierung bzw. der Fremdfinanzierung sei unterstellt, es existiere ausschließlich KSt. Es könnte der Schluss gezogen werden, bei offener Selbstfinanzierung müsse ein höherer Bruttobetrag erwirtschaftet werden als bei Fremdfinanzierung, weil der thesaurierte Gewinn um die KSt gemindert werde. Zur Berechnung des Netto-Finanzierungsvolumens E_n kann folgende Überlegung angestellt werden:

$$E_n = E_b - A_{KSt} = E_b - E_b \cdot s_k$$

mit E_n Netto-Finanzierungsvolumen

E_b Brutto-Finanzierungsvolumen (Gewinn aus Gewerbebetrieb)

A_{KSt} KSt-Ausgabe

s_k KSt-Satz

Von der Bruttoeinnahme, die hinter dem Gewinn aus Gewerbebetrieb steht, muss also die KSt finanziert werden. Dann verbleibt der zur anderweitigen Finanzierung verfügbare Betrag. Löst man die Gleichung nach E_b auf, dann ergibt sich:

$$E_b = \frac{E_n}{1 - s_k}$$

$$\frac{E_b}{E_n} = \frac{1}{1 - s_k}$$

Der Faktor $1/(1 - s_k)$ stellt den **Bruttobedarfssatz** dar. Beträgt der Steuersatz also – wie bei der KSt – z.B. 25 %, dann beläuft sich der Bruttobedarfssatz auf 133 %. Da der Gewinn aus Gewerbebetrieb zumindest zum Teil auch der GewSt unterliegt, muss der Teilsteuersatz aus KSt und GewSt angesetzt werden. Beträgt der Hebesatz z.B. 500 %, dann beträgt $s_{kg} = 0{,}4$, der Bruttobedarfssatz steigt auf 167 %. Bei offener Selbstfinanzierung muss mehr als das Netto-Finanzierungsvolumen erwirtschaftet werden. Bei Fremdfinanzierung scheinen dagegen Brutto- und Netto-Finanzierungsvolumen gleich zu sein.

Die Überlegung, es handele sich annahmegemäß um Finanzierungs*alternativen*, führt aber eher zu der Schlussfolgerung, dass die offene Selbstfinanzierung ErStlich nicht benachteiligt wird. Existiert die Selbstfinanzierungsalternative, dann setzt das eine gewinngedeckte Einnahme in Höhe des Bruttobedarfs (mit prozentualen Werten und ausschließlicher KSt also 133 %) voraus. Bei offener Selbstfinanzierung verbleibt nach KSt (33 %-Punkte) das Netto-Finanzierungsvolumen (100 %-Punkte). Dieses wird – nach Rückfluss durch die Investition – später ausgeschüttet. Bei Fremdfinanzierung wird die gewinngedeckte Bruttoeinnahme nicht benötigt. Sie fließt in Form von KSt (33 %-Punkte) und Dividende (100 %-Punkte) aus dem Unternehmen ab. In Höhe des Netto-Finanzierungsvolumens wird eine Fremdfinanzierung (100 %) vorgenommen, die – nach Rückfluss durch die Investition – später getilgt wird. Die Zeitpunkte und die Höhe der Zahlungsströme sind tatsächlich finanzierungsform*un*abhängig. Daran ändert auch das Halbeinkünfteverfahren nichts.

Die Bruttobedarfsrechnung kann herangezogen werden, um die sog. **Schattenwirkung** nichtabzugsfähiger (Betriebs-)Ausgaben nachzuweisen. Diese besteht darin, dass nicht nur die nichtabzugsfähige Ausgabe erwirtschaftet werden muss, sondern darüber hinaus auch die ErSt auf das Netto-Finanzierungsvolumen in Höhe der nichtabzugsfähigen Ausgabe. Muss z.B. eine nichtabzugsfähige Ausgabe von € 100.000 bezahlt werden, so beläuft sich der notwendige Gewinn aus Gewerbebetrieb auf € 166.667. Er wird verwendet für die GewSt mit € 33.333, die KSt mit € 33.334 und die nichtabzugsfähige Ausgabe mit € 100.000.

Dem "Schütt-aus-Hol-zurück-Verfahren" kommt mit der Einführung des Halbeinkünfteverfahrens ab 2001 keine Bedeutung mehr zu. Bei Thesaurierung wie bei Ausschüttung sind die Gewinne der Kapitalgesellschaft mit KSt und GewSt belastet. Die KSt hat keinen Interimscharakter mehr, sie stellt eine Definitivsteuer dar. Ausgeschüttete Beträge sind im besten Fall (z.B. Existenzminimum oder Freibetrag) steuerlich weiter nicht belastet. Im

Regelfall unterliegen sie einer zusätzlichen Belastung durch ESt nach dem Halbeinkünfteverfahren. Eine Ausschüttung ist also gegenüber der Thesaurierung in keinem Fall vorteilhaft. Das Finanzierungsvolumen durch Ausschüttung und Rückführung der Mittel ist keinesfalls größer, regelmäßig kleiner als bei Thesaurierung.

Allerdings ist eine nur einperiodige Analyse der Finanzierungsvolumina bei Thesaurierung bzw. bei Ausschüttung (und eventueller Rückführung) unzureichend. Auch thesaurierte Gewinne werden irgendwann ausgeschüttet (vgl. auch Kapitel "Rechtsformfaktor Steuern"). Die Wirkungsanalyse muss deshalb die Situation der Sofortausschüttung mit der zeitweisen Thesaurierung und späteren Ausschüttung vergleichen. Da es sich um eine mehrperiodige Analyse handelt und für die zweite Situation eine Ausschüttung am Ende des Planungszeitraums der Länge n angenommen wird, bietet sich ein Vergleich des Endvermögens bei sofortiger Ausschüttung EV_{sof} mit dem Endvermögen bei späterer Ausschüttung EV_{sp} an. Die Endvermögen stellen die letztlich verbleibenden Finanzierungsvolumina dar. Die GewSt soll hier vernachlässigt werden (wird sie eingeführt, dann ist in den Formeln der KSt-Satz s_k durch den KStGewSt-Satz s_{kg} zu ersetzen). Auch die KiSt und die ErgAbg bleiben unberücksichtigt; ggf. müssen der KSt-Satz und der ESt-Satz modifiziert werden.

$$EV_{sof} = G \cdot (1 - s_k) \cdot \left(1 - \frac{s_e}{2}\right) \cdot (1 + d \cdot (1 - s_e))^n$$

$$EV_{sp} = G \cdot (1 - s_k) \cdot (1 + d \cdot (1 - s_k))^n \cdot \left(1 - \frac{s_e}{2}\right)$$

Im Fall sofortiger Ausschüttung wird der Gewinn G um die KSt gemindert, der Rest wird ausgeschüttet und unterliegt näherungsweise dem halben ESt-Satz. Die Ausschüttung wird zum Bruttozins d im Privatvermögen angelegt; die Zinsen unterliegen der ESt. Im Fall späterer Ausschüttung wird der Gewinn G ebenfalls um die KSt gemindert, der Rest wird thesauriert; die Zinsen unterliegen der KSt. Der im Betriebsvermögen angesammelte ursprüngliche Gewinn nebst Zinsen wird am Ende des Planungszeitraums ausgeschüttet und unterliegt der hälftigen ESt. Stellt man die untere Formel etwas um, so erkennt man unschwer, dass die steuerliche Behandlung des Gewinns selbst verwendungsindifferent ist. Die relative Vorteilhaftigkeit resultiert ausschließlich aus der unterschiedlichen steuerlichen Belastung der späteren Zinsen. In beiden Formeln ist der Gewinn nach KSt und halber ESt enthalten und identisch – nur der letzte Klammerausdruck kann differieren:

$$EV_{sof} = G \cdot (1 - s_k) \cdot \left(1 - \frac{s_e}{2}\right) \cdot (1 + d \cdot (1 - s_e))^n$$

$$EV_{sp} = G \cdot (1 - s_k) \cdot \left(1 - \frac{s_e}{2}\right) \cdot (1 + d \cdot (1 - s_k))^n$$

Es ist ohne weiteres zu erkennen, dass die Endvermögen identisch sind, wenn gilt $s_k = s_e$. Der ursprüngliche Gewinn unterliegt in jedem Fall der KSt und sofort bzw. später der halben ESt. Endvermögensdifferenzen können nur auftreten, wenn die späteren Zinsen im Betriebsvermögen einer anderen Steuerbelastung unterliegen als im Privatvermögen. Ist die spätere KSt-Belastung niedriger als die spätere ESt-Belastung ($s_k < s_e$), dann ist das Endvermögen bei Thesaurierung und späterer Ausschüttung höher als bei sofortiger Ausschüttung. Die erste Situation ist vorteilhaft. Da in der Realität der Differenz-ESt-Satz auf die halbe Dividende (bis 48,5 %, ESt-Tarif 2001/2) häufig höher ist als der KSt-Satz mit 25 %, resultiert hieraus die Tendenz, Gewinne eher zu thesaurieren (lock-in-Effekt[309]).

Ist der ESt-Satz in den folgenden Jahren niedriger als der KSt-Satz ($s_e < s_k$; etwa im Bereich des Sparerfreibetrags $s_e = 0$), dann ist sofortige Ausschüttung und Anlage im Privatvermögen vorteilhaft. Diese Situation wird in der Realität allerdings weniger häufig sein.

8.7.2 Steuern und Finanzierungskosten

Die bei den Finanzierungsvolumina vorab skizzierten Finanzierungsformen (stille Selbstfinanzierung, steuerfreie Rücklagen, Abschreibungs- und Rückstellungsfinanzierung) sind nach dem Kriterium der Finanzierungskosten[310] tendenziell günstig. Die stille Selbstfinanzierung verursacht allenfalls unwesentliche Finanzierungskosten (etwa Durchsetzung bei den Finanzbehörden). Das gilt auch für die steuerfreien Rücklagen.

Bei der Finanzierung durch **steuerfreie Rücklagen** kann eine Strafbesteuerung der fiktiven Zinsen greifen. Dann ist diese Finanzierung mit Finanzierungskosten verbunden. Wird etwa eine Rücklage nach § 6b EStG oder nach § 7g EStG nicht auf ein Wirtschaftsgut übertragen, sondern nach n Jahren aufgelöst, dann sind fiktive Zinsen zu versteuern. Diese berechnen sich durch Multiplikation des Rücklagenbetrags R mit der Zeit und dem Zinsfuß von 6 % p.a. Die Finanzierungskosten bestehen nicht in den Zinsen selbst, sondern in der Besteuerung dieser fiktiven Zinsen. Der addierte Zinsbetrag ist also mit dem ErSt-Satz zu multiplizieren. Die Finanzierungskosten fallen am Ende der Finanzierungszeit – bei Auflösung der steuerfreien Rücklage – an. Der Betrag stellt das Endvermögen der Finanzierungskosten dar.

Um diese Finanzierungskosten mit den Kosten einer 'normalen' Finanzierung (Zinseszins) vergleichen zu können, wird auch für diese das Endvermögen berechnet. Das Finanzierungsvolumen $R \cdot s_{er}$ wird mit dem gesuchten Zins nach ErSt d_s aufgezinst. Hiervon wird die Tilgung (Zahlung der ErSt an die Finanzbehörden) subtrahiert. Beide Endvermögen werden gleichgesetzt:

---

[309] Vgl. etwa Elser, T., Warum die GmbH nur selten als Spardose taugt, in BB 2001, S. 805ff.

[310] Vgl. hierzu auch die Übersicht bei Siegel, T., Finanzierungskosten unter Berücksichtigung von Steuern, in Gerke, W., Steiner, M. (Hrsg.), Handwörterbuch des Bank- und Finanzwesens, Stuttgart 1994, Sp. 660ff.

$$R \cdot 0{,}06 \cdot n \cdot s_{er} = R \cdot s_{er} \cdot (1 + c_s)^n - R \cdot s_{er}$$

mit R Rücklagebetrag

s_{er} ErSt-Satz

c_s Finanzierungs- (Kapitalkosten-)satz nach Steuern

n Dauer der Rücklage

Setzt man für $c_s = c \cdot (1 - s_{er})$ ein und löst die Gleichung nach dem Bruttofinanzierungskostensatz c auf, dann ergibt sich dieser zu:

$$c = \frac{\sqrt[n]{1 + 0{,}06 \cdot n} - 1}{1 - s_{er}}$$

Wird die steuerfreie Rücklage z.B. nach $n = 4$ Jahren aufgelöst und beträgt der ErSt-Satz $s_{er} = 0{,}5$, dann beträgt der Bruttozinsfuß $c = 0{,}1105$. Die Finanzierung kostet 11,05 % p.a. Dieser Satz ist abhängig von der Höhe des ErSt-Satzes: Je niedriger der ErSt-Satz, desto niedriger sind die Finanzierungskosten. Existiert keine ErSt, dann reduzieren sich die Finanzierungskosten auf 5,5 % p.a. – wegen der Vernachlässigung des Zinseszinseffekts im EStG sind sie dann niedriger als der Rechungszinsfuß von 6 % p.a. Allerdings ist dann extremerweise das Finanzierungsvolumen $R \cdot s_{er}$ null.

Unterstellt man, dass das Finanzierungsvolumen auch die ansonsten ausgeschütteten Teile umfasst – also R beträgt, wie es § 6b EStG fingiert – , dann muss die o.a. Gleichung modifiziert werden zu:

$$R \cdot 0{,}06 \cdot n \cdot s_{er} = R \cdot (1 + c_s)^n - R$$

Der Finanzierungskostensatz reduziert sich auf:

$$c = \frac{\sqrt[n]{1 + 0{,}06 \cdot n \cdot s_{er}} - 1}{1 - s_{er}}$$

Im Beispielsfall kostet die Finanzierung durch steuerfreie Rücklagen nicht mehr 11,05 % p.a., sondern nur noch 5,75 % p.a. Die Finanzierungskosten sind niedriger, weil der Ausschüttungsverzicht der Gesellschafter keine Finanzierungskosten verursacht. Der Selbstfinanzierungsteil der steuerfreien Rücklagen ist wie die stille Selbstfinanzierung kostenlos.

Auch die Abschreibungs- und die Rückstellungsfinanzierung[311] sind nicht mit Finanzierungskosten verbunden – mit Ausnahme der **Finanzierung durch Pensionsrück-**

[311] Die Rückstellungsfinanzierung wird in der Handelsbilanz durch das Vorsichtsprinzip verstärkt (Bewertung mit der Summe, nicht mit dem Barwert der zukünftigen Verpflichtungen). Dieser Wert wird nicht in die Steuerbilanz übernommen. Hier wird mit 5,5 % p.a. diskontiert (§ 6 Abs. 1 Nr. 3e EStG).

stellungen[312]. Diese scheint – zieht man die Vorschrift des § 6a Abs. 3 EStG[313] heran – vor Steuern 6 % p.a. zu kosten. Da die Zuführungen zur Pensionsrückstellung erst relativ spät zahlungswirksam werden, können sich Finanzierungsvorteile in erheblichem Umfang ergeben[314].

Bei der Untersuchung der Kosten einer Pensionszusage – mit oder ohne Steuern – ist von zwei Situationen[315] auszugehen: Einmal wird unterstellt, dass der Pensionszusage keine Gegenleistung des Arbeitnehmers gegenübersteht. Bei der zweiten wohl realistischeren Annahme wird davon ausgegangen, dass der Arbeitgeber vom Arbeitnehmer für die Pensionszusage einen Lohnverzicht erwartet[316]. Dieser Lohnverzicht kann auch im Verzicht einer Lohnerhöhung bestehen; es kann auch sein, dass dieser Verzicht 'unmerkbar' ist. Allerdings ist das allenfalls ein Problem der Quantifizierung der Gegenleistung des Arbeitnehmers.

Die Finanzierungswirkungen sollen an einer sehr einfachen Situation analysiert werden. Der Arbeitgeber macht dem Arbeitnehmer eine Pensionszusage in Form einer einmaligen Zahlung P nach n Jahren. Existiert im zweiten Fall eine Gegenleistung, so soll diese ebenfalls einmalig sein und mit L bezeichnet werden.

Der Finanzierungs- oder Kapitalkostensatz c kann als Realverzinsung ausgedrückt werden. Im ersten Fall (keine Gegenleistung) beträgt c ohne Steuerberücksichtigung:

$$c = \sqrt[n]{\frac{P}{0}} - 1 = \infty$$

Der späteren Zahlung P steht keine Gegenleistung gegenüber (es existiert also überhaupt kein Finanzierungsvolumen). Der Nenner ist null. Der Finanzierungskostensatz ist unendlich hoch. Bezieht man ErSt ein und geht man davon aus, dass P als Betriebsausgabe am Ende des Planungszeitraums abzugsfähig ist (etwa bei Gewinnermittlung nach § 4 Abs. 3 EStG oder bei den Überschuss-Einkunftsarten), dann

[312] Zur Berechnung der Finanzierungswirkungen Kußmaul, H., Pensionszusagen an Gesellschafter-Geschäftsführer in mittelständischen GmbH, in DStR 1990, S. 467ff.

[313] "...der 'Steuerkredit' kostet den Rechnungszins, also im derzeitigen Steuerrecht 6 %." Schneider, D., Investition, Finanzierung und Besteuerung, a.a.O., S. 368.

[314] Vgl. hierzu etwa Schneider, D., Steuerfreie Kapitalbildung in dreistelliger Milliardenhöhe durch Pensionsrückstellungen?, in DB 1989, S. 889ff. sowie ders., Steuerersparnisse bei Pensionsrückstellungen allein durch Aufwandsvorwegnahme?, in DB 1989, S. 1883ff., Franke, G., Hax, H., Pensionsrückstellungen und Steuerersparnisse, in DB 1989, S. 1881f., Haegert, L., Schwab, H., Die Subventionierung direkter Pensionszusagen nach geltendem Recht im Vergleich zu einer neutralen Besteuerung, in DBW 1990, S. 85ff.

[315] In der herkömmlichen Literatur wird die Situation mit Gegenleistung oft nicht einmal erwähnt, so etwa Wöhe, G., Döring, U., Einführung in die Allgemeine Betriebswirtschaftslehre, a.a.O., S. 757ff., anders etwa Siegel, T., Finanzierungskosten unter Berücksichtigung von Steuern, a.a.O., Sp. 667f.

[316] Sog. arbeitnehmerfinanzierte Pensionszusage (deferred compensation), vgl. etwa aus rechtlicher Sicht Berz, S., Deferred Compensation aus Sicht der Steuerberaterpraxis, in DStR 2000, S. 315ff. sowie BMF 04.02.2000 BStBl 2000 I 354 und BMF 06.01.2001 DB 2001 357.

wird der Zähler durch P·(1-s) ersetzt, an der Höhe des Finanzierungskostensatzes ändert sich nichts.

Kann für die Pensionszusage eine Pensionsrückstellung gebildet werden und nimmt man an, dass diese in Höhe von P zulässig sei, dann existiert (im Nenner) ein Finanzierungsvolumen – die aufgeschobenen ErSt. Der Finanzierungskostensatz wird durch die Steuern reduziert:

$$c = \sqrt[n]{\frac{P}{P \cdot s_{er}}} - 1 = \sqrt[n]{\frac{1}{s_{er}}} - 1$$

Im Zähler steht die Pensionszahlung, die keinerlei steuerliche Wirkungen hat, weil (vgl. den Nenner) diese schon bei der Bildung der Pensionsrückstellung (Steuerkredit) aufgetreten sind. Durch die vorgezogenene Steuerwirkung reduziert sich der Finanzierungskostensatz. Bei einem ErSt-Satz von z.B. 40 % und einem Planungszeitraum von 20 Jahren beträgt der Finanzierungskostensatz 4,69 %. Je höher der Steuersatz ist, desto niedriger ist der Finanzierungskostensatz, weil das Finanzierungsvolumen steigt. Bei einem irrealen Steuersatz von 100 % kostet die Pensionszusage nichts.

Im zweiten Fall (Gegenleistung des Arbeitnehmers etwa durch Verzicht auf Lohnerhöhung L) beträgt c ohne Steuerberücksichtigung:

$$c = \sqrt[n]{\frac{P}{L}} - 1$$

Nimmt man naheliegender Weise an, dass Arbeitgeber und Arbeitnehmer von Gleichwertigkeit der jetzigen Leistung L und der künftigen Leistung P ausgehen, dann stellt die Pensionsleistung P den aufgezinsten Lohnverzicht L dar. Der Finanzierungskostensatz entspricht dem unterstellten/ausgehandelten Kalkulationszinsfuß d:

$$c = \sqrt[n]{\frac{L \cdot (1+d)^n}{L}} - 1 = d$$

Beträgt z.B. der Kalkulationszinsfuß d z.B. 6 % p.a. (wie in § 6a Abs. 3 EStG fingiert), dann beläuft sich auch der Finanzierungskostensatz auf 6 %. Bezieht man ErSt ein und geht man davon aus, dass L als Betriebsausgabe am Anfang und P als Betriebsausgabe am Ende des Planungszeitraums abzugsfähig ist (etwa bei Gewinnermittlung nach § 4 Abs. 3 EStG oder bei den Überschuss-Einkunftsarten), dann ergibt sich für den Finanzierungskostensatz nach Steuern:

$$c_s = \sqrt[n]{\frac{L \cdot (1+d)^n \cdot (1 - s_{er})}{L \cdot (1 - s_{er})}} - 1 = d$$

Da die Steuerwirkung zeitgleich mit der Zahlungswirkung ist, wird der Steuereinfluss neutralisiert. Erst wenn eine Pensions*rückstellung* gebildet werden kann, existiert ein Steuereinfluss: Die Steuerzahlung fällt später als die Lohnerhöhungszahlung L an. Für den Finanzierungskostensatz nach Steuern ergibt sich:

$$c_s = \sqrt[n]{\frac{L \cdot (1+d)^n}{L \cdot (1-s_{er}) + L \cdot (1+d)^n \cdot s_{er}}} - 1$$

$$= \sqrt[n]{\frac{(1+d)^n}{1-s_{er} + (1+d)^n \cdot s_{er}}} - 1$$

Die Pensionszahlung im Zähler wirkt sich steuerlich nicht aus (sie wird erfolgsneutral gegen die Pensionsrückstellung ausgebucht). Im Nenner kommt zum Vorteil des Lohnverzichts der Steuervorteil der Pensionsrückstellung hinzu. Bei den bisher angenommenen Werten reduziert sich der Finanzierungskostensatz von 6 % p.a. auf 2,7 % p.a. Je höher der Steuersatz ist, desto größer ist der Vorteil der Pensionsrückstellung – der Finanzierungskostensatz sinkt.

Der steuerliche Einfluss auf die Finanzierungskosten sei an weiteren Beispielen quantifiziert:

- Vor allem bei kleineren personenbezogenen Kapitalgesellschaften konkurriert die Eigenfinanzierung mit der Gesellschafter-Fremdfinanzierung. Wegen der GewStlichen Hinzurechnungsvorschriften wird die Fremdfinanzierung[317] privilegiert. Dagegen wird die Eigenfinanzierung durch das Halbeinkünfteverfahren steuerlich entlastet.
- Wegen des Zuflussprinzips bei der Ermittlung der Einkünfte aus Kapitalvermögen werden unterschiedliche Fremdfinanzierungsformen u.U. steuerrechtlich unterschiedlich behandelt. Das Zuflussprinzip diskriminiert bzw. privilegiert Finanzierungsformen, bei denen die Zinsen nicht regelmäßig, sondern z.B. eher am Ende der Finanzierungszeit abfließen bzw. zufließen (z.B. Zero-Bond).
- Wegen der steuerlichen Abzugsfähigkeit von Leasingraten als Betriebsausgaben (primär aber wohl aus nichtsteuerlichen Gründen) konkurriert die Fremdfinanzierung durch Leasing mit der klassischen Fremdfinanzierung.
- Wegen unterschiedlicher steuerlicher Behandlung von Finanzierungskosten im internationalen Bereich kann das Herkunftsland einer Finanzierung von Bedeutung sein.
- Wegen der Nichtabzugsfähigkeit von Fremdkapitalkosten im privaten Bereich (z.B. selbstgenutzter Wohnraum) wird dort die Eigenfinanzierung steuerlich privilegiert.

[317] Damit hat die Besteuerung auch einen möglicherweise wesentlichen Einfluss auf die Kapitalstruktur – etwa mit der Tendenz abnehmender Eigenkapitalquoten. "Für allgemeingültige Schlüsse darüber, welche Wirkungen die Besteuerung auf die Kapitalstruktur ausübt, erwies sich die Problematik als zu heterogen." Siegel, T., Besteuerung und Kapitalstruktur, in BFuP 1984, S. 223ff., hier S. 240.

Am Beispiel der kleineren personenbezogenen **Kapitalgesellschaft**[318] lassen sich Finanzierungsvorteile bei **Vergleich von Eigen- und Fremdfinanzierung** zeigen. Führt ein Gesellschafter Eigenkapital zu und erhält er hierfür eine Dividende, so unterliegt der entsprechende Gewinnteil der GewSt, der KSt und der ESt nach dem Halbeinkünfteverfahren. Gibt er ein Darlehen, so unterliegen die Zinsen als abzugsfähige Betriebsausgabe nicht der KSt und GewSt, wohl aber der vollen ESt. Ist dieses Darlehen eine Dauerschuld i.S.d. § 8 Nr. 1 GewStG, so ist die Hälfte der Zinsen dem Gewinn aus Gewerbebetrieb für GewStliche Zwecke hinzuzurechnen. Da nur die Hälfte hinzugerechnet wird, ist die Fremdfinanzierung GewStlich privilegiert; allerdings überkompensiert das Halbeinkünfteverfahren für Dividenden (Eigenfinanzierung) u.U. das GewSt-Privileg.

Dies sei untersucht. Der Hinzurechnungsanteil – derzeit 0,5 – sei generell mit z ($0 \leq z \leq 1$) bezeichnet. Die finanzierte Investition soll in jedem Fall den gleichen Gewinn G erwirtschaften. Im Fall der Eigenfinanzierung unterliegt G der GewSt und der KSt. Der verbleibende Teil von G wird ausgeschüttet und unterliegt der ESt nach dem Halbeinkünfteverfahren – hier mit dem halben ESt-Satz approximiert[319]. Damit ergibt sich die Steuerbelastung bei Eigenfinanzierung A_{St}^{EF} wie folgt:

$$A_{St}^{EF} = G \cdot (s_{kg} + (1 - s_{kg}) \cdot \frac{s_e}{2})$$

Im Fall der Fremdfinanzierung stellen die Zinsen A_{zi} Betriebsausgaben dar. Der Rest des Gewinns G nach Abzug der GewSt, KSt und Zinsen wird ausgeschüttet. Die Gesamtsteuerbelastung A_{St}^{FF} lässt sich durch Addition von GewSt, KSt und ESt unter Berücksichtigung der Interdependenzen ermitteln[320]:

$$A_{GewSt}^{FF} = (G - (1 - z) \cdot A_{zi}) \cdot s_g$$

$$A_{KSt}^{FF} = (G - A_{GewSt}^{FF} - A_{zi}) \cdot s_k$$

$$A_{ESt}^{FF} = (G - A_{GewSt}^{FF} - A_{KSt}^{FF} - A_{zi}) \cdot \frac{s_e}{2} + A_{zi} \cdot s_e$$

$$A_{St}^{FF} = A_{GewSt}^{FF} + A_{KSt}^{FF} + A_{ESt}^{FF}$$

mit z Hinzurechnungsanteil ($0 \leq z \leq 1$)
A_{zi} Fremdkapitalzinsen

---

318 Vgl. Schult, E., Freyer, T., Blaufus, K., Unternehmenssteuerreform 2001: Neue Dimensionen für die Finanzierung mittelständischer Unternehmen, in FB 2001, S. 353ff.

319 Im oberen Proportionalbereich entspricht der Ansatz der halben Dividende exakt dem halben Differenz-ESt-Satz auf die volle Dividende.

320 Wird der gesamte Nachsteuergewinn in Form von Zinsen "ausgeschüttet", so fällt auf Kapitalgesellschaftsebene keine Steuer bzw. im Fall der Dauerschulden nur GewSt an. Die Gesamtsteuerbelastung lässt sich dann – und nur dann – vereinfacht ermitteln; vgl. dazu Krawitz, N., Betriebswirtschaftliche Anmerkungen zum Halbeinkünfteverfahren, in DB 2000, S. 1721ff., hier S. 1724.

Setzt man die Steuerausgaben für Eigenfinanzierung und Fremdfinanzierung gleich und löst die Gleichung nach dem ESt-Satz (ggf. mit KiSt und ErgAbg) auf, dann ergibt sich als kritischer ESt-Satz[321]:

$$s_e^{krit} = \frac{2 \cdot ((1-z) \cdot s_g + s_k \cdot (1-(1-z) \cdot s_g))}{1 + ((1-z) \cdot s_g + s_k \cdot (1-(1-z) \cdot s_g))}$$

bzw. unter Einbeziehung der ErgAbg:

$$s_e^{krit} = \frac{2 \cdot ((1-z) \cdot s_g + s_{kea} \cdot (1-(1-z) \cdot s_g))}{(1 + ((1-z) \cdot s_g + s_{kea} \cdot (1-(1-z) \cdot s_g))) \cdot (1 + s_{ea})}$$

Liegt der ESt-Satz unterhalb des kritischen Wertes s_e^{krit}, dann ist die Fremdfinanzierung, im anderen Fall die Eigenfinanzierung vorteilhaft.

Ohne weitere Prämissen ergibt sich keine generelle Interpretation. Bei vollständiger Hinzurechnung (z = 1) wie auch bei fehlender GewSt[322] (h = 0, $s_g = 0$) vereinfacht sich die Formel zu:

$$s_e^{krit} = \frac{2 \cdot s_k}{1 + s_k}$$

bzw. unter Einbeziehung der ErgAbg:

$$s_e^{krit} = \frac{2 \cdot s_k}{1 + s_{kea}}$$

Der kritische ESt-Satz beträgt ohne ErgAbg 40 %[323]. Er entspricht der Belastung aus KSt und halber ESt[324]. Die Berücksichtigung des ErgAbg-Satzes vermindert – wie aus der Formel ersichtlich – den kritischen ESt-Satz auf etwa 39,6 %. Bezieht man weiterhin 9 % KiSt ein, sinkt der kritische ESt-Satz auf etwa 38,8 %. Ein GewSt-Einfluss existiert bei vollständiger Hinzurechnung (z = 1) nicht; die GewSt wäre bei einer entsprechenden

---

321 Vgl. dazu auch Utescher, T., Blaufus, K., Unternehmenssteuerreform 2001: Begrenzung des Betriebsausgabenabzugs bei Beteiligungserträgen, a.a.O., S. 1584.

322 Diese "Steueroasen" existieren in Bestland (Mecklenburg-Vorpommern), Kreuzbruch/Oberhavel (Brandenburg) und Norderfriedrichskoog (Schleswig-Holstein).

323 Vgl. auch Haase, K.D., Lüdemann, L., Auswirkungen der Unternehmenssteuerreform auf die Finanzierungspolitik der Kapitalgesellschaften, in DStR 2000, 747ff., hier S. 752; Scheffler, W., Der Einfluss der Steuerreform auf die Finanzierung von deutschen Kapitalgesellschaften, in BB 2000, 2441ff., hier S. 2444.

324 $\frac{s_e}{2} \cdot (1 - s_k) + s_k = 0{,}4$ mit $s_e = 0{,}4$ und $s_k = 0{,}25$

Gesetzesänderung finanzierungsformindifferent. Fremdfinanzierung ist vorteilhaft, wenn der tatsächliche ESt-Satz niedriger ist als 39,6 % bzw. 38,8 %, weil dann die Gesamtsteuerbelastung auf Dividenden höher ist als die ESt auf Zinsen bei Fremdfinanzierung.

Bei *fehlender* Hinzurechnung (z = 0; keine Dauerschuldzinsen) vereinfacht sich der kritische ESt-Satz auf:

$$s_e^{krit} = \frac{2 \cdot s_{kg}}{1 + s_{kg}} \qquad \text{bzw.} \qquad s_e^{krit} = \frac{2 \cdot s_{keag}}{(1 + s_{keag}) \cdot (1 + s_{ea})}$$

Jetzt existiert ein GewSt-Einfluss zugunsten der Fremdfinanzierung. Der kritische ESt-Satz ist umso höher, je höher s_{kg} ist, je höher also der Hebesatz ist. Die Fremdfinanzierung ist umso eher vorteilhaft, je höher die GewSt ist. Die Fremdfinanzierung wird privilegiert. Der kritische ESt-Satz steigt von 39,56 % bei einem Hebesatz von null auf den Spitzen-ESt-Satz (ESt-Tarif 2001/2) von 48,5 % bei einem Hebesatz von 244 %. Bei KiSt-Pflicht beträgt der kritische Hebesatz 278 %. Bei höheren Hebesätzen ist die Fremdfinanzierung beim ESt-Tarif 2001/2 somit immer vorteilhaft. Bei Hinzurechnungsanteilen zwischen den Extremwerten kann festgestellt werden, dass die Fremdfinanzierung umso eher privilegiert ist, je niedriger der Hinzurechnungsanteil ist.

Aber auch die Höhe des ESt-Satzes beeinflusst die relative Vorteilhaftigkeit der Finanzierungsform. Mit Hilfe einer Indifferenzlinie kann man die Bereiche abgrenzen, in denen die Eigen- bzw. die Fremdfinanzierung vorteilhaft ist (vgl. Abb. 43). Die Graphik zeigt, dass bei einer möglichen Verhinderung der Hinzurechnung die Fremdfinanzierung meistens vorteilhaft ist. Nur an Standorten mit Hebesätzen unter 244 % und tendenziell hohen ESt-Sätzen des Gesellschafters ergibt sich ein Vorteil für die Eigenfinanzierung. Bei relativ niedrigen ESt-Sätzen ist jedoch weiterhin die Fremdfinanzierung vorteilhaft.

Bei hälftiger Hinzurechnung (Dauerschuldzinsen, DSZ) ist die Fremdfinanzierung umso eher vorteilhaft, je höher der Hebesatz und je niedriger der ESt-Satz ist. Nur bei derzeit irrealen Hebesätzen von mehr als 555 % wäre die Fremdfinanzierung immer, d.h. unabhängig vom ESt-Satz, vorteilhaft.

Im Bereich zwischen den beiden Indifferenzlinien hängt die vorteilhafte Finanzierungsform davon ab, ob eine Fremdfinanzierung als GewStliche Dauerschuld qualifiziert wird oder nicht. Der Vorteilhaftigkeitsbereich der Eigenfinanzierung steigt somit bei eher langfristigen Finanzierungen.

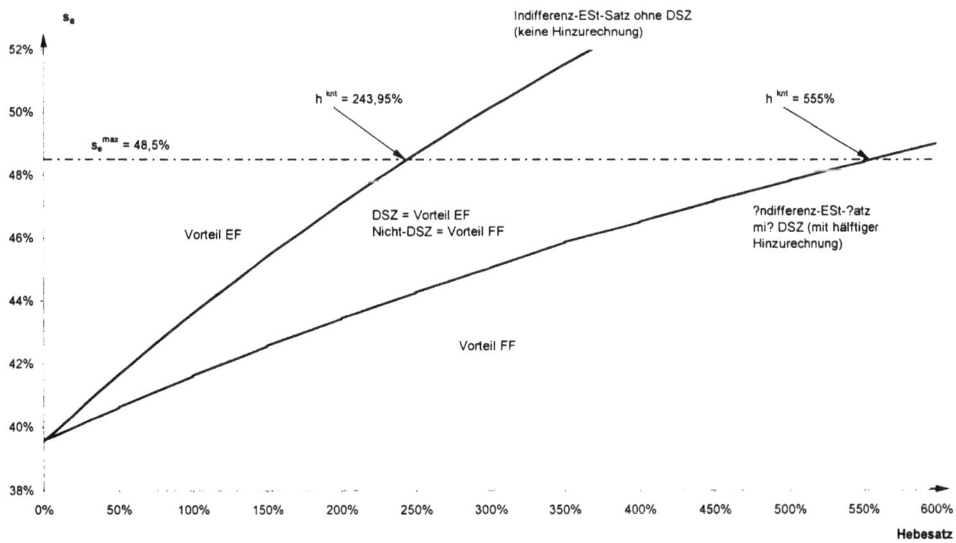

Abb. 43: Abgrenzung von Vorteilhaftigkeitsbereichen der Eigen- und der Fremdfinanzierung in Abhängigkeit vom Hebesatz der GewSt und vom ESt-Satz (ESt-Tarif 2001/2)

Bei der Finanzierung eines **Einzelunternehmens bzw. einer gewerblichen Mitunternehmerschaft**[325] liegen im Fall der Eigenfinanzierung Einkünfte aus Gewerbebetrieb, im Fall der Fremdfinanzierung – wenn die Finanzierung nicht durch einen Gesellschafter erfolgt – Einkünfte aus Kapitalvermögen vor. Solange die Anrechnung der fiktiven GewSt nicht greift, wirkt sich die Höhe der ESt-Sätze nicht auf die Finanzierungsform aus. Dem GewSt-Privileg der Fremdfinanzierung steht kein ESt-Vorteil der Eigenfinanzierung gegenüber.

Unter Einbeziehung der Anrechnung der fiktiven GewSt bei Nicht-Kapitalgesellschaften auf die ESt ist die Eigenfinanzierung mit dem Teilsteuersatz auf ESt und GewSt belastet. Der Teilsteuersatz bei Eigenfinanzierung beträgt:

$$s_{eg}^{EF} = s_e + s_g - s_e \cdot s_g - (1 - s_g) \cdot 1{,}8 \cdot m$$

mit	m	GewSt-Messzahl
	$1{,}8 \cdot m$	Faktor für die Anrechnung fiktiver GewSt (§ 35 Abs. 1 EStG)

[325] Vgl.: Schult, E., Freyer, T., Blaufus, K., Unternehmenssteuerreform 2001: Neue Dimensionen für die Finanzierung mittelständischer Unternehmen, a.a.O.

Der Teilsteuersatz bei Fremdfinanzierung und fehlender Hinzurechnung reduziert sich auf:

$$s_{eg}^{FF} = s_e$$

Die beiden Steuersätze werden gleichgesetzt:

$$s_e + s_g - s_e \cdot s_g - (1 - s_g) \cdot 1{,}8 \cdot m = s_e$$

Subtrahiert man s_e auf beiden Seiten, so verbleibt die Indifferenzbedingung. Der tatsächliche GewSt-Satz – die ökonomische Belastung durch GewSt – ist null:

$$s_g - s_e \cdot s_g - (1 - s_g) \cdot 1{,}8 \cdot m = 0$$

Dem Nachteil der Belastung mit GewSt in Höhe von s_g stehen die Vorteile der Abzugsfähigkeit der GewSt von der Bemessungsgrundlage der ESt und die Anrechnung fiktiver GewSt gegenüber. Setzt man Vor- und Nachteil gleich, so ergibt sich die Indifferenzbedingung für Eigen- und Fremdfinanzierung:

$$\underbrace{s_g}_{\substack{\text{Nachteil}\\ \text{GewSt}}} = \underbrace{s_e \cdot s_g}_{\substack{\text{Vorteil Abzugs-}\\ \text{fähigkeit GewSt}}} + \underbrace{(1 - s_g) \cdot 1{,}8 \cdot m}_{\substack{\text{Vorteil Anrechnung}\\ \text{fiktiver GewSt}}}$$

Die linke Seite kann auch als der GewSt-Vorteil der Fremdfinanzierung durch den Abzug der Zinsen als Betriebsausgaben, die rechte Seite als der Vorteil der Eigenfinanzierung durch Abzug der GewSt von der EStlichen Bemessungsgrundlage und der Anrechnung der fiktiven GewSt interpretiert werden.

Löst man die Gleichung nach dem effektiven GewSt-Satz s_g auf, so erhält man den kritischen effektiven GewSt-Satz zu:

$$s_g^{krit} = \frac{1{,}8 \cdot m}{1 - s_e + 1{,}8 \cdot m}$$

Weiter kann man s_g ersetzen durch (m·h)/(1+m·h) und die Gleichung dann nach h auflösen. Daraus ergibt sich der kritische Hebesatz zu:

$$h^{krit} = \frac{1{,}8}{1 - s_e}$$

Setzt man für s_e den maximalen ESt-Satz (Tarif 2001/2) mit 0,485 ein, so ergibt sich ein kritischer Hebesatz von etwa 350 %. Wenn die Zinsen nicht hinzugerechnet werden, dann ist bei maximaler ESt-Belastung (ohne ErgAbg) und bei höheren Hebesätzen als 350 % die Fremdfinanzierung vorteilhaft.

Die Bemessungsgrundlage der ErgAbg ist die um die fiktive GewSt geminderte ESt. Da die Wirkung nicht ohne weiteres erkennbar ist, muss man von den Teilsteuersätzen für Eigen- bzw. für Fremdfinanzierung ausgehen. Bezieht man in den ESt-Satz die ErgAbg mit s_{ea} ein, dann beträgt der Teilsteuersatz bei Eigenfinanzierung:

$$s_{eg}^{EF} = (s_e - 1{,}8 \cdot m) \cdot (1 + s_{ea}) + s_g - (s_e - 1{,}8 \cdot m) \cdot (1 + s_{ea}) \cdot s_g$$

Der Teilsteuersatz bei Fremdfinanzierung und fehlender Hinzurechnung reduziert sich auf den um die ErgAbg erhöhten ESt-Satz:

$$s_{eg}^{FF} = s_e \cdot (1 + s_{ea})$$

Die beiden Steuersätze werden wieder gleichgesetzt. Der sich ergebende kritische effektive GewSt-Satz wird nach dem Hebesatz aufgelöst. Es ergibt sich ein kritischer Hebesatz von:

$$h^{krit} = \frac{1{,}8 \cdot (1 + s_{ea})}{1 - s_e \cdot (1 + s_{ea})}$$

Setzt man für s_e wieder den maximalen ESt-Satz (Tarif 2001/2) mit 0,485 und für $s_{ea} = 0{,}055$ ein, so ergibt sich ein kritischer Hebesatz von 389 %. Die Fremdfinanzierung ist bei fehlender Hinzurechnung und übersteigenden Hebesätzen zwar weiterhin generell vorteilhaft; da die Eigenfinanzierung aber weniger stark durch die ErgAbg belastet ist, verschiebt sich der kritische Hebesatz zugunsten der Eigenfinanzierung.

Bezieht man weiterhin die KiSt in den ESt-Satz ein, dann wird in der Formel nur der ESt-Satz s_e durch den Teilsteuersatz aus ESt und KiSt s_{eeaki} ersetzt. Dies ist möglich, weil die ESt ohne Anrechnung der fiktiven GewSt Bemessungsgrundlage der KiSt ist. Der kritische Hebesatz beträgt:

$$h^{krit} = \frac{1{,}8 \cdot (1 + s_{ea})}{1 - s_{eeaki}}$$

Bei einem KiSt-Satz von 9 % und maximalen ESt-Satz von 48,5 % (Tarif 2001/2) zuzüglich 5,5 % ErgAbg beträgt der Teilsteuersatz aus den drei Steuern 53,21 %. Der kritische Hebesatz steigt auf 406 %. Höhere Hebesätze sind realistisch, die Fremdfinanzierung ist bei fehlender Hinzurechnung an diesen Standorten weiterhin vorteilhaft. Da bei der Eigenfinanzierung die GewSt jetzt auch die KiSt mindert, verschiebt sich der kritische Hebesatz zugunsten der Eigenfinanzierung. Die KiSt begünstigt tendenziell die Eigenfinanzierung.

Nimmt man an, dass die Fremdfinanzierung eine Dauerschuld darstellt, dann werden die Zinsen mit einem Anteil z hinzugerechnet (derzeit 50 %; z = 0,5). Die Fremdfinanzierung wird steuerlich stärker belastet, sodass zu erwarten ist, dass der kritische Hebesatz mit steigendem z ebenfalls steigt.

Analog zum dargestellten Vergleich von Eigen- und Fremdfinanzierung mit Hinzurechnung bei der Kapitalgesellschaft wird zur Ermittlung des kritischen Hebesatzes die Steuerbelastung bei Eigenfinanzierung mit der bei Fremdfinanzierung gleichgesetzt. Es wird wieder von der Situation ausgegangen, dass ein Gewinn G erwirtschaftet wird und dass die Finanzierung – welcher Art auch immer – Zinsen in Höhe von A_{zi} kostet. Bei Eigenfinanzierung stellen die 'Zinsen' Gewinn aus Gewerbebetrieb dar, die Steuerbelastung bleibt unverändert:

$$\begin{aligned} A_{St}^{EF} &= G \cdot s_{eg}^{EF} \\ &= G \cdot ((s_e - 1{,}8 \cdot m) \cdot (1 + s_{ea}) + s_g - (s_e - 1{,}8 \cdot m) \cdot (1 + s_{ea}) \cdot s_g) \end{aligned}$$

Im Fall der Fremdfinanzierung stellen die Zinsen A_{zi} Betriebsausgaben dar. Der Rest des Gewinns G (nach Zinsen) sowie der hinzugerechnete Teil der Zinsen $z \cdot A_{zi}$ unterliegt der GewSt. Setzt man die Zinsen und die GewSt vom Bruttogewinn G ab, so erhält man den Teil, der als Gewinn aus Gewerbebetrieb der ESt unterliegt. Die ESt wird aber reduziert um die fiktive GewSt auf den Gewerbeertrag (hier Gewinn auf Gewerbebetrieb zuzüglich der hinzugerechneten Dauerschuldzinsen). Außerdem fällt auf die Zinsen als Einkünfte aus Kapitalvermögen ESt an:

$$A_{GewSt}^{FF} = (G - A_{zi}) \cdot s_g + z \cdot A_{zi} \cdot s_g$$

$$\begin{aligned} A_{ESt}^{FF} = {} & (G - A_{GewSt}^{FF} - A_{zi}) \cdot s_{eea} - \\ & - (G - A_{GewSt}^{FF} - A_{zi} + z \cdot A_{zi}) \cdot 1{,}8 \cdot m \cdot (1 + s_{ea}) + A_{zi} \cdot s_{eea} \end{aligned}$$

$$A_{ESt}^{FF} = \left(G - A_{GewSt}^{FF}\right) \cdot (s_{eea} - 1{,}8 \cdot m \cdot (1 + s_{ea})) + (1 - z) \cdot A_{zi} \cdot 1{,}8 \cdot m \cdot (1 + s_{ea})$$

$$A_{St}^{FF} = A_{GewSt}^{FF} + A_{ESt}^{FF}$$

Setzt man die Steuerausgaben für Eigen- und für Fremdfinanzierung gleich und löst diese Gleichung nach dem effektiven GewSt-Satz s_g auf, so ergibt sich der kritische effektive GewSt-Satz zu:

$$s_g^{krit} = \frac{1{,}8 \cdot m \cdot (1 + s_{ea})}{1 - s_{eea} + 1{,}8 \cdot m \cdot (1 + s_{ea})}$$

Die Hinzurechnung hat ersichtlicherweise keinen Einfluss auf die relative Vorteilhaftigkeit von Eigen- und Fremdfinanzierung: Der Hinzurechnungsanteil z ist weggefallen. Der kritische Hebesatz – bei welcher Hinzurechnung auch immer – beträgt wie anfangs berechnet:

$$h^{krit} = \frac{1{,}8 \cdot (1 + s_{ea})}{1 - s_{eeaki}}$$

Bei näherer Analyse der Ausgangsformel für die Steuerausgabe bei Fremdfinanzierung ist der Grund für die Irrelevanz der Hinzurechnung von Dauerschuldzinsen ersichtlich. Die hinzugerechneten Dauerschuldzinsen erhöhen einerseits die GewSt, erhöhen aber auch in gleicher Relation die Anrechnung der fiktiven GewSt.

Auch bei Hinzurechnung von Dauerschuldzinsen gilt also die oben angestellte Einschätzung der realistischen Vorteilhaftigkeit der Fremdfinanzierung gegenüber der Eigenfinanzierung: Setzt man für s_e den maximalen ESt-Satz mit $s_e = 0{,}485$ (Tarif 2001/2) ein, so ergibt sich auch hier ein kritischer Hebesatz von 389 %. Also auch dann, wenn die Zinsen hinzugerechnet werden, ist bei maximaler ESt-Belastung und bei Hebesätzen jenseits dieses kritischen Hebesatzes die Fremdfinanzierung vorteilhaft.

Wird der Hinzurechnungsanteil z variiert, dann ändert sich der kritische Hebesatz also nicht. Der Nachteil der Fremdfinanzierung (bei Hebesätzen, die niedriger sind als der kritische Hebesatz) bzw. der Vorteil der Fremdfinanzierung (bei Hebesätzen, die höher sind als der kritische Hebesatz) wird aber umso kleiner, je höher der Hinzurechnungsanteil ist. Bei z = 1 sind beide Finanzierungsformen generell – nicht nur beim kritischen Hebesatz – wie bei der Finanzierung der Kapitalgesellschaft indifferent. Die kritischen Hebesätze werden nicht durch den Hinzurechnungsanteil beeinflusst – wohl aber die Höhe des steuerlichen Vorteils/Nachteils.

In Abb. 44 ist der Vorteil/Nachteil der Fremdfinanzierung gegenüber der Eigenfinanzierung in Abhängigkeit vom Hebesatz bei fehlender Hinzurechnung bzw. bei einer 50-%igen Hinzurechnung dargestellt. Bei vollständiger Hinzurechnung (z = 1) deckt sich die Indifferenzkurve mit der Abszisse.

Weiterhin ergibt sich aus Abb. 44, dass bei einem Hebesatz von null das Fremdfinanzierungsmodell zu einem Nachteil von bis zu 9,5 % des Zinsbetrags führt. Dieser Nachteil halbiert sich im Dauerschuldfall, da hier die Anrechnung fiktiver GewSt nur zur Hälfte entfällt. Bei fehlender Hinzurechnung ist die Anrechnung fiktiver GewSt vollständig entfallen. Jenseits des kritischen Hebesatzes von 389 % kehrt sich dieser Effekt um. Der Vorteil der Fremdfinanzierung im Nicht-Dauerschuldfall ist doppelt so hoch wie der Vorteil im Dauerschuldfall.

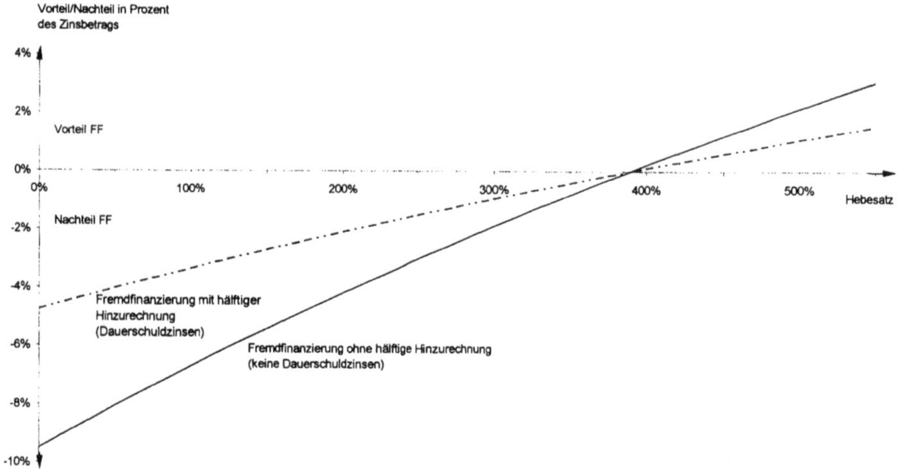

Abb. 44: Vor- bzw. Nachteil der Fremdfinanzierung in Prozent des Zinsbetrags in Abhängigkeit vom Hebesatz der GewSt bei unterstellter ESt-Spitzenbelastung (ESt-Tarif 2001/2) zuzüglich ErgAbg, ohne KiSt

Die Problematik entspricht methodisch der Frage nach der Eigen- oder Fremdfinanzierung einer Kapitalgesellschaft. Deshalb lassen sich auch hier Indifferenzkurven entsprechend der Abb. 43 ermitteln. Allerdings wird der Nachteil der Fremdfinanzierung (bei Hebesätzen, die niedriger sind als der kritische Hebesatz) bzw. der Vorteil der Fremdfinanzierung (bei Hebesätzen, die höher sind als der kritische Hebesatz) umso kleiner, je höher der Hinzurechnungssatz ist. Bei z = 1 sind beide Finanzierungsformen generell – nicht nur beim kritischen Hebesatz – wie bei der Finanzierung der Kapitalgesellschaft indifferent.

Dies sei an einem Beispiel demonstriert, das auch die Größenordnung des Vorteils der richtigen Finanzierungsentscheidung zeigen soll (vgl. Abb. 45). Eine Einzelunternehmerin erziele einen jährlichen Gewinn von € 250.000, der durch eine zusätzliche Investition von € 1 Mio um € 100.000 steigen soll. Die Investition kann durch den Ehemann finanziert werden. Entschieden werden soll, ob der Ehemann (Splittingtarif bei ESt-Tarif 2005ff.) Mitunternehmer wird – also Eigenfinanzierung – oder ein Darlehen geben soll. Im Fall der Eigenfinanzierung erzielt der Ehemann Einkünfte aus Gewerbebetrieb in Höhe von € 100.000 nach GewSt und bei Anrechnung einer fiktiven GewSt. Im Fall der Fremdfinanzierung erzielt er Einkünfte aus Kapitalvermögen. Freibeträge sollen bereits anderweitig ausgeschöpft sein. Der Hebesatz der GewSt soll 450 % betragen. KiSt und ErgAbg sollen nicht existieren.

Fremdfinanzierung ohne Hinzurechnung bzw. Eigenfinanzierung

```
Schult STEUERBASIC - ESt-Tarif 2005ff.
Ertragsteuern natürliche Personen
Gewerbeertrag 1 vor GewSt                                          Eur=? 250000
Gewerbeertrag 2 vor GewSt                                          Eur=? 350000
Hebesatz                                                           %  =? 450
zu verst Einkommen 1 brutto ohne Dividende nach Freibeträgen       Eur=? 350000
zu verst Einkommen 2 brutto ohne Dividende nach Freibeträgen       Eur=? 350000
Dividende 1 (KapESt vernachlässigt)                                Eur=? 0
Dividende 2 (KapESt vernachlässigt)                                Eur=? 0
Kirchensteuersatz                                                   % =? 0
Kappungs-Kirchensteuersatz                                          % =? 0
Ledig (verheiratet = n)                                            j/n ? n
Ergänzungsabgabe-, Solidaritätszuschlagssatz u.ä.                   % =? 0
                                         Vorher        Nachher     Differenz
Gewerbesteuer                 Eur         37010          55377        +18367
Einkommensteuer               Eur        115627         107913         -7714
angerechnete GewSt            Eur        -14804         -22151         +7347
Kirchensteuer                 Eur             0              0            +0
Ergänzungsabgabe              Eur             0              0            +0
Ertragsteuern                 Eur        137833         141139         +3306
Differenzsteuersatz in %          3.31
Rundungsdifferenzen möglich. Bildschirm drucken? DRUCK-Taste drücken j/n? j
```

Fremdfinanzierung bei vollständiger bzw. hälftiger Hinzurechnung

```
Schult STEUERBASIC - ESt-Tarif 2005ff.
Ertragsteuern natürliche Personen
Gewerbeertrag 1 vor GewSt                                          Eur=? 350000
Gewerbeertrag 2 vor GewSt                                          Eur=? 300000
Hebesatz                                                           %  =? 450
zu verst Einkommen 1 brutto ohne Dividende nach Freibeträgen       Eur=? 350000
zu verst Einkommen 2 brutto ohne Dividende nach Freibeträgen       Eur=? 350000
Dividende 1 (KapESt vernachlässigt)                                Eur=? 0
Dividende 2 (KapESt vernachlässigt)                                Eur=? 0
Kirchensteuersatz                                                   % =? 0
Kappungs-Kirchensteuersatz                                          % =? 0
Ledig (verheiratet = n)                                            j/n ? n
Ergänzungsabgabe-, Solidaritätszuschlagssatz u.ä.                   % =? 0
                                         Vorher        Nachher     Differenz
Gewerbesteuer                 Eur         55377          46193         -9184
Einkommensteuer               Eur        107913         111770         +3857
angerechnete GewSt            Eur        -22151         -18477         -3674
Kirchensteuer                 Eur             0              0            +0
Ergänzungsabgabe              Eur             0              0            +0
Ertragsteuern                 Eur        141139         139486         +1653
Differenzsteuersatz in %          3.31
Rundungsdifferenzen möglich. Bildschirm drucken? DRUCK-Taste drücken j/n? j
```

Abb. 45: Fremd- oder Eigenfinanzierung eines Einzelunternehmens durch Ehegatten bei unterschiedlicher Hinzurechnung

In Abb. 45 wird eine Veranlagungssimulation mit STEUERBASIC durchgeführt. Die Situation 1 in der oberen Tabelle stellt die Fremdfinanzierung bei fehlender Hinzurechnung dar. Die Steuerbelastung beträgt € 137.833. Die Situation 2 in der oberen Tabelle stellt die Eigenfinanzierung dar. Die Steuerbelastung beträgt € 141.139 und ist (im besten Fall der fehlenden Hinzurechnung) um € 3.306 p.a. günstiger.

In der unteren Tabelle stellt die Situation 1 die Fremdfinanzierung bei vollständiger Hinzurechnung dar. Die Steuerbelastung entspricht der bei Eigenfinanzierung (Situation 2 der oberen Tabelle). Bei 50-%iger Hinzurechnung ergibt sich für die Fremdfinanzierung ein jährlicher Vorteil von € 1.653. Der Vermögensnachteil durch eine falsche Entscheidung ist eher gering – allerdings hat die Fremdfinanzierung möglicherweise nichtsteuerliche Vorteile. Dies muss in einem Rechtsformvergleich untersucht werden.

Der **Einfluss der Einkünfteermittlung** auf die Finanzierungsform sei am Beispiel der Fremdfinanzierung erläutert. Hierbei sei ein Standardkredit (laufende Verzinsung, kein Disagio, Endtilgung) mit einem sog. Zero-Bond verglichen. Bei diesem wird ein Geldbetrag als Fremdkapital aufgenommen mit der Zusage, nach Ablauf der Kreditierung einen um die kumulierten Zinsen höheren Betrag zurückzuzahlen. Laufende Zinsen sind nicht vereinbart. In beiden Fällen stellen die Zinsen beim Kreditnehmer jährliche Betriebsausgaben dar, weil sie wegen des Abgrenzungsprinzips im Jahresabschluss insoweit erfasst werden müssen, wie sie durch das jeweilige Jahr verursacht sind. Dabei ist es gleichgültig, ob sie laufend oder erst bei Kredittilgung *bezahlt* werden. Liegen beim Kreditgeber Einkünfte aus Kapitalvermögen vor (z.B. Gewährung des Kredits aus dem Privatvermögen einer natürlichen Person), dann ist die Besteuerung wegen des Zuflussprinzips bei den Überschuss-Einkunftsarten finanzierungsformabhängig. Beim Standardkredit werden die Zinszahlungen jährlich besteuert. Beim Zero-Bond werden die Zinsen insgesamt erst im Tilgungsjahr besteuert. Es liegt also eine u.U. sehr langfristige Steuerstundung vor, die diese Finanzierungsform privilegiert[326].

Das sei an einem Beispiel demonstriert. Als Kriterium sei die sog. Effektivrendite[327] herangezogen. Diese ist definiert als:

$$r = \sqrt[n]{\frac{EV}{AV}} - 1$$

mit		
	r	Effektivrendite, Realverzinsung
	EV	Endvermögen
	AV	Anfangsvermögen (Investitionssumme, Anlagevolumen)
	n	Laufzeit des Kredits

Die Effektivrendite des Standardkredits ist mit dessen Nominalverzinsung identisch (das ergibt sich auch aus obiger Formel). Existiert eine ErSt mit dem Steuersatz s_{er}, dann mindert sich die Bruttorendite r auf die Nettorendite $r_n = r \cdot (1 - s_{er})$. Beträgt also die Bruttorendite z.B. 10 % p.a. (d = 0,1) und der Steuersatz 45 % (s_{er} = 0,45), dann beläuft sich die Nettorendite des Standardkredits auf 5,5 % p.a.

---

[326] Vgl. hierzu etwa Schult, E., Freyer, T. Steuern und Finanzierung: Der steuerliche Einfluss auf die Fremdfinanzierung einer Ein-Mann-GmbH durch ihren Gesellschafter, in WiSt 1999, S. 582ff.

[327] Auch realer Zinsfuß genannt, vgl. etwa Schierenbeck, H., Grundzüge der Betriebswirtschaftslehre, 15.Aufl. München Wien 2000, S. 457ff.

Bei einer Bruttoverzinsung von 10 % p.a. und einer Laufzeit von 15 Jahren wäre ein äquivalenter Zero-Bond wie folgt ausgestattet: Es wird z.B. ein Kreditbetrag von € 23,94 Mio aufgenommen und eine Rückzahlung nach 15 Jahren von € 100 Mio zugesagt. Setzt man den Wert von € 23,94 Mio für das Anfangsvermögen und € 100 Mio für das Endvermögen in die Formel ein, so ergibt sich eine Effektivrendite (vor Steuern) von 10 % p.a. Beide Fremdfinanzierungsformen sind vor ErSt indifferent. Bezieht man die ErSt zum Steuersatz s_{er} in die Überlegungen ein, dann mindert sich das Endvermögen um die dann anfallende ErSt auf den Vermögenszuwachs, also um $(EV - AV) \cdot s_{er}$. Die Formel für die Effektivrendite (nach Steuern) lautet:

$$r_S = \sqrt[n]{\frac{EV - (EV - AV) \cdot s_{er}}{AV}} - 1$$

Im Beispielsfall beträgt die Nettorendite des Zero-Bonds demnach 6,97 % p.a. Der Zinseffekt durch die Steuerverschiebung macht also 1,47 %-Punkte p.a. aus. Das ist eine Erhöhung der Nettorendite gegenüber dem Standardkredit von etwa 27 %. Dieser Effekt hängt ersichtlicherweise von der Höhe der ErSt ab. Je höher der ErSt-Satz, desto stärker ist der Zinseffekt[328]. Die Fremdfinanzierung ist schon durch die GewStlichen Hinzurechnungsvorschriften privilegiert. Dieser Effekt kann besonders bei Gesellschafterdarlehen an Kapitalgesellschaften dadurch erhöht werden, dass die Darlehen als Zero-Bond hingegeben werden[329].

Durch den Sparerfreibetrag (mit Werbungskostenpauschbetrag bei Ehegatten maximal € 3.202) ist es günstig, Gesellschafterdarlehen solange mit laufender Verzinsung auszustatten, bis – unter Berücksichtigung eventueller anderer Einkünfte aus Kapitalvermögen – der Freibetrag ausgeschöpft ist. Dann steht der betrieblichen Steuerminderung in Höhe der KSt und der halben GewSt keine Steuererhöhung im privaten Bereich gegenüber. Erst wenn weitere Kredite gegeben werden, ist eine Gestaltung als Zero-Bond überlegenswert.

Die Fremdfinanzierung durch **Leasing** konkurriert im Wesentlichen aus nichtsteuerlichen Gründen mit der klassischen Fremdfinanzierung. Insbesondere ist hier zu nennen, dass der Leasinggeber das Wirtschaftsgut preisgünstiger beschaffen kann als der Leasingnehmer, dass seine Refinanzierungsmöglichkeiten besser sind[330] oder dass das Leasing als absatzpolitisches Instrument eingesetzt wird. Steuerliche Gründe können die unterschiedliche Steuerbelastung von Leasinggeber und -nehmer sein (vor allem im

[328] Fällt bei einer vorzeitigen Abtrennung der Zero-Bond-Forderung evtl. ein steuerfreier Veräußerungsgewinn an, dann kommt zu dem dargestellten Zinseffekt ein weiterer positiver Steuereffekt; vgl. hierzu aus grundsätzlicher Sicht Siegel, T., Kreditzinsen und steuerfreier Veräußerungsgewinn: Eine ökonomische Analyse des 'Anlagemodells', a.a.O.

[329] Zu Zero-Bond-Darlehen durch Gesellschafter oder deren Angehörige Freyer, T., Finanzierungsentscheidung des Ein-Mann-GmbH-Gesellschafters unter Berücksichtigung von Steuern, in WiSt 1999, S. 625ff.; Kußmaul, H., Gesellschafterfinanzierung in mittelständischen GmbH (Teil II), in DStR 1990, S. 697ff.

[330] Mit weiteren Gründen Kruschwitz, L., Der Einfluss von Steuern auf Leasingraten, in DStR 1992, S. 82ff., hier S. 86f.

internationalen Bereich, cross-border-leasing[331]); der Steuervorteil des Leasinggebers wird z.T. an den Leasingnehmer weiter gegeben. Dieser Grund gilt dann vermutlich aber auch für die klassische Fremdfinanzierung, sodass er hier irrelevant ist.

Ein weiterer Steuervorteil des Leasing kann in der gegenüber der Fremdfinanzierung vorteilhaften zeitlichen Verteilung der Steuerminderungen liegen. Leasingraten stellen – wenn das Leasinggut dem Leasinggeber zugerechnet wird – Betriebsausgaben dar; bei der klassischen Fremdfinanzierung sind nur die Zinsen, nicht die Tilgung absetzbar. Zu den Sollzinsen kommt die AfA für das gekaufte Wirtschaftsgut, sodass die steuerliche Wirkung der Leasingraten mit der von Zinsen und AfA verglichen werden muss. Diese "...Leasingvorteile werden von den Leasinganbietern häufig in den Vordergrund ihrer Reklame gerückt."[332] Tatsächlich ist schon bei linearer AfA die Summe aus AfA und Sollzins anfangs höher als eine äquivalente Leasingrate (Annuität). Die Steuerwirkung privilegiert also eher die Fremdfinanzierung. Die lineare AfA führt gegenüber der annuitätischen Absetzung zu einer Gewinnverschiebung (Steuerparadoxon).

Die kritische Leasingrate r_{krit} (relativ zu den AHK) kann berechnet werden, indem die Kapitalwerte des Leasing K_r und der Fremdfinanzierung K_{ff} gleichgesetzt und nach der Leasingrate aufgelöst werden:

$$K_r = (E - r \cdot A_k) \cdot b$$

$$K_{ff} = -A_k + E \cdot b$$

mit		
mit	E	Einnahmeüberschuss der Investition vor Finanzierung
	r	Leasingrate (Leasingsatz)
	A_k	Investitionssumme (AHK)
	b	Rentenbarwertfaktor

Der Kapitalwert der geleasten Investition K_r berechnet sich aus den diskontierten Einnahmeüberschüssen abzüglich der Leasingraten. Bei der fremdfinanzierten Investition steht den diskontierten Einnahmeüberschüssen die ebenso diskontierte Tilgungsausgabe gegenüber. Setzt man die Kapitalwerte gleich und löst diese Gleichung nach r auf, so ergibt sich für die kritische Leasingrate r_{krit}:

$$r_{krit} = \frac{1}{b}$$

---

[331] Hierzu ausführlich Scheffler, W., Grenzüberschreitendes Leasing als Instrument der konzerninternen Außenfinanzierung, in Internationales Steuerrecht 1993, S. 490ff., 538ff.

[332] Schneider, D., Investition, Finanzierung und Besteuerung, a.a.O., S. 695. Steuerliche Vorteile "...folgen aber nicht aus dem vordergründigen Vergleich höherer abzugsfähiger Mietaufwand gegen niedrigere Summe aus Anlagenabschreibungen zuzüglich Fremdkapitalzinsen" (Ebenda), sondern erst, wenn die gesamte Steuerbelastung von Leasinggeber und -nehmer sinkt.

Die kritische Leasingrate entspricht erwartungsgemäß dem Annuitätenfaktor. Bezieht man eine ErSt zum Steuersatz s_{er} in die Kapitalwertberechnung ein, dann ändern sich die Kapitalwerte zu:

$$K_{rs} = (E - r \cdot A_k) \cdot (1 - s_{er}) \cdot b_s$$

$$K_{ffs} = -A_k + \left(E - \left(E - \frac{A_k}{n}\right) \cdot s_{er}\right) \cdot b_s$$

mit		
	K_{rs}	Kapitalwert des Leasing nach ErSt
	K_{ffs}	Kapitalwert der Fremdfinanzierung nach ErSt
	b_s	Rentenbarwertfaktor nach ErSt

Setzt man die Kapitalwerte nach Steuern gleich und löst die Gleichung nach der Leasingrate r auf, dann ergibt sich für deren kritischen Wert nach ErSt r_{skrit}:

$$r_{skrit} = \left(\frac{1}{b_s} - \frac{s_{er}}{n}\right) \cdot \frac{1}{1 - s_{er}}$$

Wegen des Steuervorteils früherer Steuerminderungen schon bei linearer AfA lautet die Hypothese:

$$r_{skrit} < r_{krit} \,?$$

oder nach Umformung:

$$\frac{1}{b_s} - \frac{s_{er}}{n} < \frac{1}{b} - \frac{s_{er}}{b} \,?$$

Mit $s_{er} > 0$ ist der Annuitätenfaktor nach ErSt $1/b_s$ kleiner als der vor Steuern. Allerdings ist der durch die Nutzungsdauer dividierte ErSt-Satz kleiner als der durch den Rentenbarwertfaktor dividierte ErSt-Satz, sodass wegen gegenläufiger Wirkung eine generelle Aussage nicht möglich ist. Es kommt darauf an, wie sich die ErSt-Wirkung bei den Annuitätssätzen zu der auf die AfA bzw. den Tilgungsanteil in der Leasingrate verhält. Das eben sollte aber untersucht werden.

Existieren außerdem Sonderabschreibungen, dann privilegiert das die klassische Fremdfinanzierung weiter. Die Ursache liegt allerdings in der Investition und nicht in der Finanzierung. Außerdem können auch Leasingverträge so abgeschlossen werden, dass das wirtschaftliche Eigentum beim Leasingnehmer liegt. Dann ist auch beim Leasing die Summe aus AfA und Sollzins beim Leasingnehmer Betriebsausgabe; er kann die Bewertungsfreiheiten ausnutzen (vgl. Kapitel "Die Bilanzierung in der Steuerbilanz"). Der Kapitalwert bei Fremdfinanzierung und Sofortabschreibung nach ErSt wird modifiziert zu:

$$K_{ffs} = -A_k \cdot (1 - s_{er}) + E \cdot (1 - s_{er}) \cdot b_s$$

Die Investitionsausgabe A_k mindert sich sofort um den Steuersatz s_{er}. Die laufenden Einnahmeüberschüsse unterliegen in vollem Umfang der ErSt. Setzt man die beiden Kapitalwerte wiederum gleich und löst die Gleichung nach r auf, dann ergibt sich als kritische Leasingrate bei Sofortabschreibung nach ErSt:

$$r_{skrit} = \frac{1}{b_s}$$

Die kritische Leasingrate ist bei Sofortabschreibung erwartungsgemäß identisch mit dem Annuitätenfaktor nach ErSt. Da der Rentenbarwertfaktor nach ErSt größer ist als ohne ErSt, wäre für diesen Fall die obige Hypothese bewiesen.

Dem Vorteil einer tendenziell früheren steuerlichen Wirkung bei der klassischen Fremdfinanzierung steht ein GewSt-Nachteil gegenüber. Bei fremdfinanziertem Kauf stellt die Fremdfinanzierung möglicherweise Dauerschulden dar. Der Gewerbeertrag erhöht sich um die Hälfte der Finanzierungskosten. Bei Leasing erfolgt ebenfalls regelmäßig eine hälftige Hinzurechnung (vgl. A 45 Abs. 6 Nr. 1 S. 16f. GewStR 1998) des Zinsanteils der Leasingraten, wenn das Wirtschaftsgut dem Leasingnehmer zugerechnet wird. Erfolgt eine Zuordnung zum Leasinggeber, so ist hinsichtlich der vollen Leasingraten § 8 Nr. 7 GewStG einschlägig. Nur wenn bewegliche Wirtschaftsgüter des Anlagevermögens (die keinen Teilbetrieb darstellen) von einem ausländischen Leasinggeber geleast werden, kommt es zu einer hälftigen Hinzurechnung der Leasingraten (A 53 Abs. 6 GewStR 1998). Für Leasingnehmer ergibt sich kein GewSt-Einfluss, wenn der Leasinggeber im Inland GewStpflichtig ist.

Die Wirkung der Hinzurechnung ist an den Kapitalwerten bei Leasing bzw. bei Fremdfinanzierung einfach zu erkennen. Beim Leasing entspricht der ErSt-Satz s_{er} sowohl bei den Einnahmeüberschüssen als auch im Rentenbarwertfaktor dem Teilsteuersatz (z.B. bei Kapitalgesellschaften) aus KSt und GewSt $s_{kg} = s_k + s_g - s_k \cdot s_g$. Das gilt bei der fremdfinanzierten Investition ebenfalls für die Abschreibungsentlastung und für die Steuer auf die Einnahmeüberschüsse. Es gilt nicht für den Rentenbarwertfaktor, weil hier bei konstantem Zins vor Steuer d die Tilgung von Dauerschulden die vorteilhafte Überschussverwendung darstellt. Der ErSt-Satz hierauf beträgt bei einer 50%igen Hinzurechnung $s_{kg} = s_k + 0{,}5 \cdot s_g - 0{,}5 \cdot s_g \cdot s_k$. Wegen des niedrigeren Steuersatzes ist der Netto-Zinsfuß höher, der Rentenbarwertfaktor niedriger und damit der Annuitätenfaktor – die kritische Leasingrate – höher. Ob der für die Fremdfinanzierung positive Abschreibungs- den negativen GewSt-Effekt überkompensiert, hängt von der AfA-Methode (bzw. den Möglichkeiten einer Sonderabschreibung) einerseits und dem Hebesatz der GewSt andererseits ab.

Weiterhin wird die **internationale Finanzierung** gegenüber der nationalen Finanzierung steuerlich unterschiedlich behandelt[333]. Hält z.B. ein ausländischer Gesellschafter eine Beteiligung an einer inländischen Kapitalgesellschaft und soll eine materielle

333 Vgl. hierzu etwa Schult, E., Kapitalkosten, steuerliche, in Macharzina, K., Welge, M.K. (Hrsg.), Handwörterbuch Export und Internationale Unternehmung, Stuttgart 1989, Sp. 1097ff.

Kapitalerhöhung, also eine Eigenfinanzierung, vorgenommen werden, dann unterliegen die Dividenden hieraus der inländischen KSt und der inländischen KapESt. Ob die KSt im Ausland angerechnet wird und wie hoch der KapESt-Satz ist, hängt u.a. vom Umfang der Beteiligung (Schachtelprivileg), von der Existenz eines DBA und von den Regelungen des jeweiligen DBA ab.

Der ausländische Kapitaleigner hat alternativ die Möglichkeit, eine Fremdfinanzierung vorzunehmen. Bei dieser gilt regelmäßig das Sitzprinzip, sodass die von der inländischen Kapitalgesellschaft bezahlten Zinsen ausschließlich der ausländischen Steuer unterliegen.

Eine Doppelbesteuerung wird meist verhindert. Eine Quellenbesteuerung ist selten. Die internationale Fremdfinanzierung wird somit gegenüber der internationalen Eigenfinanzierung privilegiert. Mit § 8a KStG wird allerdings versucht, diesen Vorteil zu neutralisieren. Die Fremdkapitalzinsen werden u.U. teilweise als verdeckte Gewinnausschüttung deklariert.

Schließlich ist die Steuerwirkung auch im **Privatvermögen** finanzierungsformabhängig. Fremdfinanzierungskosten für Konsumausgaben sind nach § 12 EStG ErStlich nichtabzugsfähig. Das schließt nicht aus, dass der Gesetzgeber zeitweise und in einzelnen Fällen ein Abzug als Sonderausgabe zulässt. Werden solche Investitionen also fremdfinanziert, dann repräsentiert der Brutto-Sollzinsfuß die endgültigen Fremdfinanzierungskosten. Bei Eigenfinanzierung vermindern sich die Einkünfte aus Kapitalvermögen. Der Brutto-Habenzinsfuß wird um die ErSt reduziert – die Eigenfinanzierungskosten werden durch den Zinsfuß nach ErSt (unter eventueller Berücksichtigung des Sparerfreibetrags) wiedergegeben. Schon bei Identität von Soll- und Habenzinsfuß führt der ErSt-Einfluss zu einer Privilegierung der Eigenfinanzierung. Nur wenn ausnahmsweise der Sollzinsfuß niedriger ist als der Habenzinsfuß, kann es wirtschaftlich sinnvoll sein, private Investitionen fremdzufinanzieren. Der kritische Sollzinsfuß d_{krit} entspricht dem Habenzinsfuß d nach ErSt $d_{krit} = d \cdot (1 - s_{er})$. Diese Situation wird wohl nur eintreten, wenn die private Konsumausgabe etwa durch Zinszuschüsse (z.B. selbstgenutzter Wohnraum im sozialen Wohnungsbau) subventioniert wird.

In der Praxis wird nicht selten versucht, die private Investition ganz oder teilweise als Betriebsvermögen zu willküren, damit die Zinsausgaben als Betriebsausgaben erscheinen. Eine andere Variante kann sein, die private Investition z.B. durch Geldentnahmen aus dem Betriebsvermögen zu finanzieren. Entsteht dadurch keine Verbindlichkeit, dann liegt der o.a. Fall vor – neben der ESt wird zusätzlich möglicherweise GewSt gespart, weil die betrieblichen Zinseinnahmen sinken. Entsteht jedoch eine Verbindlichkeit, dann ist diese privat verursacht (R 13 Abs. 15 EStR 1999). Dann kann z.B. versucht werden, mit Hilfe des Zwei-Konten-Modells[334] dennoch die privaten Sollzinsen zumindest teilweise als Betriebsausgaben zu deklarieren (vgl. aber § 4 Abs. 4a EStG)[335].

---

334 Wagenknecht, C.-R., Schuldzinsenabzug nach dem Zwei- oder Mehrkonten-Modell – verschärfte Anforderung durch das BMF-Schreiben vom 10.11.1993 in DStR 1994, S. 1679ff.; BFH 08.12.1997 DStR 1998 159ff.

335 Zur Neuregelung des Schuldzinsenabzugs gem. § 4 Abs. 4a EStG vgl. BMF 22.05.2000 BStBl. 2000 I 588ff.

Auch die Veräußerung von Privatvermögen, das zu Einkünften führt (Einkünfte aus Vermietung und Verpachtung oder aus Kapitalvermögen), ist grundsätzlich steuerfrei[336] – es sei denn, es liegen sonstige Einkünfte i.S.d. § 23 EStG vor oder es werden Einkünfte aus Gewerbebetrieb nach § 17 EStG fingiert. Fremdfinanzierungskosten für die Anschaffung oder Herstellung solcher einkunftserzielender Privatvermögen sind zumindest zur Hälfte Werbungskosten. Es ist nicht immer leicht festzustellen, ob die Fremdfinanzierung[337] der Erzielung von Einkünften oder ob sie der privaten Vermögensänderung dient. Man kann die Fremdfinanzierungskosten hilfsweise im Verhältnis der steuerpflichtigen und der steuerfreien Gewinne[338] aufteilen. Da dies ex ante geschehen müsste, ist das exakt nicht möglich, sodass man als anderes Kriterium das Finanzierungsmotiv heranziehen könnte. Eine Motivforschung führt allerdings kaum zum Erfolg.

Decken etwa bei einem Mietwohngrundstück die Mieteinnahmen die laufenden Ausgaben[339] (ohne Zinsen) und wird die Veräußerungsrendite z.B. durch Inflation erzielt, dann ist eine Fremdfinanzierung solange vorteilhaft, wie der Netto-Sollzinsfuß $d \cdot (1 - s_{er})$ niedriger als die Inflationsrate i ist. Der kritische Fremdfinanzierungszinsfuß beträgt:

$$d \cdot (1 - s_{er}) = i$$

$$d_{krit} = \frac{i}{1 - s_{er}}$$

Der Bruttobedarfssatz bestimmt den kritischen Zinsfuß. Je höher der ErSt-Satz s_{er} ist, desto höher können die Fremdfinanzierungskosten sein. Wird etwa auf einem speziellen Immobilienmarkt eine Inflation von 7 % p.a. erwartet, dann darf der Sollzinsfuß bei einem ErSt-Satz von 30 % nicht höher sein als 10 % p.a., bei einem ErSt-Satz von 53 % lohnt sich die Investition bis zu einem Sollzinsfuß von über 14,9 % p.a.

Allerdings muss auf das Liquiditätsproblem hingewiesen werden: Die Wertsteigerung ist erst am Ende des Planungszeitraums zahlungswirksam, die Sollzinsen führen in jeder Periode zu Ausgaben. Das Liquiditätsproblem könnte man durch die Aufnahme eines Zero-Bond-Kredits lösen. Das hat allerdings zur Folge, dass der Steuervorteil sinkt, weil die Werbungskosten später wirken. Weiterhin setzt es voraus, dass der ESt-Satz trotz der konzentrierten Werbungskosten nicht sinkt. Schließlich könnten die Finanzbehörden eher die Motivation der Kreditaufnahme in der Erzielung eines steuerfreien Veräußerungsgewinns vermuten. Die Gefahr, dass die Sollzinsen nicht als Werbungskosten absetzbar sind, ist groß (§ 3c EStG). Der Effekt ist der gleiche, wenn der steuerfreie Veräußerungsgewinn eigenfinanziert wird; ein Risiko seitens der Finanzbehörden besteht dann nicht.

Der Vorteil steuerwirksam fremdfinanzierter Veräußerungsgewinne lässt sich leicht mit Hilfe der Effektivrendite darstellen:

---

336 Ein ähnlicher Effekt liegt vor, wenn Veräußerungsgewinne zwar nicht steuerfrei, aber ermäßigt besteuert sind.

337 Bei einer Eigenfinanzierung ist diese Frage steuerlich irrelevant, solange nur der Sparerfreibetrag überschritten wird.

338 So Siegel, T., Kreditzinsen und steuerfreier Veräußerungsgewinn: Eine ökonomische Analyse des 'Anlagemodells', a.a.O.

339 Auf das Problem der Liebhaberei wird hingewiesen; vgl. dazu auch BFH 30.09.1997, in DStR 1997, S. 2013ff.

$$r = \sqrt[n]{\frac{EV}{AV}} - 1$$

mit		
	r	Effektivrendite
	EV	Endvermögen
	AV	Anfangsvermögen (Eigenkapital)
	n	Länge des Planungszeitraums

Das Endvermögen beträgt:

$$EV = A_k \cdot (1+i)^n - V_f \cdot (1+d_s)^n$$

mit		
	A_k	Investitionssumme $A_k = AV + V_f$
	V_f	Fremdfinanzierungsvolumen ($V_f \leq A_k$)
	i	Inflationsrate
	d_s	Zinsfuß nach ErSt $d_s = d \cdot (1 - s_{er})$

Die Investitionssumme wächst um die Inflationsrate i, die Fremdfinanzierungsverpflichtung wächst um die Zinsen nach ErSt. Trennt man den eigen- und den fremdfinanzierten Teil, so ergibt sich:

$$EV = AV \cdot (1+i)^n + V_f \cdot \left((1+i)^n - (1+d_s)^n\right)$$

Der erste Ausdruck gibt den Inflationsgewinn des Eigenkapitals wieder. Der zweite Ausdruck zeigt den saldierten Vor- und Nachteil der Fremdfinanzierung. Dem Inflationsvorteil steht der Zinsnachteil nach Steuern gegenüber. Je höher die Inflationsrate, je niedriger der Sollzinsfuß und je höher der ErSt-Satz sind, desto größer ist der Vorteil des fremdfinanzierten Teils. Existiert ein solcher Vorteil, dann ist die Inflationswirkung umso größer, je höher der fremdfinanzierte Teil V_f ist. In der Formel für die Effektivrendite gibt der erste Teil der Endvermögensberechnung $AV \cdot (1 + i)^n$ die Inflationswirkung auf das Eigenkapital wieder – sie entspricht der Inflationsrate. Hinzu kommt ggf. ein saldierter Vorteil aus der Fremdfinanzierung (steuerlich induzierter Leverage-Effekt), der mit der Höhe des fremdfinanzierten Anteils wächst. Geht der eigenfinanzierte Anteil AV gegen null, dann wächst die Effektivrendite über alle Maßen.

Ein Kapitalanleger soll über ein Eigenkapital AV = € 1 Mio verfügen. Legt er diesen Betrag zu 10 % p.a. an ($d = 0{,}1$) und erwartet er einen ErSt-Satz von 50 % ($s_{er} = 0{,}5$), dann erwirtschaftet er eine Effektivrendite von 5 % p.a. Alternativ soll er diesen Betrag in eine Immobilie investieren können. Die laufenden Einnahmen und Ausgaben (mit Ausnahme der Zinsen) seien gleich. Für die Immobilie erwartet er eine Inflationsrate von 7 % p.a. ($i = 0{,}07$). Der Planungszeitraum soll 10 Jahre betragen ($n = 10$). Das Endvermögen beläuft sich dann auf $EV = € \ 1.000.000 \cdot 1{,}07^{10} = € \ 1.967.000$. Die Effektivrendite beträgt 7 % p.a. (Brutto- und Nettorendite sind hier identisch). Die Kapitalanlage in die Immobilie ist vorteilhaft, obwohl der Bruttozinsfuß mit 10 % p.a. höher ist als die Inflationsrate von 7 % p.a. Der Nettozinsfuß beträgt nur 5 % p.a.

Für 80 % der Investitionssumme wird ihm bei hypothekarischer Sicherung eine Fremdfinanzierung zu 10 % p.a. angeboten, sodass er beabsichtigt, eine Immobilieninvestition von € 5 Mio vorzunehmen. Setzt man diese Werte in die Formel für die Effektivrendite ein, so ergibt sich ein Wert von etwa 12,7 % p.a. (bezogen auf den Eigenkapitaleinsatz) – erheblich mehr als bei ausschließlicher Eigenfinanzierung. Diese Hebelwirkung der Fremdfinanzierung wirkt allerdings auch in umgekehrter Richtung. Wird die prognostizierte Inflationsrate nicht realisiert, dann sinkt die Effektivrendite überproportional. Bei einer Inflationsrate von etwa 4,2 % p.a. erreicht er die Verlustzone (bei ausschließlicher Eigenfinanzierung würde er eine Effektivrendite von 4,2 % p.a. erzielen).

8.7.3 Steuern und Liquiditätssicherung

Da Steuern Ausgaben und Subventionen Einnahmen sind, ist ohne weiteres ersichtlich, dass sie einen Einfluss auf die Erreichung des Liquiditätsziels haben können. Dies ergibt sich einfacherweise aus der Existenz dieser Zahlungsströme. Steuervorauszahlungen, insbesondere aber Steuernachzahlungen einschl. nachgeholter Vorauszahlungen für zurückliegende Jahre können die Liquiditätslage u.U. erheblich beeinträchtigen. Subventionen wirken liquiditätssichernd.

Weiterhin können die steuergesetzlichen Regelungen über die Berechnung der Bemessungsgrundlage zu Liquiditätsengpässen – aber auch zu einer Entspannung der Liquiditätslage – führen. So sieht § 5 Abs. 1 EStG etwa das Periodisierungsprinzip[340] für die Erfassung von Betriebseinnahmen und -ausgaben vor. Forderungszugänge können zu Betriebseinnahmen führen, ohne einnahmenwirksam zu sein. Die verursachte ErSt-Ausgabe ist liquiditätsverschlechternd. Analog existieren auch Betriebsausgaben (z.B. Abschreibungen), die die ErSt-Ausgabe mindern, aber nicht zahlungswirksam sind. Hierdurch wird die Liquidität verbessert. Das Zuflussprinzip – etwa bei der Gewinnermittlung nach § 4 Abs. 3 EStG – führt dagegen eher zu einer Deckung zwischen steuerlichen und anderen betrieblichen Zahlungsströmen.

Schließlich wirken die Instrumente der Steuerpolitik liquiditätsändernd. Sie können nicht nur in dem Sinne optimal eingesetzt werden, dass das Erfolgsziel weitgehend erreicht wird. Durch die Verschiebung von Steuerausgaben stellen diese Wahlrechte auch ein liquiditätspolitisches Instrumentarium dar. Bei einer Umwandlung kann eine Teilwerteinbringung (vgl. Kapitel "Ertragsteuerliche Optionen") möglicherweise an der Liquiditätsnebenbedingung scheitern. Die wenn auch u.U. nur halbe Veräußerungs-ESt kann nicht finanziert werden, weil keine Veräußerungseinnahmen existieren. Allerdings gibt es neben anderen auch steuerliche Instrumente – etwa Antrag auf spätere Abgabe der Steuererklärungen oder auf Stundung – zur Sicherung der Liquidität. Insbesondere die Zweischneidigkeit der Bilanz – dieser Effekt existiert auch bei anderen Einkunftsarten – führt nicht selten zu Liquiditätsengpässen. Steuerliche Bewertungsfreiheiten ermöglichen durch ErSt-Verschiebung die Finanzierung etwa von Immobilienkäufen. In späteren Jahren

[340] Das konkurrierende Vorsichtsprinzip wirkt eher liquiditätssichernd.

erhöhen sich die ErSt-Ausgaben entsprechend. Fehlen andere Einnahmen, dann sind sie nicht finanzierbar. Steuerbilanzpolitische Maßnahmen werden aber eher komplementär hinsichtlich des Erfolgs- und des Liquiditätsziels sein. Eine Gewinnverschiebung verbessert wegen des Zinseffekts den Erfolg und sichert aus eben diesem Grund und wegen der Verschiebung einer ErSt-Ausgabe auch die Liquidität – wenn die späteren höheren ErSt-Ausgaben in die Liquiditätsprognose eingehen, den Unternehmer also nicht überraschen.

Die Liquiditätsplanung kann mit Hilfe von Finanzplänen vorgenommen werden. In diese gehen auch die Steuern als liquiditätswirksame Größen ein. Ein solcher Finanzplan mit Steuern kann etwa mit dem Programm STEUERBASIC[341] aufgestellt werden. Dort lässt sich anhand der Vermögen am Ende der einzelnen Jahre erkennen, ob die Liquiditätsnebenbedingung eingehalten ist bzw. wie sich anderenfalls alternative liquiditätssichernde Maßnahmen auswirken. Diese Maßnahmen können – wie skizziert – auch steuerlicher Art sein. Der Finanzplan zeigt des Weiteren, welche von mehreren liquiditätssichernden Aktionen den Erfolg am geringsten mindert, also vorteilhaft ist.

Die Liquiditätswirkung von Steuern und Konsumausgaben einerseits und der Einsatz liquididitätspolitischer Instrumente auch steuerlicher Art andererseits sei an einem Beispiel skizziert. Ein Unternehmer plant, am Ende des ersten Jahres eines dreijährigen Planungszeitraums privat ein Kraftfahrzeug für € 20.000 zu kaufen. Er ist ledig und kinderlos. Der jährliche Einnahmeüberschuss beträgt € 50.000. Überschüsse kann er für 10 % p.a. im Betriebsvermögen anlegen. Es sollen nur ESt und ErgAbg von 5,5 % anfallen. Die sonstigen Konsumausgaben belaufen sich auf jährlich € 20.000 (im ersten Jahr also einschl. der privaten Investitionsausgabe € 40.000). Gibt man diese Werte in das STEUERBASIC-Programm 'Finanzplan' ein, so zeigt der Bildschirm Eingabedaten und Ergebnisse (ESt-Tarif 2003/4, vgl. Abb. 46).

Im oberen Teil sind die Eingabedaten aufgelistet. Die Ergebnisübersicht zeigt, dass der private Kraftfahrzeugkauf im ersten Jahr zur Illiquidität führen wird. Die (Investitions- und sonstigen) Konsumausgaben belaufen sich auf € 40.000. Der Einnahmeüberschuss reicht nicht aus, um Steuern und Konsum zu decken. Gelingt dem Unternehmer die Finanzierung der fehlenden € 4.944 nicht, so kann er den Kauf nicht realisieren. Im Programm wird übrigens unterstellt, eine Finanzierung sei jederzeit im betrieblichen Bereich zum Zwischenzins möglich; diese Prämisse muss für die liquiditätsmäßige Wirkungsanalyse fallengelassen werden. Es wird außerdem unterstellt, dass die Zahlungszeitpunkte – z.B. auch für die Steuern – am Ende des Jahres liegen. Lässt man diese Prämisse fallen, dann ergibt sich im vorliegenden Fall u.U. kein Liquiditätsproblem. Die ESt bzw. ErgAbg des ersten Jahres werden wegen der Abgabefristen und Bearbeitungszeiten tatsächlich erst im zweiten Jahr, möglicherweise sogar erst im dritten Jahr fällig. Diese Prämisse soll hier nicht aufgehoben werden.

---

341 Schult, E., Steuerbasic, a.a.O.

```
Schult STEUERBASIC ESt-Tarif 2003/4
Finanzplan ESt
Werte bis Eur 5 Mio und Zeiten bis fünf Jahre können bearbeitet werden
Brutto-Zwischenzins                                          % =? 10
Zwischenverzinsung im Privatbereich (im Betrieb = n)        j/n? n
Länge des Planungszeitraums                                Jahre =? 3
Hebesatz                                                     % =? 0
Kirchensteuersatz                                            % =? 0
Kappungs-Kirchensteuersatz                                   % =? 0
Ledig (verheiratet = n)                                     j/n? j
Ergänzungsabgabe-, Solidaritätszuschlagssatz u.ä.            % =? 5.5
Anfangsvermögen(+), zusätzliche Investitionsausgabe(-)     Eur=? 0

Jahreswerte gleich (Jahreswerte nicht gleich = n)           j/n? n

Bildschirm drucken DRUCK-Taste drücken                      j/n? j
```

Ende des Jahres	#1	#2	#3	#4	#5	Summe
Brutto-Ein-ÜberEur	50000	50000	50000	0	0	150000
Invest-AfA Eur	0	0	0	0	0	0
DauerschuldzinsEur	0	0	0	0	0	0
Hinzu/Kürz Eur	0	0	0	0	0	0
andere stpflEinEur	0	0	0	0	0	0
SonderA/agB Eur	0	0	0	0	0	0
stfreiE/A KonsuEur	-40000	-20000	-20000	0	0	-80000
Zins betrieblicEur	0	-944	985	0	0	49
zu verst EinkomEur	50000	49506	50985	0	0	150491
GewerbeSt Eur	0	0	0	0	0	0
EinkommenSt Eur	-14165	-13941	-14616	0	0	-42722
KirchenSt Eur	0	0	0	0	0	0
ErgAbg Eur	-779	-766	-803	0	0	-2348
GewinvorSteu+ZiEur	50000	49506	50985	0	0	150491
Ein-Überschuss Eur	-4944	14799	15566	0	0	25421
(End-)Vermögen	-4944	9855	25421	0	0	

Rundungsdifferenzen möglich. Bildschirm drucken? DRUCK-Taste drücken j/n? j

Abb. 46: Basis-Finanzplan ohne Einsatz liquiditätspolitischer Instrumente

Um die Illiquidität zu beseitigen, will der Unternehmer das steuerbilanzpolitische Instrumentarium einsetzen. Es soll etwa möglich sein, im ersten Jahr eine Rückstellung von € 15.000 zu bilden, die im dritten Jahr aufgelöst wird. Diese Werte werden in das Finanzplan-Programm als 'Invest-AfA' – bei Umkehrung mit negativem Vorzeichen – eingegeben. Die Berechnung ergibt (vgl. Abb. 47), dass durch diese steuerliche liquiditätspolitische Maßnahme die Liquidität durch Steuerverschiebung gesichert ist. Die Erfolgszielerreichung ist aber eingeschränkt: Die Einhaltung der Liquiditätsnebenbedingung durch die bilanzpolitische Maßnahme kostet € 336 (Differenz der Endvermögen).

```
Schult STEUERBASIC ESt-Tarif 2003/4
Finanzplan ESt
Werte bis Eur 5 Mio und Zeiten bis fünf Jahre können bearbeitet werden
Brutto-Zwischenzins                                           % =? 10
Zwischenverzinsung im Privatbereich (im Betrieb = n)        j/n? n
Länge des Planungszeitraums                               Jahre =? 3
Hebesatz                                                      % =? 0
Kirchensteuersatz                                             % =? 0
Kappungs-Kirchensteuersatz                                    % =? 0
Ledig (verheiratet = n)                                     j/n? j
Ergänzungsabgabe-, Solidaritätszuschlagssatz u.ä.             % =? 5.5
Anfangsvermögen(+), zusätzliche Investitionsausgabe(-)      Eur=? 0

Jahreswerte gleich (Jahreswerte nicht gleich = n)           j/n? n

Bildschirm drucken DRUCK-Taste drücken                      j/n? j
```

Ende des Jahres	#1	#2	#3	#4	#5	Summe
Brutto-Ein-ÜberEur	50000	50000	50000	0	0	150000
Invest-AfA Eur	-15000	0	+15000	0	0	0
DauerschuldzinsEur	0	0	0	0	0	0
Hinzu/Kürz Eur	0	0	0	0	0	0
andere stpflEinEur	0	0	0	0	0	0
SonderA/agB Eur	0	0	0	0	0	0
stfreiE/A KonsuEur	-40000	-20000	-20000	0	0	-80000
Zins betrieblicEur	0	159	1673	0	0	1832
zu verst EinkomEur	35000	50159	66673	0	0	151832
GewerbeSt Eur	0	0	0	0	0	0
EinkommenSt Eur	-7969	-14238	-22104	0	0	-44311
KirchenSt Eur	0	0	0	0	0	0
ErgAbg Eur	-438	-783	-1215	0	0	-2436
Gewinn vor SteuEur	35000	50159	66673	0	0	151832
Ein-Überschuss Eur	1593	15138	8354	0	0	25085
(End-)Vermögen	1593	16731	25085	0	0	

```
Rundungsdifferenzen möglich. Bildschirm drucken? DRUCK-Taste drücken j/n? j
```

Abb. 47: Finanzplan mit Liquiditätssicherung durch Steuerbilanzpolitik

Alternativ überlegt der Unternehmer, als liquiditätssichernde Maßnahme einen privaten Kredit in Höhe der Liquiditätslücke, also von z.B. € 5.000 für ein Jahr aufzunehmen. Dieser soll – da die Kreditwürdigkeit des Unternehmers annahmegemäß eher schlecht ist – 20 % p.a. kosten. Da die Zahlungen im privaten Bereich anfallen, mindert sich der 'Konsum' im ersten Jahr um die Kreditauszahlung auf € 35.000. Im zweiten Jahr ist der Kredit mit € 5.000 zu tilgen und mit € 1.000 zu verzinsen. Der 'Konsum' erhöht sich auf € 26.000. Der Finanzplan (vgl. Abb. 48) zeigt, dass damit die Liquiditätslücke ebenfalls gedeckt werden kann, ohne dass z.B. im zweiten Jahr eine neue Liquiditätslücke entsteht. Die Kosten dieser liquiditätspolitischen Maßnahme betragen € 779 (Differenz der Endvermögen). Die steuerbilanzpolitische Maßnahme ist also der Kreditaufnahme vorzuziehen.

Optimal ist möglicherweise eine Kombination beider Instrumente. Mit Hilfe des STEUERBASIC-Programms 'Gewinnoptimierung' wird der Einsatz der bilanzpolitischen Instrumente optimiert. Es zeigt sich – hier nicht dargestellt –, dass (ohne zusätzliche

Fremdfinanzierung) immer noch eine Finanzierungslücke von € 2.286 existiert, die durch einen privaten Kredit von € 2.300 gedeckt werden soll. Der gesamte Konsum des ersten Jahres beträgt (20.000 + 20.000 - 2.300 =) € 36.700, der des zweiten Jahres mit Tilgung und Zins (20.000 + 2.300 + 460 =) € 22.760. Die Berechnung (vgl. Abb. 49) ergibt: Die Liquiditätslücke ist gedeckt – die Kombination beider Instrumente kostet nur € 381. Bilanzpolitisches Ziel ist (vgl. Zeile 'GewinvorSteuEur' in Abb. 49) ein Gewinnausweis von € 44.261 im ersten, € 48.468 im zweiten und aus der Zweischneidigkeit der Bilanz folgend € 57.276 im dritten Jahr (zusammen also wie bisher € 150.000).

```
Schult STEUERBASIC ESt-Tarif 2003/4
Finanzplan ESt
Werte bis Eur 5 Mio und Zeiten bis fünf Jahre können bearbeitet werden
Brutto-Zwischenzins                                          % =? 10
Zwischenverzinsung im Privatbereich (im Betrieb = n)        j/n? n
Länge des Planungszeitraums                               Jahre =? 3
Hebesatz                                                     % =? 0
Kirchensteuersatz                                            % =? 0
Kappungs-Kirchensteuersatz                                   % =? 0
Ledig (verheiratet = n)                                     j/n? j
Ergänzungsabgabe-, Solidaritätszuschlagssatz u.ä.            % =? 5.5
Anfangsvermögen(+), zusätzliche Investitionsausgabe(-)      Eur=? 0

Jahreswerte gleich (Jahreswerte nicht gleich = n)           j/n? n

Bildschirm drucken DRUCK-Taste drücken                      j/n? j
```

Ende des Jahres	#1	#2	#3	#4	#5	Summe
Brutto-Ein-ÜberEur	50000	50000	50000	0	0	150000
Invest-AfA Eur	0	0	0	0	0	0
DauerschuldzinsEur	0	0	0	0	0	0
Hinzu/Kürz Eur	0	0	0	0	0	0
andere stpflEinEur	0	0	0	0	0	0
SonderA/agB Eur	0	0	0	0	0	0
stfreiE/A KonsuEur	-35000	-26000	-20000	0	0	-81000
Zins betrieblicEur	0	6	911	0	0	917
zu verst EinkomEur	50000	50006	50911	0	0	150917
GewerbeSt Eur	0	0	0	0	0	0
EinkommenSt Eur	-14165	-14168	-14582	0	0	-42915
KirchenSt Eur	0	0	0	0	0	0
ErgAbg Eur	-779	-779	-802	0	0	-2360
Gewinn vor SteuEur	50000	50006	50911	0	0	150917
Ein-Überschuss Eur	56	9059	15527	0	0	24642
(End-)Vermögen	56	9115	24642	0	0	

Rundungsdifferenzen möglich. Bildschirm drucken? DRUCK-Taste drücken j/n? j

Abb. 48: Finanzplan mit Liquiditätssicherung durch privaten Kredit

```
Schult STEUERBASIC ESt-Tarif 2003/4
Gewinnoptimierung
Werte bis Eur 5 Mio und Zeiten bis fünf Jahre können bearbeitet werden
Brutto-Zwischenzins                                        % =? 10
Zwischenverzinsung im Privatbereich (im Betrieb = n)       j/n? n
Länge des Planungszeitraums                              Jahre =? 3
Hebesatz                                                   % =? 0
Kirchensteuersatz                                          % =? 0
Kappungs-Kirchensteuersatz                                 % =? 0
Ledig (verheiratet = n)                                    j/n? j
Ergänzungsabgabe-, Solidaritätszuschlagssatz u.ä.          % =? 5.5
Anfangsvermögen(+), zusätzliche Investitionsausgabe(-)    Eur=? 0

Jahreswerte gleich (Jahreswerte nicht gleich = n)          j/n? n

Bildschirm drucken DRUCK-Taste drücken                     j/n? j
```

Ende des Jahres	#1	#2	#3	#4	#5	Summe
Brutto-Ein-ÜberEur	50000	50000	50000	0	0	150000
Invest-AfA Eur	0	0	0	0	0	0
DauerschuldzinsEur	0	0	0	0	0	0
Hinzu/Kürz Eur	0	0	0	0	0	0
andere stpflEinEur	0	0	0	0	0	0
SonderA/agB Eur	0	0	0	0	0	0
stfreiE/A KonsuEur	-37700	-22760	-20000	0	0	-80460
T-ESt-optimal %	42.29	44.63	47.00	0.00	0.00	
Zins betrieblicEur	0	1	1304	0	0	1306
zu verst EinkomEur	44261	48464	58580	0	0	151306
GewerbeSt Eur	0	0	0	0	0	0
EinkommenSt Eur	-11646	-13473	-18300	0	0	-43419
KirchenSt Eur	0	0	0	0	0	0
ErgAbg Eur	-640	-741	-1006	0	0	-2387
Gewinn vor SteuEur	44261	48463	57276	0	0	150000
Ein-Überschuss Eur	14	13027	11998	0	0	25040
(End-)Vermögen	14	13041	25040	0	0	

```
Rundungsdifferenzen möglich. Bildschirm drucken? DRUCK Taste drücken j/n? j
```

Abb. 49: Finanzplan mit optimaler Liquiditätssicherung durch Steuerbilanzpolitik und privaten Kredit

Die Zuordnung des Kraftfahrzeugs wie der Kreditzinsen zum Privatvermögen ist durch die Prämisse vorgegeben. Es ist naheliegend (s.o.), dass eine Zuordnung der Kreditzinsen bzw. des Kraftfahrzeugs zum Betriebsvermögen möglicherweise vorteilhaft ist – rentabilitäts- und liquiditätsmäßig. Auch diese Wirkungen können (mit oder ohne private Nutzung) mit Hilfe von STEUERBASIC erfasst werden.

8.8 Andere Sachverhaltsgestaltungen

In den vorhergehenden Kapiteln sind Sachverhaltsgestaltungen skizziert worden, bei denen Steuern und Subventionen *einen* von mehreren Einflussfaktoren darstellen. Zieldefinitionen und Instrumentarium werden allenfalls steuerlich modifiziert.

Daneben existiert aber eine Reihe von Sachverhaltsgestaltungen, bei denen die Zieldefinition und/oder das Instrumentarium so stark steuerlich geprägt und weitgehend isoliert einsetzbar sind, dass eine exakte Abgrenzung zur Steuerpolitik i.e.S. kaum möglich ist. Anders aber als häufig bei der steuerlichen Optionspolitik ist hier die ökonomische Situation noch nicht fixiert, die optimale steuerliche oder subventionelle Situation erfordert eine (wenn auch teilweise äußerst geringfügige) Sachverhaltsgestaltung. Das ist dann weitgehend unabhängig etwa von Investitions- oder Finanzierungsentscheidungen möglich.

Diese weitgehend autonom gestaltbaren Sachverhalte können z.B. nach dem Kriterium der 'Zurechnung zu unterschiedlichen Bereichen' systematisiert werden. Sachverhaltsgestaltungen, die die Zurechnung von Wirtschaftsgütern zu unterschiedlichen **Vermögenssphären** bewirken, finden sich etwa beim Leasing (Betriebsvermögen des Leasingnehmers oder des Leasinggebers), den sog. gemischtgenutzten Wirtschaftsgütern oder bei Entnahmen bzw. Einlagen (Betriebs- oder Privatvermögen).

Sachverhaltsgestaltungen, die die Zurechnung von Einnahmen und Ausgaben zu unterschiedlichen **Einkunftsarten** zur Folge haben, sind etwa durch Vertragsabschluss (z.B. Gesellschafter-Leistungsverträge), Rechtsformwahl (etwa Vermögensverwaltung oder Gewerbebetrieb) oder faktische Verhaltensweise (Nachhaltigkeit, Liebhaberei) möglich.

Durch Leistungsverträge können auch Sachverhalte geschaffen werden, die die Zurechnung von Einkünften zu unterschiedlichen **Steuerpflichtigen** (z.B. Angehörige) zur Folge haben. Auch die Zurechnung zu unterschiedlichen **Veranlagungszeiträumen** ist durch Sachverhaltsgestaltung (etwa Wahl des Wirtschaftsjahrs oder Verlegung von Zahlungszeitpunkten) möglich.

Schließlich kann ein Sachverhalt so gestaltet werden, dass er den Finanzbehörden verschwiegen werden kann. Die Informationspflichten der §§ 137ff. AO werden verletzt, sodass etwa Umsatz oder Einkünfte (**Schwarzarbeit**, Schattenwirtschaft) möglicherweise steuerlich irrelevant werden. In diesem Fall liegt die Sachverhaltsgestaltung in der unterlassenen Deklaration des Sachverhalts.

8.8.1 Zurechnung zu Vermögenssphären

Für die Zurechnung (Bilanzierung) von Wirtschaftsgütern gilt u.a., dass sie im wirtschaftlichen Eigentum des Unternehmers stehen müssen. Juristisches und wirtschaftliches Eigentum können etwa bei **Leasing**verträgen auseinanderfallen, wenn die Verträge entsprechend formuliert sind (vgl. Kapitel "Die Bilanzierung in der Steuerbilanz"). Geringfügige Variationen etwa der Grundmietzeit oder der Ausgestaltung der Option können die Zurechnung zum Leasingnehmer bewirken oder verhindern[342]. Eine Zurechnung zum Leasingnehmer ist regelmäßig dann überlegenswert, wenn steuerliche Sondervorschriften dies privilegieren – wenn z.B. Sonderabschreibungen existieren. Die Sonderabschreibungen bewirken eine Verschiebung der ErSt in die Zukunft. Diese Wirkungen sind allerdings eher investitions- und nicht finanzierungsformabhängig (sie existieren auch bei Fremd- und teilweise bei Eigenfinanzierung) und werden schon bei der Investitionsrechnung berücksichtigt. Eine weitgehend autonome Sachverhaltsgestaltung stellt hier eher die Ausnahme dar.

Bewegliche Gegenstände, die teilweise betrieblich, teilweise privat, also **gemischtgenutzt** werden, sind entweder in vollem Umfang Betriebs- oder Privatvermögen. Eine Aufteilung erfolgt – anders als bei Grundstücken und Gebäuden – nicht. Die Zuordnung erfolgt nach dem anteiligen Nutzungsumfang (R 13 Abs. 1 EStR 2001). Sachverhaltsgestaltung liegt vor, wenn die Nutzungsumfänge tatsächlich – ggf. nur geringfügig – im 50%-Bereich geändert werden. Ein Optionsrecht liegt vor, wenn der betriebliche Nutzungsanteil 10 – 50 % beträgt. Setzt man beide Instrumente ein, dann führt die Reduktion des betrieblichen Anteils von mehr als 50 % auf höchstens 50 % (Privat- statt Betriebsvermögen) und die Anhebung des betrieblichen Anteils von mindestens 10 % auf mehr als 10 % (Betriebsvermögen statt Privatvermögen) zu einer unterschiedlichen steuerlichen Behandlung.

Um den Sachverhalt zu optimieren, müssen die steuerlichen Folgen in das Entscheidungsmodell einbezogen werden. Grundsätzlich liegt eine mehrperiodige Entscheidungssituation vor, sodass z.B. der Barwert der Steueränderungen die Vorteilhaftigkeit der Zuordnung zum Privat- bzw. zum Betriebsvermögen wiedergeben kann. Die Zuordnung ist vorteilhaft, bei der der Barwert maximal ist.

Die ErSt-Wirkungen bestehen im Wesentlichen darin, dass die AHK als AfA in Höhe des betrieblich bedingten Anteils zu einer laufenden ErSt-Minderung führen und dass – wenn das Wirtschaftsgut zum Betriebsvermögen gehört der Veräußerungsgewinn in voller Höhe Betriebseinnahme darstellt:

[342] Das kann selbstverständlich auch die Entscheidung beeinflussen, ob Leasing oder z.B. Fremdfinanzierung vorteilhaft ist; vgl. hierzu Kapitel "Steuern und Finanzierungskosten". Bei einer Zurechnung zum Betriebsvermögen des Leasingnehmers entspricht die steuerliche Behandlung der einer Investition mit Fremdfinanzierung.

$$B_{ErStb} = \frac{A_k}{n} \cdot s_{er} \cdot u \cdot b_s - \frac{VG \cdot s_{er}}{(1+d_s)^n}$$

$$B_{ErStp} = \frac{A_k}{n} \cdot s_{er} \cdot u \cdot b_s$$

mit B_{ErStb} ErSt-Barwert bei Zuordnung zum Betriebsvermögen

B_{ErStp} ErSt- Barwert bei Zuordnung zum Privatvermögen

A_k Anschaffungs- oder Herstellungskosten

s_{er} ErSt-Satz

u betrieblicher Nutzungsanteil

b_s Rentenbarwertfaktor nach ErSt über n

n Planungszeitraum (hier auch Nutzungsdauer)

VG Veräußerungsgewinn (nach n Jahren Veräußerungseinnahme)

d_s Kalkulationszinsfuß nach ErSt

Ein Vergleich beider Barwerte zeigt, dass hier die Zuordnung zum Betriebsvermögen nicht vorteilhaft ist. Der betrieblich verursachte Anteil der linearen AfA mindert in beiden Fällen den Gewinn. Ausschließlich der Nachteil der Veräußerungsgewinnbesteuerung im Betriebsvermögen bestimmt die Zuordnungsentscheidung. Das gilt für jegliche ErSt-Sätze und Kalkulationszinsfüße, Nutzungsdauern und AHK, solange kein Veräußerungsverlust eintritt. Erst dann wird der zweite Ausdruck positiv, die Zuordnung zum Betriebsvermögen ist vorteilhaft. Lässt man die Prämisse konstanter ErSt-Sätze fallen, dann können sich andere Ergebnisse zeigen – allerdings nur, wenn die ErSt-Sätze auf die AfA höher sind als der ErSt-Satz auf den Veräußerungsgewinn.

Wird kein Einzelnachweis erbracht, dann ist bei gemischtgenutzten Kraftfahrzeugen, die dem Betriebsvermögen zugeordnet werden müssen (betrieblicher Anteil > 50 %), die private Nutzung nach § 6 Abs. 1 Nr. 4 EStG mit 12 % des Listenpreises typisiert. Zu berücksichtigen ist ferner der nichtabzugsfähige Betriebsausgabenanteil für Fahrten zwischen Wohnung und Betriebsstätte nach § 4 Abs. 5 Nr. 6 EStG (die positive Differenz von 0,36 % des Listenpreises abzüglich 0,36 €/bzw. 0,40 € ab dem elften Entfernungskilometer p.a.). Wird angenommen, derartige Fahrten existierten nicht, dann müsste o.a. Formel für den ErSt-Vorteil wie folgt modifiziert werden (die Formel für die Zuordnung zum Privatvermögen bleibt unverändert):

$$B_{ErStb} = \frac{A_k}{n} \cdot s_{er} \cdot b_s + A \cdot s_{er} \cdot b_s - 0{,}12 \cdot LP \cdot s_{er} \cdot b_s - \frac{VG \cdot s_{er}}{(1+d_s)^n}$$

mit A laufende Ausgaben

LP (Brutto-)Listenpreis

Die Zuordnung des gemischtgenutzten Kraftfahrzeugs zum Betriebsvermögen ist vorteilhaft, wenn $B_{ErStb} > B_{ErStp}$ ist. Ohne weiteres ist ersichtlich, dass die Zuordnung zum Betriebsvermögen umso eher vorteilhaft ist, je höher die laufenden Ausgaben sind – je höher z.B. die betriebliche und private Fahrleistung ist. Sämtliche zusätzliche Ausgaben sind nämlich als Betriebsausgaben abzugsfähig, der Privatanteil ist leistungsunabhängig typisiert. Ersichtlich ist auch, dass die Zuordnung eines gebrauchten Kraftfahrzeugs zum Betriebsvermögen eher nachteilig ist. Je niedriger $A_k < LP$ ist, desto stärker wirkt sich der typisierte Privatanteil aus, desto eher ist eine Zuordnung zum Privatvermögen vorteilhaft. Möglicherweise ist schon $B_{ErStb} < 0$, weil der typisierte Privatanteil und der Veräußerungsgewinn höher sind als die Ausgaben. Die höheren Reparaturausgaben wirken tendenziell umgekehrt: Bei Zuordnung zum Betriebsvermögen sind sie in vollem Umfang Betriebsausgabe, bei Zuordnung zum Privatvermögen nur anteilig.

Wirtschaftsgüter – insbesondere Geld – können u.U. durch **Entnahmen** und **Einlagen** vom Betriebsvermögen in sonstiges Vermögen bzw. umgekehrt transferiert werden. Daraus können sich ErStliche Wirkungen ergeben: Die geänderte Zurechnung kann zur Folge haben, dass die mit diesen Vermögensteilen erwirtschafteten Einkommen anderen Einkunftsarten zugerechnet werden (vgl. auch Kapitel "Zurechnung zu Einkunftsarten").

Werden z.B. durch eine Entnahme Schulden im privaten Bereich verhindert, der ErStlich irrelevant ist (etwa für die Anschaffung selbstgenutzten Wohnraums), dann steht der ErSt-Minderung durch Reduktion der Einkünfte aus Gewerbebetrieb überhaupt keine negative ErStliche Wirkung im Privatbereich gegenüber. Derartige Entnahmen für Konsumzwecke sind ErStlich solange vorteilhaft, wie die Kosten für die betriebliche Fremdfinanzierung den Bruttobedarf der Kosten für die private Fremdfinanzierung nicht überschreiten (vgl. Kapitel "Steuern und Finanzierungskosten"). Kostet die private Fremdfinanzierung z.B. durch hypothekarische Sicherung nur 6 % p.a., während die betriebliche Fremdfinanzierung mangels Sicherung 10 % p.a. kostet, dann ist bei ErSt-Sätzen über 40 % die Entnahme (unter Beachtung von R 13 Abs. 15 EStR 2001) vorteilhaft. Nur ausnahmsweise wird eine äußerst günstige private Fremdfinanzierung (z.B. subventionierter selbstgenutzter Wohnraum) eine Entnahme verhindern.

8.8.2 Zurechnung zu Einkunftsarten

Da die Einkunftsarten z.T. unterschiedlichen ErSt-Belastungen unterliegen[343], kann es vorteilhaft sein, durch Sachverhaltsgestaltungen Steuervorteile zu erreichen. Einige dieser Gestaltungen gehören steuerrechtlich in den Bereich der Zurechnung zu unterschiedlichen Steuerpflichtigen (vgl. Kapitel "Zurechnung zu Steuerpflichtigen"). Dies ist etwa der Fall, wenn durch Verträge zwischen einer Ein-Mann-GmbH und dem alleinigen Gesellschafter Einkünfte aus Gewerbebetrieb zu solchen aus nichtselbstständiger Arbeit, aus Vermietung und Verpachtung usw. werden. Ökonomisch können die beiden Steuerpflichtigen als eine Person – der Gesellschafter – betrachtet werden. Nur dessen Zielsetzungen werden verfolgt. Eine Zielkonkurrenz zwischen der firmeneigenen Zielsetzung des Managements und der durchgreifenden Zielsetzung der Gesellschafter existiert nicht. Die steuerlichen Wirkungen sind unabhängig davon, in welchen Bereich der Sachverhaltsgestaltung diese Situationen eingeordnet werden, sodass eine exakte Zuordnung nur von untergeordneter Bedeutung ist.

Durch besondere Sachverhaltsgestaltung kann u.U. erreicht werden, dass überhaupt keine Einkunftsart vorliegt (Liebhaberei, vgl. Kapitel "Die Überschuss-Einkunftsarten"). Das kann vorteilhaft sein, weil Veräußerungsgewinne dann nicht ESt-pflichtig sind (etwa bei land- und forstwirtschaftlicher Betätigung). Durch die Qualifikation der Ausgaben als Lebensführungsaufwand kann Liebhaberei aber auch nachteilig sein. Bei den Überschuss-Einkunftsarten wird Liebhaberei eher nachteilig sein, weil hier Veräußerungsgewinne – außer bei privaten Veräußerungsgeschäften i.S.d. § 23 EStG – ohnehin ESt-frei sind. Aus eben diesem Grund ist die Gefahr, dass ein Sachverhalt als Liebhaberei qualifiziert wird, aber bei diesen Einkunftsarten besonders groß.

Sachverhaltsgestaltungen verhindern oder ermöglichen auch eine Zuordnung zu erwünschten Einkunftsarten. Insbesondere kann die Zuordnung zu Gewinn- oder zu Überschuss-Einkunftsarten überlegenswert sein. Erstere sind evtl. mit den Nachteilen einer zusätzlichen GewSt-Pflicht bei Anrechnung der fiktiven GewSt und der Besteuerung von Veräußerungsgewinnen verknüpft. Dagegen steht die Geltendmachung von Veräußerungsverlusten und bei den Einkünften aus Gewerbebetrieb evtl. der modifizierte bzw. ermäßigte ESt-Satz.

Eine vermögensverwaltende Tätigkeit (z.B. Einkünfte aus Vermietung und Verpachtung, R 137 EStR 2001) kann durch meist geringfügige Sachverhaltsgestaltung zu Einkünften aus Gewerbebetrieb führen. Vernachlässigt man die Besteuerung von Veräußerungsgewinnen sowie die Existenz einkunftsartabhängiger Freibeträge (etwa bei Einkünften aus Kapitalvermögen), dann führt die Sachverhaltsgestaltung ggf. zur Anrechnung einer fiktiven GewSt auf die ESt mit GewSt-Pflicht.

---

[343] Die Gründe sind – wie in jedem Fall – unterschiedliche Bemessungsgrundlagen z.B. durch einkunftsartabhängige Freibeträge einerseits und/oder unterschiedliche einkunftsartabhängige Steuersätze andererseits (etwa Anrechnung fiktiver GewSt auf die ESt oder/und GewSt-Pflicht).

8.8.3 Zurechnung zu Steuerpflichtigen

Bei Verträgen gehen die Finanzbehörden regelmäßig davon aus, dass zwischen den Vertragspartnern eine Zielkonkurrenz besteht. Die Finanzbehörden akzeptieren die Konsequenzen etwa hinsichtlich der sich aus den Verträgen ergebenden Zurechnung von Einkünften. Ein Mietvertrag führt zu Einkünften aus Vermietung und Verpachtung, ein Dienstvertrag hat Einkünfte aus nichtselbstständiger Arbeit zur Folge, ein Darlehensvertrag verursacht Einkünfte aus Kapitalvermögen (die evtl. wegen des Sparerfreibetrags steuerfrei sind). Der andere Vertragspartner hat Betriebsausgaben, Werbungskosten oder Lebensführungsaufwand.

Sind die Vertragspartner keine Angehörigen – auch wenn sie nach einem gemeinsamen Zielsystem alle steuerlichen und sonstigen[344] Vorteile ausschöpfen sollten –, dann werden die Verträge kaum der Begrenzung des § 42 AO unterliegen. Werden Verträge jedoch unter Angehörigen (§ 15 AO, analog nahestehende Personen nach § 1 AStG) abgeschlossen, so vermuten die Finanzbehörden ein gemeinsames steuerlich motiviertes Ziel. Deshalb muss bei Angehörigenverträgen besonders darauf geachtet werden, dass die steuerrechtlichen Nebenbedingungen (basierend auf § 42 AO etwa nach R 19 EStR 2001 die Üblichkeit wie unter Dritten) beim Abschluss und bei der Durchführung des Vertrags eingehalten werden.

Neben Leistungsverträgen (s.o.) können auch Vermögensverträge abgeschlossen werden (die teilweise erst die genannten Leistungsverträge ermöglichen). Ein Steuerpflichtiger kann Vermögen an einen anderen Steuerpflichtigen (vor allem an einen Angehörigen) verkaufen oder verschenken. Grundvermögen kann dann zurückgemietet werden, Geldvermögen durch Darlehensaufnahme zurückfließen. Vermögensverträge können aber auch ohne anschließende Leistungsverträge vorteilhaft sein – wie etwa der Verkauf eines Miethauses unter Ehegatten zum Zweck der Erhöhung des AfA-Volumens.

Derartige Verträge haben im Wesentlichen eine Minderung von Bemessungsgrundlagen und/oder Steuersätzen zur Folge. Die Minderung von Bemessungsgrundlagen ergibt sich daraus, dass durch einen Kaufvertrag (Festsetzung relativ hoher Kaufpreise) die AfA-Beträge steigen, ohne dass der Veräußerungsgewinn steuerpflichtig ist. Außerdem können Freibeträge, die personenabhängig oder einzelnen Einkunftsarten zugeordnet sind, ausgenutzt werden.

Soll etwa ein dem einen Ehegatten gehörendes Miethaus auf den anderen Ehegatten übertragen werden, so kann dies durch Schenkung oder Veräußerung geschehen. Bei der Schenkung tritt der Beschenkte in die Rechtsstellung des Schenkers ein. Die AfA-Beträge bleiben unverändert. Möglicherweise fällt ErbSt an – diesem Nachteil stehen vergleichsweise niedrige Übertragungskosten gegenüber.

Bei der Veräußerung steht dem sofortigen Nachteil der Übertragungskosten (unter Ehegatten nach § 3 Nr. 4 GrEStG steuerfrei) die Erhöhung des AfA-Volumens gegenüber;

---

344 Vgl. hierzu auch unter sozialversicherungsmäßigem Aspekt Richter, H., Abgabenoptimierung bei Arbeitsverhältnissen mit Partnern, Köln 1994.

die daraus resultierenden ErStlichen Vorteile werden aber erst über einen recht langen Zeitraum (§ 7 Abs. 4 EStG) realisiert.

Die Entscheidungsvorbereitung sei an einem Beispiel demonstriert. Ein Ehegatte will ein um die Jahrhundertwende errichtetes Miethaus mit einem derzeitigen AfA-Betrag von € 22.500 p.a. für € 3,6 Mio an den anderen Ehegatten veräußern. Die Übertragungskosten (Notar, Grundbuch) sollen 1 %, also € 36.000 betragen. Nimmt man als Wert des Grund und Bodens € 700.000 an, so erhöht sich der jährliche AfA-Betrag bei einer Nutzungsdauer nach § 7 Abs. 4 EStG auf € 73.220.

Dem einmaligen Nachteil von € 36.000 steht der kapitalisierte Vorteil der späteren ErSt-Ersparnis gegenüber. Bei einem Kalkulationszinsfuß von 8 % p.a., einem ErSt-Satz von 40 % und der AfA-Dauer von 40 Jahren beträgt der Rentenbarwertfaktor 17,64. Der jährliche ErSt-Vorteil von (0,4·(73.220 - 22.500)=) € 20.288 beträgt über 40 Jahre diskontiert etwa € 358.000. Der Gesamtvorteil der Transaktion beträgt etwa € 322.000.

Der ErSt-Vorteil geht im Todesfall ohne ErbSt-Nachteil (§ 12 Abs. 3 ErbStG) auf die Erben über. Falls für die Ehegatten nur der eigene Steuervorteil entscheidungsrelevant sein sollte, kann die kritische Überlebenszeit berechnet werden. Bei der kritischen Überlebenszeit sind Vorteil und Nachteil gleich. Im Beispielsfall ist der Barwert der jährlichen ErSt-Vorteile mit den Übertragungskosten gleichzusetzen. Daraus ergibt sich eine kritische Überlebenszeit von etwa zwei Jahren. Wird auch nur für einen Ehegatten eine längere Lebenszeit erwartet, dann ist die Veräußerung vorteilhaft.

Eine Minderung von Steuer*sätzen* ergibt sich insbesondere aus der Existenz progressiver Steuern. Das fiktive Splitting bei der Zusammenveranlagung von Ehegatten kann auch faktisch erreicht werden, indem Einkünfte auf mehrere Personen (etwa Kinder, andere Angehörige oder Nichtangehörige) verteilt werden. Anders als beim Ehegattensplitting kann der Splittingeffekt vervielfacht werden. Analog zum Ehegattensplitting ist die optimale – also die ESt-minimale – Einkünfteverteilung erreicht, wenn die Grenzsteuersätze bei jedem Steuerpflichtigen gleich sind. Im einfachsten Fall ist das erreicht, wenn alle zu versteuernden Einkommen identisch sind.

Unter Ehegatten wird eine Einkünfteverlagerung zum Zweck der Steuersatzminderung nicht vorteilhaft sein, weil die Zusammenveranlagung mit fiktiver hälftiger Einkünftezurechnung die ESt regelmäßig[345] minimiert. Wird das derzeitige System des Ehegattensplitting modifiziert, dann muss es ggf. durch faktisches Splitting (Ehegattenverträge) ergänzt werden.

8.8.4 Zurechnung zu Veranlagungszeiträumen

Die ErSt werden kalenderjährlich (Veranlagungs- bzw. Erhebungszeitraum) erhoben. Die Einkünfte werden in dem Jahr erfasst, in dem sie das Betriebsvermögen ändern (Gewinn-Einkünfte außer nach § 4 Abs. 3 EStG) bzw. in dem sie zugeflossen sind (Überschuss-

---

[345] Vgl. aber die Ausführungen zur Option auf Splitting bzw. Realsplitting in Kapitel "Ertragsteuerliche Optionen".

Einkünfte und Gewinn nach § 4 Abs. 3 EStG). Im Bereich der Optionspolitik ist es im Fall der Gewinnermittlung durch Vermögensvergleich möglich, die Zeitpunkte der Gewinnwirksamkeit zu beeinflussen (vgl. Kapitel "Steuerbilanzpolitik") und damit Steuer- und Zinseffekte zu optimieren. Solche Möglichkeiten existieren auch im Bereich der Sachverhaltsgestaltung.

Bei der Gewinnermittlung durch Vermögensvergleich nach § 4 Abs. 1 EStG kann der Unternehmer nach § 4a EStG, § 8b EStDV bzw. § 7 Abs. 4 KStG ggf. den Gewinn aus Gewerbebetrieb nach einem **abweichenden Wirtschaftsjahr** ermitteln. Der Gewinn aus Gewerbebetrieb und der Gewerbeertrag (§ 10 Abs. 2 GewStG) des Wirtschaftsjahrs gelten als in dem Kalenderjahr bezogen, in dem das Wirtschaftsjahr endet. Damit werden Gewinnteile nicht im laufenden, sondern im folgenden Veranlagungszeitraum besteuert. Hierdurch ergibt sich ein Steuer- und ein Zinseffekt ('Steuerpause'). Der positive Zinseffekt einer späteren Besteuerung kann durch einen negativen Steuereffekt überkompensiert werden, sodass ein Entscheidungsproblem besteht.

Das Entscheidungsproblem tritt insbesondere auf, wenn ein Betrieb im Laufe eines Kalenderjahrs gegründet wird. Dann ist unter folgenden Alternativen zu entscheiden: Rumpfwirtschaftsjahr mit folgenden kalenderjahridentischen Wirtschaftsjahren oder laufend vom Kalenderjahr abweichende Wirtschaftsjahre. Bei der Wahl des abweichenden Wirtschaftsjahrs bei Betriebgründung kann diese Entscheidung jederzeit geändert werden – danach nur mit Zustimmung des Finanzamts (§ 4a EStG).

Bei dieser Entscheidung ist vorab zu prüfen, ob die Nebenbedingungen erfüllt sind. Diese sind einmal rechtlicher Art. Generell kann § 42 AO dazu führen, dass ein Missbrauch[346] angenommen wird. Daneben existieren auch nach den genannten speziellen Steuergesetzen Nebenbedingungen (Handelsregistereintrag, u.U. Zustimmung des Finanzamts), die einzuhalten sind. Ökonomische Nebenbedingungen resultieren aus dem Maßgeblichkeitsprinzip. Ein abweichendes Geschäftsjahr verschiebt Jahresüberschüsse und evtl. Ausschüttungen, sodass handelsbilanzpolitische Ziele den ErStlich vorteilhaften Bilanzstichtag verhindern können.

Die Verschiebung eines Teils einer Bemessungsgrundlage in einen anderen Veranlagungszeitraum kann einen positiven Zins- und einen negativen Steuereffekt haben. Im Fall des abweichenden Wirtschaftsjahrs wird (bei der Annahme konstanter Gewinne) der Gewinn des Rumpfwirtschaftsjahrs G_r um n Jahre (im Extremfall

[346] Vgl. etwa BFH 18.12.1991 BStBl. 1992 II 486.

Beendigung des Betriebs) verschoben. Dieser Gewinn wird im n-ten Jahr besteuert. Der Zinsvorteil muss größer sein als der Steuernachteil – dann ist das abweichende Wirtschaftsjahr optimal:

$$\underbrace{G_r \cdot s_{erl} \cdot (1+d_s)^n - G_r \cdot s_{erl}}_{\text{Zinsvorteil}} > \underbrace{G_r \cdot s_{ern} - G_r \cdot s_{erl}}_{\text{Steuernachteil}}$$

$$s_{erl} > \frac{s_{ern}}{(1+d_s)^n}$$

mit s_{erl} Differenz-ErSt-Satz des ersten Jahres

s_{ern} Differenz-ErSt-Satz des n-ten Jahres

d_s Kalkulationszinsfuß nach ErSt

Wenn also nur der ErSt-Satz des ersten Jahres größer ist als der diskontierte ErSt-Satz des n-ten Jahres, dann ist das abweichende Wirtschaftsjahr optimal. Ist die Bedingung nicht erfüllt, dann ist das kalenderjahrgleiche Wirtschaftsjahr vorteilhaft.

Wie ohne weiteres ersichtlich ist, ist das abweichende Wirtschaftsjahr bei konstanten ErSt-Sätzen immer vorteilhaft, weil ein negativer Steuereffekt nicht existiert ($s_{erl} = s_{ern}$). Der Vorteil ist weiterhin umso größer, je höher der Kalkulationszinsfuß ist.

Die steueraufschiebende Wirkung des abweichenden Wirtschaftsjahrs wird dadurch beeinflusst, dass Vorauszahlungen erhoben werden. Dadurch werden die Zahlungszeitpunkte vorgezogen. Das legt die Vermutung nahe, dass sich der positive Zinseffekt mindert. Tatsächlich ist das nicht der Fall. Die Vorauszahlungen z.B. zur ESt werden nach § 37 Abs. 3 EStG nach der zuletzt veranlagten ESt berechnet. Diese ist aber bei abweichendem Wirtschaftsjahr anfangs niedriger, sodass auch die Vorauszahlungen anfangs niedriger sind. Werden also Vorauszahlungen erhoben, dann verstärkt sich der positive Zinseffekt bei abweichendem Wirtschaftsjahr sogar. Die negative Zinswirkung von Vorauszahlungen ist dagegen generell und unabhängig vom Bilanzstichtag.

Die Wirkung des abweichenden Bilanzstichtags sei an einem Beispiel skizziert. Der Gewinn des Rumpfwirtschaftsjahrs betrage € 12 Mio. Eine Verschiebung soll über fünfzehn Jahre möglich sein. Der ErSt-Satz betrage in jedem Jahr $s_{er} = 0{,}5$ (50 %), es existiere also kein Steuereffekt. Bei einem Brutto-Kalkulationszinsfuß von 10 % p.a. ($d_s = 0{,}05$) ergibt sich ein Zinsvorteil von etwa € 12,5 Mio. Die nach fünfzehn Jahren angesammelten Zinsen reichen aus, um die ErSt auf den Gewinn des Rumpfwirtschaftsjahrs zu bezahlen.

Bei der Gewinnermittlung nach § 4 Abs. 3 EStG und bei den Überschuss-Einkunftsarten existiert die Sachverhaltsgestaltung eines abweichenden Wirtschaftsjahrs nicht. Da in diesem Fällen das – wenn auch modifizierte – Zuflussprinzip nach § 11 EStG gilt, kann eine ErSt-Verschiebung dadurch realisiert werden, dass *Einnahmen* und *Ausgaben* in andere Kalenderjahre verschoben werden. Hier muss allerdings beachtet werden, dass die Verschiebung von Zahlungen ebenfalls einen Zinseffekt hat, der den positiven Zinseffekt der aufgeschobenen ErSt mindert. Der positive Steuerzinseffekt ist meist nur einjährig, das Finanzierungsvolumen umfasst die aufgeschobene Steuer. Der negative Zinseffekt umfasst den gesamten Betrag. Demnach sind nur eher kurzzeitige Zahlungsverschiebungen erwägenswert. Bei niedrigen ErSt-Sätzen kann eine Verschiebung von einem Monat schon nachteilig sein; eine Verschiebung um etwa ein halbes Jahr ist generell nachteilig. Eine Verschiebung kommt deshalb am ehesten für Zahlungen in der Nähe eines Jahreswechsels (unter Beachtung von § 11 Abs. 1 EStG) in Frage.

Der Sachverhaltsgestaltung der Zahlungsverschiebungen kommt eine relativ große Bedeutung zu, wenn der Gesetzgeber zwischen zwei Jahren Steuersatzänderungen vorsieht[347] – wie etwa bei der Einführung oder Abschaffung von ErgAbg oder sog. ErSt-Präferenzen oder bei der Erhöhung von GewSt-Hebesätzen. In den Fällen einer Steuersatzerhöhung[348] ist es vorteilhaft, Einkommensteile Y früher der ErSt zu unterwerfen, wenn der Zinsnachteil kleiner ist als der spätere ErSt-Nachteil (also jetzige ErSt-Vorteil).

$$\underbrace{Y \cdot s_{er1} \cdot (1 + d_s) - Y \cdot s_{er1}}_{\text{Zinsnachteil}} < \underbrace{Y \cdot s_{er2} - Y \cdot s_{er1}}_{\text{Steuervorteil}}$$

$$s_{er1} < \frac{s_{er2}}{1 + d_s}$$

Die ErSt-Sätze der beiden Jahre sind mit großer Wahrscheinlichkeit bekannt. Hat sich etwa vom Jahr 1 zum Jahr 2 durch die Einführung einer ErgAbg von 7,5 % der maximale EStErgAbg-Satz von $s_{e1} = 0{,}53$ auf $s_{eea2} = 0{,}57$ erhöht und ist etwa an einem besonderen Standort[349] gleichzeitig eine ESt-Präferenz von 6 % entfallen, dann ist der maximale ESt-Satz von $s_{e1} = 0{,}5$ auf $s_{eea2} = 0{,}57$ gestiegen. In diesen Fällen ist der kritische Zinsfuß

[347] Vgl. hierzu Henning, M., Optimaler Einkommensausweis 1994 in Erwartung des Solidaritätszuschlags, in DStR 1994, S. 1787ff.

[348] Bei Steuersatzsenkungen – wie derzeit – wirken Zins- und Steuereffekt in die gleiche Richtung: Gewinne sollten möglichst spät ausgewiesen werden.

[349] Dies war bei der ESt und der KSt zuletzt im ehemaligen Berlin(West) der Fall. Die Situation kann aber auch auftreten, wenn gleichzeitig mit der Einführung einer zusätzlichen ErSt der Hebesatz der GewSt erhöht wird.

interessant, bei dem Zinsnachteil und Steuervorteil identisch sind. Durch Gleichsetzung und Auflösung nach dem Brutto-Zinsfuß d ergibt sich:

$$s_{el} = \frac{s_{eea2}}{1 + d_s} \quad \text{mit} \quad d_s = d \cdot (1 - s_{eea2})$$

$$d_{krit} = \frac{s_{eea2} - s_{el}}{s_{el} \cdot (1 - s_{eea2})}$$

Im Beispielsfall ist ein Vorziehen der ErSt auf das Jahr 1 bei den Überschuss-Einkunftsarten etwa durch späte Bezahlung von Eingangsrechnungen bzw. frühe Rechnungslegung für eigene Leistungen mit der Bitte um Begleichung im alten Jahr vorteilhaft, wenn der tatsächliche Zinsfuß unter etwa 17 % p.a. (an dem besonderen Standort unter etwa 32 % p.a.) liegt. Die Kapitalanlage durch Vorziehen der ErSt erwirtschaftet etwa 17 % p.a. vor ErSt. Wenn die vorgezogene ErSt mit einem niedrigeren Zinsfuß finanziert werden kann, dann ist die frühzeitige Besteuerung vorteilhaft. Dieser Effekt sinkt augenscheinlich mit sinkendem ESt-Satz. Beträgt der Differenz-ESt-Satz vor ErgAbg z.B. nur 30 %, dann reduziert sich der kritische Zinsfuß auf etwa 11 % p.a. bzw. 21 % p.a. an dem besonderen Standort. Die Hypothese, der positive Effekt verstärke sich, wenn die Finanzierungszeit durch relativ späte Abgabe der ErSt-Erklärungen verkürzt wird, kann nicht ohne weiteres bewiesen werden. Bei Steuernachzahlungen ist eine späte Abgabe *immer* vorteilhaft, solange nicht die Verzinsung nach § 233a AO greift. Anderenfalls muss unabhängig von der vorliegenden Problematik geprüft werden, ob die Finanzierungskosten von 6 % p.a. vor ErSt (ohne Zinseszinseffekt) günstig sind.

8.8.5 Schwarzarbeit

Schwarzarbeit oder Schattenwirtschaft[350] kann jede Form der Leistungserbringung an Dritte sein, deren Ergebnis durch Abgabenverkürzung unbelastet bleibt. Sachverhalte, durch die ein Tatbestand verwirklicht wird, an den ein Steuergesetz die Steuerpflicht – ein Sozialgesetz die Sozialabgabenpflicht – knüpft, werden nicht deklariert[351]. Die Annahme erscheint "...plausibel, dass die Steuerbelastung einen stärkeren Einfluss hat als (oder mindestens gleich groß wie) jede andere der...angeführten Determinanten."[352] Weiterhin

---

[350] Zu den Gründen und zum Umfang der Schattenwirtschaft vgl. etwa Pommerehne, W.W., Schattenwirtschaft als wirtschafts- und sozialpolitische Herausforderung, in WISU 1994, S. 848ff., Schneider, F., Der Umfang der Schattenwirtschaft in der Bundesrepublik Deutschland, in WiSt 1998, S. 53f. Umfassend aus einzelwirtschaftlicher Sicht Hundsdoerfer, J., Die Steuerhinterziehung und ihre Integration in betriebswirtschaftliche Entscheidungsmodelle – Eine Wirkungsanalyse, Köln 1996.

[351] "...der Drang in die Schattenwirtschaft (droht) zu einem Massenphänomen zu werden." Petersen, H.-G., Die Steuerreformdiskussion – Anzeichen für eine Wende?, in Wirtschaftsdienst 1984, S. 173ff., hier S. 178. Diese Aussage gilt vermutlich weiterhin.

[352] Frey, B. S., Pommerehne, W.W., Quantitative Erfassung der Schattenwirtschaft: Methoden und Ergebnisse, in Hansmeyer, K.-H. (Hrsg.), Staatsfinanzierung im Wandel, Berlin 1983, S. 265ff., hier S. 283. Als weitere Gründe werden etwa das Ausmaß staatlicher Regulierung oder die Steuermoral genannt.

darf "...vermutet werden, dass 'schwarze' Einkommen zu 'schwarzer' Vermögensbildung führen."[353] Neben die direkte Ersparnis von Abgaben tritt eine indirekte und längerfristige Abgabenminderung, die den vorteilhaften Effekt der Schwarzarbeit nicht unbeträchtlich erhöht[354].

"Da weder Steuern noch Sozialabgaben an den Fiskus abgeführt werden, stimmt der von den Nachfragern nach Schwarzarbeit gezahlte Preis pro Arbeitsstunde mit dem dem Schwarzarbeiter verfügbaren Entgelt überein – jedenfalls dann, wenn die illegale Tätigkeit unentdeckt und ungeahndet bleibt."[355] Bei Deklaration des Sachverhalts greift der Abgabenabzug. Für eine Vorteilhaftigkeitsanalyse müssen die Nettobeträge verglichen werden. Für den Nettobetrag bei legaler Tätigkeit muss vorab der Bruttobetrag ermittelt werden – das geschieht einfacherweise mit dem Bruttobedarfssatz $b = 1/(1 - s)$. Beträgt der Abgabensatz s z.B. 40 %, dann muss das Entgelt bei legaler Arbeit 167 % des schwarzen Entgelts betragen. Bei einem Abgabensatz von z.B. 60 % steigt der Bruttobedarfssatz auf 250 %. Bei legaler Arbeit muss also z.B. der zweieinhalbfache Arbeitslohn erwirtschaftet werden, um mit einem Schwarzarbeiter konkurrieren zu können. Der Schwarzarbeiter kann seine Leistung zu einem Arbeitslohn erbringen, der nur 40 % des legalen Arbeitslohns entspricht, ohne einen wirtschaftlichen Nachteil zu haben.

Der Abgabensatz – und damit der Vorteil der Schwarzarbeit – ist je nach Sachverhalt unterschiedlich hoch. Arbeitet z.B. ein lediger Arbeitnehmer zusätzlich schwarz, dann spart er ESt (ggf. KiSt und ErgAbg) und die Hälfte der Sozialabgaben. Bezieht er etwa einen legalen Bruttolohn von € 25.000 p.a. und zusätzlich einen schwarzen Lohn von € 5.000 p.a., dann beträgt der Differenzabgabensatz über 58 %. Bei legaler Arbeit müsste er mehr als das Doppelte des schwarzen Arbeitslohns – etwa € 12.000 – verlangen.

Werden legale Einkünfte aus Gewerbebetrieb (z.B. Handwerksbetrieb) mit ebensolchen aus illegaler Tätigkeit kombiniert, dann werden keine Sozialabgaben[356], wohl aber die USt gemindert. Da hier möglicherweise auch Vorleistungen verschwiegen werden müssen, weil sonst die Entdeckungsgefahr steigt, muss das bei der Berechnung des Bruttobedarfssatzes berücksichtigt werden. Es soll angenommen werden, die

---

[353] Schult, E., Schwarzarbeit – konkurrenzlos durch längerfristige Steuereffekte, in StuW 1986. S. 144ff., hier S. 144. Die folgenden Ausführungen basieren auf dieser Arbeit.

[354] Das Problem der Unsicherheit wie der Berücksichtigung möglicher ökonomischer Nachteile durch die Aufdeckung der Schwarzarbeit sollen hier unberücksichtigt bleiben.

[355] Wiegard, W., Schwarzarbeit und Besteuerung, in Schäfer, W. (Hrsg.), Schattenökonomie – Theoretische Grundlagen und wirtschaftspolitische Konsequenzen, Göttingen 1984, S. 122ff., hier S. 122.

[356] Wenn Sozialabgaben nach den Einkünften bemessen werden, werden sie ebenfalls verkürzt.

Vorleistungen stünden in einem konstanten Einsatzverhältnis ($0 \leq a \leq 1$) zum Bruttobedarf. Dann ergibt sich für den Nettobedarf:

$$B_n = B_b - (1-a) \cdot B_b \cdot s_u - (1-a) \cdot B_b \cdot (1-s_u) \cdot s_{ekig}$$

mit		
	B_n	Nettobedarf
	B_b	Bruttobedarf
	a	Vorleistungsquote
	s_u	effektiver USt-Satz
	s_{ekig}	Differenzsteuersatz aus ESt, KiSt und GewSt (ggf. ErgAbg)

Der Bruttobedarfssatz $b = B_b/B_n$ ergibt sich zu:

$$b = \frac{1+s_u}{1-s_{ekig}+a \cdot (s_{ekig}+s_u)}$$

Variiert man das Vorleistungsverhältnis a, so ergibt sich erwartungsgemäß der höchste Bruttobedarfssatz – der größte Vorteil also für Schwarzarbeit – bei fehlenden Vorleistungen ($a = 0$). Ebenso erwartungsgemäß ergibt sich bei einem Vorleistungssatz in Höhe des Bruttobedarfs ($a = 1$; fehlender Gewinn und Identität von Vor- und USt) ein Bruttobedarf von 100 %. Legale und Schwarzarbeit sind indifferent – allerdings lohnen sich dann beide nicht. Bei fehlenden oder legal abgesetzten Vorleistungen ergibt sich bei maximalen Steuersätzen (mit USt und ErgAbg etwa 60 %) ein Bruttobedarfssatz von fast 240 %. Schwarzarbeit kann zu weniger als der Hälfte des legalen Entgelts angeboten werden. Legale Leistungen müssen über das Doppelte des schwarzen Entgelts erwirtschaften, um einen identischen Vermögenszuwachs zu erzielen.

Bisher wurden nur die direkten Wirkungen der Schwarzarbeit einbezogen. Die indirekten Wirkungen auf die Einkünfte der folgenden Jahre sind vernachlässigt. Das ist möglich, wenn schwarz erwirtschaftete Vermögen und die Einkünfte daraus ebenso wie legal erwirtschaftete Vermögen deklariert werden. Thesaurierte Einnahmen aus Schwarzarbeit können aber in größerem Umfang kaum deklariert werden, weil die Gefahr der Straftataufdeckung steigt. Die schwarzen Einkünfte führen zu schwarzem Vermögen mit notwendigerweise weiteren schwarzen Einkünften[357]. Umgekehrt ist es kaum möglich, legal erwirtschaftete Vermögen und deren Einkünfte in größerem Umfang zu verschweigen.

---

[357] Die Existenz dieses Problems zeigt sich etwa bei der sog. Geldwäsche. Schwarze Vermögen können z.B. bei Immobilienkäufen als verdeckter Kaufpreisanteil eingesetzt werden – das Problem ist an einen anderen Steuerpflichtigen weitergereicht. Bei Geldwäsche i.e.S. wird allerdings versucht, durch Deklaration eines fingierten Sachverhalts Steuerpflicht zu erzeugen (fingierte Betriebseinnahmen etwa im Bereich des Verkaufs von Damenoberbekleidung) und damit zumindest über das Nettovermögen offen verfügen zu können. Diese Einnahmen sind meist überhaupt illegal erwirtschaftet worden – die Straftat der Steuerhinterziehung wird faktisch geheilt.

Um auch die Folgewirkungen zu erfassen, kann die Bruttobedarfsrechnung dynamisiert werden. Schwarzarbeit und legale Arbeit sind indifferent, wenn die Endvermögen nach Ablauf das Planungszeitraums identisch sind. Die Endvermögen betragen:

$$EV_{SW} = L_{SW} \cdot (1+d)^n$$

$$EV_{le} = L_{le} \cdot (1-s) \cdot (1+d_S)^n$$

mit		
	EV_{SW}	Endvermögen bei Schwarzarbeit
	EV_{le}	Endvermögen bei legaler Arbeit
	L_{SW}	(einmaliger) Schwarzarbeitslohn
	L_{le}	(einmaliger) Brutto-Arbeitslohn bei legaler Arbeit
	s	Abgabensatz
	d	Bruttokalkulationszinsfuß (vor Steuern)
	d_S	Nettokalkulationszinsfuß (nach Steuern)
	n	Planungszeitraum

Bei Schwarzarbeit wird der Arbeitslohn (hier sind Brutto- und Nettobetrag identisch) zum Kalkulationszinsfuß schwarz investiert. Bei legaler Arbeit wird der Brutto-Arbeitslohn um die Abgaben gemindert. Der Netto-Arbeitslohn wird zum Kalkulationszinsfuß nach Steuern angelegt. Setzt man die Endvermögen gleich, dann ergibt sich für den dynamischen Bruttobedarfssatz $b = L_{le}/L_{SW}$:

$$b = \frac{1}{1-s} \cdot \left(\frac{1+d}{1+d_S}\right)^n$$

Der erste Faktor stellt den einmaligen Nachteil des Abgabenabzugs bei legaler Arbeit dar – das ist der statische Bruttobedarfssatz. Der zweite Faktor gibt den Dynamisierungsfaktor wieder. Er repräsentiert den laufenden steuerlichen Nachteil bei legaler Vermögensanlage. Geht man etwa von einem Kalkulationszinsfuß von 7 % p.a., einem Planungszeitraum von 30 Jahren und einem Abgabensatz von 50 % aus, dann beträgt der dynamische Bruttobedarfssatz über 500 % – der statische Bruttobedarfssatz beläuft sich nur auf 200 %. Erst wenn bei legaler Arbeit das Fünffache des Schwarzarbeitslohns erwirtschaftet wird, sind die Vermögenswirkungen identisch – der Schwarzarbeiter kann für 20 % des legalen Arbeitslohns arbeiten, ohne einen wirtschaftlichen Nachteil zu haben. Es ist ohne weiteres ersichtlich, dass z.B. die Einführung einer ErgAbg oder die Erhöhung von Hebesätzen der GewSt (Dynamisierungsfaktor und statischer Bruttobedarfssatz steigen) die legale Arbeit weiter diskriminieren. Der Vorteil der Schwarzarbeit reduziert sich auf den statischen Bruttobedarfssatz, wenn die laufenden Zinseinnahmen (z.B. wegen eines vergleichsweise hohen Freibetrags) auch bei Deklaration steuerfrei sind. Der Dynamisierungsfaktor reduziert sich auf eins.

9 Steuerliche Optionspolitik (Steuerpolitik i.e.S.)

Steuerliche Optionspolitik ist (anders als die *steuerorientierte* Sachverhaltsgestaltung – Steuerpolitik i.w.S. –, vgl. Kapitel "Andere Sachverhaltsgestaltungen") Steuerpolitik i.e.S. Weitgehend unabhängig von anderen betrieblichen Teilpolitiken werden steuerlich orientierte ökonomische Ziele unter Einsatz steuerrechtlicher Wahlrechte (Optionen) verfolgt. Aus der großen Menge steuerrechtlicher Optionen ragt die Steuerbilanzpolitik[358] hervor. Sie wird deshalb gesondert behandelt.

9.1 Steuerbilanzpolitik

Im EStG findet sich eine Vielzahl von Bilanzierungs- und Bewertungswahlrechten. Wegen der Umkehrung des Maßgeblichkeitsprinzips wird der zielgerichtete Einsatz dieser Wahlrechte durch die handelsrechtlichen Vorschriften und die GoB kaum eingeschränkt. Eher können Probleme auftreten durch abweichende handelsbilanzpolitische Ziele (z.B. Gewinnnivellierung in der Handelsbilanz[359] und Gewinnverschiebung in der Steuerbilanz).

9.1.1 Zielfunktionen der Steuerbilanzpolitik

Viele handels- und steuerrechtliche Bilanzwahlrechte resultieren letztlich aus der Unsicherheit der Zukunft. Es wird dem Unternehmer in Grenzen überlassen, seine eigenen Prognosen bei der bilanziellen Bewertung zu berücksichtigen. Die Absicht des Gesetzgebers ist es, hierdurch eine möglichst weitgehende Erreichung der handels- und steuer*gesetzlich* vorgegebenen bilanziellen Ziele zu verwirklichen.

Mit Hilfe der Wahlrechte wird in praxi dennoch wohl kaum das Ziel des Gesetzgebers verfolgt, "...ein den tatsächlichen Verhältnissen entsprechendes Bild der Vermögens-, Finanz- und Ertragslage...zu vermitteln" (§ 264 Abs. 2 HGB) oder den periodengerechten Gewinn nach § 4 Abs. 1 EStG zu berechnen. Vielmehr verfolgt der Unternehmer eigene Zielsetzungen.

Um die Ziele der betrieblichen Steuerbilanzpolitik richtig formulieren zu können, müssen vorab die Wirkungen der Bilanzwahlrechte fixiert werden. Unterschiedliche Bilanzansätze führen zu Gewinnverschiebungen (Zweischneidigkeit der Bilanz). Hierdurch entsteht:

---

358 Vgl. hierzu ausführlich Kappler, R., Steuerbilanzpolitik kleiner und mittlerer Unternehmen unter Berücksichtigung der jüngsten Entwicklungen des Steuerrechts – Theorie und Empirie –, Bonn Berlin 2000.

359 "...konnte durch die empirische Jahresabschlussforschung bestätigt werden, dass insbesondere bei managerkontrollierten Unternehmen das Ziel der Gewinnglättung verfolgt wird." Hinz, M., Sachverhaltsgestaltungen im Rahmen der Jahresabschlusspolitik, Düsseldorf 1995, S. 35f.

- ein **Zinseffekt**: Die ErSt-Zahlungen fallen später an. Vorübergehend gestundete ErSt stehen dem Unternehmen zinslos zur Verfügung. Das Geld kann zinswirksam investiert werden. Zu beachten ist, dass die Zinsen wiederum den ErSt unterliegen.

- u.U. ein **Steuereffekt**: Durch Gewinnverschiebungen ändern sich die Gewinne aus Gewerbebetrieb bzw. die Gewerbeerträge der einzelnen Jahre. Bei progressiven ErSt (also insbesondere der GewSt bei Nicht-Kapitalgesellschaften und der ESt) kann sich dadurch die Höhe der Steuerbelastung insgesamt ändern. Bei proportionalen Steuern (also insbesondere der GewSt und der KSt bei Kapitalgesellschaften mit firmeneigener Zielsetzung oder im sog. Proportionalbereich der ESt) existiert kein Steuereffekt[360]. Werden nur in einigen Jahren des Planungszeitraums ErgAbg erhoben oder Steuertarife geändert, so existiert auch bei proportionalen Steuern ein Steuereffekt.

Existiert ausschließlich der *Zinseffekt*, dann werden die Bilanzwahlrechte optimal eingesetzt, wenn der Steuerbilanzgewinn möglichst weit in die Zukunft verschoben wird. Bei Aktivierungswahlrechten wird nicht aktiviert, bei Passivierungswahlrechten wird passiviert. Bei Bewertungswahlrechten wird auf der Aktivseite der jeweils niedrigste und auf der Passivseite der jeweils höchste zulässige Wert gewählt.

Die Situation, dass ausschließlich der *Steuereffekt* existiert, ist praktisch kaum gegeben. Auch bei Einzelunternehmen und Personengesellschaften (progressive ErSt) führen Gewinnverschiebungen zu Zinswirkungen. Wird dennoch angenommen, es existiere nur der Steuereffekt, dann führt die Gewinnnivellierung (besser: Nivellierung der ErStlichen Bemessungsgrundlagen) zur Steuerminimierung im Planungszeitraum. Die Bilanzwahlrechte werden so eingesetzt, dass die Steuerbilanzgewinne in jedem Jahr möglichst die gleiche Höhe haben – die Grenzsteuersätze müssen identisch sein. Jede Abweichung von dieser 'Normallinie'[361] führt zu einer Erhöhung der Steuer, weil wegen des progressiven Tarifs die Mehrsteuer durch eine Gewinnerhöhung größer ist als die Mindersteuer durch die entsprechende Gewinnsenkung.

Bei Einzelunternehmen und Personengesellschaften existieren beide Effekte. Problematisch ist, dass Zins- und Steuereffekt gegenläufig sein können. Der Zinseffekt verlangt maximale Gewinnverschiebung, der Steuereffekt Gewinnnivellierung. Um den maximalen Vorteil simultan aus beiden Effekten zu bestimmen, muss das Problem des **optimalen Steuerbilanzgewinnpfads** gelöst werden.

Eine ökonomische Situation – hier durch Einsatz des steuerbilanzpolitischen Instrumentariums – ist dann optimal, wenn bei gegebenem Konsum das Vermögen am Ende des Planungszeitraums maximal ist. In das Modell für das Endvermögen sind die ErSt explizit aufzunehmen, weil das steuerbilanzpolitische Instrumentarium auf diese Ausgabenart wirkt und dementsprechend optimal eingesetzt werden soll. Zielfunktion und -definition lauten also:

---

[360] Der Zinseffekt wird auch Zeiteffekt, der Steuereffekt auch Tarifeffekt genannt; Wagner, F.W., Perspektiven der Steuerberatung: Steuerrechtspflege oder Planung der Steuervermeidung?, a.a.O., S. 2.

[361] Auch Vogtsche Normallinie genannt nach Vogt, F., Bilanztaktik, 6.Aufl. Heidelberg 1963, S. 24ff.

$$EV_s = \text{Max!}$$

$$EV_s = \sum_{j=1}^{n} \left(EÜ_j - A_{ErStj} \right) \cdot \left(1 + d_s\right)^{n-j}$$

$$A_{ErStj} = G_j \cdot s_{erj}$$

mit

EV_S	Endvermögen nach ErSt
n	Länge des Planungszeitraums
$EÜ_j$	Einnahmeüberschuss des j-ten Jahres
A_{ErStj}	ErSt-Ausgabe des j-ten Jahres
d_S	Kalkulationszinsfuß nach ErSt[362]
G_j	Steuerbilanzgewinn des j-ten Jahres[363]
s_{erj}	ErSt-Satz des j-ten Jahres

Statt des Endvermögens kann auch der Barwert der Netto-Einnahmeüberschüsse B_S herangezogen werden. Das Endvermögen wird diskontiert. Zielfunktion und -definition lauten dann:

$$B_s = \text{Max!}$$

$$B_s = \sum_{j=1}^{n} \frac{EÜ_j - A_{ErStj}}{\left(1 + d_s\right)^j}$$

Schließlich soll nur die ErSt-Wirkung – ausgelöst durch den Einsatz des steuerbilanzpolitischen Instrumentariums – untersucht werden. Für alle anderen Einflussfaktoren – also insbesondere die sonstigen Einnahmeüberschüsse $EÜ_j$ und der Brutto-Zinsfuß d – gilt die c.-p.-Klausel. Sie werden als von den bilanzpolitischen Maßnahmen unabhängig angenommen. Diese Prämisse ist einigermaßen realitätsnah. Es ist also möglich, die sonstigen Einnahmeüberschüsse $EÜ_j$ zu vernachlässigen. Dann ist die steuerbilanzpolitische Situation optimal, bei der der (negative) Barwert der ErSt-Ausgaben maximal ist. Üblicherweise wird das Vorzeichen vernachlässigt, sodass Zielfunktion und -definition lauten:

$$B_{AErSt} = \text{Min!}$$

---

[362] Der Kalkulationszinsfuß nach ErSt wird hier vorläufig zur Vereinfachung konstant gesetzt, obwohl das vorliegende Problem (simultane Erfassung von Zins- und Steuereffekt) gerade aus periodenunterschiedlichen Steuersätzen (und damit unterschiedlichen Nettozinsfüßen) resultiert.

[363] Die Suche nach dem optimalen Steuerbilanzgewinnpfad unterstellt, dass damit auch der Verlauf des zu versteuernden Einkommens und des Gewerbeertrags optimiert sei. Das ist tatsächlich nur zufällig der Fall.

$$B_{AErSt} = \sum_{j=1}^{n} \frac{A_{ErStj}}{(1+d_s)^j}$$

Die Gewinnausweisalternative ist optimal, bei der der Steuernachteil unter Berücksichtigung des Zinseffekts minimal ist. Die Bilanzwahlrechte sind also so einzusetzen, dass der Barwert der Steuerausgaben B_{AErSt} minimiert wird. Dieses Modell wird **Steuerbarwertmodell** genannt[364].

Das Steuerbarwertmodell erfasst sowohl den Zins- als auch den Steuereffekt. Vernachlässigt man den Zinseffekt – existiert also ausschließlich der Steuereffekt –, dann geht der Barwert der ErSt-Ausgaben in die Summe der ErSt-Ausgaben über. Die Zielfunktion ist erfüllt, wenn sämtliche Steuerbilanzgewinne identisch sind. Die Gewinnnivellierung ist unter dieser Prämisse optimal. Vernachlässigt man den Steuereffekt – existiert also ausschließlich der Zinseffekt –, dann geht die Zielfunktion bei konstanten ErSt-Sätzen $s_{cj} = s_c$ über in die Minimierung der diskontierten Steuerbilanzgewinne. Der Barwert der Steuerbilanzgewinne ist minimal, wenn diese möglichst weit in die Zukunft verschoben werden – das gilt wegen Konstanz der Summe der Steuerbilanzgewinne bei jedem ErSt-Satz und bei jedem Kalkulationszinsfuß. Insbesondere das Problem der Wahl des Kalkulationszinsfußes wird damit irrelevant.

Ein wesentliches Problem ist allerdings, aus der Vielzahl der möglichen Gewinnverteilungen möglichst einfach die Gewinnreihe zu finden, bei der der Barwert der ErSt minimal ist. Hierfür ist folgende Überlegung nützlich. Eine marginale Gewinnverschiebung von einem beliebigen Jahr in das folgende Jahr führt zu marginalen Steuer- und Zinswirkungen:

- Im ersten Jahr wird in Höhe des Grenzsteuersatzes dieses Jahres ErSt gespart. Dieser Betrag T_{er1} wird für ein Jahr verzinslich zum Kalkulationszinsfuß d angelegt.
- Im zweiten Jahr erfolgt die Zinseinnahme in Höhe von $T_{er1} \cdot d$. Diese wird mit dem Grenzsteuersatz des zweiten Jahres besteuert, sodass sich der Grenzvorteil auf $T_{er1} \cdot d \cdot (1 - T_{er2})$ reduziert.
- Im zweiten Jahr muss ferner die ErSt auf den verschobenen Grenzgewinn in Höhe des Grenzsteuersatzes T_{er2} bezahlt werden.

Die Steuerbilanzgewinne sind dann optimal verteilt, wenn für alle aufeinander folgenden Jahre gilt, dass die Grenzvorteile und die Grenznachteile gerade gleich sind[365]:

[364] Marettek, A., Steuerbilanz- und Unternehmenspolitik, Freiburg 1971, S. 169ff.; vgl. auch Siegel, T., Steuerwirkungen und Steuerpolitik in der Unternehmung, a.a.O., S. 178ff., sowie ders., Steuerbarwertminimierung nach dem Einkommensteuertarif 1990, a.a.O.

[365] Das ist das übliche ökonomische Kriterium zur Maximierung oder Minimierung einer Größe: Ein Gewinn ist z.B. dann maximal (oder minimal), wenn der Grenzgewinn null ist, wenn also Grenzertrag und Grenzaufwand identisch sind.

$$T_{er1} + T_{er1} \cdot d \cdot (1 - T_{er2}) = T_{er2}$$

mit		
	T_{er1}	Grenz-ErSt-Satz eines beliebigen Jahres
	T_{er2}	Grenz-ErSt-Satz des jeweils folgenden Jahres
	d	Kalkulationszinsfuß

Löst man diese Gleichung nach T_{er1} auf, so ergibt sich:

$$T_{er1} = \frac{T_{er2}}{1 + d \cdot (1 - T_{er2})}$$

Ist z.B. der Grenzsteuersatz des letzten Jahres des Planungszeitraums (hier symbolisiert durch T_{er2}) bekannt, dann kann mit dieser Formel der optimale Grenzsteuersatz des vorhergehenden Jahres (hier symbolisiert durch T_{er1}) berechnet werden. Aus diesem Grenzsteuersatz wird der optimale Grenzsteuersatz des davor liegenden Jahres ermittelt. Dieses Verfahren wird für alle Jahre bis zum Beginn des Planungszeitraums fortgesetzt. Aus den dann bekannten optimalen Grenzsteuersätzen werden die optimalen Steuerbilanzgewinne berechnet.

Tatsächlich ergeben sich bei der Herleitung des optimalen Gewinnpfads aber weitere Probleme. So ist der Grenzsteuersatz des letzten Jahres des Planungszeitraums nur dann von vornherein bekannt, wenn die Gewinnsumme so hoch ist, dass das zu versteuernde Einkommen des letzten Jahres im Bereich konstanter Grenz-ESt- und GewSt-Sätze liegt. Ist diese Bedingung nicht erfüllt, so bedarf es aufwendiger Näherungs- oder Iterationsverfahren. Die vorgegebene Gewinnsumme und das zu versteuernde Einkommen differieren z.T. erheblich, nicht zuletzt auch durch die bisher noch nicht bekannten Zinsen aus der Anlage der vorübergehend gesparten Steuern.

Um auch diese Probleme zu bewältigen, bietet sich ein EDV-gestütztes Berechnungsverfahren an. Ein solches Programm ist unter der Bezeichnung 'Gewinnoptimierung' verfügbar[366].

Die Herleitung des optimalen Steuerbilanzgewinnpfads sei an einem Beispiel (vgl. Abb. 50) demonstriert. Ein lediger und nicht KiSt-pflichtiger Unternehmer erwartet für die nächsten fünf Jahre aus betrieblichen Aktivitäten einen jährlichen Einnahmeüberschuss von € 35.000. Die Summe der Einnahmeüberschüsse beträgt also € 175.000. Sie soll der Summe der Steuerbilanzgewinne entsprechen. Diese möchte er optimal auf die einzelnen Jahre verteilen. Es soll der ESt-Tarif 2003/4 gelten. Der ErgAbg-Satz soll 5,5 % und der Hebesatz der GewSt 400 % betragen. Den Kalkulationszinsfuß schätzt er mit 10 % p.a. Neben den Einkünften aus Gewerbebetrieb bezieht er in jedem Jahr Einkünfte aus Vermietung und Verpachtung in Höhe von € 7.500. Die Sonderausgaben usw. schätzt er mit € 3.000, die Ausgaben für seinen

---

366 Schult, E., Steuerbasic, a.a.O., S. 56ff., 174ff. Das Programm wurde für die Jahre 2001/2, 2003/4 und 2005ff. modifiziert.

privaten Konsum mit € 15.000 p.a. Gibt man die Werte in das Programm 'Gewinnoptimierung' ein, so erhält man nachstehendes Ergebnis (Abb. 50).

In den ersten zwei Blöcken sind die eingegebenen Daten ausgedruckt. Wie ersichtlich ist, liegen keine GewStlichen Hinzurechnungen oder Kürzungen vor. In der mit 'T-ESt-optimal' gekennzeichneten Zeile sind die vom Programm berechneten optimalen Grenzsteuersätze angegeben[367]. Mit Hilfe eines Suchprogramms wird der Grenzsteuersatz des fünften Jahres ermittelt. Mit der o.a. Formel (Identität der abgezinsten Grenzsteuersätze) werden die Grenzsteuersätze des vierten usw. Jahres berechnet. Aus den Grenzsteuersätzen werden die zugehörigen zu versteuernden Einkommen ermittelt (vgl. Zeile 'zu verst Einkom' in Abb. 50). Unter Berücksichtigung der anderen Einkünfte, der Sonderausgaben und Freibeträge sowie der Zinseinnahmen werden aus den zu versteuernden Einkommen die optimalen Steuerbilanzgewinne hergeleitet und in Zeile 'GewinvorSteu+Zi' ausgedruckt. Werden diese Gewinne durch den Einsatz von Bilanzwahlrechten realisiert, dann werden Zins- und Steuereffekt simultan optimiert.

Da das Programm zur Gewinnoptimierung auf einem Finanzplan basiert, können die Zahlen der letzten Zeile zur Abschätzung der Liquiditätswirkungen der Steuerbilanzpolitik herangezogen werden. In der vorletzten Zeile sind die Einnahmeüberschüsse nach Steuern und Konsum ausgedruckt, in der letzten Zeile werden diese Werte kumuliert. Damit kann kontrolliert werden, ob die prognostizierte Entwicklung evtl. zu Liquiditätsengpässen führt. Sind Werte in der vorletzten Zeile negativ, dann sind die Ausgaben – sei es für Konsum, sei es für Steuern – des jeweiligen Jahres höher als die Einnahmen. Das kann zu Zahlungsschwierigkeiten führen. Finanzielle Unterdeckungen einzelner Jahre können aber durch ersparte Überschüsse der Vorjahre gedeckt sein, sodass die Liquidität gesichert ist, wenn das *Vermögen* am Ende eines jeden Jahres (die Beträge in der letzten Zeile) positiv sind.

Die Summe der Einnahmeüberschüsse unter Berücksichtigung von Zinseszinsen stellt das Vermögen am Ende des Planungszeitraums dar. Das ist das Endvermögen – im Beispielsfall beträgt es € 82.921. Durch optimale Gewinnverteilung ist dieser Wert maximal.

---

[367] Wegen der Mehrdeutigkeit der Lösungen bei Einbeziehung der GewSt wird in STEUERBASIC in jedem Fall ausschließlich vom Grenzsteuersatz der ESt ausgegangen. Dadurch treten Fehler auf, vgl. Hundsdoerfer, J., Tariffantasien des Gesetzgebers und der optimale Steuerbilanzgewinnpfad, in StuW 2000, S. 18ff.

```
Schult STEUERBASIC ESt-Tarif 2003/4
Gewinnoptimierung
Werte bis Eur 5 Mio und Zeiten bis fünf Jahre können bearbeitet werden
Brutto-Zwischenzins                                          % =? 10
Zwischenverzinsung im Privatbereich (im Betrieb = n)        j/n? j
Länge des Planungszeitraums                              Jahre =? 5
Hebesatz                                                     % =? 400
Kirchensteuersatz                                            % =? 9
Kappungs-Kirchensteuersatz                                   % =? 4
Ledig (verheiratet = n)                                     j/n? j
Ergänzungsabgabe-, Solidaritätszuschlagssatz u.ä.            % =? 5.5
Anfangsvermögen(+), zusätzliche Investitionsausgabe(-)      Eur=? 0

Jahreswerte gleich (Jahreswerte nicht gleich = n)           j/n? j

Brutto-Einnahmenüberschuss(+)                               Eur=? 35000
zusätzliche Investitions-Abschreibung(+)                    Eur=? 0
Dauerschuldzinsen in voller Höhe(+)                         Eur=? 0
andere Hinzurechnungen/Kürzungen(+/-)                       Eur=? 0
andere steuerpflichtige Einkünfte ohne Zinsen(+/-)          Eur=? 7500
Sonderausgaben/außergewöhnliche Belastungen(+)              Eur=? 3000
steuerfreie Einnahmen/Ausgaben/Konsum(+/-)                  Eur=? -15000

Bildschirm drucken DRUCK-Taste drücken                      j/n? j
```

Ende des Jahres	#1	#2	#3	#4	#5	Summe
Brutto-Ein-ÜberEur	35000	35000	35000	35000	35000	175000
Invest-AfA Eur	0	0	0	0	0	0
DauerschuldzinsEur	0	0	0	0	0	0
Hinzu/Kürz Eur	0	0	0	0	0	0
andere stpflEinEur	7500	7500	7500	7500	7500	37500
SonderA/agB Eur	-3000	-3000	-3000	-3000	-3000	-15000
stfreiE/A KonsuEur	-15000	-15000	-15000	-15000	-15000	-75000
T-ESt-optimal %	36.01	38.34	40.62	42.94	45.29	
ZinsE privat Eur	0	1671	3347	5019	6673	16711
zu verst EinkomEur	33168	37100	41122	45181	49274	205846
GewerbeSt Eur	-166	-319	-412	-536	-732	-2165
EinkommenSt Eur	-11646	-13473	-18300	0	0	-43419
angerechn GewStEur	75	143	185	241	329	973
KirchenSt Eur	0	0	0	0	0	0
ErgAbg Eur	-397	-474	-558	-648	-742	-2819
GewinvorSteu+ZiEur	28834	32798	35237	37748	40383	175000
Ein-Überschuss Eur	16714	16760	16716	16538	16192	82921
(End-)Vermögen	16714	33474	50191	66729	82921	

Rundungsdifferenzen möglich. Bildschirm drucken? DRUCK-Taste drücken j/n? j

Abb. 50: Der optimale Steuerbilanzgewinnpfad

```
Schult STEUERBASIC ESt-Tarif 2003/4
Finanzplan ESt
Werte bis Eur 5 Mio und Zeiten bis fünf Jahre können bearbeitet werden
Brutto-Zwischenzins                                          % =? 10
Zwischenverzinsung im Privatbereich (im Betrieb = n)         j/n? j
Länge des Planungszeitraums                                Jahre =? 5
Hebesatz                                                     % =? 400
Kirchensteuersatz                                            % =? 9
Kappungs-Kirchensteuersatz                                   % =? 4
Ledig (verheiratet = n)                                      j/n? j
Ergänzungsabgabe-, Solidaritätszuschlagssatz u.ä.            % =? 5.5
Anfangsvermögen(+), zusätzliche Investitionsausgabe(-)       Eur=? 0

Jahreswerte gleich (Jahreswerte nicht gleich = n)            j/n? j

Brutto-Einnahmenüberschuss(+)                                Eur=? 35000
zusätzliche Investitions-Abschreibung(+)                     Eur=? 0
Dauerschuldzinsen in voller Höhe(+)                          Eur=? 0
andere Hinzurechnungen/Kürzungen(+/-)                        Eur=? 0
andere steuerpflichtige Einkünfte ohne Zinsen(+/-)           Eur=? 7500
Sonderausgaben/außergewöhnliche Belastungen(+)               Eur=? 3000
steuerfreie Einnahmen/Ausgaben/Konsum(+/-)                   Eur=? -15000

Bildschirm drucken DRUCK-Taste drücken                       j/n? j


Ende des Jahres          #1       #2       #3       #4       #5    Summe
Brutto-Ein-ÜberEur    35000    35000    35000    35000    35000   175000
Invest-AfA     Eur        0        0        0        0        0        0
DauerschuldzinsEur        0        0        0        0        0        0
Hinzu/Kürz     Eur        0        0        0        0        0        0
andere stpflEinEur     7500     7500     7500     7500     7500    37500
SonderA/agB    Eur    -3000    -3000    -3000    -3000    -3000   -15000
stfreiE/A KonsuEur   -15000   -15000   -15000   -15000   -15000   -75000
ZinsE privat   Eur        0     1423     2988     4649     6405    15464
zu verst EinkomEur    39097    39097    40535    42196    43952   204876
GewerbeSt      Eur     -403     -403     -403     -403     -403    -2015
EinkommenSt    Eur    -9537    -9537   -10109   -10785   -11516   -51484
angerechn GewStEur      181      181      181      181      181      905
KirchenSt      Eur        0        0        0        0        0        0
ErgAbg         Eur     -514     -514     -546     -583     -623    -2780
GewinvorSteu+ZiEur    35000    35000    35000    35000    35000   175000
Ein-Überschuss Eur    14227    15650    16611    17559    18544    82590

(End-)Vermögen        14227    29877    46487    64046    82590
Rundungsdifferenzen möglich. Bildschirm drucken? DRUCK-Taste drücken j/n? j
```

Abb. 51: Gewinnnivellierung

Es wurde darauf hingewiesen, dass es exakterweise nicht um eine optimale Verteilung der Steuerbilanzgewinne, sondern um eine solche der zu versteuernden Einkommen geht. Eine Gewinn*nivellierung* führt aber wegen des Zinseszinseffekts ebenfalls zu einer progressiven zu einer vorteilhaften Verteilung der zu versteuernden Einkommen. Die Gewinnnivellierung hat damit zwar keine optimalen Ergebnisse, aber unter Berücksichtigung der Ungewissheit der Zukunft und der Beschränktheit des steuerbilanzpolitischen Instrumentariums häufig gute Ergebnisse.

Wird im Beispielsfall (Abb. 51) etwa Gewinnnivellierung verfolgt, so kann der Programmteil "Finanzplan" aus dem EDV-Programm STEUERBASIC eingesetzt werden. Die Eingaben sind die gleichen wie bei dem Programmteil "Gewinnoptimierung". Wie Abb. 51 zeigt, steigen die zu versteuernden Einkommen (Zeile "zu verst Einkom") bei Gewinnnivellierung (Zeile "GewinvorSteu+Zi") ebenfalls progressiv. Der Fehler ist in diesem Fall äußerst gering. Das Endvermögen nach fünf Jahren ist um nur € 331 niedriger als bei gelungener optimaler Gewinnverteilung. Der Fehler beläuft sich hier also auf etwa 0,4 % des Endvermögens.

9.1.2 Das Entscheidungsinstrumentarium der Steuerbilanzpolitik

Nach der Zieldefinition ist es erforderlich, die Maßnahmen zu finden, die geeignet sind, Ist-Steuerbilanzgewinne in Soll-Steuerbilanzgewinne zu überführen. Zu diesen Maßnahmen gehören die Sachverhaltsgestaltungen *nicht*, weil diese bereits im laufenden Wirtschaftsjahr durchgeführt werden und einer besonderen Zieldefinition unterliegen[368].

Der Gewinn aus Gewerbebetrieb – der Steuerbilanzgewinn – wird nach § 4 Abs. 1 EStG auf der Basis des Betriebsvermögens ermittelt. Das Betriebsvermögen besteht aus bewerteten Wirtschaftsgütern und Schulden. Demnach kann das steuerbilanzpolitische Instrumentarium nur aus Wahlrechten bezüglich des Bilanzansatzes (Bilanzierungswahlrechte) und bezüglich der Bewertung der jeweiligen Position (Bewertungswahlrechte) bestehen.

Solche Wahlrechte existieren in so großem Umfang[369] und unterschiedlicher Ausprägung, dass eine Systematisierung erforderlich ist. Systematisierungskriterium muss – da die Instrumente zielgerichtet eingesetzt werden sollen – die Wirkung auf den Steuerbilanzgewinn sein. Hat man ein solches Wirkungssystem gefunden, dann muss die Menge der Wahlrechte derart sortiert werden, dass eine Wirkungsrangfolge entsteht. In dieser Rangfolge werden im jeweiligen Entscheidungsfall die vorhandenen Wahlrechte eingesetzt.

Die Ordnungskriterien können einmal allgemeiner Art sein[370]. Hierzu zählt der zeitliche **Wirkungshorizont**: Die Zweischneidigkeit der Bilanz bewirkt eine spätere Umkehrung

---

[368] Allerdings existiert eine gewisse Grauzone etwa bei der Verlegung von bilanzstichtagsnahen Anschaffungs- oder Veräußerungszeitpunkten. Derartige Sachverhaltsgestaltungen werden auch zur Bilanzpolitik gerechnet, obwohl sie die Bedingungen (insbesondere weitgehend isolierte Zieldefinition) nicht erfüllen; vgl. etwa Kußmaul, H., Lutz, R., Instrumente der Bilanzpolitik – Systematisierungsmöglichkeiten und Bewertungskriterien, in WiSt 1993, S. 399ff., hier S. 399.

[369] Vgl. hierzu etwa Hinz, M., Ziele und Instrumentarium der Steuerbilanzpolitik, in SteuerStud 1990, S. 369ff. sowie unter Hervorhebung des handelsbilanzpolitischen Instrumentariums Kußmaul, H., Lutz, R., Instrumente der Bilanzpolitik – Wichtige Aktionsparameter der Bilanzierung und Bewertung, in WiSt 1993, S. 440ff. Eine eher unsystematische Darstellung des Gestaltungspotenzials findet sich bei Müller, S., Wulf, I., Jahresabschlusspolitik nach HGB, IAS und US-GAAP, in BB 2001, S. 2206ff.

[370] In Anlehnung an und Ergänzung von Börner, D., Krawitz, N., Steuerbilanzpolitik, Herne Berlin 1977, S. 179ff. Die neuere Literatur läßt auf diesem Gebiet keine Fortschritte erkennen; vgl. etwa Kußmaul, H., Lutz, R., Instrumente der Bilanzpolitik – Systematisierungsmöglichkeiten und Bewertungskriterien, a.a.O., Waschbüsch, G., Die Instrumente der handelsrechtlichen Jahresabschlusspolitik: Ein Systematisierungsansatz, in WISU 1994, S. 807ff., 919ff., Hinz, M., Sachverhaltsgestaltungen im Rahmen der Jahresabschlusspolitik, a.a.O., S. 143ff.

der Gewinnwirkung. Sonderabschreibungen oder die Sofortabschreibung geringwertiger Wirtschaftsgüter (§ 6 Abs. 2 EStG) führen gegenüber der linearen AfA zu späteren Gewinnerhöhungen. Werden die Kosten für die allgemeine Verwaltung in die Herstellungskosten der Vorräte einbezogen (R 33 Abs. 4 EStR 2001), dann führt die Gewinnerhöhung zu einer späteren Gewinnminderung. Die umgekehrte Wirkung tritt je nach Wahlrecht unterschiedlich spät ein. Bei der Bewertung des Vorratsvermögens ist der Zeitraum z.B. sehr kurz, bei der Sofortabschreibung der geringwertigen Wirtschaftsgüter länger und etwa bei der Bewertung von Pensionsrückstellungen oder der Übertragung stiller Reserven nach § 6b EStG auf Grund und Boden oder Gebäude besonders lang.

Ein weiteres allgemeines Ordnungskriterium ist die **Zinswirkung**. Die meisten Bilanzierungs- und Bewertungswahlrechte führen zu zinslosen Steuerkrediten. In einigen Ausnahmefällen will der Gesetzgeber diesen positiven Zinseffekt einschränken, indem u.U. die Besteuerung eines fiktiven Zinses vorgeschrieben wird. Das ist der Fall bei nicht übertragenen stillen Reserven nach § 6b EStG oder nach § 7g EStG. Der Einsatz eines solchen Wahlrechts ist nur vorteilhaft, wenn die vorübergehend gesparten ErSt mehr als den kritischen Zins (vgl. Kapitel "Steuern und Finanzierungskosten") erwirtschaften. Damit stehen diese Wahlrechte (wenn eine Übertragung *nicht* geplant ist) im unteren Bereich der Wirkungsrangfolge.

Neben die allgemeinen Kriterien des zeitlichen Horizonts und der Zinswirkung tritt das der **Flexibilität**. Dieses wird weiter untergliedert in die *Reversibilität* ex tunc und ex nunc, die zeitliche und die quantitative Flexibilität sowie die Analogieflexibilität. Die Reversibilität ex tunc stellt eine Bilanzänderung dar. Dieses Wahlrecht entfällt wegen der Bedingungen des § 4 Abs. 2 EStG. Eine Modifikation von Wahlrechtsausübungen in späteren Jahren (Reversibilität ex nunc) ist allerdings möglich. Im Bilanzierungsbereich kann gewillkürtes Betriebsvermögen durch eine Entnahme zu Privatvermögen werden, eine steuerfreie Rücklage kann aufgelöst werden. Im Bewertungsbereich existiert etwa – wenn auch eingeschränkt – die Möglichkeit des Methodenwechsels bei der AfA oder der Rückgängigmachung einer Teilwertabschreibung. Insgesamt kommt dem Kriterium der Reversibilität aber eher eine untergeordnete Bedeutung zu.

Die Wahlrechte sind weiterhin zeitlich unterschiedlich flexibel; der Zeitpunkt ihrer Ausübung ist mehr oder weniger offen. Zeitlich sehr flexibel ist die Ausübung etwa von Sonderabschreibungen (meist fünf Jahre) oder die Auflösung steuerfreier Rücklagen. Zeitlich völlig unflexibel ist etwa deren Bildung oder die Sofortabschreibung geringwertiger Wirtschaftsgüter.

Bei der quantitativen Flexibilität ist der Umfang der Gewinnbeeinflussung das Rangfolgekriterium. Einzelne Wahlrechte – wie die Sonderabschreibungen – können innerhalb der gesetzlichen Grenzen in weitgehend beliebigem Umfang ausgeübt werden. Andere sind eingeschränkt – wie die degressive AfA oder die Absetzung geringwertiger Wirtschaftsgüter.

Die Analogieflexibilität beurteilt die Wirkung eines Wahlrechts einmal im selben Wirtschaftsjahr auf andere Bilanzierungs- oder Bewertungsfälle. Das Prinzip der Willkürfreiheit erfordert, dass gleiche Sachverhalte gleich behandelt werden. Das gilt z.B. nicht bei der Bewertung der Wirtschaftsgüter, weil das Prinzip der Einzelbewertung dominiert. Greift die Willkürfreiheit in einzelnen Fällen doch (etwa bei der Aktivierung eines Disagios in der Handelsbilanz), dann existiert in der Steuerbilanz kein Wahlrecht. Andererseits muss beachtet werden, dass das Prinzip der Bewertungsstetigkeit eine analoge Bewertung in späteren Wirtschaftsjahren erfordert. Dies ist auch in der Steuerbilanz häufig der Fall (etwa bei der Ermittlung der Herstellungskosten oder Wahl der Fest- bzw. Sammelbewertung). Bei steuerrechtlichen Sondervorschriften – das betrifft vor allem Sonderabschreibungen und steuerfreie Rücklagen – schränkt die Analogieflexibilität den Einsatz der Wahlrechte nicht ein. Schon die Wahlrechte selbst stellen eine Verletzung der Grundsätze ordnungsmäßiger Bewertung dar.

Die Aufstellung einer generellen Einsatzrangfolge für die Menge der existenten Bilanzierungs- und Bewertungswahlrechte aufgrund dieser Kriterien setzt voraus, dass ihre Wirkung messbar ist. Da aber operationale Messgrößen fehlen, ist nicht nur generell, sondern auch im Einzelfall die Herstellung einer Ordnung (eines Systems) zumindest schwierig. Bei Kapitalgesellschaften mit firmeneigener Zielsetzung werden einfacherweise sämtliche Wahlrechte in Richtung einer möglichst weitgehenden Gewinnverschiebung ausgeübt. Eine Systematisierung der Wahlrechte ist für die Entscheidungsvorbereitung nicht erforderlich.

Die unflexibelsten Wahlrechte sollten zuerst (und hier wieder die mit möglichst langem zeitlichen Wirkungshorizont zuerst) eingesetzt werden. Zuletzt werden die Wahlrechte mit Zinswirkung herangezogen. Als Erstes könnten also die Bewertungswahlrechte bei den geringwertigen Wirtschaftsgütern eingesetzt werden. Anschließend könnte die Übertragung stiller Reserven erwogen werden (etwa § 6b EStG). Ist eine weitere Gewinnveränderung erforderlich, könnte die degressive statt der linearen AfA gewählt werden und über die Bewertung des Vorratsvermögens bzw. die Dotierung von Rückstellungen nachgedacht werden. Schließlich könnten verbleibende Soll-Ist-Differenzen durch mögliche Sonderabschreibungen aufgefüllt werden. Der Systematisierungsversuch des steuerbilanzpolitischen Instrumentariums ist also hinsichtlich der Entscheidungsvorbereitung nicht sehr hilfreich. Auch als Basis einer Wirkungsanalyse ist er eher vage und kaum nachprüfbar.

9.2 Andere steuerliche Optionen

Um die Entscheidungsmethodik zu skizzieren, sollen aus der Vielzahl der anderen steuerlichen Wahlrechte beispielhaft einige ertrag-, umsatz- und sonstige steuerliche sowie verfahrensrechtliche Optionen herausgegriffen werden.

9.2.1 Ertragsteuerliche Optionen

Bei der Einbringung eines Einzelunternehmens in eine Personengesellschaft ergibt sich aus § 24 Abs. 2 UmwStG die **Option auf Buchwerteinbringung statt Teilwertein-**

bringung[371]. Danach darf die Personengesellschaft das eingebrachte Betriebsvermögen – abweichend vom grundsätzlich maßgeblichen Teilwert (§ 6 Abs. 1 Nr. 5 EStG) – wahlweise mit dem Buchwert oder einem Zwischenwert oder eben dem Teilwert ansetzen. Wird mit dem Teilwert bewertet, dann entsteht ein Veräußerungsgewinn (die Entnahme wird dann ebenfalls nach § 6 Abs. 1 Nr. 4 EStG mit dem Teilwert bewertet), der ggf. nach einem eventuellen Freibetrag (§ 16 EStG) zumindest teilweise[372] u.U. mit dem modifizierten ESt-Satz besteuert wird (§ 34 EStG i.V.m. § 24 Abs. 3 UmwStG). Der Veräußerungsgewinn unterliegt nicht der GewSt (A 39 Abs. 1 Nr. 1 GewStR 1998). Da die Wirtschaftsgüter einschl. Firmenwert mit dem Teilwert in die Steuerbilanz der Personengesellschaft übernommen werden, erhöht sich das AfA-Volumen entsprechend. Die späteren ErSt – auch die GewSt – mindern sich.

Bei der Buchwerteinbringung wird kein Veräußerungsgewinn realisiert. Die Buchwerte der Wirtschaftsgüter werden übernommen. Ein Firmenwert wird nicht ausgewiesen. Unter sehr vereinfachten Annahmen (konstanter ErSt-Satz s_{er}, halber ESt-Satz auf den Veräußerungsgewinn, Vernachlässigung des GewSt-Effekts, lineare AfA der aufgelösten stillen Rücklagen sämtlicher Wirtschaftsgüter über den Planungszeitraum n, kein Freibetrag, keine Personenidentität u.a.) ergibt sich für die Teilwerteinbringung gegenüber der Buchwerteinbringung der Nachteil:

$$(T-B)\cdot\frac{s_{er}}{2}$$

mit T Teilwert

B Buchwert

Der Veräußerungsgewinn (T – B) wird sofort mit dem halben ErSt-Satz belastet. Diesem Nachteil steht der spätere Vorteil des höheren AfA-Volumens gegenüber:

$$\frac{T-B}{n}\cdot s_{er}\cdot b_s$$

mit b_s Rentenbarwertfaktor nach ErSt

371 Schult, E., Teilwert- oder Buchwertansatz bei der Einbringung von Einzelunternehmen in Personengesellschaften als Entscheidungsproblem, in DBW 1981, S. 103ff.; auch der Ansatz eines Zwischenwerts kann ausnahmsweise vorteilhaft sein, vgl. Elschen, R., Trompeter, F., Der Zwischenwertansatz - Das verkannte Optimum bei der Einbringung in eine Kapitalgesellschaft, in DB 1990, S. 2533ff.; grundsätzlich dazu etwa Schaum, W., Steuerpolitik durch Aufdeckung stiller Reverven, Düsseldorf 1994, S. 167ff. Die folgende Untersuchung gilt auch für die Zwischenwerteinbringung, solange Freibeträge irrelevant sind.

372 Ist der Einbringende selbst an der Personengesellschaft beteiligt, dann gilt nach § 16 Abs. 2 EStG der Veräußerungsgewinn insoweit als laufender Gewinn (keine modifizierte ESt und außerdem GewSt-Pflicht). Der sofortige Steuernachteil ist entsprechend zu modifizieren. Diese Regelung ist generell nachteilig (vgl. Richter, H., Das Ende des Aufstockungsmodells - Analyse zu § 24 Abs. 3 UmwStG, in DB 1994, S. 2410). Deshalb sollte in diesen Fällen die Einbringung in eine Kapitalgesellschaft oder eine zweistufige Einbringung (Gründung einer Personengesellschaft mit Buchwerteinbringung und Minimalbeteiligung des neuen Gesellschafters mit späterer Übernahme der Mitunternehmeranteile zum Teilwert durch eine weitere Personengesellschaft) erwogen werden.

Der Veräußerungsgewinn (T – B) wird durch die Restnutzungsdauer[373] (hier identisch mit dem Planungszeitraum) n dividiert; das ist die jährliche lineare Mehr-AfA. Durch Multiplikation mit dem Steuersatz s_{er} ergibt sich die jährliche Steuerersparnis, die auf den Beginn des Planungszeitraums diskontiert wird.

Die Teilwerteinbringung ist vorteilhaft, wenn der Nachteil kleiner ist als der Vorteil, wenn also die folgende Ungleichung erfüllt ist:

$$(T - B) \cdot \frac{s_{er}}{2} < \frac{T - B}{n} \cdot s_{er} \cdot b_s$$

Kürzt man den Veräußerungsgewinn und den Steuersatz heraus, dann ergibt sich, dass die Teilwerteinbringung vorteilhaft ist, wenn gilt:

$$n < 2 \cdot b_s$$

Die Länge des Planungszeitraums, damit insbesondere die Zeit, in der der Veräußerungsgewinn durch AfA steuermindernd wirkt, muss kleiner sein als der doppelte Rentenbarwertfaktor. Je schneller die aufgelösten stillen Rücklagen abgeschrieben werden, desto höher ist der Barwert der künftigen Steuervorteile. Bei einer praxisfernen Sofortabsetzung wäre diese Bedingung z.B. immer erfüllt.

Im praktischen Entscheidungsfall müssen die Steuerwirkungen exakt in das Modell aufgenommen werden. Vor allem müssen die genannten Prämissen aufgehoben werden. Tendenziell kann aber immerhin gesagt werden, dass die Teilwerteinbringung dann vorteilhaft ist, wenn der Kalkulationszinsfuß niedrig bzw. wenn der Steuersatz hoch ist. Beides erhöht den Rentenbarwertfaktor, die Ungleichung ist eher erfüllt. Das gilt auch bei eher kurzen AfA-Dauern.

Die Option auf Buchwert- statt Teilwerteinbringung existiert auch bei der Einbringung von Einzelunternehmen und in eine *Kapitalgesellschaft* (§ 20 Abs. 2 UmwStG). Im Unterschied zu der eben dargestellten Einbringung in eine Personengesellschaft ist hier eine Ausnutzung des Vorteils des modifizierten Steuersatzes (§ 34 Abs. 1 EStG)[374] auf den Einbringungs-/ Veräußerungsgewinn durch den Einbringenden uneingeschränkt möglich, da die aufnehmende Kapitalgesellschaft und der einbringende Einzel- oder Mitunternehmer *nicht* dieselben Personen sind (§ 16 Abs. 2 EStG). Die Anwendung des ermäßigten Steuersatzes gem. § 34 Abs. 3 EStG ist jedoch verwehrt (§ 20 Abs. 5 UmwStG).

Bisher wurde davon ausgegangen, dass sich die aufgelösten stillen Reserven ausschließlich in abnutzbaren Wirtschaftsgütern befinden und sich somit über spätere Abschreibungen in gleicher Höhe steuermindernd auswirken. Werden jedoch in nicht-abnutzbaren Wirtschaftsgütern befindliche stille Reserven aufgelöst, so ergibt sich unter

---

[373] Nur im eher seltenen Fall der Einzelrechtsnachfolge ist eine neue Nutzungsdauer zu schätzen.

[374] Vgl. hierzu die Kapitel "Steuerfreie und außerordentliche Einkünfte" und "Besondere Steuersätze".

der Prämisse der Nichtveräußerung ein ausschließlich negativer Effekt. Der Steuerausgabe auf den darauf entfallenden Veräußerungsgewinn stehen in absehbarer Zeit keine späteren Steuerminderausgaben gegenüber. Folglich besteht ein negativer Zusammenhang zwischen dem Vorteil einer Teilwerteinbringung und dem Anteil der stillen Reserven, die sich in nichtabnutzbaren Wirtschaftsgütern befinden.

Es kann ein kritischer Anteil p_{krit} dieser stillen Reserven ermittelt werden, bei dem unter Konstanz der Entscheidungsvariablen Buchwert- und Teilwerteinbringung indifferent sind.

$$(T-B)\cdot s_{er}^{34} = \frac{(T-B)\cdot(1-p)}{n}\cdot s_{er}\cdot b_s$$

mit p Anteil der aufgelösten stillen Reserven der nichtabnutzbaren Wirtschaftsgüter an den gesamten aufgelösten stillen Reserven $(0 \leq p \leq 1)$.

s_{er}^{34} modifizierter Steuersatz gem. § 34 Abs. 1 EStG

Der gesamte Veräußerungsgewinn unterliegt dem modifizierten Steuersatz. Zusätzliche Abschreibungen, die zu Steuerminderausgaben führen, ergeben sich nur aus dem Veräußerungsgewinn auf die abnutzbaren Wirtschaftsgüter. Löst man die Gleichung nach p auf, so lassen sich kritische Werte in Abhängigkeit der Entscheidungsvariablen ermitteln[375].

$$p_{krit} = 1 - \frac{s_{er}^{34}\cdot n}{s_{er}\cdot b_s}$$

Liegt der tatsächliche Anteil der stillen Reserven in nichtabnutzbaren Wirtschaftsgütern des Anlagevermögens über dem kritischen Wert p_{krit}, dann ist die Buchwerteinbringung vorteilhaft.

Ist im Einbringungszeitpunkt der spätere Verkauf der Anteile an der Kapitalgesellschaft geplant, so ist diese Information bei der Abwägung zwischen Buch- und Teilwerteinbringung einzubeziehen. Veräußerungsgewinn in dem hier verwendeten Sinn ist nur der auf die im Einbringungszeitpunkt vorhandenen stillen Reserven bezogene Teil eines gesamten Veräußerungsgewinns, welcher zusätzlich noch die zwischen Einbringungs- und Veräußerungszeitpunkt eventuell angefallenen Wertsteigerungen berücksichtigt. Diese fallen aber bei beiden Alternativen an und sind somit entscheidungsirrelevant.

Wird die Teilwerteinbringung gewählt, so wirkt sich dies auf einen späteren Anteilsverkauf zwar einerseits in Form eines geringeren Veräußerungsgewinns aus, andererseits fallen jedoch die Vorteile des höheren AfA-Volumens ab dem Zeitpunkt der

---

[375] So auch Schult, E., Teilwert- oder Buchwertansatz bei der Einbringung von Einzelunternehmen in Personengesellschaften als Entscheidungsproblem, a.a.O., S. 109f.

Anteilsveräußerung weg. Der niedrigere Veräußerungsgewinn errechnet sich unter Berücksichtigung der bis zum Veräußerungszeitpunkt angefallenen Mehrabschreibungen. Es ergibt sich folgender Steuerminderausgabenbarwert:

$$K = -(T-B)\cdot s_{er}^{34} + \underbrace{\frac{(T-B)\cdot(1-p)}{n}\cdot s_{er}\cdot b_s^t}_{(1)} + \underbrace{\frac{(T-B)\cdot\left(\frac{(1-p)}{n}\cdot(n-t)+p\right)}{(1+d_s)^t}\cdot\frac{s_{er}}{2}}_{(2)}$$

mit

p	Anteil der aufgelösten stillen Reserven der nichtabnutzbaren Wirtschaftsgüter an den gesamten aufgelösten stillen Reserven ($0 \le p \le 1$)
b_s^t	Rentenbarwertfaktor nach Steuern für t Renten
t	Veräußerungszeitpunkt ($t \le n$)
$s_{er}/2$	Approximation des halben Differenzsteuersatzes auf Einkünfte i.S.d. § 3 Nr. 40 EStG (Halbeinkünfteverfahren)

Der mit (1) gekennzeichnete Ausdruck stellt den Steuerminderausgabenbarwert aufgrund der erhöhten AfA bis zum Veräußerungszeitpunkt t, also unter Wegfall des AfA-Volumens, das sich bis dahin noch nicht steuermindernd ausgewirkt hat, dar. Der Steuerminderausgabenbarwert aufgrund eines geringeren Veräußerungsgewinns, der sich unter Berücksichtigung des noch nicht abgeschriebenen AfA-Volumens und der auf die nichtabnutzbaren Wirtschaftsgüter entfallenden Anteile der aufgedeckten stillen Reserven errechnet, ergibt sich aus Ausdruck (2).

Die Steuerminderausgaben werden zeitlich vorgezogen bzw. wirken sich im Fall der nichtabnutzbaren Wirtschaftsgüter überhaupt erst vorteilhaft aus. Dem steht der gegenläufige Effekt gegenüber, dass der Vorteil jetzt '*nur*' mit dem halben Steuersatz gewichtet wird, der hier approximativ für das Halbeinkünfteverfahren verwendet wird. Es ist also der Frage nachzugehen, welcher der beiden Effekte überwiegt, bzw. ob der Vorteilsbereich der Teilwerteinbringung positiv oder negativ beeinflusst wird. Der Barwert der Steuerminderausgaben sinkt mit zunehmender Nutzungsdauer.

Dies sei an einem Beispiel illustriert. Bei den einzubeziehenden Steuerarten ist nach den Steuern im Einbringungszeitpunkt und nach den Steuern in den Folgeperioden sowie den Steuern bei Anteilsveräußerung zu unterscheiden. Im Zeitpunkt der Einbringung findet auf einen Veräußerungsgewinn der modifizierte ESt-Satz[376] Anwendung (§ 34 Abs. 1 und Abs. 2 EStG i.V.m. § 20 Abs. 5 UmwStG). Für das nachfolgende Beispiel sei ein ESt-Satz von 30 % angenommen. Die GewSt ist erst in den Folgeperioden einzubeziehen, da sie auf den Veräußerungsgewinn nicht anfällt. Es wird ein Hebesatz von 500 % unterstellt. Unter der Prämisse der vollständigen Ausschüttung von Gewinnen und einer durchgreifenden Zielsetzung wird der maximale ESt-Satz zuzüglich ErgAbg zugrunde gelegt. Der Veräußerungsgewinn bei Anteilsveräußerung unterliegt dem Halbeinkünfteverfahren, für das vereinfachend die Hälfte des maximalen ESt-Satzes zugrunde gelegt wird. Die hier verwendeten Teilsteuersätze ergeben sich wie folgt:

376 Vgl. hierzu die Kapitel "Steuerfreie und außerordentliche Einkünfte" und "Besondere Steuersätze".

$$s_{kgeea} = s_{keag} + (1 - s_{keag}) \cdot \frac{s_{eea}}{2} = 0{,}5617$$

$$s_e^{34} = 0{,}3$$

$$\frac{s_{eea}}{2} = 0{,}2558$$

mit s_{kgeea}	Teilsteuersatz aus KSt, GewSt, ESt und ErgAbg unter Berücksichtigung des Halbeinkünfteverfahrens
s_e^{34}	modifizierter Steuersatz gem. § 34 Abs. 1 EStG
$s_{eea}/2$	Approximation des halben Differenzsteuersatzes auf Einkünfte i.S.d. § 3 Nr. 40 EStG (Halbeinkünfteverfahren)

Nachfolgend wird eine kritische Abschreibungsdauer ermittelt, bei der Buch- und Teilwertalternative indifferent sind. Der von der Abschreibungsdauer unabhängige konstante Nachteil in Form der Steuerausgabe auf den Veräußerungsgewinn wird mit dem Steuerminderausgabenbarwert gleichgesetzt:

$$s_e^{34} = \frac{1}{n} \cdot s_{kgeea} \cdot b_s$$

Unter der Annahme eines Bruttokalkulationszinsfußes von d = 0,1 (10%) ergibt sich eine kritische Abschreibungsdauer von n = 31 Jahren, bis zu der die Teilwerteinbringung vorteilhaft ist. Innerhalb dieses Bereichs wird in Abb. 52 für drei Nutzungsdauern der Kapitalwert als Funktion vom Veräußerungszeitpunkt t dargestellt, wobei der Anteil der nichtabnutzbaren Wirtschaftsgüter vorerst gleich null gesetzt wird.

Es zeigt sich, dass der Kapitalwert einer Teilwerteinbringung erst mit einer sich vergrößernden Zeitspanne bis zum geplanten Veräußerungszeitpunkt steigt. Durch einen relativ frühen Veräußerungszeitpunkt werden die Abschreibungsvorteile und die Vorteile eines geringeren Veräußerungsgewinns durch das Volumen der noch nicht steuermindernd wirksam gewordenen stillen Reserven überkompensiert, da diese sich nur in Höhe des halben Differenzsteuersatzes positiv auswirken und auf den Entscheidungszeitpunkt diskontiert werden. Es ergibt sich also bei längeren Nutzungsdauern (ND) für diese Zeitspanne ein absoluter Nachteil gegenüber der Steuerausgabe auf den Einbringungsgewinn. Die Buchwertalternative ist also bei Planung eines relativ frühen Veräußerungszeitpunkts c.p. vorteilhaft.

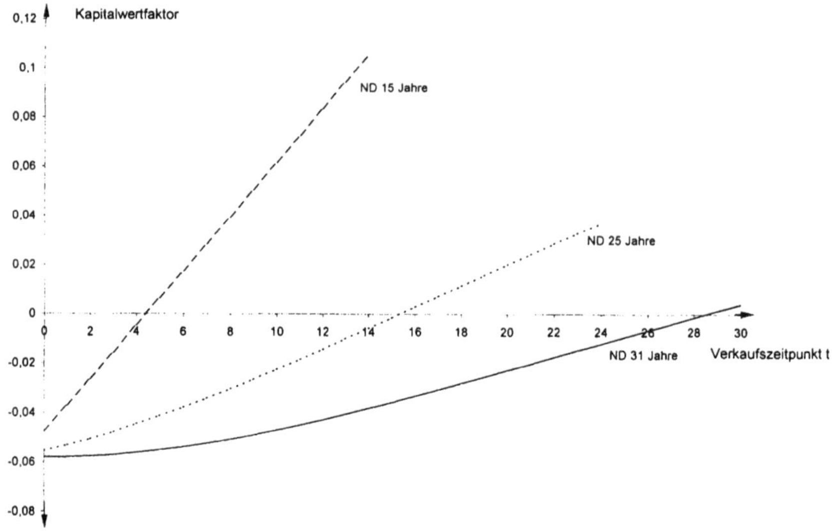

Abb. 52: Geplanter Verkauf der GmbH-Anteile: kritischer Veräußerungszeitpunkt t

Es zeigt sich weiterhin, dass ein kritischer Veräußerungszeitpunkt mit zunehmender Nutzungsdauer in die Zukunft verschoben wird. Dieser Effekt ergibt sich, da mit steigender Nutzungsdauer die Abschreibungsvorteile pro Periode aufgrund ihrer Verteilung und der Diskontierung kleiner werden. Folglich können sie mit steigender Nutzungsdauer den nachteiligen gegenläufigen Effekt in den Anfangsperioden nicht mehr kompensieren. Jenseits der in Abb. 52 ablesbaren kritischen Veräußerungzeitpunkte ist dann die Teilwerteinbringung vorteilhaft, z.B. bei der Variante ND = 15 Jahre nach Ablauf von fünf Jahren.

Unter Einbeziehung eines auf die nichtabnutzbaren Wirtschaftsgüter entfallenden Anteils p der stillen Reserven bei Verkaufsabsicht verschiebt sich mit steigendem Anteil p der kritische Veräußerungszeitpunkt in die Zukunft. Der Anteil p der stillen Reserven vermindert zwar den Veräußerungsgewinn, aber die Steuerminderausgabe wirkt sich nur in Höhe des halben Differenzsteuersatzes aufgrund des Halbeinkünfteverfahrens aus. Wird die Steuerminderausgabe auf den Entscheidungszeitpunkt diskontiert, so ergibt sich für den Anteil p ein absoluter Nachteil. Die Mehrabschreibungen pro Periode werden mit steigendem Anteil p niedriger, sodass die daraus resultierenden geringeren Vorteile in Form von Steuerminderausgaben den Nachteil des Anteils p erst in späteren Perioden überkompensieren. In Abb. 53 wird ein Anteil p von 25 % unterstellt. Hier ist die Teilwerteinbringung nur bei der Variante ND = 15 Jahre und auch nur bei einem späten Veräußerungszeitpunkt vorteilhaft. In allen anderen hier betrachteten Konstellationen erweist sich die Buchwertalternative als vorteilhaft.

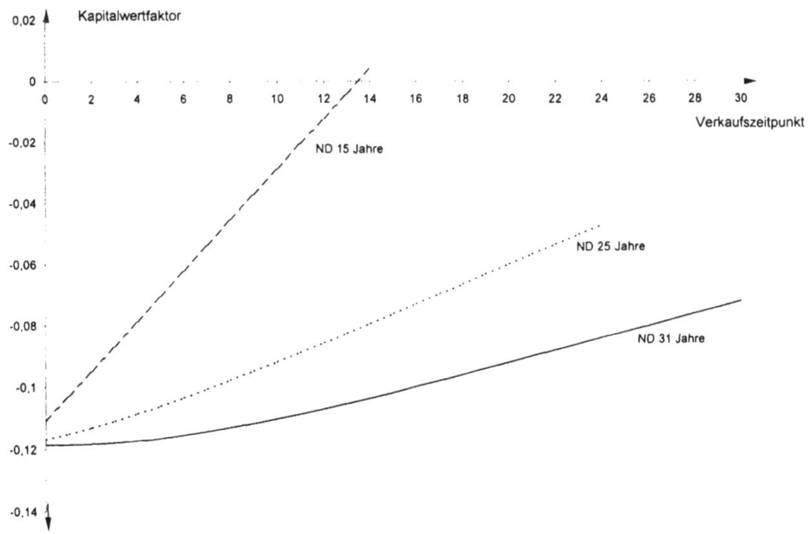

Abb. 53: Geplanter Verkauf der GmbH-Anteile: kritischer Veräußerungszeitpunkt t unter Einbeziehung eines Anteils von 25 % der stillen Reserven an nicht-abnutzbaren Wirtschaftsgütern

Entscheidend ist auch das Verhältnis von modifiziertem Steuersatz auf den Einbringungsgewinn zu dem halben Steuersatz (Halbeinkünfteverfahren) auf den Veräußerungsgewinn gem. § 17 EStG. Ist der halbe Steuersatz z.B. im Veräußerungszeitpunkt höher als der modifizierte Steuersatz im Einbringungszeitpunkt, so verringert sich der kritische Wert für t. Zusammenfassend kann jedoch gesagt, dass sich auch bei geplantem Verkauf der Anteile an der Kapitalgesellschaft ein steigender Anteil der nichtabnutzbaren Wirtschaftsgüter negativ auswirkt.

In einer anderen Situation, nämlich bei der **Veräußerung eines Betriebs gegen Zeit- oder Leibrente**, hat der Veräußerer die Möglichkeit (R 139 Abs. 11 EStR 2001), den Veräußerungsgewinn nach eventuellem Freibetrag ggf. dem modifizierten bzw. ermäßigten ESt-Satz zu unterwerfen und anschließend in Höhe des Zins- bzw. Ertragsanteils Einkünfte aus Kapitalvermögen bzw. sonstige Einkünfte nach § 22 EStG zu erzielen. Alternativ kann er weiterhin Einkünfte aus Gewerbebetrieb (ohne GewSt-Pflicht) erzielen, die erst ESt-pflichtig werden, wenn das Kapitalkonto durch die Rentenzahlungen überschritten wird – dann in voller Höhe.

Die Option auf Betriebsaufgabe hat gegenläufige Wirkungen: Der sofortigen – wenn auch ggf. nur hälftigen – Besteuerung des Veräußerungsgewinns steht bei Leibrenten die künftige Besteuerung ausschließlich des Ertragsanteils der Rente gegenüber. Bei der Betriebsfortführung unterliegen die Renten anfangs überhaupt keiner, später der vollen ESt.

Die Barwerte der ESt-Wirkungen stellen sich unter erheblichen Prämissen (z.B. konstanter ESt-Satz, kein Freibetrag) wie folgt dar:

$$B_{ESta} = 0{,}5 \cdot s_e \cdot (VE - K) + e \cdot R \cdot s_e \cdot b_s$$

$$B_{EStf} = R \cdot s_e \cdot b_s - R \cdot s_e \cdot b_s^{K/R}$$

mit		
	B_{ESta}	Barwert der ESt bei Betriebsaufgabe
	B_{EStf}	Barwert der ESt bei Betriebsfortführung
	s_e	ESt-Satz
	VE	Veräußerungseinnahme
	K	Buchwert (Kapitalkonto)
	e	Ertragsanteil nach § 22 EStG
	R	jährliche Leibrente
	b_s	Rentenbarwertfaktor nach ESt über die erwartete Lebensdauer des Berechtigten
	$b_s^{K/R}$	Rentenbarwertfaktor nach ESt über die Zeit, bis das Kapitalkonto K durch die Rente R aufgezehrt ist

Bei Betriebsaufgabe unterliegt der Veräußerungsgewinn dem halben ESt-Satz (erster Teil). Die Rentenzahlungen sind in Höhe des Ertragsanteils e ESt-pflichtig (zweiter Teil). Bei Betriebsfortführung sind die Renten in voller Höhe ESt-pflichtig (erster Teil). Da die ESt erst anfällt, wenn das Kapitalkonto durch die Renten überdeckt wird (K/R), ist die ESt für diese Zeit wieder zu subtrahieren (zweiter Teil). Die Option auf Betriebsaufgabe ist dann vorteilhaft, wenn $B_{ESta} < B_{EStf}$ ist. Unter der Annahme, dass die Veräußerungseinnahme gerade dem Barwert der Rente mit dem steuerlichen Standardzinsfuß entspricht ($VE = R \cdot b_s$), ergibt sich nach einigen Umformungen:

$$\frac{b_s - \frac{K}{R}}{2} < (1-e) \cdot b_s - b_s \cdot K^{K/R}?$$

Erwartungsgemäß hängt die relative Vorteilhaftigkeit z.B. vom Alter des Berechtigten ab. Je älter dieser ist, desto niedriger ist der Ertragsanteil e, desto eher ist die Ungleichung erfüllt. Eine Option auf Betriebsaufgabe ist mit steigendem Alter tendenziell vorteilhaft. Die Höhe des Kapitalkontos mindert die Steuerbelastung in beiden Fällen. Bei der Betriebsaufgabe tritt eine sofortige Minderung um den halben ESt-Satz ein. Bei der Betriebsfortführung wird die ESt in vollem Umfang gemindert – allerdings erst später. Inwieweit der Steuereffekt bei Betriebsaufgabe den Zinseffekt bei Betriebsfortführung kompensieren kann, hängt von der Höhe des Zinsfußes ab.

Generell lässt sich z.B. feststellen, dass bei einem Kapitalkonto von null die Ungleichung erfüllt ist, wenn e < 0,5 ist. In diesem Fall ist also die Betriebsaufgabe vorteilhaft, wenn der Veräußerer älter als 43 Jahre ist (vgl. § 22 EStG). Die Betriebsfortführung ist generell vorteilhaft, wenn der Veräußerer erwartet, dass er vor Ablauf der Zeit K/R stirbt. Der rechte Ausdruck der Ungleichung ist dann negativ.

Eine weitere Option, die auf Anwendung des **Splitting**tarifs (Zusammen- bzw. getrennte Veranlagung nach § 26 Abs. 1 EStG), ist regelmäßig vorteilhaft. In Ausnahmefällen kann aber auch ein Antrag auf getrennte Veranlagung optimal sein. Sinkt z.B. der Grenzsteuersatz der ESt (und damit auch der KiSt und der ErgAbg) mit steigendem zu versteuernden Einkommen – wie etwa in den Jahren 1993 – 1995 im Bereich nach dem Existenzminimum –, dann führt in den genannten Jahren eine Zusammenveranlagung zu einer u.U. erheblich höheren ErSt-Belastung als eine getrennte Veranlagung. Bei relativ niedrigen zu versteuernden Einkommen würden bei Zusammenveranlagung Teile des zu versteuernden Einkommens in den an das Existenzminimum anschließenden relativ hoch besteuerten Bereich verlagert. Die Steuerersparnis des hochverdienenden Ehegatten wäre niedriger als die Mehrsteuer des niedrigverdienenden Ehegatten[377]. Betrugen z.B. im Jahr 1995 die zu versteuernden Einkommen der KiSt-pflichtigen Ehegatten DM 12.000 bzw. DM 18.000, dann führte die getrennte Veranlagung zu einer ErSt von DM 2.595, die Zusammenveranlagung zu einer ErSt von DM 3.898 – ein ErSt-Nachteil von DM 1.303 (€ 616) oder etwa 50 %.

Schließlich gibt es bei Unterhaltsverpflichteten/-berechtigten die Option auf **Realsplitting**. Sie führt beim Verpflichteten zu Sonderausgaben bis maximal € 13.805 (§ 10 Abs. 1 Nr. 1 EStG). Der Berechtigte hat in gleicher Höhe sonstige Einkünfte nach § 22 Nr. 1a EStG. Ist die Steuerentlastung des Verpflichteten größer ist als die Mehrbelastung des Berechtigten, dann ist die Option vorteilhaft. Der gesamte Steuervorteil ist dann maximal, wenn die Grenzsteuersätze von Verpflichtetem und Berechtigtem identisch sind – falls das nicht zu erreichen ist, ist der Maximalbetrag auszuschöpfen.

Werden beide Parteien nach der Grundtabelle besteuert und sind sie entweder beide KiSt-pflichtig oder beide nicht KiSt-pflichtig, dann ist die optimale Situation erreicht, wenn die beiden zu versteuernden Einkommen identisch sind. Wird eine Partei nach der Splittingtabelle besteuert, dann muss deren zu versteuerndes Einkommen doppelt so hoch sein wie das der anderen Partei. Eine mögliche ErgAbg hat keinen Einfluss auf die Einkommensverteilung, weil sie bei gleichen Einkommen zum gleichen Grenzsteuersatz führt – unabhängig vom Berechnungsmodus. Unterschiedliche KiSt-Pflicht oder -Berechnung führen zu einer Verschiebung der optimalen zu versteuernden Einkommen in Richtung der niedrigeren KiSt-Belastung.

9.2.2 Umsatzsteuerliche Optionen

Nach § 4 Nr. 12 UStG ist die Vermietung und Verpachtung von Grundstücken USt-frei mit der Folge, dass eventuelle Vorsteuern – z.B. bei der Herstellung des Gebäudes – nach § 15 Abs. 2 Nr. 1 UStG nichtabzugsfähig sind. Da diese Regelung zu Nachteilen führen kann, kann der Unternehmer nach § 9 UStG auf die Steuerbefreiung verzichten, wenn das Grundstück vom Mieter ausschließlich für Umsätze verwendet wird, die den Vorsteuerabzug nicht ausschließen. Dann unterliegen die Mieteinnahmen der USt,

---

[377] Vgl. hierzu etwa Richter, W.F., Zur Grenzbelastung nach dem Einkommensteuertarif 1996, in BB 1995, S. 282f.

Vorsteuern können abgesetzt werden. Diese Option kann jederzeit widerrufen werden. In den ersten zehn Jahren nach der Option wird der Vorsteuerabzug nach § 15a UStG allerdings prozentual gemindert – also für jedes künftige Jahr in diesem Zeitraum um 10 % rückgängig gemacht.

Die Option des Verzichts auf USt-Freiheit wird der Unternehmer dann ausüben, wenn die Vorteile größer sind als die Nachteile. Unter erheblichen Vereinfachungen und unter Ansatz eines Planungszeitraums von zehn Jahren muss die diskontierte USt in der Miete kleiner sein als die Vorsteuer in den AHK. Es muss also die folgende Ungleichung erfüllt sein:

$$A_k \cdot s_u > M \cdot s_u \cdot \frac{(1+d)^{10} - 1}{d \cdot (1+d)^{10}}$$

mit A_k Herstellungskosten des Gebäudes

s_u effektiver USt-Satz

d Kalkulationszinsfuß

M jährliche Mieteinnahmen

Formt man die Ungleichung um, so ergibt sich:

$$\frac{A_k}{M} > \frac{(1+d)^{10} - 1}{d \cdot (1+d)^{10}}$$

Das Verhältnis aus Herstellungskosten des Gebäudes und Mieteinnahmen A_k/M ist in der Praxis nicht selten größer als zehn. Da der Rentenbarwertfaktor auf der rechten Seite der Ungleichung den Wert zehn nur bei fehlender Verzinsung ($d = 0$) erreicht, ist eine Option dann vorteilhaft.

Dieses Entscheidungsmodell soll nur die Methodik skizzieren. In der Ungleichung wird nämlich angenommen, dass die USt in der Miete *nicht* überwälzt werden kann, dass eine Mieterhöhung also nicht möglich ist. Die Option ist nach § 9 Abs. 2 UStG aber nur zulässig, wenn die Mieter USt-pflichtige zum Vorsteuerabzug berechtigte Unternehmer sind. Damit wird eine Miet*erhöhung* um die USt durchsetzbar sein, sodass die Option dann generell vorteilhaft ist. In der obigen Ungleichung steht dem Vorsteuervorteil $A_k \cdot s_u$ kein USt-Nachteil gegenüber.

Ein weiteres Optionsrecht gibt u.U. § 25a Abs. 2 bzw. Abs. 8 UStG: Es kann zwischen Regelbesteuerung und Differenzbesteuerung gewählt werden. Bei der Regelbesteuerung bemisst sich die USt aus dem (Brutto-)Veräußerungspreis p; davon wird die Vorsteuer aus dem (Brutto-) Einkaufspreis p_e subtrahiert:

$$A_{UStr} = p \cdot s_{uv} - p_e \cdot s_{ue}$$

mit $A_{USt r}$ — USt-Ausgabe bei Regelbesteuerung
s_{uv} — effektiver USt-Satz bei Veräußerung
s_{ue} — effektiver USt-Satz bei Einkauf (Vorsteuersatz)

Bei Differenzbesteuerung berechnet sich die USt-Ausgabe A_{UStd} zu:

$$A_{UStd} = (p - p_e) \cdot s_{uv}$$

Eine Option auf Differenzbesteuerung ist dann vorteilhaft, wenn die USt bei Differenzbesteuerung niedriger ist als bei Regelbesteuerung. Das ist augenscheinlich dann der Fall, wenn $s_{uv} > s_{ue}$ ist. Wird z.B. von einer Privatperson oder einem steuerbefreiten Unternehmer bezogen ($s_{ue} = 0$), dann ist die Differenzbesteuerung vorteilhaft. Das gilt auch, wenn der Vorlieferant einem niedrigeren USt-Satz unterliegt als der Steuerpflichtige selbst. Sind die beiden USt-Sätze gleich, dann entspricht die Differenz- der Regelbesteuerung. Nur dann, wenn $s_{uv} < s_{ue}$ ist (wenn also der Vorlieferant einem höheren USt-Satz unterliegt als der Steuerpflichtige selbst), ist die Regelbesteuerung vorteilhaft.

9.2.3 Sonstige steuerliche Optionen

Beispielhaft soll die Entscheidung über die **Option auf Übernahme der ErbSt**[378] skizziert werden. Nach § 20 ErbStG sind bei einer Schenkung der Beschenkte und der Schenker Steuerschuldner. Übernimmt der Schenker die ErbSt, dann gilt nach § 10 Abs. 2 ErbStG als Bemessungsgrundlage die Summe aus der Schenkung und der sich hieraus berechneten ErbSt. Auf den ersten Blick scheint die Übernahme der ErbSt also nachteilig zu sein, weil dann ErbSt auf die ErbSt anfällt.

Tatsächlich ist die Übernahme der ErbSt aber von Vorteil, wie der folgende Vergleich zeigt. Der Schenker möchte in jedem Fall dem Beschenkten einen Nettobetrag von N zukommen lassen. Für die Beschenkten ist damit die Option ohne Bedeutung.

Als erste Alternative bietet sich der 'Normalfall' an. Der Schenker berechnet mit Hilfe der Bruttobedarfsrechnung die Bruttoschenkung B. Der Beschenkte bezahlt hiervon die ErbSt.

Ihm verbleibt der Nettobetrag N. Der Schenker wird bei diesem Vorgehen um den Bruttobetrag ärmer:

[378] Vgl. hierzu Buciek, K.D., Gestaltungsüberlegungen zu § 10 Abs. 2 ErbStG, in DStR 1990, S. 228ff.,Voss, J., Der Tarifverlauf der Erbschaft- und Schenkungsteuer und seine Wirkungen auf § 10 Abs. 2 ErbStG, a.a.O., Korezkij, L., Analyse der Vorteilhaftigkeit einer Übernahme der Schenkungsteuer nach dem neuen Erbschaftsteuertarif, in DStR 1998, S. 784ff.

$$B = \frac{N}{1 - s_{erb}}$$

mit B Bruttoschenkung

N Nettobetrag

s_{erb} ErbSt-Satz (konstant gesetzt)

Bei der Übernahme der ErbSt wird der Nettobetrag N verschenkt, der Schenker übernimmt die ErbSt. Die ErbSt-Bemessungsgrundlage erhöht sich um die ErbSt selbst, die ErbSt beträgt:

$$A_{ErbSt} = (N + N \cdot s_{erb}) \cdot s_{erb}$$

Der Schenker wird um den Nettobetrag und um die ErbSt ärmer. Ist diese Summe kleiner als die Bruttoschenkung, dann ist die Übernahme der ErbSt vorteilhaft:

$$N + (N + N \cdot s_{erb}) \cdot s_{erb} < \frac{N}{1 - s_{erb}}?$$

Dividiert man die Ungleichung durch N und schreibt sie um, so ergibt sich:

$$s_{erb}^{3} > 0$$

Diese Ungleichung ist immer erfüllt, sodass – unter den Modellbedingungen – die ErbSt-Übernahme vorteilhaft ist. Tatsächlich ist der ErbSt-Satz nicht konstant, sondern steigt mit der Höhe des Erwerbs. Bei der ErbSt-Übernahme wirkt der niedrigere ErbSt-Satz auf den Nettobetrag. Die Addition der ErbSt zum Nettobetrag führt nicht zu einer Erhöhung dieses Satzes. Dadurch vergrößert sich der Vorteil der Übernahme der ErbSt.

Das sei an einem Beispiel demonstriert. Der Schenker will dem Beschenkten einen Nettobetrag von € 3,5 Mio zuwenden. Der Beschenkte gehöre zur Steuerklasse III. Freibeträge sollen nicht existieren. Der Steuersatz soll konstant sein und 35 % betragen ($s_{erb} = 0{,}35$). Bei 'normaler' Schenkung beträgt die (mit Hilfe der Bruttobedarfsrechnung ermittelte) notwendige Bruttoschenkung € 5,385 Mio; die ErbSt beträgt € 1,885 Mio. Dem Beschenkten verbleibt der gewünschte Nettobetrag von € 3,5 Mio. Übernimmt der Schenker die ErbSt, so beträgt die Bemessungsgrundlage bei Annahme eines unveränderten Steuersatzes € 4,725 Mio, die ErbSt hieraus also € 1,654 Mio. Die ErbSt reduziert sich um € 0,231 Mio.

Tatsächlich beträgt der ErbSt-Satz bei einem Erwerb über € 5,113 Mio 41 %. Damit erhöht sich bei 'normaler' Schenkung die notwendige Bruttoschenkung auf € 5,932 Mio.

Die ErbSt beträgt tatsächlich € 2,432 Mio, dem Beschenkten verbleiben weiterhin € 3,5 Mio. Bei Übernahme der ErbSt beträgt diese weiterhin € 1,654 Mio, sodass sich die ErbSt-Ersparnis auf € 0,778 Mio erhöht.

Werden Anteile an Mitunternehmerschaften verschenkt oder vererbt, dann hat das Wahlrecht nach § 13 Abs. 2a ErbStG (Aufteilung des Freibetrags von € 256.000) u.U. erhebliche ErbStliche Auswirkungen. Der ErbStliche Freibetrag wird im Verhältnis der Erwerbe auf die Beschenkten bzw. Erben aufgeteilt, wenn nicht etwas anderes bestimmt ist.

Die für den Erwerb verfügbaren persönlichen Freibeträge der Beschenkten bzw. Erben können je nach Steuerklasse bzw. anderweitigem oder früherem Erwerb unterschiedlich hoch sein. Die Zuordnung des Freibetrags von € 256.000 auf die Empfänger derart, dass die verfügbaren persönlichen Freibeträge möglichst maximal ausgenutzt sind, ist immer vorteilhaft. Ein verbleibender Freibetrag kann dann den Empfängern zugeordnet werden, die den höchsten ErbSt-Sätzen unterliegen. Allerdings ist dann ein Nachteilsausgleich unter den Empfängern erforderlich, der möglicherweise ebenfalls der ErbSt unterliegt.

9.2.4 Verfahrensrechtliche Optionen

Auch das Verfahrensrecht – insbesondere die AO – enthält eine Reihe von Optionen, deren Vorteilhaftigkeit im Einzelfall geprüft werden muss. Diese Optionen bestehen im Wesentlichen darin, dass Steuern auf Antrag zu unterschiedlichen Zeitpunkten fällig werden. Daraus ergeben sich die Möglichkeiten, Finanzierungen durch Antrag auf spätere Zahlung bzw. Finanzinvestitionen durch Verzicht auf diesen Antrag zu realisieren.

Solche Anträge stellen etwa der Antrag auf Fristverlängerung der Abgabe von Steuererklärungen[379] nach § 149 AO, der Antrag auf Stundung nach § 234 AO und der Antrag auf Aussetzung der Vollziehung nach § 237 AO dar. Die Finanzierungskosten belaufen sich nach § 238 AO maximal[380] auf 0,5 % je angefangenem Monat. Die Zinsen stellen allerdings keine Betriebs- oder Sonderausgaben dar.

Diese Anträge sind damit nicht notwendigerweise ein geeignetes Finanzierungsinstrument. Der Zinssatz von 6 % p.a. stellt die Brutto- wie Nettofinanzierungkosten dar. Alternative Zinsen, die als Betriebsausgaben oder Werbungskosten abzugsfähig sind, sind

---

[379] Werden Steuererstattungen erwartet, dann wird aus der Finanzierungs- eine Investitionssituation. Eine Investition, die 15 Monate lang zinslos ist und dann mit brutto 6 % p.a. ohne Zinseszins verzinst wird, wird allerdings kaum vorteilhaft sein.

[380] Der Antrag auf Fristverlängerung führt zu verzögerter Erteilung von Steuerbescheiden. Hier ist ein Zeitraum von 15 Monaten nach § 233a AO zinslos – eine besonders vorteilhafte Finanzierung. Der Verzicht der Finanzbehörden auf Verzinsung nach § 234 Abs. 2 AO ist nur beim Antrag auf Aussetzung der Vollziehung realitätsnah.

solange vorteilhaft, wie ihre Nettobelastung nach Steuern niedriger ist als 6 % p.a. Mit dem Bruttobedarfssatz kann der kritische alternative Kapitalkostensatz d_{krit} berechnet werden:

$$d_{krit} = \frac{0{,}06}{1-s}$$

Bei fehlender Besteuerung liegt der kritische Kapitalkostensatz bei 6 % p.a., bei einem Steuersatz s von 30 % erhöht er sich auf 8,57 % p.a., bei einem Steuersatz von 50 % beträgt er 12 % p.a. Jede alternative Finanzierung, deren Kapitalkosten niedriger sind, ist gegenüber der Finanzierung durch die Finanzbehörden vorteilhaft.

Auch Verhaltensweisen können zu Finanzierungs- oder Investitionswirkungen führen. So fallen etwa nach § 240 AO neben den Zinsen Säumniszuschläge in Höhe von 1 % je angefangenem Monat an. Da die Säumniszuschläge ebenfalls keine Betriebsausgaben, Werbungskosten oder Sonderausgaben darstellen (H 121 EStH 2000, A 43 Abs. 3 KStR 1995), ist diese Finanzierungsform wohl immer ungünstig. Als Investition verfügbaren Eigenkapitals ist die Entrichtung der Steuern bis zum Fälligkeitstag demnach vorteilhaft. Eine anderweitige Anlage müsste – sieht man vom Freibetrag bei Einkünften aus Kapitalvermögen ab – den Bruttobedarf des Säumniszuschlags von 12 % p.a. zuzüglich der Zinsen von 6 % p.a. erwirtschaften. Deshalb ist regelmäßig auch eine Fremdfinanzierung der Investition in die Verhinderung des Säumniszuschlags vorteilhaft. Allenfalls die Verletzung des Liquiditätsziels könnte die Realisation von Säumniszuschlägen vorteilhaft erscheinen lassen.

Abkürzungsverzeichnis

A	Abschnitt
Abs.	Absatz
AfA	Absetzung für Abnutzung
AfaA	Absetzung für außergewöhnliche Abnutzung
AfaS	Absetzung für außergewöhnliche Substanzverringerung
AfS	Absetzung für Substanzverringerung
AG	Aktiengesellschaft
AHK	Anschaffungs- oder Herstellungskosten
AktG	Aktiengesetz
AO	Abgabenordnung
Art.	Artikel
AStG	Außensteuergesetz
BB	Zeitschrift: Betriebs-Berater
bestr.	bestritten
BewG	Bewertungsgesetz
BFH	Bundesfinanzhof
BGB	Bürgerliches Gesetzbuch
BGBl	Bundesgesetzblatt
BMF	Bundesminister der Finanzen
BStBl	Bundessteuerblatt
BVerfG	Bundesverfassungsgericht
c.p.	ceteris paribus
DB	Zeitschrift: Der Betrieb
DBA	Doppelbesteuerungsabkommen
DBW	Zeitschrift: Die Betriebswirtschaft
DM	Deutsche Mark
DStR	Zeitschrift: Deutsches Steuerrecht
d.V.	der Verfasser

€	Euro
EG	Europäische Gemeinschaften (jetzt EU)
EigZulG	Eigenheimzulagengesetz
EK	Eigenkapital
ErbSt	Erbschaft- und Schenkungsteuer
ErbStG	Erbschaftsteuer- und Schenkungsteuergesetz
ErgAbg	Ergänzungsabgabe, Solidaritätszuschlag u.ä.
Erl.	Erlass
ERP	European Recovery Program
ErSt	Ertragsteuern
ESt	Einkommensteuer
EStDV	Einkommensteuer-Durchführungsverordnung
EStG	Einkommensteuergesetz
EStH	Einkommensteuer-Hinweise
EStR	Einkommensteuer-Richtlinien
EU	Europäische Union (vormals EG)
EUR, Eur	Euro
EWIV	Europäische wirtschaftliche Interessenvereinigung
f.	folgende
FB	Zeitschrift: Finanz Betrieb
ff.	fortfolgende
FGO	Finanzgerichtsordnung
FöGG	Fördergebietsgesetz
FR	Zeitschrift: Finanz-Rundschau
FVG	Finanzverwaltungsgesetz
GbR	Gesellschaft bürgerlichen Rechts
gem.	gemäß
ggf.	gegebenenfalls
GewSt	Gewerbesteuer
GewStDV	Gewerbesteuer-Durchführungsverordnung
GewStG	Gewerbesteuergesetz

GewStR	Gewerbesteuer-Richtlinien
GG	Grundgesetz
GmbH	Gesellschaft mit beschränkter Haftung
GmbHG	GmbH-Gesetz
GmbHR	Zeitschrift: GmbH-Rundschau
GoB	Grundsätze ordnungsmäßiger Buchführung, Bilanzierung und Bewertung
GrESt	Grunderwerbsteuer
GrEStG	Grunderwerbsteuergesetz
GrSt	Grundsteuer
GrStG	Grundsteuergesetz
GuV	Gewinn- und Verlustrechnung
H	Hinweis
HGB	Handelsgesetzbuch
h.M.	herrschende Meinung
Hrsg.	Herausgeber
IAA	International Accounting Standards
i.e.S.	im engeren Sinne
InsO	Insolvenzordnung
InvZul	Investitionszulage
InvZulG	Investitionszulagengesetz
i.O.	im Original
i.S.d.	im Sinne des
i.V.m.	in Verbindung mit
i.w.S.	im weiteren Sinne
KapESt	Kapitalertragsteuer
KG	Kommanditgesellschaft
KGaA	Kommanditgesellschaft auf Aktien
KiSt	Kirchensteuer
KSt	Körperschaftsteuer
KStDV	Körperschaftsteuer-Durchführungsverordnung
KStG	Körperschaftsteuergesetz

KStR	Körperschaftsteuer-Richtlinien
LSt	Lohnsteuer
LStDV	Lohnsteuer-Durchführungsverordnung
LStR	Lohnsteuer-Richtlinien
m.w.N.	mit weiteren Nachweisen
NWB	Zeitschrift: Neue Wirtschafts-Briefe
OECD	Organisation für wirtschaftliche Zusammenarbeit und Entwicklung
OHG	offene Handelsgesellschaft
o.V.	ohne Verfasser
OWiG	Ordnungswidrigkeitengesetz
R	Richtlinie
Rz	Randziffer
SolZG	Solidaritätszuschlaggesetz
StÄndG	Steueränderungsgesetz
StB	Zeitschrift: Der Steuerberater
StBerG	Steuerberatungsgesetz
Stbg	Zeitschrift: Die Steuerberatung
SteuerStud	Zeitschrift: Steuer und Studium
StPO	Strafprozessordnung
StuW	Zeitschrift: Steuer und Wirtschaft
T€	Tausend Euro
UmwStG	Umwandlungsteuergesetz
USA	Vereinigte Staaten von Amerika
US-GAAP	Generally Accepted Accounting Principles
USt	Umsatzsteuer
UStDV	Umsatzsteuer-Durchführungsverordnung
UStG	Umsatzsteuergesetz
UStR	Umsatzsteuer-Richtlinien
u.U.	unter Umständen
vGA	verdeckte Gewinnausschüttung
Wpg	Zeitschrift: Die Wirtschaftsprüfung

WiSt	Zeitschrift: Wirtschaftswissenschaftliches Studium
WISU	Zeitschrift: Das Wirtschaftsstudium
ZfB	Zeitschrift für Betriebswirtschaft
ZfbF	Zeitschrift für betriebswirtschaftliche Forschung
ZPO	Zivilprozessordnung

Symbolverzeichnis (Auswahl)

$>$	größer als
$\geq$	größer oder gleich
$<$	kleiner als
$\leq$	kleiner oder gleich
a	Vorleistungsquote
A	Ausgabe
A_k	Anschaffungskosten, Herstellungskosten, Investitionsvolumen
A_{St}	Steuerausgabe
Anr_{GewSt}	Anrechungsbetrag fiktiver GewSt auf die ESt
AV	Anfangsvermögen (Investitionssumme, Anlagevermögen)
b	Bruttobedarfssatz, Rentenbarwertfaktor
B	Bemessungsgrundlage, Buchwert, Barwert, Betriebsveräußerung, Betriebsfortführung
C	Gesamtkosten
d.	Differenzial
d	Kalkulationszinsfuß
D	Bruttodividende
D_n	Nettodividende
e	Ertragsanteil
E	Einnahme
EÜ	Einnahmeüberschuss
EV	Endvermögen
F	Freibetrag, Pauschbetrag
G	Gewinn
h	Hebesatz
i	Inflationsrate
K	Kapitalwert, Kapitalkonto, Abschreibungsvolumen
L	Leistung, Gehalt
m	Messzahl, ökonomische Nutzungsdauer

M	Modifikation, Mieteinnahme
n	Länge des Planungszeitraums, betriebsgewöhnliche Nutzungsdauer
p	Preis, Anteil, privater Nutzungsanteil
P	Preisgrenze
r	Effektivverzinsung, Effektivrendite, Realverzinsung, Leasingrate
R	Rückstellung, Rücklage, Rente
s	Differenzsteuersatz, effektiver Steuersatz
s'	nominaler Steuersatz
s^t	tatsächlicher Steuersatz
t	durchschnittlicher Steuersatz, AfA-Satz
T	Grenzsteuersatz, Teilwert
u	betrieblicher Nutzungsanteil
VE	Veräußerungseinnahme
VG	Veräußerungsgewinn
x	Output
Y	zu versteuerndes Einkommen
z	Hinzurechnungsanteil GewStlicher Dauerschuldzinsen

Literaturverzeichnis

Arndt, H.-W., Die Sicherung des Existenzminimums im Einkommensteuerrecht, in BB 1993, S. 977ff.

Baetge, J., Paskert, D., Stibi, B., Bilanzpolitik in den Jahresabschlüssen nach der DM-Eröffnungsbilanz, in DB 1991, S. 397ff.

Ballwieser, W., Ist das Maßgeblichkeitsprinzip überholt?, in BFuP 1990, S. 477ff.

Ballwieser, W., u.a. (Hrsg.), Bilanzrecht und Kapitalmarkt, Düsseldorf 1994

Bamberg, G., Coenenberg, A.G., Betriebswirtschaftliche Entscheidungslehre, 10.Aufl. München 2000

Bareis, P., Die Anforderungen an den Einkommensteuertarif in der Diskussion, in WiSt 1997, S. 7ff.

Bareis, P., Gesellschafter-Fremdfinanzierung bei Nichtanrechnungsberechtigten, in Recht der Internationalen Wirtschaft 1994, S. 141ff.

Bareis, P., Markteinkommensbesteuerung und Existenzminima – roma locuta, causa finita?, in Elschen, R., Siegel, T., Wagner, F.W. (Hrsg.), Unternehmenstheorie und Besteuerung, a.a.O., S. 39ff.

Beiser, R., Sind verlorene Skonti Anschaffungskosten oder Finanzierungsaufwand?, in DStR 1991, S. 174ff.

Beisse, H., Grundsatzfragen der Auslegung des neuen Bilanzrechts, in BB 1990, S. 2007ff.

Beisse, H., Rechtsfragen der Gewinnung von GoB, in BFuP 1990, S. 499ff.

Beranek, A., Die steuerlich optimale Rechtsform der Unternehmung, Hamburg 1993

Beranek, A., Personengesellschaft oder Kapitalgesellschaft? Ein steuerlicher Rechtsformvergleich, in SteuerStud 1992, S. 165ff.

Beranek, A., Steuerlicher Rechtsformvergleich zwischen Personen- und Kapitalgesellschaft – Ein klassisches Problem der Betriebswirtschaftlichen Steuerlehre, in SteuerStud 1999, S. 494ff.

Berz, S., Deferred Compensation aus Sicht der Steuerberaterpraxis, in DStR 2000, S. 315ff.

Bieg, H., Ziele der Jahresabschlusspolitik, in StB 1993, S. 96ff.

Bitz, M., Schneeloch, D., Wittstock, W., Der Jahresabschluss, 3.Aufl. München 2000

Blaufus, K., Unternehmenssteuerreform 2001: Steueroptimale Entscheidungen bei der Rechtsformwahl, in StB 2001, S. 208ff.

Börner, D., Krawitz, N., Steuerbilanzpolitik, Herne Berlin 1977

Böth, H., Brusch, F., Harle, G., Die Betriebsaufspaltung, in WISU 1992, S. 87ff., 131ff.

Breithecker, V., Einführung in die Internationale Betriebswirtschaftliche Steuerlehre, Bielefeld 1999

Breithecker, V., Klapdor, R., Überblick über die Steuersysteme wichtiger Industriestaaten, in SteuerStud 1996, S. 547ff.

Brümmerhoff, D., Finanzwissenschaft, 8.Aufl. München Wien 2001

Buciek, K.D., Gestaltungsüberlegungen zu § 10 Abs. 2 ErbStG, in DStR 1990, S. 228ff.

Budde, W. D. u.a., Beck´scher Bilanz-Kommentar, 4. Aufl. München 1999

Busse, F.-J., Grundlagen der betrieblichen Finanzwirtschaft, 4.Aufl. München 1996

Chmielewicz, K., Gesamt- und Umsatzkostenverfahren der Gewinn- und Verlustrechnung im Vergleich, in DBW 1990, S. 27ff.

Cordes, M., Teilsteuerrechung für Kapitalgesellschaften ab 2001, in SteuerStud 2001, S. 524ff.

Dendl, M., Energiesteuern – eine Analyse aktueller Vorschläge aus betriebswirtschaftlicher Sicht, in DStR 1998, S. 307ff.

Döring, U., Kostensteuern – Der Einfluss von Steuern auf kurzfristige Produktions- und Absatzentscheidungen, Stuttgart 1984

Dohm, H.-J., Die Vermögensaufstellung für Zwecke der Erbschaft- und Schenkungsteuer ab 1. Januar 1996, in Stbg 1998, S. 52ff.

Drukarczyk, J., Zur Bewertung von Verlustvorträgen, in DStR 1997, S. 465ff.

Dziadkowski, D., Das Ende der Besteuerung nach der Leistungsfähigkeit?, in BB 1995, S. 278ff.

Dziadkowski, D., Existenzminimum und Einkommenbesteuerung, in DStR 1991, S. 8ff.

Dziadkowski, D., Kindergelderhöhung bereits vor In-Kraft-Treten aufgezehrt, in BB 2002, S. I

Egger, A. (Hrsg.), Unternehmensbewertung – quo vadis?, Wien 1999

Eggesiecker, F., Steuerliche Dividenden-Optimierung ab 1994, in GmbHR 1994, S. 364ff.

Elser, T., Warum die GmbH nur selten zur Spardose taugt, in BB 2001, S. 805ff.

Elschen, R., Siegel, T., Wagner, F.W. (Hrsg.), Unternehmenstheorie und Besteuerung, Wiesbaden 1995

Elschen, R., Trompeter, F., Der Zwischenwertansatz – Das verkannte Optimum bei der Einbringung in eine Kapitalgesellschaft, in DB 1990, S. 2533ff.

Federmann, R., Bilanzierung nach Handelsrecht und Steuerrecht, 11.Aufl. Berlin 2000

Fischer, L., Warneke, P., Internationale Betriebswirtschaftliche Steuerlehre, 4.Aufl. Berlin 1998

Franke, G., Hax, H., Pensionsrückstellungen und Steuerersparnisse, in DB 1989, S. 1881f.

Frey, B.S., Pommerehne, W.W., Quantitative Erfassung der Schattenwirtschaft: Methoden und Ergebnisse, in Hansmeyer, K.-H. (Hrsg.), Staatsfinanzierung im Wandel, a.a.O., S. 265ff.

Freyer, T., Finanzierungsentscheidung des Ein-Mann-GmbH-Gesellschafters unter Berücksichtigung von Steuern, in WiSt 1999, S. 625ff.

Freyer, T., Schult, E., Auswirkungen der Mindestbesteuerung auf die Bemessungsgrundlage tarifbegünstigter Einkünfte, in DStR 2001, S. 71ff.

Freyer, T., Schult, E., Unternehmenssteuerreform 2001: Die Besteuerung von Untenehmensveräußerungsgewinnen nach Wiedereinführung des halben durchschnittlichen Steuersatzes, in DStR 2001, S. 455ff.

Gebhardt, G., Gerke, W., Steiner, M. (Hrsg.), Handbuch des Finanzmanagements, München 1993

Geese, W., Steuern im entscheidungsorientierten Rechnungswesen, Opladen 1972

Geiger, A., Thiede, F., Die Vorteilhaftigkeit der Abschreibung nach § 7k EStG, in DB 1990, S. 2495ff.

Gerke, W., Steiner, M. (Hrsg.), Handwörterbuch des Bank- und Finanzwesens, Stuttgart 1994

Gerl, C., Steueroptimale Dotierung der Gewerbesteuerrückstellung ab 1993, in DStR 1993, S. 141ff.

Gratz, K., Müller, R., Unternehmensverkauf gegen Leibrente – Ein Ausweg aus der Steuerfalle, in DB 2000, S. 693ff.

Grefe, C., Belastungsänderungen durch die Senkung des Solidaritätszuschlags ab 1998, in SteuerStud 1998, S. 73ff.

Grotherr, S. (Hrsg.), Handbuch der internationalen Steuerplanung, Herne Berlin 2000

Grotherr, S., Internationale Steuerplanung: Betriebsstätte oder Tochtergesellschaft?, in SteuerStud 2001, S. 182ff.

Haase, K.D., Lüdemann, L., Auswirkungen der Unternehmenssteuerrform auf die Finanzierungspolitik der Kapitalgesellschaften, in DStR 2000, 747ff.

Haberstock, L., Breithecker, V., Die nationale Standortwahl als steuerliches Entscheidungsproblem, in WiSt 1984, S. 53ff., 105ff.

Haberstock, L., Breithecker, V., Einführung in die Betriebswirtschaftliche Steuerlehre, 11.Aufl. Bielefeld 2000

Haegert, L., Schwab, H., Die Subventionierung direkter Pensionszusagen nach geltendem Recht im Vergleich zu einer neutralen Besteuerung, in DBW 1990, S. 85ff.

Haller, A., Das Maßgeblichkeitsprinzip und seine Effekte, in WISU 1992, S. 46ff., 112ff.

Haller, A., Positive Accounting Theory, in DBW 1994, S. 597ff.

Hansmeyer, K.-H. (Hrsg.), Staatsfinanzierung im Wandel, Berlin 1983

Heigl, A., Unternehmensbesteuerung, 2.Aufl. München Wien 1996

Henning, M., Optimaler Einkommensausweis 1994 in Erwartung des Solidaritätszuschlags, in DStR 1994, S. 1787ff.

Henning, M., Hundsdoerfer, J., Schult, E., Die Progressionsglättung für außerordentliche Einkünfte nach § 34 Abs. 1 EStG-Entwurf: Steuersätze bis zu 265 %, in DStR 1999, S. 131ff.

Henscheid, M., Ökonomische Wirkungen der umgekehrten Maßgeblichkeit, in BB 1992, S. 1243ff.

Herzig, N., Aspekte der Rechtsformwahl für mittelständische Unternehmen nach der Steuerreform, in Wpg 2001, S. 253ff.

Herzig, N., Standortsicherungsgesetz: Gesetzliche Regelung der Gesellschafter-Fremdfinanzierung in § 8a KStG, in DB 1994, S. 110ff., 168ff.

Herzig, N., Verlängerte Maßgeblichkeit und Bilanzpolitik, in DB 1992, S. 1053f.

Herzig, N., Briesemeister, S., Systematische und grundsätzliche Anmerkungen zur Einschränkung der steuerlichen Verlustnutzung, in DStR 1999, S. 1377ff.

Herzig, N., Briesemeister, S., Zusammenwirken verrechnungsbeschränkender Normen, in DB 1999, S. 1470ff.

Herzig, N., Lochmann, U., Das Grundmodell der Besteuerung von Personenunternehmen nach der Unternehmenssteuerreform, in DB 2000, S. 540ff.

Herzig, N., Schiffers, J., Rechtsformwahl unter Beachtung der laufenden Besteuerung und von aperiodischen Besteuerungstatbeständen, in StuW 1994, S. 103ff.

Hintze, S., Zur Bilanzierung latenter Steuern im Konzernabschluss, in DB 1990, S. 845ff.

Hinz, M., Sachverhaltsgestaltungen im Rahmen der Jahresabschlusspolitik, Düsseldorf 1994

Hinz, M., Ziele und Instrumentarium der Steuerbilanzpolitik, in SteuerStud 1990, S. 369ff.

Hörger, H., Endres, N., Verlustnutzung beim Mantelkauf, in DB 1998, S. 335ff.

Homburg, S., Allgemeine Steuerlehre, 2. Aufl. München 2000

Hundsdoerfer, J., Beteiligungsaufwendungen im Halbeinkünfteverfahren, in BB 2001, S. 2242ff.

Hundsdoerfer, J., Die Ertragsteuern in der Investitionsrechnung, in WISU 1999, S. 189ff., 313ff.

Hundsdoerfer, J., Die Steuerhinterziehung und ihre Integration in betriebswirtschaftliche Entscheidungsmodelle, Köln 1996

Hundsdoerfer, J., Halbeinkünfteverfahren und Lock-In-Effekt, in StuW 2001, S. 113ff.

Hundsdoerfer, J., Tariffantasien des Gesetzgebers und der optimale Steuerbilanzgewinnpfad, in StuW 2000, S. 18ff.

Hundsdoerfer, J., Henning, M., Konzept und Praktikabilität einer eigenkapitalbezogenen Begrenzung des Schuldzinsenabzugs – zum neuen § 4 Abs. 4a EStG, in BB 2000, S. 542ff.

Institut der Wirtschaftsprüfer in Deutschland e.V. (Hrsg.), Wirtschaftsprüfer-Handbuch 2000, Band I, 12. Aufl. Düsseldorf 2000

Jacobs, O.H., Internationale Unternehmensbesteuerung, 4.Aufl. München 1999

Jacobs, O.H., Unternehmensbesteuerung und Rechtsform, München 1988

Jacobs, O.H., Spengel, C., Besteuerung deutscher Kapitalgesellschaften im internationalen Vergleich, in DBW 1995, S. 431ff.

Jäger, A., Ausgewählte Probleme des Einkommensteuerrechts – Vermietung und Verpachtung, in StB 1994, S. 308ff.

Kappler, R., Steuerbilanzpolitik kleiner und mittlerer Unternehmen unter Berücksichtigung der jüngsten Entwicklungen des Steuerrechts – Theorie und Empirie –, Bonn Berlin 2000.

Janke, M., Periodisierung, Objektivierung und Vorsicht bei Vermögensgegenständen und Schulden, in StuW 1994, S. 214ff.

Kählert, J.-P., Lange, S., Zur Abgrenzung immaterieller von materiellen Vermögensgegenständen, in BB 1993, S. 613ff.

Karrenbrock, H., Die Unternehmenssteuerreform aus der Sicht ausländischer Investoren – Konsequenzen für die Steuerbelastung inländischer Betriebsstätten, Personengesellschaften sowie Tochterkapitalgesellschaften, in SteuerStud 2001, S. 408ff.

Kessler, H., Verabschiedet sich der Bundesfinanzhof vom Imparitätsprinzip?, in DStR 1994, S. 1289ff.

Kessler, H., Teufel, T., Die klassische Betriebsaufspaltung nach der Unternehmenssteuerreform, in BB 2001, S. 17ff.

Kessler, H., Teufel, T., Die umgekehrte Betriebsaufspaltung zwischen Schwestergesellschaften – eine attraktive Rechtsformkombination nach der Unternehmenssteuerreform 2001, in DStR 2001, S. 869ff.

Knobbe-Keuk, B., Wieder einmal ein Entwurf zu § 8a KStG – Wiederauflage einer Regelung zur Gesellschafterfremdfinanzierung im Standortsicherungsgesetz, in DB 1993, S. 60ff.

Koch, H. (Hrsg.), Zur Theorie des Absatzes, Wiesbaden 1973

König, R.J., Kunkel, P., Stegmaier, W., Auswirkungen der Einführung des Staffeltarifs bei der Gewerbeertragsteuer, in DStR 1992, S. 922ff.

Korezkij, L., Analyse der Vorteilhaftigkeit einer Übernahme der Schenkungsteuer nach dem neuen Erbschaftsteuertarif, in DStR 1998, S. 784ff.

Krabbe, H., Das neue OECD-Musterabkommen von 1992, Diskussionsbeiträge aus dem Institut für Ausländisches und Internationales Finanz- und Steuerwesen der Universität Hamburg, Heft 94, Hamburg 1993

Kratzer, W., Grundzüge des Gewerbesteuerrechts, in NWB 1994, Fach 5, S. 1235ff.

Krawitz, N., Betriebswirtschaftliche Anmerkungen zum Halbeinkünfteverfahren, in DB 2000, 1721ff.

Kruschwitz, L., Der Einfluss von Steuern auf Leasingraten, in DStR 1992, S. 82ff.

Kruschwitz, L., Finanzierung und Investition, 2.Aufl. München Wien 1999

Kruschwitz, L., Finanzmathematik, 3.Aufl. München 2001

Kruschwitz, L., Investitionsrechnung, 8.Aufl. München Wien 2000

Kruse, H.W., Not und Feuer, Krieg und Steuer - Ein Beitrag über die Entwicklung von Steuern, in StuW 1998, S. 3ff.

Kudert, S., Der Einfluss von Unternehmenssteuern auf die Standortwahl, in WISU 1991, S. 511ff.

Kudert, S., Steuerberatung – Betriebswirtschaftliche Grundlagen des Kanzleimanagements von Steuerberatungsunternehmen, Berlin 1999

Kudert, S., Utescher, T., Bewußt in die Gewerbesteuerpflicht? Steuerliche Gestaltungsüberlegungen für Doppelgesellschaften, in DStR 1995, S. 993ff.

Kunkel, P., Steuerbilanzpolitik unter Unsicherheit, in StuW 1992, S. 59ff.

Kupka, W., Zum "6:1-Clou" – Ist ein steuerneutraler Tausch auch in Zukunft noch möglich? – Welche Auswirkungen ergeben sich für die Aktionäre, die die zum Tausch hingegebenen Aktien im Betriebsvermögen gehalten haben? In DB 1998, S. 229ff.

Kußmaul, H., Betriebswirtschaftliche Steuerlehre, 2.Aufl. München Wien 2000

Kußmaul, H., Bilanzierungsfähigkeit und Bilanzierungspflicht, in Küting, K., Weber, C.-P. (Hrsg.), Handbuch der Rechnungslegung, a.a.O., S. 233ff.

Kußmaul, H., Die Betriebswirtschaftliche Steuerlehre als steuerliche Betriebswirtschaftslehre?, in StuW 1995, S. 3ff.

Kußmaul, H., Gesellschafterfinanzierung in mittelständischen GmbH, in DStR 1990, S. 654ff., 697ff.

Kußmaul, H., Pensionszusagen an Gesellschafter-Geschäftsführer in mittelständischen GmbH, in DStR 1990, S. 467ff.

Kußmaul, H., Steuern und Marketing, in Tietz, B., Köhler, R., Zentes, J. (Hrsg.), Handwörterbuch des Marketing, a.a.O., Sp. 2379ff.

Kußmaul, H., Klein, N., Überlegungen zum Maßgeblichkeitsprinzip im Kontext jüngerer nationaler sowie internationaler Entwicklungen, in DStR 2001, S. 546ff.

Küting, K., Lorson, P., Grundsatzfragen der Ermittlung von Herstellungskosten in der Handelsbilanz, in DStR 1994, S. 666ff.

Küting, K., Lorson, P., Kritische Anmerkungen zum Umfang der Herstellungskosten in der Steuerbilanz im Spiegel der Literatur und BFH-Rechtsprechung, in DStR 1994, S. 729ff.

Kußmaul, H., Lutz, R., Grundlagen der Bilanzpolitik, in WiSt 1993, S. 342ff.

Kußmaul, H., Lutz, R., Instrumente der Bilanzpolitik – Systematisierungsmöglichkeiten und Bewertungskriterien, in WiSt 1993, S. 399ff.

Kußmaul, H., Lutz, R., Instrumente der Bilanzpolitik – Wichtige Aktionsparameter der Bilanzierung und Bewertung, in WiSt 1993, S. 440ff., 479ff.

Küting, K., Weber, C.-P. (Hrsg.), Handbuch der Rechnungslegung, Band Ia, 4.Aufl. Stuttgart 1995

Lang, J., Unternehmenssteuerreform, in Elschen, R., Siegel, T., Wagner, F.W. (Hrsg.), Unternehmenstheorie und Besteuerung, a.a.O., S. 399ff.

Lang, J., Wege aus dem Steuerchaos, in Stbg 1994, S. 10ff.

Lange, J., Grützner, D., Kussmann, M., Moench, D., Reiß, W., Personengesellschaften im Steuerrecht, 5.Aufl. Herne Berlin 1998

Lange, R., Steuern in der Preispolitik und bei der Preiskalkulation, Wiesbaden 1989

Macharzina, K., Welge, M.K. (Hrsg.), Handwörterbuch Export und Internationale Unternehmung, Stuttgart 1989

Marettek, A., Steuerbilanz- und Unternehmenspolitik, Freiburg 1971

Marx, A., Rücklagen, Rückstellungen und Rechnungsabgrenzungsposten, in SteuerStud 1994, S. 443ff.

Marx, F., Löffler, C., Das Renditeparadoxon nach § 2b EStG, in DStR 1999, S. 1957ff.

Moxter, A., Zur wirtschaftlichen Betrachtungsweise im Bilanzrecht, in StuW 1989, S. 232ff.

Müller,S., Wulf, I., Jahresabschlusspolitik nach HGB, IAS und US-GAAP, in BB 2001, S. 2206ff.

Müller, W., Die Ausnahme und die Regel – Ein Lehrstück, dargestellt am so genannten Maßgeblichkeitsprinzip, in DStR 2001, S. 1858ff.

Mujkanovic, R., Der derivative Geschäftswert im handelsrechtlichen Jahresabschluss, in BB 1994, S. 894

Musgrave, R.A., Musgrave, P.B., Kullmer, L., Die öffentlichen Finanzen in Theorie und Praxis, 2.Band, 5.Aufl. Tübingen 1993

Noll, B., Rödder, T., Der Ort der sonstigen Leistung nach den Änderungen durch das Umsatzsteuer-Binnenmarktgesetz, in DB 1993, S. 455ff.

Oblau, M., Marketing und Besteuerung, Bielefeld 2001

Petersen, H.-G., Die Steuerreformdiskussion – Anzeichen für eine Wende?, in Wirtschaftsdienst 1984, S. 173ff.

Pickert, G., Gewinnermittlung durch Einnahmen-Überschussrechnung oder durch Betriebsvermögensvergleich, in DB 1994, S. 1581ff.

Poll, J. (Hrsg.), Bilanzierung und Besteuerung der Unternehmen, Stuttgart 2000

Pommerehne, W.W., Schattenwirtschaft als wirtschafts- und sozialpolitische Herausforderung, in WISU 1994, S. 848ff.

Priese, J., Die steuerlich günstigste Unternehmensform – Ein Belastungsvergleich, in DB 1953, S. 892f.

Prinz, U., Gestaltungsmöglichkeiten und -grenzen bei § 8a KStG, in FR 1994, S. 622ff.

Raupach, A., Von der Maßgeblichkeit der Handelsbilanz für die steuerliche Gewinnermittlung zur Prädominanz des Steuerrechts in der Handelsbilanz, in BFuP 1990, S. 515ff.

Raupach, A., Böckstiegel, M., Die Verlustregelungen des Steuerentlastungsgesetzes 1999/2000/2002, in FR 1999, S. 487ff., 557ff., 617ff.

Rehkugler, H., Kostenbegriffe, Kostenarten und Kostenkategorien, in Wittmann, W., u.a. (Hrsg.), Handwörterbuch der Betriebswirtschaft, Teilband 2, a.a.O., Sp. 2320ff.

Reichert, G., Anrechnung, Abzug oder Pauschalierung ausländischer Steuern?, in DB 1997, S. 131ff.

Richter, H., Abgabenoptimierung bei Arbeitsverhältnissen mit Partnern, Köln 1994

Richter, H., Anrechnung oder Abzug der ausländischen Steuer – Ermittlung kritischer Werte zu § 34c Abs. 1,2 EStG, in BB 1999, S. 613ff.

Richter, H., Das Ende des Aufstockungsmodells – Analyse zu § 24 Abs. 3 UmwStG, in DB 1994, S. 2410.

Richter, H., Die Besteuerung internationaler Geschäftsbeziehungen, München 1993

Richter, H., Die Generalklausel des § 264 Abs. 2 HGB und die Forderung des true and fair view, in BB 1988, S. 2212ff.

Richter, H., Grenzteilsteuersatzfunktionen von Einkommen-, Kirchen- und Gewerbeertragsteuer in 1993 nach dem Steueränderungsgesetz und der Steuerfreistellung des Existenzminimums, in BB 1993, S. 556ff.

Richter, H., Schütt-aus-Hol-zurück-Politik ab 1994, in BB 1994, S. 2398f.

Richter, W.F., Zur Grenzbelastung nach dem Einkommensteuertarif 1996, in BB 1995, S. 282f.

Robisch, M., Die Umkehrung des Maßgeblichkeitsprinzips – Eine kritische Bestandsaufnahme unter besonderer Berücksichtigung der Situation in den neuen Bundesländern –, in DStR 1993, S. 998ff.

Rödder, T., Gestaltungssuche im Ertragsteuerrecht, Wiesbaden 1991

Rödder, T., Steuerplanungslehre und steuerliche Gestaltungsfindung, Beilage 19 zu BB 1988

Rogall, M., Die Berücksichtigung von Personengesellschaften durch die Unternehmensteuerreform – Eine systematische Analyse der pauschalen Gewerbesteueranrechnung und der Betriebsaufgabebesteuerung, in DStR 2001, S. 586ff.

Rose, G., Absatz und Besteuerung, in Koch, H. (Hrsg.), Zur Theorie des Absatzes, a.a.O, S. 381ff.

Rose, G., Betriebswirtschaftliche Steuerlehre – Eine Einführung für Fortgeschrittene, 3.Aufl. Wiesbaden 1992

Rose, G., Die Ertragsteuern, 16.Aufl. Wiesbaden 2001

Rose, G., Die Steuerbelastung der Unternehmung – Grundzüge der Teilsteuerrechnung, Wiesbaden 1973

Rose, G., Über 'Dummensteuern', Steuergerechtigkeit und die Betriebswirtschaftliche Steuerlehre, in Siegener Universitäts-Reden, Band 2, Siegen 1993, S. 27ff.

Rose, G., Umsatzsteuer, Bielefeld 2000

Rose, G., Unternehmenssteuerrecht – Eine Einführung, Bielefeld 2001

Rose, G., Glorius-Rose, C., Missbrauchsrechtsprechung des BFH in Bewegung, in DB 2000, S. 1633ff.

Rosenberg, E., Müller, R., Die Vorteilhaftigkeit der Bildung einer Rücklage nach § 6b EStG, in DB 1990, S. 2433ff.

Schäfer, W. (Hrsg.), Schattenökonomie – Theoretische Grundlagen und wirtschaftspolitische Konsequenzen, Göttingen 1984

Schaum, W., Steuerpolitik durch Aufdeckung stiller Reserven, Düsseldorf 1994

Schaumburg, H., Internationales Steuerrecht, 2. Aufl. Köln 1998

Scheffler, W., Besteuerung der grenzüberschreitenden Unternehmenstätigkeit, München 1995

Scheffler, W., Besteuerung von Unternehmen, Heidelberg, Band I: Ertrag-, Substanz- und Verkehrsteuern, 3.Aufl. 1998, Band II: Steuerbilanz und Vermögensaufstellung, 1999

Scheffler, W., Betriebswirtschaftliche Analyse des Wahlrechts zwischen Anrechnung und Abzug ausländischer Steuern nach dem Steueränderungsgesetz 1992, in DB 1993, S. 845ff.

Scheffler, W., Der Einfluss der Steuerreform auf die Finanzierung von deutschen Kapitalgesellschaften, in BB 2000, S. 2441ff.

Scheffler, W., Grenzüberschreitendes Leasing als Instrument der konzerninternen Außenfinanzierung, in Internationales Steuerrecht 1993, S. 490ff., 538ff.

Scheffler, W. Private Vermögensverwaltung über eine GmbH?, in BB 2001, S. 2297ff.

Scheffler, W., Veranlagungssimulation versus Teilsteuerrechnung, in WiSt 1991, S. 69ff.

Schierenbeck, H., Grundzüge der Betriebswirtschaftslehre, 15.Aufl. München Wien 2000

Schildbach, T., Der Scheingewinn – nur scheintot?, in Elschen, R., Siegel, T., Wagner, F.W. (Hrsg.), Unternehmenstheorie und Besteuerung, a.a.O, S. 585ff.

Schmid, P., Walter, W., Teilgewinnrealisierung bei langfristiger Fertigung in Handels- und Steuerbilanz, in DB 1994, S. 2353ff.

Schneeloch, D., Besteuerung und betriebliche Steuerpolitik, München, Band 1: Besteuerung, 3.Aufl. München 1999, Band 2: Betriebliche Steuerpolitik, 1994

Schneeloch, D., Betriebliche Steuerpolitik, in WiSt 1987, S. 326ff.

Schneeloch, D., Bilanzpolitik und Grundsätze der Maßgeblichkeit, in DStR 1990, S. 96ff.

Schneider, D., Betriebswirtschaftslehre, München Wien, Band 1: Grundlagen, 2.Aufl. 1995, Band 2: Rechnungswesen, 2.Aufl. 1997.

Schneider, D., Bezugsgrößen steuerlicher Leistungsfähigkeit, in Finanzarchiv, N.F. 1979 Band 37, S. 26ff.

Schneider, D., Grundzüge der Unternehmensbesteuerung, 6.Aufl. Wiesbaden 1994

Schneider, D., Hochsteuerland Deutschland 1994/95, in DB 1994, S. 541ff.

Schneider, D., Investition, Finanzierung und Besteuerung, 7.Aufl. Wiesbaden 1992

Schneider, D., Maß und Ausmaß von Steuervergünstigungen, in DB 1992, S. 1737ff.

Schneider, D., Steuerersparnisse bei Pensionsrückstellungen allein durch Aufwandsvorwegnahme?, in DB 1989, S. 1883ff.

Schneider, D., Steuerfreie Kapitalbildung in dreistelliger Milliardenhöhe durch Pensionsrückstellungen?, in DB 1989, S. 889ff.

Schneider, F., Der Umfang der Schattenwirtschaft in der Bundesrepublik Deutschland, in WiSt 1998, S. 53f.

Schöne, W.-D., Steuerliches Verfahrensrecht – Ein Überblick, in SteuerStud 1997, S. 443ff., 487ff., 534ff., 1998, S. 11ff., 102ff.

Schult, E., Allgemeine Betriebswirtschaftslehre – Eine Einführung, 2.Aufl. Freiburg 1984

Schult, E., Der Ertragsteuereinfluss auf die Verkaufs- bzw. Kaufentscheidung bei unrentablen Betrieben, in StuW 1984, S. 141ff.

Schult, E., Die Steuern des Betriebs – Betriebswirtschaftliche Steuerlehre in drei Bänden, Freiburg, Band 1: Steuerarten, 2.Aufl. 1983, Band 2: Steuerbilanz, 2.Aufl. 1984, Band 3: Steuerpolitik 1977.

Schult, E., Kapitalkosten, steuerliche, in Macharzina, K., Welge, M.K. (Hrsg.), Handwörterbuch Export und Internationale Unternehmung, a.a.O., S. 1097ff.

Schult, E., Optimale Bilanzpolitik nach der verlängerten Maßgeblichkeit – Erwiderung zu dem Beitrag von Herzig in DB 1992 S. 1053 –, in DB 1992, S. 2152ff.

Schult, E., Reformphantasien des Steuergesetzgebers – jetzt auch Kirchensteuersätze über 100 %!, in BB 2001, S. 1019ff.

Schult, E., Schütt-aus-hol-zurück-Politik bei mehreren Anteilseignern – Erwiderung zu dem Beitrag von Decker in DB 1992 S. 1001 –, in DB 1992, S. 2456ff.

Schult, E., Schwarzarbeit – konkurrenzlos durch längerfristige Steuereffekte, in StuW 1986, S. 144ff.

Schult, E., Steuerbasic, 3.Aufl. München Wien 1993 (www.wiwiss.fu-berlin.de/schult, Seite 'Aktuelles/Download')

Schult, E., Steuerbelastungsvergleiche mit Taschencomputern, in DStR 1984, S. 27ff.,

Schult, E., Teilwert- oder Buchwertansatz bei der Einbringung von Einzelunternehmen in Personengesellschaften als Entscheidungsproblem, in DBW 1981, S. 103ff.

Schult, E., Freyer, T., Steuern und Finanzierung – Der steuerliche Einfluss auf die Fremdfinanzierung einer Ein-Mann-GmbH durch ihren Gesellschafter, in WiSt 1999, S. 582ff.

Schult, E., Freyer, T., Teilwertabschreibung, in WiSt 2000, S. 335ff.

Schult, E., Freyer, T., Blaufus, K., Unternehmenssteuerreform 2001: Neue Dimensionen für die Finanzierung mittelständischer Unternehmen, in FR 2001, S. 353ff.

Schult, E., Henning, M., Der Einfluss der verlängerten Maßgeblichkeit auf die Vorteilhaftigkeit der Buchwert- und Teilwerteinbringung, in DB 1994, S. 945ff.

Schult, E., Henning, M., Verlängerte Maßgeblichkeit und einmalige Substanzbesteuerung: Der Einfluss der Erbschaftsteuer auf Steuerbilanzpolitik und vorteilhafte Einbringungsform, in DStR 1994, S. 405ff.

Schult, E., Hundsdoerfer, J., Der geplante Einkommensteuertarif: Begrenzung des Spitzensteuersatzes für gewerbliche Einkünfte auf 44 %?, in SteuerStud 1993, S. 221ff.

Schult, E., Hundsdoerfer, J., Optimale Nutzung des geplanten Wahlrechts beim Verlustrücktrag nach § 10d EStG, in DStR 1993, S. 525ff.

Schult, E., Richter, H., Wider den Teilwert – Eine Schimäre des Steuerrechts, in DStR 1991, S. 1261ff.

Schult, E., Richter, H., Nochmals: Wider den Teilwert – Erwiderung zu Siegel, in DStR 1992, S. 208f.

Schult, E., Richter, H., Zur Ermittlung von Grenz- und insbesondere Differenzsteuersätzen nach der Vereinfachung des Einkommensteuertarifs 1990, in SteuerStud 1990, S. 379ff.

Schulze-Osterloh, J., Verdeckte Gewinnausschüttungen im Grenzgebiet zwischen Handels- und Steuerrecht, in StuW 1994, S. 131ff.

Schumann, J., Meyer, U., Ströbele, W., Grundzüge der mikroökonomischen Theorie, 7.Aufl. Berlin Heidelberg 1999

Seer, R., Rechtsformabhängige Unternehmensbesteuerung – Kritische Bestandsaufnahme der derzeitigen Rechtslage, in StuW 1993, S. 114ff.

Seer, R., Schneider, N., Die Behandlung der sogenannten Verlustzuweisungsgesellschaften nach dem neuen § 2b EStG, in BB 1999, S. 872ff.

Selchert, F.W., Das Realisationsprinzip – Teilgewinnrealisierung bei langfristiger Auftragsfertigung, in DB 1990, S. 797ff.

Siegel, T., Besteuerung und Kapitalstruktur, in BFuP 1984, S. 223ff.

Siegel, T., Das Realisationsprinzip als allgemeines Periodisierungsprinzip?, in BFuP 1994, S. 1ff.

Siegel, T., Der steuerliche Einfluss von stillen Reserven und Firmenwert auf die Unternehmensbewertung und auf die Bemessung von Abfindungen, in Ballwieser, W., u.a. (Hrsg.), Bilanzrecht und Kapitalmarkt, a.a.O., S. 1484ff.

Siegel, T., Finanzierungskosten unter Berücksichtigung von Steuern, in Gerke, W., Steiner, M. (Hrsg.), Handwörterbuch des Bank- und Finanzwesens, a.a.O., Sp. 660ff.

Siegel, T., Grundlagen der Unternehmensbewertung, in WiSt 1991, S. 231ff.

Siegel, T., Herstellungskosten und Grundsätze ordnungsmäßiger Buchführung in Elschen, R., Siegel, T., Wagner, F.W. (Hrsg.), Unternehmenstheorie und Besteuerung, a.a.O., S. 635ff.

Siegel, T., Konsum- oder einkommensorientierte Besteuerung? Aspekte quantitativer und qualitativer Argumentation, in ZfbF 2000, S. 724ff.

Siegel, T., Kreditzinsen und steuerfreier Veräußerungsgewinn: Eine ökonomische Analyse des 'Anlagemodells', in DStR 1992, S. 1595ff.

Siegel, T., Paradoxa in der Unternehmensbewertung und ihre Erklärung, in Poll, J. (Hrsg.), Bilanzierung und Besteuerung der Unternehmen, a.a.O., S. 391ff.

Siegel, T., Plädoyer für eine systemkonforme Reform der Gewerbesteueranrechnung nach § 35 EStG, in BB 2001, S. 701ff.

Siegel, T., Saldierungsprobleme bei Rückstellungen und die Subventionswirkung des Maßgeblichkeitsprinzips, in BB 1994, S. 2237ff.

Siegel, T., Splitting: Notwendiger Effekt oder fragwürdiger Vorteil?, in BFuP 2001, S. 271ff.

Siegel, T., Steuerbarwertminimierung nach dem Einkommensteuertarif 1990, in WISU 1989, S. 269ff.

Siegel, T., Steuern in der Unternehmensbewertung bei Wachstum und Risiko, in DB 1997, S. 2389ff.

Siegel, T., Steuern und Finanzierung: Ein Überblick unter Berücksichtigung der aktuellen Steuerreform, in Betriebswirtschaftliche Diskussionsbeiträge der Humboldt-Universität zu Berlin, Nr. 8, Berlin 2000

Siegel, T., Steuerwirkungen und Steuerpolitik in der Unternehmung, Würzburg Wien 1982

Siegel, T., Unternehmensbewertung, Unsicherheit und Komplexitätsreduktion, in BFuP 1994, S. 457ff.

Siegel, T., Bareis, P., Der 'negative Geschäftswert' – eine Schimäre als Steuersparmodell?, in BB 1993, S. 1477ff.

Siegel, T., Bareis, P., Strukturen der Besteuerung – Betriebswirtschaftliches Arbeitsbuch Steuerrecht, 3.Aufl. München Wien 1999

Siepe, G., Die Berücksichtigung von Ertragsteuern bei der Unternehmensbewertung, in Wpg 1997, S. 1ff., 37ff.

Söffing, G., Die Angleichung des Werbungskostenbegriffs an den Betriebsausgabenbegriff, in DB 1990, S. 1086ff.

Stobbe, T., Das Kriterium der 'bestimmten Zeit' bei den Rechnungsabgrenzungsposten, in FR 1995, S. 399ff.

Strahl, M., Änderungen der Investitionsförderung in den neuen Länder und Berlin (West), in BB 1998, S. 293ff.

Streck, M., Besteuerung inländischer und ausländischer Einkünfte aus Kapitalvermögen, in DStR 1993, S. 342ff.

Streim, H., Ein Plädoyer für die Einheitsbilanz, in BFuP 1990, S. 527ff.

Strunk, G., Einfluss der Besteuerung auf die internationale Standortwahl, in SteuerStud 1993, S. 53ff.

Theisen, M. R., Die Liebhaberei – Ein Problem des Steuerrechts und der Betriebswirtschaftlichen Steuerlehre, in StuW 1999, S. 255ff.

Tietz, B., Köhler, R., Zentes, J. (Hrsg.), Handwörterbuch des Marketing, 2.Aufl. Stuttgart 1995

Tipke, K., Steuerlegislative unter Verfassungsdruck, in StuW 1993, S. 8ff.

Tipke, K., Lang, J., Steuerrecht, 16.Aufl. Köln 1998

Treisch, C., Entscheidungsneutralität der Besteuerung – ökonomische Anforderungen an ein 'gutes' Steuersystem, in SteuerStud 2000, S. 368ff.

Utescher, T., Blaufus, K., Unternehmenssteuerreform 2001: Begrenzung des Betriebsausgabenabzugs bei Beteiligungserträgen, in DStR 2000, 1581ff.

van de Loo, P., Abzinsung von Verbindlichkeiten in der Steuerbilanz und Folgen für die Handelsbilanz, in DStR 2000, S. 508ff.

Völlmeke, M., Die Rechtsprechung des BFH zu § 12 EStG – Aufweichung des Aufteilungsverbots?, in DStR 1995, S. 745ff.

Vogt, F., Bilanztaktik, 6.Aufl. Heidelberg 1963

Vorwold, G., Neuorientierung der Ehe- und Familienbesteuerung – Versuch einer zeitgemäßen Veränderung, in FR 1992, S. 789ff.

Voss, J., Der Tarifverlauf der Erbschaft- und Schenkungsteuer und seine Wirkungen auf § 10 Abs. 2 ErbStG, in DB 1990, S. 2557ff.

Wacker, W.H., Prinzipien internationaler Besteuerung, in WISU 1990, S. 575ff.

Wagenknecht, C.-R., Schuldzinsenabzug nach dem Zwei- oder Mehrkonten-Modell – verschärfte Anforderung durch das BMF-Schreiben vom 10.11.1993, in DStR 1994, S. 1679ff.

Wagner, F.W., Der Einfluss idealer und real existierender Steuersysteme auf den Wert der Unternehmung, in Egger, A. (Hrsg.), Unternehmensbewertung – quo vadis?, a.a.O., S. 65ff.

Wagner, F.W., Die umgekehrte Maßgeblichkeit der Handelsbilanz für die Steuerbilanz, in StuW 1990, S. 3ff.

Wagner, F.W., Ertragsteuern in der Kosten- und Erlösrechnung - Ein Beitrag zur Theorie des Partialkalküls, in ZfbF 1999 S. 662ff.

Wagner, F.W., Leitlinien steuerlicher Rechtskritik als Spiegel betriebswirtschaftlicher Theoriegeschichte, in Elschen, R., Siegel, T., Wagner, F.W. (Hrsg.), Unternehmenstheorie und Besteuerung, a.a.O., S. 723ff.

Wagner, F.W., Neuauflage der zu den Akten gelegten Betriebssteuer, in Handelsblatt Nr. 194 v. 7.10.1992

Wagner, F.W., Neutralität und Gleichmäßigkeit als ökonomische und rechtliche Kriterien steuerlicher Normkritik, in StuW 1992, S. 2ff.

Wagner, F.W., Periodenabgrenzung als Prognoseverfahren – Konzeption und Anwendungsbereich der 'einkommensapproximativen Bilanzierung', in Ballwieser, W., u.a. (Hrsg.), Bilanzrecht und Kapitalmarkt, a.a.O., S. 1176ff.

Wagner, F.W., Perspektiven der Steuerberatung: Steuerrechtspflege oder Planung der Steuervermeidung?, in DB 1991, S. 1ff.

Wagner, F.W., Unternehmensbewertung und vertragliche Abfindungsbemessung, in BFuP 1994, S. 477ff.

Wagner, F.W., Dirrigl, H., Die Steuerplanung der Unternehmung, Stuttgart New York 1980

Wagner, F.W., Rümmele, P., Ertragsteuern in der Unternehmensbewertung: Zum Einfluss von Steuerrechtsänderungen, in Wpg 1995, S. 433ff.

Waschbüsch, G., Die Instrumente der handelsrechtlichen Jahresabschlusspolitik: Ein Systematisierungsansatz, in WISU 1994, S. 807ff., 919ff.

Wasmer, C., Maßnahmen zur Vermeidung der internationalen Doppelbesteuerung, in SteuerStud 1994, S. 63ff.

Wiegard, W., Schwarzarbeit und Besteuerung, in Schäfer, W. (Hrsg.), Schattenökonomie – Theoretische Grundlagen und wirtschaftspolitische Konsequenzen, a.a.O., S. 122ff.

Wittmann, W., u.a. (Hrsg.), Handwörterbuch der Betriebswirtschaft, Teilband 2, 5.Aufl. Stuttgart 1993

Wöhe, G., Bieg, H., Grundzüge der Betriebswirtschaftlichen Steuerlehre, 4.Aufl. München 1995

Wöhe, G., Döring , U., Einführung in die Allgemeine Betriebswirtschaftslehre, 20.Aufl. München 2000

Woll, A., Wirtschaftspolitik, 2.Aufl. München 1992

Stichwortverzeichnis

www.ingramcontent.com/pod-product-compliance
Lightning Source LLC
LaVergne TN
LVHW080746300926
849162LV00008BA/1762